64,—

Forschungen und Berichte zur Volkskunde
in Baden-Württemberg

Württembergisches Landesmuseum Stuttgart
Landesstelle für Volkskunde Stuttgart

Forschungen und Berichte zur Volkskunde
in Baden-Württemberg

Band 9

1993
Kommissionsverlag Konrad Theiss Verlag Stuttgart

Württembergisches Landesmuseum Stuttgart
Landesstelle für Volkskunde Stuttgart

Der neuen Welt ein neuer Rock

Studien zu Kleidung, Körper und Mode
an Beispielen aus Württemberg

Herausgegeben von
Christel Köhle-Hezinger und Gabriele Mentges

Ein Projekt des Ludwig-Uhland-Instituts für Empirische Kulturwissenschaft der
Universität Tübingen

Mit Beiträgen von Herbert Baum, Kerstin Bosse, Irmhild Buttler-Klose,
Christa Diemel, Kathrin Fastnacht, Alexander Gabriel, Heike Gall, Birgit Geiger,
Evelyn Glaser, Ralf Grammel, Sylvia Heiler, Thomas Kegel, Gaby Kiedaisch,
Christel Köhle-Hezinger, Karen Krumrei, Susanne Kühl, Gabriele Mentges,
Monika Mierzowski, Ulrike Murmann, Margret Ortwein, Johanna Poettgen,
Franziska Roller, Brigitta Schilk, Ralf Schneider, Friederike Valet,
Ann de Vos-Palmbach, Roland Wirth, Peter Wörz

1993
Kommissionsverlag Konrad Theiss Verlag Stuttgart

Gedruckt mit freundlicher Unterstützung der Firmen

E. Breuninger GmbH & Co., Stuttgart
MVG AG, Internationale Mode, Sindelfingen
Sparkassen-Versicherung, Stuttgart

CIP-Titelaufnahme der Deutschen Bibliothek

Der neuen Welt ein neuer Rock: Studien zu Kleidung,
Körper und Mode an Beispielen aus Württemberg/
Hrsg. von Christel Köhle-Hezinger; Gabriele Mentges ... – Stuttgart: Theiss, 1993.
(Forschungen und Berichte zur Volkskunde in Baden-Württemberg; Bd. 9)
ISBN 3-8062-1083-7
NE: Hrsg.; GT

© 1993 Württembergisches Landesmuseum/Landesstelle für Volkskunde Stuttgart.

Redaktion:	Irmhild Buttler-Klose, Christa Diemel, Alexander Gabriel, Heike Gall, Evelyn Glaser, Christel Köhle-Hezinger, Gabriele Mentges
Schreibarbeiten:	Alexander Gabriel
PC-Arbeiten, Satz, Gestaltung:	Alexander Gabriel
Reproarbeiten:	Maurer, Tübingen
Belichtung und Druck:	Gulde Druck, Tübingen
Bindearbeiten:	Buchbinderei Geiger, Ammerbuch
Fotoarbeiten:	Atelier Frankenstein/Zwietasch/Frey (Württembergisches Landesmuseum) Dagmar Birk (Ludwig-Uhland-Institut)

Printed in Germany
ISBN 3-8062-1083-7

Inhalt

Zum Geleit IX
Einleitung XI

I. Die Arbeit am Kleid

Friederike Valet
„Wir waren eine richtige Familie".
Erinnerungen an die Firma Bleyle 3

Thomas Kegel
„Qualität, Sauberkeit, Fleiß, Ordentlichkeit, Pünktlichkeit".
Wilhelm Bleyle – ein moderner Unternehmer erbaut seine Fabrik 14

Gaby Kiedaisch
„Aoser Chef isch nia koin Halsabschneider g'sei …"
Der harte Stand der Textil-Gewerkschaft auf der Südwest-Alb 25

Ann de Vos-Palmbach
Heimarbeit auf der Schwäbischen Alb 39

„Aus dem Leben der Schneidermeisterin Franziska Ege"
(Klaus Jonski 1990) 51

II. Die Arbeit am Körper

Christel Köhle-Hezinger
Der schwäbische Leib 59

Gabriele Mentges
Der vermessene Körper 81

Christa Diemel
Die Erziehung zu „vernünftiger" Lebensweise.
Hygiene als kulturelles Wertmuster 96

Susanne Kühl
Durch Gesundheit zur Schönheit.
Reformversuche in der Frauenkleidung um 1900 102

Birgit Geiger
Berufung zur Mütterlichkeit.
Gesundheitserziehung der städtischen Frau 112

Kerstin Bosse
Die „Ausstellung für Gesundheitspflege" Stuttgart 1914
Ein Spaziergang   118

III. Gustav Jaeger – ein Fallbeispiel

Peter Wörz
„Der neuen Welt ein neuer Rock".
Gustav Jaeger: Biologe, Kleiderreformer, Naturmediziner   131

Ulrike Murmann
„In Wolle lebt sich's gesünder".
Normalstrumpf – Sanitätsbett – Nationaltracht.
Das Ausstattungsprogramm der Jaegerschen Reform   142

Alexander Gabriel
„,Variatio delectat et roborat'. Abwechslung erfreut und kräftigt."
Das Wollregime Gustav Jaegers   157

Alexander Gabriel
Der Prophet und Entrepreneur.
Die symbiotische Beziehung zwischen Hygiene und Maschenwarenindustrie   173

IV. Die Unterwäsche

Heike Gall
Männerunterhosen: „Sachlich und unerotisch"?   195

„Mannskleider in einem schwäbischen Dorf: Isingen 1910"   204
(Max Frommer 1983)

Evelyn Glaser
Von Hemden und Miedern.
Zur Geschichte der weiblichen Unterwäsche   206

Sylvia Heiler
Aussteuer – Zur Geschichte eines Symbols   219

Johanna Poettgen
Das Trikot   228

V. Das angepriesene und vermarktete Kleid

Irmhild Buttler-Klose/ Margret Ortwein
„Wir alle dienen dem Kunden ..."
Die ersten fünfzig Jahre des Kaufhauses Breuninger Stuttgart   236

Heidrun Großjohann
„Die Karriere des stummen Spektakels" 252

Herbert Baum
Schaufensterpuppen 257

Roland Wirth
Die Markenware 268

Ralf Schneider
Das Schaufenster als Werbemedium 275

Ralf Grammel
Lichtblicke im Alltag. Werbung und Mode 279

VI. Frauenkleider – Frauenbilder

Kathrin Fastnacht/Monika Mierzowski
Grauer Alltag – Goldene Zwanziger: „Wir ham halt schaffe müsse ..." 289

„Nährikele. Ein socialstatistisches Kleingemälde aus dem schwäbischen Volksleben"
(Gottlieb Schnapper-Arndt 1882) 305

Brigitta Schilk
Frauenleben in der Weimarer Republik – ein Kapitel Frauengeschichte 308

Karen Krumrei, Franziska Roller
„Für Stoffe hätt' ich alles gemacht." Schneiderinnen erzählen 321

Karen Krumrei, Franziska Roller
„Schön sein, schön bleiben ..." 326

Zeittafel – Daten zum Thema 338

Bildnachweise 340

Zum Geleit

Mit dem hier vorgelegten Band setzen die Landesstellen für Volkskunde in Stuttgart und Freiburg die von ihnen herausgegebene Reihe „Forschungen und Berichte zur Volkskunde in Baden-Württemberg" nach einer längeren Pause wieder fort. Die Publikationstätigkeit der Landesstellen hat aber in der Zwischenzeit nicht geruht. Sie hatte sich lediglich verlagert: Mit bisher vier, demnächst fünf Bänden ist, gemessen an den personellen und finanziellen Möglichkeiten, die Zeitschrift „Beiträge zur Volkskunde in Baden-Württemberg" mittlerweile zu einer ansehnlichen und festen Größe unter den volkskundlichen Zeitschriften geworden. Sie wurde, wie es auch im Geleitwort zum ersten Band zum Ausdruck gebracht wird, den „Forschungen und Berichten" als ein zweites publizistisches Standbein der Landesstellen zur Seite gestellt. Die alte Reihe sollte in Zukunft größeren Publikationen mit monographischem Charakter vorbehalten bleiben.

Der neue Band ist Ergebnis eines gemeinsamen Projektes des Ludwig-Uhland-Instituts für empirische Kulturwissenschaft der Universität Tübingen und der Volkskundlichen Abteilung des Württembergischen Landesmuseums. Mit seinem Thema: „Kleidung und Kleidungsverhalten" steht er für einen modernen kulturgeschichtlichen Zugang, der in seiner methodischen Breite die Fachbezeichnung Volkskunde sehr ernst nimmt und sich damit gleichzeitig weit von einer sektoralen Festlegung – etwa auf „Tracht" – entfernt. Daß das Werk in dieser Form zustande kam und erscheinen kann, ist ein Zeichen für produktive Zusammenarbeit und gutes Einvernehmen zwischen Forschenden, Lehrenden und Lernenden an der Universität und am Württembergischen Landesmuseum. Und schließlich verdeutlicht es einmal mehr, daß wissenschaftliches Arbeiten am Museum über Sammeln, Dokumentieren und Ausstellen weit hinausgeht.

Ein Sammelband wie dieser hat viele Mütter und Väter, die in unterschiedlicher Weise und an unterschiedlicher Stelle zu seinem Gelingen beigetragen haben. Dafür sei allen gleichermaßen herzlicher Dank gesagt; eine namentliche Hervorhebung einzelner würde die Zurücksetzung anderer MitarbeiterInnen bedeuten.

Dem jetzt vorgelegten Band ist ein ähnliches Schicksal wie seinen Vorgängern in dieser Reihe zu wünschen: Sechs von acht Titeln sind mittlerweile ganz oder bis auf wenige Exemplare vergriffen – die Reihe hat offensichtlich das ihr zugedachte Publikum gefunden.

Dr. Gustav Schöck
Württembergisches Landesmuseum
Landesstelle für Volkskunde Stuttgart

Einleitung

Als gegen Ende der 1980er Jahre das „Aus" für das traditionsreiche württembergische Unternehmen Bleyle kam – die Marke selbst wurde von dem Textilkonzern MVG Sindelfingen übernommen – konnte die Volkskundliche Sammlung des Württembergischen Landesmuseums das ehemalige Bleyle Beleg- und Musterarchiv übernehmen. Unternehmerisches Ende als musealer Neubeginn – eine geradezu klassische Variante des Museums-Auftrags „Retten–Sammeln–Bewahren"?

Auf der einen Seite ja, auf der anderen nein: Denn es wurde damit ein Forschungsfeld betreten, das zwar mittlerweile in der modernen Volkskunde nicht unbekannt ist, aber dennoch nicht zum gewohnten Kanon gehört.

Als sinnfällig, ja geschichtsträchtig können dabei auch die Umstände des „Fabrik-Endes" gelten. Begleitet wurde der langsame Niedergang des Unternehmens durch das wachsende Eigeninteresse an der Firmengeschichte. Man besann sich auf die Ursprünge des Familienunternehmens, interessierte sich für die einstmals so erfolgreichen Werbekampagnen und die dafür entwickelten Werbemittel. Zu diesem Zweck wurden alte Reklameobjekte aus den Kisten geholt und entstaubt. Sie sollten als „Firmenrequisiten" den Mythos Bleyle für Vergangenheit und Zukunft zugleich beschwören helfen. Die Marke Bleyle, von der es noch in den 1960er Jahren hieß, daß sie einen ähnlichen Bekanntheitsgrad genieße wie Coca-Cola und Persil, sollte zu ihrer alten Erfolgsgeschichte geführt werden.

Daß Musealisierung – gemeint hier im weiten, von Hermann Lübbe als Merkmal unserer Zeit formulierten Sinne – dann einsetzt, wenn man des Vergangenen verlustig geht, scheint sich hier wiederum als ehernes Gesetz zu bestätigen.

Darüber hinaus zeigt dies aber auch Unternehmen als komplexe Organisationsformen, die mit ihren Produkten nicht nur Bedürfnisse befriedigen, sondern Normen und Wertmuster ausprägen, Verhaltensweisen formen, dadurch mit gesellschaftlichen und kulturellen Prozessen aufs engste vernetzt sind.

Damit ist das Ziel des vorliegenden Bandes angerissen:

Es geht darum, Hintergründe, Voraussetzungen und Bedingungen des modernen Kleidungsverhaltens zu beleuchten, zu illustrieren, zu klären. Dazu gehört die Geschichte des Unternehmens mit seinen internen Betriebsmechanismen („Betriebsfamilie") und die „Arbeit am Kleid" – in der Fabrik und daheim – ebenso wie das Werben für das Produkt, die Gestaltung von Körpern und Kleidern und der gesellschaftliche und kulturgeschichtliche Kontext.

Ausdrücklich forderte ein Kirchenrat 1861 in einer Predigt seine schwäbischen Pfarrkinder auf – sie war abgedruckt im Gewerbeblatt –, ihre Luxusfeindlichkeit aufzugeben und stattdessen nach den schön gestalteten Dingen zu streben.[1] Diese so ungenierte Verletzung des schwäbischen Sparsamkeitsgebotes von seiten eines Kirchenmannes ist nicht nur eine skurrile Anekdote oder Beleg für das aufgeschlossene wirtschaftliche Denken eines Pfarrers in seiner Zeit, der sich damit zum Apologeten der Warengesellschaft profiliert.

Viel mehr noch weist das Beispiel auf regionale Besonderheiten, auf regionalspezifische Mentalitäten und Kulturen und zeigt in ähnlicher Weise – wie das im vorliegenden Band ausführlich behandelte Beispiel des Kaufhauses Breuninger oder des Gesundheitsapostels Gustav Jaeger –, daß die Ausbildung moderner gesellschaftlicher Strukturen eng mit regionalen Verhaltens- und Wertmustern verflochten ist: Sie waren die Vorbedingungen, und sie setzten den Rahmen für die Industrialisierung und für die Ausbildung moderner Lebenswelten. Das Land Württemberg dient dafür als Beispiel.

„Gut Kaufen bringt Freude", dieser Spruch, aufgemalt auf ein Ladenschild eines Stuttgarter

Kolonialwarenladens und heute im Besitz der volkskundlichen Sammlung, mag uns heute in seiner Naivität gefallen. Er unterstreicht jedoch, daß selbst die konsumbereite Einstellung erlernt, dafür neue Bedürfnisstrukturen modelliert und der menschliche Dinggebrauch neu gestaltet werden mußten.

Bernward Deneke hat auf dem Gebiet der Kleidungsforschung auf die Wegbereiter des Handels mit Fertigkleidern, den konfektionierten Kleidern, aufmerksam gemacht.[2] Weitere Studien zur gesellschaftlichen und kulturellen Dimension des Unternehmens, der Fabrik haben die Wege der Modernisierung der Lebenswelten aufgespürt und nachgezeichnet. Ein 1992 erschienener Beitrag im Schweizerischen Archiv für Volkskunde hat diese Untersuchungen aufgelistet und die „ethnologische Erforschung von Unternehmenskulturen" als neues, volkskundliches Forschungsfeld umrissen.[3] Eines der dort zitierten Beispiele neuerer Forschung – eine Studie über die Baumwollspinnerei Kuchen bei Geislingen – entstand ebenfalls im Rahmen eines studentischen Forschungsprojektes am Ludwig-Uhland-Institut.

Der vorliegende Band versteht sich als Beitrag zu diesem Forschungsfeld, allerdings in einem weiteren Verständnis von Unternehmenskultur. Ihm zufolge gilt es, „die Grenze der Sinnfälligkeit in Richtung auf die ökonomische Einheit, eben das Unternehmen zu überschreiten."[4] Von Karl H. Hörning wird dies im einzelnen so bestimmt: „Aus dieser Sicht haben auch die Unternehmen kulturelle Eigenschaften, bringen Bedeutungen, Überzeugungen und Werte hervor, setzen Legenden in die Welt, nähren Firmenmythen, feiern sich mit Riten, Ritualen und Zeremonien und entwickeln eigene Sprachen und Zeichensysteme."[5]

Es geht diesem Projekt um die Dekodierung dieser Zeichen in der Kleiderwelt der gestrickten Oberkleider und der gewirkten Unterkleider. Das Unternehmen Benger-Ribana dient uns dafür als ein weiteres Beispiel. Aufgrund ähnlicher Umstände, aber weniger dramatisch als im Falle Bleyle, konnte die Volkskundliche Sammlung einen Teil des Bengerschen Belegarchivs durch Stiftung erwerben.

Untersuchungsmaterial und Untersuchungsgebiet sind im vorliegenden Falle umfangreich. Zum Arbeitsmaterial gehörten neben den musealen Kleidungsstücken als Quelle die Werbearchive, die im Wirtschaftsarchiv Baden Württemberg in der Universität Hohenheim eingelagert sind. Unerläßlich für den wissenschaftlichen Zugang war der ethnologische Blick, der „Blickwechsel", der das Bekannte, Gewohnte zum „Fremden" werden läßt. Eine distanzierte wissenschaftliche Betrachtung muß erst antrainiert und eingeübt werden.

Die im Museum besichtigten Reklamematerialien und Textilien sind noch zu jung, noch zu nah, um den Reiz historischer Exotik und damit Distanzierung auszulösen. Diesen neuen „Umgang" zu lernen war auch Teil des Projektes.

Den Anspruch auf Vollständigkeit aller möglichen Untersuchungsaspekte haben wir nie gestellt. Gedacht war vielmehr an eine Form der Collage. Einzelne als wesentlich erachtete Aspekte werden schlaglichtartig beleuchtet, ausgeleuchtet und dargestellt. Sie fügen sich, ganz im Sinne der Collagetechnik, durch die Montierung und das Kombinieren verschiedenster, vielfältiger und zum Teil auch abwegiger Aspekte zu einem neuen, neuartigen Gesamtbild, in dem bislang Getrenntes zusammengerückt, scheinbar Naheliegendes plötzlich getrennt erscheint. So bilden Schaufenster und Schaufensterpuppe ebenso wie Hygiene-Diskurs Teile des Gesamtbildes „Kleidungsverhalten".

Beim Zusammenfügen dieses Bildes bleiben die Bruch- und Schnittstellen sichtbar. Sie bezeugen die Konstruktion des Entwurfs, sie zeigen die Risse, die sich durch dieses „Bild" ziehen – und damit die Veränderbarkeit in seiner Zusammensetzung. Die Collagetechnik gehört nicht zuletzt deshalb zu einer der beliebtesten Techniken in der modernen Kunst, weil sie „die Betroffenheit über die nicht mehr erfaßbare Fülle des Sichtbaren und der Kombinatorik des Sichtbaren" ausdrückt; so der Katalog zur Stuttgarter Max Ernst-Ausstellung von 1991. Das Gleiche läßt sich freilich auch von einer wissenschaftlichen Untersuchung wie der vorliegenden behaupten.

Das Buch entstand im Rahmen eines Studienprojekts am Ludwig-Uhland-Institut für empirische Kulturwissenschaft der Universität Tübingen. Über das Prinzip forschenden Lernens hinaus wurde hier eine wichtige Brücke geschlagen zwischen universitärem „Elfenbeinturm" und musealer Dingwelt: zwischen dem Tübinger Haspelturm und dem seit 1989 eröffneten „Museum für Volkskultur in Württemberg" im Schloß Waldenbuch, einer Außenstelle des Württembergischen Landesmuseums. Diese enge und produktive Zusammenarbeit führte nicht – wie sonst üblich – zu einer Ausstellung, sondern zu einer die musealen Sachzeugen vertiefenden Studie, die angesiedelt ist zwischen den Schnittpunkten von Regional-, Wirtschafts- und Kulturgeschichte.

Mit viel Geduld haben unsere Interviewpartnerinnen und -partner, haben Sponsoren und KollegInnen auf das Erscheinen des Bandes gewartet. Ihnen, vor allem aber den ProjektteilnehmerInnen, sei dafür ebenso herzlich gedankt wie für ihr Engagement und Interesse, das sie für die Entstehung aufgebracht haben.

Die Landesstelle für Volkskunde hat sich bereit erklärt, diesen Projektband in ihre Reihe aufzunehmen. Für die Bereitschaft zum Wagnis und ihre Hilfestellung sei ihr Dank gesagt.

Dr. Christel Köhle-Hezinger und
Dr. Gabriele Mentges

1 Cleve, Ingeborg: „Die Maßnahmen der Württembergischen Centralstelle für Gewerbe und Handel zur Geschmacksbildung im dritten Viertel des 19. Jahrhunderts." (MA, LUI, Ms) Tübingen 1982: 114.
2 Deneke, Bernward: „Bemerkungen zur Geschichte der vorgefertigten Kleidung." In: Waffen - und Kostümkunde, 3. Folge 29 (1989): 68–73.
3 Götz, Irene/Moosmüller, Alois: „Zur ethnologischen Erforschung von Unternehmenskulturen. Industriebetriebe als Forschungsfeld der Völker- und Volkskunde." In: Schweizerisches Archiv für Volkskunde, 88. Jg., Heft 1–2 (1992): 1–32.
4 Krovoza, Alfred: „Unternehmenskultur. Ein Kompensationsversuch bürokratischer Rationalität." In: Brandes, Uta/Bachinger, Richard/Erlhoff, Michael (Hrsgg.): Unternehmenskultur und Stammeskultur. Metaphysische Aspekte des Kalküls. Frankfurt/M. 1988: 9–13, hier: 12. Im oben zitierten Aufsatz erscheint der Begriff „Unternehmenskultur" noch zu von der Lokalität Fabrik her bestimmt.
5 Ders.: „Die Kultur und Symbolik des Unternehmens – Soziologische Vergleiche und Vorschläge." In: ebd.: 15–18, hier: 15.

Die Arbeit am Kleid

Friederike Valet

„Wir waren eine richtige Familie"
Erinnerungen an die Firma Bleyle

Am Ende ...?

Am 21. Januar 1987 konnte man in der Stuttgarter Zeitung folgende Zeilen lesen:
„Nach dem Niedergang der weltweit bekannten Kreidlerwerke, nach dem Zusammenbruch der Bauknechtgruppe verliert Stuttgart nun erneut ein schwäbisches Traditionsunternehmen. Der Strick- und Jerseybekleidungshersteller Bleyle KG ist finanziell am Ende. Spätestens am heutigen Mittwoch wird das Unternehmen beim Amtsgericht Stuttgart ein Vergleichs- oder gar ein Konkursverfahren einleiten. Das ist der düstere Schlußakt einer stolzen Firmenepoche, auf die mit Stolz zurückzublicken sich freilich in diesen Tagen für die Stuttgarter verbietet."[1]

Das Ende der Firma Bleyle, so schonungslos endgültig es hier geschildert wird, bedeutete dennoch in mancherlei Hinsicht und auf ganz unterschiedlichen Ebenen einen Anfang:

Das Museum für Volkskultur in Württemberg im Schloß Waldenbuch gelangte durch den Konkurs in den Besitz von Unterlagen des Werbearchivs und einer Textilsammlung, die ehemals als Belege der Produktpalette und zu Werbezwecken angelegt worden waren.

Diese Sammlung wurde nun in eine neue museale Nutzungsform überführt. Das Ende der Firma setzte mit diesem Teil seiner Konkursmasse also einen Musealisierungsprozeß in Gang. Im Museum werden diese zu Relikten[2] gewordenen Dinge gesammelt, erforscht und dann einer breiten Öffentlichkeit zugänglich gemacht. Der Philosoph Peter Sloterdijk bezeichnet deshalb das Museum auch als einen „irdischen Himmel der übriggebliebenen Objekte"[3]. Der Tag ihrer Ausstellung ist zugleich der Tag ihrer „Auferstehung"[4]. Erst das Ende ist also der Anfang der musealen Geschichte.

Der Matrosenanzug, nun im Museum Stellvertreter einer in Konkurs gegangenen Firma, feiert – um bei der blasphemischen Metapher Sloterdijks zu bleiben – seine „Auferstehung", jedoch nur als stummer Zeitzeuge. Er spricht per se nicht unbedingt von menschlicher Mühe und Arbeit, die zu seiner Herstellung notwendig gewesen waren. Für mich war dieses Defizit ein Anlaß, ehemalige Beschäftigte der Firma aufzusuchen und sie über ihre eigene Zeit bei Bleyle zu befragen – auch dies ein Anfang.

Die Interviews zeigten, daß die Befragten das Kapitel Bleyle nach ihrer Kündigung nicht abgeschlossen hatten, vielmehr war der Konkurs oft überhaupt erst der Anfang zur intensiveren Reflexion über die eigene Zeit und über den Betrieb, in dem sie mitunter Jahre ihres Lebens gearbeitet hatten.

Und nicht zuletzt bildete die Sammlung der Firma Bleyle den Ausgangspunkt für unsere dreisemestrige Forschungsarbeit – dieses Buch ist also gewissermaßen auch ‚das Produkt eines Endes'.

Dieser Aufsatz steht deshalb am Anfang der vorliegenden Publikation; denn er beginnt – wie könnte es anders sein – mit den Anfängen der beinahe 100 Jahre währenden Firmengeschichte des Textilwarenherstellers Bleyle.

98 Jahre Firma Bleyle: Der Anfang

Am 23. März 1889 fädelte der aus Feldkirch in Vorarlberg stammende Wilhelm Bleyle 39jährig seine Unternehmerkarriere in Stuttgart ein: Mit acht Angestellten, fünf Nähmaschinen und 5.000 Mark Startkapital begann er in gemieteten Räumen mit der Produktion und dem Verkauf von gestrickter Oberbekleidung.[5]

Im Jahre 1890 wurde der erste der später so berühmt-berüchtigten Matrosenanzüge für Knaben produziert. Berühmt waren sie wegen ihrer geradezu sagenhaften Unverwüstlichkeit, berüchtigt, weil sie – so die Aussage vieler bedauernswerter Träger – häufig die äußerst unangenehme Eigenschaft hatten, zu kratzen.

> Die „Große" Geschichte

Wilhelm Bleyle gelang der erstaunlich rasche Ausbau seines anfänglich handwerklich orientierten Kleinbetriebes, in dem der Vertrieb der Produkte zunächst noch über Hausierer organisiert wurde. Bereits sieben Jahre nach der Gründung war die Zahl der Beschäftigten auf über 100 angestiegen.[6] Die rasche Expansion läßt sich auch an einer regen Bautätigkeit ablesen: Im Jahre 1901 entstand das erste eigene Fabrikgebäude in Stuttgart, es folgten Filialen in Brackenheim (1903) und Ludwigsburg (1905). Als 1911 das künftige Stamm-

2 Selbstinszenierung in historisierender Jugendstilornamentik.

werk in der Stuttgarter Rotebühlstraße bezogen werden konnte, war aus Bleyle mit mittlerweile 1.500 Beschäftigten und einem entsprechenden Jahresumsatz von über vier Millionen Mark ein industrieller Großbetrieb geworden.

Der Erfolg

Wenn auch am Mythos des Firmengründers und seiner exzeptionellen „Pionierleistung" gerne und wortreich gestrickt wurde: Wilhelm Bleyles Erfolg beruhte auch auf relativ günstigen strukturellen Bedingungen, die er im Königreich Württemberg vorfand.[7]

Technische Innovationen wie die Nähmaschine (1846), der Rundwirkstuhl (1845/1856)[8] und die Handstrickmaschine (1866) sowie eine durch den Bau von Eisenbahnlinien sich stetig verbessernde Infrastruktur hatten der Entwicklung von der traditionellen Hausindustrie zur industriellen Textilproduktion entscheidende Impulse gegeben.[9]

Wirksame Geburtshilfe leistete der Industrie ferner die württembergische Zentralstelle für Gewerbe und Handel, die 1848 zur Förderung von Handwerk, Industrie und Gewerbe gegründet worden war, und deren gewerbepolitische Aufgabe vor allem in der Beratung und finanziellen Unterstützung der Unternehmen und in der Verbreitung der neuen Maschinen bestand.[10]

1 Der Matrosenanzug aus Wolltrikot wird salonfähig.

Nicht zuletzt mag die seit den 1880er Jahren vertretene Lehre des Stuttgarter Professors Gustav Jaeger[11] zur Kleidungsreform – in deren Mittelpunkt die hygienische Kleidung aus Wolle stand – Wilhelm Bleyle zum Entschluß bewogen haben, gestrickte Oberbekleidung zu produzieren.[12]

lichst hohe Qualität und Haltbarkeit. Diese Qualität hatte allerdings ihren Preis und kam nur für besser verdienende Schichten in Frage.

3. „Marke": Durch konsequente Bezeichnung der Produkte mit seinem Namenszug „Bleyle" schuf das Unternehmen einen der ersten Markenartikel auf dem Oberbekleidungssektor.

4. „Reparatur": Eine besondere Serviceleistung stellten die Reparaturen schadhaft gewordener Kleidung zum Selbstkostenpreis dar. Ein durchgerutschter Hosenboden konnte in der Firma nahezu unsichtbar geflickt werden. Zu kurz gewordene Hosenbeine und Ärmel wurden nahtlos verlängert und „wuchsen mit" – sicher nicht immer zur Begeisterung der Träger von Knabenanzügen.

4 Von Anfang an „markenbewußt".

3 „Paterfamilias" – der Firmengründer Wilhelm Bleyle.

Grundvoraussetzung für den Weg zum Erfolg war jedoch ein entsprechendes Arbeitskräftepotential. Wilhelm Bleyle fand insbesondere Frauen, die trotz der verhältnismäßig geringen Entlohnung die Fabrik- oder Heimarbeit dem „in-Stellung-gehen" vorzogen.

Wilhelm Bleyles Erfolgsrezept, seine vielgerühmte Pioniertat, läßt sich mit vier Stichworten charakterisieren:

1. „Konfektion": Als einer der ersten Unternehmer entwickelte er ein Verfahren, Oberbekleidung aus gestrickten Stoffbahnen in einer schneidermäßigen Verarbeitung billig und rationell herstellen zu lassen. Die Einzelteile wurden nicht mehr nach der Form gestrickt, sondern unter Verwendung von Schnittmustern zugeschnitten und genäht: „konfektioniert".

2. „Qualität": Bleyle setzte dabei nicht etwa auf billige Massenware, sondern auf eine mög-

Die Ära nach Wilhelm Bleyle

Seinen Betrieb führte Wilhelm Bleyle bis zu seinem Tode im Jahr 1915 ganz im Sinne eines industriellen „Paterfamilias". Die zweite Generation – die Söhne Max, Fritz und der Schwiegersohn Arthur Weber – folgte seinem Beispiel.

Während des Ersten Weltkrieges produzierte Bleyle für den textilen Bedarf des Militärs.[13] In den 20er Jahren erfolgte dann ein umfangreicher Ausbau der Produktpalette: Neben einem reichhaltigen Kinderkleidungsprogramm stellte man jetzt auch Herren- und Berufskleidung und vor allem Sportbekleidung her, die den neuen Bedürfnissen sehr entgegen kam. Die erste Damenkollektion entstand 1930.[14]

Im Zweiten Weltkrieg verdiente die Firma abermals durch die Produktion für militärische Zwecke, diesmal allerdings unter der Führung ehemals leitender Mitarbeiter: Die Familie Bleyle war nämlich wegen eines Devisenvergehens von der Leitung entbunden worden; aber bereits 1948 erhielt sie das Verfügungsrecht über die Firma wieder zurück.

Der Wiederaufbau – Kriegsschäden waren vor allem durch Brandbomben entstanden – wurde unter der Leitung von Erich Weber-Bleyle und dem 1950 eingetretenen Kurt Bleyle verhältnismäßig rasch bewältigt. Einen wesentlichen Beitrag dazu leisteten vor allem Heimatvertriebene, die 1950 bis zu 40% der Gesamtbelegschaft stellten.[15]

Abschied vom Matrosenanzug

Mit der neuen Marke „Vetrix"[16] für Damenoberbekleidung aus Jerseystoff und einer neuen Kollektion für Badebekleidung versuchte sich Bleyle in den 50er Jahren dem Wandel der VerbraucherInnen-Wünsche anzupassen. Von Knabenanzügen allein konnte ein Betrieb in dieser Größenord-

5 Anschluß an den Stil der Zeit: Die Suche nach dem neuen Image.

nung nicht mehr existieren. „Vetrix" sollte jung und modisch klingen und der Marke Bleyle, der der Geruch des Altbackenen und Gediegenen anhaftete, zu einem neuen Image verhelfen.

Bis in die 80er Jahre befand sich die Firma, von wenigen Einbrüchen abgesehen, auf einem steten Expansionskurs. Neue Werke entstanden im In- und Ausland. Zunehmend wurde die lohnintensivere Fertigung, die Konfektion, nach Italien, Frankreich, USA, Österreich und Irland verlagert. Die kapitalintensivere Fertigung, z.B. die Stoffherstellung, verblieb im Inland und wurde soweit wie möglich durch die Anschaffung neuer Produktionsmittel rationalisiert. Mit der Verlagerung der Konfektion ins Ausland war Mitte der 70er Jahre ein paralleler Abbau deutscher Kapazitäten verbunden. Verschiedene Werke mußten wieder aufgelöst werden, von 1.355 Beschäftigten konnten nur 675 in der Konfektion verbleiben.[17]

Das Ende

Trotz all dieser und anderer wirtschaftlicher Maßnahmen ließ sich am Erfolg nicht endlos weiterstricken: Im Jahr 1985 erlitt das Unternehmen massive Umsatzeinbrüche. Neu eingesetzte Geschäftsführer, die erstmals nicht aus der Familie Bleyle stammten, vermochten die Firma nicht mehr zu retten. Bereits zwei Jahre später zerschlug sich die letzte Hoffnung:

„Jeder hofft jetzt auf das kleinere Übel."

Am 22.01.1987 stellte die Bleyle KG den Antrag auf Eröffnung des gerichtlichen Vergleichsverfahrens zur Abwendung des Konkurses.

Sechs Gründe nennt der Konkursverwalter, die zur Insolvenz führten: fehlerhafte Organisationsstruktur, Umsatzsteigerungen zu Lasten des Ertrags, inkonsequentes Marketing, Gesellschafterprobleme, Managementfehler sowie zu hohe Verwaltungskosten und unwirtschaftliche Produktion.[18]

Zum 01.04.1987 wurden 456 Arbeiternehmerinnen und Arbeitnehmer entlassen, weitere Kündigungswellen folgten.[19]

Das 100jährige Jubiläum feierten 1989 nur noch einige wenige Beschäftigte: jene nämlich, die von einem württembergischen Textilunternehmer, der sich die Rechte am Markennamen Bleyle gesichert hatte, übernommen worden waren. Für die alte Firma Bleyle hatte sich der Vorhang jedoch endgültig geschlossen.

49½ Jahre Arbeit bei Bleyle[20]

„(...) also i muß ehrlich saga, i hätt mir kein andern Arbeitsplatz gwünscht in meim Leba wie dr Bleyle ... I bin mit Leib und Leba beim Bleyle gwesa, s'hat jedes gwißt, i wär für dr Bleyle durchs Feuer ganga ... Kein Tag bereu i, wo i noganga bin."

Im Jahr 1930 begann Frau H. – erst 18jährig – als Akkordnäherin bei der Firma Bleyle. Sie stammte aus einem kleinen Dorf, wo sie zusammen mit sieben Geschwistern aufgewachsen war. Alle besuchten dieselbe Schule, sieben Jahre und durch sieben Klassen mit demselben Lehrer.

Die „Kleine" Geschichte

Ihre Kindheit hat sie trotz der strengen Erziehung als glücklich und erfüllt in Erinnerung. Zumindest an Spielkameraden fehlte es nie: „Meh Kinder wie Küh hats do bald gäba."

Genügsamkeit und Sparsamkeit waren nicht selbstgewählte Tugenden, sondern resultierten aus purer wirtschaftlicher Not. Das größte Ereignis war für sie die jährlich stattfindende „Kinderzech", ein historisches Fest in einer nahegelegenen Stadt:

„Man bekam einen Luftballon für 10 Pfennig und eine Rote Wurst, zu zweit eine, und ein Gückle voll Bonbons um 10 Pfennig ... für des hen mir des ganze Johr schufta müssa wie net gscheit."

Für die Landwirtschaft interessierte sie sich nie so sehr, dafür „han i mit sechs Johr scho Maschina näha könna weiß Gott wie arg." Später bekam sie als einzige eine Ausbildung zur Schneiderin, die sie vor dem Schicksal bewahrte, wie ihre Schwestern als Dienstmädchen in Stellung gehen zu müssen. Aber „mir hen halt alle fortmüßa".

So ging Frau H. nach Stuttgart, wo ein Onkel von ihr lebte, von dem man sich erhoffte, daß er sich der Nichte annehmen werde.

Als sie bei Bleyle anfing, wußte sie zunächst nicht einmal, was das Wort „Akkord" bedeutete:

„Auf'm Land, do isch mr zu de Baura ins Haus ganga und hot auf dr Stör[21] gnäht, gell, das Wort Akkord war für mi fremd ... und wo i gwißt han, daß es do ums Geld geht – i han ja immer glaubt, i krieg mein Stundalohn – ... und i war alleinstehend, i war ganz arm muß i

---

Hat Ihre Tochter Freude am Nähen

oder hat jemand aus Ihrem Bekannten- und Verwandtenkreis Interesse an dieser Tätigkeit?

In unsere gut eingerichteten Lehrwerkstätten stellen wir jederzeit Mädchen zur Ausbildung als Kleidernäherinnen oder zum Kurzanlernen im Nähen ein.

*

Nähere Auskunft erteilen die Abteilungsleiter und die Lohnbüros. Wenn Sie über das frohe Leben in unserer Lehrwerkstätte Stuttgart unterrichtet sein wollen, verlangen Sie bitte das Heft unserer Werkzeitschrift „Der Bleyle-Herold" vom Dezember 1940.

Vorteile
die den Jugendlichen bei uns geboten werden:

① Das Nähen wird so gründlich erlernt, daß die Mädchen auch für Familie und Haushalt schneidern und ausbessern können.

② Die Ausbildung bei uns erübrigt vielfach den Besuch einer Nähschule, daher keine Ausbildungskosten.

③ Während der Ausbildung Gelegenheit zu Sport, Teilnahme an hauswirtschaftlichen Kursen und dergleichen.

④ Wir halten in unserer Lehrwerkstatt und im Betrieb auf Ordnung, Sauberkeit und Pünktlichkeit.

Eine solche Ausbildung ist gleichzeitig eine gute Vorbereitung auf den Hausfrauenberuf.

Allen Mädchen und Eltern ist die Besichtigung unserer hellen und sauberen Arbeitsräume gern gestattet.

6 Ausbildung zur Kleidernäherin als Interimslösung auf dem Weg zur Hausfrau.

saga, i han in so einer Dachbude gwohnt ... und dann hab i gschuftet und gschuftet und wo i immer mehr verdient han und immer mehr verdient han, no han i no mehr gschafft, weil mir des richtig Spaß gmacht hat und so han i mi do neigsteigert und neigsteigert ... Merket euch des, wenn ihr a Gschäft a halbs Johr des gleiche machet, des machet ihr nachher im Schlof, des isch Routine, da han i mit meiner Freundin schwätza kenna, da isch's Fließband gloffa, do bin i gsessa, Montags hat mr verzählt, was mr Sonntags erlebt hat mit de Freund und wo mr alles gwesa isch, aber des isch maschagrad worda ... Und wenn du anfängsch, no meinsch, du gehsch ein dabei. Und so hat mir des eigentlich Spaß gmacht und dann sind neue Modell komma, neue Kleider ... und no zmol an einem schönen Tag kommt mein Chef und nomol einer und die saget „Frau H., mir brauchet sie dringend in der Modellabteilung" ... und no han i dort au gnäht in der Modellabteilung, aber des war natürlich viel interessanter, bloß ein Stück von ebbes macha ... des nächste war scho wieder anders ... aber nemme Akkord."

Akkord ist Mord!? Es scheint kaum vorstellbar, daß Frau H. die Gewöhnung an den Fabrikalltag und an ihre monotone Akkordarbeit, die sie immerhin zwölf Jahre ausübte, so leicht fiel.

Für die in ländlichen Verhältnissen großgewordene Frau war die erste Begegnung mit dem damaligen Fabrikbesitzer ein Ereignis ganz besonderer Art:

„Und wo i dr Bleyle s'erste Mol gseha han, dr Max, wo der durch isch, no han i meim Vater an Brief gschrieba, ellalang: Vater, i han dr Besitzer vom Bleyle gseha, dr Chef, dr Max Bleyle. Des war für mich a Sensation, also so ebbes gibt's gar nemme heut, daß mr von ebbes begeistert sei könnt, wann i heut a Million gwinna tät, wär i net so begeistert wie wo i den Max gseha han s'erste Mol, bestimmt!"

Wenig begeistert äußert sie sich dagegen über den Verdienst. Mit 28 Pfennig Stundenlohn hatte sie 1930 angefangen zu arbeiten,

„und wo i no 40 Pfennig verdient han, da han i glaubt, i wär dr König von Potsdam, ehrlich".

Gut leben konnte sie von ihrem Lohn damals jedenfalls nicht:

„Hundert Berichte aus einer Fabrik lassen sich nicht zur Wirklichkeit der Fabrik addieren, sondern bleiben bis in alle Ewigkeit hundert Fabrikansichten. Die Wirklichkeit ist eine Konstruktion."[22]

7 „Unternehmer", „Vater", „Mensch": Max Bleyle an seinem 70. Geburtstag.

„I han 20 Mark zahlt für a Dachzimmer, do war a eiserne Bettlad drinna, ein eintüriger weißer Schrank, a Ständerle mit einer Waschschüssel und an Krug, des war die ganze Möbliererei ... Mir hen ell acht Tag Zahltag ghet, wenn da do zehn Mark rauskriegt hasch, no war des scho viel, des waret 40 Mark im Monat. Wenn i mein Onkel net ghet het ... der hat sich um mi angnomma ... des Essa hab i von dene kriegt und mei Tante hat Wäsch gwäscha ... jeden Abend bin i da naus glaufa, bloß daß i a warms Essa ghet han ... Die Kleidung hab i alle von meiner Schwester aus Amerika, die war Zofe bei einer ganz reichen Familie ... I han gar nix kauft, i han ja für'd Aussteuer spara müssa."

Obwohl Frau H. ihre „Erbanlage Ehrgeiz" wiederholt bedauert – „wann i a Kind hätt, des tät mir leid wo wär wie i, ... i war zu ehrgeizig, i war mir oft selber zur Last" –, ist sie sehr stolz darauf, daß der Akkordsatz bei der Umstellung von Pfennig- auf den Minutenakkord anhand gerade *ihrer* Arbeit ermittelt wurde.

Solche Erfolgserlebnisse ermöglichten es ihr, sich in der Anonymität der Fabrik zumindest partiell als Subjekt entfalten zu können, und halfen ihr, die hohen Arbeitserfordernisse besser zu bewältigen. Denn vor allem in den ersten Jahren sei man sehr „stur und engherzig" gewesen,

> „wer do net ebbes gleistet hat, der hat net existiera könna ... Und dann war es sehr, sehr streng von der Moral her gseha ... Wenn da ein Mädchen, wenn des offa worda isch, die hat heut den Freund und morga hat se den Freund und der wartet unta immer mit 'm Motorrad, ... do war des d' ‚Motorradbraut' und no hen die no verzählt, die isch heut Nacht erst um viere hoimkomma ... die war unta durch, bei der kleinsten Möglichkeit hat mr die naus ..."

Die Kriegsjahre brachten für Frau H. schließlich die ersehnte Beförderung zur Vorarbeiterin und Meisterin. Auch in der Kriegsproduktion von Uniformen, Fallschirmen und später Höhenmessern war ihr Einsatz ein mehr als hundertprozentiger:

> „Also i hab morgens um sieben Uhr scho gschwitzt [in der Fallschirmproduktion; d.V.] ... do isch mir d' Brüh oft dr Rücka runterglaufa, so hab i do gschuftet, aber i han nie Rückstand ghabt im Rüstungskommando."

Gearbeitet hat sie vor allem mit Kriegsgefangenen, an die sie sehr gute Erinnerungen hat. Man arbeitete nicht nur zusammen, sondern man teilte dieselben Sorgen, etwa um das Schicksal der nächsten Familienangehörigen, aber man feierte auch gemeinsam:

> „Die hat mr nie als Feind anguckt, des waren für uns eba Mitarbeiter ... Der Nation nach waret sie Feinde und mr hat au müssen sehr vorsichtig sei ... von de Nazis aus, daß mr nicht zu zuvorkommen war, daß mr also Abstand gewahrt hat."

Nach Kriegsende lag die Produktion für fast ein Jahr still. Lohn gab es in dieser Zeit nicht.

> „Aber ... da war jedes so apathisch und zufrieda, daß dr Krieg aus war ... Hauptsache, es kommet keine Bomba mehr ... I han halt auf de Ruina Steine gsucht mit meim Hausbesitzer ... daß mr hat wieder des Haus aufbaua, daß mr wieder a Wohnung kriegt hen ... des war radikal kaputt, mir hen nix mehr ghet, gar nix mehr ... do sind Luftmina runter bei uns ..."

Anfang 1947 nahm die Modellabteilung die Produktion wieder auf. Die Modellabteilung, in der Frau H. Aufsicht über 35 Näherinnen hatte, war, wie sie selbst sagt, ihre „Erfüllung", auch wenn es „manche Unannehmlichkeiten" gab.

Vor allem ihr eigener Status als Vorgesetzte von Frauen und als Untergebene von Männern stellte sie in dieser Zeit häufig vor Probleme. Das Urteil über ihre direkten männlichen Vorgesetzten fällt in diesem Zusammenhang geradezu vernichtend aus:

> „Männer sind feig, die wollet immer die feine Max sei, ... Wenn ebbes schees zum erzähla war, 's gibt mehr Urlaub oder so, do isch mein Chef freudaestrahlend von seim Glaskäfig raus ... und hat des erklärt, wenn's aber gheißa hat, mr muß länger schaffa ... no hat er mi neigrufa und gsagt, ‚Frau H., saget sie's draußa', ... no war i's Lompatier ... und er war der feine Max."

Dagegen kam sie als Vorgesetzte mit *ihr* unterstellten Männern bestens zurecht: „Mit meine Sattler im Krieg [franz. Kriegsgefangene; d.V.] hab i mi einmalig vertraga, die wäret durch's Feuer für mi."

Aber auch wenn für Frau H. die Zusammenarbeit mit Frauen nicht immer leicht gewesen war,

> „war es immer no schöner und besser wie do, wo Männer und Fraua zamma gschafft hen".

Zu den „fetten" Jahren der Firma in der Nachkriegszeit trug Frau H. mit ihrem enormen Arbeitsfleiß bei. Morgens war sie als erste da, abends ging sie als letzte, oft erst eine Stunde nach Arbeitsende.

8 In Krisenzeiten wird Männerarbeit zu Frauenarbeit.

„I bin ja bloß gsprunga, i bin net glaufa, i bin bloß gsprunga wie an D-Zug."
Im Jahr 1955 feierte Frau H. ihr 25jähriges Jubiläum, zu dem sie von der Firma unter anderem eine Wäscheschleuder erhielt. Ihre absolute Bleyle-Treue demonstrierte sie auch durch ihre eigene Kleidung. Solange sie bei Bleyle arbeitete, hat sie nicht *ein* Stoffkleid oder ein Fremdfabrikat getragen. Die Bleyle-Kleidung überzeugte ihrer Meinung nach vor allem durch die hervorragende Qualität der Materialien und ihrer Verarbeitung. „Ha was, da hasch a Kleid links rum traga könna." Vergessen hat sie aber auch nicht, daß man als Mitarbeiterin in der Produktion oft unter der strengen – als übertrieben angesehenen – Qualitätskontrolle sehr zu leiden hatte.

Jahr für Jahr spielte sich bis zu ihrer Pensionierung 1972 fast wie ein Ritual derselbe Tagesablauf ab: Das morgendliche Aufstehen um fünf Uhr, der Apfel zum Frühstück, der obligatorische Stammplatz in der Straßenbahn, „50 Johr lang an weißa Schurz ... mit grüne Tressen als Vorarbeiterin und mit orangene als Meisterin", um sieben Uhr das „Schellen" zum Arbeitsbeginn, die Vesperpause, die Mittagspause, das Arbeitsende, die Überstunde, der Feierabendbummel durch den Breuninger ...

Es war fast ausschließlich die Firma, die über lange Jahre ihren Lebensrhythmus bestimmte, so daß es nicht erstaunte, daß Frau H. selbst im Ruhestand noch sechs weitere Jahre bei Bedarf regelmäßig und gerne aushalf. „I bin als Methusalem weg vom Bleyle", sagt sie heute mit größter Zufriedenheit.

An einen Konkurs der Firma hätte sie nie geglaubt, obwohl auch sie in den letzten Jahren deutlich spürte, daß es langsam bergab ging. Schuld am Untergang hat ihrer Meinung nach die letzte Generation der Besitzerfamilie Bleyle, „die nicht mehr so betriebsverbunda gwesa [sind; d. V.] mit dr Belegschaft."

„Die hen sehr viel rauszoga, 's isch halt an langer Schwanz, der isch immer länger worda."
Obwohl sie bereits acht Jahre vor dem Konkurs endgültig ausschied, traf sie das Ende der Firma hart:

„Da bin i schier zsammabrocha ..., daß so a Weltfirma so runterkommt ... I han nicht mehr gschlofa, i han gheult Tag und Nacht, des hat mi getroffa; wenn mei Haus über mir eifalla tät, hätt es nicht ärger sein könna, als wie mi des troffa hat. Des war mei Heimat gega bald 50 Johr do droba ... i han nie Abstand kriegt ... i bin nuff bis zur letzta Stund ... Do bisch aus und ein dei Leba [lang; d. V.] und do hasch dei Zuflucht gsucht und do han i au alles vergessa, wenn ich beim Bleyle war ... ich hab mich so geborga gfühlt."

In ihrer bedingungslosen Treue zum Betrieb und ihrer geradezu unglaublichen Arbeitsmoral, verbunden mit Tugenden wie Fleiß, Pünktlichkeit, Ehrlichkeit und Sparsamkeit – „i hab jede Stecknadel uffglesa beim Bleyle" –, erfüllte Frau H. genau *die* Erwartungen, die der Betrieb an seine Beschäftigten stellte. In mancher Hinsicht mag sie ein Einzelfall sein, aber es soll auch viele Frauen gegeben haben, die (im Unterschied zu Frau H.) „nicht geheiratet haben vor lauter Bleyle"[23].

Zwar fehlen vergleichbare Zahlen mit anderen Betrieben, aber nach den Aussagen der ehemaligen Betriebsangehörigen hatte Bleyle zumindest in Zeiten wirtschaftlicher Prosperität eine sehr große Stammbelegschaft mit langer Betriebszugehörigkeit.

9   Disziplinierungsmaßnahmen: Erziehung zur Sparsamkeit.
„Wenn jede Zuschneiderin täglich nur bei jedem zehnten Stoffzuschnitt 1 cm Zwischenraum beim Aneinanderlegen der Schneiderschablone läßt, so bedeutet dies einen täglichen Stoffverlust so groß wie das Material zu 10 Matrosenanzügen ‚Harald'."

Die Frage stellt sich: Wie konnte es einem industriellen Großbetrieb, mit dem für die Textilindustrie üblichen geringen Lohn, gelingen, seine Beschäftigten so eng an sich zu binden? Wie konnte es zu einer derart positiven Bewertung eines Arbeitsplatzes kommen wie bei Frau H.?

Die Betriebsfamilie als Firmenideologie

Die Familie mit einem patriarchalischen Familienoberhaupt und einer „mütterlichen Frau"[24] diente der Bleyle'schen Unternehmenspolitik von Anfang an als Vorbild für die Arbeitsorganisation. Schon der Firmengründer Wilhelm Bleyle war als „Vater Bleyle" bezeichnet worden. Seine Frau war „Mutter Bleyle", Leiterin des Reparaturbetriebes der Firma.

„Die hen des gschaffa, wie wenns a Familie wär."

Wie ein roter Faden durchzieht das Zauberwort *Betriebsfamilie* die Firmengeschichtsschreibung, die Festreden, Begrüßungsbroschüren für neue Mitarbeiter und Mitarbeiterinnen und insbesondere die werkseigene Zeitung, den „Bleyle-Herold".

Die erste Nummer vom 01.Mai 1939 betonte, daß es die Aufgabe der Zeitung sei, die „Betriebsgemeinschaft" als Teil der „Volksgemeinschaft" „zum Bewußtsein aller Betriebsangehörigen zu bringen"[25].

Die Begriffe „Betriebsgemeinschaft" und „Betriebsfamilie" werden dabei als Synonyme gebraucht, denn im gleichen Heft heißt es:

„Mit der Nummer 1 des ‚Bleyle-Herold' umschließen wir zum ersten Mal wie mit einem geistigen Band alle Glieder unserer großen Bleyle-Arbeitsfamilie: den großen *Bruder* in Stuttgart, den kleineren in Ostheim, die kräftigen *Zwillinge* in Ludwigsburg, unsere jüngste *Schwester* in der Goldstadt, die älteste in Brackenheim und den *Benjamin* unserer Werke in Wien."[26]

Der Betrieb wollte Spiegelbild der Familie sein. Deshalb wurden die Feierlichkeiten, die traditionell im intimen Kreis begangen werden, im Betrieb im großen Rahmen inszeniert. Für die Betriebszeitung war dies eine Gelegenheit mehr, in allen Einzelheiten und voller Stolz zu berichten. Der Verweis auf die Familie durfte dabei nicht fehlen.

„(...) so war unser Bleyle-Weihnachten in den vergangenen Jahren, so hatte es seine Tradition, wie sie Weihnachten nur irgend in einer Familie hat, für die Familie unserer Betriebsgemeinschaft. Und diese Tradition werden wir pflegen und hoffentlich in vielen Friedensjahren miteinander fortsetzen können."[27]

Aber nicht nur der Nationalsozialismus schrieb den Gedanken der Betriebsgemeinschaft auf seine propagandistischen Fahnen. Denn in der ersten nach dem Krieg erschienenen Nummer ist zu lesen: „Wir begrüßen den wiedererstandenen Bleyle-Herold auf das Herzlichste und betonen, daß seine schöne Aufgabe sein soll, die Zusammengehörigkeit unserer Bleyle-Familie zu fördern."[28]

In diesem Klima „familiären Vertrauens"[29] überrascht es nicht, daß Frau H. Bleyle nie als anonymen Betrieb erlebte:

„I bin mir au nie vorkomma, wie wenn i in einer Fabrik wär ... Bei uns hot's ehrlich gsagt Fabrikmensche ghoißa, ‚oh, die isch auf Stuttgart, des isch au so an Fabrikmensch' ... Des hot immer a weng an Gruch ghet, a Gschmäckle. Und no han i meim Vater klipp und klar verzählt ... des isch an großer Nähsaal, des isch koi Fabrik wie dr Bosch oder so."

Offenbar müssen auch viele andere wie Frau H. gedacht haben, denn in der 1939 zum 50. Jubiläum entstandenen Firmengeschichte hieß es:

„Bleyle war in den Augen der Arbeiterinnen nicht ganz Fabrik (...) Man sprach in Stuttgart vom Institut Bleyle, wo die Tochter nähen lernte."[30]

*Die Bleyle-*BETRIEBSFAMILIE

nimmt herzlichen Anteil an den Familienfesten von Juli bis September 1952

Gertrud Müller (Zse 1) mit Paul Schwarz, am 28.6.1952
Theresia Kaiser (Anb 3) mit Leopold Deigner, am 28.6.1952
Anna Tschischek (Srn) mit Anton Tissauer, am 4.7.1952
Annemarie Mayer (Sde) mit Helmut Baumgärtner, am 5.7.1952
Inge Wobith (Zse 2) mit Rudolf Mann, am 5.7.1952
Lina Kühnle (Ahe) mit Albert Schimpfössl, am 7.7.1952
Raphaela Mayer (Ssn) mit Rudolf Fuchs, am 12.7.1952
Elisabeth Stuiber (Anb 1) mit Wilhelm Böhm, am 18.7.1952

Marie Burkl (Ans 3) Sohn Horst
Hedwig Gießl (Mus) Tochter Cornelia
Emilie Hermann (Vrs) Werner und Hans
Josefine Hoffmann (Srs) Sohn Alfred

10   Anteilnahme bis ins Privatleben hinein.

Ganz ähnlich äußerten sich in der Werkszeitung von 1951 die als „Bleyle-Töchter" bezeichneten Jubilarinnen: „Wir sind keine Fabrik, das Wort haben wir nie in den Mund genommen."[31]

Das persönlich geführte Unternehmen sollte Geborgenheit und emotionale Nähe vermitteln. Dies gelang insbesondere durch die Sozialleistungen, die Frau H. für das gute Betriebsklima verantwortlich macht. Sie schwärmt noch heute von den zahlreichen Jubilar-, Herbst- und Weihnachtsfeiern, von Betriebsausflügen, dem Bleyle-Sportplatz, von der Frauengymnastik im Speisesaal, von Theatervorstellungen und vielem mehr.

Vor allem auf den Betriebsausflügen fielen die sozialen Schranken:

„net daß die [die Geschäftsleitung; d. V.] a Eck für sich ghet hättet, die sin unter de Leut gsessa und hen no an Wein zahlt und mitgmacht mit Schunkla und Lacha und Singa".

Daß solche Ereignisse noch Jahrzehnte später erinnert werden, sollte aber nicht vergessen lassen, daß in der Firma selbst – dem patriarchalen Familienverständnis entsprechend – säuberlich zwischen ‚unten' und ‚oben' getrennt wurde: Für Geschäftsleitung und Angestellte gab es zum Beispiel getrennte Personenaufzüge, der eine schnell, der andere so langsam, daß man schneller im Speisesaal war, wenn man die fünf Stockwerke zu Fuß ging.

Mit der Propagierung der „Betriebsfamilie" erreichte Bleyle ein hohes Maß an Verbundenheit und Identifikation der Belegschaft mit dem Betrieb. Nur so läßt sich die Bereitschaft zu einem erhöhten Arbeitseinsatz bei gleichzeitiger Akzeptanz der Nachteile erklären.

Die Firma hatte auf diese Weise ein wichtiges unternehmenspolitisches Ziel erreicht: Die Disziplinierung der Beschäftigten und die Vermeidung bzw. Überdeckung sozialer Spannungen. Im Jahre 1939 vermerkte der Firmenhistoriker stolz, daß Bleyle bis dahin niemals, auch nicht in sozial angespannten Zeiten, einen Streik erlebt und auch nie einen „kommunistisch verseuchten Betriebsrat"[32] gehabt hätte. Frau H. kann das für ihre Zeit bei Bleyle bestätigen:

„Einen Streik hat's bei uns gar nie gäba, nichts, auch kein Aufruhr, ... des han i nie erlebt, koi Stund."

Selbst als sich der Konkurs durch Betriebsstillegungen und Entlassungen abzuzeichnen begann, setzte sich die Belegschaft praktisch nicht zur Wehr.

Die Schlußfolgerung, die politische Zurückhaltung und Passivität hinge ursächlich mit der Tatsache zusammen, daß es sich bei Bleyle überwiegend um einen Frauenbetrieb handelte, wäre voreilig. Als 1985 im elsässischen Colmar das Außenwerk Bleyle France geschlossen und die gesamte Belegschaft, bestehend aus 190 Frauen und vier Männern, entlassen wurde, besetzten die Frauen für mehrere Tage das Werk. Sie hinderten sogar den Schnellzug nach Straßburg für zehn Minuten an der Weiterfahrt. In einem letzten Akt der Verzweiflung reisten sie nach Stuttgart, wo sie von ihren Kolleginnen und Kollegen Solidarität und Unterstützung erhofften. Aber dort, im Stammwerk in der Rotebühlstraße, blieben die Werkstore verschlossen.

Der Konkurs kam für viele, die sich mit der Betriebsfamilie identifiziert hatten, dem Verlust der eigenen Familie gleich. Dementsprechend reagierte man auch nicht mit Wut, sondern mit Fassungslosigkeit, Trauer und Schmerz – Ohnmachtsgefühle also, aus denen sich keine kollektiven Formen des Widerstandes entwickeln lassen. Vielmehr fügte man sich, so wie man auch vorher die patriarchalen Betriebsstrukturen akzeptiert hatte, in das unabänderliche Schicksal. Das Ende wurde als ein wirklich endgültiges begriffen – eben nicht als Anfang.

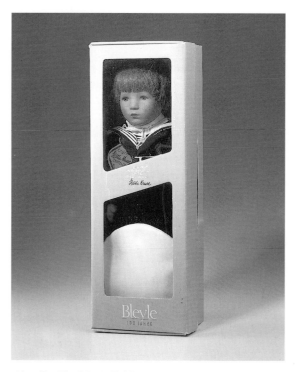

11 „Der Bleyle", ein Relikt vergangener Zeiten – nun in der Puppen-Sammlung.

Anmerkungen

1. Stuttgarter Nachrichten, 21.01.1987. Bei den in den Text montierten Zitaten handelt es sich um Artikel-Überschriften über die Firma Bleyle, die in der Zeit des Konkurses verschiedenen Tageszeitungen der Stuttgarter Region entnommen wurden.
2. Lübbe, Hermann: Zeit-Verhältnisse. Zur Kulturphilosophie des Fortschritts. Reihe „Herkunft und Zukunft." Hrsgg. von Friedrich H. Tenbruck/ Nikolaus Lobkowicz/ Hermann Lübbe/ Thomas Nipperdey/ Matthias Schramm. Band 1. Graz/ Wien/ Köln 1983: 12.
3. Sloterdijk, Peter: „Schule des Befremdens" In: Frankfurter Allgemeine Zeitung-Magazin, 17.03.1989: 64.
4. Ebd.
5. Mauersberg, Hans: Deutsche Industrien im Zeitgeschehen eines Jahrhunderts. Eine historische Modelluntersuchung zum Entwicklungsprozeß deutscher Unternehmen von ihren Anfängen bis zum Stand von 1960. Stuttgart 1966: 151.
6. Winschuh, Joseph: Historia Dr.Winschuh. Bleyle Jubiläumsschrift 1938/ 39. n.pag. Wirtschaftsarchiv Baden-Württemberg Stuttgart-Hohenheim [WABW] B 68/ 161/ 15.
7. Mentges, Gabriele: „‚Gesund, bequem und praktisch' oder die Ideologie der Zweckmäßigkeit." Strategien der Konfektionsindustrie zu Anfang des 20. Jahrhunderts am Beispiel der württembergischen Firma Bleyle. In: Hessische Blätter für Volks- und Kulturforschung, Folge 25, 1989: 131–152, hier: 132.
8. Siehe dazu den Beitrag „Der Prophet und Entrepreneur" in diesem Band.
9. Riede, Hugo: Die Entwicklung der württembergischen Textilindustrie. Heidelberg 1937: 42f.
10. Ebd.: 4–6.
11. Siehe dazu die Beiträge in Kapitel 3.
12. Riede 1937 [wie Anm. 9]: 45.
13. Bericht des Konkursverwalters Rechtsanwalt Dr.Volker Grub im Konkursverfahren der Bleyle KG und Bleyle Verwaltungs-GmbH, Stuttgart 11.06. 1987: 16. WABW B 68/ 161/ 15.
14. Ebd.: 16.
15. Melliand Textilberichte Bd.31, Heidelberg, 16.05. 1950: „Nachrichten aus Wissenschaft und Praxis. n.pag.
16. Abkürzung für „vêtements tricotage".
17. Grub 1987 [wie Anm. 13]: 29.
18. Ebd.: 45–80.
19. Ebd.: 57.
20. Die Zitate stammen aus zwei von insgesamt drei Interviews mit Frau H. im Herbst und Winter 1990/ 91. Am ersten Interview nahm außerdem Frau B., eine ehemalige Arbeitskollegin von Frau H., teil. Die Interviewerinnen: Ann de Vos-Palmbach und die Verfasserin (1.); Ann de Vos-Palmbach, Gabi Kiedaisch und die Verfasserin (2.); die Verfasserin (3.).
21. Störhandwerker übten vornehmlich Reparaturarbeiten an Geräten und Werkzeugen aus. Sie reisten zu bestimmten Jahreszeiten von Hof zu Hof oder wurden von den Bauern bei Bedarf bestellt. In der Regel besaßen sie eigenes Land und/oder hatte eine Werkstatt. Bot das Land durch die in vielen Gegenden Württembergs übliche Realteilung kein ausreichendes Einkommen oder war die Zahl der stationären Handwerksbetriebe zu groß, war das Störhandwerk eine zusätzliche Verdienstquelle. Ob es einen Zusammenhang zwischen dem Begriff „Stör" und dem dem Verb „Stören" gibt, ist nicht eindeutig geklärt, aber wahrscheinlich. Siehe weiter dazu: Ludwig-Uhland-Institut für Empirische Kulturwissenschaft der Universität Tübingen/ Württ. Landesmuseum Stuttgart/ Volkskundliche Sammlung (Hrsgg.): Flick-Werk. Reparieren und Umnutzen in der Alltagskultur. Begleitheft zur Ausstellung im Württembergischen Landesmuseum Stuttgart vom 15.10.–15.12. 1983. Stuttgart 1983: 37–42. Zur Störhandwerkerin selbst siehe den Beitrag von Klaus Jonski „Aus dem Leben der Schneidermeisterin Franziska Ege" in diesem Band.
22. Kracauer, Siegfried: Die Angestellten. [1929]. In: Kracauer, Siegfried: Schriften I. Frankfurt/ M. 1971: 216.
23. Interview mit Frau B. im Herbst 1990.
24. Winschuh 1939 [wie Anm. 6].
25. Bleyle-Herold 1939/40, Heft 1: 2.
26. Bleyle-Herold 1939, Heft 1: 3. Hervorhebungen durch die Autorin.
27. Bleyle-Herold 1939, Heft 9: 2.
28. Bleyle-Herold 1951, Heft 1: 3.
29. Mentges 1989 [wie Anm. 7]: 143.
30. Winschuh 1939 [wie Anm. 6].
31. Bleyle-Herold 1951, Heft 2: 15.
32. Winschuh 1939 [wie Anm. 6].

Thomas Kegel

„Qualität, Sauberkeit, Fleiß, Ordentlichkeit, Pünktlichkeit"

Wilhelm Bleyle – ein moderner Unternehmer erbaut seine Fabrik

In nur 16 Jahren – von 1884 bis 1900 – wurde aus dem Kleinbetrieb des Textilfabrikanten Wilhelm Bleyle[1], der in angemieteten Räumen mit zunächst acht Angestellten und einigen Heimarbeiterinnen Konfektionskleidung fabrizierte und teilweise selbst verkaufte, ein prosperierendes Unternehmen.

1889 mit einem Darlehen der Württembergischen Vereinsbank gegründet, gelang dem Unternehmen 1895 der wirtschaftliche Durchbruch. Ab 1900 galt es mit über 300 ArbeiterInnen und etwa 350.000 Reichsmark Umsatz als Großbetrieb.

Auch in den folgenden Jahren setzte das Textilunternehmen seine Expansion fort: zu einem eigenen Fabrikgebäude in Stuttgart[2] – dem 1911 ein Neubau in der Rotebühlstraße folgte – wurden neue Teilwerke in Brackenheim (1903) und Ludwigsburg (1905) gegründet. Die Wilhelm-Bleyle-KG verfügte schließlich im Jahre 1912 über drei eigene Produktionsstätten, in denen 1.236 ArbeiterInnen und 190 Angestellte arbeiteten. Der Umsatz lag in diesem Jahr bei über 4 Millionen Reichsmark.

Der Unternehmer Wilhelm Bleyle konnte für den Aufbau seines Betriebs auf verschiedene Ressourcen und Trends setzen und diese geschickt mit eigenen Ideen verbinden:

– Seit der zweiten Hälfte des 19. Jahrhunderts förderte der württembergische Staat den Aufbau der Textilindustrie in besonderem Maße.

– Durch die Ende des 19. Jahrhunderts, Anfang des 20. Jahrhunderts zunehmende allgemeine Industrialisierung und Verstädterung entwickelte sich ein Massenbedarf an „fertiger Kleidung" (Konfektion). Seit 1900 entstand mit der Herausbildung der Mittelschichten eine breite KonsumentInnenschicht, die eine ihrer Klasse und ihrem Anspruch gemäße – bessere – Kleidung tragen wollte.

Diese neu aufkommenden Schichten waren in ihrer Mentalität am Bürgertum und dessen Werten und Normen orientiert. Wilhelm Bleyle konzipierte für diese Gesellschaftsschichten eine „Markenkleidung" mit bestimmten (Qualitäts-)Merkmalen, die dem Konsumverhalten der Leute entgegen kam. Die Konfektionskleidung war billiger als die maßgeschneiderte, bürgerliche Kleidung, entsprach also der Kaufkraft dieser Schichten.

– Die von Bleyle gefertigten Trikotwaren wurde durch Fortschritte in der Maschinentechnik und in den Produktionsverfahren in ihrer Qualität enorm verbessert. Die Trikotstoffe wurden gewobenen Stoffen äußerlich immer ähnlicher, so daß das Ansehen der teuren gewobenen Wollstoffe auf das Trikot ‚abfärbte'.

– Mit dem für Knaben konzipierten, seit 1890 produzierten und schnell berühmt gewordenen „Matrosenanzug" konnte Bleyle die allgemeine Flottenbegeisterung in breiten Kreisen der Bevölkerung für den Kauf seiner Produkte ausnützen.

– Die Markenqualität der Bleyle'schen Produkte fand ihre Entsprechung einerseits in einer technisch modernen Produktion und andererseits in der Heranbildung einer qualifizierten und an Prinzipien der Qualitätsproduktion orientierten Firmenbelegschaft.

Es entstand eine Firmenidentität der Firma Bleyle mit einem entsprechenden ‚Zusammengehörigkeitsgefühl'. Mehr und mehr verstand sich der gesamte Betrieb als „Familie", die lange Zeit patriarchal strukturiert war. In dieser „Firmenfamilie" wurden die Familienmitglieder, also die ArbeiterInnen, auf den hohen Qualitätsstandard der Produktion hin sozialisiert.

Der Aufschwung der Textilindustrie in Württemberg

Als Mitte des 19. Jahrhunderts in der Textilwirtschaft ein Gründungsboom einsetzte, geschah dies vor dem Hintergrund einer breit gefächerten und seit langem bestehenden vorindustriellen Produktion. Durch den vermehrten Einsatz von Kraftmaschinen sowie durch die Erfindung und außerordentlich schnelle Verbreitung der Nähmaschine, mit der schneller und in großen Stückzahlen produziert werden konnte, begann die textile Massenproduktion. Auswirkungen waren u.a. eine enorme Ausdehnung der Textilindustrie mit einer ausdifferenzierten Produktpalette. Außerdem hatte die Nähmaschine Auswirkungen auf die Arbeitsorganisation.

Heimarbeit in der Textilindustrie

Gab es in der Textilindustrie bisher einen Geschlechterproporz zwischen Männern und Frauen, so wurden durch die recht schnelle Verbreitung der Nähmaschine die vorher in der Kleiderfabrikation arbeitenden Männer durch die „billigere" Arbeitskraft der Frauen verdrängt. Denn die Frauenlöhne waren um einiges niedriger als die der Männer und bewirkten bei gleichbleibender Produktivität ein Absinken der Lohnkosten für die Unternehmer. Die Nähmaschine mit ihrer einfachen Handhabung galt als geeignete Maschine für Frauen, die nicht mit einer komplizierten Technik überfordert werden sollten. Außerdem waren die Nähmaschinen vergleichsweise billige Produktionsmittel, so daß die Unternehmer ein nur geringes Anlagekapital zum Aufbau einer Produktion mitbringen mußten. Es war oft nicht einmal ein Fabrikgebäude notwendig, da die Frauen auch daheim arbeiten konnten.

In einer Festschrift zum 50jährigen Bestehen der Württembergischen Handelskammer im Jahr 1906 heißt es dazu:

„Selbst zur Aufnahme der [Textil-; d. V.] Fabrikation im großen Maßstabe benötigte der Unternehmer nur ein geringes Anlagekapital, da für ihn bei der Beschäftigung von Arbeitern außerhalb einer eigenen Betriebsstätte nicht nur das Baukapital, sondern häufig sogar das Maschinenbeschaffungskapital und endlich die mit dem geschlossenen Fabrikbetrieb verbundenen Generalspesen in Wegfall kamen"[3]

und:

„die Grundlage des Fabrikationsbetriebes bildet die Heimarbeit."[4]

Für die ArbeiterInnen bedeutete dies, daß sie sich für ihre Heimarbeit in der eigenen Wohnung einen Arbeitsplatz einrichten mußten; manche schafften sich sogar die Nähmaschinen oder andere Geräte auf eigene Kosten an. Die Unternehmer lieferten die Rohstoffe oder die zu bearbeitenden Teile; oft waren die ArbeiterInnen ge-

1 Heimarbeiterinnen beim Repassieren.

zwungen, diese noch über weite Wege von einer zentralen Verteilungsstelle abzuholen und auch wieder hinzubringen. Je nach Auftragslage konnte der Unternehmer die Arbeitsaufträge beliebig zuweisen – hatte er Aufträge, gab es auch für die Frauen Arbeit und Verdienst. Dieses Verlagssystem war für die Frauen sehr aufwendig und voller Zwänge, aber die ArbeiterInnen waren auf diese Arbeit angewiesen. Auf der Basis der Heimarbeit entstand so eine blühende Industrie.

Von 1891 bis 1901 stieg die Anzahl der Bleyle-ArbeiterInnen von 12 auf 313. Darin ist die Anzahl der HeimarbeiterInnen enthalten. Da die ersten Fabrikationsräume relativ klein waren, kann daraus geschlossen werden, daß zumindest in diesem Jahrzehnt eine größere Anzahl der Bleyle-ArbeiterInnen in der Heimarbeit tätig waren. Genaue Zahlen für diese Jahre sind nicht bekannt. In den späteren Jahren gibt es starke Schwankungen in der Anzahl der HeimarbeiterInnen – offenbar je nach Zeitbedingungen: z.B. ist im Ersten Weltkrieg ein Anstieg zu verzeichnen (Uniformproduktion). Im allgemeinen machte die Zahl der HeimarbeiterInnen ca. 10% der Bleyle-Belegschaft aus. In der Heimarbeit waren viele Frauen tätig, die im Stuttgarter Umland lebten – z.B. auf den Fildern; oft verbanden sie eine landwirtschaftliche Tätigkeit noch mit textiler Heimarbeit. Sie waren aber fest in die „Firmenfamilie" eingebunden, u.a. durch gemeinsame Jahresfeiern.

Die Wahl des Unternehmers: Der Textilstandort Stuttgart

Der Textilmaschinenbau hatte durch die abschöpfbaren Gewinne aus der Produktion, die dann investiert werden konnten, eine hohe Innovationsfähigkeit. Ständige Neu- und Weiterentwicklungen der Maschinen führten dazu, daß die Textilindustrie über Jahrzehnte als „Vorreiterindustrie" galt. Wie der Maschinenbau hingen auch andere Industriezweige (Metallverarbeitung, Energieerzeugung) von der Textilindustrie ab und wurden von deren ‚Fortschrittssturm' mitgerissen.

> „Es ist nicht einerlei ob die Spulerin an einer vollen Wollespule ein hinausgezogenes Ende oben Gang für Gang sorgfältig abspult oder ob sie es kurzerhand einfach abschneidet und dadurch 70 g wertvollste Wolle dem Wolleklau 'Abfallsack' in seinen immer offenen Rachen schmeißt."[5]

Der Produktionsstandort Stuttgart war für die Bleyle'sche Unternehmung vorteilhaft; denn schon seit den siebziger Jahren des 19. Jahrhunderts war hier ein wichtiger Standort für Engros-Fabrikation „besserer" Herrengarderobe.

Der neue Anspruch: Qualitätsware

Wilhelm Bleyle hatte vor seiner Stuttgarter Unternehmensgründung schon einige Jahre mit der Fabrikation von Qualitätskleidung für Knaben zu einem günstigen Verkaufspreis experimentiert. Die dort gewonnenen Erfahrungen legte er seinen Stuttgarter Produktionsplänen zugrunde. Bleyle wollte qualitativ hochstehende Knaben- und Herrenkleidung fabrizieren. Er verband sein „fanatisches Streben nach Qualität"[6] mit strengen Gütekontrollen in der Produktion. Trotz des hohen Qualitätsanspruches sollte kostengünstige Kleidung fabriziert werden. Dafür besaß die Trikotstrickerei ideale Voraussetzungen.

Die Firma Bleyle bot ihre Produkte mit einer Qualitätsgarantie an und ermöglichte eine kostengünstige Reparatur beschädigter Kleidungsstükke. Auch Änderungen an den Kleidungsstücken wurden der Kundschaft angeboten: etwa zu kurz gewordene Jackenärmel oder Hosenbeine konnten verlängert werden – es wurden einfach einige Reihen angestrickt.

Die Herstellung qualitätvoller Produkte wurde im Lauf der Zeit zu einer immer wichtigeren Zielvorgabe für die Firma. Das führte dazu, daß mit den Jahren auch eine umfangreiche Forschungs- und Testabteilung eingerichtet wurde. Die sprichwörtliche Qualität der Bleyleprodukte wurde fest verbunden mit dem Markennamen – die Bleyle'sche Qualitätsmarke ließ die Leute von ihrem „Bleyle" sprechen, wenn sie ihren Anzug meinten.

Die Erziehung der Bleyle-Belegschaft zur Qualitätsarbeit

Eine Produktion mit der Zielvorgabe hoher Qualität braucht Menschen, die diesen hohen Anspruch in ihrer täglichen Arbeit erfüllen können und wollen. Die in der Bleylefabrik Beschäftigten sollten pünktlich und sorgfältig arbeiten, mit den Arbeitsmaterialien sparsam umgehen und Fehler weitestgehend vermeiden. Um solche Arbeitsziele erreichen zu können, bedarf es einer guten betrieblichen Ausbildung und einer ausgewählten Belegschaft.

Der Firmengründer Wilhelm Bleyle suchte sich seine MitarbeiterInnen selbst aus, holte umfassende Informationen ein und machte selbst Besuche bei den Eltern der BewerberInnen. Dabei verschaffte er sich einen Eindruck über die Herkunft und die Lebensumstände der betreffenden Person: Die Wohnung und die Eltern sollten „Solidität" ausstrahlen, auf Fleiß und Pünktlichkeit schliessen lassen.

Für viele ArbeiterInnen trat der Firmenchef an die Stelle des Vaters. Sein persönliches Verhältnis zur Belegschaft läßt sich mit Stichworten wie „Führungsgerechtigkeit", „strenge Arbeitszucht" und „Paternalismus" beschreiben. Dieser Paternalismus zeigte sich darin, daß der Unternehmer für seine MitarbeiterInnen sorgte: die Belegschaft wurde auch in Krisenzeiten nicht erwerbslos, sondern durch Füll- und Kurzarbeit im Betrieb weiterbeschäftigt – etwa in den Krisenzeiten nach dem Ersten Weltkrieg.

Strafe und Lohn

„Arbeitsordnungen" sorgten im Betrieb für Arbeitsdisziplin. Die Arbeitsordnung war Teil des Arbeitsvertrages zwischen Unternehmen und Beschäftigten. Sie wurde bei Vertragsabschluß ausgehändigt und hing in den Fabrikräumen aus.

Bei Bleyle gab es eine Arbeitsordnung für die Gesamtfirma und spezielle Bestimmungen für die Filialen.

In den Arbeitsordnungen waren die Grundstrukturen der Fabrikarbeit geregelt: Die Arbeitszeit, das Verhältnis zu Vorgesetzten, Lohnabrechnungsmodi, Prämien, Bußgelder (z.B. bei Verspätungen), Entlassungsprozeduren, Kündigungen und Schadensersatzzahlungen. Die früheste erhaltene Arbeitsordnung von 1910[7] nennt 19 Paragraphen.

Darin wird postuliert, daß die Beschäftigten „ein anständiges, geordnetes Benehmen unter sich und gegen die Vorgesetzten"[8] bewahren sollten. Weisungen der Vorgesetzten waren pünktlich zu befolgen und die den ArbeiterInnen „übertragenen Arbeiten [sollten; d. V.] mit Fleiß und Sorgfalt"[9] ausgeführt werden.

Die „regelmäßige Arbeitszeit" hatte um 1910 eine Dauer von neuneinviertel Stunden. Die eineinhalbstündige Mittagspause und je eine viertelstündige Vesperpause am Vormittag und am Nachmittag wurden nicht auf die Arbeitszeit angerechnet.

Besonders ausführlich – in fünf Paragraphen – war die Einhaltung der Arbeitszeit geregelt: hier

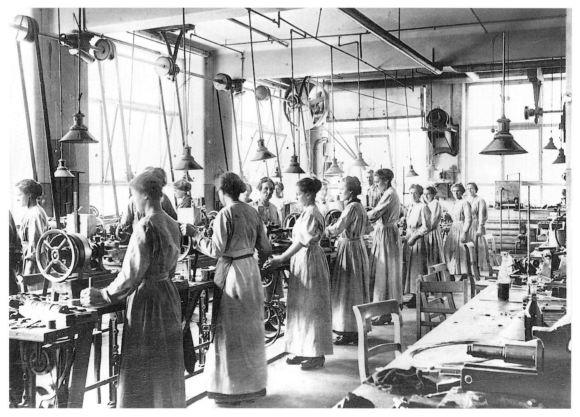

2 Frauenfabrikarbeit, Beginn des 20. Jahrhunderts (Nähsaal der Fa. Bleyle).

wurde auf pünktlichen Arbeitsbeginn gedrungen; für früheren Beginn gab es eine kleine Prämie (§8); „jede Verspätung [wurde; d. V.] mit 5 Pfennig [Lohnabzug; d. V.] bestraft"[10]. Die Strafgelder wurden am Jahresende gleichmäßig unter den ArbeiterInnen gleichmäßig verteilt. Dadurch wurde die kollektive Strafandrohung umgemünzt in eine temporäre Belohnung, die wiederum den Zusammenhalt der Arbeitenden untereinander festigte. Wiederholte Verspätungen führten zur Kündigung (§16), bei jeder Verspätung mußte man sich bei einer/ einem Vorgesetzten melden (§11).

Diese ausführliche und ins Detail gehende Regelung legt die Vermutung nahe, daß die Zeitdisziplinierung um 1910 noch wenig ausgeprägt und noch nicht gänzlich verinnerlicht war.

„Durch Unachtsamkeit und eigenes Verschulden des Arbeiters verursachter Schaden"[11] mußte durch diesen ersetzt werden. Die in der Produktion möglichen Schäden und eventuellen Sanktionen gegen deren VerursacherInnen wurden in den Filialordnungen weiter ausgeführt.

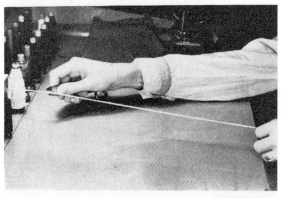

Faden und Wolle abschneiden — nicht abreißen!

Eine Arbeitsordnung für die Ludwigsburger Strickerei von 1913[12] drohte mit harten Strafen.

Besonders hart – nämlich mit Entlassung und Strafgeldzahlung von drei Mark – wurde das Ölen der Nadelköpfe der Strickmaschinen bestraft. Bei einer solchen „Ölung" stockte die Produktion, das Produkt war verunreinigt oder verdorben, und die Maschine mußte aufwendig gereinigt werden.

Aber auch „kleinere" Fehler wurden bestraft.

„1. Kleine Löcher und Fallmaschen 1 Pfg. pro Stück.
2. Laufmaschen auf der Vorderseite 3 Pfg. pro Stück, auf der Hinterseite 2 Pfg. für jede angefangene 10 cm.
3. Ölflecken 10 Pfg. pro Stück.
4. Unrichtige Nadelzahl 20 Pfg.
5. Schlechte oder schlecht eingezogene Knöpfe 20 Pfg. pro Stück.

Diverse sonstige Fehler, hervorgerufen durch die Strickerin, werden mit dem tatsächlichen Schadensersatz geahndet."[13]

Fallmaschen, Löcher und „reißende Nadeln" wurden mit Bußgeldern zwischen einem und fünfzig Pfennig geahndet. Knöpfe, die angestrickt, statt angenäht wurden, kosteten zehn Pfennig Strafe. Falls eine „Minderung" gestrickt wurde, wurden unbrauchbare Teile aufgezogen und die Neuanfertigung nicht mehr entlohnt.

Zuwenig straff gewickelte Spulen wurden „für schlaffige Arbeit oder Unachtsamkeit mit 10 bis 20 Pfg. bestraft"[14].

Strafgelder waren außerdem zu zahlen für Fehler beim Zuschneiden und Nähen; beim Bügeln verbrannte Ärmel und Kragen kosteten 10 bis 35 Pfennige Strafgebühr.

Als allgemeine „Ordnungsstrafen" werden aufgezählt:

„1. Zuspätkommen 5 Pfg.
2. Wiederholt untersagtes unnötiges Sprechen, Singen oder sonstiger Unfug während der Arbeit 10 Pfg.
3. Hartnäckiges Leugnen und Belügen der Vorgesetzten in geschäftlichen Sachen 10 bis 20 Pfg.
4. Wiederholt unerlaubtes oder unentschuldigtes Fernbleiben von der Arbeit ist mit Entlassung bedroht."[15]

Die ArbeiterInnen hatten zu arbeiten – pünktlich und fehlerlos – alle anderen Lebensäußerungen während der Produktion waren gegen die Ordnung. Strafordnungen sanktionierten die kleinste Normabweichung und geringe Fehler. In Anbetracht der niedrigen Bezahlung – die Wochenlöhne betrugen nur wenige Mark – machten sich die Strafgelder schmerzlich bemerkbar.

Die Strafen wurden von den Vorgesetzten – den Werkmeistern – verhängt. Bei fehlerhafter Arbeit war man meldepflichtig.

Die abverlangten Arbeitstugenden Fleiß, Pünktlichkeit, Sparsamkeit, Korrektheit, Akkuratesse, Fehlerlosigkeit entsprachen der ‚Aura' des bei Bleyle fabrizierten Qualitätsproduktes.

Nach der Revolutionszeit am Ende des Ersten Weltkrieges wird der Ton der Strafordnungen moderater. Nun wird mehr mit Appellen zur Arbeitsdisziplin gemahnt.

Die strenge Arbeitsdisziplin bei Bleyle aber blieb bis in unsere Zeit erhalten. In der Firmenhistoriographie wird die straffe Ordnung damit begründet, daß Bleyle den „Charakter eines Frauenbetriebes" hatte und daß Frauen sich in straffe Ordnungen schnell und nachhaltig einfügen. Offenbar liegt dem die Vorstellung zugrunde, daß Frauen eher passiv und fügsam und wenig aktiv-kreativ seien, weshalb sie auch Anleitung und eine vorgegebene Ordnung bräuchten. Diese Vorstellungen bestimmten ja lange Zeit das allgemeine Denken über Frauen.

Neben der ‚Peitsche' der Strafandrohungen gab es das ‚Zuckerbrot' der unternehmerischen Sorge und betrieblichen Sozialleistungen, der Vergünstigungen und Prämien. ‚Zuckerbrot und Peitsche' – beides zusammen erzog zur „Bleyle-Belegschaft".

Aus dem patriachalen Selbstverständnis des Unternehmers Wilhelm Bleyle und später seiner Söhne erwuchs eine gewisse Fürsorgepflicht für „ihre" ArbeiterInnen. Zunächst übernahm W. Bleyle eine persönliche Verantwortung (später, ab den zwanziger Jahren war dies wegen der Größe des Betriebes kaum mehr möglich), die sich vor allem auf die Dauerhaftigkeit der Arbeitsverhältnisse erstreckte. Die „Bleyleaner" sollten bei Auftragsmangel nicht entlassen werden. Dies hatte einerseits soziale Aspekte – Verhinderung der Arbeitslosigkeit –, andererseits wollte der Unternehmer seine speziell für seine Qualitätsproduktion ausgebildeten ArbeiterInnen nicht verlieren. Bleyle wollte immer eine große Gruppe geschulter ArbeiterInnen im Betrieb zur Verfügung haben; denn bei einer eventuellen Steigerung der Produktion nach einer „Baisse" mußten dann nicht erst in langwieriger Ausbildung geeignete Leute herangezogen werden.

In der Aufbauphase kümmerte sich W.Bleyle noch persönlich um die Lebensumstände seiner ArbeiterInnen, gab hier eine Sondergratifikation und drängte dort eine/n MitarbeiterIn, doch einmal eine Woche in Urlaub zu gehen. Darüberhinaus setzte er schon früh Prämien als Mittel der Erziehung zur Arbeitsamkeit ein. Ab 1910 gab es „Pünktlichkeitsprämien"; außerdem gab es nach fünfjähriger ununterbrochener Betriebszugehörigkeit 25 Mark und nach zehn Jahren 100 Mark „Treueprämie".

Auch in der Urlaubsfrage hatte Bleyle schon vor dem Ersten Weltkrieg eine fortschrittliche Haltung. „Ferien-Bestimmungen für die Arbeiterschaft" regelten vom Mai 1913 an den bezahlten Urlaub. Es gab bis zu sechs Tagen Ferien, je nach Alter und Betriebszugehörigkeitsdauer gestaffelt. Urlaubsvergütung wurde aber nur bei einem „echten Erholungsurlaub" ausgezahlt. Bleyle sah den Urlaub als ein zusätzliches Entgelt für die geleistete Arbeit und als eine betriebsspezifische Gratifikation für seine ArbeiterInnen. Tatsächlich gab es in der Urlaubsregelung wenige Unternehmen mit einer solch sozialen Regelung. Erst im Jahre 1938 wurde der Urlaub gesetzlich festgeschrieben und auch dies nur für Jugendliche. Voraussetzungen für eine Qualitätsproduktion sind ArbeiterInnen, die sich im Betrieb wohlfühlen und sich in hohem Maße mit ihm identifizieren. Heute sind dies anerkannte betriebspsychologische und wirtschaftliche Faktoren im Personalwesen, damals waren es besondere soziale Neuerungen.

Neben der Urlaubsregelung gab es auch eine betriebsinterne Pensionskasse. Die Betriebspension wurde zusätzlich zu einer staatlichen Rente ausgezahlt. Sie machte im Durchschnitt 83% der staatlichen Rentenzahlung aus und war nach Kriterien wie Dauer der Betriebszugehörigkeit und sozialer Bedürftigkeit gestaffelt. Einen Anspruch darauf erwarb man nach zehnjähriger Betriebszugehörigkeit. Ähnliche Leistungen führte vor dem Ersten Weltkrieg Robert Bosch in seinem ebenfalls in Stuttgart ansässigen Unternehmen ein.

Im Frühjahr 1918 wurde bei Bleyle mit der betrieblichen Sozialarbeit begonnen. Die Firma hatte damals etwa 700 Angehörige. Es wurde eine „Fürsorge- und Beratungsstelle" eingerichtet, die die Betriebsangehörigen in persönlichen und häuslichen Angelegenheiten beriet. Die dort angestellten, staatlich examinierten Fürsorgerinnen gaben Hilfen zur Beschaffung von Unterstützungen in Notzeiten, berieten in Fragen der Kindererziehung und Versorgung und Unterbringung der Kinder (z.B. während der Arbeitszeit der Mütter). Im Krankheitsfalle, bei Wohnungsnot und -wechsel gewährte die Fürsorgerin Unterstützung und versorgte während ihrer Hausbesuche die Familie von Kranken.

Das Sozialwesen bei Bleyle war umfassend und sozialpolitisch fortschrittlich. Es enthielt Leistungen, die anderswo nicht üblich waren.

Soziale Unruhen im Betrieb waren äußerst selten. Streiks gab es anscheinend nie. Eine Ausnahme war die Revolutionszeit nach dem Ersten Weltkrieg. 1919 kam es mehrmals zu revolutionären Betriebsversammlungen mit Maschinenabstellungen. Seither gab es bei Bleyle auch einen Betriebsrat[16]. Geschah vor 1919 die Problem- und Konfliktlösung im Betrieb zwischen Unternehmer, Meistern, anderen Vorgesetzten und den ArbeiterInnen noch unmittelbar, so war nun der Betriebsrat eine wichtige Anlaufstelle und Schutzinstanz für die Arbeitenden.

Bleyle hatte sich so bald den Ruf eines gerechten, sozialen und wohlanständig-soliden Unternehmens erworben. Dies paßte zu dem Anspruch, Qualität zu fertigen.

Das äußere Bild: die Fabrik.

Die Fabrikbauten, die Bleyle im Jahrzehnt vor dem Ersten Weltkrieg erstellen ließ, zeugen vom Bleyle'schen Geist. Es waren für die damalige Zeit wohlabgewogen-moderne Bauten, mit hellen Arbeitsräumen, großen Fenstern und geräumigen Abmessungen. Die ersten Fabrikgebäude stammen von dem Architekten Philip Jakob Manz, dem damals wohl bedeutendsten württembergischen Industriearchitekten. Manz baute im Zeitstil, nicht avantgardistisch, aber modern und sinnvoll, die im Gebäude ablaufende Produktion bedenkend. Für die ArbeiterInnen war diese Produktionsumgebung sicherlich angenehm – vor allem im Vergleich zu den häufig ungünstigen Arbeitsbedingungen in vielen anderen Betrieben. Die Bleyle'schen Fabrikräume hatten aber auch den Effekt, daß Fehler, Verschmutzungen und Unordentlichkeiten sofort ins Auge stachen. Die Räume zwangen durch ihre helle Übersicht zur Einhaltung einer peinlichen Ordnung und zur Sauberkeit.

Firmenidentität – Produktidentität

Als Arbeitskleidung dienten oft Kittel über die Alltagskleidung, manchmal auch die Straßengarderobe. Mit der Ausweitung der Kollektion auf die Damenbekleidung in den dreißiger Jahren entstand ein sanfter Zwang zum Tragen von Bleylekleidung zumindest für diejenigen, die die Firma nach außen repräsentierten sowie für die leitenden Angestellten und MeisterInnen. Dies setzte sich im Laufe der dreißiger Jahre dann mehr und mehr in der ganzen Belegschaft durch. Erleichtert wurde dies der Belegschaft durch eine betriebsinterne Einkaufsmöglichkeit zu günstigen Bedingungen. Hier wurden auch Kleidungsstücke billig verkauft, die die strengen Endqualitätskontrollen nicht bestanden hatten.

Ende der zwanziger, Anfang der dreißiger Jahre erreichte Bleyle mit weit über 30 Millionen Mark die bis dahin höchsten Umsätze. Die Firma bestand aus vier Werken in Stuttgart-Mitte, Stuttgart-Ostheim, Ludwigsburg und Brackenheim. Die Belegschaft war längst zu einer homogenen Produktionsgemeinschaft geformt.

Die Produktionsmoral der besonderen Qualität, der Fehlerlosigkeit und Akkuratesse wurde verinnerlicht und auf die individuelle Lebenswelt übertragen. So finden sich in der Betriebszeitung immer wieder Ratschläge sowohl für die Arbeit als auch für Zuhause. Dabei standen immer die Bleyletugenden im Vordergrund: die Wohnungseinrichtung sollte z.B. einfach, übersichtlich und rational gestaltet werden.[17]

Die Firma als „Familie"

Die innerbetriebliche Familienideologie half bestehende Unterschiede in der jeweiligen Position in der Firmenhierarchie und in der Machtbefugnis abzumildern. Die familialen Strukturen ließen hierarchische Verhältnisse als quasi-natürliche erscheinen. Anweisungen, Lob und Tadel, Strafen und Belohnungen durch die Firmenleitung, Meister und VorarbeiterInnen wurden als beinahe elterliche Zuwendung akzeptiert. Nur gerecht sollten diese sein; Ungerechtigkeiten sollten mit anderen, höheren betrieblichen Instanzen besprochen und gütlich bereinigt werden.

Gemeinsame Veranstaltungen, wie Betriebsausflüge und Weihnachtsfeiern haben dieses Familiengefühl weiter gefestigt. Die „Bleylefamilie" wurde so für viele der BleylearbeiterInnen zum wichtigen Lebensinhalt, hier fanden sie eine ‚Heimat'. Es war wohl oft schwer zu entscheiden, ob die eigene oder die Firmenfamilie die wichtigere war.

Die NS-Betriebsgemeinschaft

Ohne größere Probleme konnte die Betriebsfamilien-Ideologie der NS-Gemeinschaftsstruktur angepaßt werden.

Bestandteil der NS-Ideologie war die Aufhebung der Klassenspaltung. Unternehmer, Meister, Angestellte, VorarbeiterInnen und ArbeiterInnen sollten alle in einer „Arbeitskameradschaft" verbunden sein:

> „Die Betriebsgemeinschaft ist eine schicksalverbundene Einheit, die neben der Familie und der Gemeinde lebensvolle Urzelle unseres Volkes ist. Damit ist die Betriebsgemeinschaft auch ein Teil der Volksgemeinschaft."[18]

Als „geistiges Band" umfing diese Ideologie alle Bleylebeschäftigten, aber die sozialen Unterschiede und die Betriebshierarchie waren damit keineswegs verschwunden. Schon an der militärischen Benennung der Betriebsangehörigen als „Gefolgschaft" und der Betriebsleitung als „Betriebsführer", „Hauptbetriebsobmann" etc. ist dies erkennbar. Die zugeordneten Funktionen und Machtbefugnisse zeigen zudem, daß es sich bei der „Betriebsgemeinschaft" nicht um eine Gemeinschaft von Gleichen mit gleichen Rechten handelte.

Die 1919 demokratisch erkämpften und rechtlich festgeschriebenen Betriebsräte, Vertrauensleute und Betriebsversammlungen, die Tarifverträge mit den Unternehmensleitungen gewerkschaftlich aushandelten, wurden ab 1933 verboten. Die Arbeiterorganisationen der Weimarer Zeit wurden zerschlagen, viele ihrer Funktionäre in Konzentrationslagern gequält. 1934 wurde in allen Betrieben die „Deutsche Arbeitsfront" (DAF) installiert, in der alle „schaffenden Menschen" zwangsweise Mitglied werden mußten – Arbeiterinnen ebenso wie Unternehmer. Eine korporative Organisationsstruktur war an die Stelle der Klassenorganisationen getreten. Klassenunterschiede und Betriebshierarchien sollten so eingeebnet werden. „Gemeinschaftsarbeit im Dienste der Volksgemeinschaft" wurde propagiert. In Wirklichkeit aber waren die ArbeiterInnen entrechtet, denn nur noch der „Betriebsführer" entschied in allen betrieblichen Belangen. Ein Mitentscheidungsrecht der ArbeiterInnen z.B. durch den Betriebsrat

Stuttgart und Ostheim bei der Arbeit getrennt, marschierten vereint am 1. Mai

gab es nicht mehr. Zwar wurden aus der „Gefolgschaft" kommende „Vertrauensräte" ernannt, aber sie hatten nur beratende Funktion.[19]

Dem „Betriebsführer" (Unternehmer) unterstanden „Betriebsobmänner" als Ausführungsorgane. Diese hatte „Obmänner" und „Sachwalter" als ausführende Untergebene zur Verfügung. Die „Gefolgschaft" war organisiert in DAF-„Betriebszellen" und in „Blocks". Eine „Betriebszelle" war das Werk Stuttgart oder das in Ludwigsburg. Die Betriebs-Blöcke wurden aus den einzelnen Werksabteilungen gebildet, je nach Produktionsaufgabe. Es gab z.B. die Blöcke: Reparatur, Maschineneinrichterei, Strickerei, Fertigmacherei, Zuschneiderei, Hosennäherei. Diese Blocks wurden bei Bleyle betriebsintern mit Kürzelzeichen (Buchstaben) benannt. Die Blöcke hatten Obleute, die als MeisterInnen fungierten. Außerdem installierte die DAF sogenannte „Walter" und „Warte": Betriebsberufwalter (die die spezifische Ausbildung besorgten), Arbeitsschutzwalter, Unfallvertrauensleute, BetriebsjugendwalterInnen, Betriebsfrauenwalterinnen, Betriebsvolksbildungswarte, Betriebsfeierabendwarte, Betriebssportwarte und KdF-Warte für Ausflüge und Reisen.

Im Betrieb wurde im Laufe der dreißiger Jahre immer stärker darauf gedrungen, daß alle sich an den „Gemeinschaftsunternehmungen" beteiligten. Dadurch wurde die Belegschaft in nahezu allen Lebensbereichen eng in die „Betriebsgemeinschaft" eingebunden. War so eine weitgehende Kontrolle bei der Arbeit und in der Freizeit möglich, so darf nicht übersehen werden, daß für viele durch die NS-Organisationen erstmals Theater- und Konzertbesuche oder weitere Reisen möglich wurden.

In diesem Gegensatz von Vereinnahmung und Kontrolle einerseits und der Schaffung neuer lebensweltlichen Möglichkeiten andererseits für die ArbeiterInnen festigte sich die nationalsozialistische „Betriebsgemeinschaft" der Firma Bleyle.

In den Jahren nach 1933 expandierte Bleyle. Neue Betriebsgelände und Gebäude[20] kamen dazu, die Belegschaft wuchs an. Die Produktion war vollständig auf Konfektionskleidung eingestellt. 80% der Beschäftigten arbeiteten in der Konfektion. Die für eine solche Produktion nötige Arbeitsteilung nahm enorm zu, rationalisierte Arbeitsgänge wurden überall eingeführt. Die Rationalisierung in der Produktion hatte Ende der zwanziger Jahre begonnen. Die Nazis drängten zusätzlich auf modernste Fertigungsmethoden in allen Industriezweigen. Bei Bleyle herrschte zwischen den einzelnen Betriebsteilen Arbeitsteilung: so wurden in Ludwigsburg Großpartien der Stoffe gestrickt oder gewirkt, in Brackenheim befand sich die Vorkonfektion, in Stuttgart die Hauptkonfektion.

Da die Kleiderkollektionen nun jährlich wechselten, war eine große Umstellfähigkeit gefordert. Die ArbeiterInnen mußten sich schnell in neue Arbeitsgänge einüben. Auch brachte die durchrationalisierte Fertigung eine Ausweitung der Akkordarbeit mit sich. Die Kontrolle der Produktqualität wurde ergänzt durch eine Kontrolle der einzelnen Arbeitsgänge. Für die ArbeiterInnen bedeutete dies eine genauere Überwachung ihrer Arbeitszeit und ihrer Arbeitsproduktivität. Die Arbeitsabläufe wurden „taylorisiert" – genau festgelegte Handgriffe mußten in einer bestimmten Zeit erledigt werden. Kampagnen zur Selbstkontrolle setzten ein: große Plakate in den Arbeitsräumen forderten die ArbeiterInnen auf, schlechte Zuschnitte, mangelhafte Verarbeitung oder Rückgaben zu vermeiden. Die Kontrollen wurden von Vorgesetzten durchgeführt, die sich durch verschiedenfarbige Kragen – wie militärische Rangabzeichen – unterschieden.

Wie in den Jahren vor der NS-Machtergreifung lagen die Bleylelöhne im Durchschnitt über den in der württembergischen Textilindustrie gezahlten Löhnen.[21]

Das NS-Lohnsystem, dessen Einhaltung über- und innerbetrieblich von der DAF beaufsichtigt wurde, sah bei Bleyle so aus: Der „Normallohn" – meist quasitariflicher Akkordlohn – war von der individuellen Arbeitsleistung abhängig. Er wurde ergänzt durch den „gesteuerten Lohn"; dieser umfaßte Prämien, betriebliche Pensionen, Feriengelder, betriebliche Sozialleistungen und das Kulturangebot sowie den betrieblich gesteuerten Konsum der Firmenkleider. Aus diesen beiden Lohnarten ergab sich der „Reallohn".

Die Fürsorge- und Beratungsstelle wurde in „Werkspflege" umbenannt und personell weiter ausgebaut. Im Jahr 1936 weist die Statistik der Werkspflege 9.670 Fälle auf, darunter 3.271 Haus- und 845 Krankenbesuche. 2.290 Mal wurde in persönlichen und Familienangelegenheiten Rat und Unterstützung gegeben. Einen Antrag auf

Unterstützung konnte man an die „Werkspflege" stellen, die dann mit den Meistern und AbteilungsleiterInnen darüber befand. So sozial dies auf den ersten Blick aussehen mag – Möglichkeiten zur Repression und Ordnungszucht steckten doch darin. So konnte die Unterstützung bei mißliebigem Verhalten oder bei ungenügender Produktivität des/der Beschäftigten verweigert werden. Ein Rechtsanspruch auf betriebliche Unterstützung bestand nur bedingt.

Für Kinder der Werksangehörigen wurde in Zusammenarbeit mit der NS Volkswohlfahrt die Möglichkeit für Erholungurlaub in Ferienheimen geschaffen. Im Frühjahr 1941 wurde für die Kinder der Stuttgarter Werksangehörigen ein Kindertagesheim eingerichtet.

In den Kantinen wurde seit 1933 ein warmes Mittagessen ausgegeben, das von der Firma stark subventioniert wurde. War vorher Selbstversorgung die Regel – das mitgebrachte Mittagessen konnte auf vorhandenen Kochstellen aufgewärmt werden – gab es jetzt z.B. „Makkaroni in Pilztunke, Rote Rüben mit gerösteten Kartoffeln und Preßwurst oder Geröstete Leberspatzen mit Kartoffelsalat" sowie ein spezielles Diätessen für Magenleidende.

Ein für die Firmenleitung von Bleyle wichtiger Gesichtspunkt war, nicht allein zu betreuen und zu organisieren, sondern einen möglichst freiwilligen und selbständigen Einsatz der Gefolgschaft zu erreichen. Damit vollzog sich die

> „Synthese der alten hausväterlichen Tradition, die noch im Klein- und Mittelbetrieb wurzelte, mit der modernen Großbetriebsorganisation und ihren sich zu Einrichtungen verdichtenden sozialpolitischen Funktionen."[22]

Ganz bewußt wird an die alte Firmenfamilienideologie angeknüpft, um die „deutsche Betriebsgemeinschaft" zu schaffen. Sinn der Sozialpolitik ist die Erhaltung der Produktivität der Gefolgschaft. Betriebliche Sozialpolitik wird geleistet im Bewußtsein,

> „daß die gesunde Betriebsgemeinschaft auch die arbeitsfreudige und leistungsfähige Produktionszelle ist."[23]

DAF und Bleyle gewährten Erwerbslosenunterstützung bei Krankheit, eine Invaliden-, eine Sterbefall- und eine Notfallunterstützung, außerdem Heiratsbeihilfen und eine Betriebsrente.

Als kulturelle Gemeinschaftsunternehmungen bestanden eine große Werksbücherei, Firmentheater- und Konzertabonnements, ein betriebliches Bildungswesen mit Koch- und Fremdsprachenkursen. Die Firma gab eine mehrere hunderttausend Reichsmark umfassende Summe (1937 über 700.000 RM) für Soziales und Kulturelles aus, darunter waren viele freiwillige Leistungen.

Die Erhaltung der von der Firmenfamilie zur Betriebsgemeinschaft gewordenen Belegschaft und deren Arbeitsleistung ließ sich die Unternehmensführung einiges kosten. Die Summen ermöglichen aber auch Rückschlüsse auf die enormen Profite des Unternehmens.

Die Bleyles verlieren ihr Unternehmen

Im Jahr 1938 hatten die drei Unternehmer Bleyle größere Geldbeträge in die Schweiz transferiert. Diese illegalen Transaktionen wurden angeblich denunziert. Daraufhin wurden die Unternehmer angeklagt und verurteilt. Sie mußten den Betrieb zwangsweise verpachten. Die Pacht lief bis Kriegsende.

Der Verlust der beliebten Bleylesöhne als Unternehmensleiter und deren Verurteilung muß für viele ArbeiterInnen ein ziemlicher Schock gewesen sein. Betriebsführer und Pächter wurden jetzt die langjährigen Prokuristen Mann und Hummel. Diese versuchten den bisherigen „väterlichen" Kurs weiter zu steuern.

In der zweiten Hälfte der dreißiger Jahre wurde die Wirtschaft in Deutschland verstärkt auf Rüstungs- und Kriegswirtschaft umgestellt – Kriegspläne und Eroberungsgelüste der Nazis zielten auf einen großen Krieg hin. Die deutsche Wirtschaft sollte autark produzieren, von Rohstoffimporten unabhängig werden. Für die Textilindustrie bedeutete dies eine starke Drosselung der Woll- und Baumwollimporte. Bleyle hatte schon ein paar Jahre vorher mit Wollmischgeweben experimentiert: Der Wolle wurde jetzt Zellstoff beigemischt. Diese Mischstoffkleider von minderer Qualität wurden vorwiegend in Deutschland verkauft. Für den Export wurden nach wie vor reine Wollstoffe verarbeitet. Im Zusammenhang mit dem Überfall auf Polen und dem Beginn des Zweiten Weltkrieges ging der Export der Bleyleprodukte – wie der aller deutschen Produkte – stark zurück.

Die Firmenleitung reagierte mit der Umstellung größerer Betriebsteile auf Rüstungsproduktion. Aus TextilarbeiterInnen wurden MetallarbeiterInnen. Produziert wurden Flakzünder, Ölfilter, Motorenteile, daneben weiterhin Textilien: Fallschirme und Uniformen.

Immer mehr Bleylearbeiter wurden zum Militär eingezogen. Ihre Stellen wurden ab 1940 teilweise mit sogenannten Fremdarbeiterinnen besetzt, Frauen, die aus Polen oder der Ukraine zur Zwangsarbeit in das Deutsche Reich verschleppt worden waren. Von 1940 an wurde in der Betriebszeitung zunehmend mehr Todesanzeigen gefallener Betriebsangehöriger verzeichnet. Abgedruckt sind kurze Erinnerungen mit Bild; ab 1942 nehmen die Todesmeldungen beinahe eine ganze Seite pro Heft in Anspruch. Bei den alliierten Luftangriffen auf Stuttgart im Frühjahr 1943, Sommer 1944 und im Frühjahr 1945 wurden Betriebsgebäude schwer beschädigt und ArbeiterInnen getötet.

Nach Kriegsende begann der Wiederaufbau der Produktionsstätten – er dauerte bis in die fünfziger Jahre. Teile der im Krieg ausgelagerten Produktionsmittel, Maschinen und Einrichtungen wurden schon 1945 aus anderen Firmenabteilungen nach Stuttgart zurückgebracht. Bereits im August 1945 konnte die Produktion von Bekleidung wieder aufgenommen werden. Die alten Eigentümer, die Bleyles, wurden wieder als Besitzer und Unternehmensleiter eingesetzt, die Belegschaft wuchs wieder stark an. Die Firmenfamilie Bleyle begann ihr ‚zweites Leben' ...

Anmerkungen

1   Wilhelm Bleyle, geboren in Vorarlberg/Österreich, hatte in Stuttgart eine kaufmännische Ausbildung gemacht und war Stricker. Er entwarf früh eigene Anzüge. Mit 37 Jahren ging er mit seiner Familie nach Stuttgart, um ein eigenes Unternehmen für Konfektionsstrickwaren aufzubauen.
2   In der Lindenspürstraße gelegen.
3   Huber, F.C.: Die württembergischen Handelskammern 1856–1900. Festschrift zur Feier des 50jährigen Bestehens der württembergischen Handelskammer. II.Teil: Großindustrie und Großhandel in Württemberg. Stuttgart 1910: 164.
4   Ebd.: 210.
5   Der Bleyle-Herold. Werkzeitschrift der Betriebs-Gemeinschaft der Wilh. Bleyle K.G., 1951, Nr. 2: 10.
6   Bestand des Wirtschaftsarchivs Stuttgart-Hohenheim, Bü 161, o. J., n. pag.
7   „Arbeits-Ordnung" von Wilhelm Bleyle, Stuttgart, Filiale Ludwigburg vom 5.Okt. 1910. Bestand des Wirtschaftsarchivs Stuttgart-Hohenheim, Bü 107.
8   Ebd.: §18.
9   Ebd.: §3.
10 Ebd.: §9.
11 Ebd.: §17.
12 Ebd..
13 Diese „sonstigen Fehler" wurden in der Verordnung„Brackenheimer Strafsätze-Schadenersatz" vom August 1913 dargelegt.
14 Ebd..
15 „Arbeits-Ordnung" von Wilhelm Bleyle, Stuttgart, Filiale Ludwigburg vom 5.Okt. 1910. [wie Anm. 7]
16 Dies war in den Gesetzen der Weimarer Republik der Industrie ab einer bestimmten Belegschaftsgröße vorgeschrieben.
17 Der Bleyle-Herold. Werkzeitschrift der Betriebs-Gemeinschaft der Wilh. Bleyle K.G., 3.Jg., 1941, Nr.5/ 6.
18 Der Bleyle-Herold. 1.Jg., Mai 1939, Nr.1.
19 Bestand des Wirtschaftsarchivs Stuttgart-Hohenheim, Bü 176.
20 Auch ein ehemals jüdischer Betrieb im Elsaß wurde nach der Enteignung der ehemaligen Besitzer 1940 übernommen.
21 Bestand des Wirtschaftsarchivs Stuttgart-Hohenheim, Bü 203. Die Bleylelöhne lagen ca. 35–40% über den allgemein üblichen Tarifen in Württemberg. Trotzdem war die Entlohnung um einiges geringer als in anderen Industrien, z.B. in der Metall- oder Schuhindustrie.
22 Bestand des Wirtschaftsarchivs Stuttgart-Hohenheim, Bü 161, o.J., n.pag.
23 Ebd..

Gaby Kiedaisch

„Aoser Chef isch nia koin Halsabschneider g'sei ..."
Der harte Stand der Textil-Gewerkschaften auf der Südwest-Alb

„... weil selten einer ohne Besitz ist, so erkennen sie mit Dank, wenn man ihnen zeitweilig Urlaub erteilt. Daß dieselben in Gelehrigkeit, Fleiß, Ausdauer, Ehrlichkeit und Ehrgefühl den Schweizern mindestens gleichkommen, in Anspruchslosigkeit sie übertreffen, kann ich versichern. Man suche demnach lauter Württemberger anzustellen."[1]

Dieses „Arbeitszeugnis", den Textilarbeitern im oberschwäbischen Weißenau ausgestellt, hatte über den lokalen Bezug hinaus den Wert solcher Arbeitskräfte für die damalige Industrie treffend beschrieben. Hier schlummerte ein Arbeitskräftepotential, das aufgrund seiner Bodenständigkeit und Disziplin kaum auf revolutionäre Gedanken kam, war die Arbeit in den Fabriken noch so hart und unmenschlich.

Mit Beginn der industriellen Produktionsweise war eine neue Arbeitseinstellung erforderlich, die nichts mit der in vorindustrieller Zeit gemein hatte. Qualifizierte Arbeitskräfte zu rekrutieren und zu disziplinieren: das hatte in der Frühphase der Industrialisierung oberste Priorität.

Landwirtschaft und Fabrikarbeit waren der tragende Pfeiler des typisch württembergischen Arbeiter-Bauerntums – zum Teil noch bis nach dem Zweiten Weltkrieg. Ein Proletariat wie in den Großstädten oder Ballungszentren – Berlin oder Sachsen –, ein Weberelend wie in Schlesien kannten die Württemberger nicht. Eine soziale Revolution war hier also kaum zu erwarten, und die Sozialdemokratie und die gewerkschaftliche Bewegung konnten deshalb erst vergleichsweise spät Fuß fassen. Die Verspätung in der industriellen Entwicklung Württembergs und der Aderlaß der massenhaften Auswanderungen taten ein übriges dazu.

Bis in die jüngste Zeit haben sich in manchen Regionen Württembergs die Gewerkschaften nur sehr schwer durchsetzen können, die „soziale Frage" wurde bis heute nicht gestellt. Hartnäckig hat sich die ablehnende Haltung der Arbeitnehmer gegenüber der gewerkschaftlichen Organisation gehalten, mit wohlwollender Zustimmung und tatkräftiger Unterstützung der Unternehmer.

Die Trikotagen- und Strickwarenindustrie im Bezirk Balingen-Hohenzollern ist ein Musterbeispiel für ein gewerkschaftliches Notstandsgebiet: hier liegen die Mitgliederzahlen noch heute unter dem Bundesdurchschnitt.

Die Umkehrung der Verhältnisse

Schon früh waren die Bauern auf der Südwestalb auf einen Nebenerwerb angewiesen. Der mit Kalksteinen durchsetzte karge Boden und die kalte Witterung erlaubten allenfalls den Anbau robuster Pflanzen wie Hafer, Dinkel, Gerste. Von der geringen Ertragsfähigkeit der Böden allein konnte der Eigenbedarf einer mehrköpfigen Familie kaum bestritten werden. Frondienste und Zehnt hatten zudem seit jeher den ohnehin kargen Ertrag bis unter das Existenzminimum geschmälert. 1798 wurde zwar allen zollerischen Leibeigenen die persönliche Freiheit gegeben, eine vollständige finanzielle Ablösung vom Standesherren jedoch erfolgte erst mit der Revolution von 1848.[2]

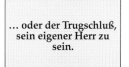
... oder der Trugschluß, sein eigener Herr zu sein.

Zudem wurde jetzt das aufgesplitterte Besitztum – gemäß der Erbsitte der Realteilung – bei ständiger Zunahme der Bevölkerung zum Verhängnis. Im Jahre 1895 entfielen auf einen landwirtschaftlichen Betrieb im Oberamtsbezirk Balingen durchschnittlich nur 2,51 Hektar. Anders ausgedrückt: mehr als 87% aller bäuerlichen Betriebe hatten eine Fläche von 5 Hektar und weniger.[3] Zuviel zum Sterben, aber zuwenig zum Leben …

Seit jeher war das Handstricken in Heimarbeit ein lukrativer Zuverdienst. Als Vorläufer der Textil- und Maschenwarenindustrie gilt das Strumpfwirken. Seit Beginn des 18. Jahrhunderts hatte sich in den Gemeinden des „Talgangs" – Ebingen, Tailfingen, Onstmettingen – das Strumpfwirken am Handkulierstuhl als „Hausfleiß" verbreitet. Im Jahre 1750 war es bereits als „ehrliches Handwerk" etabliert. Zwischen 1800 und 1830 exportierte das Ebinger Strumpfwirkergewerbe nahezu in die ganze Welt.[4]

Vertrieben wurden die Waren – später auch Textilien – im Hausierhandel. Hausierer aus dem benachbarten Killer-Fehla-Tal waren bekannt bis ins bayerische Oberland und bis nach Hannover, Braunschweig und Schleswig.[5]

Mit dem Aufkommen der fabrikmäßigen industriellen Fertigung rückte die landwirtschaftliche Subsistenzwirtschaft immer weiter in den Hintergrund, Vollerwerbsbauern gab es nur noch wenige. Typisch für die Region wurde der sogenannte Feierabend- oder Mondscheinbauer. Tagsüber arbeitete man in der Fabrik, frühmorgens – noch vor der „eigentlichen" Arbeit – oder nach Feierabend wurde der Acker bestellt. Eine ehemalige Näherin erinnert sich:

„Mei Vater hot oben auf dem Buckel oin Acker g'het, do hot mr oi ganze Stond laufa missa. Des hot mr nach'm Gschäft doa missa. Do hot mr länger g'schafft, als wirklich!"[6]

Innerhalb einer Familie waren dabei die vielfältigsten Kombinationen von Arbeit möglich.[7] War der Mann in der Fabrik beschäftigt, so blieb meist die Frau zuhause und war für den Haushalt und die Landwirtschaft verantwortlich. Weitaus häufiger waren jedoch Frauen in der Textilindustrie tätig. Vor allem für unverheiratete Mädchen war es üblich, gleich nach Beendigung der Schule in die

1 Nähsaal der Firma Conzelmann & Bitzer, Mechanische Trikotweberei, Tailfingen 1910.

Fabrik zu gehen. Doch auch nach der Heirat und mit der Ankündigung des ersten Kindes blieben die Frauen meist ihrem Arbeitgeber treu, wenn nun auch nicht mehr direkt im Betrieb. Neben dem Haushalt und der Landwirtschaft steuerten viele jetzt mit Nähen in Heimarbeit einen notwendigen Beitrag zum Lebensunterhalt bei.

Häufig waren nur die erwachsenen Kinder in der Fabrik beschäftigt, wohnten aber bei den Eltern, die gemeinsam die Landwirtschaft betrieben. Die Kinder trugen so zum Wohlstand der Familie bei, indem sie nicht selten ihren ganzen Lohn zu Hause abgeben mußten. Dafür waren Kost und Logis frei.

Wie eng die Bewohner der Alb mit der Scholle verwachsen waren, zeigt gerade auch die Kombination aus selbständigem Kleinbetrieb und Landwirtschaft in den Anfängen der Industrialisierung. Selbst wenn der Betrieb bereits eine stattliche Größe erreicht hatte, hielt man sich ein zweites Standbein.

Paradebeispiel dafür ist der spätere Fabrikant Johann Mayer, der als Mitbegründer der Burladinger Textilindustrie gilt und 1888 mit zehn handbetriebenen Rundstühlen in seiner Scheune begann.[8] Mayer – „Strickhannes" genannt – lernte in Reutlingen, Ebingen und Tailfingen das maschinelle Stricken. Schon bald konnte er im eigenen Betrieb 30 bis 40 Wirker und Näherinnen beschäftigen, ebensoviele in Heimarbeit. Bis 1928 arbeitete er neben der Fabrik noch in der Landwirtschaft, insgesamt von morgens vier Uhr bis nachts zwölf Uhr.[9]

Die Fabrikarbeiter hier waren ihrer Wurzeln nicht beraubt. Der eigene Besitz, war er auch noch so klein, erzeugte das Gefühl einer gewissen ökonomischen Absicherung und Unabhängigkeit von der fremdbestimmten Arbeit in der Fabrik.

Dies machte sich vor allem bei den Heimarbeitern bemerkbar. Sie waren die ersten, die bei Konjunkturrückgang nicht mehr mit Arbeit beliefert wurden. Zwar war der Arbeitsverlust mit Einschränkungen auf dem Speiseplan verbunden, oder die Kinder waren gezwungen, ihr ausgetretenes Paar Stiefel noch einen weiteren Winter zu tragen. Am Hungertuch nagen mußte deswegen niemand:

„Dann hot mr halt weniger g'het … ." „Des hot zom Leba eba reicha müssa. Von dr Landwirtschaft isch dann au hin ond wieder ebbas abg'falla."[10]

Wenn man kein eigenes Land besaß, bestand die Möglichkeit, von der Gemeinde sogenanntes Allmandland zu pachten – für den Eigenbedarf Kartoffeln anzubauen, eine Kuh, ein paar Hühner zu halten.

Selbst wenn die Landwirtschaft nur „nebenher" betrieben wurde, blieben Reste aus der traditionellen Subsistenzwirtschaft wie Selbstbestimmung über den Arbeitsprozeß und über die

2 Noch prägen die Bauernhöfe den Ort – Burladingen im Jahr 1870.

Produktionsmittel erhalten.[11] Die von der jahrhundertealten Produktionsweise und durch ihr Besitztum geprägten Bauern trugen dieses „Erfahrungspotential", ja das daraus entstandene Selbstbewußtsein mit in die Fabrikhallen hinein. Klassenkämpferische Ideen fanden hier keinen Nährboden, sondern prallten eher noch an dem Unverständnis für die gewerkschaftliche Bewegung ab, ja man identifizierte sich in keiner Weise mit „Proletariern".

Disziplinierung in der Fabrik

Der Übergang von der gewohnheitsmäßigen und selbstbestimmten – landwirtschaftlichen und handwerklichen – Produktionsweise zur Fabrikarbeit war für die Bewohner der Südwestalb schwer – obwohl sie seit Generationen mit handwerklichem Geschick Textilien fertigten. Nun waren sie gezwungen, sich einem fremdbestimmten Regime zu unterwerfen. Waren Leben und Arbeit vorher vom jahreszeitlichen Rhythmus der Natur diktiert, so regelten jetzt Fabrikordnung, Stechuhr und Sirene den Arbeitsablauf.

„Wenn d'laut g'schwätzt hoscht, no hot mr oim kenna 50 Pfenning abziah."

Das „neuartige System der Arbeitsteilung, der Koordination einzelner Arbeitsgänge"[12] und die streng durchrationalisierte Produktionsweise machten „Tugenden wie Unterwerfung, Ordnung und Reinlichkeit geradezu zwangsläufig erforderlich"[13].

3 Nähsaal der Firma Haux, Ebingen, um 1930.

Seitens der Fabrikbesitzer wurde immer wieder bemängelt, daß die Bauern sich nicht am Profitstreben, sondern am Subsistenzprinzip orientierten. Sie hörten nach einem guten Erntejahr oder nach einem ausreichenden Verdienst durch Heimarbeit einfach auf zu arbeiten[14]:

„Die bäuerliche Mentalität der Heimarbeiter, nicht um des Profites willen zu arbeiten, sondern in möglichst weitgehender Selbstbestimmung über den Arbeitsprozeß das Existenzminimum zu sichern, wurde als Faulheit interpretiert."[15]

Die Fabrikbesitzer strebten deshalb eine Stammarbeiterschaft an[16], die mit unterschiedlichen Mitteln diszipliniert wurde. Mit „Zuckerbrot und Peitsche" bauten sie sich in ihren Fabrikhallen ein Regime auf, das ihren Erfordernissen zum Durchbruch verhelfen sollte.

Der anfänglich überwiegend mit Sanktionen angefüllte Maßnahmenkatalog wandelte sich zunehmend in ein System der Anreize. In der Frühphase der Industrialisierung stand vor allem die Erziehung der Arbeiterschaft zu Pünktlichkeit, Zuverlässigkeit, Gehorsam, Ordnung, Sauberkeit, Sittlichkeit, ordentlichem Verhalten, sorgsamem Umgang mit Materialien und Maschinen im Mittelpunkt. Wer gegen eine dieser Tugenden verstieß, hatte mit Geldstrafen, körperlichen Züchtigungen oder gar mit Kündigung zu rechnen.

Diese Reglements griffen sogar in den Privatbereich der Arbeiterschaft ein, wie der Auszug aus der Fabrikordnung der Manchesterfabrik Landenberger in Ebingen aus dem Jahre 1856 zeigt:

„Sofortige Entlaßung mit sehr beschränkter Aussicht auf Wiederanstellung erfolgt auf die Übertretung oder Nichtbeachtung der Unsittlichkeit [sic!] resp. Schwangerschaften von Ledigen, den Besuch der Sonntagsschulen und Kinderlehren, betr. wenn Klagen darüber von der Schulbehörde zur Anzeige kommt."[17]

Auch gab es noch in den 1930er Jahren Betriebe, die wegen relativ geringer Verhaltensabweichungen den Lohn kürzten.

„Die Fabrik hot a Hupe g'het, ond des hot ällmol g'hupat zehn Minuta vor 1 Uhr [nach der Mittagspause; d. V.] (...), ond wenn du z'schpot komma bischt, hot mr oim zehn Pfennig ab'zoga ... oder, wenn du laut g'schwätzt hoscht, no hot mr oim vielmol kenna 50 Pfenning abziah. (...) Mr hot jo au g'songa, früher (...)."[18]

Nach der Jahrhundertwende setzte sich dann immer mehr ein System der Anreize durch – Bezahlung nach Leistung (Akkord), Lohnerhöhungen, Vergünstigungen, Unternehmerkredite und Geschenke.

In den Fabrikordnungen der Frühindustrialisierung, die einen Ersatz für Arbeitsverträge darstellten, lassen sich signifikanterweise keinerlei Rechte oder Interessen der Arbeiter ausmachen.[19] Hingegen konnte der Fabrikherr bis 1892, bis zum Inkrafttreten des Arbeiterschutzgesetzes[20], die betriebliche Ordnung nahezu willkürlich festsetzen. Doch auch mit diesem Gesetz änderte sich vorerst nur wenig. Stattdessen wurden die bis dato erlassenen Arbeitsordnungen vom Gesetzgeber nachträglich obligatorisch gemacht, was

„die Legalisierung unternehmerischer Strafgewalt über das Personal"[21]

zur Folge hatte. Eine rechtliche Vorgehensweise dagegen gab es nicht.

Ohnehin war die gewerkschaftliche Organisation bis zur Aufhebung der Sozialistengesetze 1890 gesetzlich verboten. Selbst danach wurde sie von vielen Arbeitgebern als Verbrechen angesehen und mittels Androhung der fristlosen Entlassung sanktioniert. Selbst heute, in unserem pluralistischen Gesellschaftssystem würde mancher Unternehmer eine Mitgliedschaft seiner Arbeiter am liebsten unterbinden; häufig genug seien andere Gründe für eine Kündigung vorgeschoben worden, erzählt Frau Anna M. aus Burladingen.

Mit der Fabrikordnung hatte die Arbeitgeberseite ein wirksames Instrument in der Hand, das es ihnen erlaubte, die Arbeiterschaft in ihrem Sinne zu erziehen. Bei der Landbevölkerung auf der Schwäbischen Alb hatten die Unternehmer damit jedenfalls Erfolg, denn

> „die Erfahrungen von Hunger, Armut und langer harter Arbeit in der Landwirtschaft, die kaum das Existenzminimum sichern konnte, ließ den Arbeiterbauern Disziplinierung, Eingrenzung ihrer Bedürfnisse und den neuen überlangen Arbeitstag (…) als akzeptablen Preis für die Verbesserung der materiellen Verhältnisse erscheinen."[22]

Sogar eine extrem geringe Entlohnung wurde hingenommen, war doch in dieser industriellen Monostruktur ein Ausweichen auf besser bezahlte Industriezweige wie beispielsweise die Metallbranche nur in geringem Umfang möglich:

> „(…) Geld hot mr alleweil braucht. Wo hätt mr's solla suscht herhau?!"[23]

Religion als „Wegbereiter der Industrialisierung"[24]

Die Verhaltensleitbilder der Fabrikordnungen waren der gläubigen Bevölkerung nicht unbekannt, hatten sie doch das dörfliche Zusammmenleben schon seit Jahrhunderten geprägt.

In diesem traditionellen Weltbild fügte sich der Fabrikherr in die Hierarchie derer nahtlos ein, die seit alters her Geschick und Leid der breiten Massen lenkten und bestimmten. Diese „natürliche" Unterordnung und die damit verbundene soziale Ungerechtigkeit wurde deshalb nicht in Frage gestellt. Sie war „gottgewollt" und legitimierte sich auf der „Basis religiöser Wertvorstellungen"[25]. Den weltlichen Vertretern Gottes – Eltern, Kirche, Obrigkeit – war Ehrerbietung entgegenzubringen.[26]

> „(…) die Kinder hiesiger Fabrikarbeiter zu brauchbaren, sittlich religiösen Menschen heranzubilden."

Eine entscheidende Rolle hierbei scheint vor allem dem Pietismus im Württemberg des 18. und 19. Jahrhunderts zugekommen zu sein. In der Schrift von 1856 mit dem verklärenden Titel „Der glückliche Fabrikarbeiter, seine Würde und Bürde, Rechte und Pflichten, Sonntag und Werktag, Glaube, Hoffnung und Gebet", verfaßt vom damaligen Prälaten, dem Pietisten, Sixt Carl Kapff, sind folgende Pflichten eines Arbeiters genannt:

> „Gemeingeist, Unterordnung und Gehorsam, Fleiß, Pünktlichkeit, Ordnung und Reinlichkeit, Laß nichts verderben, Sei im Geringsten treu und ehrlich, Wiedererstattung von unrechtem Gut, Pflicht der Keuschheit, Mäßigkeit, Sparsamkeit, Pflichten gegen Gott."[27]

4 Fabrikschlote als Zeichen des Fortschritts und der Prosperität – aber auch Zeichen des Beginns neuer Arbeitsweisen und neuer Arbeitsmoral überragten bald schon die Kirchtürme in den Städten und Dörfern. Burladingen 1958.

Zu meiden sei eine

> „‚Vergleichung mit andern Arbeitern' und ‚mit den Herrenleuten' (…), eine Beschränkung der Rechte des Arbeiters sei unumgänglich"[28].

Verglichen mit den Regeln der disziplinarischen Fabrikordnungen der damaligen Zeit fällt kaum ein Unterschied auf.

Mit allen Mitteln wurde argumentiert, wenn es um die immer „drohender" werdenden sozialdemokratischen Bewegungen ging, – mit Erfolg, wie bereits aus dem Brief vom 14.05.1849 von Sixt Carl Kapff an König Wilhelm I. zu entnehmen ist:

> „Unsere Absicht ging rein nur auf das Wohl von König und Vaterland und auf Belehrung des Volkes über die richtigen Grundsätze und Ansichten im Politischen gemäß dem Worte Gottes. Es wurden da Vorträge gegen Republic, gegen jede Revolution, für Gesetzlichkeit und Erhaltung des Bestehenden (…) gehalten, wodurch das Volk wahrhaft beruhigt wurde."[29]

In der Erziehung zu Gehorsam und Frömmigkeit fand die Religion Unterstützung durch die Schule. So heißt es im Brief eines Lehrers an einen Fabrikherrn:

> „Indem ich Ihnen für das so schöne Geschenk von Herzen danke, gebe ich zugleich die Versicherung, daß es auch im neuen Jahr mein eifrigstes Bestreben sein wird, die Kinder hiesiger Fabrikarbeiter durch Unterricht zu brauchbaren, sittlich religiösen Menschen heranzubilden."[30]

Der Patriarch

Die „neue Ordnung" beschränkte sich nicht nur auf die inneren Fabrikverhältnisse, sondern dehnte sich auch auf das außerbetriebliche Leben der Fabrikarbeiterschaft aus.[31]

Betriebliche Sozialleistungen schufen ein materielles und geistiges Abhängigkeitsverhältnis der Arbeiter zum Betrieb, das sich auf patriarchalisch-fürsorgliche Weise äußerte.

oder: die geschickte Inszenierung eines Abhängigkeitsverhältnisses.

Kluge Fabrikherren hatten diese Zusammenhänge längst begriffen. So wurden beispielsweise Fabrikkrankenkassen, Pensions- und Unterstützungsfonds eingerichtet, zinslose Baudarlehen, Gratifikationen zu Weihnachten oder bei der Heirat verteilt.

Die Fabriken kamen zu den Menschen, weil sie hier an Haus und Boden gebunden waren. In den entlegensten Dörfern wurden sogenannte Nähfilialen eröffnet, die eine dezentral strukturierte Industrielandschaft entstehen ließen.

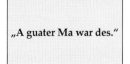

„A guater Ma war des."

Arbeitersiedlungen mit Bibliothek, Badehaus, Kinderbewahranstalt, Schule und dergleichen mehr wurden erbaut.[32]

Zu dieser Fürsorge gehörten, vor allem in der Frühphase der Industrialisierung, etwa die

> „(…) Funktionen, die heute von staatlichen Organen ausgeübt werden, wie Gewährleistung öffentlicher Sicherheit, Straßenbau, Erziehung und Bildung"[33].

Damit hatte der Unternehmer eine soziale wie politische Macht in der Gemeinde inne, die ihn in seiner Position als Fabrikherr unterstützte, in der er unangefochten als „oberster Richter"[34] und als Respektsperson anerkannt wurde.

In diesen Strukturen ist ein „patriarchalisches Recht-Pflicht-Verhältnis"[35] auszumachen, das Unternehmer ihrer Arbeiterschaft gegenüber moralisch verpflichtete. Seinen Ursprung findet diese Einstellung in bürgerlich-philanthropischen Kreisen[36] bereits zu Beginn des 19. Jahrhunderts, die es als die Pflicht eines jeden Fabrikbesitzers sahen, „ihre Arbeiter sittlich-moralisch zu betreuen und sie in jeder Hinsicht zu schützen"[37]. Besorgt sah man die Arbeit an den Maschinen, sah man „die Gefahr einer Entseelung des Menschen" und seine Versklavung lauern.[38]

Von noch größerer Bedeutung war für viele die „innere Kultivierung"[39] des Arbeiters. Dabei stand die Kluft der Arbeiter zu bürgerlichen Tugenden und Lebensgewohnheiten im Vordergrund. Nach den Vorstellungen dieser Kreise sollten „die ‚unwissenden und geistig trägen' Arbeiter (…) durch den Erwerb von Bildung zu

Verzeichnis der gewerblichen Betriebe und ihrer Arbeitnehmer

am 21. September 1957 in Burladingen/ Kreis Zollernalb (Betriebe mit 10 und mehr Arbeitnehmern)[40]

		im/n Filialbetrieb/en Beschäftigte:		Gesamt:
Barth, OHG.; Kraftverkehr	21	Wendlingen/ N.	2	23
Bitzer, Ernst; Strickwaren	36			36
Bräu, Robert; Bedachungen	12	Stuttgart	1	13
Cavada, Ignaz; Trikotfabrik	26			
Fauler, B.; Mech. Strickwarenf.	371	Neufra	43	
		Veringenstadt	38	452
Fauler, Joh.; Wirkwaren-Fabrik	101	Ittenhausen	8	
		Vilsingen	79	188
Heim, Ambrosius; Trikotwarenf.	508	Hausen a.d. L.	23	
		Boll	56	587
Heim, Leopold; Trikotwarenfabrik	69	Weilheim	17	86
Heim, Medard & Cie.; Trikotwarenf.	83	Hechingen	19	
		Schlatt	43	145
Hofmann, B.; Bausteinwerk	16			16
Maier, Conrad; Filialbetrieb	32			32
Mauz, Basil; Trikotwarenfabrik	27			27
Mauz, Matth.; Söhne, Baugeschäft	33			33
Mayer, Eugen; Trikotfabrik	136	Grosselfingen	35	
		Killer	13	
		Ringingen	29	213
Mayer, Gebr., GmbH; Trikotwaren	485	Hechingen	69	
		Rangendingen	69	
		Ringingen	55	
		Trochtelfingen	84	
		Steinhilben	53	1.000
Mayer, Joh.; Trikotwaren	202	Bechtoldsweiler	13	
		Schlatt	40	255
Oelkuch, Alois; Trikotwaren	26			26
Oelkuch, Gebrüder; Trikotwaren	24			24
Pfister, F. X.; Trikotwaren	12			12
Pfister, Jakob; Baugeschäft	17			17
Pfister, Kaspar; Trikotfabrik	14			14
Pfister, KG; „Gwefa"	44			44
Ramsperger & Sohn; Baugeschäft	11			11
Ritter, John.; Mech. Strickerei	32			32
Sauter, Anton; Trikotfabrik	137	Salmendingen	29	
		Tübingen	27	193
Sauter, Johann; Trikotfabrik	134	Stetten u.H.	38	
		Rangendingen	45	217
	2.619		1.103	3.722

mündigen Bürgern werden, die in der Lage seien, ihre sozialen Probleme selbst zu lösen"[41].

Ganz selbstverständlich wurde dabei vorausgesetzt, daß sich der Arbeiter zu einem strebsamen, gehorsamen und sittlichen Bürger hinentwickeln würde, von dem keine Gefahr eines Aufbegehrens zu erwarten war, der sich von selbst lautlos in die bestehende Gesellschaft eingliedern würde. Dem Fabrikherrn wurde dabei die Rolle

„eines Vaters und Volkserziehers zugewiesen (...). Entsprechend werden die Fabrikarbeiter als Kinder gesehen, die der Fabrikbesitzer in väterlicher Güte und Strenge zu erziehen hat"[42].

Was macht die Stellung des Patriarchen aus, was sind die Gründe, daß keine meiner Gesprächspartnerinnen Negatives über ihren ehemaligen Dienstherrn zu klagen hatten? Stattdessen wird ein Bild vermittelt, das dem eines besorgten Vaters gleicht, der auf seine Kinder ein wachsames, strenges Auge wirft, aber auch Gerechtigkeit und Gutherzigkeit walten läßt: „A guater Ma war des"[43].

Daß ein „liberaler" Chef in diesem System kaum Anerkennung bei seinen Arbeitern fand – auch bereits im 20. Jahrhundert –, überrascht kaum in einer autoritäts-strukturierten und -orientierten Gesellschaft:

„Er war zu gut, der jong Chef, zu gut. Er hot älles dau, wa d'Leit zu ihm g'seit hauad. Er hot kenna et naschtau ond saga 'noi, des gibt's it'. Er war it [nicht; d. V.] wia sei Vater ... ."[44]

„(...) aber do hot mr sich gar noits z'schulda [i. S. v. aufmucken; d. V.] komma lau, weil mr no Reschpekt g'het hot vorm Fabrikant früher (...)."[45]

Dieses patriarchalische System zeichnete sich neben Disziplin und Strenge dann auch durch seine familiären Charakterzüge aus. So wurden die Kinder einer aus dem Banat vertriebenen Familie immer wieder von der „alten Fabrikantin" (Seniorchefin) mit Wäsche beschenkt – das war kurz nach dem Zweiten Weltkrieg.[46] Weihnachtsfeiern, Betriebsausflüge, Geschenke zur Hochzeit und Kindstaufe oder die Anteilnahme beim Tod eines Mitarbeiters verbreiteten eine Atmosphäre von Nähe und gaben dem einzelnen das Gefühl, einer „großen Betriebsfamilie" anzugehören. Bei Feiern und Ausflügen wurde dies von den Fabrikbesitzern immer wieder gerne betont.

Die patriarchalische Fürsorge konnte Formen annehmen, die sicherlich nicht der Regel entsprachen. Frau Hilaria S. aus Burladingen erinnerte sich an einen Besuch bei ihrer Schwester Maria in Stuttgart Anfang der 30er Jahre. Josef Mayer, ihr Chef und Eigentümer einer Trikotwarenfabrik („Gebrüder Mayer") habe geschäftlich in der Landeshauptstadt zu tun gehabt. Gemeinsam mit ihrer Schwester Anna und einer Freundin nahm er sie im Wagen mit und

„im Cafe Marquardt hot er aos Kaffee ond Butterhörnle b'schtellt ond zahlt"[47].

Dieses Beispiel zeigt, wie vielschichtig „patriarchalische Obhut" sein konnte – selbst wenn sie nur einer Laune des Chefs entsprungen sein sollte.

Diese Bezeichnungen – wie Betriebsfamilie und Vater – bezeugen die Identifikation mit dem Betrieb, die wesentlich von der Figur des Fabrikherrn abhing.[48] Für den Trikotagenbezirk Balingen-Hohenzollern typisch ist bis heute, daß der Unternehmer persönlich seine Fabrik führt.

Der Fabrikbesitzer unterschied sich in Arbeitsintensität und Lebenshaltung kaum vom Arbeiter. Das Bild des bodenständigen Unternehmers blieb auch dann noch erhalten, als die „Stuben-Betrie-

5 Johann Mayer, der Fabrikant und Patriarch.

be" mit ihren zwei, drei Rundstühlen bereits zu „Großbetrieben" avanciert waren, immer mehr Kapital benötigten und die Fabrikanten ihre Villen bauten.[49]

Was die Beschäftigtenzahlen angeht, lag im Ebinger-Balinger-Burladinger-Industriegebiet das Schwergewicht auf Mittelbetrieben (50 bis 500 Personen)[50] – eine Betriebsgröße, die überschaubar und dem persönlichen Kontakt zwischen Fabrikant und Arbeiter nicht hinderlich war:

> „Wenn er [der Fabrikant; d. V.] einen großen Auftrag gekriegt hat, na hat er schon ein Kasten Bier spendiert. (...) Freitags ... na hot er sich mit uns immer hi'gsetzt ..."[51],

weiß ein Tailfinger Spuler zu berichten. Ohnehin kannte man sich häufig von der Schulzeit her – im Dorf, wo jeder noch jeden kannte. Man duzte sich nicht selten, war doch der Abstand zwischen Arbeitgeber und Arbeitnehmer nicht besonders groß, besonders dort nicht, wo der Fabrikant im Produktionsbereich selbst Hand anlegte, vor wenigen Jahrzehnten selbst noch Arbeiter war und ebenfalls aus kleinen, bäuerlichen Verhältnissen stammte.[52]

Wie sollte hier Sozialkritik am Fabrikanten geübt werden – zumal man Privateigentum schätzte und nahezu jeder selbst Grund und Boden besaß.[53] War doch der Unternehmer der beste Beweis dafür, daß es jeder zu etwas bringen konnte, wenn er nur strebsam und fleißig genug war.

> „Die unterschiedliche Stellung zu Produktionsmitteln wurde durch persönliche, ‚menschliche' Kontakte weginterpretiert."[54]

Zudem hatte es im vorindustriellen Dorf auch schon arme und reiche Bauern gegeben.

Überstunden und Freizeit

Freie Zeit oder Freizeit, wie sie in unserem heutigen Sprachgebrauch verwendet wird, kannten die Arbeiterbauern nicht.[55] Klingelte in den Fabrikhallen die Glocke zum Zeichen des Feierabends, so mußten viele erst noch einen kilometerlangen Fußmarsch nach Hause antreten. Daheim mußte dann die Feldarbeit erledigt und das Kleinvieh versorgt werden – und das nach einem zehnstündigen Arbeitstag, auch samstags. Auf die Frauen warteten an den Samstagen und Sonntagen noch zusätzlich der Hausputz, Wäsche und Flickwerk.

„Des hend mir gern dau."

Waren daheim alle Arbeiten getan, konnte man vielleicht an einen sonntäglichen Spaziergang mit der Familie denken – oder die Männer gingen in die Wirtschaft.

Auch nachdem der gesetzlich geregelte Urlaub eingeführt war, hatten die meisten Arbeiter nicht das Geld für eine Urlaubsreise und auch nicht die Zeit, einfach mal auszuspannen. Urlaub bedeutete in erster Linie „zu schaffen": dringend notwendige Arbeiten in und am Haus vorzunehmen oder im Sommer die Heuernte einzufahren. Zudem sparte man auch meist auf das eigene Häuschen. Eine „Freizeit-Zerstreuungsindustrie", wie sie heute existiert, war unvorstellbar und nicht gefragt. Vergnügen und Abwechslung zum harten Arbeitsalltag aber gab es früher trotzdem, freilich in viel bescheidenerem Maße: kirchliche Feiertage, Hochzeiten, Fasnacht, Märkte oder Vereine. Die Vereine waren lange Zeit nur den Männern vorbehalten. Für unverheiratete Mädchen war es üblich, dem sogenannten „Jungfrauenverein" beizutreten.[56] Hier konnte man Handarbeiten und das Nähen erlernen, darüber hinaus wurden Spiele gemacht und gesungen.

Überhaupt spielte das Singen zur damaligen Zeit eine besondere Rolle, auch in den Fabriken.

> „Do hot mr ällmol g'songa, und so alte Lieder, manchmol hot mr no ällmol a bissle g'weint, wenn's so traurig war."[57]

Den Chefs waren singende Fabrikarbeiterinnen, denen die Arbeit noch schneller von der Hand ging, lieber als eine Belegschaft, die während der Arbeit die Köpfe zusammensteckte, denn man könnte ja schließlich nie wissen, was dabei herauskam. Mancher Unternehmer kaufte dann auch zur Verbesserung des Betriebsklimas ein Radio, das nun von morgens bis abends Musik spielte.

Neben den wenigen abwechslungsreichen Unterbrechungen des Alltags kamen den betrieblichen Feiern und Ausflügen somit eine größere Bedeutung zu als heutzutage, wo es eine nahezu unbegrenzte Vielfalt und -zahl von Freizeitbeschäftigungen gibt. Durch die Betriebsausflüge an den Bodensee, an den Rheinfall bei Schaffhausen tat sich für viele zum ersten Mal die Welt auf. Dies wäre ohne die Firma für manchen kaum realisierbar gewesen.

Eine scharfe Trennung von Arbeit und Freizeit war man nicht gewohnt. So scheint aus dem stupiden Nähen manchmal kurzerhand ein geselliges Beisammensein geworden zu sein. Längere Arbeitszeiten waren zum Beispiel vor Weihnach-

6 Im Packraum. Firma Conzelmann & Bitzer. Tailfingen 1910.

ten üblich. Als Überstunden wurde dies jedoch nicht abgegolten, stattdessen „hot mr a Veschper kriagt. (...) Do hot mr a Gugelfuar [Spass, Gaudi; d. V.] g'het doneberther [neben der Arbeit; d. V.] a Radio mitg'nomma, tanzet doneberther – des hend mir gern dau, do send mir doch jonge Leit g'sei dosellamol [zur damaligen Zeit; d. V.], des hend mir gern dau."[58]

Die Einstellung zur Gewerkschaft

Wenn man die Beschäftigungszahlen der Textil- und Bekleidungsindustrie in Württemberg aus der Zeit um 1910[59] nach Geschlechtern trennt, zeigt sich, daß weibliche Arbeitskräfte vorherrschten. Das hat sich bis zum heutigen Tag, trotz Automation und zunehmender Verlagerung der Produktion in sogenannte Billiglohnländer, nicht geändert.

Im Hohenzollerischen betrug der Frauenanteil in der textilen Arbeiterschaft im Jahre 1907: 67,2 %, 1925: 63,8%, 1933: 69% und 1939: 73,4%. In der Strick- und Wirkwarenindustrie lag der Anteil der Frauen sogar um ein paar Prozentpunkte höher 1907: 70,5%, 1925: 65,2%, 1933: 70% und 1939: 82%.[60]

Die Bereitschaft zur gewerkschaftlichen Organisation der Frauen hingegen sah – damals wie heute – äußerst unbefriedigend aus. Ende 1910 waren im Textilarbeiter- und -arbeiterinnenverband, Gau Süd, der noch über Württemberg hinausging, 3.224 Mitglieder registriert, von denen nur 1.053 dem weiblichen Geschlecht angehörten. Das waren nicht einmal vier Prozent der gesamten Textilarbeiterinnen.[61]

Diese außerordentliche Diskrepanz zwischen Beschäftigungsquote und Organisationsgrad läßt im ersten Augenblick die Vermutung aufkommen, die gewerkschaftliche Bewegung habe durch die Frauen ihre entscheidende Bremswirkung erfahren. Diese These ist jedoch nur mit Vorbehalt zu genießen. Zum Beispiel war die Gefahr, die Arbeit durch eine Gewerkschaftszugehörigkeit zu verlieren, groß. Dann hatte ein Arbeitstag 1910 noch 10 Stunden[62], auch samstags, ohne Einberechnung der Überstunden. Zudem mußte die Familie versorgt und der Haushalt organisiert werden – kein Wunder, daß es den Frauen an

Zeit und Kraft fehlte, sich politisch zu interessieren.

Erschwerend für die Bildung einer Gewerkschaft kam hinzu, daß die Betriebe eine erhöhte Beschäftigungsfluktuation zu verzeichnen hatten. Mit der Heirat und der Geburt der Kinder gaben die meisten Frauen ihre Arbeit in der Fabrik auf und kamen erst wieder zurück, wenn die Sprößlinge aus dem Gröbsten heraus waren. Währenddessen verdienten sich viele in Heimarbeit ein Zubrot, doch die Vereinzelungen ihrer Arbeitsstätten und der mangelnde Kommunikationsaustausch erschwerten den notwendigen Solidarisierungsprozeß und standen damit gewerkschaftlichen Formen der Interessenvertretung entgegen.[63]

Vorurteile und Ablehnung gegenüber industrieller Frauenarbeit prägten lange Zeit Diskussionen innerhalb der organisierten männlichen Arbeiterschaft. Es wurde sogar die Forderung erhoben, die Frauenarbeit zu verbieten. Die Furcht vor der weiblichen Konkurrenz war hierfür ausschlaggebend. Es dauerte Jahrzehnte bis sich in den Gewerkschaften das Bewußtsein durchsetzte, daß – um die gesteckten Ziele zu erreichen – eine Solidarisierung aller Arbeitskräfte notwendig sei.

„Des hot mr scho wegem Chef net wella."

Die Sozialdemokratie im Südwesten hatte ihre eigenen Zielvorstellungen von einer Arbeiterbewegung, wie einer ihrer ersten Führer, der Weber Georg Bronnenmayer 1869 formulierte:

„[Der; d. V.] Kampf soll nicht im Allgemeinen gegen das Besitztum sein, nein, er soll sich nur gegen spezielle Ausbeutung und Unterdrückung richten. Nicht gegen das ehrliche Besitztum, sondern einzelnen Umtrieben von Geldmenschen, welchen der Arbeiter ein wohlfeiles Werkzeug ist, soll der Kampf gelten. Nicht Herrschaft der ärmeren Klassen, sondern nur Gleichberechtigung soll das Motto sein und nur letztere soll und muß erstrebt werden. Nicht Umsturz des Bestehenden, nein, nur Verbesserung der Übelstände soll zu erreichen (…) gesucht werden."[64]

Diese Worte spiegeln die Einstellung des typisch württembergischen Arbeiterbauern-Milieus. So hatte die Sozialdemokratie in Württemberg anfangs einen schweren Stand:

7 Firma J. Conzelmann zur Rose, Tailfingen, Filiale Meßstetten, Näherei.

„In Württemberg kostet es ungeheure Arbeit, die Leute auf unsere Seite zu bekommen, denn diese halten an dem Alten mit großer Zähigkeit fest und bis ihnen etwas anderes eingeimpft werden kann, müssen sie das Elend so oft und so klar geschildert bekommen, bis sie sich selbst elend fühlen"[65],

hieß es in einem Bericht des Stuttgarter Bevollmächtigten im September 1873 an das Präsidium des Allgemeinen Deutschen Arbeitervereins (ADAV)[66].

Eine entscheidende Ursache für diese gewerkschaftliche Rückständigkeit kommt dem Verhältnis der Arbeiter zum Fabrikherrn zu. Auf die in den Interviews gestellte Frage, warum gewerkschaftliche Betätigungen in der hiesigen Trikotagenindustrie kaum anzutreffen waren, verwundern deshalb die Antworten kaum noch:

„Des [Gewerkschaften; d. V.] henn mir bei aos gar nia braucht, weil aoser Chef isch nia koin Halsabschneider g'sei, – der hot oin zahlt, wia's reacht g'sei ischt."[67]

Eine andere Frau meinte auf die Frage nach dem Gewerkschaftsbeitritt:

„Des hot mr scho wegam Chef net dau wella, weil … no hend se kenna nemme so doa, wia se hend wella, – koine Überstonda geba ond nix … – so war's halt (…)."[68]

In den Interviews fiel eines immer wieder auf: Wenn einmal eine gewerkschaftliche Organisation im Betrieb zustande kam, konnten Mitglieder und Sympathisanten nur durch Appelle an das Pflichtbewußtsein rekrutiert und zu Streiks und Versammlungen bewogen werden: „Do hot mr oifach drai miassa."[69]

Daß dies nur mit Zwang möglich war, deckte sich mit der Mentalität der Albbewohner, ihrer Konfliktscheu, selbst dem stärksten Druck einfach nachzugeben. Im Rückblick auf Streikaktionen erinnerte man sich eher an äußere Eindrücke und Rahmenbedingungen als an die eigentlichen Inhalte und Ziele:

„Die hend g'lärmat in d'r Turnhalla! (…) do isch's zuag'anga! Oh je, des war furchtbar! (…) Do hot's Weiber g'het! Wia die Hyänen hen die dau!"[70]

Die Lösung sozialer Konflikte und eine proletarisch-politisch interessierte und organisierte Arbeiterbewegung konnte unter solchen Umständen nicht zustande kommen – oder sie flaute nach kurzer Zeit meist wieder rasch ab. Knappe Löhne, die kurzfristige Verlängerung des ohnehin schon langen Arbeitstages – wie vor Weihnachten – bis in die späte Nacht hinein wurden wortlos hingenommen. Das Ausbeutungsverhältnis, das dahinter stand, wurde jedoch von den Arbeitern nicht erkannt. Es wurde durch eine Ideologie geschickt verschleiert, die „die Fabrikarbeit und ihre sozialen Bezüge (…) als konsistente Fortführung der bäuerlichen Traditionen interpretiert"[71]. Dabei wurden Beziehungen hergestellt zu originär bäuerlichen Werten wie Fleiß, langer, harter Arbeit, und patriarchalischer Autorität.[72]

Unterstützung fand diese Interpretation in der noch immer existierenden landwirtschaftlichen Betätigung der Landbevölkerung. Relativ viele Männer arbeiteten auch noch nach dem Ersten Weltkrieg hauptberuflich als Landwirte und wurden als Hauptternährer der Familie angesehen. Selbst wenn Ehefrau, Töchter und Söhne in der Fabrik arbeiteten, „verstanden diese sich, immer noch an der zentralen Vaterfunktion orientiert, als landwirtschaftlich geprägte Familie"[73]. Fabrikarbeit wurde auch dann noch als Zuarbeit angesehen, wenn der größte Teil des Familieneinkommens aus dieser Tätigkeit hervorging. Eine Identifikation als „Arbeiter" oder „Arbeiterin" rückte somit – im Gegensatz zur Fabrikbevölkerung in den Großstädten – nicht ins Bewußtsein der Arbeiterbauern auf der Schwäbischen Alb.

Anmerkungen

1 Aus einem Bericht über die Arbeiter der Erpf'schen Bleiche in Weißenau. StAL E 170 Nr. 956, zitiert in: Boelcke, Willi A.: „Wege und Probleme des industriellen Wachstums im Königreich Württemberg." In: Zeitschrift für württembergische Landesgeschichte. Jg. 32, 1973, 1.Heft, Stuttgart 1974: 436–520, hier: 503.

2 Gemeinde Burladingen (Hrsg.): Heimatbuch Burladingen. Verfaßt von August Speidel. Burladingen 1958: 67f.

3 Reinhard, Otto: Die württembergische Trikotindustrie mit spezieller Berücksichtigung der Heimarbeit in den Bezirken Stuttgart (Stadt und Land) und Balingen. In: Schriften des Vereins für Socialpolitik. Hausindustrie und Heimarbeit in Deutschland und Österreich. Band 1: Süddeutschland und Schlesien. Leipzig 1899: 13.

4 Goebel, Susanne: „Von den Anfängen der Strumpfwirkerei auf der Rauhen Alb." In: Schwäbische Heimat. Heft 2, 1989: 122–128, hier: 124–128. Andere griffen zu solchen heimischen Rohstoffen wie Holz und Lehm, und verdienten sich als Wagner oder Häfner in Nebenbeschäftigung ein Zubrot.

5 Gemeinde Burladingen 1958 [wie Anm. 2]: 175. So fand der ehemalige Burladinger Schulleiter und Heimatforscher August Speidel folgenden Eintrag im Familienbuch der Kirche: „Stephan Graf des Anton und der Katharina Mock, Peitschenhändler, ist am 19.03.1872 auf dem Handel in Flensburg (Schleswig) gestorben. Seine Frau, die bei ihm war, nahm ihn im Peitschenwagen nach Hause, sodaß er in Burladingen beerdigt wurde am 2.April 1872." (ebd.)

6 Auszug aus einem Interview von Angelika Feldes und Manfred Maul mit der ehemaligen Fabrik- und Heim-

arbeiterin Frau B. aus Pfeffingen, vom 27.4. 1987: 1. Manuskript im Besitz der Stadt Albstadt, Kultur- und Verkehrsamt. (5 Seiten): 1.
7 Schnabel, Hermann: Die Wirkwarenindustrie in Württemberg. Ihre Entwicklung und gegenwärtige Struktur. Stuttgart 1931: 84f.
8 Gemeinde Burladingen 1958 [wie Anm. 2]: 177.
9 Stein, Gebhard: Die Lebenswelt Jugendlicher in ländlichen Industriegemeinden am Rande der Schwäbischen Alb 1850–1982. Analysen der Rahmenbedingungen moderner Jugendarbeit auf dem Lande. Diss. Tübingen 1984: 75.
10 Interview der Verfasserin mit der ehemaligen Fabrik- und Heimarbeiterin Hilaria S. und Maria H. aus Burladingen im Dezember 1990.
11 Stein 1984 [wie Anm. 9]: 117.
12 Borscheid, Peter: Textilarbeiterschaft in der Industrialisierung: Soziale Lage und Mobilität in Württemberg (19. Jhdt.). Stuttgart 1978: 374.
13 Wirtz, Rainer: „Die Ordnung der Fabrik ist nicht die Fabrikordnung. Bemerkungen zur Erziehung in der Fabrik während der frühen Industrialisierung an südwestdeutschen Beispielen." In: Haumann, Heiko (Hrsg.): Arbeiteralltag in Stadt und Land. Neue Wege der Geschichtsschreibung. Berlin 1982: 64.
14 Neukamm-Baumeister, Renate: Leben ohne Maschen. Soziale Interaktion und mentale Einstellungen bei arbeitslosen Frauen und Männern aus der Textil- und Maschenindustrie im Zollern-Alb-Kreis. Diplomarbeit. Tübingen 1989: 32.
15 Stein 1984 [wie Anm. 9]: 59.
16 Um die Jahrhundertwende hinkte die industrielle Entwicklung in Württemberg – verglichen zum Deutschen Reich – hinterher. Noch 1907 arbeiteten in Württemberg 45,7% der hauptberuflich Erwerbstätigen in der Landwirtschaft, Gärtnerei, Tierzucht, Forstwirtschaft und Fischerei – während erst 39% in der Industrie (einschließlich Bergbau und Baugewerbe) tätig waren. (nach: Königliches Statistisches Landesamt (Hrsg.): Württembergische Jahrbücher für Statistik und Landeskunde, Stuttgart 1912: 107.) Im Deutschen Reich dagegen gab es bereits 1895 ein „Kopf-an-Kopf-Rennen" zwischen Industrie und Landwirtschaft (beide 39,9%). 1907 arbeiteten hier im Schnitt schon 5,2% mehr Erwerbstätige im industriellen Sektor (42%) als im agrarwirtschaftlichen (36,8%) (ebd.: 106.). Im Oberamt Balingen waren nach der Berufs- und Gewerbezählung von 1895 schon 49,9% (Württemberg: 36,3%) der hauptberuflich Erwerbstätigen in der Industrie (einschließlich Bergbau und Baugewerbe) beschäftigt, in der Landwirtschaft waren es dagegen 42,5% (Württemberg: 48,8%) (Statist. Jahrbuch 1896, zit. in: Reinhard 1899 [wie Anm. 3]: 11.)
17 Auszug aus der Fabrikordnung der Manchesterfabrik Landenberger in Ebingen vom 5.Jan. 1856. HSTAS E146/110 zitiert in Borscheid 1978 [wie Anm. 12]: 377.
18 Interview der Verfasserin mit Hilaria S.
19 Flohr, Bernd: Arbeiter nach Maß. Die Disziplinierung der Fabrikarbeiterschaft während der Industrialisierung Deutschlands im Spiegel von Arbeitsordnungen. Frankfurt/New York 1981: 54.
20 Siehe dazu den Auszug aus dem Arbeiterschutzgesetz 1891, dem „Gesetz, betreffend Abänderung der Gewerbordnung. Vom 1.Juni 1891", Reichs-Gesetzblatt 1891; zitiert in ebd.: 169–171.
21 Ebd. 18.
22 Stein 1984 [wie Anm. 9]: 120.
23 Interview der Verfasserin mit der ehemaligen Fabrikarbeiterin Frau Anna B. aus Burladingen vom Dezember 1990.
24 Köhle-Hezinger, Christel: „Religion in bäuerlichen Gemeinden: Wegbereiter der Industrialisierung?" In: Beiträge zur Volkskunde in Baden-Württemberg. Landesstellen für Volkskunde in Freiburg u. Stuttgart (Hrsgg.), Stuttgart 1985: 193–208, hier: 193.
25 Schäfers, Bernhard: Sozialstruktur und Wandel der Bundesrepublik Deutschland. Ein Studienbuch zu ihrer Soziologie und Sozialgeschichte. [1981] 4., neubearbeitete und aktualisierte Auflage, Stuttgart 1985: 64.
26 Mutschler, Susannne: Ländliche Kindheit in Lebenserinnerungen. Familien- und Kinderleben in einem württembergischen Arbeiterdorf um die Jahrhundertwende. Diss. Tübingen 1983: 61.
27 Zitiert nach Köhle-Hezinger 1985 [wie Anm. 24]: 193.
28 Scharfe, Martin: „Pietistische Moral im Industrialisierungsprozeß." In: Gladigow, Burkhard (Hrsg.): Religion und Moral. Düsseldorf 1976: 27–47, hier: 46.
29 Zitiert nach: Ludwig-Uhland-Institut für empirische Kulturwissenschaft, Universität Tübingen (Hrsg.): Arbeiter. Kultur und Lebensweise im Königreich Württemberg. Ein Begleitheft zur Ausstellung des Ludwig-Uhland-Instituts für empirische Kulturwissenschaft der Universität in Tübingen vom 10. Oktober bis 14. November 1976: 18 (Quelle: HSTA Stuttgart E 14/ Bü 1445.). 29 Jahre später, 1878, bezeichnete Kapff die Sozialdemokratie gar als „eine Entwürdigung des deutschen Volkes" (Sixt Carl Kapff, zitiert in Scharfe 1976 [wie Anm. 28]: 46.).
30 Wirtz 1982 [wie Anm. 13]: 73; siehe dazu Lothar Diehl, in: Christel Köhle-Hezinger/Walter Ziegler (Hrsgg.): „Der glorreiche Lebenslauf unserer Fabrik". Zur Geschichte von Dorf und Baumwollspinnerei Kuchen. Weißenhorn 1991: 201–214, hier: 204–209. So auch Otto von Bismarck im Jahre 1889: „Schon längere Zeit hat mich der Gedanke beschäftigt, die Schule in ihren einzelnen Abstufungen nutzbar zu machen, um der Ausbreitung sozialistischer und kommunistischer Ideen entgegenzuwirken. (...) Sie muß bestrebt sein, schon der Jugend die Überzeugung zu verschaffen, daß die Lehren der Sozialdemokratie nicht nur den göttlichen Geboten und der christlichen Sittenlehre widersprechen, sondern in der Wirklichkeit unausführbar sind und in ihren Konsequenzen dem Einzelnen und dem Ganzen gleich verderblich sind. Sie [die Schule; d. V.] muß die neue und die neueste Zeitgeschichte mehr als bisher in den Kreis der Unterrichtsgegenstände ziehen und nachweisen, daß die Staatsgewalt allein dem einzelnen seine Familie, seine Freiheit, seine Rechte schützen kann." (zitiert in: Arbeiter 1976 [wie Anm. 29]: 17.)
31 Braun, Rudolf: Sozialer und kultureller Wandel in einem ländlichen Industriegebiet. (Züricher Oberland) unter Einwirkung des Maschinen- und Fabrikwesens im 19. und 20. Jahrhundert. Erlenbach/Zürich/Stuttgart 1965: 51.
32 Als ein Musterbeispiel sei das Staub'sche Wohnquartier in Kuchen genannt. Allerdings waren Fabriksiedlungen auf der Südwestalb seltener als anderwo.
33 Pollard, Sidney: „Die Fabrikdisziplin in der industriellen Revolution." In: Wolfram Fischer/Georg Bajor (Hrsgg.): Die soziale Frage. Neuere Studien zur Lage der Fabrikarbeiter in den Frühphasen der Industrialisierung. Stuttgart 1967: 181.
34 Flohr 1981 [wie Anm. 19]: 63.
35 Braun 1965 [wie Anm. 31]: 93.
36 siehe dazu genauer, ebd.: 92–96.
37 ebd.: 93.
38 ebd.: 92.
39 Hengstenberg, Gisela: „Den Proletarier zum Gentleman emancipiren". In: Christel Köhle-Hezinger/Walter Ziegler (Hrsgg.): „Der glorreiche Lebenslauf unserer Fabrik". Zur Geschichte von Dorf und Baumwollspinnerei Kuchen. Weißenhorn 1991: 162.
40 Gemeinde Burladingen 1958 [wie Anm. 2]: 11f.
41 Hengstenberg 1991 [wie Anm. 39]: 161.
42 Braun 1965 [wie Anm. 31]: 93.
43 Interview der Verfasserin mit der ehemaligen Fabrik- und Heimarbeiterin Anna M. aus Burladingen im Dezember 1990.
44 Interview der Verfasserin mit Anna M.
45 Interview der Verfasserin mit Anna B.
46 Interview der Verfasserin mit der ehemaligen Fabrik- und Heimarbeiterin Margarete H. und dem Spuler Joseph H. aus Tailfingen vom 20. Juli 1990.
47 Interview der Verfasserin mit Hilaria S.
48 Noch heute spricht ein 93jähriger ehemaliger Dreher von Robert Bosch, dem Gründer der gleichnamigen Firma, vom „Vater Bosch" (Wendlinger Zeitung, 26.Januar 1991).

49 Maul, Manfred: „Der geniale Dreh. Die Entwicklung der Trikotindustrie." In: Arbeitskreis Heimatpflege im Regierungsbezirk Tübingen (Hrsg.): Menschen, Maschen und Maschinen. Begleitheft der Ausstellung zur Geschichte der Maschenindustrie im Raum Albstadt vom 10. bis 27. September 1987, Ditzingen 1987: 31f.
50 Riede, Hugo: Die Entwicklung der württembergischen Textilindustrie. Heidelberg 1937: 153.
51 Interview der Verfasserin mit Joseph H.
52 Schnabel 1931 [wie Anm. 7]: 85.
53 Neukamm-Baumeister 1989 [wie Anm. 14]: 37.
54 Stein 1984 [wie Anm. 9]: 121.
55 Feldes, Angelika: „No han i Heimarbeit gmacht." Heimarbeit auch nach Ende des Verlagssystems. In: Menschen, Maschen und Maschinen. [wie Anm. 49]: 36–44, hier: 43f.
56 Aus einem Interview von Angelika Feldes vom 17.02.1987 mit der ehemaligen Fabrik- und Heimarbeiterin Frau H. aus Lautlingen. Manuskript im Besitz der Stadt Albstadt, Kultur- und Verkehrsamt (13 Seiten): 13.
57 Interview der Verfasserin mit Frau Anna B.
58 Interview der Verfasserin mit Frau Anna M.
59 Siehe dazu Datenmaterial in: Richter, Max: Die Frau in der Industrie und Landwirtschaft Württembergs. Berlin 1913: 13, 21.
60 Statistisches Rohmaterial aus HO 235 P, I–VI, P, 931 und Statistik des Deutschen Reiches, versch. Bände, zitiert in Stein 1984 [wie Anm. 9]: 78.
61 Richter 1913 [wie Anm. 59]: 15. Vergleicht man den Organisationsgrad der Textilarbeiterinnen in Württemberg mit dem Organisationsgrad im Deutschen Reich, so zeigt sich, daß hier 9,2% der gesamtbeschäftigten Frauen in der Textilindustrie organisiert waren (Deutsches Reich 1910: 428.418 beschäftigte Textilarbeiterinnen über 16 Jahre, davon 39.524 organisierte Textilarbeiterinnen im Jahresdurchschnitt. Aus: Statistisches Jahrbuch für das Deutsche Reich Berlin 1911: 458f. und Statistisches Jahrbuch für das Deutsche Reich Berlin 1912: 54f.). Ein Vergleich mit der Metallverarbeitung macht deutlich, daß Frauen in anderen Industriezweigen durchaus häufiger Mitglied einer Gewerkschaft waren, als in der Textilbranche: Obwohl nur 13,5% der Beschäftigten in der Metallverarbeitung Frauen waren (52,2% in der Textilindustrie), waren 27,5% der beschäftigten Metallarbeiterinnen organisiert (in der Textilgewerkschaft nur 9,2%) (Deutsches Reich 1910: 71.314 beschäftigte Metallarbeiterinnen über 16 Jahre, davon 19.610 im Jahresdurchschnitt organisiert. Aus: Statistisches Jahrbuch für das Deutsche Reich Berlin 1911: 458f. und Statistisches Jahrbuch für das Deutsche Reich Berlin 1912: 54f.).
62 Reich, Wulfhild: Drei Tailfinger Näherinnen erinnern sich. (Film) CUT AV-Kommunikation GmbH, Tübingen 1987.
63 Zur Frage: „Wie verhielt sich der Staat zur 'sozialen Frage' im Laufe der Industrialisierung?" siehe Neef, Anneliese: Mühsal ein Leben lang: Zur Situation der Arbeiterfrauen um 1900. Köln 1988: 164. Eine Humanisierung des Arbeitsplatzes – wenn man in diesem Zusammenhang davon überhaupt sprechen kann – beschränkte sich weitgehend auf eine Verkürzung der überlangen Arbeitszeiten (siehe dazu Borscheid 1978 [wie Anm. 12]: 368f.), eine Erhöhung der Löhne, sowie auf Unfallverhütungsmaßnahmen. Hierzu gehörten vor allem bauliche Schutzvorrichtungen in den Fabriken wie feuersichere Treppen. Die Kellerräume wurden als Arbeitsräume verboten. Gute Ventilation, Heizung und Beleuchtung fielen erst Ende des 19. Jahrhunderts unter die Konzessionsbedingungen bei Neubauten (ebd.: 367). Siehe auch: Arbeiter 1976 [wie Anm. 29]: 24, sowie: Bismarck-Zitat in Anm. 30.
64 „Beobachter" zitiert nach Schmierer, Wolfgang: Die Anfänge der Arbeiterbewegung und der Sozialdemokratie in Baden und Württemberg – Vom Vormärz zum Sozialistengesetz von 1878. In: Ders./ Schadt, Jörg (Hrsgg.): Die SPD in Baden-Württemberg und ihre Geschichte. Von den Anfängen der Arbeiterbewegung bis heute. Stuttgart/ Berlin/ Köln/ Mainz 1979: 50.
65 Zitiert in ebd.: 52.
66 Der ADAV war die erste deutsche Arbeiterpartei und wurde von Ferdinand Lassalle gegründet. Der Durchbruch der organisierten Arbeiterbewegung erfolgte, wie fast überall im Deutschen Reich, erst nach Ende des Ersten Weltkrieges.
67 Auszug aus einem Interview der Verfasserin mit Frau Anna B.
68 Auszug aus einem Interview der Verfasserin mit Frau Anna M.
69 Aus einem Interview von Angelika Feldes mit Frau H. [wie Anm. 56]: 8.
70 Ebd.: 8, 9.
71 Stein 1984 [wie Anm. 9]: 121.
72 Ebd.

Ann de Vos-Palmbach

Heimarbeit auf der Schwäbischen Alb heute

Seit ihrer Hochzeit im Jahr 1950 nähte die Mutter von Frau K. in Heimarbeit Handschuhe. Auf diesen kleinen Verdienst war die Familie, die in einem abgelegenen Dorf auf der Schwäbischen Alb lebte, dringend angewiesen. Der Lohn ihres Mannes, den er als Polierer in einer nahen Möbelfabrik verdiente, konnte die nötigen Ausgaben nicht abdecken. Da sie keine Möglichkeiten hatten, auf einem Stückchen Land Nahrungsmittel anzubauen, war das Leben für sie besonders teuer. Für die beiden Kinder blieb nur wenig Zeit. Entweder mußten sie sich „allein unterhalten", oder sie wurden in den Arbeitsprozeß miteinbezogen:

> „No hat sie emal sage könne: stell den Topf mit Wasser na und duscht des koche oder machscht jenes oder duscht d' Stub absauge … und won i größer war, da sind wir mit dem Fahrrad zusamme nach Balinge gfahre und han der Mudder ihre Handschuh am Freitag mittag ins Gschäft bracht und hen wieder die neu Schachtl mit heim brocht für d'andre Woch'."[1]

Dennoch schaut Frau K., geboren 1952, gerne auf ihre Kindheit zurück. „Bei uns war's schö." Die an sie übertragenen Aufgaben erfüllte sie mit Stolz; die Mutter war immer erreichbar. Selbst ihre Arbeit und die damit verbundene Nervosität wurden als normal empfunden; schließlich gab es keine Frau in der Ortschaft, die sich mehr Zeit für ihre Kinder hätte nehmen können. „Früher, da hat ma in jedem Haus eine Maschine rattern g'hört."

Nach der Schule ließ sich Frau K. als Damenschneiderin ausbilden.

> „Zu meiner Zeit, da hat's g'heise, was willscht lerne, du muscht halt gucke, daß du so en Beruf hascht, wo du, auch wennd' verheiratet bischt, mitdazuverdiene kannscht. Und no ischt eim praktisch nichts andres übrig bliebe … es gibt nichts andres in d' Heimarbeit, Nähe ischt des einzige."

Nach dem Absolvieren ihrer Lehrzeit und einem einjährigen Praktikum wurde ihr – schon im Alter von achtzehn Jahren – in der Fabrik die Leitung über einen Nähsaal übertagen. Ihre Aufgabe war die Verteilung der anfallenden Arbeit auf 20 Näherinnen und 6 Heimarbeiterinnen.

> „Bei Flaute, no kommet zuerscht Heimarbeiterinne dra, weil, ma kann keiner Heimarbeiterin Arbeit schicke, daß die e Geld verdient und die im Gschäft muß ma umeinandersitze lasse und au zahle – des paßt et."

Die Erwartungen an Heimarbeiterinnen war sehr hoch:

> „Wenn i gmerkt hab, da schafft eine viel, dere han i viel gschickt; wenn i aber gmerkt hab, i hau eine, die näht heut emal und morge e bisle, die han i links liege lasse, denn auf die Leut ischt ja kein Verlaß. Man hat sie behalten, bis ma andere ghät hat, und noch hat ma sie abgschobe."

Als sie selbst zur Heimarbeit wechselte – die bisher von der Großmutter betreuten zwei Töchter verlangten ihre Anwesenheit und der für die Abzahlung des Hauses zu geringe Maler-Lohn ihres Mannes erforderte ihren Zuverdienst –, übernahm sie die strengen Anforderungen auch für ihre eigenen Heimarbeit.

> „Daheim muß ma sei Chef selber sei und muß des ganze Tag so eiteile, daß ma so viel Stunde wie die im Gschäft rausbringt an der Maschine … mit dene will ma sich ja au gleichstelle und konkurriere könne. No hat ma an der Maschine so viel Lohn wie die im Gschäft au … Der Tarif ischt 12 Mark 50 auf d' Stund. Bei meim Akkord han i 15 Mark immer."

Frau K.'s Arbeitstag beginnt morgens um 5.30 Uhr. Bis 7 Uhr macht sie die Wäsche, richtet das Frühstück und das Vesper für Mann und Kinder, und nachdem sie die jüngste Tochter in die Schule gebracht hat, setzt sie sich an die Nähmaschine. Vormittags hilft ihr häufig die Mutter.

„Des ischt scho e Erleichterung für mi, da ischt der Stundelohn au besser."

Von halb 12 bis 13 Uhr bekocht sie die Familie, um anschließend bis 18 Uhr zu nähen.

„Abends, wenn der Mann heimkommt, ischt Feierabend. Er war au de ganze Tag in der Fabrik und da hat er am Abend Familienleben."

„Feierabend" ist jedoch gleichbedeutend mit Hausarbeit, bei der nicht der Mann hilft, sondern die beiden Töchter. Erst zwischen 20 und 20.30 Uhr ist sie fertig. Für das „Familienleben" fehlt dann die Kraft:

„Da fall i in mir selber z'samme, weil der Streß na doch rauskommt. Ne halbe Stund Fernsehn, und i schlaf ei."

Am Wochenende bleibt auch nur wenig Zeit für die Erholung. Samstags werden Besorgungen für die kommende Woche erledigt, und die liegengebliebene Hausarbeit wird aufgearbeitet. Erst am Sonntag kann sich Frau K. Zeit für ihr Hobby nehmen, bei dem sie Ausgleich für das lange Sitzen an der frischen Luft findet: „Im Garde schaffe, da bin i glücklich!"

In der Beschreibung von Frau K.'s Lebens- und Tagesablauf finden sich viele Faktoren, die schon seit jeher für die Heimarbeit kennzeichnend waren: die durch die regionale Struktur stark eingeschränkte Möglichkeit einer freien Berufswahl, die Berufssozialisation durch frühe Mithilfe im Arbeitsprozeß daheim, die Ausrichtung des Berufes auf eine spätere Hausfrauen- und Mutterrolle, der durch den Familienzyklus bestimmte Wechsel von Betriebsarbeit zur Heimarbeit, weiterhin die bei Frau K. durch einen strengen Zeitplan gut funktionierende Vereinbarung von Erwerbs- und Hausfrauentätigkeit, die mitbestimmt wird durch den Feierabend des Mannes, und schließlich die Mithilfe der – weiblichen – Familienangehörigen.

Geändert hat sich im Laufe der Zeit die gesetzliche Absicherung und die Höhe der Entlohnung. Heimarbeit ist nicht mehr gleichbedeutend mit Elendsarbeit. Dennoch wird trotz tariflicher Lohnregelung häufig Mißbrauch von Arbeitgeberseite betrieben:

„Bei manche muß ma sich unheimlich wehre, daß ma ein Akkordsatz hat, der akzeptabel ischt."

Vor allem alte und isoliert arbeitende Heimarbeiterinnen wagen es kaum, bei unzureichender Entlohnung sich gegen ihre Auftraggeber zu stellen. 1985 nähte Frau K.'s Mutter ein Handschuhpaar noch für 50 Pfennig. Sie kam so auf einen Stundenlohn von DM 2,50!

In welchem Umfang Arbeitgeber heute noch die Abhängigkeit der HeimarbeiterInnen mißbrauchen, zeigen folgende Zahlen: in Stuttgart betreuen 5 Prüfer des Gewerbeaufsichtsamts 11.000 weibliche und 3.000 männliche Heimarbeiter. Bei ihrer stichprobenhaften Kontrolle der Lohnbücher konnten sie seit 1988 rückständige Heimarbeiter-Ansprüche von über 1 Mio. DM geltend machen.[2]

Von sich aus wehren sich HeimarbeiterInnen kaum. Nicht nur die Angst, bei Einsprüchen als unbequem aufzufallen und somit keine weiteren Aufträge zu erhalten, sondern auch mangelnde Aufklärung über die eigenen Rechte sind hierfür maßgebende Gründe.

Selten empfindet eine Heimarbeiterin ihre Arbeit im Sinne einer Berufstätigkeit; denn die Einschätzung ihrer Tätigkeit als „Zuverdienst" und „bloßer Nebenerwerb" im Vergleich zur „höherwertigen" Männerarbeit läßt kaum ein berufliches Selbstbewußtsein entstehen, obwohl vielfach ihre Arbeit unentbehrlich für das Familieneinkommen war oder noch ist.

Auf dem Hintergrund ihrer qualifizierten Ausbildung, ihrer leitenden Tätigkeit im Betrieb und den eigenen hohen Ansprüchen an ihre Arbeit stellt Frau K. eine Ausnahme dar, wenn sie über die Einstellung zu ihrer Arbeit gefragt wird:

„E Beruf ischt des scho, ma lernt des ja als Damenschneiderin. Es ischt des scho e Näherinne-Beruf, und Geld verdiene tut ma ja au wie die, wo ins Gschäft ganget."

Aber sie räumt ein:

„Ma muß Selbstvertraue hau, des darf ma also et falle lasse, des kann ma bei Heimarbeit verliere, also i hau au verlore. Wo i halt no ins Gschäft gange bin, da war i selbständiger, d' Courage und Autofahre, da merkt ma scho, daß ma e weng dumm und dabbig wird. Ma wird leutscheu. Und so zieht eins des andre hinterher."

Der Rückgang der Heimarbeit ist auch auf der Schwäbischen Alb zu beobachten. Viele Aufträge werden nun ins Ausland vergeben.

„En angeheirateter Verwandter läßt in Portugal nähe, der sagt, die nähet noch für 3 Mark 50 auf d' Stund",

erzählt Frau L. Aber auch die jungen Leute suchen sich lieber Arbeit in der Stadt.

„Die Junge wollet nemme Trikot nähe, da ischt nix verdient ... Wenn i zehn Töchter hät, da dürfte keine Trikot nähe!"³

Heimarbeit gewinnt in unserer Zeit wieder zunehmend an Bedeutung. Sie verschiebt sich lediglich von dem Platz vor der Nähmaschine an den informationstechnisch ausgestatteten Schreibtisch. Texterfassung, einfache Sachbearbeitung und Datenerfassung werden durch die bundesweite Verkabelung von hier aus nun möglich sein. Da HeimarbeiterInnen nach Leistungseinheiten bezahlt werden, die tariflich festgelegten Zeitbeschränkungen für Bildschirmarbeit unterlaufen werden können und die isoliert arbeitenden HeimarbeiterInnen sich nur schwer gegen Arbeitgeber zusammenschließen können, werden voraussichtlich immer mehr Büroarbeitsplätze zugunsten von Heimarbeiterstellen gestrichen. Und indem wir selber immer größere Teile unseres Lebens über den Bildschirm zu Hause regeln – Einkäufe, Kontoabfragen, Gesundheitsberatung, Reisebuchungen –, werden auch wir zunehmend zu isolierten „HeimarbeiterInnen".

*Anmerkungen zur
Geschichte der Frauenerwerbsarbeit*

In Absatz 2 und 3 des Artikels 3 legt das Grundgesetz der Bundesrepublik Deutschland fest:
„Männer und Frauen sind gleichberechtigt. Niemand darf wegen seines Geschlechts (...) benachteiligt oder bevorzugt werden."⁴

Der Gleichheitssatz wird jedoch durch das Bundesverfassungsgericht relativiert, das Regelungen erlaubt,
„die im Hinblick auf die objektiven biologischen und funktionalen (arbeitsteiligen) Unterschiede (...) differenzieren."⁵

Der Gesetzgeber hat somit die Möglichkeit, zwischen der sozialen Rolle der Frau und der des Mannes zu unterscheiden. Diesem Gesetz liegt die Ansicht zugrunde, daß das weibliche Geschlecht angeblich
„die Naturhaftigkeit des Menschen, seiner Abhängigkeit von biologischen Prozessen und die aus der Notwendigkeit zur Reproduktion folgenden sozialen Beziehungen"
verkörpere, hingegen das männliche Geschlecht den „Fortschritt in Arbeit und Naturbeherrschung"⁶ darstelle. Männer werden auf die „Familienversorgung" verwiesen, während den Frauen – ihrer „natürlichen Bestimmung" folgend, Kinder zu gebären und aufzuziehen – die Verantwortung für die „Familienerhaltung" übertragen wird.

An Frauen als Erwerbstätigen besteht aber durchaus Interesse – auf einem Arbeitsmarkt, auf dem Frauen meist für weniger Lohn und unter schlechteren Bedingungen als ihre männlichen Kollegen beschäftigt werden. Typische Frauenberufe findet man zum einen in Bereichen, die sich an traditionelle häusliche Arbeiten anlehnen (Gaststättenbereich, Beherbergungsgewerbe, soziale Bereiche), andererseits in arbeitsintensiven und stark konjunkturabhängigen Produktionszweigen, besonders in der saisonalen Schwankungen unterworfenen Nahrungs- und Genußmittelindustrie sowie in der Bekleidungs- und Textilindustrie. Hier werden die Folgen modebedingter Absatzschwankungen auf die meist weiblichen Mitglieder dieser Arbeitsmärkte abgewälzt, indem Arbeiten schnell intensiviert oder Arbeitsplätze bedarfsgerecht wieder abgebaut werden.

> Frauen als konjunkturelle Verschiebemasse zwischen Produktion und Reproduktion

Betrachtet man die Entwicklung der Frauenarbeit und speziell die konjunkturellen Schwankungen des Frauenanteils an der Zahl der Erwerbstätigen, so zeigt sich, daß der Staat sich ambivalenter Rollenzuschreibungen bedient. Je nach den sozialen und wirtschaftlichen Bedürfnissen, durch Gesetzgebung, durch Einwirken auf die Wirtschaft und durch politische Beeinflussung der Formulierung der Frauenrolle manövriert er die weibliche „Reservearmee" in den Produktions- oder in den Reproduktionsbereich.

Dies ist nicht seit jeher so, sondern ist ein Resultat der Industrialisierung, die die agrarisch-gewerblichen Länder in moderne Industrie- und Dienstleistungsstaaten verwandelte.

Weibliche Erwerbsarbeit gab es schon in agrarisch-vorindustriellen Haushaltsgemeinschaften. Hier wurde Frauenarbeit als ebenso wichtig und gleichwertig angesehen wie die Tätigkeit des Mannes. Diese handwerklichen, gewerblichen oder bäuerlichen Hauswirtschaften basierten auf einer bedarfswirtschaftlichen Eigenversorgung. Eine Trennung zwischen Lohn- und Hausarbeit existierte noch nicht.

Seit dem 18. Jahrhundert zerfielen die haushaltszentrierten Produktionseinheiten in die von nun an getrennten Bereiche von (gesellschaftlicher) Produktion und (privater) Reproduktion. Entsprechend der ‚naturgegebenen' Geschlechtseigentümlichkeiten wurde zwischen der Tätigkeit des Mannes und der Frau differenziert. Der Mann sicherte die materielle Versorgung der Familie, Hausarbeit und Kindererziehung verblieben allein bei der Frau. Frauen wurden abhängig vom Lohn des Mannes. In der Regel reichte dessen Zahltag nicht für die Bedarfsdeckung der Familie, so daß Frauen zusätzlich zur Reproduktionsarbeit durch außerfamiliäre Erwerbsarbeit den Lebensunterhalt mitbestreiten mußten. Die Not zwang immer mehr Frauen – häufig auch Kinder –, in die Fabrik zu gehen. Während 1841 „1.000 weibliche Gehülfen" in den Fabriken des Königreichs Württemberg registriert waren, arbeiteten dort 1852 bereits 13.586 Frauen.[7]

Frauenarbeit fand in fast allen Erwerbszweigen statt, meist auf dem Niveau ungelernter Tätigkeit, jedoch überwiegend in der Textil- und Bekleidungsindustrie. Typische Frauenindustrien waren zudem das Reinigungsgewerbe, die Papierindustrie und die Nahrungs- und Genußmittelfabrikation.

Obwohl Frauen in der Produktion „ihren Mann" stehen mußten, galt ihre Arbeit als minderwertig. Die an Frauen gezahlten Löhne – verstan-

1 Käthe Kollwitz: Plakat für die Deutsche Heimarbeit-Ausstellung, Berlin 1906.

den als den „Familienlohn" des Mannes aufbesserndes Zusatzeinkommen – erreichten lediglich ein Drittel bis die Hälfte der Männerlöhne.[8] Ihr niedriger „wirtschaftlicher Wert" machte es Frauen praktisch unmöglich, allein zu leben und zwang sie, sich einer Familie anzuschließen. Dadurch luden sie sich nolens volens die Doppelbelastung von Produktions- und Reproduktionsarbeit auf.

Die anhaltende Verdrängung menschlicher Arbeitskraft durch Maschinen und die fortdauernde Landflucht in der zweiten Hälfte des 19. Jahrhunderts schuf ein Überangebot an Industrie-Arbeitskräften. Da in diesem Zeitraum auch die Frauenerwerbsarbeit stetig angestiegen war – 1882 betrug der Anteil der Frauen an den Erwerbstätigen reichweit 23%, in Württemberg 26,3%, 1907 bereits 34%, bzw. 39,8%[9] – wurde den Frauen, die von Arbeitgebern häufig als Lohndrückerinnen eingesetzt wurden, die Schuld an der steigenden Arbeitslosigkeit der Männer gegeben. So hatten 1848 bereits die Schneider und Handwerker der Textilbranche – in der Frauen zwei Drittel der Beschäftigten stellten (!) – das Verbot der Frauenarbeit gefordert.[10] In Kampagnen gegen die „Schmutzkonkurrenz" wurden die Frauen ausdrücklich auf ihre „eigentliche Aufgabe" als Hausfrau und Mutter verwiesen.

1914 forderte die Kriegswirtschaft mehr und mehr Frauen, die als „industrielle Reservearmee" die in den Krieg eingezogenen Männer ersetzen mußten.[11] Mit Ende des Krieges fanden viele zurückkehrenden Männer keine Arbeit. Sie wurden mit Frauen konfrontiert, die aufgrund ihrer Lückenbüßerfunktion „Männerarbeit" geleistet hatten und die Verantwortung für die Familien trugen. Die traditionelle Hierarchie in Arbeitswelt und in Familie war unterhöhlt. Die Auflösung der Familien-Ordnung – auch bedingt durch die Arbeitslosigkeit der Männer und das neue Bewußtsein der Frauen – bedrohte die Autorität der Männer. Diese veränderte Struktur alarmierte den Staat. Obwohl die Industrie an der billigen und bewährten Frauenarbeit festhalten wollte, ergriff der Gesetzgeber im Zuge der am 28. März 1919 verabschiedeten Demobilmachung Maßnahmen zur Reorganisation der geschlechtsspezifischen Arbeitsteilung. Ihr Ziel war es, die von Frauen besetzten Arbeitsplätze zugunsten der Männer freizumachen. Nach dieser Verordnung sollten zuerst alle verheirateten Frauen, deren Männer ein Einkommen hatten, entlassen werden. Ihnen sollten die alleinstehenden Frauen folgen, dann diejenigen Frauen, die nur (!) ein bis zwei Personen zu versorgen hatten. Zuletzt sollten alle übrigen Frauen „heimgeschickt" werden.[12]

Die Weimarer Reichsverfassung hatte zum erstenmal die Gleichberechtigung der Frau bestätigt. Und obwohl Artikel 128 der Verfassung zusätzlich bestimmte

„alle Staatsbürger ohne Unterschied sind nach Maßgabe der Gesetze und entsprechend ihrer Leistung zu den öffentlichen Ämtern zuzulassen"[13],

wurde bereits im Inflationsjahr 1923 die verfassungsmäßige Gleichberechtigung der Fau verletzt. Die Personalabbauverordnung vom 27. Oktober ermöglichte die Kündigung von verheirateten Beamtinnen – ohne jede Entschädigung und bei Verlust ihrer Pension – mit der Begründung, Versäumniszahlen hätten gezeigt, daß

„verheiratete Beamtinnen ihren beruflichen Aufgaben nicht in ausreichendem Maße nachkommen könnten."[14]

Dennoch blieb der Anteil der am Erwerbsleben teilnehmenden Frauen höher als zu Beginn des Krieges: 1907 waren 31% aller Frauen (8,5 Mio.) berufstätig, 1925 bereits 36% (11,5 Mio.).[15] Die Wirtschaft benötigte einen bestimmten Frauenanteil, da die Männer nicht bereit waren, für den 30 bis 50%[16] niedrigeren Frauenlohn unter den bei den Frauenarbeit üblichen schlechten Arbeitsbedingungen tätig zu werden.[17]

2 Hausfrau an einer Tretnähmaschine, um 1900

Die „Goldenen Zwanziger Jahre" brachten eine Phase der wirtschaftlichen Stabilisierung und wirkten sich günstig auf die Frauenerwerbsarbeit aus; vereinzelt wurden Frauen in qualifizierte Positionen eingesetzt. Neben die Arbeiterin trat der nun immer mehr an Bedeutung gewinnende Berufstyp der Angestellten.

„Ein neuer Typ der berufstätigen, unabhängigen Frau entstand: Die ‚neuen' Frauen trugen Bubikopf und kurze bequeme Kleider. Sie wagten sich allein auf die Straße und in die Öffentlichkeit. Sie verfügten über eigenes Geld und … treten plötzlich als eigenständige Individuen und nicht als Anhängsel des Mannes in der öffentlichkeit auf."[18]

Da die wirtschaftliche Lage Frauenarbeit notwendig machte, andererseits aber die Familienstrukturen wieder gefestigt werden sollten, wurde durch Maßnahmen zum Arbeitsschutz – insbesondere für Mütter und Schwangere – und durch die Sozialgesetzgebung von 1927 versucht, den Frauen die Koordination zwischen Produktions- und Reproduktionsbereich zu erleichtern.

Die Weltwirtschaftskrise von 1929 ließ die Arbeitslosenziffern erneut stark ansteigen. 1930 waren 3 Millionen Menschen arbeitslos, 1931 bereits 7 Millionen.[19] 1932 waren noch 6 Millionen Menschen ohne Arbeit.[20]

Durch die Notverordnung von 1930 wurde der Begriff der „geringfügigen Beschäftigung" so erweitert, daß überwiegend verheiratete Frauen aus der Arbeitslosenversicherung ausgeschlossen wurden. Mädchen unter 18 Jahren erhielten generell keine Arbeitslosenunterstützung.[21] Der tatsächliche Umfang der Arbeitslosigkeit und das damit verbundene Elend müssen daher weit höher veranschlagt werden.

Wieder wurden erwerbstätige Frauen als Verursacher der Massenarbeitslosigkeit beschimpft. Hin- und hergeschoben, aufgerieben zwischen Produktions- und Reproduktionsarbeit war es ihnen weder möglich, ein berufliches Selbstbewußtsein zu entwickeln, noch die Zeit und Kraft zu finden, sich politisch zu betätigen.

Die Nationalsozialisten griffen die bereits bestehende Ideologie auf, die Frau auf Ehe und Mutterschaft verwies, doch sie formulierten wesentlich unverblümter:

„Die Frau hat die Aufgabe, schön zu sein und Kinder in die Welt zu bringen. Das ist gar nicht so roh und unmodern, wie sich das anhört. Die Vogelfrau putzt sich für den Mann und brütet für ihn die Eier aus, dafür sorgt der Mann für die Nahrung."[22]

Frauen sollten erneut vom Arbeitsmarkt verdrängt werden.[23] Wieder auf ihren Platz verwiesen wurden die Frauen konsequent aus leitenden Positionen und qualifizierten Berufen vertrieben, und an den Universitäten wurde ein geschlechtsspezifischer Numerus clausus eingeführt, der das Frauenstudium drastisch einschränkte.[24] Lediglich dienende und helfende Berufe als „wesensmäßige Tätigkeiten" für Frauen wurden toleriert. Frauen sollten „in erster Linie in die Ehe, in die Hauswirtschaft und in die Landwirtschaft überführt werden."[25]

Zudem erstrebte die NS-Ideologie steigende Geburtenziffern. Denn der Tendenz zu immer weniger Kindern stand der starke Bedarf an einem arisch-reinen Bevölkerungszuwachs zugunsten der Heeresstärke gegenüber. Steuerliche Begünstigungen und Familienzulagen sollten die Geburtsquote von durchschnittlich 2,2 Kindern (pro Ehe 1935)[26] wieder anheben. So wurde Brautleuten – war die Frau bereit, ihren Beruf aufzugeben – eine Ehestandsdarlehen über 1.000 RM bewilligt, da mit 250 RM pro Geburt[27] „abgekindert" werden konnte.[28]

Der seit 1935 aufkommende Arbeitskräftemangel verlangte erneut den Einsatz der bis dahin erfolgreich aus dem Erwerbsleben verdrängten Frauen. Durch die Aufhebung des Arbeitsverbotes für Frauen, die ein Ehestandsdarlehen erhalten hatten (1937)[29] und durch die Kürzung der Familienunterstützung (1941)[30] sollten die einst als Doppelverdienerinnen geschmähten Frauen wieder für den Arbeitsmarkt gewonnen werden. 1938 wurde der Arbeitsdienst für Frauen Pflicht. Kamen sie ihrer „vaterländischen Pflicht" nicht nach, wurde mit Verhaftung und KZ gedroht.[31] Die Zahl der erwerbstätigen Frauen 1933 betrug noch 10,3 Mio.[32] Bis 1938 stieg sie auf 14,9 Mio.[33] Damit waren 36,2% aller Frauen erwerbstätig.[34] Überwiegend kamen sie aus den unteren sozialen Schichten. Frauen der oberen Mittelschicht und des Großbürgertums sollten nicht zwangsverpflichtet werden. Hermann Göring begründete die Unterscheidung mit einem Vergleich:

„Wenn das Rassepferd am Pflug eingespannt sei, verbrauche es sich schneller als das Arbeitspferd, infolgedessen könne man nie zu einer Frauendienstverpflichtung im allgemeinen kommen."[35]

Unter den „Arbeitspferden" wuchs die Zahl der verheirateten und älteren Frauen stetig. Für sie wurde die Doppelbelastung zwischen Arbeitseinsatz und Hausarbeit immer drückender, vor allem, seit die Arbeitsschutzbestimmungen für Frauen außer Kraft gesetzt wurden (1939). In saisonabhängigen Bereichen wie der Textilindustrie mußte 12 bis 14 Stunden täglich gearbeitet werden, obwohl für Industriearbeiterinnen grundsätzlich der Achtstundentag vorgeschrieben war.[36]

Nach 1945 wurde – anders als nach dem Ersten Weltkrieg – die Arbeit der Frauen für den wirtschaftlichen Wiederaufbau dringend benötigt. Die hohe Zahl der Gefallenen und Kriegsgefangenen verlangte „Männerersatz". Gesetzesänderungen ermöglichten den ansonsten verbotenen, vorübergehenden Einsatz von Frauen in typischen Männerberufen – zum Beispiel der „Trümmerfrauen" im Baugewerbe.[37]

Auch Zuhause hatten die Frauen, bedingt durch die jahrelange Abwesenheit der Männer, die Verantwortung und Versorgung der Familie übernommen. Dennoch wurde an den traditionellen Familienstrukturen festgehalten.

Für die jüngere weibliche Generation war es selbstverständlich geworden, berufstätig zu sein. Wo nicht materielle Not zur Erwerbstätigkeit zwang, war die zunehmende Bedeutung des Konsums, aber auch der Wunsch nach Bildung und beruflichem Fortkommen Anlaß für Frauen, einen Beruf auszuüben. Da auf lange Sicht Arbeitskräftebedarf bestand, formulierte die Familienpolitik mit Artikel 3 des Grundgesetzes die rechtliche Gleichstellung der Frau. Eine allgemeine Akzeptanz der Frauenerwerbstätigkeit wurde damit keineswegs geschaffen. Der Paragraph 1356 des BGB betont ausdrücklich die primäre Funktion der Frau in Haushalt und Familie.[38] Das ambivalente Verhältnis des Staates dazu zeigt sich einerseits in Maßnahmen wie Kündigungsschutz für Schwangere, in der Gewährung eines bezahlten Urlaubs von sechs Wochen vor und nach der Niederkunft und in der Förderung von Müttererholungsheimen.[39] Andererseits wurde der Bau von Kindergärten und Hortplätzen mit der Begründung abgelehnt, es gäbe für „Mutterwirken ... nun einmal keinen vollwertigen Ersatz."[40]

Gleichberechtigung wurde nicht in die Praxis umgesetzt. Vielmehr bedeutete die Kombination von Hausfrauen- und Berufstätigkeit eine gesellschaftliche Akzeptanz der Doppelbelastung. Von 1950 bis 1961 stieg die Frauenerwerbsquote von 31,3% auf 33,4%.[41] Mit Ausbleiben des Flüchtlingsstroms nach dem Berliner Mauerbau versuchte die Regierung, neben Gastarbeitern noch mehr Frauen auf dem Arbeitsmarkt zu integrieren.[42]

Teilzeitarbeit wurde als beste Möglichkeit propagiert, beiden Rollen optimal gerecht zu werden. Tatsächlich bedeutet Teilzeitarbeit geringere sozial- und arbeitsrechtliche Sicherheit und schlechtere Entlohnung bei einer durch kürzere Arbeitszeit erhöhten Produktivität. Dennoch nahm die Zahl der Frauen, die ja „nur ein bißchen dazuverdienen" wollen, von 1961 bis 1970 um 83% zu.[43]

Durch Rezession und Rationalisierung gingen in den sechziger Jahren viele Arbeitsplätze in den frauenspezifischen Industrien – der Bekleidungs- und Textilindustrie, sowie der Nahrungs- und Genußmittelindustrie – verloren. Seit Beginn der siebziger Jahre stieg die Frauenerwerbstätigkeit wieder von 30,2% auf 33,3% im Jahre 1981.[44] Zwei Drittel dieser Frauen sind im Dienstleistungsbereich beschäftigt. Der Anteil der Arbeiterinnen ging weiter zurück, zumal viele Betriebe rationalisierten und Arbeitsplätze ins Ausland verlagerten.

Mit der zu Beginn der achtziger Jahre einsetzenden Rezession wurden die „Lückenbüßer" mit Parolen wie „Ausländer raus" und „Frauen zurück an den Herd" wieder auf ihre Plätze verwiesen. Mit Umschwung der konjunkturellen Lage sollten Frauen – wie zuvor in den zwanziger und dreißiger Jahren – ihre Selbstverwirklichung in der Familie suchen. Das Schlagwort aus der CDU hierzu lautete: „Mutterarbeit statt Erwerbsarbeit"[45].

„Mutterarbeit und Erwerbsarbeit" wird zum Motto unserer Tage. Frauen als industrielle Reservearmee: Der Blick zurück zeigt deutlich, daß Frauenarbeit sich kaum in Richtung Gleichberechtigung und Chancengleichheit entwickelt hat.

Heimarbeit

Bei der überwiegend ländlichen Bevölkerung der vorindustriellen Zeit wurden Textilien „im Heim für das Heim" hergestellt. Die Bevölkerungszunahme und der knapper werdende Boden zwangen die Bewohner kleinbäuerlicher Höfe, ihren „Hausfleiß" auszuweiten. Als „Hausgewerbetreibende" produzierten sie Waren, die sie auf dem lokalen Markt selbst vertrieben. Auch das streng an Zunftordnungen gebundene Handwerk produzierte für den direkten Absatz an den Konsumenten. Mit der Entwicklung der Produktionsfähigkeit und der Erweiterung des Verkehrs fielen die Zunftschranken; die stadtwirtschaftliche Arbeitsteilung entwickelte sich zu einer volkswirtschaftlichen.

Die Entstehung der Heimarbeit

Die Modernisierung des Gewerbes verlangte kaufmännische Kenntnisse, über die die wenigsten Handwerker und Hausgewerbetreibende verfügten. Indem sogenannte Verleger ihnen nun vorschrieben, welche Art von Ware sie zu produzieren hatten und den Verkauf auf dem freien Markt übernahmen, verloren sie ihre Selbstständigkeit und wurden zu abhängigen Heimarbeitern. Für einen Verleger arbeitete meist eine große Zahl von isoliert arbeitenden Heimarbeitern. Das Verlagssystem wurde zum Wegbereiter der sich schnell entwickelnden Großindustrie, deren Siegeszug viele Hausindustrielle und Kleinbetriebe zugrunderichtete.

Die Bedeutung der Heimarbeit für die Bekleidungsindustrie

Bis zur Jahrhundertwende überwog im Bekleidungsgewerbe die handwerkliche Herstellung. Aufgrund der sich seit den 50er Jahren des 19. Jahrhunderts entwickelnden Bekleidungsindustrie verloren die meisten Schneidermeister ihre Selbständigkeit. Kleidungsstücke wurden nun in großem Umfang für nicht mehr persönlich „vermessene" Kunden hergestellt. Mit zunehmender Akzeptanz durch die Käufer erweiterte sich die Sortimentspalette erheblich. Neben die bisherigen Haupterzeugnisse wie Arbeitskleidung, Mäntel, Jacken traten Unterröcke und Schürzen, seit 1890 Blusen und Kostüme, und seit etwa 1900 auch Damenkleider.

> "Billige und willige Frauenarbeit"

Seit den 1860er Jahren setzte sich die Konfektion gleichermaßen in der Herren-, Kinder- und Wäschebranche durch. Um sich von der zunehmenden Konkurrenz zu unterscheiden, verlegten sich manche Unternehmer auf die Produktion von Spezialartikeln – wie die Prof. Jaegerschen Normalartikel, baumwollene Reformwaren oder andere hochwertige Markenartikel.

Charakteristisch für die ersten Firmen der Konfektionsindustrie ist die Arbeitsteilung zwischen qualifizierter Arbeit in der Fabrik – dem Entwerfen, Zuschneiden und späteren Vertrieb der Modelle – und der arbeitsintensiven Näharbeit, die an zu Hause arbeitende Näherinnen vergeben wurde. So beschäftigte das Konfektionsunternehmen Krempel und Leibfried in Urach 1913 – zu einem Zeitpunkt allgemeiner wirtschaftlicher Hochkonjunktur – neben 200 bis 300 festangestellten FarbrikarbeiterInnen 1.000 bis 1.500 Personen in Heimarbeit.[46]

Für die Stuttgarter Firma Bleyle war die Heimarbeit „eine Einrichtung, die schon fast so lange wie die Firma selbst besteht."[47] Die Auslagerung der Näharbeiten ermöglichte es Wilhelm Bleyle, seinen Betrieb anfänglich in seiner Wohnung in der Silberburgstraße unterzubringen.[48] Er konnte so vermeiden, in der kapitalschwachen Anfangszeit seines Unternehmens Geld in kostspielige Fabrikgebäude zu investieren. Da die HeimarbeiterInnen in der eigenen Wohnung an eigenen Nähmaschinen arbeiteten, sparte der Unternehmer Produktionsmittel und Betriebskosten – Heizung, Licht, Reparaturkosten und sogar Nähzutaten. Neben den Kosten wälzte er auch die Risiken des Arbeitsplatzes auf die Heimarbeit ab, da diese nach Stücklohn bezahlte, völlig ungeschützte und an keine Kündigungsfrist gebundene Arbeitsform es ihm erlaubte, die Produktion je nach Mode- und Saisonbedürfnis ohne wesentliche Mehrkosten zu steigern oder zu drosseln.

Arbeits- und Lebensbedingungen der HeimarbeiterInnen

Obwohl der Hungeraufstand der schlesischen Weber im Jahr 1844 auf die katastrophalen Zustände in der Textilheimindustrie aufmerksam machen wollte, beschrieben nationalökomische Lehrbücher noch im Jahr 1870 die Heimarbeit als eine „aus besseren Zeiten herübergerettete idyllische Betriebsform"[49], die Mann, Frau und Kinder im gemeinsamen Tagwerk vereinte. Tatsächlich jedoch lebten die Heimarbeiter – im Gegensatz zu dieser romantischen Auffassung – in unbeschreiblicher Not.

1896 traten in Berlin 20.000 Heimarbeitsbeschäftigte der Konfektionsindustrie in den Streik.[50] Daraufhin begannen sich erstmals Politiker und Wissenschaftler ernsthaft für die Heimarbeiterfrage zu interessieren, ohne jedoch konkrete Maßnahmen zu Verbesserung der Lage zu ergreifen. Die im

> „Du Schaffende, in Arbeitswonne wird Deine Seele frei und groß."[51]

Jahre 1906 vom Büro für Sozialpolitik in Verbindung mit den Gewerkschaften organisierte Heimarbeiter-Ausstellung sollte eine breite Öffentlichkeit auf die Heimarbeit aufmerksam machen.

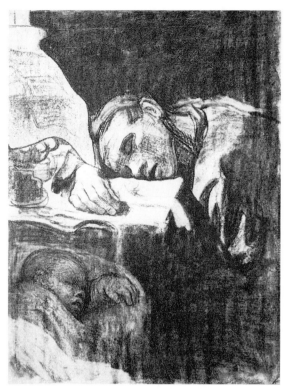

3 Käthe Kollwitz: Folge „Bilder vom Elend", Blatt 1: Heimarbeit, 1909.

Pressestimmen berichten vom ‚Erfolg' der Ausstellung:

„Sowohl in den höchsten Gesellschaftsschichten, im Bürgertum und in der Arbeiterschaft erregte das Unternehmen lebhaftes Interesse und warme Sympathie."[52]

Oder, an anderer Stelle:

„Vor allem erschreckte die Tatsache, daß in so sehr vielen Industrien, deren Erzeugnisse man für rein maschinelle gehalten hatte, mühselige menschliche Handarbeit vorliegt. Die Fabrik ist uns Menschen von heute so stark zur Versinnbildlichung alles gewerblichen Schaffens geworden, daß daneben der Gedanke an den Hausgewerbetreibenden fast völlig in den Hintergrund gedrängt worden ist."[53]

An den Ausstellungsstücken angebrachte kleine Zettel mit Angaben über Geschlecht und Alter, über Arbeitsbedingungen und den in Stundenlohn umgerechneten Stücklohn, wiesen ebenso wie die in Photographien gespiegelten Wohnverhältnisse auf die sozialen und wirtschaftlichen Lebensumstände der HerstellerInnen hin. In der Heimarbeit suchten Menschen eine Verdienstmöglichkeit, die durch Krankheit oder durch pflegebedürftige Familienangehörige ans Haus gebunden waren. Unter den HeimarbeiterInnen befanden sich vor allem Frauen aus den unteren Schichten, da das Einkommen eines einzigen Haushaltsmitglieds hier selten ausreiche, die materielle Existenz der Familien zu gewährleisten. Die Frauen gingen meist wenige Wochen oder Tage vor der Entbindung ihres ersten Kindes von der besser bezahlten Fabrikarbeit zur Heimarbeit über – in der Hoffnung, diese mit ihren Mutter- und Hausfrauenpflichten durch freiere Zeiteinteilung besser vereinbaren zu können.

Tatsächlich erhöhte diese „Vereinbarung" und das räumliche Nebeneinander der Aufgaben den Arbeitsdruck auf die Frauen. Sie entwickelten das Gefühl, die eine Pflicht über der anderen zu vernachlässigen: einerseits arbeiteten sie daheim, um sich besser um ihre Kinder kümmern zu können, andererseits empfanden sie die Kinder als ständige Störfaktoren bei der existenzabsichernden Arbeit.

Eine verbreitete Möglichkeit, die Kinder zu beaufsichtigen und ein paar lebenswichtige Pfennige mehr zu verdienen, war die Einbeziehung der Kleinen in den Heimarbeitsprozeß oder die Delegierung von Hausarbeit. Die aufgrund ihrer ökonomischen Notwendigkeit allgemein akzeptierte Mithilfe der Kinder beeinflußte häufig auch deren späteren beruflichen Werdegang.

„Gar zu oft wird leider aus dem heranwachsenden Töchterchen der Heimarbeiterin wieder eine kleine Heimarbeiterin. Es trägt die fertige Arbeit zum Meister, näht Knöpfe an, kann auch bald eine saubere Naht auf der Maschine nähen, und hat sich bald so an diese Thätigkeit gewöhnt, daß es nach der Einsegnung sofort mit der Mutter zusammen arbeitet, oft auch bis in die späte Nacht hinein."[54]

Der Tübinger Staatswissenschaftler Robert Wilbrandt beschrieb im Jahr 1906 „Bilder" aus der Konfektionsheimarbeit:

„Eine Näherin von Wollhemden bekommt für das Nähen von 1 Dutzend 1,50 Mk., arbeitet von morgens 8 Uhr bis abends 8 oder 9 Uhr und länger, im Durchschnitt 11–12 Std., die Wirtschaft bleibt liegen, ihre beiden Kinder amchen manches und nähen mit, das 12jährige Mädchen täglich sieben Stunden, außer der Schule und den Schularbeiten, die es morgens macht; das Kind sieht entsprechend unkindlich aus. (…) Die Frau [erreicht; d. V.] nach Abzug ihrer Auslagen einen Wochenverdienst von 9 Mk.; ohne die Kinder … [wäre; d. V.] nur 7 bis 8 Mk. Verdienst möglich."[55]

„Eine Frau näht Nachtjacken (…) verdient 10 Mk. in der Woche, wenn sie von früh halb 7

Uhr oft bis halb 12 Uhr nachts näht, nur nebenbei ißt und ihren kleinen Jungen die Wirtschaft zu besorgen überläßt."⁵⁶

Stundenlöhne, die bei 5 Pfennigen anfingen und in seltenen Fällen 20–35 Pfennige erreichten⁵⁷, zwangen die HeimarbeiterInnen, bis zur völligen Erschöpfung an der Nähmaschine zu arbeiten. Die durch saisonale Schwankungen bedingten „stillen Zeiten" veranlaßten vor allem alleinstehende HeimarbeiterInnen, einen vorübergehenden Nebenerwerb in der Prostitution zu suchen. Das „Entgegenkommen" einer „Nähmamsell" war „vielfach schon um ein warmes Abendbrot zu erreichen."⁵⁸

Heimarbeit war Hungerarbeit. Ein Spottvers beschreibt die unzureichende Ernährung der Heimarbeiter:

„Kartoffeln in der Früh,
zu Mittag in der Brüh,
des Abends samt dem Kleid,
Kartoffeln in Ewigkeit."⁵⁹

Unzureichend wie die Ernährung waren auch die Wohnverhältnisse. Häufig diente der Familie ein Raum als Wohn-, Arbeits- und Schlafzimmer, teilweise auch als Küche. In dieser Enge saßen die HeimarbeiterInnen in gebückter Haltung stundenlang an der Nähmaschine. Ständige Angespanntheit, Nervosität, nachlassende Sehkraft, häufig auch Tuberkulose und überdurchschnittlich viele Fehl- und Frühgeburten waren der hohe Preis, den sie mit ihrer Gesundheit für die dürftigen Löhne bezahlen mußten.

Schuld an den niedrigen Löhnen und damit an den schlechten Lebens- und Arbeitsbedingungen hatte nach Meinung der HeimarbeiterInnen die „bürgerliche Schmutzkonkurrenz", die

„extra billig, zu Spottlöhnen [arbeitete; d. V.], weil sie meist nur ‚mitverdienen' will, um den zum standesgemäßen Auftreten erforderlichen Luxus bestreiten zu können."⁶⁰

Aufgrund unzureichender staatlicher Versorgung waren Witwen aus dem kleinen Bürger- und Beamtentum sowie ihre Töchter, „die nicht so glücklich sind, in den Hafen einer auskömmlichen Ehe einzulaufen"⁶¹, auf einen Zuverdienst angewiesen. Mit dem Idealbild der bürgerlichen Familie – einem alleinverdienenden Vater und einer der Familie ein behagliches Heim schaffenden Mutter – war die Erwerbstätigkeit der Frau nicht vereinbar. Deshalb wurde der anerkannte Hausfleiß auf der zur Wohnzimmerausstattung obligatorisch gehörenden Nähmaschine zu einer ‚verschämten' Heimarbeit ausgedehnt.

Diese ‚Geheimarbeit' vergrößerte zwar das reichliche und somit lohndrückende Arbeitkräfteangebot, die Ursache für das Heimarbeiterelend muß aber vielmehr in der fehlenden Heimarbeiterschutzpolitik gesucht werden. Die Heimarbeiter-Ausstellung von 1906 veranlaßte Politiker, gesetzliche Maßnahmen zur Besserung der Zustände einzuleiten. Mit dem Heimarbeitsgesetz von 1911 wurde versucht, durch Registrierzwang und mit der Forderung nach Lohnbüchern eine Vorstellung von dem statistisch kaum erfaßten Umfang der Heimarbeit zu erhalten.⁶² Erst in dem im Jahre 1923 novellierten Heimarbeitergesetz wurde das Kernproblem des Heimarbeiterelends – die Lohnfrage – berücksichtigt. Sogenannte „Fachausschüsse", die sich aus drei Arbeitgebern, drei Arbeitnehmern und einem Behördenmitglied zusammensetzten, erhielten das Recht der Mindestlohnfestsetzung.⁶³

Häufig hielten sich die Fabrikanten aber nicht an die neuen Tarife und versuchten, dies durch Manipulation der Lohnbücher zu verdecken. Da die HeimarbeiterInnen als „selbständige Gewerbetreibende" völlig abhängig von den Aufträgen der Unternehmer waren, lehnte sich kaum ein Betroffener gegen Übervorteilungen auf.

Nach Ende der Weimarer Republik nahmen die Nationalsozialisten 1933 die Mitglieder der freien Gewerkschaften in „Schutzhaft". Die „Nationale Betriebszellen Organisation" (NSBO) übernahm die Sicherung der „familienfördernden" und später auch „kriegswichtigen" Heimarbeit auf ihre Weise:

„Sollte eine Firma sich weigern, die geforderten Tariflöhne zu zahlen oder in irgendeiner Weise versuchen, die Zahlungen der Tariflöhne zu umgehen, so sehen wir uns genötigt, zur Selbsthilfe zu greifen und mit aller Schärfe vorzugehen."[64]

So drohte die NSBO Aschaffenburg in einem Flugblatt vom 9. April 1933. Dem gegenseitigen Interesse diente ferner die Einführung eines Heimarbeiterurlaubs von 6 Tagen und die Ausdehnung des Mutterschutzes auf Heimarbeiterinnen.

Auch in der neugegründeten Bundesrepublik wollte man „auf die Beschäftigung aller Personen im Heimarbeit nicht verzichten."[65] Diese arbeiteten seit Kriegsende wieder zu unvorstellbar niedrigen Löhnen. Nach 1950 wurden teilweise Stundenlöhne von 20 Pfennigen an die sich zu 90% aus Frauen zusammensetzende Heimarbeiterschaft gezahlt. Der wöchentliche Durchschnittsverdienst lag bei 20–25 DM.[66]

Eine wirkliche Verbesserung der Situation versprach das 1951 in Kraft tretende Heimarbeitergesetz, das den „Fachausschüsen" ein Mitspracherecht bei der Gestaltung der Arbeitsbedingungen und der Entlohnung einräumte, das die in Heimarbeit Beschäftigten erstmals in die Sozialversicherung miteinbezog und weitgehend alle in den Betrieben geltenden Arbeitsschutzbestimmungen wie etwa den Kündigungsschutz auf die Heimarbeit ausdehnte.[67]

Für die Unternehmer wurde die nun tariflich geregelte und gut abgesicherte Heimarbeit vielfach uninteressant; sie war kaum mehr konkurrenzfähig gegen die arbeitsintensivere, rationellere und besser kontrollierbare Fabrikarbeit. Den Verlust der einheimischen, billigen Frauenarbeit ersetzten sie, indem sie große Teile der Produktion in die Dritte-Welt-Länder verlegten, wo keine Gesetze und Tarife das Ausbeuten menschlicher Arbeitskraft verhindern.

Das Elend hat sich verschoben: Es verbirgt sich hinter Erzeugnissen „Made in Hongkong" oder „Made in Taiwan". Sie müßten bei uns die gleichen Empfindungen wachrufen, die Helene Bulle angesichts der in der Heimarbeiterausstellung von 1925 gezeigten Exponate bewegten:

„Ein Ruf aus jener Welt, die neben uns arbeitet, lebt und atmet und von der wir nichts wissen, d.h. die wir vergessen, vergessen müssen, denn könnten wir sonst wohl je uns unseres behaglichen, hygienisch wohlversorgten Heims, unseres gesicherten Daseins freuen, wenn wir in jedem Augenblick wüßten, daß diese andere Welt neben uns da ist, daß 5 Pf., die wir achtlos für eine Überflüssigkeit ausgeben, der Stundenlohn ist für bleiche, magere Kinder, daß die Zigarette, die wir behaglich rauchen, in Not und verbitterter Sorge hergestellt wurde?"[68]

Anmerkungen

1 Dieses und die folgenden Zitate stammen aus dem am 12.02.1991 geführten Interview mit Frau K. aus Balingen-Frommern.
2 Interview mit dem Entgeltprüfer des Stuttgarter Gewerbeaufsichtsamts, Herrn Wagner, am 06.09.1990.
3 Interview mit Frau L. aus Balingen-Zillhausen am 12.02.1991.
4 Grundgesetz für die Bundesrepublik Deutschland. Kommentar an Hand der Rechtsprechung des Bundesverfassungsgerichts. Bd. 1. Köln 1975/89, Artikel 3.
5 Ebd., Bundesverfassungsgesetz 52, 374, Rez. 2602.
6 Gerhard, Ute/ Jansen, Mechthild/ Maihof, Andrea (u.a.) (Hrsgg.): Differenz und Gleichheit. Menschenrecht haben (k)ein Geschlecht. Frankfurt/M. 1990: 256f.
7 Nach: Lipp, Carola: 'Fleißige Weibsleut' und 'liederliche Dirnen'. Arbeits- und Lebensperspektiv von Unterschichtsfrauen." In: Dies. (Hrsg.): Schimpfende Weiber und patriotische Jungfrauen. Frauen im Vormärz und in der Revolution 1848/49. Bühl-Moos 1986: 25–55, hier 28.
8 Langer-Ostrawsky, Gertrude: „Doppelt belastet, halb entlohnt." In: Kulturabteilung des Amtes der niederösterreichischen Landesregierung (Hrsg.): Magie der Industrie. Leben und Arbeit im Fabrikzeitalter. München 1989: 138–145, hier 138.
9 Reichsweit: Bebel, August: Die Frau und der Sozialismus. Frankfurt/M. 1976: 247; für Württemberg: Richter, Max: Die Frau in der Industrie und Landwirtschaft Württembergs. Berlin 1913: 6.
10 Thurn, Susanne: „Frauen 1848/49." in: Geschichtsdidaktik 1, 1979: 66f.
11 Diese positive Umstrukturierung der Frauenarbeit wurde begleitet von einem gewaltigen Rückschritt im Hinblick auf den Frauenarbeitsschutz. Da weiterhin Arbeitskräftemangel bestand, wurden im August 1914 sämtliche Frauen-Arbeitsschutzbestimmungen aufgegeben. Darunter fielen die Anfänge des Mutterschutzes und das Verbot der Nachtarbeit. Außerdem wurde die tägliche Arbeitszeit nicht mehr auf maximal 10 Stunden begrenzt und auf Sonn- und Feiertage ausgedehnt. Nach: Bajohr, Stefan: Die Hälfte der Fabrik. Geschichte der Frauenarbeit in Deutschland 1914 bis 1945. Marburg 1979: 130.
12 Nach: Rader, Ulrike: „Wie geheuert – so gefeuert. Frauen als industrielle Reservearmee." In: Kuhn, Annette (u.a.) (Hrsgg.): Mehrheit ohne Macht. Frauen in der Bundesrepublik Deutschland. Düsseldorf 1985: 32.
13 Zit. in: ebd.: 33.
14 Ebd.
15 Nach: Kuczynski, Jürgen: Geschichte des Alltags des deutschen Volkes. Band 5: 1918–1945, Köln 1982: 299, 301.
16 Nach Taschmurat, Carmen: „Wir haben keinen Beruf, wir haben Arbeit. Frauenarbeit in der Industrie der zwanziger Jahre." In: Hart und zart. Frauenleben 1920–1970. Berlin 1990: 22–28, hier: 23; sowie Jurczyk, Karin: Frauenarbeit und Frauenrolle. Zum Zusammenhang von Familienpolitik und Frauenerwerbstätigkeit in Deutschland von 1918–1975. Frankfurt/M. 1978: 31.

17 Keine Gewerkschaft, nicht einmal die kommunistische Partei, setzte sich für die erwerbstätigen Frauen ein, da auch sie auf Arbeitsplätze für ihre fast ausschließlich männlichen Mitglieder hofften.
18 Rader 1985 [wie Anm. 12]: 34.
19 Daraufhin erließ Reichskanzler Brüning am 5. Juni 1931 eine Notverordnung, die Steuererhöhung, Kürzung der Löhne und Gehälter und eine erhebliche Einschränkung der Arbeitslosenversicherung beinhaltete. Nach: Jurczyk 1978 [wie Anm. 16]: 43f.
20 Nach: ebd.: 46.
21 Nach: Kuczynski 1982 [wie Anm. 15]: 299.
22 So Propagandaminister Joseph Goebbels, zit. in: Jurczyk 1978 [wie Anm. 16]: 62.
23 Siehe hierzu das „Gesetz zur Verminderung der Arbeitslosigkeit" vom 1. Juni 1933 und das „Gesetz zur Rechtsstellung weiblicher Beamter" aus dem Jahre 1932. Nach: Kuczynski 1982 [wie Anm. 15]: 323 und Jurczyk 1978 [wie Anm. 16]: 52.
24 Maximal 10% aller Studienplätze durften an Frauen vergeben werden. Nach: Jurczyk 1978 [wie Anm. 16]: 53.
25 Aus der Zeitschrift „Die deutsche Kämpferin", Juni 1934. Zit. in: Kuczynski 1982 [wie Anm. 15]: 256. Der Bauernstand war im nationalsozialistischen Sinn der beste Boden für eine „gesunde Familie". Hier konnte die die Familienstruktur gefährdende Erwerbsgemeinschaft durch die gesamtfamiliäre Produktionsgemeinschaft ersetzt werden.
26 Nach: Jurczyk 1978 [wie Anm. 16]: 65.
27 Nach: Rader 1985 [wie Anm. 12]: 36.
28 Kinderfreudigkeit sollte auch durch Zuschüsse, durch völlige Steuerfreiheit ab fünf Kindern und durch ideologische Maßnahmen, wie zum Beispiel durch die Verleihung des Mutterkreuzes und die Hervorhebung des Muttertages, erhöht werden. Zeigt sich die Frau dennoch nicht gebärfreudig, verlor sie nach dem Ehegesetz vom 6. Juli 1938 ihre „Ehe-Würdigkeit": „Eine kinderlose Ehe wird als Fehlehe hingestellt ... Ist die Frau krank und schwächlich, so ist der Mann nach dem Ehegesetz berechtigt, sich scheiden zu lassen. Sogar eine Frau, die bereits Kinder hat, kann von ihrem Mann geschieden werden, wenn sie nicht mehr gebären kann oder will. In einem Propagandaartikel des Nordlands heißt es: Viele Männer möchten noch das dritte, vierte oder fünfte Kind ernähren, wollen es aber nicht von ihrer Frau, viele prächtige und gesunde Mädchen würden aber freudig Mütter sein ... könnte man hier nicht endlich weiterhelfen ..." Aus: „Der deutschen Frauen Glück und Leid." zit. in: Kuczynski 1982 [wie Anm. 15]: 254, ohne Angabe der/des Verfassers/in, Ort und Jahr.
29 Nach: Jurczyk 1978 [wie Anm. 16]: 67.
30 Nach: Kuczynski 1982 [wie Anm. 15]: 302.
31 Nach: ebd.: 266.
32 Nach: Jurczyk 1978 [wie Anm. 16]: 55.
33 Nach: ebd.: 57.
34 Nach: ebd.
35 Zit. in: Rader 1985 [wie Anm. 12]: 40.
36 Nach: Kuczynski 1982 [wie Anm. 15]: 335.
37 Nach: Rader 1985 [wie Anm. 12]: 42.
38 Münchner Kommentar zum Bürgerlichen Gesetzbuch. Bd. 5: Familienrecht. Redaktion Dr.Kurt Rebmann. München 1989: 178.
39 Nach: Jurczyk 1978 [wie Anm. 16]: 100.
40 Würmeling, zit. in: ebd.: 104.
41 Nach: Rader 1985 [wie Anm. 12]: 43.
42 „Da die ledigen Frauen bereits zu einem nicht mehr erhöhbaren Anteil erwerbstätig sind, im Gegenteil dieser sich durch gestiegene Ausbildungszeiten, gesunkenes Heiratsalter sowie die Senkung des Rentenalters verringert hat, hat die ökonomische Entwicklung wesentliche Konsequenzen für die verheirateten Frauen und Mütter." Jurczyk 1978 [wie Anm. 16]: 111.
43 Nach: ebd.: 115.
44 Nach: Rader 1985 [wie Anm. 12]: 44.
45 Leitsätze 15 und 16 aus: Die sanfte Macht der Familie. Beschlossen auf der 19. Landestagung der Sozialausschüsse der Christlich-Demokratischen Arbeitnehmerschaft vom 9. bis 11. Oktober in Mannheim. Nach: ebd.: 27.
46 Nach: Richter 1913 [wie Anm. 9]: 17.
47 Der Bleyle-Herold. Werkzeitschrift der Betriebs-Gemeinschaft der Bleyle K.G., 3. Jg., 1941: 192.
48 Der Bleyle-Herold. 1. Jg., 1939: 6.
49 Karpf, Hugo: Heimarbeit und Gewerkschaft. Ein Beitrag zur Sozialgeschichte der Heimarbeit im 19. und 20. Jahrhundert. Köln 1980: 13.
50 Nach: ebd.: 33.
51 „Aus tiefer Nächte Dämmerschoß
Ringt sich's empor und will zur Sonne,
Du Schaffende, in Arbeitswonne
wird deine Seele frei und groß.
Siegreich hob der Tag der Frauen
sich aus dumpfen Dämmergründen
Tapfer nun, um auch im grauen
Alltag Ziel und Weg zu finden."
Bruch, Margarete: Die schaffende Frau. Festkantate zur Eröffnung der Ausstellung „Die Frau in Haus und Beruf". Zit. in: Die Heimarbeiterin. Organ der christlichen Heimarbeiterinnen-Bewegung. 1912: 1.
52 Beier, Rosemarie: Frauenarbeit und Frauenalltag im Deutschen Kaiserreich. Heimarbeiterinnen in der Berliner Bekleidungsindustrie 1880–1914. Frankfurt/M. 1983: 16.
53 Torte, Erna: „Frauen und Kinder in der Heimarbeit." In: Die Frau. 32. Jg., 1925, Nr. 9: 276–279, hier: 277.
54 Die Heimarbeiterin. Organ der christlichen Heimarbeiterinnen-Bewegung. 1901: 4.
55 Wilbrandt, Robert: Arbeiterinnenschutz und Heimarbeit. Jena 1906: 23.
56 Ebd.: 22.
57 Nach: Montgelas, Pauline Gräfin von: „Die Heimarbeiterinnen und die deutsche Frauenwelt." In: Caritas. Zeitschrift für die Werke der Nächstenliebe im katholischen Deutschland. 17. Jg. 1912: 34–44, hier: 35.
58 Beier 1983 [wie Anm. 52]: 58.
59 Weber-Kellermann, Ingeborg: Die deutsche Familie. Versuch einer Sozialgeschichte. Frankfurt/M. 1974: 144.
60 Beier 1983 [wie Anm. 52]: 84.
61 Hausen, Karin: „Technischer Fortschritt und Frauenarbeit im 19. Jahrhundert. Zur Sozialgeschichte der Nähmaschine." In: Geschichte und Gesellschaft. 4. Jg. 1978: 148–167, hier: 159.
62 Nach: Bihr, Walter: Die geschichtliche Entwicklung des Lohnschutzes in der Heimarbeit. Tübingen. Rechts- und Wirtschaftswissenschaftliche Fakultät. Diss. 1934: 17–21.
63 Nach: Karpf 1980 [wie Anm. 49]: 77–81 und Bihr 1934 [wie Anm. 62]: 32–35.
64 Zit. in: Karpf 1980 [wie Anm. 49]: 91.
65 Ebd.: 109.
66 Nach: ebd.: 102.
67 Nach: ebd.: 108–117.
68 Bulle, Helene: „Die Heimarbeiterausstellung." In: Die Frau in Staat. 7. Jg., 1925, Nr. 6: 6f., hier: 6.

Klaus Jonski

Aus dem Leben der Schneidermeisterin Franziska Ege

Franziska Ege wurde am 3. Juli 1905 als erstes Kind der Eheleute Berta Ege, geb. Dangel, und Josef Ege geboren. Sie wurde 1912 in Oberdorf bei Lehrer August Fridrich eingeschult und nach 7 Jahren 1919 von Lehrer Eberhard aus der Schule entlassen.

Nach der Entlassung im Herbst 1919 bis zum Frühjahr 1920 ging Franziska Ege in Mittelbiberach in die Winter-Nähschule zu den Schwestern. In dem Gebäude ist heute das Rathaus untergebracht. Die Winterschule vermittelte ihren Teilnehmerinnen Grundkenntnisse im Nähen, die bei einer anschließenden Schneiderinnenlehre vorausgesetzt wurden.

Im Februar 1920 begann Franziska Ege bei Mathilde Egger, einer Tante ihres Vaters, die Schneiderinnenlehre in deren Nähstube in Mittelbiberach, Schönenbucher Weg 11. Zwar mußte sie kein Lehrgeld bezahlen, aber sie erhielt auch keinen Lohn. Bei Mathilde Egger mußte Franziska Ege nicht nur in der Nähstube arbeiten, sondern auch im Garten und im Haushalt.

Die Eggers besaßen am Hang in der Nähe des alten Spielplatzes am Schönenbucher Weg einen Krautgarten. Dort mußte Franziska Kartoffeln stupfen, Kraut pflanzen und Unkraut jäten.

Der anstrengendste Tag mit den meisten Arbeiten im Haushalt war der Montag. Am Montag ging Frau Egger in die Stadt und erkundigte sich in den Geschäften nach der neuesten Mode und nach Stoffen, denn sie handelte auch mit Textilien. Sie verstand sich auch aufs Hütemachen und trug nur selbstgemachte Modelle.

Obwohl Frau Egger gut kochte, hatte sie als begeisterte Schneiderin kein Interesse am Haushalt. Sie hinterließ ihren Lehrmädchen in der Küche das Geschirr vom Sonntag, die Treppen und die Fußböden im ganzen Haus und machte in der Zwischenzeit ihre Besorgungen.

Wie haßten die Lehrmädchen diese Montage. Soeben im einzigen guten frisch gewaschenen Gewand zur Arbeit erschienen, durften sie zuerst die eingebrannten Kacheln schrubben und den Hausputz machen. Auch unter der Woche blieb den Lehrmädchen die Küchenarbeit – und das Wasserholen beim Förster Hartmann (heute Haus Laib) am Brunnen.

Hartmann war auch Schneider Eggers Hennenmetzger. Nicht nur einmal mußte Franziska Ege ein Huhn zu Hartmanns tragen. Hartmann hätte gut das Huhn allein schlachten können, aber es bereitete ihm großes Vergnügen, die Lehrmädchen an der Prozedur teilnehmen zu lassen. Er befahl ihnen, den Kopf der Henne auf dem Hackstotzen festzuhalten. Während er mehr als langsam seine Henkersarbeit vorbereitete und ausführte, malte er in blutigsten Worten aus, was vor sich ging. Er hörte auch nicht auf, das spritzende und tröpfelnde Blut zu beschreiben, nachdem er den Kopf der Henne bereits abgetrennt hatte und das Lehrmädchen angewidert die Hand vom losen Kopf zurückgezogen hatte.

Den Mädchen blieb nichts erspart. Schlachtete man bei Eggers ein Schwein, so mußten sie das warme Blut rühren. Nicht nur beim Schlachten hatten die Lehrmädchen mit Schweinen zu tun, sondern auch sonst. Eggers besaßen ein Schwein, welches von Franziska Ege gefüttert werden mußte. Da der Schweinestall keinen Trog (Bahra) hatte, mußte Franziska Ege den vollen Eimer in den Stall tragen. Bei dieser Gelegenheit wurde sie einmal von einem großen Schwein von der Türe gedrängt. Das Tier gelangte durch die Schreinerwerkstatt in den Hausgang und von dort in die Schneiderwerkstätte. Dort war die Meisterin gerade dabei, einen Schrank auszuräumen. Sie hatte die Stoffe für die Festkleider auf den Boden gelegt. Das verfolgte und schon etwas erregte Tier geriet in die wertvollen Stoffe und richtete eine große Verwüstung an.

Feierabendregelungen für Lehrlinge gab es 1920/21 noch nicht. Vor allen Festtagen häuften sich in der Schneiderei die Aufträge, und die Mädchen verließen erst spät die Nähstube.

Nach 2 Jahren starb die Meisterin und Franziska Ege setzte ihre Lehre bei Frl. Elise Haas in Oberdorf fort. Frl. Haas war etwa vier bis fünf Jahre älter als ihr Lehrmädchen und bereitete sich gerade auf die Meisterprüfung vor.

Gesellinnenprüfung und Selbständigkeit

Ort: Gewerbeschule in Biberach, 1923. Die praktische Aufgabe lautete: Für die eigenen Körpermaße eine Bluse mit Rock herstellen. Weitere praktische Arbeiten: Knopflöcher, Rüschen, ausschmükkende Teile an Kleidungsstücke. Theorie: Herstellen einer Zeichnung. Während der einwöchigen Prüfung führte die Obermeisterin, Frl. Mast, die Aufsicht.

Nach der Gesellinnenprüfung machte sich Franziska Ege sofort selbständig, denn sie mußte für sich selber aufkommen. Ihre Aussteuer mußte sie sich selbst verdienen. Gerne hätte sie sich in einer Schneiderwerkstätte Arbeit gesucht, um bei einer Meisterin ihr Können zu vervollkommnen und dadurch mehr Sicherheit zu gewinnen. Ihr Vater aber hatte schon von Bekannten für sie Aufträge angenommen und drängte seine Tochter, als Störschneiderin zu arbeiten.

Am meisten quälte Franziska Ege der Zweifel, ob sie für jede Figur den richtigen Schnitt finden würde. Bei ihrem ersten Auftrag hatte sie ein halbfertiges Kleidungsstück fertigzunähen, das ihre verstorbene Meisterin zurückgelassen hatte. Es war für Frl. Schwöhr aus der Rosengasse in Mittelbiberach bestimmt gewesen. Frl. Schwöhr hatte eine hängende Schulter. Die Arbeit gelang und Frl. Ege blieb bei der Störarbeit. Nebenher bereitete sie sich auf die Meisterprüfung vor.

Zunächst nahm sie ein halbes Jahr lang an einem Buchführungskurs in der Gewerbeschule in Biberach teil. Bei Kursbeginn mußte sie feststellen, daß sie die einzige Frau in der Klasse war. Sie wollte schon gehen und sich beim Kursleiter abmelden, da rettete dieser die Situation. Er teilte ihr einen Platz in der ersten Bank zu und sagte der schüchternen Dame: „Denken Sie einfach, hinter Ihnen säßen lauter Frauen." Das half.

Um sich auch praktisch auf die Meisterprüfung vorzubereiten, belegte Franziska Ege einen Schneiderkurs der Firma Borst aus Ulm. Der Kurs fand in Biberach statt. Zwischendurch aber arbeitete sie auch in der Schneiderstube des Meisters in Ulm.

1935 legte Franziska Ege in Ulm ihre Meisterprüfung ab. Bis 1940 etwa ging sie auf Stör. Danach arbeitete sie in der Ayestraße 55 in ihrer eigenen Wohnung, denn sie hatte neben dem Beruf ihre Mutter zu pflegen. In der eigenen Wohnung hatte sie nun die Möglichkeit, Lehrlinge auszubilden oder bereits ausgebildete Frauen an anspruchsvolleren Arbeiten zu unterweisen.

Lehrmädchen waren: Fanny Wegerer aus Stafflangen, Berta Ege aus Mittelbiberach, eine Nichte. Gesellinnen waren: Mathilde Figel aus Mittelbiberach, Elsa Sonnenmoser aus Reute, Maria Gleinser, verh. Renner, Schwester der Frau Wahl, Therese Hipper, verh. Dannenmaier.

1 Franziska Ege zeigt ihr Kleid, das sie als Meisterstück fertigte.

Als ihre Mutter um 1960 schwer krank wurde, konnte sie keine Lehrmädchen annehmen, obwohl die Nachfrage nach Lehrstellen unvermindert anhielt. Je mehr die Mutter ihre Tochter beanspruchte, um so weniger Zeit blieb dieser zum Nähen.

Bis 1980 nähte Franziska Ege noch gelegentlich für Angehörige und Bekannte. Heute ist ihr Augenlicht nicht mehr so gut. Sie ist jetzt [1988] 83 Jahre alt, aber für Angehörige näht sie noch ab und zu, um ihnen eine Freude zu bereiten. Sie ist froh, daß sie nicht mehr um Lohn nähen muß, denn zeitlebens fühlte sie sich unbehaglich, wenn sie bei ihren Kunden Lohnforderungen aussprechen mußte. Übereinstimmend sagen ihre Zeitgenossen: Franziska Ege nahm immer zu wenig.

Als Schneiderin auf Stör

12 Stunden arbeitete eine Schneiderin auf Stör täglich, von 7 bis 19 Uhr. Mit einem kleinen Handwagen, auf dem die Nähmaschine stand, machte sich Franziska Ege vor 7 Uhr auf den Weg. Manchmal zogen ihre jüngeren Brüder den Wagen. Aber nur in den ersten Jahren mußte sie ihre Maschine mitbringen. Nach und nach schafften sich die Leute eigene Maschinen an.

In den Häusern wurde die Schneiderin mit einem Frühstück empfangen. Zitat: „D' Nähere kommt, 's ischt a Feschtdag!" Für diesen Tag hatten die Leute in den Räumen aufgeräumt und geputzt. Die Kinder saßen sauber gekleidet brav auf der Eckbank oder auf dem Kanapee und blickten der Näherin erwartungsvoll entgegen.

Selbst in den ärmsten Häusern war der Tisch gut gedeckt. Meist gab es zum üblichen Marmeladenbrot noch ein gekochtes Ei.

Nach dem Abräumen des Frühstücksgeschirrs richtete die Störschneiderin ihren Arbeitsplatz ein. Fasziniert von den sich drehenden Rädern der Maschine baten die Kinder die Schneiderin, auch einmal drehen zu dürfen. Beinahe in jedem Haus wurde diese Bitte vorgetragen.

Um 9 Uhr war Zeit für das Morgenvesper. Es gab gewöhnlich ein Butterbrot und Milch dazu oder auch Käse zu warmen Kartoffeln. Um 12 Uhr wurde zu Mittag gegessen. Hier einige Speisen, die immer wieder auf den Tisch kamen: Suppe mit Nudeln, Fleisch, Rauchfleisch, Kartoffelbrei, Kraut, Bauernbrot, Dennete[1], Gemüse, Salat, Kartoffelsalat, Blaukraut, Knödel, Brotknödel. Als Getränke wurden Most, Tee oder Milch gereicht.

Mittags um 4 Uhr wurde gevespert. Zu einem Butterbrot aß man Fleisch oder Wurst. Zum Nachtessen gab es bei gewöhnlichen Leuten Rühreier oder Spiegeleier, dazu Brot und Milch.

Nach dieser Aufzählung von Mahlzeiten könnte der Eindruck entstehen, die Näherin habe hauptsächlich gegessen. Zweifellos ging es, was die Ernährung betrifft, den Näherinnen auf Stör in den Jahren der Inflation, während des Krieges und der Zeit danach besser als anderen Berufstätigen. Aber man darf nicht vergessen, daß die Mahlzeiten Bestandteil des Lohnes waren und die Näherinnen wenig Bargeld in die Hand bekamen. Frau Ege berichtet, daß sie nach dem Ersten Weltkrieg und in den Jahren der Weltwirtschaftskrise den Lohn in Naturalien erhielt. In der Inflationszeit verfiel das Geld über Nacht so schnell, daß man mit einem Tageslohn am nächsten Morgen nichts mehr einkaufen konnte. Zitat der Mutter: „Mädle, etz hosch grad omasuscht gschaffet!"

Um 1930 verdiente Frau Ege etwa 1,50 Mark pro Tag. Aber nicht nur die Näherin war arm, auch die Auftraggeber waren es. Nicht selten legten sie der Näherin ein altes Kleidungstück vor, aus dem dann ein neues gemacht werden sollte. Oft durfte sich die Näherin auch den Kopf zerbrechen, wie sie aus einem zu kleinen Stoffstück doch noch etwas Nützliches herausbringen könnte. Die Störschneiderin hatte Verständnis, wenn arme Leute möglichst billig zu einem Kleidungsstück kommen wollten, und es bereitete ihr selber Freude, wenn sie anderen eine Freude machen konnte.

Aber manche Leute übertrieben die Sparsamkeit und machten sich keine Gedanken, wenn sie die Näherin ausnützten. So erhielt sie von Angehörigen immer wieder den Ratschlag, sich gegen übertriebene Sparsamkeit zu wehren: „Du bisch z' entressiert mittem Eidoila, Du dädescht no da Fengr drzualega!" (Wenn die Stoffbreite oder -länge nicht reicht, legt man noch den Finger dazu und verarbeitet ihn mit.)

Ihre Lieblinge waren immer die Kinder. Wenn die sie baten, ihnen doch noch ein „Gluckersäckle"[2] zu nähen, dann konnte sie nicht nein sagen, obwohl die Augen schon müde waren von der Tagesarbeit an einem schlecht beleuchteten Platz.

Wenn Franziska Ege zu Fuß nach Biberach, Reute oder Schönenbuch zur Arbeit ging, sei's bei Sonnenschein oder Dunkelheit – es gab immer auch Leute, die mit ihr gerne getauscht hätten. So kam sie z.B. eines Morgens bei einem Bauern (Engler, heute Stark) vorbei, der gerade einen Karren mit Mist auf den Misthaufen geschoben hatte.

Er sprach sie an und meinte: „Mädle, etz mecht i grad mit dir gau. Jeden Dag en a anders Haus!"

So war es. Man beneidete die Näherin auf Stör. Sie kam unter die Leute. Sie erfuhr dies und jenes und hatte Einblick in jedes Hauswesen. Allgemein wurde deshalb auch die Störschneiderin verdächtigt, sich als „Zuadräglere" zu betätigen. Doch Franziska Ege hat nie diese Rolle übernommen. Sie war sich immer dessen bewußt, daß sie ihre Kundschaft verloren hätte, wenn sie wietererzählt hätte, was ihr eine Frau im Vertrauen mitgeteilt hatte. Die Mitteilsamkeit mancher Frauen empfand sie eher als Belastung; man betrachtete sie als Beichtschwester und lud manche häuslichen und ehelichen Sorgen auf sie ab. Deshalb empfindet Franziska Ege noch heute eine tiefe Verbundenheit zu ihrer alten Kundschaft.

Erlebnisse

Regelmäßig kam Franziska Ege in das Haus des Mausers Adolf Müller vom Zweifelsberg. Müller brachte von seinen Raubzügen tote Mäuse mit, deren Schwänze er bei der Gemeinde gegen eine Fangprämie eintauschte und denen er das Fell abzog. Auf dem Stubentisch, an dem man aß und an dem auch die Näherin arbeitete, verrichtete er seine blutige Arbeit. Die Näherin und die Ehefrau ekelten sich beim Anblick der verstümmelten und aufgeschnittenen Tiere. Franziska Ege wurde Zeugin folgender Unterhaltung. Ehefrau: „Du wiaschtr Adolf! Her auf, wo doch d' Nähre do isch!" Ehemann: „Oh, guck amol dia nette Meisla! Streichle amol dees nette Bälgle, wo dia hend." Natürlich befolgte dies die Mauserin nicht. Statt dessen jammerte sie: „Oh, hett i doch den greilicha Dolfa nie gheirod!"

Bei „Schloßbaures" trug die Bäuerin Luise Dobler auf einem großen Brett den Braten auf. Sie schnitt mit dem Tranchiermesser das Fleisch auf und verteilte es. Die Suppe kam in einer großen Schüssel auf den Tisch. Man aß aus flachen Zinntellern, in die nicht viel hineinging. Die Knechte hatten erst um 11 Uhr gevespert (Olfeveschper) und waren um 12 Uhr noch satt. Darum aß man zu Mittag wenig. Anders sah es für die Störhandwerker aus. Sie hatten um 9 Uhr ihre letzten Mahlzeit gehabt und brachten einen guten Appetit mit. Franziska Ege hielt bei Doblers ein Auge auf den Teller des Roßknechts, denn dieser bestimmte, wie lange man aß. Wenn er aufstand und die Stube verließ, hörte man auf zu essen. Es kam dann noch ein Gebet; an dem aber der Roßknecht nicht teilnahm, denn er befand sich schon auf dem Weg zur Arbeit. Auch die Näherin setzte sich unmittelbar nach dem Essen an die Maschine und betete nicht mit. Eine Pause gab es nicht. Dies war in allen Häusern gleich.

Wenn die Kinder stritten, wenn sie sich z.B. bissen, erhielten sie von der Mutter einen „Datzenschlag" und sie mußten sich – was das schlimmste war – bei dem Gebissenen entschuldigen mit einem Handschlag und den Worten „Ich will es nicht mehr tun!" Es gab auch andere Strafen. Da befand sich z.B. ein Großvatersessel in der Stube. In den mußten sich die „Straftäter" setzen und so lange ganz still sitzen bleiben, bis die Mutter sie wieder „erlöste". Und wehe, es wagte einer der Verbannten, vom Sessel zu rutschen und sich die Beine zu vertreten. Aber genau das taten sie, sobald die Mutter den Raum verließ, um zu arbeiten. Die Näherin, die die ungeduldigen kleinen Buben und Mädchen vor Schlägen bewahren wollte, erinnerte ihre Lieblinge an das, was die Mutter gesagt hatte. Die Kinder hatten ein Frühwarnsystem ausgedacht und Beobachtungsposten aufgestellt, die sofort die Nachricht vom Kommen der Mutter in die Stube trugen. Einmal versagte jedoch das System, da die Mutter gegen alle Gewohnheit einen anderen Weg aus dem Stall genommen hatte. Während die Kinder glaubten, die Mutter sei noch beim großen Scheck, stand sie schon in der Küche und es „bätschte".

Bei „Schloßbaures" mußten alle mithelfen. Sogar der älteste Sohn Fritz mußte die Windeln seiner jüngeren Geschwister waschen, die Stube kehren, putzen, die trockene Wäsche verlesen und die Flicksachen beiseite legen. Manchmal belohnten sich die Kinder selbst für ihre Mithilfe. Heimlich tranken sie beim Tischabräumen die Reste aus den Mostkrügen.

In den rechten Häusern – und „Schloßbaures" zählten dazu – wurde darauf geachtet, daß sich die Kinder, denen die Näherin etwas genäht hatte, dafür bei ihr bedankten mit den Worten: „Vergelt's Gott, Nähere!" Darauf antwortete die Näherin: „Brauchet's gsond!"[3]

Matthias Beducker und seine Frau Caroline, geboren in Ahlen, hatten acht Kinder. Es saßen also 10 Leute am Tisch. Mit der Großmutter, die zur Familie gehörte, waren es 11 und die Näherin machte das Dutzend voll. Als Frau eines Sattlers mit kleinem Einkommen war Caroline Beducker gezwungen, ganz sparsam zu wirtschaften. Zu den Sorgen um das tägliche Brot kamen noch die täglichen Machtkämpfe mit ihrer Schwiegermutter Susanne, die eine energische Persönlichkeit war. Da auch ihr Mann nicht gegen seine Mutter ankam, stand sie in den Konflikten mit der Schwiegermutter auf verlorenem Posten. So räumte sie nach den Mahlzeiten gerne das Feld und verabschiedete sich von Frau Ege mit den Worten „Bhite Gott, Nähere. I gang in Ausang hendre, do hau i mei Ruah" (sie ging zur Feldarbeit ins Gewand „Ausang").

Unter den heranwachsenden Buben gab es kräftige Esser. Hungrig schauten sie der Näherin auf den Teller, und ihre Blicke drückten die Hoffnung aus, die Näherin möge ihnen einen kleinen Rest auf ihrem Teller zurücklassen.

Zur Anprobe bei Mathilde Egger

Mathilde Egger, die Lehrherrin von Franziska Ege, war Festschneiderin. Sie besaß eine Nähstube und beschäftigte im Jahre 1922 eine Gesellin und zwei Lehrmädchen. In ihrer Nähstube, dem Wohnzimmer der Familie, standen ein von ihrem Mann gefertigter Schneidertisch, den man verlängern konnte, und eine Singer Tretmaschine.

Eine der bei Eggers beschäftigten Lehrmädchen war Franziska Ege. Von ihrem Arbeitsplatz aus konnte sie bis vor zum Steinmetz Nägele schauen, der Stelle, an der die Kundschaft in den Schönenbucher Weg einbog.

Eine von der Meistern sehr geschätzte Kundin war die Frau des Schreiners Augustin Zeller, die man kurz „d' Schreinere" nannte. Sie war eine große stattliche Frau mit schwarzen Haaren. Es war schönes welliges Haar, dessen Krause nicht aus der Schere stammte. So füllig war es, daß sie es nur mit mehreren Hornspangen und einem Nest bändigen konnte. Mit lebhaften Augen und roten Wangen sah sie aus wie das Leben.

Sie wußte, was ihr stand. Ein weißer Kragen unterstrich die Frische des Gesichts, und der knöchellange Rock betonte vorteilhaft ihre ausgewogene Figur. Rundherum war sie das Abbild einer gepflegten Frau.

D' Schreinere kam nicht irgendwann zur Anprobe, sondern ein Lehrmädchen hatte ihr vorher Nachricht gegeben. Sie hielt sich an die vereinbarten Zeiten. Sie liebte die Anproben über alles, hatte sie doch am Ende ein schönes, neues Kleid.

Sobald also d' Schreinere bei Nägeles auftauchte, gerieten die Lehrmädchen in Stimmung, denn es war jedes Mal ein Riesenspaß, dabei zu sein, wenn diese Kundin die Werkstatt betrat. Schon die Begrüßung reizte zum Lachen, den d' Schreinere hatte eine Stimme wie ein Mann. Das „R" riß sie und es war selbstverständlich, daß die Lehrmädchen, wenn sie sich über die Schreinerin unterhielten, das „R" auch rissen. Die Schreinerin hätte nie zugegeben, daß sie schlecht hörte, aber jeder im Ort wußte es. Wenn also Frau Zeller gegenüber der Meistern diskret den Wunsch äußerte, nicht vor den Augen der Lehrmädchen anproben zu müssen, dann sagte sie es so laut, daß die Mädchen es bestens verstanden. Zwar verloren sie die Schreinerin aus den Augen, wenn sie mit der Meisterin im Anprobezimmer verschwand, aber sie konnten ohne weiteres mithören, was gesprochen wurde.

Zuerst hörte man Schreiners Mena, richtig Wilhelmine, sagen, daß sie onda guat azoga sei ond daß se exschtra en schäana Ontrrock mit Schbitza ond a Schbitzahos adau häb. Dann drangen einzelne Bemerkungen und Fragen aus dem Anprobezimmer zu ihnen in die Nähstube, wie „Do fäahlt's no!", „Laß me amol romdräa!" oder „Isch eba onda?".

Jetzt wußten die Mädchen, daß d' Schreinere vor dem großen Kippspiegel stand und in der Rechten einen Handspiegel hielt, in dem sie sich von allen Seiten betrachtete.

Aus der Sicht von Wilhelmine Zeller war das Anprobieren ein genußreiches Zeremoniell, das auf gar keinen Fall ein schnelles Ende finden durfte. Da fehlte es hier noch ein bißchen und dort noch ein bißchen. Ein Heftfaden mußte noch einmal versetzt werden, ein Kreidestrich neu gezogen oder eine Stecknadel anders gesteckt werden.

Den Anprobengenuß steigerte d' Schreinere, indem sie sich, während sie stillhalten mußte, die Nase mit Schnupftabak füllte. Hörten die Mädchen den befreienden Nieser von Wilhelmine Zeller, dann flüsterten sie sich „Gesundheit" und „Prosit" zu und hielten sich anschließend den Mund mit Taschentüchern zu, um sich nicht durch ihr Lachen zu verraten.

Mit Sorgfalt und Vergnügen bediente sich Wilhelmine Zeller bei der Anprobe der Utensilien, die sie in einem großen Korb von zu Hause mitgebracht hatte. Sie zog ihre schwarzen Hochzeitsschuhe aus Stoff mit Ledersohle und seitlichem Gummiband an, um die richtige Rocklänge zu ermitteln, denn der Schuh durfte nicht vom Rock oder Kleid verdeckt werden. Sie probierte ihre verschiedenen Hüte mit Schleier und Blumen; ferner legte sie Schmuck und Broschen an oder befestigte sich eine der damals üblichen langen Uhrenketten an der Taille.

Meist nach zwei Stunden verlor die Meisterin die Geduld und erklärte: „Schreinere, etz hau e gnuag. Etz heera mr auf!" Dies akzeptierte die Schreinerin, aber sie schärfte der Meisterin ein: „Etz sag dr bloß dees, du loosch koi Lehrmädle dra näha! Dees sag dr! Dees machsch sell!" Regelmäßig versicherte Frau Egger dann: „Dees ka dr vrschbrecha, Meena!" Natürlich hielt sie sich nicht an diese Zusage. D' Schreinere war nämlich noch nicht einmal auf ihrem Heimweg beim Nägele angekommen, da wurden die Arbeiten schon auf die Mitarbeiterinnen verteilt. Die eine hatte den Saum zu nähen, die andere mußte die Knopflöcher machen. Die Meisterin machte zwar das wichtigste, aber eben doch nicht alles.

Anmerkungen

1. Dennete: dünner, flacher Kuchen, mit Käse, Zwiebeln, Speck belegt.
2. Gluckersäckle: Stoffsäckchen für Murmeln. Glucker/Klucker = Murmeln.
3. „Nutzt es zu Eurem Wohl."

Erschienen in: Gesellschaft für Heimatpflege (Kunst- und Altertumsverein) Biberach e.V. (Hrsg.): BC – Heimatkundliche Blätter für den Kreis Biberach. 4. Jahrgang, Heft 1, 21.06.1991: 47–50. Abdruck mit freundlicher Genehmigung des Autoren.

Die Arbeit am Körper

Christel Köhle-Hezinger

Der schwäbische Leib

„Leib und Seel": Erinnerungen

Das Schwäbische kannte keinen „Körper". Körper, Körperlichkeit, Körpergefühl – diese heute geläufigen und für moderne Menschen so wichtigen Dinge sperren sich gegen die Übersetzung in die Mundart. Das „Schwäbische Wörterbuch" notiert stattdessen „populärer *Leib*, auch *Korpus*". Daneben sei Körper auch der Begriff für den „Hauptteil des Pflugs".

Eine alte Bedeutung von Körper sei „*Leichnam*", Beispiel dafür „der teuflische Körper" (auch in der alten Form „Körpel", der „todte Körpel"). „*Korpus*", auch synonym für „wohlbeleibt", sei in der Umgangssprache weit gängiger, allerdings mehr in katholischen Gegenden. Hier war es zudem geläufig von seiner sakralen Bedeutung her, von „*Corpus Christi*", dem lateinischen Namen für das Fronleichnamsfest.[1]

„Er stemmte sich mit seinem ganzen Körper …": dieser Satz mag vielerlei heißen, kann in der Mundart auf manche Weise konkretisiert werden. *Körper* mag hier stehen für *Gewicht*, für *Gestalt, Figur*; wie es auch vielfach hieß „*Postur*" – und immer wieder „*Leib*", anstelle des unsäglichen *Körpers*". „*Mit Leib und Seel*": Dieses in seinem Ursprung biblische und im Schwäbischen überaus gängige Begriffspaar scheint vielfach sogar nicht nur den Körper, sondern auch den Leib verzichtbar gemacht zu haben.

Auch wir Kinder hatten, wenn ich an meine Kindheit in den fünfziger Jahren zurückdenke, keinen „*Körper*". Wir hatten jedoch einen *Leib*, dessen stets zunehmende Maße von der Hausschneiderin stets aufs neue vermessen wurden – ebenso wie wir und alle unseren Puppen ein „*Leible*" und ein „*Seelenwärmerle*" hatten.

Das *Seelenwärmerle* war das modische, absolute Muß der Puppenkleidung. Es war handgestrickt, meist links, in der Regel pastellfarben, doppelreihig geknöpft und reichte bis zur Taille. Warum es Seelenwärmerle hieß, wurde nie geklärt.

Klar war lediglich der Zusammenhang von „*Leib und Seel*": weil das Seelenwärmerle nichts anderes als ein Leib-Wärmer war, mußte die Seele – das Beste und Höchste des Menschen, wie im Kinderschüle die Schwester gelehrt hatte – demnach in der oberen Leibhälfte lokalisiert sein, also in der Brust nahe dem Herzen und nicht darunter, im Bauch. „*Bauch*" war das Gewöhnliche, das sich verband mit Bauchweh, Bettflasche, mit dem Geruch von Kamillentee.

Ein „*Leible*" der Kinderkleidung hingegen diente beidem, Bauch und Brust, also dem „ganzen Leib". War es altmodisch, so war es ein *„halbes Leible*", in das man mit den Armen vorwärts hineinschlüpfte wie in einen Schurz. Es war ein ärmelloses, meist aus Gitterstoff genähtes „G'schirrle", wie wir es nannten, reichte nur bis zur Taille und war im Rücken geknöpft. War es aber ein modernes „*ganzes Leible*", so sah es aus wie ein Unterhemd – eben wie ein Leible, wie später die „Turnleible". Es war für Mädchen meist rosafarben, hatte vorne, links und rechts, zwei längsaufgesteppte Bänder, die über den unteren Rand hinausgenäht waren und auf den Oberschenkeln baumelten. Das waren die „Strapser", in welche die ungeliebten, kratzigen langen Wollstrümpfe einzuhängen waren. Das Leible bedeckte und umspannte den Leib, und damit hatte es seinen Namen verdient.

Daß der Leib auch etwas zu tun habe mit nicht nähers benannten „unteren Regionen", hatten wir schon früh gelernt.

Meine Großtante Karoline, eine reiche Wirtstochter aus dem „Löwen" in Schwaikheim, hatte 1907 einen Bruder des Großvaters in Esslingen geheiratet. Ihre Aussteuer war stattlich: neben Bargeld und repräsentativen Möbeln „Weißzeug, 24 mal zum Überziehen", reichlich Tischwäsche und „*Leibzeug*".[2]

Mit der *Leibwäsche*, zu der 1907 noch spitzenbesetzte, nach unten offene sogenannte „Stehbrunzhosen", dann aber bald moderne Trikotwäsche gehörten, ging sie freilich sparsam um.

Bis in ihr hohes Alter diente das samstägliche Badewasser noch einem zweiten Zweck: darin wurde die Unterwäsche „zwischendurch", ohne Kochen und von Hand gewaschen – jedoch nur teilweise; nur „die Stöck", wie es hieß, also jener untere Bereich, der mit den unaussprechlichen Unterleibszonen in engere Berührung kam.

In den Jahren nach der Kindheit verlor sich der Leib. Erwähnung – mit dieser Bezeichnung – fand er vor allem im pflegerischen Bereich, in der Zuordnung zu Alten, Kranken, zu „Sänitätsfachgeschäft" und zu Tabus: neben „Bruchbändern" für die Männer gab es da weibliche Leibbinden, Leibwärmer, Leibwäsche. Ferner wußte man von Leibrente, Leibgeding bei den bäuerlichen Verwandten. Andere Leib-Assoziationen wieder Leibarzt, Leibbursche, Leibdiener, Leibgarde, Leibwache waren nicht von Belang, weil sie in Richtung anderer „Stände" und Zeiten verwiesen. Dies alles waren ferne Reservate, wenig bekannte Attribute – Körpern von gestern zugehörig.

Kulturelle Selbstverständlichkeiten, das Vertraute des „Leibes" in der eigenen Kultur begegneten später, im Beruf, im Spiegel anderer Kulturen. Warum denn die Schwäbinnen, so fragten amerikanische Studenten im Seminar „Regionalkultur: Das Schwäbische", alle so ganz bestimmte, ganz ähnliche Figuren hätten: so stämmig, viereckig, figurlos; so genau passend für jene Kittelschürzen, die sie ständig auf dem Leib trügen? Diese Beobachtungen hatten die Stanford-Studenten aus Kalifornien scheinbar einhellig gemacht in ihren Gastfamilien in Beutelsbach im Remstal. Hier waren sie ‚daheim', fühlten sich wohl und integrierten sich; bis auf wenige Konfliktzonen. Der beharrlich wiederkehrende, alltägliche Kulturkonflikt war die Frage der schwäbischen Mütter: „Warum essen die ihren Teller nicht leer, lassen immer einen Anstandsrest darauf zurück?" – Themen und Stoffe, anhand deren wir im Seminar kulturellen Differenzen und Mentalitäten auf die Spur zu kommen suchten. Die jungen Schwäbinnen, so beharrten die Studenten weiter, seien doch noch ganz hübsch und schlank, hätten eine gute Figur ... Waren es die Spätzle, zu wenig Sport? Oder nur die kaschierenden Kittelschürzen?

„Der Schwabe ist zwar formlos (...)" notierte ein anonymer Norddeutscher 1886 in seinen „Culturbildern aus Württemberg" bissig.[3] „Schwaben sehen Schwaben"[4] – dieser Blick jedoch formte, zeitgebunden, andere Urteile. Noch für meinen Großvater war „Postur" eindeutig das positive Gegenbild der angeblichen schwäbischen Formlosigkeit. Eine gute, eine *stattliche Postur* konnte männlich wie weiblich sein: korpulent, kompakt, kräftig, einfach „gut beieinander". Dem Hochdeutschen entnommen hingegen waren jene Begriffe, die eindeutig *nicht* den schwäbischen Schönheitsidealen entsprachen. „Schlank" – das stand für mager, „dürr", „klepprig", „nichts dran".

„Ring" sei sie als junges Mädchen stets gewesen, so beschrieb mir eine 80jährige Oberschwäbin den körperlichen Makel ihrer Jugend: Sie war von „geringem", zartem Wuchs, eine halbe Portion, „ein Hering"; einfach untauglich fürs „Männerg'schäft" auf dem bäuerlichen Hof, wo sie als Magd diente.[5]

„Wie mr schafft, so ißt mr auch." Die Beziehung zwischen schaffen und essen – und damit die positive Bewertung eine ‚stattlichen Postur' – war eindeutig, sprichwörtlich geklärt. Leib war eben auch *Bauch*, freilich in jener schwäbischen Begriffserweiterung, wie sie für das Verhältnis von Bein und Fuß charakteristisch ist. „Großer Leib kommt net(t) von kleinen Linsen", notierte Anton Birlinger 1868. „Bauch" ist Teil seines schwäbischen Sprichwörter-Alphabets: „Auf einem vollen Bauch steht ein fröhlicher Kopf", das sei schon belegt in Briefen des mittelalterlichen Mystikers Seuse.[6] Der „*Körper*", in der Tat, war auch dem Schwäbischen fremd.

„Führte man Körper", so beginnt ein 1989 erschienenes Buch mit dem Titel „Der Körper und seine Sprachen, Körper aus Kunst und Literatur, Film und Theater", Körper „im psycho-analytischen Seminar, auf der Straße oder im body-building-center vor, erscheinen sie nur als defizitär, veränderungsbedürftig: der mißgestaltete oder deformierte oder bis zur Eigenschaftslosigkeit ritualisierte Körper vor seiner Reparatur."[7]

Wir fragen im folgenden nicht nach „Kunstkörpern" heute, sondern nach *Realkörpern*, nach dem „*Normalleib*" als einem Gewordenen: nach dem Körper in seiner Spezifik unserer regionalen Kultur, nach dem in ihr beschriebenen, begriffenen und gelebten Körper. Und wir nennen ihn Leib, weil wir davon ausgehen, daß *Körper* in dieser traditionellen Kultur – in der Zeit *vor* Hygiene und Konfektionskleidung – nicht beheimatet, ein ‚Fremd-Körper' im eigentliche Sinne war.

„War" bedeutet hier keineswegs Vergangenheit, sondern verweist auf offene Fragen und Probleme. Utz Jeggle hat in den Schlußüberlegungen seiner Kiebingen-Studie gesprochen

> „von einer kryptischen Gegenwärtigkeit der Vergangenheit (...), die sich durch Sozialisation merklich, unterhalb des Bewußt-Seins im Bewußtsein einnistet, so daß es durchaus und nicht nur metaphorisch möglich ist, daß die Menschen heute noch und ohne es zu wissen am Hunger ihrer Vorfahren leiden"[8].

Gleiches gilt es für den Körper zu fragen: ob und auf welche Weise die Menschen heute noch am „Leib", an der Leiblichkeit ihrer Vorfahren leiden.

Leib-Spuren: Bilder

Der Leib also das Verborgene, Verdrängte? Wohl kaum, wenn wir die Sachzeugen vergangenen Alltags, die Dinge alltäglichen Gebrauchs betrachten, figürliche Darstellungen auf Möbeln und Wandtäfer, auf Keramik und Bildern. Auf einem Ofenwandplättchen des 18. Jahrhunderts lesen wir:

> „Grass grün im feld
> goldgelb im beidel
> leib farb im bett
> dass sind drey stick
> die ich gern hedt."

Auf einem anderen heißt es:

> „An der jungfrau und dem füsch
> das mütdel theil dass beste ist."[9]

Ähnlich unbefangen hatte sich der Köngener Pfarrer Daniel Pfisterer in seiner barocken Chronik über den liebenden Menschen und den freienden Menschen geäußert:

> „Dies ist des Lebens Mai,
> da die Natur sich reget/
> und sich gern paaren wollt,
> da alles sich beweget/
> was ein verliebter Mensch hat
> in und an dem Leib./
> Die Dam will einen Mann
> und Monsieur will ein Weib."[10]

Besondere Aufmerksamkeit widmet der Pfarrer in seinen Bildern und Texten der Abnormität des Leibes, etwa bei Krüppeln und Zwergen. Damit befand er sich in guter Gesellschaft und in der Tradition seiner Zeit. Eine „Folge von zwanzig Krüppeln, Buckligen und Zwergengestalten" findet sich in einem Kabinett im Spielpavillon des Ludwigsburger Schlosses; sie entstand in den Jahren 1712 bis 1715.[11] Zum Ludwigsburger Hofstaat Carl Eugens hatten „Hofmohren und ein Hofzwerg"[12] gehört sowie, als weithin berühmter „Cammertürk", der 2 Meter 34 messende „Riese" Melchior Thut.[13]

Dieser Faszination noch durchaus verhaftet ist die Aufklärung, die erstmals die „Gesundheitslehre" auf breiter Ebene diskutiert und unters Volk zu bringen sich bemüht. Sie redet über „Krankheiten und ihre Therapie (...) über Wochenstube und Krankenzimmer", über „Blattern-Impfung und die Anwendung kalten Wassers",

1 Ofenwandplättchen, Hafnerfamilie Dompert, Simmozheim 1840

über Unfälle und über erste Hilfe.[14] Über *den Leib*, seinen Normalzustand und seine Pflege schweigt sie.

Was Körpergefühl, Körperberührung – jenseits von sexueller Begegnung oder der Faszination des Abnormen – *auch* bedeuten konnte, verdanken wir einer autobiographischen Schilderung des Heimwebers Jakob Stutz aus dem Zürcher Oberland. Im Mai 1816 – die Eltern waren gestorben, die Waisen wurden verteilt – naht der Abschied der Geschwister. Sie weinen, sind aufgelöst, „mochten weder essen noch trinken" vor lauter Bangigkeit. Doch *ein* Gedanke ist bedrohlicher als der Abschied:

> „der Gedanke, daß wir der Schwester zum Abschied doch anstandsgemäß die Hand reichen müssen. Das war etwas, das bisher noch nie, unter keinen Umständen, bei uns vorgekommen war."[15]

Schon 1809 war dem damals achtjährigen Jakob ähnliches widerfahren:

> „(...) dem Vater die Hand geben [aus Anlaß einer Fußreise nach Winterthur; d. V.]? um alles in der Welt hätte ich das aus lauter Schüchternheit nicht tun dürfen; denn von solchen Dingen wußte man in unserem Hause nichts."[16]

Körperlichen Ekel erregen in uns heutigen Menschen oft Schilderungen, die – eher am Rande oder zufällig überliefert – früher durchaus im Bereich der Normalität gelegen sein müssen. Dies auch noch im vorigen Jahrhundert; so beschreibt der Dichter Christian Wagner in seinen Jugenderinnerungen aus dem Dorf Warmbronn bei Leonberg „die drei Steinhilbers Kinder", Taglöhners- und Leichenschauerskinder, arm, dreckig, ewig hungrig; sie scheuten auch nicht zurück vor dem Verzehr von Maikäfern, Küchenabfällen und Kartoffelschalen.[17]

Ekel erregte auch nicht unbedingt der tote Leib. Michel Buck, der 1832 in Ertingen an der Donau geborene Arzt und Dichter berichtet in seinen Kindheitserinnerungen, wie der Dorfschreiner den toten „Nähni" in den Sarg gebettet, danach Brot und Schnaps zu sich genommen habe. Währenddessen habe er sich besonnen, den Sargdeckel wieder gelupft und vom toten Großvater noch die Pelzmütze abgenommen.[18]

In seiner „Geschichte des Ekels" spricht der französische Historiker Alain Corbin von den Gerüchen der Bürger und des Volkes:

> „Im volkstümlichen Milieu stößt die Desodorierung auf einen dumpfen Widerstand. Althergebrachte Wahrnehmungs- und Beurteilungsschemata bestehen fort (...)."[19]

Auch wenn bürgerliche Aufklärer des 18. Jahrhunderts, Ärzte und Volkspädagogen meinen, das Volk stinke, modere in seinen Kleidern, Stuben und Kammern: wo „das Volk" selbst zu Wort kommt – wenn auch erst in bürgerlicher Protokollierung! –, scheint *„Mildheim"*, das Musterdorf der Volksaufklärung schon greifbar.[20]

Klagen in den dörflichen Kirchenkonventen – deren Vorsitz und Protokoll der Ortspfarrer führte – werden zum Beispiel darüber geführt, daß die eigene Frau (oder der Mann) gräßlich aus dem Maul stinke, faulige Zähne habe, „unreinlich" sei.[21] Das erinnert in der Tat an Rudolf Zacharias Beckers Lehrbeispiel der „Säuischen und unordentlichen Hausfrau"[22]. Auch ein schwäbischer Hafner (oder seine Frau?) hatte 1779 auf ein Ofenwandplättchen gemalt:

> „die magd, die had ein rothen mund,
> stinckt aus dem maul als wie ein hundt."[23]

Bei der Interpretation solcher Quellen ist freilich Vorsicht geboten. Wollte man – aus anderen Gründen – die Braut oder den Mann loshaben, so scheinen solch zeitgemäße Begründungen des Verhaltens relativ schnell im Volk geläufig geworden zu sein. Ob im Normalfall, im funktionierenden Alltag *ohne* gerichtliche Einmischung faule Zähne oder ein stinkendes Maul gestört haben, darf bezweifelt werden.

Körperpflege, Hygiene im modernen Sinne fanden bei der Masse der Bevölkerung nur langsam und spärlich Eingang. Wie sie um 1910, wohl auch lange davor und danach ausgesehen hat, beschreiben fast gleichlautend zwei Bücher: Maria Bidlingmaiers 1918 gedruckte Dissertation über die schwäbische Bäuerin in Lauffen am Neckar und Kleinaspach in den Löwensteiner Bergen so-

2 Ofenwandplättchen von Johann Conrad Kipffer, Hafner in Holzgerlingen, um 1800

wie Max Frommers 1983 erschienene Studie über sein Heimatdorf Isingen bei Balingen. Sie sei, stellvertretend für beide und ausführlich, zitiert.

„Notwendigerweise diente die Stube auch als Waschraum für die tägliche Toilette der Familie. Hier wurden nicht nur die Säuglinge gebadet und gewickelt, sondern auch von den Erwachsenen im Bedarfsfall die Füße gepflegt und vor allem die tägliche Morgenwäsche vorgenommen. Für diese holte man vor oder nach dem Morgenessen (Frühstück) in einer emaillierten Waschschüssel Wasser aus der Küche, das im Winter sogar angewärmt war. Mit einem familieneigenen ‚Waschlumpen' reinigte man sich vor dem Spiegel Gesicht, Hals und Ohren. Dann wusch man sich die Hände und trocknete alles am Familienhandtuch, der ‚Zwähl' ab. Die Männer kehrten zum Spiegel zurück, um mit dem Familienkamm die Haare in die gewünschte Form zu bringen. Für die Frauen begannen nach dem Waschen das ‚Zopfen' (Frisieren), bei dem das Glattkämmen der Haare und das Flechten der Zöpfe wohl die Hauptsache waren. Waren mehrere Frauen im Haus, so brauchten sie im allgemeinen gar keinen Spiegel, weil sie sich gegenseitig kämmten und weil damals auf jede individuelle Feinheit der Frisur zugunsten der allgemeinen Sitte verzichtet wurde.

Man könnte meinen, daß diese Wascherei nicht besonders gründlich gewesen sei, aber der Vollständigkeit halber muß man noch hinzufügen, daß sie eigentlich nur eine Art Vervollständigung oder Kontrolle darstellte. Tatsächlich reinigten sich die Männer Gesicht und Hände am Brunnen oder in der Küche, bevor sie zum Essen gingen. Und die Frauen hatten in der Küche, etwa nach dem Anheizen des Herdes oder dem Anrühren des Schweinefutters, immer wieder das Bedürfnis, sich zu reinigen, bevor sie etwas Neues anfaßten. Das Küchenhandtuch mußte deshalb auch häufiger ausgewechselt werden als die Zwähl in der Stube, die am Ofenstängle aufgehängt war und deshalb bei geheiztem Ofen immer sehr schnell trocknete. Allerdings ist auch zu bemerken, daß eine gründliche Körperreinigung in der Form eines Reinigungsbades bei den Erwachsenen nur sehr selten, bei alten Leuten überhaupt nie vorkam. Die Männer rasierten sich nur einmal in der Woche, und zwar sonntags bei der morgendlichen Wascherei vor dem Kirchgang."[24]

Während Bidlingmaier ausdrücklich von „Körper- und Gesundheitspflege" spricht[25], tangiert Frommer das Thema im Kapitel „Vom Wohnen" im Kontext der Stube: die Stube als Waschraum, das Waschen anstelle von Körperpflege, die es in Wort und Sache hier nicht gab. Sich waschen galt für Gesicht und Ohren (nur am Sonntag!), für Hände und Füße – und nur wenn sie dreckig waren. Der Körper der Körperpflege – das waren also allein die Extremitäten, die nicht von der Kleidung bedeckten Teile des Körpers. Genau so beschreibt es die Studie über das ungarische Dorf Átány für die 1950er Jahre: „den Hals und die Arme bis zu den Ellbogen (…)."[26]

Der *Leib* im eigentlichen, diesem engen Sinne war demnach das, was die Kleidung verhüllte: "Corpus", ohne Gliedmaßen. Er wurde – allein, nackt – weder zur Schau gestellt noch der Pflege für Wert befunden.

„Nährikele", an anderer Stelle dieses Buches als Haus- und Weißnäherin vorgestellt mit ihrer Arbeit und in ihrer Erscheinung („sehr sauber, aber höchst einfach"), war geboren im Jahre 1835. Ihren Lebensunterhalt verdiente sie in Tübingen und Umgebung. Gelegentlicher „Darmentzündungen" wegen wog sie – bei einer Körpergröße von 145 cm – einmal nur noch 83 Pfund; sie kurierte sich mit Heilpflanzen, ging „regelmäßig aus Gesundheitsrücksichten spazieren, gewöhnlich 20 Minuten; Im Sommer bei schönem Wetter wohl auch eine Stunde lang."

Zum sorgfältig aufgelisteten Inventar ihrer Habseligkeiten gehörten folgende „Gegenstände zur Toilette", Körper- und Gesundheitspflege:

„1 Waschschüssel, ererbt; 1 Gesichtsschwamm (Versuch, soll nicht erneuert werden); 1 Nagelschere, geschenkt; 1 Clysopompe (bei einer Darmentzündung angeschafft; eine Reparatur kostete 1 Mark); 1 Haarbürste, wenig gebraucht, nur wenn sie Kopfschmerzen hat (10 Jahre); 1 Zahnbürstchen (… 5 Jahre); 1 Kleiderbürste; 1 ältere ersteigert (bald abgängig); 1 Wichsbürste; 1 Anstreich-Bürstchen (bald abgängig); 2 Frisierkämme."[27]

Rheumatische und Haltungsschäden, im „Dienst" bereits 14jährig eingehandelt, führen bei Nährikele zu chronischen Krankheiten, verstärkt durch die konstitutionelle Schwäche, die harte Arbeit und eine äußerst karge Ernährung.

„Kinder schafft Euch nur ein kleines Mägele an"[28], diese Worte des Vaters waren mithilfe von Rikeles fabelhafter Bedürfnislosigkeit zur Wirklichkeit und zum Lebens-, ja Überlebensprinzip geworden. Einmal, bei der Pflege einer blinden, bösen Kranken (eine „recht widerlichen Arbeit") habe sie „das Brot nur mit der Gabel" essen können, es „habe sie der Ekel fast umgebracht."²⁹ Im übrigen arrangiert sich Rikele mit den Verhältnissen. Mit 27 Jahren – von einem Soldaten hat sie inzwischen ledig einen Buben – beginnt sie als Lohn- und Hausnäherin. Der Leib, das wird aus den filigranen Schilderungen ihres geordneten Alltags deutlich, ist für Rikele, die Pietistin, nur das Behältnis der Seele: ihre zerbrechliche Hülle, die es „zum Schaffen" zu bewahren gilt.

Der schwäbische Leib hatte vor allem ein schaffiger, ein zäher Leib zu sein. Autobiographische Schriften geben gelegentlich wenigstens Einblick, was dies im Einzelfall geheißen haben mag. Die Pfarrfrau Beate Paulus war zu Fuß unterwegs mit vier Buben im Hungerjahr 1817, ausgestattet mit wenig Geld, einem Krug Wein, „in der einen Hand ein schweres Felleisen (...), an der anderen den schwächsten Kleinen"; ein andermal allein mit ihrem Zehnjährigen vom Dorfe Talheim bei Tuttlingen, dem Dienstort, zurück in die Heimat am Stromberg in „36 Stunden (...) es dauerte 3–4 Tage", während man von Talheim nach Ludwigsburg nur „in 27 Stunden ging"³⁰.

Körpergefühle von vielerlei Art dürften hier ebenso unterdrückt worden sein wie in jenem Falle, der im Elternhaus von Beate Paulus in Kornwestheim im Jahr 1774 passiert war. Im Winter hatte dort die Magd Kätherle in der Küche „ihren Fuß verfrört" beim stundenlangen Stehen auf dem Küchenboden aus gestampften Lehm, wie wir einem Tagebucheintrag von Beate Paulus' Vater Philipp Matthäus Hahn entnehmen.³¹ Auch das Frieren beim winterlichen Barfußlaufen ist vielfach überliefert; kam „der Schuster zu spät auf die Stör", so hatte man den halben Winter keine Schuhe, lief barfuß auf Eis und Schnee.³² Körpergefühl, Leibwahrnehmung waren mit Sicherheit andere aufgrund der radikal anderen äußeren Verhältnisse: Kälte und Feuchte, Dreck und mangelnder Komfort trennen die heutigen von den damaligen durch Welten. Das ‚Tragegefühl' früherer Kleidung ist dafür ein Beispiel; vielfach überliefert ist das Kratzen und Beißen „zwilchener, reustener oder flexenen Tuche" – aus einer Zeit ohne Trikot, weiche Nicki- und Flauschstoffe. „Niemand", so schreibt Maria Bidlingmaier, „wünscht die Zeit der leinenen Hemden zurück, weil sie sommers unbehaglich schwer waren und beim Schwitzen kalt am Leibe hingen."³³

Seit dem vorigen Jahrhundert begannen medizinische und volkskundliche Studien mit der systematischen Beschreibung von Körperlichkeit in ihrem kulturellen Kontext. Der katholische Oberschwabe Michel Buck (1832–1888) widmete sich dem „Medizinische(n) Volksglauben und Volksaberglauben aus Schwaben"³⁴, der evangelische Pfarrer Heinrich Höhn der „Volksheilkunde"³⁵. Beide greifen über ihre Forschungsgebiete im engeren Sinne hinaus, thematisieren Sprache und Ernährung, Volksglauben im Sinne von Volksreligion, Aberglaube und Wunderglaube. Sie schildern Menschen, Pflanzen und Tiere durchaus ganzheitlich in ihrer Lebenswelt. Doch die Innensicht vermittelt uns dies nicht. Der Mensch und sein Körper, sein Umgang mit dem Leib, seine Wahrnehmung, seine Einstellung erhellen sich daraus nicht. Die Frage ist jedoch: Kann es sie – nachlesbar, nachvollziehbar – überhaupt geben? Gab, gibt es sie etwa *jenseits* der Werbung und ihrer Suggestion, jenseits von narzißtischer Innensicht und Selbstreflektion?

„Silhouetten aus Schwaben": dieses Buch, 1838 in Stuttgart erschienen, entstammt der spitzen Feder Carl Theodor Griesingers, der als evangelisch-württembergischer Vikar 26jährig dem geistlichen Stand entsagt hatte, „Privatgelehrter" geworden war. Er war Sproß einer schwäbischen Pfarrfamilie, gehörte zur württembergischen Ehrbarkeit und hatte den üblichen theologischen Bildungsweg hinter sich. „Von scharfer Beobachtungsgabe und Lokalkenntnis"³⁶ sind seine Skizzen, sozialkritisch, moralisierend nehmen sie die Pietisten ebenso aufs Korn wie die Katholiken, die Spießer, die Ehrbaren und Aufsteiger. Körperhaltung und Körpersprache sind die Spezialität seiner Silhouetten.³⁷ Ob Pfarrerstochter, Schultheiß, Lehrer, Wengerter, „Ein Stuttgarter Ladenschwengel", „Elegant eines Landstädtchens", „Ein öffentliches Stuttgarter Mädchen", ob der Krämer, der Älbler oder der Fromme – es sind vorzügliche Studien schwäbischer Eigenart von einem Verfasser, der um sie wohl weiß und an ihr zugleich leidet – und damit an die Leiblichkeit des Schwaben Friedrich Theodor Vischer erinnert.

Was sich in den Genrebildern Griesingers, Vischers ebenso wie in Menschenbeschreibungen des Pietismus insgesamt beobachten läßt, traktiert Martin Scharfe als „Gebaren und Aussehen der Frommen"³⁸. Darauf kommt es an, auf die „Gestaltsbildung", auf die präformierte Mimik und Gestik – auf die Haltung, die Kopfneigung, den Gang, den Schritt.

Der Körper, der Leib und das Fleisch waren oft genug nur hinderliche Hülle bei den Schritten zur ewigen Seligkeit. Philipp Matthäus Hahns Tagebücher, von 1772 bis 1790 geführt, geben davon beredt Zeugnis. Der Leib ist ihm Grund zur ständigen Reflexion über Befinden, „Verdrüßlichkeiten", über Anlaß und Ort der „Versuchung im Fleisch", der Unruhe und Ungeduld, der Selbstzweifel, Zerrissenheit und Melancholie – in religiöser wie in fleischlicher Hinsicht.[39]

Augenlust, Fleischeslust, Sinneslust – diese weltlichen Begierden und Verstrickungen der Sünde und des Satans ziehen sich wie ein roter Faden durch die erbaulichen Schriften des schwäbischen Pietismus, durch Tagebücher, Briefe, Lebensbilder ebenso wie durch Andachts-, Erbauungs- und Ratgeberliteratur. Einer seiner Bestseller, das von dem schwäbischen Pfarrer Friedrich Baun verfaßte Buch „Das schwäbische Gemeinschaftsleben in Bildern und Beispielen gezeichnet" handelt im 11. Kapitel („Stellung zur Welt") davon, „daß Kleiderpracht und Kleiderputz" streng verpönt seien in Stundenkreisen. Eitelkeit und Hoffart („bei Frauen ein neues modisches Kleid", der „Putzteufel", bei Männern ein „neuer Hut") seien Stationen auf dem Weg ins Verderben, nicht in die himmlische Seligkeit.[40]

Körper-Forschung: Zugänge

„Körper reden nicht. Sie müssen zum Sprechen gebracht werden." Dieser Satz Utz Jeggles benennt Forschererfahrung und Forschungsproblem in einem. Körpergefühl, Körpererleben lasse sich zwar „als kulturspezifische, historisch-konkrete Erlebnisform umschreiben", sei „in kulturelle Gefühls- und Erfahrungsmuster eingebunden". Historisch faßbar aber sei dies lediglich über die Erinnerung. Freilich ist auch sie nur ein Bild, ein Spiegel:

„Die Erinnerung an Körpererlebnisse arbeitet wie der Historiker. Sie selektiert, gestaltet, interpretiert und behauptet dann, sie erzähle, wie es ‚wirklich gewesen war'. Die erinnerte Geschichte wird als vergangenes Ereignis ausgegeben."[41]

Ob Erfahrungen und Systematisierungen wie bei Michel Buck, Beobachtungen und ironisierende Distanzierung wie bei Griesinger, einfühlendes Verstehen und Interpretieren wie bei Jeggle – allesamt sind es Versuche, dem Körper und damit auch dem eigenen schwäbischen Leib, wie ihn diese regionale Kultur geprägt hat, auf die Spur zu kommen: ihn zum Sprechen zu bringen.

Auf „Stamm und Eigenschaften der Einwohner" zielte die Beschreibung von Land und Leuten, die sich seit dem 18. Jahrhundert als Statistik und Landesbeschreibung etabliert und bis in unser Jahrhundert herein in ihren Zielen kaum geändert hat. Geographen, Pfarrer, Staatsbeamte beschrieben Statur, Gesundheit und ‚Schönheit' der Menschen:

„Der Menschenschlag ist im Ganzen kräftig, von guter Gesundheit und ohne vorherrschende Gebrechen. In den höher gelegenen Orten [des Oberamts; d. V.] ist ein starker, derber Bau häufiger als in den Thalorten."[42]

Urteile über typische Krankheiten, Militärtauglichkeit und „eigenthümliche Gebräuche" fließen ineinander. „Körperliche Beschaffenheit" interessiert im Blick auf Funktion und Nutzen – militärischen vor allem –, im Blick auf Schäden und Anomalien.[43]

Die Suche nach der „württembergischen Eigenart", nach ihrer „Ausbildung" zielte auf „alles bedeutsam Besondere in den Einrichtungen des Landes (...) auf die Eigenart im Geistigen". Auch die kulturgeschichtliche Studie von Adolf Rapp aus dem Jahre 1914 trennt Seele und Geist vom Leib. Mundart, die Sprache ist *noch* Ausdruck dieses ‚Geistigen', nicht aber das Körperliche. Das Geistige, nach dem Rapp sucht, erinnert in vielem an das, was seit Pierre Bourdieu unter dem Signum des „Habitus" rangiert: er beschreibt die ständische Gesellschaft, den Pietismus, das Visitieren und Examinieren, Spott und Scherz, Stärken und Schwächen, Werthaltungen und Regungen „des Schwäbischen".[44]

In der 1787 edierten Krankengeschichte des Kirchheimer Arztes Osiander heißt es von einer schwäbischen Bäuerin, sie sei von „feiner Leibesbeschaffenheit"[45] – eine Bezeichnung, die jener Frau wohl ebenso wenig geläufig war wie den „Räubern" des 18. Jahrhunderts ihre zugeschriebene Steckbrief-Physiognomie. Ärztliche Berichte des 18. Jahrhunderts, wie sie Jutta Dornheim und Wolfgang Alber, Claudia Honegger oder Barbara Duden analysiert haben, rücken den *kranken Körper* ins Blickfeld. *Dahinter* erscheint das Bild „medikalen Verhaltens", der Heilkultur jener Zeit. Damit verbundenen Fragen für die *Gegenwart* nachgegangen ist Jutta Dornheim im Blick auf die Wahrnehmung der Krebskrankheit in einem schwäbischen Dorf. Der Umgang mit Krebs, sein Deutungszusammenhang verweist auf eindrucksvolle Weise auf Tabus, auf Ängste durch die Zuweisung von „Triebe" und „Strafe" – und immer wieder auf die ureigene Bestimmung des Leibes, den „Schaff-Körper".

Den *Körper als Forschungsgegenstand* entdeckt hat die Wissenschaft seit den 1970er Jahren, seit den Arbeiten von Michel Foucault. Er hat – mit breiter, nachhaltiger Wirkung bis heute – darauf verwiesen, daß der Mensch aus Fleisch und Blut bestehe, sein Körper aber von den Humanwissenschaften bislang kaum beachtet wurde. Leiblichkeit aber gelte es als historisch Gewachsenes und kulturell Geformtes innerhalb des Zivilisationsprozesses zu analysieren, in seinem Selbstverständnis und seinem Alltagshorizont zu befragen.[47]

Erinnernd an den Satz Foucaults „Dem Leib schreiben sich die Ereignisse ein", sucht Ruth Kriss-Rettenbeck Spuren „am Leitfaden des weiblichen Leibes"[48]. Sie folgt dabei der Rekonstruktion einer sozialen Wirklichkeit, wie sie Yvonne Verdier für ein französisches 350-Seelen-Dorf vor 25 Jahren geschildert hat als die „Auflösung einer sozialen Struktur, welche die Frau an ihrem Leib erfuhr im ländlichen Frankreich im letzen halben Jahrhundert."[49]

Die traditionale bäuerliche Welt läßt Utz Jeggle in der

„Analyse bäuerlicher Kleidung ein Parameter der bäuerlichen Körperlichkeit herstellen, in dem bestimmte Rhythmen (…) auffallen: Werktag – Feiertag – Sonntag – großer Feiertag/Arbeit – Feierabend/verheiratet – ledig/ehrbar – schamlos. Es ist anzunehmen, daß sich nicht nur die Hülle verändert, sondern auch das Körpergefühl, wenn man die feinen Hosen oder das Festtagswams überstreift. Der Bauer hat keine Möglichkeit, ein Bild von sich als Person zu entwerfen. Sein Bild ist so seinem Stand verpflichtet wie sein Alltag (…)"[50].

In Aufnahme der von Jeggle thematisierten Kräfte hat Arthur Imhof „Leib und Leben unserer Vorfahren: eine rhythmisierte Welt" nachgezeichnet. Seine Beispiele, illustriert in Graphiken, wecken Parteinahme „für Leib und Leben der hauptsächlich Betroffenen, das heißt vornehmlich der Bäuerinnen". Traditionelle Rollen und Arbeitsverteilung, saisonale und Spitzenbelastungen der „agraren und industriellen Revolution" ließen ihnen keinen Ausweg. „Medikalisierungs- und Hygienisierungswellen führten zu weiteren Arbeitsbelastungen, die wiederum Frauen und Müttern in besonderem Maße aufgebürdet wurden (…)."[51]

Die Körper-Spurensuche und Beschreibung in der eigenen Kultur nennt Imhof „nicht weniger schwierig" als im Falle „exotischer Völker"; ein „Führer zum Verständnis der auch körperbezogenen Symbolik in Welt unserer Vorfahren" wäre „oft sehr hilfreich"[52].

Einfach wäre das Unterfangen in keinem Fall – weder im exotischen noch im schwäbischen. Vorläufer-Studien fehlen, und auch dieser Versuch kann nicht mehr sein als ein Ta-

3 Schranktüren, bemalt, 18. Jahrhundert

sten in *Richtung* des ‚schwäbisches Leibes'.

Jede Kultur, so Imhof, könne „nur aus ihrem eigenen, in sich schlüssigen Set von Wert- und Glaubensvorstellungen" begriffen werden. Da „der Körper im Verlauf der Neuzeit für den Menschen ein grundlegend anderer geworden sei", könne vom Körperinteresse, ja Körperfetischismus der Gegenwart her nicht geschlossen werden, daß alles andere historisch „entdeckt" sei. Von heute aus gebe es nur falsche Fragen: weil sich „der Körper als Ganzes gewandelt hat"[53].

Anders, radikaler formuliert diese These Karl Braun 1991 in seiner Dissertation „Andere Körper, noch keine Sexualität". Für den Zeitraum der Frühaufklärung, zwischen 1680 und 1760 arbeitet er, in religiös-konfessionellen Ausprägungen, andere Körper und andere Wahrnehmungen heraus. Im Körper, wo vorher Gott Platz hatte, „Herr im Hause war", habe nun statt der göttlichen Ordnung „die Lust die Herrschaft im Hause des menschlichen Ichs" angetreten. Zuvor, im 18. Jahrhundert habe es „keine Sexualität und keinen Begriff für Sexualität gegeben, sondern eine andere Ordnung des Geschlechtes."[54] Diese neue „Ordnung der Geschlechter" seit dem 18. Jahrhundert hat Claudia Honegger jüngst eindrucksvoll belegt.[55]

Nicht *Zerlegung* des Körpers in seine Teile, nicht Sezierung und Anatomie sind unser Thema, sondern die *leibliche Ganzheit*. „Leib" war, ursprünglich und von seiner Bedeutung her „*vita, persona, corpus*" in einem, war Leben und Person, Körper und Leichnam – je nach Situation, je nach Bedeutung.[56] *Welche* Bedeutung jedoch in welcher Situation überwog, in ihrer Sinnfälligkeit andere beherrschte oder minderte – darüber läßt sich allenfalls mutmaßen. Wir suchen im folgenden nicht Hierarchien zu ordnen, sondern Schichten zu sondern, Vermengtes zu lösen in einzelne Bereiche: Rechtliches und Sakrales, Sinnliches und Lust, Schützendes und Bekleidendes.

Leib und Leben: Recht und Strafe

Leib und Leben gehören, auch wortgeschichtlich, zusammen. Im biologischen Sinne führt dies Hermann Fischer im Schwäbischen Wörterbuch als „specielle" Bedeutung an: „Unterleib, besonders der weibliche (der vordere Leib, weibliche Scham)" – aber auch beim Vieh, im Bild für Trächtigsein, und für Schwangerschaft.[57] Leib, so verstanden, bedeutete die *Sicherung* des Lebens.

Leib im materiellen, übertragenen Sinne war jahrhundertelang Maß- und Zinseinheit, Währung. In der Leibeigenschaft bot die „Leibbede", die Leibsteuer dem Leibherrn den Leibzins, die Leibhenne oder das Leibhuhn. Sie bedeutete Zugehörigkeit zu einer Grundherrschaft, zum „Leibherrn". Was im 13. Jahrhundert begonnen hatte, wurde „erst im 18. Jahrhundert allgemein als Leibeigenschaft bezeichnet."[58]

Der Leib war ferner Objekt von körperlicher Züchtigung, von „Leibesstrafe". Sie konnte dem mittelalterlichen Zwecke von Sühne und Abschreckung möglicherweise dienlicher sein als die Todesstrafe, „war vielleicht in noch höherem Maße geeignet, (Sühne und Abschreckung) zur Kenntnis zu bringen, weil etwa der Verlust eines Körperteils sowohl dem Täter wie der Öffentlichkeit andauernd Tat und Strafe mahnend vor Augen hielt."[59]

In den gegen Ende des Mittelalters zunehmend aufgezeichneten Dorfordnungen ist „Leib und Leben" nicht das Thema. Körperverletzungen tauchen nur auf etwa im Zusammenhang der Gemeindeversammlung: die Gemeindegenossen sollen einander nicht „lügen heißen, (...) Ehren angreifen (...) einander schlagen oder in die Haare fallen (...)."[60] Die Verfügungsgewalt über den Leib stand allein dem Leibherren zu.

Aus anderen Quellen wissen wir jedoch von Ritualen, die der ‚körperlichen Rückversicherung' der Dorfordnung dienen sollten. In allen Dörfern gab es jeweils speziell festgelegte Termine für Flurumgänge. Solche Um- oder Untergänge dienten der Sicherung und Pflege von Markungsgrenzen und Marksteinen auf der örtlichen Gemarkung. Bezahlte sogenannte „Untergänger" hielten gemeinsam mit „Gemeinderäten und der Schule in jedem Ort regelmäßige Markungsumgänge ab, um nachzusehen, ob noch alle Vermarkungen in Ordnung seien. Bekannt ist die Gepflogenheit einiger Schultheißen, an besonders markanten Punkten irgend einem, an sich unschuldigen Schulbuben eine Ohrfeige zu geben, um ihm diesen Punkt besonders einzuprägen."[61] Hans Jänichen berichtete davon, daß Kindern die Köpfe auf die Marksteine – nicht selten blutig – geschlagen wurden.[62] Leibhaftig, am eigenen Leib erfahren wurden so die Grenzen eigener Existenz, die Ordnung der Dinge und des Lebens in ihren grundlegenden Prinzipien des Besitzens und Ererbens in der bäuerlich-dörflichen Gesellschaft.

1551 wurde in Württemberg eine neue Rechtsordnung eingeführt; sie basierte auf der „Carolina", der auf dem Reichstag zu Regensburg 1532 verabschiedeten „peinlichen Gerichtsordnung Kaiser Karls IV.". Sie regelte Strafen an „Leib, Leben oder Gliedern", also Todesstrafen und „die verstümmelnden Leibesstrafen". Auch die übrigen genannten Strafen zielten auf den Leib. Paul Sauer spricht von „drakonischer Härte" im Geist des Spätmittelalters, im Geist von Vergeltung, Sühne und Abschreckung.[63]

In Württemberg war – trotz der Revision mittelalterlichen Rechts in der Carolina – „die Totschlagsühne noch in der neu gefaßten Landsordnung von 1621 zugelassen." Bernhard Losch kommt zu dem Schluß, daß die „Totschlagsühne im 15./16. Jahrhundert eine außerordentliche Entfaltung erreicht hatte und zu den alltäglichen Rechtsgeschäften dieser Zeit gezählt werden muß." „Sühne" geschah leiblich und materiell. Sie bestand, vertraglich geregelt,

> „aus mehreren Seelenmessen, deren Abhaltung durch jeweils mehrere Priester unter Teilnahme des Täters mit einem größeren Gefolge bezahlt werden mußte, aus besonderen Opfergängen, Wachsspenden, Jahrtagsstiftungen und Wallfahrten. Dazu kam in der Regel die Errichtung eines Sühnedenkmals, in aller Regel eines steinernen Kreuzes. Üblich in Baden-Württemberg war eine Bußprozession, die der Täter in Begleitung einer größeren Zahl von Personen ausführen mußte, alle mit Kerzen ausgestattet, der Täter in besonderer Aufmachung. Die Prozession führte von der Kirche zum Grab des Getöteten, wo der Täter demütig Abbitte zu leisten hatte. Als Wallfahrtsziel wurde in den meisten Fällen Einsiedeln vereinbart, gefolgt von Aachen und Rom."[64]

Die Zeit der Aufklärung führte zu einer fortschreitenden Milderung der Leibstrafen:

> „Die grausamsten Todesstrafen wie Vierteilen, Lebendig Begraben, Pfahlen oder Ertränken verschwanden. Auch die Strafe des Feuertods wurde nur noch selten erkannt. Übrig blieben im Herzogtum Württemberg der Tod am Galgen, die Enthauptung und die Strafe des Rads, allerdings in der milderen Form, das Rädern ‚von oben herab', wobei häufig schon vor Beginn der Prozedur der Delinquent erdrosselt oder ihm der Gnadenstoß versetzt worden war. Gleichfalls nicht mehr zur Anwendung kamen in Württemberg verstümmelnde Leibesstrafen wie Handabhauen, Fingerspitzen-, Ohren- und Naseabschneiden."[65]

1809 wurde die „Tortur", die Folter zur Erpressung von Geständnissen, in Württemberg abgeschafft.[66]

„Auge um Auge, Zahn um Zahn": Dieses alttestamentliche Prinzip hatte auch in Württemberg das Maß für den Leib und seine Strafen gesetzt. Der Leib, der geschädigt hatte, mußte sühnen. „Diebe soll man hängen" – an den Galgen; die Hand, die an der neu angelegten Straße zwischen Stuttgart und Ludwigsburg Bäume geschädigt hatte, sei abzuhacken: so ein herzoglicher Erlaß noch aus dem Jahre 1745. Verräter sollten, nach der „geschärften Todesstrafe", geviertelt, Giftmörder gerädert, Brandstifter dem Feuertod überurteilt werden. Auf Notzucht, Abtreibung der Leibesfrucht oder Totschlag stand Enthauptung durch das Schwert.[67]

Noch am 5. November 1887 kam es zu einer „Hinrichtung im Hofe der Anatomie in Tübingen". Am 30. August desselben Jahres hatte eine 30jährige Frau aus Kiebingen, „eine von Jugend an verwilderte Person", ihre 8jährige Stieftochter ermordet. In Erwartung eines reichen Erbes habe sie dem Kind

> „Kleider und Haare mit Erdöl und Spiritus getränkt, es zweimal angezündet, Hobelspäne auf das brennende Kind geworfen, es auf den Boden niedergedrückt und während das brennende Kind sich in seinen Schmerzen wälzte und um Hilfe schrie, auf dasselbe losgeschlagen, es mit Backschaufel, Holzscheit und Messer mißhandelt, so daß es nach einer halben Stunde qualvollen Leidens starb." Zu der „seit 21 Jahren wieder ersten Frauenhinrichtung" strömte das Volk („nur 110 Karten waren ausgegeben worden"). „Die öffentliche Meinung stand auf ‚Tod', der König wagte eine Begnadigung nicht." Mit Hilfe einer Maschine fiel ein „Beil blitzschnell zu Boden und der Kopf der Gerichteten rollte mit einer gewaltigen Blutmasse in den unter der Maschine angebrachten Korb. Diese wurde sofort gereinigt und kam wieder nach Stuttgart; die Belohnung des Scharfrichters betrug 50 Mark."

So der ‚Augenzeugenbericht' des Ortspfarrers in der Pfarrchronik.[68]

Der Leib als *Täter und Opfer*: Leiber, die getötet, geschändet, Recht gebrochen hatten, waren verfügbar – als Ganzes oder in ihren Teilen, vor oder bis zu oder nach ihrer Entleibung. Sie konnten gequetscht, gestreckt, aufs Rad geflochten, zerhackt, getreten, geschleift oder ertränkt werden. Waren sie entleibt, so dienten sie der leibhaftigen Anschauung für die anderen, Lebenden. Faszination des Schreckens, der Neugier, Gegenstand der Abstumpfung – oder tatsächlich der intendierten Abschreckung?

Das 226 Enthauptungen genau protokollierende „Salzburger Scharfrichter Tagebuch (1757–1817)" gibt zu bedenken, was es wohl bedeutet haben mag,

> „wenn die Leichen der Gerichteten oft wochen-, ja sogar monatelang am Richtplatz zum abschreckenden Exempel öffentlich zur Schau gestellt, wenn die Körper der Enthaupteten ins aufgerichtete Rad geflochten, ihre Schädel auf den Pfahl gesteckt werden – manchmal bis sie herunterfallen (…)"[69].

Richard van Dülmen weist in seinem Aufsatz „Das Schauspiel des Todes. Hinrichtungsrituale in der frühen Neuzeit" auf die „zunehmende Theatralisierung" der öffentlichen Hinrichtungen hin; es habe wohl kaum jemanden gegeben, „der nicht zumindest einmal in seinem Leben eine Hinrichtung miterlebte"[70].

Leib und Tod, Leben und Sterben: das waren die Klammern existentieller Erfahrung, rechtlicher und materieller Existenz, und es waren auch die Pole der religiösen Erfahrung.

Leib und Seele: Symbol und Sakrament

Das *Opfer des Leibes* als Zeichen gegenüber Gott war geläufig in der alttestamentlichen Isaak-Geschichte im Ersten Buch Moses.[71] Diese eindrucksvolle Geschichte – Gott verlangt als Zeichen der Treue ein Menschenopfer, den einzigen Sohn – war wohl ebenso präsent wie Blutzölle anderer, nicht-sakraler und alltäglicher Art. Gefahren für Leib und Leben durch Katastrophen, Kriege, Seuchen, Hunger und Unwetter waren Bestandteile der irdischen Realität. Diesseits und Jenseits verbanden sich in der Klammer *des bedrohten Leibes*; des Leibes, dessen irdische Heimat und Erscheinung nur Vorstufe zur ewigen Heimat und himmlischen Gestalt sein sollte. ‚Leib und Seele' war die Metapher für dieses Sinnbild.[72] Sie war allgegenwärtig, geläufig – aber ihrer Leiblichkeit zunehmend entleert.

‚Leib und Seele' einer *reformatorischen Kirche*, die weder „Heilige Leiber" verehrte noch – wie im Rosenkranz – „die Frucht Deines Leibes" im Angesicht marianischer Schönheit anbetete, mußten anders beschaffen sein. Die Kirche – im Herzogtum Württemberg die evangelische in ihrer eigentümlichen, lutherisch-reformierten Ausprägung – formte, durchdrang und überhöhte den Alltag der Menschen in einem heute kaum vorstellbaren, für alle verbindlichen Handlungs-, Symbol- und Zeichensystem. *Religion* war nur in dieser konkreten, landeskirchlich verfaßten Form erfahrbar. Ihr gehörte man an durch Geburt, im Leben und im Sterben, von der „Leibesfrucht" bis zum Leichnam und – liturgisch überhöht – vom „Leib des Auferstandenen" an Ostern bis zu des „Herrn Leib" im Heiligen Abendmahl: „Nehmet hin und esset, das ist mein Leib".

Der *unreine, sündige Leib* und der *vergängliche, sterbliche Leib* waren die kirchlichen Figurationen dieses Erlebens. Sie waren die bedeutsamsten religiös-kulturellen Erfahrungen, erlebt im Sakrament der Sündenvergebung, dessen man mehrmals im Jahr teilhaftig werden mußte; Versäumnisse wurden geahndet und bestraft. Dazuhin in seiner über Jahrhunderte hinweg wohl eindringlichsten Sakralisierung und Ritualisierung, in Tod und *Begräbnis*.

Noch in der Kirchlichen Agende von 1908 der Württembergischen Landeskirche hatte die „Bestattungsformel" gelautet:

> „(…) legen wir seinen Leib in Gottes Acker, Erde zu Erde, Asche zu Asche, Staub zum Staube, in gewisser Hoffnung der Auferstehung zum ewigen Leben durch unseren Herrn Jesum Christum, welcher unsern nichtigen Leib verklären wird, daß er ähnlich werde seinem verklärten Leibe (…)."[73]

Das „Bestattungswort" heutiger Begräbnisse ist im Vergleich dazu individualisiert, und es hat sich des Leibes entledigt:

> „(…) legen wir ihn in Gottes Acker: Erde zu Erde, Asche zu Asche, Staub zum Staube (…)."

Der Leib in solchen Bezügen, in alltäglichen und häufigen Erfahrungen meinte seit jeher und zuallererst das Göttliche, Archaische. Damit war es wohl auch das Fremde, weil es des Mittlers bedurfte. ‚Leib und Seel' verwiesen stets unausweichlich auf den eigenen, sündigen Leib und auf die vergängliche Leibeshülle: Das „Nehmet, esset, das ist mein Leib" als Memento mori und als Erinnerung daran, daß es stets aufs Neue gelte, den „Leib zu töten".[74]

Es ist die Frage, ob die kirchliche Handlung bei der Hochzeit, die *Trauung* – kein Sakrament wie in der katholischen Kirche – anders erfahren wurde. Es erstaunt zumindest, daß das religiöse Ritual der rechtlichen Verbindung zweier Menschen zu ‚einem Leib', zum Ziele der Erzeugung der „Leibesfrucht", sich der Erinnerung an den Leib enthält. In der Einsegnungsformel des Jahres 1784 – die auf der des Jahres 1742 gründete – heißt es noch: „(…) werden die zwey seyn Ein Fleisch (…)."[75]

1809, ganz im Geiste bürgerlicher Aufklärung, wird über den „Zweck der Ehe" ausgeführt:

„Gott selbst gab dem ersten Menschen eine Gehülfin, die durch gleiche Natur ihm verbunden, durch das Band der zärtlichsten Liebe mit ihm vereinigt sein sollte. (...) Hiedurch gab Gott seinen Willen zu erkennen, daß Mann und Frau miteinander in der engsten Verbindung leben und gleichsam nur Eins sein sollten."[76]

In der Trauformel von 1908 hingegen heißt es lapidar: „(...) denn sie sind hinfort nicht zwei, sondern ein Fleisch."[77]

„Fleisch" anstelle des Leibes: Das ist, in Herkunft und Intention klar erkennbar. Mit der Nennung des Fleisches rückte die Sünde, rückten „Sinneslust und Fleischeslust" ins Feld der Wahrnehmung, in den Bereich eindeutiger Beurteilung. Der seit dem 17. Jahrhundert nach Württemberg eingedrungene und seit 1740, 1750 im Volk Wurzel schlagende Pietismus hat hier nur verstärkt, was seit der Antike, seit der frühchristlichen Kirche Tradition hatte: die Verurteilung der Lust „und der Frau als sexuellen Verführerin." Anders gewendet und reformatorisch verstärkt bedeutete dies Verkündung der ehelichen Geschlechtlichkeit, der Leibeslust allein zum Zwecke der Fortpflanzung: „Seid fruchtbar und mehret Euch!"[78]

In *solcher* Verklärung – durch Sakrament, durch kirchliche Handlungen, durch Verkündigung – wurde den Menschen ein Leib präsentiert und interpretiert, der nur *symbolisch* der ihre sein konnte. Ihn konnten sie sich allenfalls als den „neuen Leib" zulegen. Mit ihrem Leben, mit dem Schaffen und dem Alltag – darüber können wir freilich nur mutmaßen – schien er nur wenig zu tun zu haben.

Daß ein Pfarrer sich sorgte um „beiderlei Leib", daß er sich nicht allein aufs „Wort", in seine Studierstube zurückzog, war sicherlich keine Seltenheit. Ausdrücklich hören wir davon jedoch wenig. Ein schwäbischer Dorfpfarrer, der 1919 mit seiner jungen Frau auf seine erste Stelle in ein Albdorf kommt, bezeichnet sich in seinen Lebenserinnerungen als „Leib- und Seelsorger"[79]. Das sei selbstverständlich gewesen „bei der Abgelegenheit und Armut der Leute". In Fragen der Ernährung, Kindererziehung, Gesundheitspflege und Krankheit werden die Pfarrersleute zu Helfern; er eher fürs „Äußere", für blutige Fälle und für „Grobes", sie mehr fürs „Innere" und bei den Kindern. Das läßt den Seelsorger nicht verharren beim Dualismus Leib–Seele, sondern weckt Verständnis für beider Verschränktheit, für ‚des Pfarrvolks' eigenartigen Glauben und andere Frömmigkeit, deren Formen – selbst bei strengen Pietisten – abweichen von denen bürgerlicher, ‚ehrbarer' Städter. „Inzucht und Mostgenuß, falsche Kindererziehung, (...) der Gesichtskreis beschränkt": so realistisch sieht er seine Schafe, wobei ihm wie vielen andern Beobachtern bäuerlicher Verhältnisse das „frühe weibliche Altern", die „Verschafftheit" der Frauen[80] besonders auffällt:

„Die Mädchen waren strebsamer, später allerdings durch Überforderung im Haus als Mütter und Mägde zugleich vor der Zeit alternd. Ich habe mit Schrecken im Jahr 1941 festgestellt: Die Schulmädchen von ehedem waren schon alte Weiber geworden, verlaufen, zahnlos, verhärmt, nichts mehr von der Ursprünglichkeit, Munterkeit von ehedem. Dies gilt aber nur bei den Verheirateten. Ein Übermaß von Sorgen und Mühen, in Haus, Küche, Stall, Feld lag auf ihnen; die Männer waren (in der Zeit des Ersten Weltkriegs) eingezogen und auch in Friedenszeiten weniger eingespannt und belastet. Auf der Alb sind die Frauen Arbeitstiere, man sollte mehr für ihre Erholung, Ausspannung, Anregung tun. Allerdings gibt es kaum Altledige, die vorhandenen Frauen werden auf diese Weise aufgebraucht. Das Problem des Frauenüberschusses ist so gelöst (...)."[81]

Solche ‚Leibesbeschaffenheit' hatte Gründe – im Schaffen wie im Glauben. Daß der irdische Leib ein sündiger Leib sei, fernab seiner Bestimmung, ein „Tempel des Heiligen Geistes zu sein", daß der Leib nach dem irdischen Jammertal seiner Verklärung bedürfe, am jüngsten Tag der Herr „unsere sterblichen Leiber lebendig machen" würde, das zu vermitteln war Inhalt und Programm der *kirchlichen Unterweisung* in Gottesdienst und Katechismus, in der Kirche, der Fibel und am Grabe. Auch sie war für alle verpflichtend, erreichte alle, und kontrollierte alle in einem fast lückenlos ineinandergreifenden System kirchlicher und schulischer Visitation.[82] In den 1559 in Württemberg eingeführten und seit 1649 allgemeinen Volksschulen gab es „fast nur religiöse Texte, d.h. im Regelfall die Bibel als Grundlage" für alles Lernen.[83] Daß ein solches Bildungsprogramm Früchte trug, zeigen – am Beispiel eines Albdorfes – die Funde über privaten Bücherbesitz auf dem Land zwischen 1650 und 1850. 4.539 Bücher werden in dieser Zeit von den Inventaren als Privatbesitz einzelner aufgeführt; 152 davon waren „nicht religiösen Inhalts"[84].

Der Leib als Tugend

Hartmut Lehmann spricht von einer „autonomen Ethik", die sich auf der Basis des in den 1720er Jahren von Johann Albrecht Bengel errechneten, im Jahr 1836 zu erwartenden Weltuntergang entwickelt hatte. Es war eine Ethik, die sich „in vielen Punkten mit altwürttembergischem Brauch und Herkommen deckte." Dennoch habe sie zu einer

> „von Absolutismus und Aufklärung deutlich getrennten Gemeinschaft geführt, die bis in den Alltag der kleinen Leute hineinreichte (...) diesem einen neuen Sinn gab und eine Perspektive, die über diesen Alltag hinaus deutete"[85].

Dem *neuen, wiedergeborenen Menschen* galt das Sinnen und Trachten des Pietismus, nicht dem sündigen Leib. „Edlere Sachen" als nur „Essen und Trinken" sollten die Menschen suchen, nicht als „Sclaven der Wollust"[86] oder „den Sorgen der Nahrung", „der Weltlust" oder des „Fleisches Wille" gelte es zu leben.[87] Hier sind die größten Gefahren für den Menschen beschworen, die bei Philipp Matthäus Hahn zum Dauerthema, ja zur Obsession werden: Augen- und Fleischeslust, Sinneslust und Hoffart. „Nicht viel brauchen" lautete die erste der „Hausregeln" von Johann Friedrich Flattich: „Man soll es doch ja nicht in der Welt gut haben wollen." Im 6. Lehrsatz der Flattichschen Hausregeln heißt es: „Je vornehmer der Stand, desto größer die Sclaverei."[88]

Was das „Sein in der Welt" der Kinder Gottes betraf, so waren pietistischer, bürgerlicher und puritanischer Tugendkatalog oft kaum voneinander zu trennen. Benjamin Franklin formulierte in den 1780er Jahren: „Dulde keine Unsauberkeit am Körper, an Kleidern oder in der Wohnung!"[89] 1795 in der „Denkschrift zur Errichtung einer Spinnanstalt, verfaßt vom Birkacher Pfarrer Friedrich Wilhelm Kohler im Jahr 1795" formuliert der „§ 2. Arbeit ist ein großer Segen (...), wekt und vermehrt die Kräfte des Leibs und der Seele (...)."[90]

Arbeit war nicht nur „ein großer Segen" – sie galt auch als beste Gewähr, als Schutz gegen Eitelkeit und Hoffart. „Du sollst Dir kein Bildnis machen": dieser alttestamentliche Satz wurde in Württemberg vor allem im Volk mit größter Gesetzes-Treue erfüllt – offiziell, nach außen.

Keineswegs eindeutig und generell freilich läßt sich Württemberg als ein „bilderfeindliches Land", der Schwabe als bilderfeindlich bezeichnen.[91] Hier gilt es nach Schichten und Zeiten zu differenzieren.

1774, im Sommer, reist der Zürcher Johann Friedrich Lavater erstmals durch Württemberg. 1782/83 ein zweites, 1793 ein drittes Mal. „Wie der Heiland selber" sei er im Land gefeiert worden; wie eine Reliquie behandelt und vererbt habe man zum Beispiel einen Silberlöffel, von dem er gegessen habe.[92] Am 9. August 1774 hatte Philipp Matthäus Hahn in Kornwestheim in sein Tagebuch geschrieben: „Fröhlichen Tag gehabt. Morgens nach Ludwigsburg zu Herrn Lavater. Konnte nicht erwarten, bis ich ihn sahe." Im Juli 1775, den Tagen des Todeskampfes seiner Frau, liefert Hahn seine für Lavater gefertigte Uhr: „eine grün gestrichene mit einem Fixsternscheiblein."[93]

Die im 18. und 19. Jahrhundert aufblühende Lehre der Physionomik und Chiromantik wurzelte in der Antike, in der Säftelehre, der Temperamenten- und Affektenlehre, wie sie Sokrates und Aristoteles begründet, Paracelsus und Lavater weitergetrieben hatten.

Lavaters erster Band seiner „Physiognomischen Fragmente" erschien im Jahr 1775 in Leipzig und in Winterthur. Sein Titelblatt trug das Motto „Gott schuf den Menschen sich zum Bilde!"

Das Bilder-Verbot wird zum Bild-Gebot, zur Umkehrung des alttestamentlich-jüdischen Gebots „Du sollst Dir kein Bildnis machen (...)." Die von Lavater ausgehende Gesichter-Faszination war unvergleichlich. Auch wenn das neumodische Lavatersche „Gesichterlesen", das Karikieren und Typisieren[94] sich zunächst und meist nur auf den „Kopf des Körpers" richtete: der Mensch, seine Figur in ihrer Eigenheit, ihrer Individualität war damit ins Blickfeld des „breiten Publikums getreten"[95]. Die *„Ausdruckslehre"* zielte auf das Gesicht, das Portrait wurde zur Silhouette, zum Scherenschnitt, zum Medaillon. „Noch 1825 gehörten posthum erschienene Schriften Lavaters zu den Bestsellern". Der Gefühlskult, das „zeitmodische Gesellschaftsspiel ‚Physiognomisieren'" hatte – anfangs als „Lavaterei" Sache der gebildeten Stände, der Salons, des Bürgertums – als Medium der Unterhaltung in der Zeit des Biedermeier weite, auch kleinbürgerliche Kreise erfaßt.[96] Lavaters Einfluß auf Dichtung, bildende Kunst, Parawissenschaften aller Art – bis hin zu Nasen- und Schädellehre, zum Rassenwahn – reicht bis in unsere Zeit.[97]

Lavater ist eine Gestalt des Übergangs – auch des Übergangs vom frühen Pietismus zu dem des 19. Jahrhunderts. Seine Verbindungen zu den württembergischen Pietisten Friedrich Oetinger und Philipp Matthäus Hahn weisen noch in die Welt barocken, voraufklärerischen Denkens. Sein faszinierter Blick auf Gestalt, Silhouette und Gesicht aber geht in die neue Zeit. Sie sieht „Gottes Ebenbild" bereits in Richtung der Autonomie des Individuums.

Eine andere Bewegung, die für andere Themen dieses Buches weitreichende Bedeutung hat, *wurzelt* im Pietismus, in seinen Tugenden und Werthaltungen. Mit seiner Betonung und Aufwertung des Laientums hat der Pietismus für die *Ausbreitung der Homöopathie* in Württemberg sicherlich den Weg bereiten helfen. Zunächst, vor 1823, „war es ein Laie, nähmlich der württembergische Kultusminister von Wangenheim", der die Homöopathie nach Württemberg brachte. Der erste in Stuttgart praktizierende Homöopath, David Steinestel, war „ein Drechsler, der dort zwischen 1833 und 1835 eine florierende Laienpraxis betrieb". In den schwäbischen Pfarrhäusern fand die Homöopathie vor allem Verbreitung durch ihren wichtigsten Propagandisten in Württemberg, den evangelischen Theologen Tobias von Beck, der 1842 nach Tübingen berufen wurde. Ihm war, privat und „selbst vom akademischen Lehrstuhl herab (...) die Homöopathie das Lieblingsthema."[98] Hierhin führen die Spuren des „Wollapostels" Gustav Jaeger ebenso zurück wie jene, die der Lebensreformbewegung und den religiösen Subkulturen, denen die „barfüßigen Propheten und Erlöser" und andere zuzurechnen sind. Ob „messianische Erlöser", „Kohlrabi-Apostel", Vegetarier, „politisch-religiöse Gurus"; ob Rudolf Steiner, die „Christ-Revolutionäre" oder die „Uracher Kolonie": Württemberg war ein wichtiges Zentrum –des Entstehens wie der Sammlung – solcher Sonderbewegungen seit dem letzten Drittel des vorigen Jahrhunderts geworden, Stuttgart galt vielen als „das neue Jerusalem".[99]

Die Frage, in wieweit von einer Identität pietistischer Glaubens- und Frömmigkeitsformen mit der „Frömmigkeit des württembergischen Pietismus, Sitte und Ethik der Bevölkerung" gesprochen werden könne, ist vielfach diskutiert worden. Joachim Trautwein hat sie zugespitzt auf die Frage, „wie und warum der Pietismus in Württemberg so stark gewirkt habe." Er beantwortet sie mit dem Bild zweier konzentrischer Kreise:

„Der äußere Kreis, das, was für die gesamte klein-bürgerliche Bevölkerung (– „abgesehen von der Ehrbarkeit" –) gilt, kann durch die Sozialstruktur (Realteilung, Doppelberufe o.a.), die Kirchlichkeit (Kirchenkonvent/individuelle Tugenden) und die stark dominierende pietistische und mystische Erbauungsliteratur (Arnd, Starck u.a.) charakterisiert werden. Im inneren Kreis, (...) sehen wir dieselben Merkmale, weil die einzelnen Gruppen die sozialen Verhältnisse Altwürttembergs widerspiegeln. Doch kommt noch einiges hinzu: die individuellen Tugenden die durch den ‚Kirchenkonvent' gefordert und gefördert werden, werden in den einzelnen Gruppen ‚verinnerlicht' akzeptiert und erhalten dadurch verstärkte Geltung (Sonntagsheiligung, Sexualethik, Ablehnung des Tanzes usw.). Die verbreitete Erbauungsliteratur wird ebenfalls benützt; allerdings verbunden mit einem stärkeren kirchenkritischen Akzent (...), stärkeren eschatologischen Hoffnungen und der Tendenz zur Ablösung vom ‚geistlichen Monopol' der Theologen. Wenn man dazuhin bedenkt, daß es vor allem der Pietismus war, der die Stellung der Theologenschaft – und damit auch der Ehrbarkeit – relativiert hat, dann wird deutlich, wie und warum der Pietismus in Württemberg so stark gewirkt hat."[100]

Der Tugendkatalog des Pietismus, seine „asketische Ethik, Pünktlichkeit, Fleiß und Sparsamkeit, (...) Treue und Ehrlichkeit", „Treue in kleinen Dingen (...), Pflichterfüllung, Vorsorge" wiesen den Weg in die Industrialisierung. Der Tugendkatalog deckte sich mit den „beruflichen und familiären Tugenden bürgerlicher Ethik", er hat sie durchdrungen – auch wenn, wie Trautwein für das Jahr 1863 als Beispiel errechnet, lediglich „ca. 7–8% der evangelischen Erwachsenenbevölkerung im ehemaligen altwürttembergischen Gebiet Pietisten gewesen sind."[101]

Ein hervorragendes Beispiel für diesen Weg des Pietismus in die Industriealisierung ist Ferdinand Steinbeis, Pfarrersohn wie der in diesem Buch porträtierte Gustav Jaeger, einer „pietistisch-theosophischen Welt" entstammend. Steinbeis wie Jaeger waren missionarisch beseelt, verfolgten fast besessen eine Reform- und Fortschrittseuphorie, deren religiöse Züge, oft auch ihr Vokabular unverkennbar sind. Zusammenfassend kommt Trautwein zu dem Schluß:

„So spürt man in Württemberg, dem Land der Sparkassen, der Bausparkassen, der Eigenheime, der Versicherungen und der verarbeitenden Industrie einerseits die Folgen der geübten Realteilung, andererseits das Arbeits- und Berufsethos, das der Pietismus entscheidend mitgeprägt hat. Pointiert gesagt: Die württembergischen Charaktermerkmale ‚Veredlungsindustrie und Eigenheim' sind direkte Abkömmlinge der Verbindung von ‚Realteilung und Pietismus'. Ob sich darin, wie Steinbeis meint, eine säkularisierte Form der Sehnsucht nach dem ‚Teilhaftigwerden der göttlichen Natur' zeigt, müßte untersucht werden. Bestimmte Merkmale dafür sind sicher vorhanden."[102]

Leib-Hüllen

Im Jahre 1793 notierte der durch Schwaben reisende Göttinger Professor Christoph Meiners seine Enttäuschung darüber, daß „sich die Trachten des Landvolkes in Kupfern besser als in der Natur ausnehmen."[103] War er enttäuscht über die ‚Natur' schwäbischer Leiber, ihren Schmuck und ihr Kleid? Oder haben – was für unser heutiges Bild der Tracht entscheidend, folgenreich gewesen wäre, es in eine falsche Richtung gelenkt hätte – die ‚Kupfer' das Landvolk geschönt, es malerisch stilisiert?

In der Tat vermitteln die colorierten Darstellungen des 16., 17. oder 18. Jahrhunderts den Eindruck schön gerundeter, wohlgeformter Leiber, ja fast fröhlicher Menschen. Welche anderes Bild jedoch – oder das Bild der Realität? – vermitteln die seit Aufkommen der Photographie überlieferten Bilder. Da sind karge, gekrümmte Menschen zu sehen, eingefallen, flach bei den Frauen der Oberleib; rund und fröhlich der Gesamteindruck allenfalls noch bei der Jugend. Die älteren Frauen, das heißt die jenseits des 3. oder 4. Lebensjahrzehnts spätestens sind „verschafft", wie es auf schwäbisch heißt; zahnlos, mit müdem Blick, unter den eng anliegenden Hauben das glattgekämmte, mit Schmalz gefügig gemachte Haar – als ob es an diesem Leib noch etwas gefügig zu machen gegolten habe …

Die Abbildungen in dem Buch von Angelika Bischoff-Luithlen „Der Schwabe und sein Häs" – einer gründlichen, ja der weithin einzigen umfassenden Untersuchung zu diesem Thema – sprechen hier eine deutliche Sprache. Dunkle Kleidung, nüchtern, schmucklos und glanzlos, den Leib darunter eher verratend als ihn schmückend, findet sich in Württemberg zunehmend seit der Mitte des 18. Jahrhunderts, dem Eingang des Pietismus im Lande.

„Was Gott et geit, geit d'Nähere." Dieser Satz, von Bischoff-Luithlen für das Ulmer Gebiet überliefert[104] (wo der Pietismus seitens der Reichsstadt verboten war), galt auch im Katholischen. Man zeigte, was man hat – und wenn man es nicht hatte, half ein „auswattiertes Oberteil, das die Figur betonte." Vom übrigen Altwürttemberg vermitteln die schwäbischen „Silhouetten" Griesingers[105] ebenso ein Bild wie das 1880/82 von Schnapper-Arndt pointiert gezeichnete „Socialstatistische Portrait" der Hausnäherin „Nährikele" aus Tübingen[106]. Den denkbar größten Kontrast dazu bilden die für die frühen 1920er Jahre überlieferten Schilderungen der Schneidermeisterin Franziska Ege – etwa die Ankleideszene bei der Lehrherrin in Mittelbiberach, die üppige Freude am eigenen Körper und seiner Zier ausstrahlen.[107] Dennoch, bei allen offenkundigen Kontrasten der ‚katholischen Sinneslust' und Schmuckfreude gegenüber evangelischer Askese: „Eine einheitliche katholische Tracht im Lande Württemberg hat es natürlich nie gegeben." Blaue Strümpfe etwa markierten nicht den Unterschied zwischen evangelisch und katholisch, sondern den zwischen den Geschlechtern; zudem war „in vielen Orten die Armut Fessel genug", bot der Lust nach Schmuck und Unterscheidung Grenzen.[108] Württemberg „sei nicht gleich Württemberg" gewesen im Falle der Kleidermode früherer Zeit, betont Angelika Bischoff-Luithlen. Was die Obrigkeit mit ihren Kleider- und Ständeordnungen über Jahrhunderte hinweg ihren Untertanen „eingehämmert hatte, vergaßen diese nicht so schnell."[109]

Am Gravierendsten, am Nachhaltigsten betont und kontrolliert waren die Unterschiede zwischen *Stadt und Land*.

Beides sollte klar erkennbar geschieden, in seinem Gefälle gewahrt bleiben. Auch wenn ländliche Oberschichten wie Wirtsleute, Müller, reiche Bauern ihren Reichtum äußerlich zur Schau stellen, neuen Modeeinflüssen schneller nachkommen konnten: Ländliche Kleidung wurde von der Mode des Barock geprägt, und sie verharrte in diesen Formen. Dies galt für die Festtagskleidung, während der Alltagskleidung durch die bäuerliche Arbeit Grenzen gesetzt waren; auch Grenzen der Übernahme, der Adaption. So waren Schnürmieder oder Pluderhosen, darin ist Bischoff-Luithlen sicherlich zuzustimmen, aus der Sicht bäuerlicher Praktikabilität indiskutabel und fanden auf dem Land keine Nachahmung.[110] Gleiches gilt, mehr als ein Jahrhundert später, für neue modische ‚Schnürmieder': „Das Korsett verschmäht die Bäuerin, während es die jungen Mädchen meistens sonntags tragen", berichtet Maria Bidlingmaier im Jahre 1915.[111]

Allerdings gab es *Stände* wie den der Pfarrer, die die Grenze zwischen Stadt und Land räumlich überschritten – und doch in ihrer Bindung von Herkunft und Stand sichtbar verhaftet blieben, durch die Kleiderordnung verhaftet bleiben mußten. Ihr Habit war seit der Ausbildung in Seminar und Stift, erst recht danach im Beruf lebenslang vorgeschrieben. Es war einheitlich schwarz, ohne Farben, ohne Schmuck, mit Ausnahme eines weißen oder Spitzenkrägleins (bei der Frau Pfarrerin auch grau oder dunkelblau). Alles war schwarz, bis zu den Knöpfen und Unterkleidern ..."[112]

Aus vielen Beschreibungen – dichterischen, Lebenserinnerungen, Reiseberichten, aus spöttischen wie denen Griesingers – wissen wir um die Qual solch öffentlicher Brandmarkung. Martin Hasselhorn erwähnt die tiefe asketische Grundstimmung, die Moral, den Ernst und die Strenge, die etwa noch aus den Gesichtern der in der Tübinger Universitätsbibliothek portraitierten württembergischen Theologen spricht. Die geforderte Kleidung und der Lebensstil der Pfarrer und ihrer Familien wirkte stil- und kulturbildend auf das „Gebahren der Frommen", weit über das evangelische Pfarrhaus hinaus. Der frühpietistische Geist von Speners „Pia desideria" aus dem 17. Jahrhundert, so Hasselhorn, habe Württemberg über Generationen hinweg geprägt.[113]

Der Frage der *sozialen Reichweite* dieser Prägekräfte ist Joachim Trautwein nachgegangen. Seine Analyse der Herkunft evangelischer Geistlicher in Württemberg – „rund 75% (...) aus dem Staats- und Kirchendienst" – zeigt in Richtung der „Ehrbarkeit", jener Honoratiorenschicht, die in Württemberg – wo vom „Fehlen eines Adels", zumindest seiner politischen und sozialen Bedeutung gesprochen werden kann – von denkbar größtem, dauerhaftem Einfluß war. Laut Decker-Hauff war „der Aufbau der Ehrbarkeit um 1800" mit dem „um 1500" noch weitgehend identisch.[114] Die Bevölkerung in Württemberg verfügte „über eine gewisse Selbständigkeit durch die beschränkte Selbstverwaltung" auf Gemeindeebene und durch „eine vergleichsweise bessere elementare Schulbildung als anderswo." Das scheint Mentalitätsmerkmale ausgeprägt, Spuren hinterlassen zu haben. Zu verschiedenen Zeiten und aus den verschiedensten Blickwinkeln wurden die Schwaben – beiderlei Geschlechts! – immer wieder auffallend als keck und selbstbewußt, gescheit und verschmitzt (könnte heißen: klug und witzig), „strebsam und bildungshungrig", als relativ demokratisch und obrigkeitskritisch beschrieben.

„Sonntagskleider" und *„Werktagskleider"* kennzeichnen, neben den Merkmalen Stadt-Land, die im Blick auf den Kleidungsbestand und das Kleidungsverhalten wohl gravierendsten Unterschiede. Das „Sonntagshäs", die „guten Kleider" waren klar geschieden vom Alltags-, vom „Schaffshäs". Das Stück, das seine Existenz „für gut" begann, wurde später alle Tage, „für äll Tag" aufgetragen. Es wurde verbraucht, abgetragen, „runterg'ruckt", solange es nur hielt. Andere Bereiche des Sachbesitzes zeigen ähnliche Nutzungsbiographien; etwa die bemalte Aussteuertruhe, die nach Generationen zur Futtertruhe im Stall oder zur Hundehütte umfunktioniert wurde.[116]

Das war der Gang des alltäglichen Gebrauchs, des Nutzens und Abnutzens. War es für die Dinge ein Abstieg, ein kontinuierliches Decrescendo, so bedeutete dies für die Nutznießenden einen festen Rhythmus, ein fein ausdifferenziertes System wechselnden Gebrauchs, Prestiges und wechselnder Bedeutung.

Daß solcher Wechsel der Kleidung – „gut" und „äll Tag" – das Körpergefühl, das *leibliche Wohl* und Betragen beeinflußt, ihren Trägern ein jeweils anderes Empfinden vermittelt hat, ist anzunehmen. Im leichteren Schaffhäs, dem weiten Blauhemd oder Leible war man ein anderer oder eine andere als im Kirchengewand, in der Abendmahlskleidung.[117] Solche unterschiedlichen Kleidungs- und Körpergefühle sind aus heutiger Sicht noch durchaus vergleichbar und auch vorstellbar, an sich selber und anderen ähnlich wahrnehmbar – daß andere Kleider auch andere Leute machen, sich schon kleine Kinder im neuen oder im Festgewand plötzlich anders bewegen, andere *sind*.

Andere Qualitäten des Kleidungs- und Körpergefühls aus früherer Zeit aber sind heute kaum mehr sinnlich nachempfindbar. Dies gilt mit Sicherheit für die Rhythmen der jahreszeitlichen Ordnung, den Wechsel der Temperaturen und der Gerüche: heiß und kalt, trocken und feucht, dreckig, verschwitzt oder – selten nur – sauber, frisch, neu.

Dies ‚andere Sein' begann bereits bei der ‚Außenhaut' leiblichen Seins, bei Haus und Hof:

„Dorfstraße und Hofraum waren von Herbst bis Frühjahr mit Pfützen übersät, die meist neben der Haustüre liegende Dunglege überfließend, bei den Schweineställen grüngelber Morast, die Küche rußgeschwärzt, Stube und Kammer im Winter feucht (...) Fugen und Ritzen des Bodens voller Milben und Flöhe (...)."

So – und schlimmer – dürfte es um Leib und Häs bestellt gewesen sein; letzteres war dazuhin für das ganze Jahr gleich beschaffen:

> „(…) die harte Feldarbeit bei jeder Witterung (…), bei Regen und Wind, Frost und Kälte im Felde (…) im Walde beim Holzmachen oder beim Dreschen, oft in dürftigster Kleidung. Einen Überzieher oder Umhang sah ich bei Mitschülern oder Ledigen nie",

so berichtet ein keineswegs armer Wirtssohn. Mäntel kannte man nicht, sie wären auch beim Schaffen nur hinderlich gewesen. Man half sich vielmehr durch das ‚Zwiebelschalenprinzip', zog mehrere Schichten übereinander (oder genauer: darunter), bis es wärmte. Als „Drüber" gab es allenfalls warme Umschlagtücher.[118]

Was wir heute ‚Tragekomfort' nennen, versucht Angelika Bischoff-Luithlen immer wieder *hinter dem „Häs"* zu entdecken. Was heißt es, wenn etwa der Hosenträger dem Mann „zu einer bequemeren Trageweise seiner Beinkleider verhilft, während gleichzeitig das neue Schnürmieder die Brust der Frau bis zur Gesundheitsschädigung einzwängt"? Ähnliche Fragen stellen sich beim „ledernen Gesäß" der Männerhosen, beim „evangelischen Büble", jenem boleroähnlichen taillenkurzen Jäckchen, das die weibliche Brust nicht mehr erkennen ließ.[120]

Geschlecht und Jahreszeit sind die Merkmale, die es – neben *Stadt und Land, Besitz und Stand, Sonntag und Werktag* – noch zu reflektieren gilt. Kleid und Körper, Häs und Leib konnten nicht „nach Maß", „konfektioniert" passen wie Gegenstand und Futteral. Den Rhythmus der Jahreszeiten, das Unterfüttern oder Weglassen, das „sich's leichter machen" hätte dies ebenso behindert wie den Rhythmus weiblicher Schwangerschaften. Er war meist einjährig, selten zweijährig – meist erfolglos hinausgeschoben durch das vermeintlich empfängnisverhütende Verlängern der Stillzeit.

Der „dicke Schürz", eine der vielen plastischen Mundart-Umschreibungen für Schwangerschaft, bedient sich zur Kennzeichnung der Kleidung, nicht etwa des Leibes, etwa des ‚dicken Bauchs' als Kennzeichnung für 'andere Umständ'. Der ‚dicke Schürz' verlangte eine hohe Taille. Der Rockbund (und damit auch das Mieder, das Büble und alle anderen Oberteile der weiblichen Kleidung) mußte so hoch geschnitten sein, daß er der Schwangerschaft bis zur Niederkunft Raum bot. Das bedeutete zudem – auch wenn man nicht ‚anderen Umständen' war – Bewegungs- und damit Schaff-Freiheit. Heutige enganliegende ‚Trachten' vermitteln hier ein grundlegend falsches Bild historischer Kleidung im Blick auf Schnitt und Proportion, Schönheitsideal und Bewegungskomfort.

Das schwäbische Häs *allein*, für sich betrachtet läßt ebensowenig auf den Leib darunter schließen wie die von uns betrachteten Trikot- und Strickkleider[122] – trotz detaillierter Inventarisierung in 18. und 19. Jahrhundert, trotz neuer Kleiderforschung im 20. Jahrhundert. Wollten wir Folgerungen vom Häs auf den Leib anstellen, so wären es – darauf weist Karl Braun 1991 zu Recht hin[123] – allenfalls ‚*Körpergefühle von heute*', die wir auf die Dinge und Menschen früherer Zeiten anlegen würden: Es wären notwendig *historisch falsche* Folgerungen und Aussagen. Dennoch lassen sich, mit aller gebotenen Vorsicht, einige Merkmale und Eigenheiten ahnen, die Kleidung und Körpergefühl in Württemberg kennzeichneten. *Farbe* bedeutete mit Sicherheit Farbenfreude – und war deshalb bis ins vorige Jahrhundert kontingentiert. Grün galt, wohl von der Zeit der Reformation „als die Farbe des württembergischen Hofes und war für Bauern verboten."[124] Rot war die Farbe der jungen Mädchen, ihnen vorbehalten. Als mit Ende der Alten Welt und ihrer Ordnungen – auch der Kleiderordnungen, der Ständeordnungen – diese Schranken fielen, ist ein Explodieren der Farbenfreude im Bereich der Kleidung nicht zu übersehen – trotz der großen Armut im neugegründeten Königreich Württemberg. Für Männer wurde nun „ein Rock aus Russischgrün der letzte Schrei"[125], für die Weibsleute bringen neue, maschinell gefertigte Baumwollstoffe Farbe, Bequemlichkeit, Leichtigkeit – und wechselnd ‚*Mode*'.[126] Accessoires, Kleinteiliges und Neues werden nun erschwinglich. Die Möglichkeit zu einer neuen, modischen Verzierung der alten, vorhandenen Kleidung und der Körper insgesamt ist offenkundig.

Angelika Bischoff-Luithlens Satz: die Bauern hätten „den Weg zur Industrialisierung" gefunden, gilt es zu verstehen im doppelten Sinne. Zunehmend zog die ländliche Bevölkerung nun in die Fabriken, um dort den Lebensunterhalt oder ein Zubrot zu verdienen. Mit dessen Hilfe, dem Lohn, dem Bargeld war auch der Weg zu neuen, industriellen Produkten offen.[127]

Der Weg zur konfektionierten Kleidung, zur Mode und damit zu einem neuen, gepflegten, verwandelbaren ‚*Wahlkörper*' war beschritten. Klagen über die allzu große „Putzsucht" der Fabrikarbeiterschaft begleiten die Industrialisierung fast von Anbeginn. Martin Scharfe zitiert dazu kritische Pfarrberichte aus Göppingen 1842, Esslingen 1860, Unterhausen 1867, Heilbronn 1870, Aalen 1883, Reutlingen 1889, in denen die evangelischen Ortsgeistlichen die „Genuß-, Schleck- und Putzsucht" der Fabrikbevölkerung anprangern:

„Trotz geringem Verdienst und teuren Lebenshaltungskosten kleideten sich arme Mädchen möglichst ‚elegant', besuchten ‚Theaterbanden', tränken zum Vesper in der Fabrik Bier und Wein, äßen Käse, Sardellen, Wurst und vor allem gefüllte Schokolade, die ‚massenhaft verbraucht' werde (Ebingen 1887). Relativ vorurteilslos und angetan beschreibt dagegen der Schramberger Pfarrer den Sonntagnachmittag: 'Schön geputzt, in modischen Kleidern und wunderbaren Hüten zieht der weibliche Teil der Fabrikbevölkerung ins Freie; auch die Männer halten auf einen modischen Schnitt, elegante Kopf- und Fußbekleidung und eine noble Uhrenkette. Die Kinder, in fertig gekaufter Kleidung neuesten Stils gehüllt, vollenden das Bild der modernen Stadtbevölkerung' (Schramberg 1903)."

Als Ursachen dieser neuen, sinnlichen und körperbezogenen „Süchte" sieht Scharfe vor allem die „Entlöhnung mit barem Geld (...) Mobilität – auch als geistige, nun auch als für Werbung anfällige Haltung zu deuten –, das neue Phänomen der konfektioniert angebotenen Mode, sicher ein Schuß Kompensationsbedürfnis für reale Unterprivilegierung (...), aus der monotonen Arbeit erwachsen farbige Bedürfnisse (...) mit dem tendenziellen Pol Selbstbewußtsein: all dies mag zu der vorgenannten Putz und Schlecksucht beigetragen haben."[128]

Tieferliegend, den Blick von der konfektionierten Kleidung auf den darunterliegenden Körper gerichtet, signalisieren solche Wahrnehmungen von neuer, neumodischer und neuartiger Kleidung auch *neue Körper*: ein neues Körpergefühl, die Beobachtung neuer Bewegung und für die Träger neue Beweglichkeit. Die „billigen Fähnchen" aus flatternd dünnen Stoffen verraten fortan mehr über den Körper darunter und über seine Formen als vormals „Reusten, Wifling, Zitz und Zeugle", jene oft noch selbst gefertigten, schweren und störrischen Produkte traditionellen bäuerlichen ‚Hausfleißes'. Ihre Schwere korrespondierte mit Dauer. Das alte Häs war mühevoll von Hand gefertigt, war in der Regel daher auch Objekt lebenslangen Reparierens. „Flickwerk", bestehend aus „Plätz" und „Spickel", halfen das Häs schier auf ewig zu erhalten.[129]

Sie verstrebten und versteiften es aber auch, ähnlich wie die vielen „Besätz" und „Beläg". Ein Urteil wie „das hat einen Stand!" war in solcher Welt ein Qualitätsmerkmal gewesen: Steifheit, starre Geradheit anstelle von weichfließenden Linien – am Leib, über den Hüften wie am Kopf, an den mit Schmalz gestärkten, gesteiften und geglätteten Haaren.

„Bauernweiber und Fabrikmenscher" beschreibt Andrea Kittel am Beispiel eines Wirtshausstreits zwischen einer einheimischen Bauernmagd und einer „ausländischen" aus Bayern „herbeigezogenen Fabrikarbeiterin", in der Baumwollspinnerei Kuchen. Es geht um die Gegensätze zwischen altem und neuem Frauentyp, alter und neuer Kleidung und um die „Aneignung traditioneller Räume" durch Frauen. „Bauernweiber oder Fabrikenmenscher": In diesem weiblichen Kontrastpaar findet unser Problem seinen sinnlichen Ausdruck – auch in seinen Zuordnungen. ‚*Bauernweib*' als das Traditionelle im Begriff „Weib" in Wertung und Ordnung, in Kleidung und Aussehen, ‚*Fabrikmensch*' als das in dieser Form Neue, Anstößige.[130] Weib, diese seit dem Mittelalter allgemeine Bezeichnung für eine Frauenperson verengte sich im Laufe der Zeit zu „lediges Weib, schlechtes, liederliches Frauenzimmer (...) meist verächtlich."[131]

Weib paßte nicht zu den „Fabrikmenschern"; ihnen wurde – wenngleich auch weniger als den „Fabrikmännern" – übermäßiger Wirtshausbesuch, Trinken und Lärmen vorgeworfen. Die Trennung der Geschlechter war auch in ihrer Verurteilung in der Regel klar festgelegt. Mit den traditionellen Männerexzessen korrespondierten nun jene weiblichen der Putz-, Genuß- und Schlecksucht. Das erinnert an bürgerliche Ängste angesichts der ‚neuen Frau' in der Frauenbewegung oder an die Vorwürfe der Roman- oder Kaffeesüchte wenige Generationen zuvor, seit dem 18. Jahrhundert. Daß hier Zusammenhänge bestehen, Ungleichzeitigkeiten und soziale Phasenverschiebungen zum Ausdruck kommen, ist ebenso unübersehbar wie die Tatsache, daß sich solche Ängste vornehmlich (wenn nicht ausschließlich) auf Frauen richteten. 1868, so wissen wir aus einem Brief von Ferdinand Steinbeis, gab es in Stuttgart eine „Liga zur Bekämpfung des Luxusses der Frauen".[132]

Epilog

„Interesse am Körper" ist ein Kapitel in der „Dialektik der Aufklärung" überschrieben, das sich mit Leib und Körper befaßt. Adorno und Horkheimer reflektieren hier Möglichkeiten, Grenzen und Mythos der Aufklärung.

„Unter der bekannten Geschichte Europas läuft eine unterirdische. Sie besteht im Schicksal der durch Zivilisation verdrängten und entstellten menschlichen Instinkte und Leidenschaften (...) Von der Verstümmelung betroffen ist vor allem das Verhältnis zum Körper (...). Das Christentum hat die Arbeit gepriesen, dafür aber erst recht das Fleisch als Quelle alles Übels erniedrigt. Es hat die moderne bürgerliche Ordnung im Einverständnis mit dem Heiden Macchiavelli durch den Preis der Arbeit eingeläutet, die im Alten Testament doch immerhin als Fluch bezeichnet war (...). Durch diesen Hergang ist Europa zu seinen sublimsten kulturellen Leistungen befähigt worden, aber die Ahnung des Betrugs, der von Beginn an ruchbar war, hat mit der Kontrolle über den Körper zugleich die unflätige Bosheit, die Haßliebe gegen den Körper verstärkt, von der die Denkart der Massen in den Jahrhunderten durchsetzt ist und die in Luthers Sprache ihren authentischen Ausdruck fand (...). Die Haßliebe gegen den Körper färbt alle neure Kultur. Der Körper wird als Unterlegenes, Versklavtes noch einmal verhöhnt und gestoßen und zugleich als das Verbotene, Verdinglichte, Entfremdete begehrt. Erst Kultur kennt den Körper als Ding, das man besitzen kann (...)."[133]

Für die Vormoderne, die alte, traditionale Welt sprechen sie vom „*Leib*" – noch ungeschieden im Begriff von „Corpus" – als „der Gegenstand, das tote Ding". Durch die bürgerliche Gesellschaft, vor allem die Industrialisierung sei die Versklavung des *Körpers* besiegelt worden. Selbst „die romantischen Versuche einer Renaissance des Leibs im neunzehnten und zwanzigsten Jahrhundert idealisieren bloß ein Totes und Verstümmeltes."

Der Prozess ist unumkehrbar:

„Der Körper ist nicht wieder zurückzuverwandeln in den Leib. Er bleibt die Leiche, auch wenn er noch so sehr ertüchtigt wird (...). Transformation ins Tote, die in seinem Namen sich anzeigt (...)."

„Die Manipulatoren des Körpers" heute, so Adorno/Horkheimer, verrieten sich durch ihre „Haßliebe gegen den Körper":

„sie nennen den Menschen lang, kurz, fett und schwer. Sie sind an der Krankheit interessiert, erspähen beim Essen schon den Tod des Tischgenossen. (...) Die Sprache hält mit ihnen Schritt. Sie hat den Spaziergang in Bewegung und die Speise in Kalorien verwandelt, ähnlich wie der lebendige Wald in der englischen und französischen Alltagssprache Holz heißt. Die Gesellschaft setzt mit der Sterblichkeitsziffer das Leben zum chemischen Prozeß herab."

Der manipulierte Körper, eine Chiffre: meßbar – und doch ohne Maß. Den entscheidenden Punkt getroffen hatte jedoch der vergleichende Blick auf den traditionell-jüdischen Umgang mit dem Leib:

„Die jüdische Tradition vermittelt die Scheu, einen Menschen mit dem Meterstab zu messen, weil man die Toten messe – für den Sarg."[134]

Das „Du sollst nicht messen" korrespondiert mit dem alttestamentlichen Satz „Du sollst Dir kein Bildnis machen." Beide Gebote verloren im 18. Jahrhundert ihre Geltung, ihre Verbindlichkeit. Die Herrschaft des Körpers über den Leib war besiegelt. In ihrer Magisterarbeit „Das Verschwinden des Elends" zeigt Andrea Kittel den langen Weg seiner Kasernierung auf – hin in Anstalten, in Zucht- und Arbeitshäuser, Armenhäuser und Krankenhäuser.[135] Er wäre weiterzuverfolgen bis hin zu den Ghettos des Elends unserer Zeit, zu Siechtum, Alter, Sucht heute. Es ist der Weg vom „Ungeschiedenen", Öffentlichen, allgemein und überall Gegenwärtigen des Elends hin zum Abgeschiedenen, Verborgenen, „Gebannten" im mittelalterlichen Wortsinn.

Durch die Abtrennung von der gesellschaftlichen Öffentlichkeit wird die Einsperrung – als gesellschaftliche Ausgrenzung – zum „Unheimlichen" im Freudschen Sinne, zum Fremdgewordenen Vertrauten. Alain Corbin beschreibt diesen Weg in seinem Buch „Pesthauch und Blütenduft. Eine Geschichte des Geruchs."[136] Er verfolgt (leider erst ab 1789 und am französischen Beispiel), wie der Körper mit seinen „natürlichen" Funktionen zum ‚anstößigen' Körper wird – ein Mittel der Individualisierung und sozialen Ausgrenzung zugleich.

Zu fragen wäre: Ist im Laufe des Prozesses der Zivilisation – der Verfleißigung, der Hygienisierung, der Desodorierung, der Vermessung, also der Bändigung und Domestizierung des Körpers – der Leib zum Unheimlichen im Sinne jenes Freudschen „fremdgewordenen Vertrauten"[137] geworden?

Vertraut, weil gepflegt in seiner vermeintlichen Natürlichkeit? Vertraut ins seinen natürlichen

Funktionen, seinen anatomischen Teilen, seinen Reaktionen? Vertraut, weil untersucht, beschrieben, meßbar?

Die Vermessung des Körpers, seine Vermaßung wäre dann in der Tat der entscheidende, qualitative Schritt gewesen. Sie hätte nicht nur ein *Bild vom Leib*, sondern ihn vielmehr zum *Begriff*, zum *neuen „Körper"* gemacht.

Anmerkungen

1 Fischer, Hermann: Schwäbisches Wörterbuch. Vierter Band. Tübingen 1915: Sp. 1113–1118. Ähnliche Befunde finden sich in den Wörterbüchern benachbarter Mundarten, etwa im Badischen, Pfälzischen, Südhessischen Wörterbuch. Überlegungen zum 'Schwäbischen Leib' zielen also nicht auf Einzigartiges, Spezifisches von ausschließlich 'schwäbischer Mentalität', sondern – am regionalen, naheliegenden Beispiel Württemberg – auf Exemplarisches, in seinen Strukturen traditional-agrarische Gesellschaften Kennzeichnendes.

2 Dies analog zu „Weißzeug", dem heute noch (ziemlich) geläufigen Ausdruck für Bett- und Tischwäsche; Leibzeug und Weißzeug wurde im „Weißzeugschrank" verwahrt. Siehe dazu etwa die Beschreibung bei Bidlingmaier, Maria: Die Bäuerin in zwei Gemeinden Württembergs. Mit einem Vorwort von Carl Johannes Fuchs, Nachwort, Anmerkungen und Literaturhinweisen von Christel Köhle-Hezinger sowie einem dokumentarischen Anhang. Nachdruck der Ausgabe von 1918. Kirchheim 1990: 110.

3 [Flach, Johannes]: Culturbilder aus Württemberg von einem Norddeutschen. Anon. Leipzig 1886. Reutlingen 1974: 105.

4 So der Titel einer Ausstellung der Staatsgalerie Stuttgart (Bildnisse 1760–1940 aus dem Besitz der Staatsgalerie Stuttgart) 1977. Unter demselben Titel erschien der Katalog, hrsg. von Arno Preiser.

5 Dargestellt bei Köhle-Hezinger, Christel/Aicher, Julian: Gesindebiographien. In: Heidrich, Hermann (Hrsg.): Biographieforschung. Gesammelte Aufsätze der Tagung des Fränkischen Freilandmuseums am 12. und 13. Oktober 1990. Bad Windsheim 1991: 135–141.

6 Birlinger, Anton: So sprechen die Schwaben. Sprichwörter, Redensarten, Reime. Berlin 1868. Nachdruck Stuttgart 1982: 33, 6.

7 Heinrichs, Hans-Jürgen (Hrsg.): Der Körper und seine Sprachen. Frankfurt/M. 1989: 2.

8 Jeggle, Utz: Kiebingen – eine Heimatgeschichte. Zum Prozeß der Zivilisation in einem schwäbischen Dorf. (= Untersuchungen des Ludwig-Uhland-Instituts der Universität Tübingen im Auftrag der Tübinger Vereinigung für Volkskunde, 44. Band). Tübingen 1977: 280.

9 Hillenbrand, Karl: Schwäbische Ofenwandplättchen. In: Der Museumsfreund. Heft 12/13, Schorndorf 1971: 70, 72.

10 Zit. in: Ingendahl, Gesa: „Daniel Pfisterers 'Orbis Pictus'. Bilder vom Frauen- und Männerleben im altwürttembergischen Dorf." (MA, LUI, Ms) Tübingen 1991: 70.

11 Windstoßer, Peter/Mertens, Sabine: Kunst im Detail. Die Kunst des Barock. Stuttgart 1985: 96f.

12 Windstoßer, Peter/Mertens, Sabine: Kunst im Detail. Die Kunst des Rokoko. Stuttgart 1986: 16.

13 Beeindruckend in der Literarisierung durch Hasler, Eveline: Der Riese im Baum. Roman. Zürich/Frauenfeld 1988: 1773 habe den 'Riesen' – Melchior Thut, gebürtig aus dem Kanton Glarus, 2,34 m groß – „Pfarrer Lavater aus Zürich ausmessen lassen." (ebd.: 18.)

14 Lichtenberg, Heinz Otto: „Unterhaltsame Baueraufklärung". Ein Kapitel Volksbildungsgeschichte (= Volksleben, Untersuchungen des Ludwig-Uhland-Instituts der Universität Tübingen, 26. Band). Tübingen 1970: 105. Das „dem Leib auf die Spur kommen" ist schwierig; anhand von Männer-Biographien in der Aufklärung versucht dies etwa Beutelspacher, Martin: Kultivierung bei lebendigem Leib. Alltägliche Körpererfahrungen in der Aufklärung. Weingarten 1986 – eine Spiegelung realer Körper-Alltags-Szenerien freilich, nicht von Körper-Prägungen, Selbstwahrnehmungen, Mentalitäten; nicht die Biographie des Wandels vom Leib zum Körper.

15 Stutz, Jakob: Siebenmal sieben Jahre aus meinem Leben. Als Beitrag zur näheren Kenntnis des Volkes. [1853] Nachdruck Frauenfeld 1983: 266.

16 Ebd.: 110f.

17 Wagner, Christian: Eigenbrötler. Kleine Geschichten aus meiner Jugendzeit (1915–1918). Kirchheim 1976: 12, 14.

18 Buck, Michel: Erinnerungen aus meiner Kindheit. [1922] Nachdruck Riedlingen 1981: 21.

19 Corbin, Alain: Pesthauch und Blütenduft. Eine Geschichte des Geruchs. Berlin 1984.

20 Vgl. Becker, Rudoph Zacharias: Noth- und Hülfsbüchlein für Bauersleute. [1788] Nachdruck, hrsg. von R. Siegert. Dortmund 1980 und Lichtenberg 1970 [wie Anm. 14].

21 Beispiele dazu bei Küenzlen, Walther: Vom Umgang mit schwarzen Schafen. Erlesenes aus alten Kirchenbüchern. Stuttgart 1986.

22 Becker 1788 [wie Anm. 20]: 161–165.

23 Hillenbrand 1971 [wie Anm. 9]: 76.

24 Frommer, Max: Vom Leben auf dem Lande. Isingen 1910. Stuttgart 1983: 174f.

25 Bidlingmaier 1918 [wie Anm. 2]: 125f.

26 Fél, Edit/Hofer Támás: Bäuerliche Denkweise in Wirtschaft und Haushalt. Eine ethnographische Untersuchung über das ungarische Dorf Átány. Göttingen 1972: 331f. Für Kiebingen im 18. und 19. Jahrhundert schildert Utz Jeggle 'Hygiene' als das, „was fehlt" in den Inventaren der Haushaltungen (Jeggle 1977: 139).

27 Schnapper-Arndt, Gottlieb: Nährikele. Eine sozialstatistisches Gemälde aus dem schwäbischen Volksleben. In: Ders.: Vorträge und Aufsätze. Tübingen 1906: 208.

28 Ebd.: 197.

29 Ebd.: 218.

30 Paulus, Philipp (Hrsg.): Beate Paulus, geborene Hahn oder Was eine Mutter kann. Eine selbst miterlebte Familiengeschichte. [1874] Stuttgart ⁷1921: 95, 118, 183.

31 Hahn, Philipp Matthäus: Die Kornwestheimer Tagebücher 1772–1777, hrsg. von Martin Brecht und Rudolf F. Paulus (= Texte zur Geschichte des Pietismus, Abt. VIII, Bd.1). Berlin/New York 1979: 294f. Siehe auch Köhle-Hezinger, Christel: Philipp Matthäus Hahn und die Frauen. In: Philipp Matthäus Hahn 1739–1790. Pfarrer, Astronom, Ingenieur, Unternehmer. Ausstellungen des Württ. Landesmuseums Stuttgart und der Städte Ostfildern, Albstadt, Kornwestheim, Leinfelden-Echterdingen. Teil 2: Aufsätze. Stuttgart 1989: 113–135.

32 Buck 1922 [wie Anm. 18]: 48.

33 Bidlingmaier 1918 [wie Anm. 2]: 110f. Zu den Materialien siehe: Bischoff-Luithlen, Angelika: Der Schwabe und sein Häs. Stuttgart 1982 und Köhle-Hezinger, Christel: „Reusten, Wifling, Zitz und Zeugle." In: Dies./Ziegler, Walter (Hrsgg.): Der glorreiche Lebenslauf unserer Fabrik. Zur Geschichte von Dorf und Baumwollspinnerei Kuchen (mit Beiträgen eines Projekts des Ludwig-Uhland-Instituts). Weißenhorn 1991: 25–34.

34 Buck, Michel: Medicinischer Volksglauben und Volksaberglauben aus Schwaben. Eine kulturgeschichtliche Skizze. Ravensburg 1865.

35 Höhn, Heinrich: Volksheilkunde I [= einziger Teil]. In: Bohnenberger, Karl/Eberhard, Adolf/Höhn, Heinrich/Kapff, Rudolff: Volkstümliche Überlieferungen in Württemberg. Glaube – Brauch – Heilkunde [1904] (= Forschungen und Berichte zur Volkskunde in Baden-Württemberg, Bd. 5) Stuttgart 1980: 221–319.

36 Martin Blümcke im Vorwort zu Griesinger, Carl Theodor: Schwäbische Arche Noah. Eine heitere Charakterkunde. Hrsgg. von Martin Blümcke [i.e. Silhouetten aus

Schwaben]. Stuttgart 1838. Nachdruck Stuttgart 1979: 14.
37 Etwa die Beachtung, die Griesinger dem „Schritt" beimißt. Der „Schritt", im übertragenen Sinne, spiegelt eine andere schwäbische Verhüllung. i.e. die „Dammgegend, wo die Beine zusammenlaufen", ferner „für Schoß, Genitalbereich" (siehe: Fischer, Hermann: Schwäbisches Wörterbuch. Bd. 3: Sp. 805 und Bd. 5: Sp. 1147). Zu „Gebaren der Frommen" siehe auch: Scharfe, Martin: Evangelische Andachtsbilder. Studien zur Intention und Funktion des Bildes in der Frömmigkeitsgeschichte vornehmlich des schwäbischen Raumes. (= Veröffentlichungen des Staatlichen Amtes für Denkmalpflege Stuttgart, Reihe C: Volkskunde, Bd. 5). Stuttgart 1968: 198–201.
38 Scharfe 1968 [wie Anm. 37]: 198–201.
39 Hahn 1979 [wie Anm. 31], und: Ders.: Echterdinger Tagebücher 1780–1790. Herausgegeben von Martin Brecht und Rudolf F. Paulus (= Texte zur Geschichte des Pietismus, Abt. VIII, Bd. II). Berlin/New York 1983. Siehe zu den hier angedeuteten Körper-Aspekten insbes. im Aufsatzband der Hahn-Ausstellung [wie Anm. 31] die Beiträge von Sabine Sander („'... ganz toll im Kopf und voller Blähungen ...' – Körper, Gesundheit und Krankheit in den Tagebüchern Philipp Matthäus Hahns.": 99–112.) und von Joachim Trautwein ("Philipp Matthäus Hahn – Psychologische und theologische Aspekte seines Lebens und Wirkens.": 137–154.
40 Baun, Friedrich: Das schwäbische Gemeinschaftsleben in Bildern und Beispielen gezeichnet. Ein Beitrag zur Geschichte des Pietismus. Stuttgart 1910: 164f.
41 Jeggle, Utz: „Lebensalter und Körpererleben." In: Imhof, Arthur E.: Der Mensch und sein Körper. Von der Antike bis heute. München 1983: 91.
42 So – als ein Beispiel - die Beschreibung des Oberamts Nürtingen 1848: 44. In der Fortschreibung der Oberamtsbeschreibungen über Jahrzehnte hinweg ist freilich ein zunehmendes Augenmerk auf 'Körperlichkeit' bemerkbar (freundlicher Hinweis von Gabriele Mentges).
43 So etwa: K. Statistisches Landesamt (Hrsg.): Das Königreich Württemberg. Eine Beschreibung nach Kreisen, Oberämtern und Gemeinden. Erster Bd., Allg. Teil und Neckarkreis. Stuttgart 1904: 60 (Kap.II: Das Volk. B. Körperliche Beschaffenheit. a) Körpergröße b) Militärtauglichkeit).
44 Rapp, Adolf: Die Ausbildung der württembergischen Eigenart. Archiv für Kulturgeschichte, Elfter Band. Leipzig/Berlin 1914: 196–240, hier: 197.
45 Dornheim, Jutta/Alber, Wolfgang: Ärztliche Fallberichte des 18. Jahrhunderts als volkskundliche Quelle. In: Zeitschrift für Volkskunde, 78. Jg. 1982, I. Halbjahresband: 28–43, hier: 42f.
46 Dornheim, Jutta: Kranksein im dörflichen Alltag. Soziokulturelle Aspekte des Umgangs mit Krebs. (= Untersuchungen des Ludwig-Uhland-Instituts der Universität Tübingen im Auftrag der Tübinger Vereinigung für Volkskunde, 57. Band). Tübingen 1983.
47 Siehe dazu Jeggle, Utz: „Im Schatten des Körpers. Vorüberlegungen zu einer Volkskunde der Körperlichkeit." In: Zeitschrift für Volkskunde. 76. Jg. 1980, II. Halbjahresband: 169–188, hier: 169. Für unser Thema wichtig ist die Arbeit von Foucault, Michel: Die Geburt der Klinik. Eine Archäologie des ärztlichen Blicks. [1963] Frankfurt/M. 1988.
48 Kriss-Rettenbeck, Ruth: „Am Leitfaden des weiblichen Leibes." In: Bayerische Blätter für Volkskunde 8/1981, Heft 3: 163–182.
49 Ebd.: 179.
50 Jeggle 1980 [wie Anm. 47]: 180.
51 Imhof, Arthur E.: Leib und Leben in der Geschichte der Neuzeit. Internationales Colloquium, Berlin 1981 (= Berliner historische Studien, Bd. 9, Einzelstudien/II). Berlin 1983: 30.
52 Ebd.: 4.
53 Ebd.: 10, 15, 17.
54 Braun, Karl: Andere Körper, noch keine Sexualität. Zur Hermeneutik vormoderner Anthropologie. Diss. [LUI] Tübingen 1991: 259, 264.
55 Honegger, Claudia: Die Ordnung der Geschlechter. Die Wissenschaft vom Menschen und das Weib 1750–1850. Frankfurt/New York 1991. Sie zitiert die „unvergleichlich schöne Hand" in der anatomischen Sammlung, die „auf die Schönheit des ganzen Körpers schließen läßt." (176) Auch C. Honegger verwendet 'Körper' im modernen, 'Leib' im vormodernen, ungeteilten Sinne *vor* der Sezierung in seine Teile und nach Geschlechtern (die „Leiber der Anatomen an den Seziertischen"; siehe etwa 181, 214).
56 Grimm, Jacob und Wilhelm: Deutsches Wörterbuch. 6. Band, Leipzig 1885: 580.
57 Fischer,1915 [wie Anm. 1]: 117f.
58 Handwörterbuch zur Rechtsgeschichte (HRG), II. Band. Berlin 1978: 1760–1763.
59 Ebd.: 1777–1779.
60 Schumm, Karl und Marianne (Hrsgg): Hohenlohische Dorfordnungen. Württembergische Rechtsquellen. Bd. 4 (= Veröffentlichungen der Kommission für geschichtliche Landeskunde in Baden-Württemberg; Reihe A, Quellen) Stuttgart 1985: 400 (Dorfordnung Ruppertshofen 1697). Zur „Ordnung der Dinge" (Foucault, Michel 1971) und des Lebens, d.h. des Besitzens und Vererbens siehe: Köhle-Hezinger, Christel: „Die Ordnung der Dinge und des Lebens. Anmerkung zu Dorfalltag und Dorfordnung." In: Ganzert, Christian (Hrsg.): Lebensräume. Vielfalt der Natur durch Agrikultur. Dokumentation einer Tagung in der Evangel. Akademie Bad Boll, Kornwestheim 1991: 19–28.
61 Bischoff-Luithlen, Angelika (Unter Mitarbeit von Christel Köhle-Hezinger): Von Amtsstuben, Backhäusern und Jahrmärkten. Ein Lese- und Nachschlagebuch zum Dorfalltag im alten Württemberg und Baden. Stuttgart 1979: 271f.
62 Hans Jänichen mündlich in einem seiner Seminare zur Wirtschaftsgeschichte des schwäbischen Dorfes.
63 Sauer, Paul: Im Namen des Königs. Strafgesetzgebung und Strafvollzug im Königreich Württemberg 1806 bis 1871: 13f.
64 Losch, Bernhard: Steinkreuze in Baden-Württemberg. Ein Inventar (= Forschungen und Berichte zur Volkskunde in Baden-Württemberg, Bd. 4). Stuttgart 1981, XII f.
65 Sauer [wie Anm. 63]: 14 f.
66 Ebd.: 22.
67 Ebd.: 15.
68 Pfarrarchiv Kiebingen B 24, Chronik I (1887, unpag.) s. dazu auch Jeggle 1977 [wie Anm. 8]: 223
69 Putzer Peter: Das Salzburger Scharfrichter Tagebuch (1757–1817). Salzburg 1985 (Klappentext).
70 Dülmen, Richard van: Das Schauspiel des Todes. Hinrichtungsrituale in der frühen Neuzeit. In: Ders./Schindler, Norbert: Volkskultur. Zur Wiederentdeckung des vergessenen Alltags (16.–20. Jahrhundert). Frankfurt/M. 1984: 203 und 245. Utz Jeggle spricht – für die absolutistische Rechtsvorstellung – davon, daß die Zerstückelung des Körpers auch Machtdemonstration des Souveräns gewesen sei (Ders.: Der Kopf des Körpers. Eine volkskundliche Anatomie. Weinheim 1986: 13).
71 1. Moses 22.
72 'Leib und Seele' als ein Dualismus findet sich – neben dem Christentum – in vielen anderen Religionen, in Hoch- wie Primitivkulturen. Siehe dazu – religionsgeschichtlich, philosophisch, anthropologisch – Die Religion in Geschichte und Gegenwart, IV. Band, Tübingen 1960: 286–290.
73 Bestattungsformel der Evangelischen Landeskirche in Württemberg, Ausgabe von 1908/Agende (Landeskirchliches Archiv Stuttgart; frdl. Hinweis von Eberhard Gutekunst, ebenso alle nachfolgenden Trauformeln).
74 Stuttgarter Biblisches Nachschlagewerk, Anhang zur Stuttgarter Jubiläumsbibel mit erklärenden Anmerkungen (Konkordanz). Stuttgart 1950: 345.
75 Einsegnungsformel 1742, Ausgabe von 1784 (Landeskirchliches Archiv Stuttgart).
76 Liturgie für die evangelische Kirche im Königreiche Württemberg 1809 (Landeskirchliches Archiv Stuttgart)
77 Trauungsformel für die Trauhandlung aus dem Jahre 1908 (Landeskirchliches Archiv).

78 Siehe dazu Köhle-Hezinger 1989 [wie Anm. 31]: 113–135.
79 Fischer, Immanuel: „Erinnerungen eines schwäbischen Landpfarrers." In: Schwäbische Heimat 4/1991: 361–367, hier 361.
80 So auch Bidlingmaier 1918 [wie Anm. 2].
81 Fischer [wie Anm. 79]: 365 f.
82 Siehe dazu Christel Köhle-Hezinger: „Religion in bäuerlichen Gemeinden – Wegbereiter der Industrialisierung?" In: Beiträge zur Volkskunde in Baden-Württemberg, Bd. 1, hrsg. von der Landesstelle für Volkskunde Freiburg, Stuttgart 1985: 193–208.
83 Trautwein, Joachim: Religiosität und Sozialstruktur. Untersucht anhand der Entwicklung des württembergischen Pietismus. Stuttgart 1972: 38f.
84 Bischoff-Luithlen, Angelika: „Andachtsliteratur im Bauernhaus – ihre Bedeutung einst und heute, am Beispiel des Dorfes Feldstetten, Krs. Münsingen." In: Württ. Jb.f.Vk. 6, 1965/69: 99–106.
85 Lehmann, Hartmut: Gemeinschaft im Glauben und im Alltag der württembergischen Pietisten des 18. Jahrhunderts. In: Blätter für württembergische Kirchengeschichte. 89. Jg. 1989. Stuttgart 1989: 188–201, hier 200f.
86 Ebd.: 190 f.
87 Ebd.: 194 f.
88 Ebd.: 196 f.
89 Franklin, Benjamin : Autobiographie (1707–1757). München 1983: 117.
90 Zit. nach Rottacker, Gustav: Arbeit ist ein großer Segen. Serenissimus Herzog Carl Eugen, ein Hohes Consistorium und der schwäbische Dorfpfarrer Friedrich Wilhelm Kohler. Stuttgart 1980: 166. Noch weiter gehen schwäbische Redensarten, etwa: „Der Ranze mueß g'schonde sei" als Zeichen positiver Wertschätzung von 'Plagen' (frdl. Hinweis von Gustav Schöck).
91 Siehe dazu die Dissertation von Scharfe, Martin: Evangelische Andachtsbilder. Studien zur Intention und Funktion des Bildes in der Frömmigkeitsgeschichte vornehmlich des schwäbischen Raumes. (= Veröffentlichungen des Staatlichen Amtes für Denkmalpflege Stuttgart, Reihe C: Volkskunde, Bd. 5) Stuttgart 1968. Einen sehr guten Einblick in den Stand dieser Diskussion gibt der Jahresband der Blätter für württ. Kirchengeschichte 1990 (90. Jg.) unter dem Thema „Bild und Bekenntnis" (siehe insbesondere die Beiträge von Reinhard Lieske und Martin Scharfe).
92 Mündlich berichtet von Hansmartin Decker-Hauff in seinen Vorlesungen zur württembergischen Geschichte Ende der 1960er Jahre (vgl. Württ. Kirchengeschichte, hrsg. vom Calwer Verlagsverein, Calw/Stuttgart 1893: 514). Siehe auch dazu Anm. 13.
93 Hahn, 1979 [wie Anm. 31]: 270.
94 Michel, Karl Markus: Gesichter. Physiognomische Streifzüge. Frankfurt/M. 1990: 61.
95 Ebd.: 67.
96 Bessler, Ulrike (Hrsg.): Die Kunst in der Liebe und Freundschaft eine glückliche Wahl zu treffen. Nachdruck der Ausgabe von 1816, mit einem Nachwort. Dortmund 1980: 110.
97 Eine kritische Auseinandersetzung mit der Wirkungsgeschichte Lavaters bot die Ausstellung: Gottes Ebenbild? Johann Caspar Lavater. Seine Physiognomik in ihrer Konzeption und Auswirkung. Eine Ausstellung der Stadt Zürich zum 250. Geburtstag von J.C. Lavater (2. Oktober 1991 bis 12. Januar 1992, mit Ausstellungszeitung).
98 Wolff, Eberhard: Gesundheitsverein und Medikalisierungsprozeß. Der Homöopathische Verein Heidenheim/Brenz zwischen 1886–1945. (= Studien & Materialien des Ludwig-Uhland-Institutes der Universität Tübingen im Auftrag der Tübinger Vereinigung für Volkskunde, Bd. 2). Tübingen 1989: 53f.
99 Linse, Ulrich: Barfüßige Propheten. Erlöser der zwanziger Jahre. Berlin 1983: bes. 82–96 („Stuttgart – Das Neue Jerusalem").
100 Trautwein 1972 [wie Anm. 83]: 45f.
101 Ebd.: 49–51.
102 Ebd.: 55.
103 Zit. in: Bischoff-Luithlen 1982 [wie Anm. 33]: 6.
104 Ebd.: 62.
105 Griesinger 1979 [wie Anm. 36].
106 Schnapper-Arndt 1906 [wie Anm. 27].
107 Jonski, Klaus: „Aus dem Leben der Schneidermeisterin Franziska Ege." In: BC – Heimatkundliche Blätter für den Kreis Biberach. 14. Jg., Heft 1, 1991: 47–50.
108 [wie Anm. 103]: 66.
109 Ebd.: 64.
110 Ebd.: 94.
111 Bidlingmaier 1918 [wie Anm. 2]: 110f.
112 Bischoff-Luithlen 1982 [wie Anm. 103]: 69–74.
113 Hasselhorn, Martin: Der altwürttembergische Pfarrstand im 18. Jahrhundert. Stuttgart 1958: 111.
114 Trautwein 1972 [wie Anm. 83]: 11 und 16–21.
115 Ebd.: 23f.
116 Beispiele dafür finden sich im Museum für Volkskultur in Württemberg, Schloß Waldenbuch.
117 Siehe dazu etwa die Arbeiten von Bringemeier, Martha: Die Abendmahlskleidung der Frauen und Mädchen in der Schaumburger und Mindener Tracht. In: RhwZsfVk 1/1954: 65–90 (ähnlich über Brautkleidung, 1978).
118 Keller, Franz: Jugenderinnerungen aus Thalheim (Hohenzollern 1943), Stuttgart/Inzigkofen 1991: 22f.
119 Bischoff-Luithlen 1982 [wie Anm. 33]: 9.
120 Ebd.: 36–38 und 39–41.
121 Vgl.ebd.: 116–118 und 131 sowie Bidlingmaier 1918 [wie Anm. 2]: 107–123.
122 Museale Ankleidungsübungen der Projektteilnehmerinnen wirkten im Blick auf diese Frage sehr erhellend. In den Waldenbucher Depots des Museums für Volkskultur in Württemberg veranstalteten wir am Ende einer Inventarisierungsübung eine 'Bleyle-Modeschau'. Was wir aus der Sammlung ausgewählt hatten und nun am eigenen Leibe probierten, photographierten, war für alle Beteiligten eine unerwartete Überraschung. Die Kleider – 'historische' aus den zwanziger und dreißiger Jahren dieses Jahrhunderts, keine 'Trachten' – lagen am Körper an wie Futterale, betonten Körperformen extrem und ließen selbst die Dünnsten unter uns nur schwer atmen. Alle Taillen waren sehr hoch geschnitten, das heißt auch das kleinste Bäuchlein verriet sich darunter in seiner Kontur.
123 Braun 1991 [wie Anm. 54]: 259.
124 Bischoff-Luithlen 1982 [wie Anm. 33]: 95.
125 Ebd.: 101.
126 Ebd.: 108.
127 Ebd.: 108. Siehe dazu auch Köhle-Hezinger/Ziegler 1991 [wie Anm. 33].
128 Scharfe, Martin: Protestantismus und Industrialisierung im Königreich Württemberg. Forschung und Berichte zur Volkskunde in Baden-Württemberg 1974–1977, hrsg. von Inge Hampp und Peter Assion (= Forschungen und Berichte zur Volkskunde in Baden-Württemberg, Band III). Stuttgart 1977: 149–162: hier 156f.
129 Siehe dazu den Ausstellungskatalog: Flick-Werk. Reparieren und Umnutzen in der Alltagskultur. Begleitheft zur Ausstellung im Württembergischen Landesmuseum Stuttgart. Stuttgart 1983.
130 Kittel, Andrea: Freizeit zwischen Wirtshaus und Verein. In: Köhle-Hezinger/Ziegler 1991 [wie Anm. 33]: 283–294
131 Fischer, Hermann: Schwäbisches Wörterbuch, Vierter Band, Tübingen 1914: Sp. 1606f.
132 Zit. nach Kittel 1991 [wie Anm. 130]: 288
133 Horkheimer, Max/Adorno, Theodor W.: Dialektik der Aufklärung. Philosophische Fragmente. [1947] Hamburg–Berlin–Havanna o.J.: 276f. Diesen Hinweis verdanke ich Gabriele Mentges (siehe ebd.: 276–281).
134 Ebd.: 279f.
135 Kittel, Andrea: ‚'Das Verschwinden des Elends.' Spital, Arbeitshaus und Krankenhaus: Stationen zur Trennung von Armut und Krankheit im 18. und 19. Jahrhundert." (MA, LUI, Ms) Tübingen 1990.
136 Corbin 1984 [wie Anm. 19].
137 Zit. in: Kittel 1990 [wie Anm. 135]: 4.

Gaby Mentges

Der vermessene Körper

"'Moment', sagt Parker. ,Was hältst du davon? Schuhgröße 45 hat eine Verabredung mit Cathcart – sagen wir, um ihn zu erpressen ... Er kommt hierher, um seine Verabredung einzuhalten. Während er auf Schuhgröße 45 wartet, geht er auf und ab. Schuhgröße 45 kommt und verhandelt mit Carthcart. Carthcart bietet ihm Geld an. Schuhgröße 45 will mehr. Carthcart sagt, daß er so viel wirklich nicht hat. Daraufhin sagt Schuhgröße 45, daß er die Bombe platzen lassen will ... Schuhgröße 45 muß ungewöhnlich groß, kräftig und gelenkig sein.'"[1]
Der Besitzer der Schuhgröße 45 wird schließlich identifiziert. (Neugierigen sei hier verraten, er ist nicht der Mörder).

Hinter der abstrakten Zahl 45 verbirgt sich eine männliche Person, die, wie beschrieben, groß und kräftig ausschaut, Rückschlüsse, die sich aus seiner bloßen Schuhgröße ermitteln lassen und die es neben anderen Kennzeichen schließlich ermöglichen, die gesuchte Person festzustellen. Die Größe des Fußes bzw. des ihn einkleidenden Schuhs gerät in dieser Kriminalgeschichte zum entscheidenden verräterischen Indiz.

In dem kleinen roten Notizbuch einer Störschneiderin aus Oberschwaben findet sich säuberlich mit Bleistift notiert: „Frau Hund: Vorderl. 45–11/ Rücken 38–108/ Rückenbr. 38/ Achsel 14/ Oberw. 104/ Bund 76/ Armel 43–30." Registriert sind ähnliche Maße für „Frl. Anelore" und andere, die das kleine Büchlein füllen.[2] Die so beschriebenen oberschwäbischen Landfrauen – sie gehörten einst zum festen Kundinnenstamm der Schneiderin – lassen sich hier in ihrer Körperlichkeit zumindest erahnen.

Größe des Schuhes, Größe der Kleidung sind für uns heute Selbstverständlichkeiten: Als kleine, unscheinbare Etiketten werden sie unhinterfragt hingenommen, gehören sie zur inneren Anatomie eines jeden Kleidungsstücks. Ab einer gewissen Größe freilich wird ihre Gegenwart peinlich registriert: Erinnern sie doch an aktuelle ungewollte körperliche Fülle und Weite oder einfach an als unpassend empfundene Übergröße.

Tatsächlich verbirgt sich hinter diesen unauffällig angebrachten Ziffern die Geschichte der körperlichen Vermaßung. Sie war die unabdingbare Voraussetzung für die Standardisierung der Kleidungsgrößen, notwendig wiederum für die Herstellung der Fertigkleider, der Konfektionskleider, der „prêt à porter"-Kleidung, wie es die Entsprechung in der französischen Sprache unmißverständlich widergibt.

Der Krieg: der Vater aller Dinge?

Uniformschneider der preußischen Armee haben im 18. Jahrhundert als erste für die große Materialnachfrage des Heeres Grundgrößen auf empirischer Basis entwickelt. Im Gegensatz zu den buntgewürfelten Söldnerscharen des 16. und 17. Jahrhunderts handelte es sich seit der Herrschaft Friedrich Wilhelm I. von Preußen (1688–1740) um ein stehendes Berufsheer, für das eine Uniformierung der Kleidung erforderlich wurde.[3] Angesichts der großen Anzahl der Soldaten war an ein genaues Maßnehmen nicht zu denken: Standardgrößen zwangen sich daher geradezu auf. Dabei gingen die Schneider von vier „Normalgrößen" aus, die sie in den jeweiligen vierreihigen Rotten eines Regimentes vorfanden. „Die größten Soldaten standen in der ersten Reihe (...), die nächstgrößeren kamen ins letzte Glied, so daß für die dritte Reihe die kleinen Leute übrig blieben."[4]

Erleichtert wurde die Festlegung auf diese beschränkte Anzahl von Größengruppen durch das Auswahlverfahren bei der Erhebung: Nur Rekruten von einer bestimmten Größe an wurden für den Heeresdienst zugelassen; sog. Bauchgrößen fanden sich allenfalls bei den älteren Offizieren, nie bei den gemeinen Soldaten.[5]

Ausgehend von diesen Grundmodellen menschlicher Körperlängen erarbeiteten die Schneider ein System für eine massenhafte und serielle Herstellung von Kleidungsstücken mit dem erwünschten sparsamen Zuschnitt. Dabei gingen sie von ähnlichen Bedingungen aus, wie sie sich heute bei der modernen Bedarfsgestaltung finden: Massenbedarf und die Notwendigkeit einer rationellen, preiswerten Arbeitsweise bei der Kleidungsherstellung.

So nahmen die absolustischen Heere in ihrer überschaubar gegliederten Ordnung und ihrem von oben geregeltem Bedarf – Kleidungstypen und -materialien wurden vom König bzw. der Armeeleitung vorgeschrieben – die moderne Massengesellschaft vorweg, und sie wiesen innovative Wege für eine planvolle Bedarfsgestaltung. Die Einführung der Trikotwäsche im württembergischen Heer[6] liefert dafür ein vordergründiges Beispiel. Hintergründiger sind jedoch jene Verweise aufs Militärische, die darin Vorbildcharakter für lebenspraktische Dinge sehen wie der in diesem Buch ausführlich behandelte Lebensreformer Gustav Jaeger.

Die Armee also als Vorbild und Wegweiser in die Moderne? Uniformierung als eine Variante der Konfektion – oder die Konfektion als Uniformierung?[7]

Nadel, Zwirn, Schere

Mit der Idee des Zuschneidens auf der Basis empirisch gewonnener Körpermaße hatte sich die Schneiderzunft schon seit dem ausgehenden Mittelalter auseinandergesetzt. Das korrekte Zuschneiden der einzelnen Kleidungsteile gehörte zum ABC jedes Schneidermeisters, der seine Zuschnittkünste oft als Zunftgeheimnis hütete. Gedruckte Zuschnittbücher in deutscher Sprache aber waren noch vor dem 18. Jahrhundert unbekannt.[8] Die Schere diente dabei als unentbehrliches Zuschneideinstrument, galt der sparsame Umgang mit dem Stoff auch zu jener Zeit als oberstes Gebot.

Zusammen mit Nadel und Zwirn gehörte die Schere zu den üblichen Emblemen der Schneiderzunft. Die in der Regel einfachen und groben Schnittmuster beruhten auf dem Erfahrungswissen der jeweiligen Schneidermeister und waren von vorneherein nicht für einen allgemeinen Wissenstransfer gedacht.[9] Mit den auch für geometrische Zwecke bestimmten Instrumenten Zirkel und Lineal – über Jahrhunderte hinweg unentbehrliche Werkzeuge selbst in der Architektur – entwarfen sie, ausgehend von den Vorgaben der Kleiderordnungen, ihre Schnittformen;[10] zwar nahmen diese kaum auf die einzelnen Körpermaße Rücksicht und wurden nachträglich den besonderen Maßen des Kunden angepaßt, sie dokumentieren jedoch bereits die Bemühung, vom menschlichen Körper zu abstrahieren, ihn in erdachte Schnitte einzubinden oder, anders formuliert, für ihn eine eigene Körperarchitektur zu entwerfen.

Als wichtigste Maßeinheit diente die Elle als ein noch weitgehend individuell bestimmtes Maß; sie entsprach der Länge des Unterarms. Abhängig dazu noch von den regional regulierten

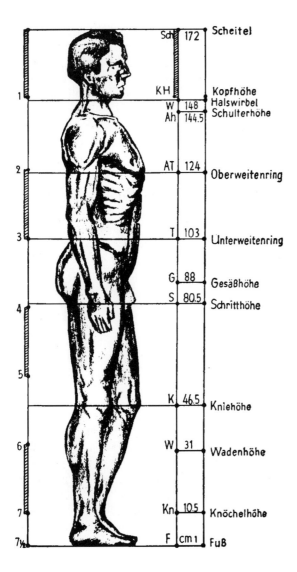

Normen, konnte mit ihr kein gültiges, übergreifendes Maßsystem ausgearbeitet werden.

Als „Naturmaß" war sie, dem „Fuß" vergleichbar, dem damals üblichen Längenmaß, ein auf den Leib zugeschnittenes Maß, von den menschlichen Sinnesorganen noch unmittelbar nachvollziehbar und noch nicht ein abstraktes, vom Kopf gesetztes Maß wie später der „Meter"; dieser wurde 1795 fast gleichzeitig mit dem Ausbruch der Französischen Revolution als verbindliche, universelle Größeneinheit eingesetzt.

Die anfänglich groben, einfachen Schnittmuster mit wenig Möglichkeiten zur Stilvariation verfeinerten sich im Laufe der Jahrhunderte und machten zunehmend eine Modellierung des Körpers und seiner Teile möglich. Noch im 16. Jahrhundert kannte man lediglich Längen und Weiten, die in der ganzen vorderen und hinteren Länge bestanden und demnach nur eine begrenzte Art von Kleiderformen möglich machten. Der Schnitt selbst wurde dann aus dem Kreis oder Halbkreis entwickelt, die Weiten wie Halsausschnitt, Ärmelloch wurden persönlich dem Kunden abgenommen, die Schnitte dann auf den Stoff übertragen.[11]

Seit dem 17. Jahrhundert bemühten sich die Schneider um Schnittvereinheitlichungen; jedoch erst im 18. Jahrhundert gelangen brauchbare Schnittentwürfe. Als das „Zeitalter des Zuschnitts" bezeichnet es daher die englische Kostümhistorikerin Evelyn Waugh. Im folgenden 19. Jahrhundert ging es hauptsächlich um die „concentration on fit"[12], den tadellos sitzenden Anzug nach persönlichem Maß.

Nicht nur am menschlichen Körper aber wurde Maß genommen. Auch die Erde versuchte man im 18. Jahrhundert durch Vermessung zu erkunden. Eine vorläufige brauchbare Methode, die später selbst beim menschlichen Körper Anwendung fand, bot die Triangulierung, die Zerlegung in Dreiecke, um die Erdoberfläche in Maßeinheiten einzuteilen.[13] Mit der Festlegung des Meters schließlich gab es eine universell gültige Maßnorm.[14] Sie stellte den Menschen bzw. seinen Körper und die Erdentfernungen in ein gleiches Bezugssystem, lieferte damit die entscheidende Voraussetzung, das Verhältnis von (Körper) Raum, Zeit und Bewegung aufeinander abzustimmen. Die Erdentfernungen konnten zunehmend in Zeiteinheiten berechnet werden – wie zum Beispiel Kilometerzahlen in Stundeneinheiten und umgekehrt – und die Arbeit am Kleid, die ja die Arbeit am Körper bereits voraussetzt, ließ sich in numerische Größenordnungen von Zeit und Raum gliedern. Zumindest gedanklich war nun die maschinelle Konstruktion der Kleidung vorstellbar. Die „Vermessung der Seele" später durch die Psychoanalyse war dann nur ein weiterer folgerichtiger Schritt bei der Erkundung des Menschen.

Die ländliche Regionalkleidung des 19. Jahrhunderts jedoch hat sich dieser Art der Gleichmacherei verweigert, hat an ständisch-feudalen Repräsentationsprinzipien festgehalten und stattdessen vielfach noch die grobe Art des Zuschnitts bewahrt: Die genommenen Maße bezogen sich nicht auf den Körper, sondern auf die zu verwendende Stoffmenge. So richtet sich zum Beispiel das Grundmaß für den Hemdschnitt nach der Breite der Leinwandbahn. Anpassung an körperliche Unterschiede erreichte man – wie früher bereits – durch die Faltenlegung.[15]

Einen „Arsch voll Röck" hieß es kurzerhand in der hessischen Schwalm, um die entsprechende Röcke-Ausstattung in Auftrag zu geben. Hier verrät sich noch die pralle Sinnlichkeit des mit den bloßen Augen genommenen Maßes.[16]

Die Kunst des Zuschneidens charakterisiert die Schneiderzunft, das zugeschnittene Kleid den Kleidungstypus in der europäisch-westlichen Welt. Ihm stellt André Leroi-Gourhan die gewikkelte Kleidung gegenüber, „le vêtement drapé": Beide stehen für zwei grundsätzliche kulturelle Formen der Bekleidung.[17] Im zugeschnittenen Kleid finden sich festgelegte, nicht mehr reversible Verschlüsse bzw. Öffnungen, die das Verhältnis von Körper und Kleidung in bestimmter Weise prägen.

Seit ungefähr dem 11. Jahrhundert läßt sich in der westlich-europäischen Kleidungskultur die Tendenz hin zu einem stärkeren Zuschnitt der Kleidung beobachten; die traditionelle, vom römisch-byzantinischen Imperium übernommene Tunikaform wird aufgegeben. An ihre Stelle tritt die stärker auf den Körper bezogene Kleidung. Bereits seit Mitte des 14. Jahrhunderts beherrschten die Gewandschneider die Kunst, einzelne Körperteile durch den Zuschnitt herauszuheben mit den einfachen Mittel der Verengung, Erweiterung, der Verhüllung und Entblößung.[18]

Mit der Spätgotik und der Frührenaissance wird die geschlechtsspezifische Modellierung einzelner Körperteile endgültig und vollzieht sich eine bis fast heute gültige Aufspaltung in zwei Kleidungsstile: die Frauen tragen die Beine bedeckende Röcke und betonen ihren Oberkörper (Brust, Dekolleté, Rücken usw.), die Männer hingegen modellieren in auffälliger Weise ihre Beine und ihren Unterkörper. Der Körper selbst wird dabei auf spezische Weise verschlossen, zuerst mit Hilfe von Nesteln (Schleifen), Schnüren, Knöpfen und heute, im Zeitalter mechanischer Abläufe, mit dem Reißverschluß.[19] Verschlußformen entwickeln sich dabei zu Dekorformen, vielmehr noch zu erotisierenden Stimuli: das Öffnen und Verschließen gehört zu den festen gesellschaftlichen Ritualen der Körpererotik. Man denke an die Illustrationen über das mühselige, zugleich geheimnisvolle Aufschließen des Korsetts im 19. Jahrhundert und später an die Filme der 1950er Jahre mit ihrer eigentümlicher Reißverschlußerotik und -symbolik wie etwa dem Film „Goldfisch an der Leine" von Howard Hawks, in dem der schwierige Umgang mit dem Reißverschluß die erotische „Verhakung" vorwegnimmt, und Held und Heldin unfreiwillig (zuerst noch) körpernah zusammenbringt.

Der Körper wird verschlossen, eingeschlossen und damit auf ein gewünschtes Bewegungsfeld eingeengt. Die steifen, geometrischen Formen der Spanischen Tracht des 16. und 17. Jahrhunderts machen diese Zurichtung des Körpers überdeutlich: Gerade, steife Haltung wird durch Korsetts durchgesetzt, der Kopf mit Hilfe von starren Halskrausen würdevoll erhoben getragen. In der wilhelminischen Zeit brachte der „Vatermörder" den männlichen Kopf in die rechte Haltung. Eng beschnittene Ärmellöcher, knapp zugeschnittene Halsausschnitte, hautumspannende Ärmel: Sie zwicken, zwacken und haben alle nur den Zweck, Körpersprache und Körperhabitus einzuüben, das Kommunikationsfeld der Bewegungssprache zu definieren und die neue soziale Distanz einzuüben. Denn das Verschließen des Körpers ist ebenso symbolisch zu verstehen: als ein auf Abstand gehen gegenüber dem/der Anderen durch das Abdecken des Körpers, durch das Bemessen der Bewegungsräume und durch das Abschirmen körperlicher Vorgänge; lediglich das lange Zeit noch übliche, hinten offene Kleinkindkleid läßt den Blick zu auf primäre körperliche Verrichtungen, erinnert an eine „Vorstufe" des zivilisierten Menschen.

So werden die Schneider zu Modelleuren des neuen Erscheinungsbildes und der neuen, die Distanz ausdrückenden Körperlichkeit. Entsprechend werden mit der Zeit die Zuschnitte komplizierter: Es werden Paßformen, Zwickel entwickelt, um die Unebenheiten der Körpers zu beheben. Dies jedoch setzt ein gründliches Studium des menschlichen Körpers voraus, bevor mit dem „Maßnehmen" begonnen werden kann.

Maß und messen ...

Maß – mit diesem Begriff lassen sich leicht weitere assoziieren und an viele Konnotationen anknüpfen: Maß, messen, vermessen, angemessen, Maßstab, Maßlosigkeit, Mittelmaß, Maßregel usw.

Das Wort messen trägt dabei so widersprüchliche Bedeutungen wie korrektes Bestimmen, sich irren oder unbotmäßiges Aufbegehren[20] – diesen ambivalenten Sinn hat es bis heute bewahrt.

Im mittelalterlichen Wort „mâsze" steckt der fast transzendentale Sinn der Ausgeglichenheit – der zur gleichen Zeit in der gotischen Architektur verwendetete Begriff „Maßwerk" umfaßt einen ähnlichen Sinn: den der ausgewogenen Beziehungen aller Teile im Verständnis der Proportionsarchitektur. Auch die im Mittelalter üblichen Kleiderordnungen sind noch nicht reduziert auf Stoffordnungen wie in den folgenden Jahrhunderten in der Frühen Neuzeit. Ihre Ächtung der Hoffart – so der bei ihnen verwendete Schlüsselbegriff – kennzeichnet die „maßlosen" Überschreitungen ständischer Sittlichkeitsregelungen, die sich in der Kleidung visualisieren.

Sie folgen noch ganz dem mittelalterlichen Denken, den Einzelnen als Teil der in Gott gegründeten, gesellschaftlichen Hierarchie zu betrachten und sich in der Demut des Standes zu üben, eben nicht „vermessen" zu sein.

Gegen Ende des Mittelalters werden alte Weltbilder aufgebrochen, löst sich die Naturwissenschaft von der Bevormundung durch die Kirche, neue Philosophien werden rezipiert. Das platonische und damit das sokratische Denken werden neu entdeckt, sie relativieren das aristotelische Denken. Das Wort Maß durchdringt allmählich ein neuer Sinn. Es wird brauchbar gemacht für die sich entwickelnde bürgerliche Handelsgesellschaft mit ihren weit verflochtenen Märkten, die abstrakte Tauschbeziehungen voraussetzen und ehemals persönliche Bindungen in allgemeine Verhältnisse umwandeln. Nicht mehr das bloße persönliche Vertrauen, die nahe Kenntnis der Person zählen, sondern der abstrakte, allgemein akzeptierte Zahlbegriff.[21] Zu diesem Zeitpunkt wird der Begriff Maß nun auf seine bloße numerisch-materielle Bestimmung reduziert.

In diesem umfassenden und vorausschauenden Sinne läßt Platon seinen Lehrer Sokrates auf die Bedeutung des Messens reflektieren:

„Ein Gegenstand erscheint uns nicht gleich groß, wenn wir ihn in der Nähe und wenn wir ihn in der Ferne sehen. Und erscheint uns nur gerade, wenn wir ihn außerhalb des Wassers, und gekrümmt, wenn wir ihn im Wasser sehen. Wir sind solchen Sinnestäuschungen ausgesetzt. Das beste Mittel dagegen ist das Messen, Zählen und Wägen. Dadurch wird die Herrschaft der Sinne über uns beseitigt. Wir richten uns nicht mehr nach dem sinnlichen Eindruck der Größe, der Zahl, des Gewichts der Gegenstände, sondern berechnen, messen, wägen sie. Das ist die Sache der Denkkraft in uns."[22]

Unter dem perspektivisch-distanzierenden Blick des Schätzens, des Abwägens fingen nun auch die Künstler an, sich mit dem menschlichen Körper zu befassen. Albrecht Dürer und Leonardo da Vinci (15. Jahrhundert) widmeten sich bereits in ihrer Proportionslehre dem Studium einer Vermessung des Körpers. Allerdings sahen sie den menschlichen Körper nicht allein unter dem Gesichtspunkt einer vollständigen quantitativen Erfassung seiner Teile, sondern näherten sich ihm unter einem gesamtanthropologischen Blickwinkel. Durch die Erkundung des Äußeren erhofften sie sich Rückschlüsse auf das Innere des Menschen.[23] Jedoch selbst wenn sie noch von einem fundamentalen humanistischen Interesse am Menschen geleitet sind, üben sie sich in der visuellen Zerlegung des menschlichen Körpers, wobei bei ihnen im Hintergrund die Idee vom Idealmaß des Menschen steht. Daran werden die realen Körper gemessen.

Aus diesen künstlerischen Vorstudien ziehen später auch die Schneider praktischen Gewinn. Pierre Roudel versuchte zum Beispiel als einer der ersten im Jahr 1877, den menschlichen Körper nach Art der Bildhauer auszupunkten. Er entwickelte dazu ein praktisch-technisches Instrument, den „Conformateur",

„d.h. eine aus Gummi gemachte Jacke, an welcher vertikale und horizontale Streifen, die sich nach Bedarf ausziehen ließen, gemacht waren und die der zu Messende anzog"[24].

Auf diese Weise entdeckte er, daß alle körperlichen Längen und Breiten des Menschen proportionalen Regeln folgten.[25]

Das ganze 19. Jahrhundert ist gekennzeichnet von zahlreichen Versuchen der Schneider, probate Verfahren zur korrekten, praktischen Vermessung auszuarbeiten und den menschlichen Körper numerisch zu erschließen – so mit Hilfe von Quadratierungen, anhand von Dreiecken, der sog. trigonometrischen oder triangulären Methode, und mittels der später erfolgreicheren Proportional- oder Reduktionsmethode.[26] Das Zentimetermaß, das um 1830 die bisher übliche Messung mittels Papierstreifen ablöste, erleichterte erheblich die neue Zuschnittkunst.[27]

„Der Kopf des Körpers"[28]

Grundlegende Einheit für die bis heute geltenden Maßsysteme ist der Kopf. Auch bei den Künstlern, Malern wie Bildhauern bildete die Kopflänge den Maßstab, um die Längen- und Breitenverhältnisse der Körpers zu ermitteln. Die Kopflänge wird mit dem Proportionalmaß kombiniert: „Man rechnet gewöhnlich die Länge des menschlichen Körpers zu 7 $\frac{1}{2}$ Kopflängen."[29]

In der Anwendung auf den Zuschnitt sieht dies so aus:

„Den obersten Abschnitt bildet der Kopf selbst, der zweite Abschnitt reicht vom Kinn bis an die Brustwarzen. Der dritte von den Brustwarzen bis zum Nabel, der vierte vom Nabel bis zu den Geschlechtsteilen. Der fünfte Abschnitt schneidet die Mitte der Oberschenkel, der sechste das Knie. Der siebente Abschnitt reicht vom Knie bis zur Mitte des Unterschenkels und der achte von dort bis zur Fußsohle."[30]

Der Kopf als Ausgangspunkt, als die Maßeinheit hat hier eine doppelte Bedeutung: Vom Kopf her wird der Körper konzipiert – er begrenzt und krönt ihn gleichzeitig, im äußerlichen wie im symbolischen Sinne. Er dient als praktisch-körperliche Meßlänge, wird also instrumentell eingesetzt.

„Prioritätssetzungen in Bezug auf den menschlichen Körper", sagt Utz Jeggle, sind „Ausdruck von kulturspezifischen Werthierarchien, so daß man sagen kann, der Körper und seine Glieder sind nicht nur Medien, um sich die Welt anzueignen, sondern bieten auch die Möglichkeit, Weltbilder auszudrücken."[31]

Hier hat sich das Vernunftzeitalter auch „körperlich" durchgesetzt: Der Kopf ist der Sitz der Vernunft und des Willens – sie werden mit ihm zum eigentlichen Maßstab, so wie es einst Sokrates gefordert hatte. Hier bildet sich der moderne Körperbegriff aus, bei dem der früher einheitliche Leib aufgespalten wird in Kopf und Körper. Der Kopf-Arbeiter der modernen Dienstleistungsgesellschaft läßt sich hier erahnen, die künftige Hierarchie zwischen Kopf- und Handarbeiter ist bereits vorgezeichnet.

Die physiognomischen Studien von Lavater gegen Ende des 18. Jahrhunderts – Lavater setzt dabei gleichfalls seine Hoffnungen auf die mathematische Berechenbarkeit³² – und die kriminalistische Pathologie des 19. Jahrhunderts machten einen ähnlich intensiven Gebrauch vom Kopf: Lieferte für Lavater die Silhouette einen Einblick in den Charakter – die Silhouette wird auch später in der Modesprache zu einem beherrschenden Begriff –, war also die Gesamtgestalt des Kopfes noch sprechendes Indiz, so sollten später Messungen des Schädels, dort wo man den Sitz der Intelligenz annahm, Auskunft über kriminelle Täterschaft ergeben und menschliche Typenreihen festschreiben helfen³³: Der Kopf wird zum Maßstab für „Typen"(-Charakter).

Mensch nach Maß: gerade, aufrecht, geneigt

Mit dem Kopf als Maßstaß ändert sich auch das körperliche Schönheitsideal. Wenn ein Moderatgeber aus den 1950er Jahren ohne weiteres behauptet, daß die Mode „bei aller Vorliebe für weiblich gefällige Formen der hochgewachsenen, schlanken Frau den Vorzug gäbe"³⁴, so läßt sich dies nicht auf die Zeit vor dem 19. Jahrhundert übertragen. Bereits R. Helm stellte bei seiner Untersuchung der Männertrachten fest, daß die Änderung der Kleidungsformen – Höherrücken der Taille, also die kleidungsoptische Verlagerung ihres natürlichen Sitzes – um 1800 auch die Hinwendung zu einem neuen Körpertypus implizierte: Der untersetzte Körper mit der Vorherrschaft des Rumpfes galt als passé; vorbildhaft war nun der langgliedrige, hochgebaute Körper mit breiten Schultern, schmalen Hüften, kleinem Kopf und kleinem Rumpf.³⁵ Die preußische Armee mit ihrer ausschließlichen Bevorzugung großgewachsener, schlanker Männer hatte diese Entwicklung schon eingeleitet. Die Mannequins von heute haben ebenso diesem Modeideal zu entsprechen. Verbunden mit diesem neuen Körperstil ist die straffe Haltung, der aufrechte Gang.

Das Aufrichten der Körpers, „le redressement du corps" (G. Vigarello) war seit Beginn der Frühen Neuzeit Gegenstand von Erziehungsübungen schriftlicher und körperlicher Natur. Mit Hilfe von Korsetts, in der spanischen Tracht zusätzlich verstärkt durch das Tragen von Bleiplatten, sollte der höfische Mensch zu einer bestimmten Körpersprache erzogen werden. Zum zentralen Thema der Physiologie avanciert die aufrechte Haltung jedoch erst gegen Ende des 18. und Anfang des 19. Jahrhunderts. Sie wird hier nicht mehr – wie noch vorher – in ihrem moralischen und bildlichen Sinn begriffen, sondern ausschließlich auf körperliche Funktionalität bezogen. Sie kennzeichnet Dynamik und Bewegungsdrang und wird in dieser Eigenschaft zum charakteristischen ikonographischen Zeichen des bürgerlichen Körperbildes.³⁶

„Da nunmehro mir schriftlich die Angelobung machest, schön und fleißig zu schreiben und perfect rechnen lernen, so will ich dann mir auch darauf verlaßen, mit Bitte es ebenfalls dahin zu bringen, wie andere Menschen aufrecht zu gehen, damit Du keinen runden Rücken bekommst, welches abscheulich aussieht. Die schöne Stellung am Schreibpult wie im gemeinen Leben ist gleich nöthig. denn wenn man in den Speise-Sählen einen so danieder gebükten gewahr wird, nimt man ihn für einen verkleideten Schuster oder Schneider."³⁷

Diese Mahnung von Vater Schopenhauer an seinen Sohn Arthur wurde nicht befolgt, wie man heute weiß. Doch sie bringt bürgerliche Ästhetik und Klassenhabitus zum Ausdruck. Zwar schätzten die Bürger der Aufklärung keineswegs adligen Müßiggang und adlige Trägheit, sie predigten statt ihrer die natürliche und tätige Lebensweise. Sie meinten dabei freilich nicht den bloß körperlich Tätigen, den Schuster, den Handwerker oder gar den Arbeiter, sondern den vom eigenen Willen, vom Kopf her – um im Bild zu bleiben – geleiteten Menschen bzw. menschlichen Körper. Die aufrechte, die hochgereckte Haltung ist Ausdruck des Willens und der Herrschaft, des Sieges. Auf diesen letzteren Aspekt vor allem hat die nationalsozialistische „Körperarchitektur" Wert gelegt und diese Haltung gerade bei Frauenskulpturen künstlerisch überhöht und verklärt.³⁸ Die Herrschaft über den Körper, die körperliche Ertüchtigung wird zum Selbstzweck. Sie geschieht nicht mehr im Hinblick auf körperliche Tätigkeit.

Die Kleidermode – vor allem die der Frauen in den 1920er Jahren – versuchte, diesem Ideal in besondererer Weise zu entsprechen: durch geometrisch-gestylte Formen und eine klare vertikale Linienführung. Noch an den Bleyle-Frauenkleidern aus den nachfolgenden 1930er Jahren läßt sich diese Stilisierung ablesen³⁹: Es ist die vertikale Linie, die obsiegt.

Die bäuerlich gebeugte Haltung, gebückt zur Erde hin, gehört zur Körpersprache der vergangenen feudalen Gesellschaft. Sie, „der Schaffkörper"⁴⁰, ist das ikonographische Zeichen agrarischer Gesellschaften.⁴¹

Die aufrechte Haltung hängt ab vom Wuchs der Wirbelsäule. Auf sie und den Knochenbau – letzterer bestimmt den Grad der Beweglichkeit – ist das Hauptaugenmerk der Schneider gerichtet. Die Haltung müsse straff sein, vermerkt schon Helm für die Wuchsformen der preußischen Soldaten. Und ein gerader Wuchs galt als Parameter für den Idealkörper bzw. für den Grad der Abweichungen. In seiner „Anleitung den menschlichen Körper, besonders den weiblichen, seinen verschiedenen Abweichungen gemäß, zu kleiden und zu verschönern" aus dem Jahre 1820 stellt der „Frauenkleidermacher" J.S. Bernhardt den geraden Wuchs an erster Stelle einer „Abtheilung" zur Charakterisierung des menschlichen Körpers:

> „Unter einem gut gewachsenen weiblichen Körper, er sey groß oder klein, verstehe ich denjenigen, wo jeder Theil in einem richtigen Verhältnisse mit dem anderen steht, und sich Alles in ein schönes Ganzes vereinigt. Ein dergleichen Körper muß besonders eine gerade, aufrechte Stellung und eine gute Haltung haben, der Kopf muß in die Höhe gerichtet, nicht vorhängend, die Brust herausgehoben, die Schultern ohne Zwang mehr rückwärts gehalten (…) seyn."[42]

Für das Maßnehmen ist es daher unbedingt erforderlich, jeden Körper genau zu beobachten,

> „ob er einen krummen Rücken oder ein wenig nach vorne gebogen [ist; d. V.], auch hat man zu beobachten, ob der Körper nicht rechts oder links, oder eine Hüfte stärker oder schwächer ist, wofür man das Maß anzulegen hat. Auch giebt es viele Körper, deren Haltung sehr aufrecht ist und muß für solche Körperhaltung auch immer das Kleidungsstück geschnitten werden (…).''[43]

Für das Maßnehmen selbst werden verschiedene Instrumente vorgeschlagen und eingesetzt – so der corporismetrische Gürtel, das plastische oder stereographische Kleidermaß u.a. –, deren Anwendung dem nicht beschlagenen Leser und der Leserin – dies sei als persönliche Anmerkung gestattet – jedoch als äußerst umständlich erscheint. Dann geht es zum eigentlichen Handwerk über, dem Zuschneiden. Hier werden die körperlichen Absonderlichkeiten berücksichtigt: Dickbauchhosenschnitte, Westenhinterteile für krumme Rücken usw.

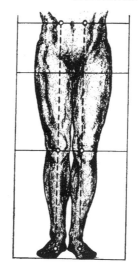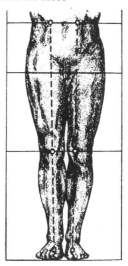

Die Abnormitäten der Hose

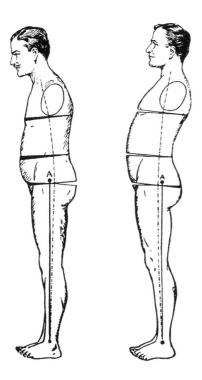

Der sogenannte Normalwuchs ist die am seltensten empirisch nachweisbare Wuchsform: „In sehr vielen Fällen aber haben die Abweichungen von der Normalfigur das Übergewicht" räumt auch der schon zitierte F. Biallas ein[44]: Krummer Rücken, hängende Schultern, Hühnerbrust, Hohlkreuz, zu starke Magenpartie, zu kurze Taille, knochig hervortretende Schulterblätter, Fettpolster im Nacken, kurzer gedrungener Hals, die Fettleibigkeit – dies nur als eine Auswahl aus den vielfältigen möglichen „Abnormitäten" des menschlichen Körpers.

Neben dem schlechten Wuchs gehört die Fettleibigkeit zu den schwerwiegenden Übeln.

Bauchgrößen waren bereits in der preußischen Armee verpönt, um so mehr noch in der folgenden Zeit. In fast allen europäischen Kulturen (aber selbst in nichteuropäischen Gesellschaften) findet sich insbesondere seit dem 18. Jahrhundert eine Ablehnung des dickleibigen Menschen. In Gesellschaften des Mangels verstößt der gefräßige Körper gegen das Prinzip der gerechten Aufteilung der Nahrungsressourcen, stellt er eine Gefahr für das Gemeinwesen dar – allerdings finden sich hier immer wieder gesellschaftliche festgelegte Ausnahmen wie zum Beispiel die bewußt üppig beleibt gemachten Frauen der Tuareg in Nordafrika. In der industriellen Überflußgesellschaft hingegen sind die Dicken wegen ihrer Willensschwäche verpönt und moralisch geächtet. Vor allem jedoch – dies unterscheidet die industrielle Gesellschaft von anderen – ist die gesellschaftliche Schwelle für die Definition von Dicksein erheblich gesunken. Die leibliche Fülle wird dabei als ausschließlich individuelles Problem betrachtet und als Mangel an Willensstärke und körperlicher Disziplin gerügt.[45] Freßsucht und ihr Gegenteil, die Magersucht, beide scheinbar vom Trieb beherrschte „Verhaltensausbrüche", gelten daher als typische Zivilisationskrankheiten der westlichen Welt.

Den kritisch sezierenden Blicken der Schneider unterzogen, erscheint der füllige Leib in seiner besonderen Monstrosität:

„Der Fettansatz am Körper lagert sich vorwiegend in der Leibgegend, doch gibt es Menschen, die einen großen Taillenumfang und dabei im Verhältnis keinen hervortretenden Leib haben. Die Fettleibigkeit äußert sich in verschiedenartiger Weise und nimmt mitunter Formen an, die auch den gewitztesten Fachmann vor ein Rätsel stellt. Die als am meisten vorkommende Abnormität ist der Spitzbauch, der auch bei mageren Personen in unangenehmer Weise vorkommt und mit dem Hängebauch nicht zu verwechseln ist."[46]

Biallas Äußerungen, kommentiert mit Abbildungen, machen den schonungslosen Blick des Kleidermachers deutlich. Seine Fachsprache – Normalwuchs, Regelwuchs und ihre Negativentsprechungen – zerlegt den menschlichen Körper in seine Einzelheiten, läßt ihn als eine Summe von Abnormitäten erscheinen.

Konfektionsgrößen

Die Konfektionsgrößen stellten einen weiteren Schritt hin zur Vereinheitlichung der Zuschnitte dar. Bedrängt durch die Konkurrenz der entstehenden Konfektionsindustrie und die Möglichkeit der Eigenherstellung von Kleidung – Schnittmusterbögen fanden seit 1830 dank der drucktechnischen Vervielfältigungsmöglichkeiten zunehmende Verbreitung[47] – haben die Schneider den Zuschnitt nach individuellem Maß hervorgehoben, ihre besonderen Anatomiekenntnisse gerühmt.[48] In „Die Grundbegriffe des menschlichen Körpers. Plastische Anatomie" führt der Schneidermeister Biallas daher seine Schüler in einem der ersten Kapitel ein:

„Von allen Dingen werden es die Proportionen des menschlichen Körpers sein, die uns beschäftigen sollen, denn nicht nur dem normal entwickelten Körper gilt unser Studium, auch allen Anormalitäten, ihren Ursachen und Folgeerscheinungen".[49]

Durch die aufwendig gestaltete Unterrichtung und die profunde Kenntnis aller körperlichen Eigenheiten samt ihrer Abweichungen sollte sich die Arbeit des Maßschneiders von der massenhaft

hergestellten Konfektionsware abheben. Es zählte die persönliche Bedienung und – sich bewußt absetzend vom Zeitalter der Technik – die Handarbeit.

„C. A. hatte Schuhgröße 40. Manchmal fragten ihn die Damen, wo er arbeiten lasse. Es seien handgemachte ungarische Schuhe, sagte er und versteckte die Füße unter dem Sitz."[50]

Die nicht-maschinelle Arbeit – sie zeichnet Stil und Habitus von E. Plessens Vater, dem ostholsteinischen Gutsbesitzer, aus – läßt die Unterschiede hervortreten. Aber es sind die „feinen Unterschiede", keine von grundsätzlicher Natur; denn sowohl beim handgearbeiteten wie beim industriell gefertigten Serienschuh, beim maßgeschneiderten sowie beim konfektionierten Kleid werden abstrakte Maßwerte angelegt und Schnitte mit dem Kopf vorberechnet, – die Hand zum ausführenden Werkzeug degradiert – wird, was die Kleidung anbetrifft, das gleiche Grundsystem zugrunde gelegt: das Messen anhand der Körperlänge, ausgerichtet an der Kopflänge. Die Festlegung des Meters als universelle Größeneinheit förderte die Ausbildung vergleichbarer Körpergrößensysteme in der Konfektionsindustrie und ihre Systematisierung.

Zugeschrieben wird die Vergabe von Größengruppen den Begründern der Berliner Konfektion, den Gebrüdern Manheimer.[51] Das Größensystem selbst hat sich im Laufe der Jahrzehnt differenziert und um mehrere Maßgruppen erweitert.[52] Grundsätzlich wird unterschieden zwischen männlicher und weiblicher Körpergröße. In der ersten Hälfte des 20. Jahrhunderts wird noch zwischen den verschiedenen Lebensaltern mit klangvollen Bezeichnungen wie Putte, Backfisch, Maid, Dame differenziert, deren Größen jeweils gekennzeichnet sind durch farbige Garnsternchen am linken Ärmel.[53] Diese altersbedingten Unterscheidungen sind heute nicht mehr üblich bzw. notwendig.

Das württembergische Unternehmen Bleyle beansprucht, das erste brauchbare Größensystem der Kinderkleidung entwickelt zu haben. Auch dieses beruhte auf auf dem bisher üblichen System der Körperlänge, eingeteilt nach Altersklassen: No. 92 entspricht der Knabengröße von 92 cm und dem Alter von 2–2 $\frac{1}{2}$ Jahren.[54] Dennoch bot das Unternehmen zusätzlich das Stricken nach Maßangabe an, zumindest was Ärmellänge, Halsweite, die „Sekundärmaße" usw. anbetraf. Allerdings hat Bleyle in dieser Hinsicht nicht als Vorbild wirken können. 1933 beklagt man sich in der Strick- und Wirkwarenindustrie über ein fehlendes einheitliches Größensystem für Kinder: „Nur ganz wenige haben sich bis heute entschlossen, auf die Konfektionsgrößen 30, 32, 34, 36, 38, 40 überzugehen."[55]

Die Maschenware verfügt jedoch über einen entscheidenden Vorteil: die Dehnbarkeit des Materials; präzises Maßnehmen ist daher nicht unbedingt geboten. Dieser Umstand kommt vor allem der Trikotagenindustrie zustatten. Unterwäsche steht in ihrer Größenordnung in Relation zu der Oberbekleidung: Wäschegröße 4 zum Beispiel korrespondiert mit der Konfektionsgröße 44/46 usw.[56]

Die Unterscheidung zwischen Paßform und Kennmaßen – Kennmaße sind die unmittelbar am unbekleideten Körper ermittelten Maße, Paßform bezeichnet die Differenz zwischen Kleidungsstück und Körper – ist daher für Maschenware von nicht so entscheidender Bedeutung wie für die übrige Oberbekleidung.

Begonnen wurde bei der Produktion konfektionierter Kleidung mit Capes, Mänteln und der Herren- und Knabengarderobe, die eine unkompliziertere Schnitttechnik aufwiesen. Die kapriziösere Damenmode huldigte – länger als die nüchtern-praktische Männerkleidung – der traditionellen Kleidungsrepräsentation mit üppigem Stoffaufwand, ostentativer Gestaltung und einer prinzipiell unfunktionellen Form. Die Rundungen des weiblichen Körper widerstrebten außerdem der Quadratur der Schnittzeichnungen.

Die Männer waren schon durch die Militärzeit auf Körperdrill und Vermessung eingestellt und mit dem kritischen Blick auf den eigenen Körper vertraut: Im Königreich Württemberg im 19. Jahrhundert z.B. wurden alle Conscriptionspflichtigen auf ihre Körperhöhe und ihre Gebrechen hin überprüft, um ihre militärische Tauglichkeit festzustellen.[57] Hier zeichnet sich indessen schon die Besonderheit des männlichen Körperblicks ab, der vor allem auf körperliche Zweckmäßigkeit abgerichtet zu sein scheint, in erster Linie das Instrumentelle des Körpers wahrnimmt.

Daher empfiehlt der Bleyle-Katalog dem männlichen Kunden, das militärische Maß anzugeben, und er erkundigt sich weiter nach der Körperhaltung, ob sie nach vorne gebeugt ist, fragt nach der Länge des Halses, nach der Art der Schultern, Angaben, die als Ergänzung erforderlich sind, um das korrekte Maß zu ermitteln.[58]

Eine Vereinheitlichung der Größenmaße erfolgte tatsächlich erst nach dem Zweiten Weltkrieg. Nach Auskunft des Textilforschungsinstitutes Hohenstein bei Bönnigheim in Baden-Württemberg wurde 1957 in Zusammenarbeit mit einem Meinungsforschungsinstitut die erste repräsentative Reihenmessung für Frauen und Mädchen in Deutschland durchgeführt. 1964 wurde den Verbänden der Bekleidungsindustrie empfohlen,

„zwecks weiterer Rationalisierung (...) das vom Forschungsinstitut Hohenstein aufgrund der Reihenmessungen vorgeschlagene neue Größensystem spätestens beginnend mit der Herbst-Winter-Kollektion 1964 einzuführen."[59]

Eine entsprechende „neue Empfehlung" wird jeweils nach einer erneuten Messung ausgestellt. Sie werden notwendig durch die Veränderung der Körpermaße. So sind laut Information des DOB (Verband der Damenoberbekleidung) Brustumfang und Hüftumfang der weiblichen Erwachsenen 1981/82 – je nach Altersgruppe – 2,4 bis 3,1 cm größer als 1979. Auch die Bezugsgröße hat sich verändert: Galt früher die Körpergröße von 164 cm als ausschlaggebend, so werden nun 168 cm veranschlagt. Aufgrund wiederum veränderter Körpermaße wird in den kommenden Jahren eine weitere Neuvermessung ins Auge gefaßt.[60]

Die Messung selbst geschieht nach den sogenannten Kennmaßen: Körperhöhe, Hüftumfang, Brustumfang sind jene Körpermaße, die im unbewegten Zustand die räumliche Maximalausdehnung definieren. Als nächstes werden die sogenannten Sekundärmaße ermittelt wie Halsweite, Taillenumfang, Rückenbreite, Rückenlänge (Siebenter Halswirbel bis Taille), Siebenter Halswirbel bis Fußsohle, Vordere Länge (Halsansatz Schulter bis Taille), Hüfttiefe, Ellbogenlänge, Armlänge außen und noch weitere Feinmaße; sie beziehen sich auf die körperinternen Proportionen. Die sich ergebenden Größen werden auf drei Hauptfigurtypen verteilt: der schmalhüftige, normalhüftige und der starkhüftige Typus mit entsprechender Körperhöhe. Von diesem werden jeweils die Marktanteile berechnet. Die Einteilung in Größengruppen ist dann mehr und mehr eine Frage der Algebra: Die Körperhöhe wird festgelegt auf alle durch vier teilbaren Zahlen. Ausgangsmaß des Brustumfangs ist 104 cm, danach wird nach oben gestaffelt im Abstand von sechs, nach unten von vier cm.[61]

Doch selbst hier zeigen sich geschlechtsspezifische Sensibilitäten: Die Männer, weniger modisch-körperlich bewußt, haben sich erst einmal vermessen lassen in den Jahren 1976/77. Die Frauen reagieren dagegen empfindsamer: Ihre Maße verändern sich offenbar stärker und ihre psychische und soziale Abhängigkeit von den Kleidungsgrößen scheint ausgeprägter zu sein. Zumindest scheinen sich positive Korrelationen zwischen kleinen Konfektionsgrößen, Ausbildung und Beruf zu ergeben: Traditionell ausgerichtete Frauen neigen mehr zum molligen Typus, sind häuslicher, Berufstätige hingegen legen auf gute, schlanke Figuren erheblich mehr Wert. Im Fazit der Untersuchung heißt es:

„Die Figur, das Körpergewicht, als häufig konstantes Faktum, spielt im Leben und Denken der Frau schon eine wesentliche Rolle. Frauen, deren Gewicht und äußeres Erscheinungsbild nicht den gängigen Normen entspricht, werden in ihrem Verhalten oft von Vorurteilen und Selbstbeschränkungen geprägt (...) Auf der anderen Seite haben Frauen, deren Gewicht eher den Vorstellungen einer Idealfigur nahekommt, mehr Möglichkeiten Selbstbewußtsein zu entwickeln und dadurch offener auf ihre Umwelt zu reagieren."[62]

Füllige Frauen, eher als ebenso proportionierte Männer, geraten ins gesellschaftliche Abseits. Ein Stuttgarter Geschäft bietet daher seit einigen Jahren den so in Not geratenen Frauen Kleidermode für „Übergrößen" ab 42 an.[63]

Körperstile

Mit dem Vermessen der einzelnen Körperteile werden diese auch als einzelne, isolierte wahrgenommen und in der Kleidungskonstruktion gesondert behandelt. Das Verhältnis von Körper und Kleidung verändert sich dabei grundsätzlich: Kleidung wird körpergerecht entworfen, dem Körper angepaßt, zu seiner zweiten Haut, und zwar nicht mehr nur als Unterbekleidung, sondern als sichtbare Oberkleidung: Ehemalige Unterkleidungsstücke wie zum Beispiel das Mieder avancieren zur Oberbekleidung, das Innere wird nach Außen gekehrt. Sich den Körperformen anschmiegende Stoffe wie Leder und Wolle werden heute von der aktuellen Mode bevorzugt.[64] Mit ihren besonderen Materialeigenschaften läßt sich der Erfolg der Maschenware – zuerst als Unterbekleidung, dann als Oberkleider – erklären: Als Beispiel dienen Bleyle oder die bis heute ungebrochen populäre Pullovermode, aber ebenso die zur Zeit beliebte Strickkleidermode. Sie legen die Körperformen bloß oder helfen, zu füllige Körpermaße durch überweite Pullover und Blusen zu kaschieren.

Der amerikanische Kultursoziologe Richard Sennett verwies in seiner Studie auf den wachsenden Ausbau des privaten Bereiches zu Lasten des öffentlichen Lebens in der Moderne: den Verlust einer öffentlichen „Sprache", die sich in der ständischen Epoche in Kleiderordnungen, Auftreten und Habitus manifestierte und die die Straße zum allgemeinen Ort öffentlicher Verständigung werden ließ. Als jüngste Tendenz macht er den dominanten Einfluß des Privaten fest, seine Vermischung mit dem öffentlichen Bereich: Das äußert sich im Persönlichkeitskult, im Starkult und in der wachsenden Bedeutung politischer Charismatik.[65]

Was Sennett an den öffentlichen Räumen und Orten beobachtet, läßt sich auch am Körper nachvollziehen. Befreit aus seiner früheren Intimisierung – Schichten von Unterwäsche hatten ihn noch im 19. Jahrhundert den öffentlichen Blicken entzogen –, wird er heute mehr denn je zu der Schnittstelle, an der sich öffentliche und private Blicke treffen, vermischen und zusammenfallen. Silke Wenk hat bereits auf die „Nacktheit" des total aufgerichteten Körpers aufmerksam gemacht, auf seine ungeschützte Preisgabe an den Betrachter, was letztlich den Verlust von Scham bewirke.[66]

Körperkultur, dieser heute so gängige und viel benutzte Begriff, beinhaltet diesen doppelten Sinn von Privaten und Öffentlichem. Er macht die Notwendigkeit des Maßhaltens einsichtig, weil man sich durch den Körper offenbart, vielmehr noch verrät.[67] Der Körper wird öffentlich gemacht, oder wie es Barbara Duden einmal in einem anderen Zusammenhang formuliert, er wird zum „öffentlichen Ort".

Körperlichkeit wird daher zum Indikator von Selbstbewußtsein und Befindlichkeit – nicht nur: Körperlichkeit gerät zum Maßstab für Typen und Rangordnungen. Am bekanntesten ist sicherlich Kretschmers Typenlehre geworden, die ebenfalls an Körperbildungen anknüpft. In der Sozialtypologie allgemein stellt die Körpergröße das mit der sozialen Stellung am häufigsten korrelierte Merkmal dar;[68] insbesondere folgenschwer jedoch waren die damit verbundenen biologistischen Theorien von Rasse und Körper.[69]

Der Körper wurde zum Indiz von Stil und Typus. Gab es vor dem 19. Jahrhundert noch den ständisch bestimmten Typ und Stil, im bürgerlichen 19. Jahrhundert die besonders geprägte individuelle Note als Ausdruck des eigenen Geschmacks, so materialisieren sich Stilbegriff und Typus heute zu bloßer Körperlichkeit via Kleidung:

„Ein einfacher, gerader offener Typ paßt nicht in ein Kleid, das durch raffinierte Linienführung, durch auffallende Verschlußlösungen und seltene Drapierungen wirken will."[70]

Dabei kommt es zu der paradoxen Situation, daß – in dem Maße, in dem der kulturelle Wert des Körpers steigt – er zunehmend an Körperlichkeit verliert. Diese Tendenz zur Entstofflichung der (Körper)Materie wird von Kulturhistorikern (Wulf/Kamper, Asendorf[71]) ebenfalls in anderen Lebensbereichen und Wahrnehmungsformen beobachtet.

Der Körper selbst wird auf die „Linie" reduziert: Körperlinie – Linienführung der Kleidung werden unterschieden in „betont gerade – gerade – abgerundet – leicht kurvig – kantig". Der Gesamtstil schließlich setzt sich zusammen aus Körperform, Gesichtsform, Kleiderlinie und Stoff.[72] Streckende Linien zum Beispiel werden besonders für Vollschlanke empfohlen. Kurzum: Es gilt, „Hopfenstangen" und „dicke Pummelchen" zu vermeiden (Spremberg), und am Ende bleiben dann „nur noch gut angezogene (Körper)-Figuren" übrig. Man/frau trägt Körper(figur).

Dabei ist immer mehr die Länge ausschlaggebend.[73] Nach jüngsten Ergebnissen von Anthropologen werden die Menschen in Deutschland immer größer.[74] Viele Designer entwerfen von vorneherein sogenannte „Überweiten" – und von Mannequins wird vor allem eine überdurchschnittliche Körperlänge erwartet mit den für sie typischen Überlängen in den Proportionen von Armen und Beinen. Nur so läßt sich der gewünschte Bild-Eindruck herstellen.

Es ist der Blick aus der Ferne – auf das Laufstegmodell, mit dem man/frau keine Tuch- und Körperfühlung aufnehmen kann. Nicht zufällig hat René König für seine Soziologie der Mode das Bild des Laufstegs[75] gewählt; denn es bezeichnet die moderne Wahrnehmungsform, die Dominanz der, wie es Thomas Kleinspehn nennt, „einfachen Repräsentation"[76].

Damit scheint der sokratisch-abstrakte Betrachterstandort erreicht – sinnenfern, nicht nur. Es ist ebenso das Festival des flüchtigen Blicks, des schnellen Hinsehens, der kurzlebigen Wahrnehmung, die Kultur der Augen-Blicke – notwendig in einer Zeit der schnellebigen sozialen Kontakte und der hastigen Begegnungen. Hier bewähren sich allein die rasch wahrgenommene Silhouette, die Körperumrisse. In Werbespots, der Wahrnehmungsentwicklung oft um Zeitlängen voraus, flackert der Körper umrißhaft auf. Oder anderswo, im postmodern gestylten Glashaus der neuen Stuttgarter Breuningerpassage etwa überblicken Schaufensterpuppen, Menschenkörpern gleich,

integriert in Gang und Warenmenge, als einzige gelassen die Hektik des Warenhauses, nur darin unterscheidbar von der ruhelosen, kauflustigen Menge.

Das Auge hat die Herrschaft der Sinne übernommen, auch dies ganz im sokratischen Sinne, der diesem Sinnesorgan den obersten Platz in der Hierarchie der Sinne zuwies; denn „das Auge hält die Dinge vom Leib. Der Abstand macht sie zu Gegenständen (...)"[77].

Zum Gegenstand wird der Körper, der fremde wie der eigene, auf den sich der kritisch-distanzierte Blick richtet. Mit Diäten, mit dem täglichen Kontrollgang zur Waage, dem wachsamen, prüfenden Blick in den Spiegel, einem heute unentbehrlichen Toilettenutensil, das uns den Schneiderblick ersetzt, beobachten und prüfen wir Gewichtsabweichungen, Figurdeformierungen, setzen wir uns in Abstand zum eigenen Körper, zur eigenen Befindlichkeit. Sie wird zu einer bloßen Frage des äußeren Blicks, der Fremdwahrnehmung.[78]

Zu einer vergleichbaren Schlußfolgerung gelangt Thomas Kleinspehn in seiner Analyse des neuzeitlichen Sehens, wenn er feststellt, daß sich die Wahrnehmung des Selbst nach außen verlagert habe, während die traditionelle Gesellschaft noch ein Bild von innen entwickelt habe, das in der sozialen Realität der ständischen Hierarchie verortet gewesen sei und das eine eigene Geschichte habe.[79]

Der Verlust dieser Verortung in sozialer, historischer und lokaler Hinsicht hat entscheidend zur Ausbildung des modernen Körperbildes geführt. Legte einst das friderizianische Heer Wert auf große, langbeinige Soldaten, um die neue, auf Flexibilität eingestellte Heerestechnik umzusetzen, so wird vom modernen Menschen ebenfalls – zumindest idealiter – absolute Mobilität, selbst im Sinne geistiger Veränderbarkeit, erwartet. Der dicke Leib ist von Natur aus schwerfällig, der Bewegung abgeneigt, daher im Zeitalter der Beherrschung von Raum und Zeit ein Anachronismus.[80] Der schlanke Körper hingegen ist flink, wendig, verfügbar, versetzbar, kurzum eine Bewegungsmaschine und wird in diesem Sinne gepflegt, gehegt und gewartet: Ein unserer Epoche eigentümlicher Körpernarzismus entwickelt sich. Er hat bereits im Körperkult der Jahrhundertwende eingesetzt – bildete insofern Bestandteil des hygienischen Diskurses – und findet heute seine Fortsetzung im Hochleistungssport und ... Bodybuilding.[81]

Dieser Narzißmus im Umgang mit dem eigenen Körper beeinflußt in dem gleichen Maße das Verhältnis zur Bekleidung – die in dem Maße an Bedeutung zunimmt – in dem die feste soziale Identität zerfällt: Kleidung und Körperbilder liefern den Ersatz für neue Persönlichkeitsmerkmale und werden in diesem Sinn und zu diesem Zweck von der Werbung angepriesen. Der Markenlook mit dem entsprechenden „Outfit" wird verlangt. Die noch immer ungesicherte, ungeübte Rolle der Frauen in der Öffentlichkeit läßt gerade sie verstärkt auf diese „äußeren Ersatzbilder" zurückgreifen, sich über diese definieren.

Die konfektionierte Kleidung, in diesem Fall nicht nur verstanden aus ihren ökonomischen und technischen Prämissen heraus, sondern als ein modernes Kleidungs- und Körperkonzept, wird zu einer Voraussetzung für die Industrialisierung der Welt, für die all- und vielseitige Beweglichkeit, die problemlose Ubiquität und die Gleichförmigkeit. Sie vollzieht sich um den Preis der Vereinheitlichung selbst der Körper.

„Ich (28 J./176 cm/54 kg) suche Mann zum Rock'n Roll tanzen ..."[82]

Diese knappe Eigenbeschreibung genügt dann schließlich zur Kontaktaufnahme.

Anmerkungen

1 Sayers, Dorothy L.: Diskrete Zeugen. Reinbek bei Hamburg 1990: 49, 54.
2 Notizbuch aus den 1960er Jahren im Besitz der Volkskundlichen Sammlung/Württembergisches Landesmuseum (= WLM).
3 Siehe hierzu die grundlegende Studie von Gisela Krause: Altpreussische Uniformfertigung als Vorstufe der Bekleidungsindustrie. (Forschungen zur Heeresgeschichte 2) Hamburg 1965: 16f. Ich werde im folgenden ihren Ausführungen folgen.
4 Ebd.: 43.
5 Ebd.
6 Siehe dazu den Beitrag „Der Prophet als Entrepreneur" in diesem Band.
7 Siehe hierzu die polemisch-spritzigen, gleichwohl anregenden Darlegungen von Hans-Dieter Bahr: Mißgestalten – Über bürgerliches Leben. Lollar 1976, insbesondere zu diesem Aspekt: 142; expliziter sieht die Verbindung von Militär und Industrie Siegfried Giedion: Die Herrschaft der Mechanisierung. Frankfurt/M. 1987: 124.
8 Niemann, Otto C.J.: Der Zuschnitt im Wandel der Zeit. Hrsg. von der Braunschweiger Kasse, Hamburg 1983: 7.
9 Zu der Entwicklung der Zuschneidekunst siehe: Annette Hülsenbeck: „Schneidern und Nähen – Entwicklungsgeschichte der Bekleidungsherstellung." In: Schütte, Ilse (Hrsg.): Technikgeschichte als Geschichte der Arbeit. Bad Salzdetfurth 1981: 255–282.
10 Zum „Fuß" als Maßeinheit siehe Hoffmann, Ot: Fuß und Schuh. Maß und Maßstab in der Architektur. In: Michael Andritzky (u.a.) (Hrsgg.): z.B. Schuhe. Vom bloßen Fuß zum Stöckelschuh. Eine Kulturgeschichte der Fußbekleidung. (Werkbund-Archiv, 17) Gießen ²1991: 26–29.
11 Niemann 1983 [wie Anm. 8]: 112.
12 Waugh, Evelyn: The Cut of Men's Clothes. 1600–1900.

13 London 1964: 112.
13 Siehe: Fischer, H.-P.: „... genaue Kenntnis von einem schönen und großen Land zu geben." In: Beiträge zur Landeskunde. Staatsanzeiger für Baden-Württemberg, 3, 1991: 9–15.
14 Die angelsächsischen Länder bilden hier eine Ausnahme: doch ihr übliches Längenmaß – der Yard – ist eine kompatible Größe zum Meter.
15 Siehe: Helm, Rudolf: Die bäuerlichen Männertrachten im Germanischen Nationalmuseum zu Nürnberg. Heidelberg 1932: 38–39.
16 Zu diesem Aspekt von ländlicher Körperlichkeit siehe: Mentges, Gabriele: Erziehung, Dressur und Anstand in der Sprache der Kinderkleidung. Eine kulturgeschichtlich-empirische Untersuchung am Beispiel der Schwälmer Kindertracht. Diss. Frankfurt/M./Bern/New York/Paris 1989: 350.
17 André Leroi-Gourhan: L'Homme et la matière. Paris 1971: 252; differenzierter äußert er sich zu dieser Problematik in: Milieu et Techniques. Paris 1973: 212.
18 Siehe dazu: Thiel, Erika: Geschichte des Kostüms. Wilhelmshaven ^{5}1980: 108.
19 Den engen Zusammenhang von Verschließen und körpernaher Kleidung zeigt beispielhaft die Veränderung des männlichen Rocks im 14. Jahrhundert, der, da er so hautnah anlag, nicht mehr über den Kopf gezogen werden konnte und daher kurzerhand abgeschnitten und mit Knöpfen versehen wurde. Siehe dazu: Thiel 1980 [wie Anm. 18]: 125f.; zu der Opposition von Öffnung und Schließung siehe Eugénie Lemoine-Luccioni: La robe. Essai psychanalytique sur le vêtement. Paris 1983: 65–71. Mit der zunehmenden Verhüllung bestimmter Körperteile wächst die Schamschwelle. Dabei geht es beim Sich Kleiden um die „paradoxe Kunst": „Montrer l'acte qui cache" so Jean-Jaques Courtine und Georges Vigarello: La physionomie de l'homme impudique. In: Communications Nr. 46 (1987): 79–91.
20 Siehe: Vieweg, Richard: Maß und Messen in kulturgeschichtlicher Sicht. Wiesbaden 1962: 6.
21 Weil sich mit ausbildenden bürgerlichen Gesellschaft die menschlichen Beziehungen grundlegend wandeln, kommt nach Karl Markus Michel der Physiognomik eine zentrale Bedeutung zu: Sie ist dem städtischen Blick eigen, der sich überall dort verschärft, wo sich Marktbeziehungen ausbreiten und die Anonymität wächst. Siehe: Ders.: Gesichter. Physiognomische Streifzüge. Frankfurt/M. 1990: 60.
22 Vieweg 1962 [wie Anm. 20]: 9.
23 Beier, Rosemarie: „Der Blick in den Körper. Zur Geschichte des Gläsernen Menschen." In: Beier, Rosemarie/Roth, Martin: Der Gläserne Mensch – Eine Sensation. Zur Kulturgeschichte eines Ausstellungsobjektes. (Baustein 3 des Deutschen Historischen Museums, Berlin) Stuttgart 1990: 13–38: 17.
24 Niemann 1983 [wie Anm. 8]: 32.
25 ebd.
26 Siehe hierzu Niemann, ebd. Er hat die Verfahren ausführlich dargestellt.
27 Siehe Lutum, Paula: Schneidermeisterinnen in Münster. Münster 1987: 37. Der Begriff der blauen Patrone – gültig insbesondere für die frühen Schnittmuster der preußischen Armee – verdankt sich ebenso der Benutzung von Papiervorlagen.
28 Titel des Buches von Utz Jeggle: Der Kopf des Körpers. Eine volkskundliche Anatomie. Weinheim/Berlin 1986.
29 Niemann 1983 [wie Anm. 8]: 34.
30 Biallas, Friedrich: Die Zuschneidekunst nach dem Original-Einheits-System. Die Zuschneidekunst für die Herrengarderobe. Bd.I, Berlin 1919: 22.
31 Jeggle 1986 [wie Anm. 28]: 30; zur gesellschaftlichen Symbolik von Körperritualen siehe auch: Douglas, Mary: Ritual, Tabu und Körpersymbolik. Frankfurt/M. 1981.
32 Siehe Michel 1990 [wie Anm. 21]: 48f. Lavater möchte gar zu diesem Zweck einen Stirnmesser bauen lassen.
33 Siehe hierzu Gould, Stephen: Der falsch vermessene Mensch. Stuttgart 1983: 20. Was im 19. Jahrhundert die Schädelmessungen für die kriminalistische Forschung leisten sollten, übernehmen, laut Gould, im 20. Jahrhundert die Intelligenztests, eine sublimierte Form des Kopfmessens.
34 Spremberg, H.: Modische Beratung. (= Schriften zur Berufsfortbildung, 11) Berlin 1950: 62.
35 Helm 1932 [wie Anm. 15]: 31f.
36 Zu dieser Entwicklung die ausführliche und gründliche Untersuchung von Georges Vigarello: Le Corps Redressé. Histoire d'un pouvoir pédagogique. Paris 1978: 134f. und ebenso: Warneken, Bernd-Jürgen (u.a.): Der aufrechte Gang. Zur Symbolik einer Körperhaltung. Projektband des Ludwig-Uhland-Instituts Tübingen. Herausgegeben von der Tübinger Vereinigung für Volkskunde, Tübingen 1990.
37 Brief von Heinrich Floris Schopenhauer an seinen Sohn Arthur, Hamburg, den 23. Oct.180?, zit. in Lütkehaus, Ludger: Die Schopenhauers. Der Familien-Briefwechsel von Adele, Arthur, Heinrich Floris und Johanna. Zürich 1991: 64.
38 Zur bürgerlichen Körpersprache siehe: Warneken 1990 [wie Anm. 36], insbesondere: Warneken: 11–23; er weist auf die kulturelle Mehrdeutigkeit dieser Haltungssprache hin. Zur Körperhaltung im Nationalsozialismus siehe: Wenk, Silke: Aufgerichtete weibliche Körper. In: Inszenierung der Macht. Ästhetische Faszination im Faschismus. Berlin 1987: 103–111; Die geforderte Haltung – sie ist eben nicht bloß symbolisch – die einseitige Belastung der Wirbelsäule fordert ihren Tribut ... heute: „Rückenleiden ein Volksleiden", so die Titelüberschrift in der Stuttgarter Zeitung vom 25.10. 1991. Demzufolge seien zumindest 80% der Deutschen wenigstens einmal von diesem Leiden befallen.
39 Siehe hierzu den Beitrag zur Kleidermode der 1920er Jahre in diesem Band.
40 Siehe in diesem Band: "Der schwäbische Körper".
41 Siehe Bahr 1976 [wie Anm. 7]: 174. Er spricht explizit von bäuerlicher und bürgerlicher Anthropologie, wobei er zu sehr die negativen Aspekte der bürgerlich-aufrechten Haltung heraushebt. Differenzierter findet sich dies dargestellt bei Warneken 1990 [wie Anm. 36] und bei Vigarello [wie Anm. 36].
42 Bernhardt, J.S.: Anleitung, den menschlichen Körper, besonders den weiblichen, seinen verschiedenen Abweichungen gemäß, zu kleiden und zu verschönern. Dresden 1820: 43.
43 Zit in: Frey, Jacob: Neueste und sicherste Zuschneide-Methode. Nach der besten französischen Zuschneidekunst aufgestellt und vielfach verbessert. Den Moden der Neuzeit und der modernen Zuschneidekunst entsprechend. Stuttgart (1893), n.pag.
44 Biallas 1919 [wie Anm. 30]: 173.
45 Siehe hierzu die Untersuchung von Fischler, Claude: La symbolique du gros. In: Communications no. 46, Paris 1987: 255–278, hier: 260. Fischler bemerkt als Kritik an den gegenwärtigen Untersuchungen zur „Fettleibigkeit", daß sie kaum nach dem Warum des Tabus fragen. Fischler liefert selbst freilich keine befriedigende Antwort.
46 Biallas 1919 [wie Anm. 30]: 182.
47 Lutum 1987 [wie Anm. 27]: 37.
48 Siehe dazu Hülsenbeck 1981 [wie Anm. 9]: 276.
49 Biallas 1919 [wie Anm. 30]: 14.
50 Elisabeth Plessen: Mitteilung an den Adel. München 1980: 43.
51 Diese Hinweise und andere Präzisionen verdanke ich Dagmar Neuland. Die Angabe selbst stammt aus Wittkowski, Erwin: Die Berliner Damenkonfektion. Leipzig 1928.
52 In der Männerkleidung gab es in den 1870 Jahren ca. 3–4 Größengruppen, um 1909 bereits 12 und um 1933/34 bereits 34 Gruppen. Siehe dazu: Redlich, Heinrich: Die deutsche Konfektionsindustrie. Berlin 1934.
53 Wittkowski 1928 [wie Anm. 51].
54 Bleyle's Herrensport & Knabenanzüge, Katalog vor 1918, Bestand Bleyle des Wirtschaftsarchivs Baden-Württemberg, Hohenheim.
55 Strick- und Wirkwarenzeitschrift vom 31.1.1933, H. 12 Berlin: 8. Für diese Hinweise danke ich Susanne Goebel vom Maschenmuseum in Albstadt.
56 Benger-Ribana-Preisliste vom Frühjahr Sommer 1976, Volkskundliche Sammlungen/Württembergisches Landesmuseum.

57 Siehe dazu: Mentges, Gabriele: „Gesund, bequem und praktisch" oder die Ideologie der Zweckmäßigkeit. Strategien der Konfektionsindustrie zu Anfang des 20. Jahrhunderts am Beispiel der württembergischen Firma Bleyle. In: Böth, Gitta/ Mentges, Gabriele (Hrsgg.): Sich kleiden. (Hessische Blätter für Volks-und Kulturforschung, 25) Marburg 1989: 131–152, hier: 148.
58 Siehe ebd.
59 DOB-Grössentabellen. Repräsentative Reihenmessungen 1981/82 an 10.000 Frauen und Mädchen. Köln 1983. Für die bereitwilligen Auskünfte und Erklärungen danke ich vor allem Herrn Schmidt vom Textilforschungsinstitut Hohenstein.
60 Unter der Überschrift „Frauen werden neu vermessen" berichtet die Esslinger Zeitung vom 08.08. 1991 von diesem Vorhaben.
61 Die umfangreiche Datenermittlung des Hohensteiner Institutes läßt sehr genaue Berechnungen der Größenvarianten zu. Auf ihnen beruhen dann die vorgeschlagenen Schnittkonstruktionen.
62 Schulthes, P.: Konfektionsgrösse – ein Indikator für weibliche Verhaltensmuster. In: Interview und Analyse 1983: 64–70.
63 Die Verkäuferin bestätigte mir auf persönliche Nachfage, daß seit gut einigen Jahren ein starker Bedarf an diesen „Übergrößen" bestehe.
64 Explizit von der Kleidung als der zweiten Haut sprechen auch die Modeschöpfer wie z.B. Thierry Mugler in „Le Nouvel" Observateur: Special. 25.03. 1992. Die wachsende Beliebtheit von Produkten der Maschenindustrie bestätigen aktuelle Umsatzzahlen: Laut Südwestpresse vom 11.02. 1992 hat die Maschenindustrie ihren Umsatz 1991 um 10 Prozent auf 9,5 Milliarden DM steigern können.
65 Sennett, Richard: Verfall und Ende der Öffentlichkeit. Die Tyrannei der Intimität. Frankfurt/M. 1986. Die Dominanz des Intimen weist er vor allem beim heutigen Persönlichkeitskult nach.
66 Wenk, Silke 1987 [wie Anm. 38]: 103–111. Eine vergleichbare Tendenz hin zur „Schamlosigkeit" behauptet auch Silvia Bovenschen in einem Aufsatz in „DIE ZEIT" vom 19.04.1992: „In der Mode wird die Schamlosigkeit zur Normalität", so ihr Untertitel.
67 Zum Begriff Körperkultur siehe vor allem Kracauer, Siegfried: Das Ornament der Masse. Frankfurt/M. 1977: 50–63. Er spricht von der Körperkultur ohne Überbau, gemeint ist die Seelenlosigkeit dieser Art von Körperbeziehung. Eben dieses ist von Theodor Adorno/Max Horkheimer intendiert, wenn sie zwischen Leib und Körper unterscheiden: „ Er bleibt die Leiche, auch wenn er noch so sehr ertüchtigt wird." Dies.: Dialektik der Aufklärung. Frankfurt/M. 1985: 209.
68 Jürgensen, H.W./Vogel, Chris: Beiträge zur menschlichen Typenkunde. Stuttgart 1965: 198.
69 Fragwürdig sind jene, die Rasse und Charakter in dieser Weise verbinden. Stephen Gould hat nicht grundlos vor dem „falsch vermessenen Menschen" gewarnt. Die falsche Fährte – sie wird allein schon bei der Festlegung einer Norm ausgelegt, von der es folgerichtig nur Abweichungen geben kann.
70 Spremberg 1950 [wie Anm. 34]: 25.
71 Siehe hierzu: Asendorf, Christoph: Ströme und Strahlen. Das langsame Verschwinden der Materie um 1900. (Werkbund-Archiv, 18) Gießen 1989; ebenso: Kamper, Dietmar/Wulf, Christoph (Hrsgg.): Das Schwinden der Sinne. Frankfurt/M. 1984.
72 Siehe dazu: Pooser, Doris: Ihr persönlicher Stil mit Colour me beautiful. Körperlinien, Proportionen und eine erweiterte Farbpalette. Bern/Stuttgart 1989 und ebenso Spremberg 1950 [wie Anm. 34]. In der Zeitschrift „Textilwoche", Jg. 1940 z.B. ist der Begriff Linie unübersehbar, kombiniert mit dem schon von Lavater her vertrauten Begriff Silhouette und dem der Figur: „weiche Linien, sommerliche Linie" usw. Zur Linie als wesentliches Ornament um 1900 siehe Asendorf 1989 [wie Anm. 71]: 85 f. Linie ist überdies ein wichtiger Begriff in der Heeressprache: Operationslinie, Frontlinie, Linienregimenter usw., siehe dazu Brockhaus 1968 – die Analogie zum Militärischen scheint sich hier zu wiederholen.

73 Les coulisses de la mode. In: Elle: 05.02. 1990: 51–59. Gefordert werden 174–184 cm, noch vor 10 Jahren genügten 169 cm.
74 Dieses Ergebnis neuester Messungen wurde von dem Kieler Anthropologen H.W. Jürgensen in der Fernsehsendung „Bilder der Wissenschaft" vom 13.03.1991 in SWF 3 vorgestellt.
75 König, René: Menschheit auf dem Laufsteg. Die Mode im Zivilisationsprozeß. München/Wien 1985.
76 Kleinspehn, Thomas: Der flüchtige Blick. Sehen und Identität in der Kultur der Neuzeit. Reinbek bei Hamburg 1991: 157; einfache Repräsentation ist der puren Gegenwart verpflichtet und lebt von der Verinnerlichung gesellschaftlich normierter Bilder.
77 Böhme, Hartmut: Natur und Subjekt. Frankfurt/M. 1988: 230. Das Auge zählt mit dem Hörorgan zu den sog. Fernsinnen, beide sind heute von ausschlaggebender Bedeutung in der allgemeinen Sinneswahrnehmung. Zur Entwicklung der neuzeitlichen Sehkultur. Siehe ebenso: Wulf, Christoph: Das gefährdete Auge. Ein Kaleidoskop der Geschichte des Sehens. In: Kamper/ Wulf 1984 [wie Anm. 71]: 21–45. Zur Rolle der Konstituierung des Frauen-Selbst siehe Akashe-Böhme, Farideh (Hrsg.): Reflexionen vor dem Spiegel. Frankfurt/M. 1992. Barbara Sichtermanns Ausführungen treffen sich hier mit denen von Thomas Kleinspehn, wenn sie von der „Ästhetik der Fassade" und von der auf den schauenden Fernsinn reduzierten Sinnlichkeit spricht. Dies.: „Über die Schönheit, die Demokratie und den Tod." in: ebd.: 21–34, 28–29.
78 Von dem Plakat der Dresdner Hygieneausstellung prangt in fast bedrohlicher Weise das alles überwachende Auge. Die Pflege des Auges, in beiden Hygieneausstellungen – Stuttgart und Dresden – ausdrücklich hervorgehoben, zielt ab auf diesen kontrollierenden Blick. Die neue Technik des alles ausleuchtenden elektrischen Lichtes unterstützt das Auge: Auch sie ist wichtiges Thema der Hygieneausstellungen.
79 Kleinspehn 1991 [wie Anm. 76]: 121; zum Spiegel und seiner Funktion für die Selbstwahrnehmung siehe die ebenfalls bei Kleinspehn zitierte Veronique Nahoum-Grappe: La belle femme ou le stade du miroir en histoire. In: Communications Nr. 31 (1979): 22–32. Ausgangspunkt ist für sie u.a. die entscheidende Frage, wie fühlt man sich in einem Körper, den man selbst nicht sieht. Und was bewirkt der Spiegel in der gegenseitigen menschlichen Wahrnehmung?
80 Eben diesen Aspekt hat Claude Fischler bei seiner Untersuchung außer Acht gelassen. Der Zusammenhang von Fettleibigkeit und der durch sie erzeugten Bewegungsparalyse bildet auch einen klassischen Topos in der Ethnologie, so z.B. im Asdiwal-Mythos der Tsimshian Indianer Nordamerikas: „Hier endet die durch Hunger bewirkte Bewegung in der Bewegunglosigkeit der Fülle". Siehe Douglas, Mary: Die Bedeutung des Mythos. Mit besonderer Berücksichtigung von „La Geste d'Asdiwal". In: Leach, Edmund (Hrsg.): Mythos und Totemismus. Frankfurt 1973: 82–108, hier: 93; siehe zu diesem Aspekt des Dickseins die Ausführungen von: Asendorf, Christoph: „Dingwelt und Eßkultur." In: Vom Essen und Trinken. Darstellungen in der Kunst der Gegenwart. Katalog zur Ausstellung. Wuppertal 1987: 85–92.
81 Siehe hierzu Vigarello, Georges: Les vertiges de l'intime. In: Esprit Nr. 2 (1982): 68–73. Siehe als allgemeine, mittlerweile klassische Studie Lasch, Christopher: Das Zeitalter des Narzismus. München 1980.
82 Anzeige in der Stuttgarter Stadtzeitung „Lift", März 1992. Bei fast allen Kontaktanzeigen fällt die Selbstbeschreibung durch die Angabe des Alters, der Länge und oft des Gewichts auf. Anderswo wird auf die Kurzformel gebracht: „Eine wahre Miss mißt": 90/60/90". In: „DIE ZEIT" vom 06.12.1991: 21.

Christa Diemel

Die Erziehung zu „vernünftiger" Lebensweise

Hygiene als kulturelles Wertmuster

„Das größte Zimmer hat als Schlafstube eingerichtet werden müssen, weil das hygienisch sei. Auch so eine unvernünftige Neuerung. Wir sind doch auch groß geworden ohne Hygiene."[1]
– diese Äußerung aus einem 1884 erschienenen Roman über das Leben einer Berliner Bürgerfamilie zeigt, daß sich gesunde Lebensweise und hygienisches Verhalten Ende des 19. Jahrhunderts als Werte des Bürgertums langsam durchsetzten. In der bürgerlichen Öffentlichkeit fand ein breiter Diskurs über Hygiene statt.

Hygiene wurde nicht nur mit Gesundheit gleichgesetzt, sondern auch mit Leistung, Sittlichkeit und sozialer Integration. Wer nicht gesund lebte, war nach Auffassung der Hygiene-Befürworter selbst schuld, wenn Armut, Krankheit und Verwahrlosung in sein Leben einzogen. Deshalb meinten die Ärzte, die Bevölkerung, und hier vor allem die unteren Schichten, über eine „vernünftige" und „zweckmäßige" Lebensweise aufklären zu müssen. Hygiene wurde zu einem Zauberwort für die Lösung sozialer Probleme.[2] Gleichzeitig entwickelte sie sich zum neuen Herrschaftsinstrument: Wer gegen ihre Normen verstieß, schadete sich und der Öffentlichkeit und mußte im Sinne der bürgerlichen Hygieniker diszipliniert werden. Dabei waren die Forderungen nach allgemeiner Durchsetzung der Hygienestandards nicht neu. Ihre Anfänge hatte die sogenannte „Hygienebewegung" im 18. Jahrhundert.

Hygiene um 1800 –
Bürgertum, Vernunft und Moral

Erste Forderungen von Ärzten nach Maßnahmen des Staates zur Verbesserung der Volksgesundheit kamen in der zweiten Hälfte des 18. Jahrhunderts auf. Diese Forderungen standen in Zusammenhang mit der Entstehung des spätabsolutistischen Wohlfahrts- und Obrigkeitsstaates. Sozialdisziplinierung der Bevölkerung, das heißt hier Erziehung durch staatliche Maßnahmen, gehörte zu den Leitideen des Absolutismus.[3] Mit sogenannten Polizeiordnungen griffen die Obrigkeiten in die verschiedensten Bereiche des Privatlebens ein. Hintergrund dafür war der Wunsch nach einem mächtigeren Staat. Eine wachsende, gesunde und fleißige Bevölkerung und abnehmende Sterblichkeit sollten als Grundlage für ein höheres Steueraufkommen und eine größere Armee dienen und Macht und Reichtum des Staates vermehren.[4]

Gesundheit wurde so zu einem politischen Problem; gesundheitliche Aufklärung der Bevölkerung zum Anliegen von Wirtschaftstheoretikern und Ärzten.[5] Zahlreiche Publikationen erschienen mit Überlegungen, wie man der Bevölkerung gesundheitliche Normen beibringen und gleichzeitig deren Einhaltung überwachen könne. Das berühmteste Beispiel ist das „System einer vollständigen medicinischen Polizey"[6] von Johann Peter Frank (1745–1821), dessen erster Band (von sechs) 1779 veröffentlicht wurde. Es richtete sich an „die Vorsteher menschlicher Gesellschaften"[7] und enthielt zahlreiche Vorschläge, wie das Gesundheitswesen durch gesetzliche Vorschriften und Kontrollmaßnahmen von Behörden verbessert werden sollte. Denn: „Nur eine gesunde Bevölkerung ist dem Staate erwünschlich"[8].

Einleitungsverse aus dem Gesundheitskatechismus von Bernhard Christoph Faust:

„Des Leibes warten und ihn nähren, Das ist, o Schöpfer, meine Pflicht. Muthwillig seinen Bau versehren, Verbietet mir dein Unterricht. O stehe mir mit Weisheit bey, Daß diese Pflicht mir heilig sey!

Sollt ich mit Vorsatz das verletzen, Was zur Erhaltung mir vertraut? Sollt ich gering den Körper schätzen, Den du, als Schöpfer, selbst erbaut? Weß ist mein Leib? Er ist ja dein; Sollt ich denn sein Zerstöhrer seyn?

Ihn zu erhalten, zu beschützen, Giebst du mit milder Vaterhand, Die Mittel, die dazu uns nützen; Und zum Gebrauch giebst du Verstand. Dir ist die Sorge nicht zu klein. Wie sollte sie denn mir es seyn?

Gesunde Glieder, muntre Kräfte, O Gott! wie viel sind die nicht werth! Wer taugt zu des Berufs-Geschäfte, Wenn Krankheit seinen Leib beschwert? Gesundheit und ein heitrer Muth, Sind ja der Erde größtes Gut!

So laß mich denn mit Sorgfalt meiden, Was meines Körpers Wohlseyn stört! Daß nicht, wenn seine Kräfte leiden, Mein Geist den innern Vorwurf hört: Du selbst bist Störer deiner Ruh; Du zogst dir selbst dein Uebel zu.

Laß jeden Sinn und alle Glieder, Mich zu bewahren, achtsam seyn! Drückt mich die Last der Krankheit nieder, So flöße selbst Geduld mir ein! Gewähr auch dann mir guten Muth, Und segne, was der Arzt dann thut!"[9]

Im aufgeklärten Bürgertum des 18. Jahrhunderts wurde Gesundheit zu einem wichtigen neuen Wert. Da nur gesunde Bürger der Allgemeinheit dienen konnten, wurde „hygienisches", d.h. gesundheitserhaltendes Verhalten zur Pflicht für den einzelnen.[10] Gesundheit wurde zum Synonym für Leistungsfähigkeit, Disziplin und Rationalität. Mit dieser Einstellung setzte sich das Bürgertum von der Lebensweise des Adels ab, die als ausschweifend, verweichlichend und dekadent kritisiert wurde.[11]

Hygiene wurde zur Norm für bürgerliches Verhalten. Dadurch erfuhr sie auch eine sittliche Wertung. Wer nicht gesund lebte, verhielt sich unvernünftig und deshalb moralisch falsch. Viele der zeitgenössischen Publikationen zum Thema Gesundheit betonten nachdrücklich den Zusammenhang von Hygiene und Moral, so zum Beispiel Bernhard Christof Faust (1755–1842) in seinem Gesundheitskatechismus von 1792:

„Können wir wohl die Vollkommenheit und Glückseligkeit unserer Seele befördern, wenn wir nicht auch für unsern Körper sorgen? – Nein, Gott hat Seele und Körper so innig mit einander verbunden, daß durch eine vernünftige Sorge für den Körper auch die Vollkommenheit und die Glückseligkeit der Seele befördert wird."[12]

Gesundheitspflege wurde zur allgemeinverbindlichen, vernünftigen und sittlichen Verhaltensverpflichtung, gleichzeitig diente sie aber auch als „genuin bürgerliche Tugend"[13] der sozialen Abgrenzung und dem Selbstverständnis des aufgeklärten Bürgertums.[14]

Das Erscheinen zahlreicher Veröffentlichungen zum Thema Gesundheitsaufklärung zeigt die Popularität des Themas Hygiene. Christoph Wilhelm Hufelands (1762–1836) im Jahr 1796 erschienene „Makrobiotik oder die Kunst, das menschliche Leben zu verlängern" wurde zu einem wahren Bestseller.[15] Hufeland betonte den moralischen Aspekt von Gesundheit: Er versicherte, daß

„physische und moralische Gesundheit so genau verwandt sind wie Leib und Seele. Sie fließen aus gleichen Quellen, schmelzen in eins zusammen, und geben vereint erst das Resultat der veredelten und vollkommensten Menschennatur."[16]

Ein anderes Mittel der Erziehung des Bürgertums zu gesunder Lebensweise waren populärmedizinische Zeitschriften mit Titeln wie „Arzteneien", „Arzt der Frauenzimmer", „Diätetisches Wochenblatt", „Medicinische Unterhaltungen", „Die deutsche Gesundheitserziehung", „Miscellaneen für Freunde der Heilkunde" oder „Der Gesundheitstempel".[17] Auch die ‚Moralischen Wochenschriften'[18] des Bürgertums nahmen Beiträge zur Gesundheitserziehung auf.

Der 1792 erschienene „Entwurf zu einem Gesundheits-Katechismus, der, mit dem Religions-Katechismus verbunden, für die Kirchen und Schulen der Grafschaft Schaumburg-Lippe ist entworfen worden" von Bernhard Christof Faust war zwei Jahre nach seinem Erscheinen bereits in einer Auflage von 80.000 Exemplaren verkauft worden.[19] Er wurde in vielen Schulen als Lehrbuch eingeführt.[20]

Gesundheitskatechismen wie der von Faust dienten auch zur Erziehung und Belehrung der Landbevölkerung. Im Zuge der ‚Volksaufklärung' sollten die bäuerlichen Familien über richtige Erziehung, Krankenpflege, Ernährung und Haushaltsführung unterrichtet werden.²¹ Die Ärzte hegten Mißtrauen gegenüber deren volksmedizinischen Praktiken, die meist als Kurpfuscherei tituliert wurden, und versuchten über Schulen, Ärzte und Behörden die ländlichen Familien in ihrem Sinne aufzuklären. Wichtigstes Medium waren hier Kalender und Bücher, die – wie die frühere Hausväterliteratur – neben Wetterregeln, Astrologie und religiösen Inhalten gesundheitliche Ratschläge enthielten.²²

All diese Versuche führten jedoch zunächst nicht sehr weit. Problematisch war die Durchführung einer umfassenden Kontrolle des Gesundheitsverhaltens der Bevölkerung, wie es Johann Peter Frank und andere gewünscht hatten. Die allgemeine Verbreitung der Hygienestandards der Ärzte scheiterte an den praktischen Durchsetzungsmöglichkeiten.²³

Der wissenschaftliche Diskurs um Hygiene

Gegen Mitte des 19. Jahrhunderts erfuhr die Diskussion über die Gesundheitserziehung der Bevölkerung neuen Auftrieb. Man erkannte, daß die sozialen Zustände Einfluß auf die Gesundheit und die Verbreitung von Krankheiten haben können. Dies hatte zur Folge, daß sich in den 1840er Jahren die sogenannte „Medizinalreformbewegung" ausbreitete.²⁴ In zahlreichen Schriften wurde die Einrichtung eines Systems der öffentlichen Gesundheitspflege gefordert.

Die Ärzte der Medizinalreform verlangten nicht nur Reformen bezüglich der Gesundheit der Bevölkerung, sondern auch die Änderung der gesamten Lebensbedingungen. Rudolf Virchow (1821–1902), der bekannteste Vertreter dieser Bewegung, nannte die Medizin deshalb eine „sociale Wissenschaft"²⁵. Unter Anleitung der Ärzte, der „natürlichen Anwälte der Armen"²⁶, sollte der Staat Maßnahmen für die Erhaltung der Gesundheit der gesamten Bevölkerung ergreifen, die Medizin als objektive Wissenschaft die Methoden dafür liefern. In einem demokratischen Staat sollte sie die Grundlage für das Wohlergehen aller Bürger sein: „Politik ist nichts weiter als Medicin im Grossen"²⁷.

Mit dem Scheitern der Revolution von 1848/49 gingen diese sozialen Ideen zunächst unter. Die medizinische Forschung wurde jedoch weiter betrieben. Vor allem die Entdeckungen der wissenschaftlichen Hygiene auf dem Gebiet der Seuchenbekämpfung waren von großer Bedeutung. 1848–1850 und 1866/67 hatte Europa noch einmal zwei große Cholera-Epidemien erlebt. Die Angst vor Ansteckung war groß.²⁸ Aufgrund der Theorien des Arztes Max Pettenkofer (1818–1901)²⁹, der den Zusammenhang zwischen der Verunreinigung von Wasser, Boden und Luft und den großen Seuchen postulierte, leiteten viele deutsche Städte öffentliche Sanierungsmaßnahmen ein. Der Bau eines Kanalisationssystems stand im Mittelpunkt dieser Sanierungspolitik.

Trotz interner Streitigkeiten über die Ursachen von Krankheitsverbreitung (so der Streit zwischen Pettenkofer und Robert Koch [1845–1910] über die Entstehung von Seuchen und die Bakteriologie) etablierte sich die Hygiene als offizielle medizinische Disziplin. Pettenkofer erhielt 1865 den ersten Lehrstuhl für Hygiene in München, 1867 existierten bereits an drei weiteren deutschen Universitäten (Würzburg, Erlangen und Göttingen) solche Lehrstühle.³⁰

Die Idee der „Staatsarzneykunde" – die Forderung nach obrigkeitlichen Maßnahmen für die Volksgesundheit, von Johann Peter Frank und anderen Ärzten des 18. Jahrhunderts formuliert – wurde wieder aufgegriffen. Die fortschreitende Industrialisierung und die Verelendung der Arbeiterschaft hatten gezeigt, daß Hygiene schon allein wichtig war, um die volkswirtschaftliche Leistungsfähigkeit zu erhalten. Meyers Konversationslexikon konstatierte 1890 unter dem Stichwort „Gesundheitspflege, öffentliche":

„Auf der Gesundheit beruht die geistige und wirtschaftliche Produktionskraft des Einzelnen wie des ganzen Volkes. (…) Der Kranke leistet nichts für die Gesamtheit, er wird häufig sogar zu einem störenden und lästigen Element für diese."³¹

Der Begriff der „sozialen Hygiene" verbreitete sich und damit die Diskussion über staatliche Maßnahmen zur Gesundheitserhaltung und -erziehung der Bevölkerung.

Die wissenschaftliche Etablierung und die zu verzeichnenden Fortschritte machten Hygiene zum vermeintlich neutralen, objektiven Wert. Die bürgerliche Wissenschaft setzte Normen für das soziale Verhalten der Bevölkerung, das der Erhaltung der eigenen Gesundheit dienen sollte.³² Sie lieferte damit ein Mittel, in das Leben der Individuen einzugreifen. Hygiene wurde zur Legitimation für Verhaltenskontrolle durch Staat und Erzieher. Wissenschaftlich bewiesene und damit scheinbar unangreifbare hygienische Vorschriften konnten als Mittel für den Zugriff über den Körper auf das Leben der einzelnen eingesetzt werden.

Erziehung zu gesunder Lebensweise

Da die Medizin als eine wertfreie Wissenschaft galt, sollten ihre Normen zur Verhaltensverpflichtung für alle werden. Wie schon im 18. Jahrhundert wurde Zuwiderhandeln als ein Verstoß gegen besseres Wissen angesehen. Das Recht auf Gesundheit wurde zur „Pflicht zur Gesundheit"[33]. So stellte zum Beispiel der Arzt Friedrich Oesterlen in seinem 1851 erschienen „Handbuch der Hygieine" fest:

> „Es ist daher Pflicht der Selbsterhaltung für jeden Einzelnen sowohl als für eine ganze Bevölkerung, für den Staat, allen jenen Bedingungen der Gesundheit und Wohlfahrt, welche uns die Wissenschaft überhaupt und die Hygieine insbesondere zu diesem Behuf geordnet und verbunden an die Hand gibt, nach Kräften und mit Consequenz nachzukommen."[34]

Der Versuch zur Verbreitung dieser Normen wird heute als „Medikalisierung" bezeichnet. Die Medikalisierung zielte nicht nur auf den Körper des Menschen ab, sondern auch auf die Umgestaltung seines gesamten Lebens und Bewußtseins.[35]

Die Hygieniker sahen sich als „Volkslehrer"[36], die das Volk zu „vernünftiger Lebensweise"[37] erzogen. Seit 1859 veröffentlichte die bürgerliche Familienzeitschrift „Über Land und Meer" populärmedizinische Aufsatzreihen zur Belehrung und Erziehung ihrer Leser und Leserinnen.[38] Auch das populärste deutsche Familienblatt, „Die Gartenlaube", publizierte Beiträge zur Hygiene. Der Arzt Carl Ernst Bock (1808–1874) schrieb regelmäßig Artikel über Gesundheit und hygienisch richtiges Verhalten für die „Gartenlaube". Bock verfaßte 1854 einen Ratgeber, „Das Buch vom gesunden und vom kranken Menschen", der bis 1904 17 Auflagen erlebte.[39] Auch Pettenkofer und Virchow verfaßten zeitweilig Artikel für die Gesundheitsrubrik der „Gartenlaube".

1873 wurde der „Deutsche Verein für öffentliche Gesundheitspflege" ins Leben gerufen. 1900 gründete sich der „Deutsche Verein für Volkshygiene", der die „Blätter für Volksgesundheitspflege" veröffentlichte, in denen Überlegungen und Berichte über „Volksgesundheitsaufklärung" zu lesen waren. 1882/83 fand die erste „Allgemeine deutsche Hygiene-Ausstellung" in Berlin statt. Wichtige Themen waren auch die Ausbildung von Lehrern, die in den Schulen hygienisches Verhalten vermitteln sollten[40], sowie populäre Vorträge von Ärzten in den Volkshochschulen und an den Universitäten.

Vor allem die unteren Schichten waren Ziel dieser Bemühungen. Neben der Ausdehnung und Intensivierung der medizininschen Versorgung durch Ärzte und Krankenhäuser wollte man mit den sozialen Verhältnissen auch das Bewußtsein, das heißt Werte und Einstellungen der Arbeiterfamilien ändern. Für die Arbeiterinnen stellten diese Bemühungen die größte Belastung dar, da von ihnen erwartet wurde, daß sie die hygienischen Anforderungen durch Arbeit und Erziehung in ihren Familien verwirklichten.[41] Indem die Sozialhygieniker versuchten, den unteren Schichten die medizinischen Verhaltensnormen beizubringen, wollten sie sie an die bürgerliche Lebensweise heranführen. Gesundheit diente so der Verhaltensregulierung.[42] Die Arbeiterschaft wurde von den bürgerlichen Ärzten über die Hygiene sozial diszipliniert.

Die Hygieniker glaubten oft, daß allein durch individuelle Verhaltensänderungen der Gesundheitszustand der Arbeiter und Arbeiterinnen verbessert werden könne. So schlug ein Ratgeber Turnübungen als Ausgleich für zu einseitige Körperhaltung in der Fabrik vor.[43] Ein anderer empfahl, nach der Arbeit die durchschwitzte Kleidung immer zu wechseln.[44] Diese sicher gutgemeinten Ratschläge gingen an den realen Arbeits- und Lebensbedingungen und Möglichkeiten der Unterschichten vorbei.

Wie im 18. Jahrhundert hatte Gesundheit für die Hygieniker moralische Implikationen. Oesterlen schrieb über die Hygiene:

> „Ihre Bedeutung muss aber durch die weitere Thatsache noch unendlich gewinnen, dass sogar Sittlichkeit, ächte Bildung und Menschlichkeit einer Bevölkerung und ihrer verschiedenen Classen grossentheils abhängen von der jeweiligen Gestaltung ihrer Lebens- und Gesundheitsverhältnisse."[45]

Auch Max Pettenkofer betonte in seinen Vorträgen den Zusammenhang von „sittlicher" Lebensweise und Gesundheit:

> „Der Werth eines geordneten und soliden Familienlebens ist für die öffentliche Gesundheit von der allergrößten Bedeutung (…). Zügellose, unsittliche und unmoralische Menschen untergraben sehr häufig ihre Gesundheit nicht bloß zum eigenen Schaden, sondern auch zum Nachteil ihrer Angehörigen und Nachkommen (…). Reinlichkeit und Sittlichkeit in allen Beziehungen soll auch unser Wahlspruch sein."[46]

So wurde zum Beispiel über den sittlichen Verfall der Arbeiterfamilien aufgrund ihres engen Zusammenlebens geklagt. Schlafgänger seien ein Zeichen dafür.[47] Nicht nur gesundheitliche, auch moralische Erwägungen spielten eine Rolle bei der Beurteilung der Situation der Arbeiterfamilien:

> „Das dichte Zusammenwohnen der Menschen, die sich untereinander völlig fremd sind, ist nicht nur bloß aus sanitären Gründen zu verwerfen, sondern es bietet dieses Konglomerat so verschiedener, unter einander gewürfelter Elemente zugleich auch die höchste Gefahr für die Sittlichkeit."[48]

Am Hygiene-Diskurs des 19. Jahrhunderts beteiligten sich nicht nur Ärzte, bürgerliche Vereine und Sozialhygieniker, sondern auch die Anhänger der Lebensreform. Diese Bewegung entstand in der zweiten Hälfte des 19. Jahrhunderts. Ihre Kritik richtete sich gegen die Folgen und Bedingungen der modernen Zivilisation. Sie forderten die Rückkehr zu „natürlicher Lebensweise". Obwohl sie die naturwissenschaftliche Medizin ablehnten[49], zielten ihre Reformbestrebungen wie in der allgemeinen Hygiene nicht nur auf die Heilung des Körpers, sondern auf eine Veränderungen des gesamten Menschen, ja sogar der gesamten Gesellschaft. Auch die Lebensreformbewegung betonte den moralischen Aspekt von Gesundheit, indem sie behauptete, daß mit der körperlichen Reinigung immer eine seelische einherginge.[50]

Für die Hygieniker und die Lebensreformer stand der Aspekt der Reinigung, und zwar der äußerlichen und innerlichen, an zentraler Stelle. Dies ist die Ursache dafür, daß heute in der Umgangssprache „Hygiene" mit „Sauberkeit" gleichgesetzt wird, obwohl sie ursprünglich „Gesundheitslehre" im weitesten Sinne meint.

„Die Mode darf nie die Oberherrschaft erringen"[51]

Das neue Bedürfnis nach Gesundheit wurde für die Hygieniker jetzt auch zur bestimmenden Kategorie für Kleidung.[52] Reinlichkeit war neben der Form der Kleidung die wichtigste Forderung. Oesterlen warnte zum Beispiel davor, beim Trödler erstandene Kleidung zu tragen, ohne diese vorher zu waschen zu haben.[53] Gustav Jaeger, Zoologe, Hygieniker und Kleiderreformer (1832–1917), verband mit seiner Seelentheorie sogar die äußerliche und innerliche Reinigung des Menschen durch bestimmte – wollene – Kleidung.[54]

Das Anliegen der Kleiderhygiene war von der Kritik an der herrschenden Mode bestimmt. Max Pettenkofer beschwerte sich in einem öffentlichen Vortrag:

> „Im gewöhnlichen Leben wird die grosse culturgeschichtliche physiologische Bedeutung der Bekleidung fast gar nicht mehr beachtet, man spricht gewöhnlich bloss von den sittlichen und ästhetischen Zwecken, welche mit der Kleidung nebenbei verfolgt werden, der eigentliche Hauptzweck derselben aber, welcher ein rein hygienischer ist, wird nur selten besprochen. Ich halte das für ein Uebel, denn es hat dieses Vergessen der Hauptsache die Menschen allmälig zu sehr unter die Herrschaft von Nebensachen gebracht, sie lassen sich unter Umständen viel mehr von der jeweiligen Sitte und Mode als von der Zweckmäßigkeit der Kleidung bestimmen. Sittlichkeit und Schönheit sind nicht von Kleidern abhängig, können nicht mit Kleidern hervorgerufen und nicht damit erhalten werden, diese grossen Eigenschaften könnten auch ohne alles Gewand bestehen ..."[55]

Nicht die Mode, sondern die Erkenntnisse der Wissenschaft sollten bestimmen, welche Kleidung wie getragen würde. Richtige Kleidung war gesund und „zweckmäßig".

Die Empörung eines Hygienikers über die Modeerscheinungen und ihre Folgen ging sogar so weit, daß er vorschlug, eine

> „sehr hohe Steuer auf die Schleppenkleider der Damen zu setzen, welche dadurch, dass sie den Staub aufwirbeln, den höchsten Nachteil denen bringen, welche gezwungen sind, denselben wider Willen einzuatmen"[56].

Hygiene hatte sich als Wertmaßstab durchgesetzt. Der „Homo hygienicus"[57], der seine Lebensführung gänzlich nach gesundheitlichen Prinzipien ausrichtet, war das neue Leitbild.

Anmerkungen

1   Stinde, Julius: Familie Buchholz. Aus dem Leben der Hauptstadt. (1884) Frankfurt 1974: 171.
2   Frevert, Ute: „'Fürsorgliche Belagerung': Hygienebewegung und Arbeiterfrauen im 19. und frühen 20. Jahrhundert." In: Geschichte und Gesellschaft 11 (1985): 420–446, hier: 421f.
3   Siehe dazu Oestreich, Gerhard: Strukturprobleme des europäischen Absolutismus. In: Vierteljahresschrift für Sozial- und Wirtschaftsgeschichte 55 (1968): 329–347. Zum Begriff der Sozialdisziplinierung siehe auch Breu-

er, Stefan: Sozialdisziplinierung. Probleme und Problemverlagerungen eines Konzepts bei Max Weber, Gerhard Oestreich und Michel Foucault. In: Sachße, Christoph/Tennstedt, Florian (Hrsgg.): Soziale Sicherheit und soziale Disziplinierung. Beiträge zu einer historischen Theorie der Sozialpolitik. Frankfurt 1986: 45–69.
4   Bleker, Johanna: Der gefährdete Körper und die Gesellschaft – Ansätze zu einer sozialen Medizin zur Zeit der bürgerlichen Revolution in Deutschland. In: Imhof, Arthur E. (Hrsg.): Der Mensch und sein Körper. Von der Antike bis heute. München 1983: 226–242, hier: 230; Frevert, Ute: Krankheit als politisches Problem 1770–1880. Soziale Unterschichten in Preußen zwischen medizinischer Polizei und staatlicher Sozialversicherung. Göttingen 1984: 23–28.
5   Bleker 1983 [wie Anm. 4]: 230.
6   Unter „Polizey" wurde die Verwaltung verstanden.
7   Frank, Johann Peter: System einer vollständigen medizinischen Polizey. Band 1. Mannheim 1779: VIII.
8   Ebd.: 93.
9   Faust, Bernhard Christoph: Gesundheitskatechismus zum Gebrauche in den Schulen und beym häuslichen Unterrichte. Bückeberg 1794 (Faksimile Stuttgart 1954): 7.
10 Siehe Kaschuba, Wolfgang: „Deutsche Sauberkeit" – Zivilisierung der Körper und der Köpfe. Nachwort in: Vigarello, Georges: Wasser und Seife, Puder und Parfum. Geschichte der Körperhygiene seit dem Mittelalter. Frankfurt/New York 1988: 287–321, hier: 314.
11 Frevert 1984 [wie Anm. 4]: 33.
12 Faust 1794 [wie Anm. 9]: 9.
13 Frevert 1984 [wie Anm. 4]: 35.
14 Siehe Göckenjan, Gerd: Kurieren und Staat machen. Gesundheit und Medizin in der bürgerlichen Welt. Frankfurt/M. 1985: 90f.
15 Alber, Wolfgang: Leib – Seele – Kultur. Diätetik als Modell sozialer Wirklichkeit. Skizzen zur Ideen- und Wirkungsgeschichte. In: Jeggle, Utz u.a. (Hrsgg.): Tübinger Beiträge zur Volkskultur. Tübingen 1986: 29–49, hier: 40.
16 Hufeland, Christoph Wilhelm: Makrobiotik oder die Kunst, das menschliche Leben zu verlängern. (1796) München 1984: 14.
17 Schipperges, Heinrich: Geschichte und Gliederung der Gesundheitserziehung. In: Blohmke, Maria (u.a.) (Hrsg.): Handbuch der Sozialmedizin. 2. Band: Epidemiologie und präventive Medizin. Stuttgart 1977: 550–567, hier: 558f.
18 Moralische Wochenschriften waren in der Aufklärungszeit vor allem vom Bürgertum gelesene Zeitschriften, die über aufklärerisches Gedankengut belehren und ihre Leser sittlich erziehen sollten.
19 Fischer, Alfons: Geschichte des deutschen Gesundheitswesens. Band 2. Berlin 1933: 50f.
20 Frevert 1984 [wie Anm. 4]: 53.
21 Vgl. Lichtenberg, Heinz Otto: Unterhaltsame Bauernaufklärung. Ein Kapitel Volksbildungsgeschichte. Tübingen 1970.
22 Frevert 1984 [wie Anm. 4]: 49–55.
23 Ebd.: 66f.
24 Ebd.: 144; Bleker 1983 [wie Anm. 4]: 232.
25 Virchow, Rudolf: Gesammelte Abhandlungen aus dem Gebiete der öffentlichen Medicin und der Seuchenlehre, Band 1. Berlin 1879: 34 (zit. in Bleker 1983 [wie Anm. 4]: 233).
26 Zit. nach Frevert 1984 [wie Anm. 4]: 142.
27 Virchow 1879: 34.
28 Goudsblom, Johan: Zivilisation, Ansteckungsangst und Hygiene. Betrachtungen über einen Aspekt des europäischen Zivilisationsprozesses. In: Gleichmann, Peter u.a. (Hrsgg.): Materialien zu Norbert Elias' Zivilisationstheorie. Frankfurt 1979: 215–252, hier: 240.
29 Pettenkofer war der erste Professor für Hygiene in Deutschland. Er setzte sich intensiv für die hygienische Belehrung der Bevölkerung ein, lieferte die Grundlagen für hygienische Verbesserungen in den deutschen Städten und begründete die moderne wissenschaftliche Hygiene.
30 Labisch, Alfons: Hygiene ist Moral – Moral ist Hygiene. Soziale Disziplinierung durch Ärzte und Medizin. In: Sachße/ Tennstedt 1986 [wie Anm. 3]: 265–285, hier: 274; Fischer 1933 [wie Anm. 19]: 444.
31 Meyers Konversationslexikon 1890: 257.
32 Siehe Labisch 1986 [wie Anm. 30]: 275f.
33 Ebd.: 280; siehe auch Ders.: Homo hygienicus: soziale Konstruktion von Gesundheit. In: Wagner, Franz (Hrsg.): Medizin. Momente der Veränderung. Berlin 1989: 115–138, hier: 133f.
34 Oesterlen, Friedrich: Handbuch der Hygieine für den Einzelnen wie für eine Bevölkerung. Tübingen 1851: 9.
35 Zum Begriff der Medikalisierung siehe: Foucault, Michel: La politique de la santé au XVIIIe siècle. In: Ders. (u.a.): Les machines à guérir. Aux origines de l'hôpital moderne. Paris 1976: 11–21, zit. in Frevert 1984 [wie Anm. 4]: 340, Anm. 5. Zum gleichen Thema auch Foucault, Michel: Die Geburt der Klinik. Eine Archäologie des ärztlichen Blicks. Frankfurt/M. 1988.
36 Reclam, Carl: Das Buch der vernünftigen Lebensweise. Für das Volk zur Erhaltung der Gesundheit und Arbeitsfähigkeit. Eine populäre Hygiene. Leipzig/Heidelberg 1863: IV.
37 Ebd.: III.
38 Mann, Gunter: Die Familienzeitschrift „Über Land und Meer" und die Medizin im 19. Jahrhundert. Diss. 1952 (Nachdr. Frankfurt/M. 1956).
39 Fischer 1933 [wie Anm. 19]: 366.
40 Siehe Burgstein, Leo: Mittel zur Verbreitung hygienischer Kenntnisse in der Bevölkerung. In: Zeitschrift für Schulgesundheitspflege 10 (1897): 465–496.
41 Siehe dazu den Beitrag von Birgit Geiger „Berufung zur Mütterlichkeit" in diesem Band.
42 Vgl. Labisch 1989 [wie Anm. 33]: 121.
43 Reclam 1863 [wie Anm. 36]: 242, 252–256.
44 Blank, Richard (Hrsg.): Das häusliche Glück. Mönchen-Gladbach/Leipzig ¹¹1882 (Reprint München 1975): 98.
45 Oesterlen 1851 [wie Anm. 34]: 9.
46 Pettenkofer, Max (1873), zit. in Fischer 1933 [wie Anm. 19]: 360.
47 Mönkemeyer, Klaus: Sauberkeit, Schmutz und Körper. Zur Sozial- und Kulturgeschichte der Sauberkeit zwischen Reichsgründung und Erstem Weltkrieg. Diss. Marburg 1988: 378–380. Schlafgänger waren Untermieter, die kein Zimmer, sondern nur ein Bett mieteten.
48 Hasse, Ernst: Die Wohnungsverhältnisse der ärmeren Volksklassen. In: Schriften des Vereins für Socialpolitik. Leipzig 1886: 345, zit. nach Mönkemeyer 1988 [wie Anm. 47]: 380.
49 Huerkamp, Claudia: „Medizinische Lebensreform im späten 19. Jahrhundert. Die Naturheilbewegung als Protest gegen die naturwissenschaftliche Universitätsmedizin." In: Vierteljahrsschrift für Sozial- und Wirtschaftsgeschichte 73 (1986): 158–182, hier: 160.
50 Frecot, Janos: Die Lebensreformbewegung. In: Vondung, Klaus (Hrsg.): Das wilhelminische Bildungsbürgertum. Zur Sozialgeschichte seiner Ideen. Göttingen 1976: 138–152, hier: 141.
51 Pettenkofer, Max von: Beziehungen der Luft zu Kleidung, Wohnung und Boden. Drei populäre Vorlesungen gehalten im Albert-Verein zu Dresden am 21., 23. und 25. März. Braunschweig ³1873: 35.
52 Siehe dazu den Beitrag von Susanne Kühl „Durch Gesundheit zur Schönheit" in diesem Band.
53 Oesterlen 1851 [wie Anm. 34]: 640f.
54 Zu Jaegers Seelentheorie siehe den Aufsatz „Variatio delectat et roborat ..." in diesem Band.
55 Pettenkofer 1873 [wie Anm. 51]: 17f.
56 Rohlfs, H.G.: Über das Wechselverhältnis der Nationalökonomie zur Hygiene in seiner historischen Ausbildung. In: Deutsches Archiv für Geschichte der Medizin.1878: 95, zit. in Mönkemeyer 1988 [wie Anm. 47]: 159.
57 Labisch 1989 [wie Anm. 33]: 116.

Susanne Kühl

Durch Gesundheit zur Schönheit

Reformversuche in der Frauenkleidung um 1900

Die Initiative zur Entwicklung einer Reformkleidung für Frauen um 1900 entsprang der vielfachen Kritik an der herrschenden Damenmode, besonders am gesundheitsschädlichen Korsett. Ärzte, Künstler, Sozialreformer und Frauenrechtlerinnen beteiligten sich an der Reformbewegung, und in ganz Europa bildeten sich Frauenvereine zur Verbesserung der weiblichen Kleidung.

In Deutschland wurden sogenannte Reformkleider ab 1898 propagiert und von gesundheitsbewußten Frauen bis etwa 1910 getragen.[1] Auch wenn sie im Gegensatz zur offiziellen Mode standen und nur eine begrenzte Verbreitung erfuhren, setzten sich schließlich nach dem Ersten Weltkrieg die mit ihnen zum Ausdruck gebrachten Forderungen nach einer einfacheren und zweckmäßigen Kleidung durch.

Die Mode der Jahrhundertwende unter dem Einfluß des Korsetts

In der Mode des ausgehenden 19. Jahrhunderts wurde der weibliche Körper wie eine Skulptur behandelt, die man beliebig modellieren konnte. Egal ob schlanke oder üppige Hüften, ob eine kleine, eine große oder eine zu einem Kissen zusammengeschobene Büste als schön empfunden wurden: mit Hilfe des Korsetts ließen sich die Launen der Mode erfüllen.[2]

Kennzeichnend für die Frauenkleidung waren eine den Körper einengende Schnittführung, die Brust, Gesäß und Hüften besonders betonte, eine verschwenderische Materialfülle sowie reichhaltige Verzierungen. Eine Zeitgenossin beschrieb diese Mode folgendermaßen:

„Die Frau von 1900 war eine Märtyrerin, die mit heldenhaftem Lächeln Leiden erduldete und verbarg. Damals mußte man vor allem ‚Taille' haben; die ideale Taille war jene, die von zwei normal großen Händen umspannt werden konnte. Sie wurde folgendermaßen erzielt: Man zog das Korsett ungeschnürt an, dann preßte man beide Arme fest in die Seiten, hielt den Atem an, und die Kammerzofe zog mit Leibeskräften an den Korsettschnüren. Nun kam eine kleine Pause, man holte Atem, und die Kammerjungfer sammelte neue Kräfte.
Die Prozedur wurde abermals wiederholt, und nun wurde das Kleid, das reichlich mit Fischbeinen versehen war, angezogen. An der Taille gab es ein festes Band mit Haken und Ösen. Meistens ging das Band nicht zu, und dann wurde abermals an den Korsettschnüren gezogen, bis das Kleid sich endlich schließen ließ. Die Frisur nahm etwa eine Stunde in Anspruch. Zahllose kleine und große Haarnadeln hielten echte und falsche Locken und Zöpfe fest. Dann wurde der Riesenhut aufgesetzt, und Hutnadeln wurden hineingesteckt. Oft waren die Hüte nur auf einer Seite mit Blumen und Vögeln garniert, so daß das ganze Gewicht auf eine Stelle drückte. Nach zehn Minuten bekam man Kopfschmerzen, das Korsett ließ einen nicht atmen, die Kragenstäbchen bohrten sich in den Hals ein, die ungeheuren Ballonärmel hinderten jede freie Bewegung. So gingen

die Frauen heldenhaft lächelnd auf die Promenade und hielten in der rasch ermüdenden Hand die Schleppe hoch."³

Das Zitat beschreibt allerdings nur die Sichtweise einer Frau aus den oberen Schichten. Es erscheint ihr ganz selbstverständlich, daß eine Kammerzofe beim Schnüren behilflich ist. Diese Damen hatten zumindest den Vorteil, sich ein gut sitzendes Korsett leisten zu können. Für die meisten Frauen waren die individuell angefertigten Korsetts aus den Modeateliers jedoch unerschwinglich.

Arbeiterinnen konnten sich erst im Laufe der letzten Jahrzehnte des 19. Jahrhunderts ein Korsett aus der Fabrik leisten. Zuvor hatten sich viele Frauen ihre Schnürmieder selbst genäht – eine Beschäftigung, die ursprünglich ebenso zu den weiblichen Hausfleißberufen⁴ gehörte wie das Sticken oder Schneidern. Falls eine Frau kein Korsett besaß, aber dennoch die Wespentaille der eleganten Damen nachahmen wollte, so schnürte sie ihre Unterrockbänder so fest um die Taille, daß sich mit den Jahren eine tiefe Furche eingrub.⁵

Um 1906 verdiente eine Näherin in der Fabrik bei zehnstündiger Arbeitszeit am Tag durchschnittlich 2 bis 2,50 Mark. Ein Korsett sehr mäßiger Qualität kostete damals etwa 1,80 bis 3 Mark. Mußte 1865 noch ein Wochenlohn für ein solches Korsett bezahlt werden, so reichte nun ein Tagesverdienst. Das Korsett aus der Fabrik – natürlich nur in seiner einfachsten Ausführung – wurde zum Allgemeingut.⁶

Unter den Schäden, die durch die schlechte Qualität der billigen Fabrikware verursacht wurden, hatten deshalb vor allem die Frauen der unteren Schichten zu leiden. Eine Modejournalistin wies 1903 auf dieses Problem hin:

„Unsere Köchinnen und jungen Fabrikarbeiterinnen brechen fast in der Mitte ab, bei all ihrem harten Tagewerk. Die feine Taille ist das Einzige, was sie außer der zierlichen Frisur den reichen Damen nachmachen, das Einzige, wodurch sie sich vor weniger cultivierten Genossinnen auszeichnen können. Sie kaufen sich ihren Schnürleib beim Gewürzkrämer, beim Strumpfwirker oder sonst einem derartigen Sachverständigen und achten einzig und allein darauf, daß er schön rosenrot und himmelblau mit seidenen Bändchen ist und so billig als möglich. Ist er nicht enge genug, dann geben sie ihn ganz gewiß nach der Anprobe zurück; andernfalls aber verbringen sie darin ihren ganzen freien Sonntag-Nachmittag, und dann wird ihnen der Verkäufer natürlich das arg verschwitzte, mageneindrückende, unter die Brüste messerscharf einschneidende Marterwerkzeug nicht mehr zurücknehmen. Deshalb tragen sie es geduldig weiter, und schätzen seine Güte nur danach, ob es vier oder fünf Jahre aushält, und sie tragen es noch Jahr und Tag, auch wenn die stählernen Planken ringsum in der Mitte abgebrochen sind und sich wie Pfeile in ihr armes Fleisch bohren, denn sie haben kein Geld für ein neues Folterwerkzeug, und ohne Mieder gingen sie um keinen Preis der Welt vor die Thüre ..."⁷

Vordergründig ließe sich die weite Verbreitung des Korsetts um 1900 durch die industrielle Anfertigung erklären. Die große Nachfrage konnte

1 Sommerkostüm aus Paris, um 1900.

durch eine serienmäßige Produktion befriedigt werden, die Korsettindustrie entwickelte sich zu einem bedeutenden Industriezweig. Ein Zentrum der Korsettweberei war die Stadt Göppingen in Württemberg, in der um 1850 die erste erfolgreiche Korsettfabrik gegründet worden war. Von hier aus nahm die deutsche Korsettindustrie ihren Aufschwung.[8] Dabei trug sie auch selbst zur Verbreitung dieses Kleidungsstücks in allen Schichten bei, indem die Preise gesenkt und praktische Verbesserungen am Korsett vorgenommen wurden.[9]

Die „diktierte Mode" kann jedoch auch als Ausdruck für das vom Bürgertum geprägte Bild der Frau in der damaligen Gesellschaft interpretiert werden.

Gesellschaftlich und ökonomisch war die Frau vom Manne abhängig. Da man ihre „eigentliche und naturgegebene Aufgabe" in der Rolle der Hausfrau und Mutter sah, war außerhäusliche Arbeit offiziell verpönt. Ihre Abhängigkeit führte zu einer untergeordneten Rolle in der Gesellschaft, die sich unter anderem auch in der Gesetzgebung durch das Fehlen eines öffentlichen Mitsprache- und Wahlrechts manifestierte.[10]

In der Kleidung kam diese Unfreiheit zum Ausdruck. Vom Korsett eingeschnürt und durch den langen Rock gebremst, war die Frau in ihrer Beweglichkeit stark eingeschränkt. Die Aufgabe der bürgerlichen Frauen bestand in der Repräsentation des Reichtums der Familie nach außen.[11] In diesem Zusammenhang galt ihre Unbeweglichkeit sicher auch als ein Zeichen von Luxus.

Geht man davon aus, daß ihre soziale Lage es erforderte, einen Mann zu finden, der sie ernähren konnte, so war die wirksamste Waffe im Kampf um einen Mann ihr Körper. Die Erziehung der jungen Mädchen war zwar auf Anstand, Sitte und Passivität ausgerichtet, doch die Mode gab ihnen die Möglichkeit, mehr oder weniger diskret auf die erotische Anziehungskraft ihrer Körper hinzuweisen.[12] Die Mode präsentierte deshalb die Frauen primär als Geschlechtswesen durch eine Betonung ihrer körperlichen Reize.

Brigitte Stamm weist jedoch darauf hin, daß das propagierte Frauenbild der diktierten Mode im krassen Gegensatz zur Realität des Alltags stand. Die Berufstätigkeit vieler Frauen – auch aus der mittleren Angestellten- und Beamtenschicht – war längst notwendig geworden, da der Verdienst des Mannes allein oft nicht mehr ausreichte, um eine Familie zu versorgen.[13]

Eine Verbesserung der Frauenkleidung ging nur langsam voran. Sie wurde eingeleitet mit der Vereinfachung der Kleidung durch das aus England stammende Kostüm. Dieses gewann immer mehr Anhängerinnen, da es durch seinen praktischen, zweiteiligen Schnitt und in Kombination mit einer Bluse vielseitig verwendbar war.

Mit zunehmender sportlicher Betätigung der Frauen wie dem Radfahren, Bergsteigen und Ten-

2 Dame im Radfahrkleid, um 1900.

nis setzten sich weitere Verbesserungen durch, etwa in den fußfreien Kostümen der Radfahrerinnen, die auch als erste öffentlich Hosen trugen.

Trotzdem blieben diese Neuerungen zunächst nur oberflächlich, selbst beim Sport wurde nicht auf das Korsett verzichtet. Man legte bereits siebenjährigen Mädchen Schnürmieder an, um die Taille beizeiten formen zu können.¹⁴

Paris blieb das Modevorbild und propagierte um 1900 die elegante Dame, die sich auf eine zum Ideal erhobene „schlanke Linie" schnüren ließ. Hierbei wurde die Taille enger denn je geschnürt, ein Umfang von 55 cm war durchaus üblich. Erreicht wurde dieses Ideal durch eine äußerst gesundheitsschädliche Form der Schnürung, das „Sans-Ventre", d.h. „Ohne-Bauch-Korsett". Es formte den Körper zu einer S-Kurve, die den Brustkorb nach vorne drückte, den Bauch dagegen nach hinten schob, so daß bei seitlicher Ansicht eine dem „S" ähnliche Linie entstand.

Erste internationale Reformversuche

Die erste Kritik an der weiblichen Kleidung erfolgte von Seiten der Medizin. Sie richtete sich vor allem gegen das Korsett, aber auch gegen das Gewicht der Kleider, gegen ein zu enges Schuhwerk und gegen Strumpfbänder, die die Waden abschnürten.

Das Ausmaß der durch das Schnüren verursachten Verengung des Brustkorbes wies Samuel Thomas Sömmering bereits 1788 in seiner Abhandlung „Über die Schädlichkeit der Schnürbrüste" anhand des Vergleichs eines geschnürten und ungeschnürten weiblichen Körpers nach. Seit dieser Zeit wurden immer wieder Rufe nach einer Abschaffung des „Marterinstruments" laut.

In Ratgebern und Gesundheitsbüchern sowie in den Zeitschriften der Reformbewegung um 1900 wandten sich die Ärzte direkt an die Frauen. Durch Aufklärung über die gesundheitsschädlichen Folgen des zu engen Schnürens und anhand abschreckender Beispiele aus ihrer Praxis versuchten sie, den Frauen die Notwendigkeit einer vernünftigeren Kleidung zu vermitteln. Der Naturarzt Heinrich Lahmann (1860–1905) beschreibt in seinem Buch „Die Reform der Kleidung" eine von vielen Patientinnen, die täglich zu ihm kamen:

„(...) Es ist eine jetzt 46jährige Frau, die vor 7 Jahren starke, oft unstillbare Blutungen bekam, derenwegen vor 2 Jahren die myomatös entartete Gebärmutter und die Eierstöcke entfernt wurden. Bis auf die natürlich ausbleibenden Blutungen ist aber alles beim alten: Beständige Wallungen, krankhaftes Schwitzen, beständiges Frieren, dauernd träger Stuhlgang und Gemütsverstimmung. Patientin meint, als ich ihre enge Taille mitleidig betrachte, daß sie sich in der Taille sehr weit trage, da sie schlank gebaut sei. Die breiten Hüften strafen sie Lügen; und als ich ihr in Rückenlage zeige, daß das Korsett allein 13 cm zu eng ist, ihr klar mache, daß sie beim Schließen desselben einen Druck von etwa 6 Kilo ausübe, zeige, daß die rechte Niere beweglich ist, daß Blutstauungen im Unterleibe bestehen, da sieht sie es ein, daß sie ein Opfer der verkehrten Kleidung ist (...)."¹⁵

Anhand von empirischen Untersuchungen hatte man festgestellt, daß das Tragen von Schnürkorsetts nicht nur zahlreiche Frauenleiden verursachte, sondern auch zu irreversiblen Deformationen des weiblichen Körpers führte. Zu einem feststehenden Begriff wurde die sogenannte „Schnürfurche".

Die medizinische Forschung um die Jahrhundertwende schrieb der Korsetteinwirkung etwa zwanzig Krankheiten zu, darunter Atemnot, Ohnmachten, Nervosität, Krampfadern, Wanderniere, Schnürleber, Schwäche der Rückenmuskulatur, Entzündungen und Lageveränderungen der Gebärmutter.¹⁶

Neben der Kritik am Korsett wandten die Mediziner sich besonders gegen die Anzahl und das Gewicht der langen Röcke, denn eine Frau trug um 1900 durchschnittlich ungefähr 4,5 kg Kleidung am Leib.¹⁷

Die ersten Ansätze zu einer Veränderung der Frauenkleidung gab es um 1850 in Amerika. Hier setzten sich engagierte Frauen für die Verbesserung der weiblichen Kleidung ein, da sie körperliche Freiheit als Voraussetzung für die Gleichberechtigung ansahen. Bekannt wurde das „Bloomer-Kleid", ein Kostüm, das aus einer knöchellangen Pumphose mit einem kniekurzen Rock darüber bestand. Der Name geht auf Amelia Bloomer zurück, die sich besonders stark für eine vernünftige Frauenkleidung einsetzte.

Es gehörte jedoch für die damalige Zeit viel Mut und eine gehörige Portion Selbstbewußtsein dazu, dieses Kostüm in der Öffentlichkeit zu tragen. Wie sehr seine Trägerinnen dem Spott ihrer Zeitgenossen ausgesetzt waren, geht aus dem Leidensbericht einer „Bloomerin" hervor:

„Wie kleidsam, nett und geschmackvoll Ihre Kleidung auch sein mag, wie ruhig, bescheiden und sittsam Sie Ihrem Geschäfte auch nachgehen mögen, so werden Sie doch von gewöhnlichen Leuten, wie Sie allenthalben an Straßenecken und vor Bierhäusern sich aufhalten, in einer Weise angestarrt werden, daß Ihnen jeder

Tropfen Blut kalt durch die Adern rinnt, und Sie werden so ordinäre und gemeine Bemerkungen zu hören bekommen, daß Sie vor Scham unter die Erde sinken möchten!"[18]

In England entstand 1880 das „Aesthetic Movement", die erste künstlerische Bewegung, die für eine Veränderung der Frauenkleidung eintrat. Durch Rückgriffe auf mittelalterliche Schnittformen wurde eine Neugestaltung der Kleidung versucht. Daneben gründete sich ein Jahr später eine „Rational Dress Society" – eine Gesellschaft für vernünftige Kleidung. Sie machte die herrschende Mode für die erheblichen körperlichen Schäden der Frauen verantwortlich und forderte zunächst eine radikale Veränderung der Unterbekleidung, auf der später eine Reformierung der Oberbekleidung aufbauen sollte. Erste Vorschläge wurden 1883 in einer Ausstellung gezeigt.

Auch in Norwegen und Schweden verbreiteten sich die Ideen der Kleiderreform früher als in Deutschland. Die Norwegerin Christine Dahl hatte die neue Reformkleidung in Amerika kennengelernt und selbst weiterentwickelt. Auf Vortragsreisen durch Skandinavien erläuterte sie deren Vorzüge. Besonders wichtig waren ihr Büstenhalter, ein geschlossenes Beinkleid sowie ein auf den Schultern ruhendes Obergewand. Alle Teile ihrer Reformkleidung ließ sie patentieren.[19]

Die Kleiderreform in Deutschland

In Deutschland erreichte die Diskussion über eine Reform der Frauenkleidung um 1900 ihren Höhepunkt. Sie stand im Zusammenhang mit der sich ausbreitenden Lebensreformbewegung. Die Anhänger dieser Bewegung kritisierten die sozialen Folgen der Industrialisierung und forderten eine Rückkehr zu ganzheitlicher und natürlicher Lebensweise. Ihre Reformen sollten zu einer Erneuerung in allen Lebensbereichen, besonders aber auf dem Gebiet der Ernährung, Kleidung, Wohnung und Gesundheitspflege führen.[20]

Der Frauenkleidung warf man vor, daß sie nur der Repräsentation diene und dabei den von Natur aus schönen Körper der Frau verunstalte. Man forderte eine Veränderung der Kleidung von Grund auf, bei der nur das Natürliche als schön gelten dürfe.[21]

Auf die hygienische Seite einer naturgemäßen Kleidung hatte in den achtziger Jahren des 19. Jahrhunderts schon der Arzt und Kleiderreformer Gustav Jaeger (1832–1917)[22] hingewiesen. Er betonte, wie wichtig die Luftdurchlässigkeit der Kleider sei und empfahl als ideales Material Wolle. Seine Kritiker, wie etwa Heinrich Lahmann, warfen ihm vor, daß die Wollkleidung gesundheitsschädlich sei, da sie die Haut reize. Lahmann hielt stattdessen die Baumwolle für das beste Material. Er genoß ein außerordentliches Ansehen und galt als der umfassendste Vertreter der Naturheilverfahren zu seiner Zeit.[23] Neben der Kleiderreform setzte er sich auch für das Nacktbaden in Lufthütten ein, bei dem der Körper der Sonne und der frischen Luft ausgesetzt und auf diese Weise abgehärtet werden sollte.

3 Entwurf eines Bloomer-Kostüms, um 1855.

Im Licht-Luft-Bad der Naturheilbewegung liegen auch die Wurzeln einer neuen Körperkultur, die um die Jahrhundertwende entstand und aus der später die FKK-Bewegung hervorging.[24] Die Gleichsetzung von Natürlichkeit und Schönheit fand eine weite Verbreitung.

Auch Künstler beteiligten sich an der Reformbewegung und richteten ihre Kritik vor allem gegen die „unnatürliche" Verformung des Frauenkörpers. Der Architekt und Schriftsteller Paul Schultze-Naumburg (1869–1949) leitete 1901 von dieser Seite mit seinem Buch „Die Kultur des weiblichen Körpers als Grundlage der Frauenkleidung" den Kampf gegen Korsett und Schnürschuh ein. Anhand von Abbildungen verglich er Frauenkörper, deren Taille durch das lange Tragen von Korsetts deformiert waren, mit denen von Frauen, die sich nicht schnürten. So hoffte er, seinen Lesern die Notwendigkeit einer reformierten Frauenkleidung möglichst drastisch vor Augen zu führen. Die ideale Körperform sah er jedoch in den Statuen der griechischen Antike, und die Venus von Milo wurde bald zu einem häufig zitierten Schönheitsideal der Kleiderreformer, wie zum Beispiel in dem Werk „Das Zukunftskleid der Frau" von Jeannie Watt:

„Man denke sich nur die ideale Schönheit der Körperformen, welche die Kunst uns vorführt. Da kennt man, wie wir z.B. an dem bekannten Bildwerk der ‚Venus von Milo' sehen, die sogenannte Taille nicht. Das Weib, ob dick oder dünn, wird ebenmäßig abgebildet, die wespenartige Taille gibt es in der Kunst nicht, und da haben wir Laien uns vermessen, etwas anderes als Schönheitsideal hinstellen zu wollen, etwas, was weder die Natur hervorbringt, noch die Kunst anerkennt, ein wahrhaft verkrüppeltes Wesen, welches entweder den Leib vor sich herschiebt oder wespenähnlich gestaltet, den Eindruck hervorbringt, als schleppe es mühsam die untere Partie ihres Körpers nach sich!"[25]

Die neu entdeckte ästhetische Dimension der Nacktheit fand ihren künstlerischen Ausdruck in den Jugendstilbildern eines der populärsten Maler der Jahrhundertwende, Hugo Höppener, genannt Fidus (1868–1948). Seine Aktbilder wurden in den ersten vier Jahrzehnten des 20. Jahrhunderts durch zahlreiche Postkartenserien, Buch- und Zeitschriftenillustrationen massenhaft verbreitet.[26] In Leben und Werk dieses Malers kreuzen sich die vielfältigen und oft widersprüchlichen Linien der verschiedenen Reform- und Aufbruchbewegungen der Jahrhundertwende – vom Jugendstil über die Freikörperkultur bis hin zur völkischen Rassenlehre.[27]

Fidus war ein Schüler des Malers und entschiedenen Lebensreformers Karl Wilhelm Diefenbach (1851–1913), der in einem Steinbruch bei München lebte und das „Naturmenschentum" predigte. Im Münchener Volksmund war er als „Kohlrabiapostel" bekannt, da er streng vegetarisch lebte und mit lang wallendem Haar, in grobgewebter Tunika und Sandalen eine auffällige Erscheinung darstellte.

Von Diefenbach beeinflußt, übernahm Fidus die Idee, an der Schaffung eines „neuen, edleren Menschengeschlechts" mitzuwirken. Aus seinen jugendlichen „Licht und Luftkämpfergestalten" entwickelte sich jedoch im Strom völkisch-nationaler Tendenzen mit der Zeit der Typus des „Deutsch-Hellenen" – eines vor Kraft strotzenden Kämpfers für ein neues germanisches Reich.[28]

4 Von Fidus gestaltetes Titelblatt aus dem Jahr 1909

Jugendstilkünstler förderten allerdings nicht nur die Interessen der Freikörperkultur, indem sie die Nacktheit über das bloß Erotische hinaus verklärten, sondern schufen mit dem Entwurf von Reformkleidern auch ein charakteristisches Merkmal ihres Kunstgewerbes. Eine Avantgarde reformbewußter Künstler wie Henry van de Velde („Die künstlerische Hebung der Frauentracht", 1900) und Alfred Mohrbutter („Das künstlerische Kleid der Frau", 1904) beteiligten sich in Theorie und Praxis an der Auseinandersetzung. Die Kleiderreform sollte ihrer Meinung nach nicht nur eine hygienische, sondern ebenso eine ästhetische sein, ansonsten würde sie sich niemals gegen den Pariser Chic zu behaupten wissen.[29]

Man war sich über das Utopische des Programms im klaren, denn es galt, eine Majorität von modehörigen Frauen von den großen Mode- und Geschmackszentren unabhängig zu machen. Sie wollten die Frauen in ihrer eigenen Kreativität unterstützen und dazu anregen, ihre Kleider nach individuellen Vorstellungen selbst zu fertigen. Van de Velde zum Beispiel bot zwar seine Hilfe für die dekorative Gestaltung der Kleider an, bei der Erfindung des Schnittes sollten die Frauen jedoch „ihren Stolz dareinsetzen", ohne die Hilfe der Künstler auszukommen.[30]

Die weitere Entwicklung zeigte aber, wie illusorisch die Theorie des „Anti-Mode-Kleides" in der Realität war, da grundlegende soziale Voraussetzungen für eine ästhetische Emanzipation von den professionellen Modeschöpfern und praktikable Anregungen durch Künstler nicht gegeben waren. Maßgeblich unterstützten die Künstler die Reformbewegung mit ihren eigenen Entwürfen, die jedoch sehr elitär und exklusiv teuer ausfielen. Die „Künstlerkleider" wurden in Ausstellungen gezeigt und sorgten besonders in dem an modischer Abwechslung interessierten Mittelstand für eine größere Popularität. Auch die Wiener Secessionisten um Gustav Klimt ließen sich durch diese Modelle inspirieren. Ihre eigenen Entwürfe, die schließlich in den „Wiener Werkstätten" entstanden, erlangten internationale Aufmerksamkeit und wurden in viele Länder exportiert.[31]

Der „Allgemeine Verein zur Verbesserung der Frauenkleidung"

In Berlin fand 1896 vom 19.–26. September der von der deutschen Frauenbewegung einberufene „Internationale Kongreß für Frauenwerke und Frauenbestrebungen" statt. Hier wurde erstmals öffentlich die von medizinischer Seite an der Frauenkleidung erhobene Kritik diskutiert.

Hauptreferent in der Sektionssitzung zum Thema „Reform der Kleidung" war der Berliner Arzt Albert Spener, der die modische Kleidung der Frau aus praktischen und gesundheitlichen Gründen als unzweckmäßig, schädlich und verbesserungsbedürftig verwarf. Er bezeichnete den langen Rock als ein bewegliches Brett vor Unterschenkel und Knie und verglich ihn mit einer Straßenkehrmaschine, die Staub und Bazillen von der Straße in die Wohnung hineintrug.[32]

Spener plädierte für ein geschlossenes Beinkleid anstelle der Unterröcke und sprach sich für Reformkorsetts aus, da er glaubte, die durch das Tragen von Korsetts seit Generationen geschwächten Rückenmuskeln der Frauen verlangten einen künstlichen Halt.

Sera Prölss, Speners Korreferentin, wiederholte die Anklagen und forderte eine vollständige Umstellung der Frauenkleidung, da sie weder praktisch, noch gesund, noch schön sei. Sie führte aus:

„Dass die weibliche Kleidung praktisch ist, hat wohl noch keiner ernstlich behauptet, selbst der Mann nicht, der sie zwar bespöttelt, aber im eigenen Interesse an uns für passend erachtet, als sichtbares Zeichen unserer Abhängigkeit von ihm. Der Ausspruch eines mir bekannten Herrn kommt mir wieder in den Sinn, nämlich: ‚er habe keine Furcht vor der Frauenemanzipation, solange die Frauen immer ‚herumkrabbeln' müssten, um ihre Taschen zu finden'. Es liegt ein tiefer Sinn in dieser harmlosen Bemerkung. Ist es wohl eines denkenden Menschen würdig, dass ein so nötiges Requisit, wie die Tasche, derartig unpraktisch angebracht ist, dass die wichtigsten Sachen oft durch Danebenstecken verloren werden, ausserdem soviel Zeit mit dem ‚Herumkrabbeln' verbraucht wird und Bewegungen veranlaßt, die selbst bei der graziösesten jungen Dame niemals schön aussehen."[33]

Auf ihre Anregung hin gründete sich im Oktober des gleichen Jahres ein „Allgemeiner Verein zur Verbesserung der Frauenkleidung" in Berlin. Im Februar 1897 besaß der Verein bereits 180 Mitglieder und brachte monatlich eine Broschüre mit dem Titel „Mitteilungen des Vereins zur Verbesserung der Frauenkleidung" heraus.

Unter dem Motto „Gesund-Praktisch-Schön" versuchten die Reformerinnen eine Veränderung der Frauen- und Kinderkleidung nach den Gesetzen der Gesundheit durchzuführen. Der Kinderkleidung maßen sie besondere Bedeutung bei. Da die von ihnen entwickelte Kleidung im allgemeinen nicht gerade für schön befunden wurde – Bezeichnungen wie „Reformsack" oder „formloser Mehlsack" zeugen davon – hofften sie, daß die Eltern bei ihren Kindern eher bereit wären, aufgrund der gesundheitlichen Vorteile vom Diktat der Mode abzuweichen. Über diesen Weg könnte die Reformkleidung populärer werden und sich schließlich auch bei den Müttern durchsetzen, so hofften sie.[34]

Ihre Forderungen für eine verbesserte Kleidung lauteten:
„Vereinfachung der Unterkleidung.
Entlastung der Hüften.
Erhaltung der natürlichen Form des Körpers.
Freie Gestaltung des Obergewandes mit Anlehnung an die Mode.
Verkürzung des Straßenkleides."[35]

Im Bereich der Unterbekleidung sollte das bisher unter dem Korsett getragene lange Hemd durch eine Hemdhose ersetzt werden. Als Korsettersatz wurden Leibchen, Brustbänder und Reformkorsetts empfohlen. Die Reformleibchen besaßen Achselträger und eine doppelte Knopfreihe unterhalb der Taille, an die ein Beinkleid angeknöpft werden konnte. Hierdurch wurde das Gewicht zugunsten der Taille auf Schultern und Hüften verlagert.

Beinkleider waren ein wesentliches Merkmal der Reformkleidung. Sie sollten anstelle der schweren Unterröcke getragen werden, welche die Bewegungsfreiheit einschränkten und trotz ihres hohen Gewichtes keinen ausreichenden Wärmeschutz boten.

Eine radikale Verbesserung konnten jedoch auch die Reformleibchen nicht bieten, da sie immer noch einen Schnürverschluß, Fischbeinstäbchen und Spiralfedern enthielten. Auch die zahlreichen Reformkorsetts, die in den Reklameanzeigen der Reformzeitschriften empfohlen wurden – obgleich dem Korsett im Hauptartikel der Kampf angesagt wurde –, unterschieden sich teilweise kaum von den herkömmlichen Modellen. Mit den Brustbändern, die Vorläufer der Büstenhalter waren, bahnte sich jedoch eine zukunftsweisende Brustbekleidung an.

Die Oberbekleidung sollte sich an die Mode anlehnen, um nicht allzusehr aufzufallen. Hier wurden Reformen erst in der Innenverarbeitung sichtbar. Hauptbedingung war das Zusammenhängen von Taille und Rock, um so das Gewicht der Kleider auf die Schultern zu verlagern.

Zur Verbreitung der Ideen und Vorschläge diente in erster Linie die Zeitschrift des Vereins. Sie wurde ab 1900 umbenannt in „Die gesunde Frau" und erschien nun zweimal im Monat. Auf durchschnittlich acht Seiten enthielt sie Stellung-

5 Zehn Spezialmodelle von Reformwäsche, 1913.

nahmen von Ärzten, Pädagogen und anderen Reformern, stellte jeweils einige neue Modelle vor und berichtete über Sitzungen, Ausstellungen und andere Aktivitäten des Vereins. Hierzu gehörten zum Beispiel die Bildung von Zweigvereinen in anderen Städten, Vortragsreisen im In- und Ausland, aber auch Näh-, Gymnastik- und Atemkurse für interessierte Frauen.[36]

Die Kleiderreform war in erster Linie eine bürgerliche Angelegenheit, was sich schon an den Preisen der Kleider ablesen ließ. In diesen Kreisen war die falsche Kleidung tatsächlich eine Ursache vieler Erkrankungen, anderen ungesunden Umständen waren ihre Mitglieder auch kaum ausgesetzt.[37] Außerdem war hier noch am ehesten das Bewußtsein und der finanzielle Spielraum vorhanden, um sich an den innovativen Bestrebungen für eine Verbesserung der Frauenkleidung zu beteiligen.

Die Reformbewegung wandte sich aber nicht nur an die Frauen aus dem Bürgertum, sondern machte auch Vorschläge für eine Verbesserung der Arbeitskleidung. Hierbei übersah sie jedoch mehr oder weniger bewußt die eigentlichen gesellschaftlichen Ursachen von Krankheit. Sicher trugen auch Arbeiterfrauen Korsetts, aber die Hauptursache ihrer Leiden waren sie nicht.

Um die Jahrhundertwende waren Krankheiten und Seuchen noch stark verbreitet. Schlechte Wohnverhältnisse, eine lange Arbeitszeit von oft mehr als zwölf Stunden pro Tag, der knappe Lohn, der auch Frauen und Kinder in die Fabriken zwang, und wenig Erholungsmöglichkeiten machten die Industriearbeiterschaft besonders anfällig.[38] Die Reformerinnen sahen hingegen in einer falschen Kleidung die Gründe für Erkrankungen am Arbeitsplatz. Hygiene wurde so zu einem individuellen Problem, unabhängig von sozialen Zusammenhängen. Die schlechten Lebensbedingungen der Arbeiterschaft waren den Reformern zwar nicht unbekannt, doch akzeptierten sie diese als Notwendigkeit, statt sie zu bekämpfen. Hier zeigt sich der konservative Charakter der Bewegung. Im Grunde ging es ihnen auch nur sehr bedingt um die Gesundheit der einzelnen Arbeiterin, vielmehr stand für sie die Erhaltung eines gesunden Volkskörpers stärker im Vordergrund.[39]

Der Verein setzte seine Arbeit bis 1902 fort. Danach kam es zu einer Aufspaltung, bei der sich die Berliner dem „Deutschen Verein für Volkshygiene" anschlossen. Die anderen Zweigvereine schlossen sich 1906 auf Verbandsebene zusammen. Der Verband verstand sich als Interessengemeinschaft aller Organisationen, die sich um eine Verbesserung der Frauenkleidung bemühten. Die Verbandszeitschrift nannte sich „Die neue Frauenkleidung", ab 1910 „Neue Frauenkleidung und Frauenkultur".[40]

Ende oder Anfang einer „alternativen" Mode?

Der unmittelbare Erfolg der Kleiderreformbewegung blieb letztendlich begrenzt. Das von ihr propagierte Reformkleid, auch Prinzeß- oder Empirekleid genannt, konnte sich bis zum Ersten Weltkrieg allenfalls als Haus- oder Festkleid durchsetzen.[41]

Für Unterschichtsfrauen waren die Kleider unerschwinglich, da sie stets aus den besten Stoffen gearbeitet und entsprechend teuer waren. Sie wurden in der Regel in kleineren Schneiderateliers hergestellt und von spezialisierten Einzelhändlern verkauft.[42] Im Vergleich zur herkömmlichen Mode sah ein Reformkleid allerdings sehr ärmlich und bescheiden aus – doch es war allgemein bekannt, daß die Trägerin entweder wohlhabend oder eine Intellektuelle sein mußte. Ulrike Adamek sieht hier den entscheidenden Grund für das Versagen der Reformbewegung, nämlich in dem Widerspruch, Reichtum in Form von Bescheidenheit zu repräsentieren, denn: „reiche Leute lassen sich nun einmal nicht (auf Dauer) in Sack und Asche kleiden, auch dann nicht, wenn der Sack aus Seide besteht."[43]

Der antimodische Charakter gab den – meist männlichen – Zeitgenossen Anlaß zu häufigem Spott. Zahlreiche Karikaturisten machten sich über die angebliche Unförmigkeit und Häßlichkeit der Reformkleider lustig.

Diese öffentliche Verspottung war sicher auch ein Grund, warum Frauen die Reformkleidung mieden. Ein Korsett hingegen gab ihnen das Gefühl, schön zu sein – und dadurch mehr Sicherheit. In einer Gesellschaft, in der die bürgerlichen Frauen ihr Aussehen als Kapital für eine gesicher-

6 „Das Reformkleid ist vor allem hygienisch und erhält den Körper tüchtig für die Mutterpflichten."
„So lange Sie den Fetzen anhaben, werden Sie nie in diese Verlegenheit kommen."

te Zukunft ansehen mußten, war die Abschaffung des Korsetts schwer durchsetzbar.

Erst allmählich erlangten die Ideen der Kleiderreform eine größere Ausbreitung, beispielsweise durch ihre Rezeption im Wandervogel[44] und der aus ihm hervorgehenden Jugendbewegung, besonders aber durch den Sport.⁴⁵ Auch der Konfektionsindustrie kam die Forderung nach einer einfachen und zweckmäßigen Kleidung entgegen, da dies eine Voraussetzung für die maschinelle Serienproduktion war. Als das Korsett um 1910 aus der Haute Couture verschwand, hatte die Kleiderreformbewegung sicher ihren Teil dazu beigetragen.

Der Erste Weltkrieg zwang schließlich zu einer Stoffrationierung, die auch die Mode stark beeinflußte. Die Kleider mußten notgedrungen einfacher werden, und durch den rasanten kriegsbedingten Anstieg der Frauenarbeit in den Fabriken setzte sich letztendlich auch eine zweckmäßigere Kleidung durch – wenn auch nicht genau so, wie es sich die Reformer gedacht hatten.

Anmerkungen

1 Nach Loschek, Ingrid: Reclams Mode- und Kostümlexikon. Stuttgart 1987: 390.
2 Nach: Junker, Almut/Stille, Eva: Die zweite Haut. Zur Geschichte der Unterwäsche 1700–1960. Frankfurt/ M. 1988: 148.
3 Zur Mühlen, Hermynia: Ende und Anfang. 1976. Zit. in: Archiv der ersten deutschen Frauenbewegung: Halten Sie die Luft an, Madame. Zur Geschichte des Korsetts und anderer modischer Quälereien. Kassel o.J.: 10f.
4 Bezeichnung für Heimarbeit, die hauptsächlich dem Eigenbedarf diente. Der Übergang zu Lohnarbeit war fließend.
5 Nach Junker/Stille 1988 [wie Anm. 2]: 147.
6 Ebd.
7 Bruck-Auffenberg, Natalie. In der Zeitschrift „Jugend", Jahrgang 1903. Zit. in: Junker/Stille 1988 [wie Anm. 2]: 147f.
8 Siehe dazu: Hofmann, Emil: Die Industrialisierung des Oberamtsbezirkes Göppingen. Diss., Göppingen 1910: 64–67.
9 Nach Junker/Stille 1988 [wie Anm. 2]: 146.
10 Nach Stamm, Brigitte: „Auf dem Weg zum Reformkleid." In: Eckard Siepmann (Hrsg.): Kunst und Alltag um 1900. Gießen 1978: 117–178, hier: 142.
11 Ebd.: 143.
12 Ebd.: 142.
13 Ebd.: 143–147.
14 Nach Adamek, Ulrike: Reformkleidung als Fortschritt? Zur Entstehung einer reformierten Kinderkleidung um die Jahrhundertwende. Diss., Marburg 1983: 141.
15 Lahmann, Heinrich: Die Reform der Kleidung. Stuttgart 1903: 60f.
16 Nach Stamm 1978 [wie Anm. 10]: 148.
17 Ebd.: 151.
18 Jones, Marie. 1870. Zit. in: Junker/Stille 1988 [wie Anm. 2]: 240.
19 Siehe dazu detailliertere Ausführung in Stamm 1978 [wie Anm. 10]: 152–157.
20 Nach Krabbe, Wolfgang, R.: Gesellschaftsveränderung durch Lebensreform. Göttingen 1974: 13.
21 Nach Rothschuh, Karl E.: Naturheilbewegung Reformbewegung Alternativbewegung. Stuttgart 1983: 119.
22 Siehe dazu die Beiträge über Gustav Jaeger in diesem Band.
23 Nach Rothschuh 1983 [wie Anm. 21]: 125.
24 Nach Frecot, Janos: „Die Lebensreformbewegung." In: Klaus Vondung (Hrsg.): Das wilhelminische Bildungsbürgertum. Zur Sozialgeschichte seiner Ideen. Göttingen 1976: 138–152, hier: 143.
25 Watt, Jeannie: Das Zukunftskleid der Frau. Leipzig 1903: 14.
26 Nach Krabbe 1974 [wie Anm. 20]: 109.
27 Nach Linse, Ulrich: „Zeitbild Jahrhundertwende." In: Andritzky, Michael/Rautenberg, Thomas (Hrsgg.): Wir sind nackt und nennen uns Du. Gießen 1989: 10–50, hier: 6.
28 Ebd. 6f.
29 Nach Koeck, Hanel: „Mode und Gesellschaft um 1900." In: M.Aubock u.a. (Hrsgg.): Wien um 1900. Kunst und Kultur. Wien/München 1985: 456–473, hier: 457.
30 Ebd. 458.
31 Ebd. 465.
32 Nach Schoenflies, Rosalie u.a. (Hrsgg.): Der Internationale Kongreß für Frauenwerke und Frauenbestrebungen in Berlin. 19.–26.September 1896. Berlin 1897: 356.
33 Ebd. 360.
34 Nach Adamek 1983 [wie Anm. 14]: 132f.
35 Mitteilungen des Allgemeinen Vereins für Verbesserung der Frauenkleidung, 1.Jg. 1897: 1. Zit. in: Stamm 1978 [wie Anm. 10]: 160.
36 Nach Adamek 1983 [wie Anm. 14]: 128.
37 Ebd.: 217.
38 Ebd.
39 Ebd.: 217–223.
40 Nach Stamm 1978 [wie Anm. 10]: 167f.
41 Nach Grob, Marion: Das Kleidungsverhalten jugendlicher Protestgruppen am Beispiel des Wandervogel und der Studentenbewegung. Münster 1985: 87.
42 Nach Adamek 1983 [wie Anm. 14]: 237.
43 Ebd.: 235.
44 Um 1895 von Hermann Hoffmann in Berlin begründete Gruppierung, die zum Ausgangspunkt der deutschen Jugendbewegung wurde. Der WV versuchte einen eigenen jugendspezifischen Lebensstil zu entwickeln, in dem Wandern, Zeltlager, Volkstanz und -lied eine große Rolle spielten.
45 Nach Grob 1985 [wie Anm. 41]: 88.

Birgit Geiger

Berufung zur Mütterlichkeit

Gesundheitserziehung der städtischen Frau

Die Frau als Adressatin in der Gesundheitserziehung

Die Bestrebungen, das Hygiene-Bewußtsein in der Bevölkerung zu wecken, wuchsen in dem Maße, wie sich die Bedeutung der Hygiene in wissenschaftlichen Kreisen verankerte. Mit dem Gedanken des Rechts auf Gesundheit verbanden sich die Bestrebungen, den Einzelnen zur Bewahrung seiner Gesundheit anzuhalten.[1]

Adressatinnen der Gesundheitserziehung waren in erster Linie Frauen. Die im bürgerlichen Frauenideal propagierten weiblichen Eigenschaften ließen sie als besonders geeignet erscheinen. Ihnen wurden auf Grund ihrer Anatomie „Geschlechtscharaktere"[2] wie Passivität, Emotionalität und Häuslichkeit zugeschrieben, aus denen sich ein Idealbild von Mutter, Hausfrau und Gattin formen ließ. Diese Charakterschemata, die bereits aus dem 18. Jahrhundert stammen, galten im 19. Jahrhundert als wissenschaftlich erwiesen. In ihrer Rolle als Mutter, Hausfrau und Gattin sollte den Frauen das Wohl der Familie wichtiger sein als ihr eigenes.

Neue Erkenntnisse der Kindererziehung, die Kinder nicht länger als kleine Erwachsene betrachteten, sondern die Kindheit als eine besonders empfindliche, eigene Entwicklungsphase erkannten, gaben auch der Mutterrolle einen neuen Stellenwert.[3] Die Kindererziehung wurde von nun an als Aufgabe der Mutter gesehen und war nicht mehr der Amme überlassen. Das Ideal der Mutterrolle war klar definiert: die Mutter sollte sich liebevoll und geduldig ihren Kindern hingeben und sie mit den bürgerlichen Normen wie Arbeit, Fleiß, Ehrgeiz, Sparsamkeit und Triebkontrolle vertraut machen. Die Erziehung war gezielt geschlechtsspezifisch. Sie sollte die Jungen auf ihr Berufsleben vorbereiten und die Mädchen in ihre späteren häuslichen Tätigkeiten einweisen. Auf die Ausbildung der Söhne wurde gesteigerter Wert gelegt, für die Töchter reichte ein bescheidenes Maß an Allgemeinbildung.

Die Trennung zwischen Arbeits- und Wohnraum bedingte eine Kluft zwischen dem weiblichen Wirken im abgeschlossenen Haus und dem männlichen Walten in der Öffentlichkeit. Das Heim wurde zur Regenerationsstätte für den von der Arbeit zurückkehrenden Ehemann, für deren Erhalt als ungetrübte Idylle die Ehefrau zu sorgen hatte. Die zunehmende Technisierung vieler Lebensbereiche und der wachsende Fortschritt gaben der heimischen Idylle sowie deren Hüterin, der Hausfrau und Gattin, einen neuen Wert.

In Gesundheitskampagnen versuchte man, die Frauen über Vorträge und schriftliche Ratgeber zu erreichen. Da Lesen in bürgerlichen Kreisen als standesgemäße Tätigkeit galt, fanden praktische Haushaltsratgeber mit Anweisungen zur Kindererziehung und Gesundheitspflege in der bürgerlichen Frauenwelt weite Verbreitung. Die Ratgeber waren durch reiche Verzierungen und Illustrationen sehr ansprechend gestaltet. Die Sprache war unkompliziert und vertrauenserweckend, so daß die Bücher zum „Freund und Berater"[4] der Frauen werden sollten:

„Es ist für jede Frau eine schwere Aufgabe, ein ganzes Hauswesen allein, ohne Magd und doch gut zu besorgen, besonders wenn das Einkommen oder Verdienst des Mannes nur klein ist. Die nöthigen Kenntnisse sind so verschiedenartig, die Arbeiten so mannigfaltig, die Sorgen so vielfach, daß wirklich eine große Tüchtigkeit und Gewandtheit dazu gehört. –

Doch verzage nicht, liebe Leserin, mit Hilfe eines tüchtigen Lehrmeisters kannst du bei etwas gutem Willen und emsigen Fleiß deine Aufgabe leicht lösen. Den Lehrmeister hast du hier vor dir in diesem Buche."[5]

Solche Ratgeber wurden vor allem jungen Mädchen geschenkt, die sich damit auf die Ehe und auf ihre Rolle als Mutter, Hausfrau und Gattin vorbereiten sollten.

Auswirkungen des Hygienediktats

Obwohl die Vorteile eines hygienebewußten Verhaltens – wie Schmerzlinderung und Senkung der Säuglingssterblichkeit – unübersehbar waren, bedeutete der Hygienisierungsprozeß einen massiven Eingriff in die Struktur des Privatlebens und insbesondere in das Leben der Frauen. Die Vorteile des hygienischen Verhaltens kamen der gesamten Familie zugute, die dafür erforderlichen Pflichten entfielen dagegen allein auf die Frauen.[6]

In der Antike und im Mittelalter wurde Krankheit als privates, individuelles Schicksal, als Strafe Gottes für begangene Sünden verstanden. Seit der Aufklärung wurde Krankheit, für deren Ursache die menschliche Unvernunft angesehen wurde, als grundsätzlich vermeidbar erkannt.[7] Durch überwiegend an Frauen gerichtete Gesundheitsappelle wurde das mehr oder minder hygienebewußte Verhalten der Frauen verantwortlich für Krankheit und Gesundheit. Im Krankheitsfall hatten sie gegen die allgemein verbindliche Norm des hygienischen Verhaltens verstoßen und dadurch in ihrer Rolle als Mutter, Hausfrau und Gattin versagt.

Neben diesem, in seinen Auswirkungen kaum zu überschätzenden moralischen Druck bedeuteten die hygienischen Anforderungen eine erhebliche Arbeitserschwernis für die Frauen. Zudem scheiterten häufig die Bemühungen der Frauen an den realen Gegebenheiten wie Geldmangel, Wohnungsenge und fehlenden sanitären Einrichtungen.

Der Großteil des Bürgertums lebte nicht im Überfluß: 1871 konnte nur etwa 10% des gesamten Bürgertums sorgenfrei leben.[8] In diesen Kreisen waren jene Frauen zu finden, die das Bild von der nicht arbeitenden, gelangweilten bürgerlichen Salondame prägten. Bürgerliche Frauen waren zwar im allgemeinen nicht auf eine außerhäusliche Tätigkeit angewiesen, doch waren sie größtenteils zur äußersten Sparsamkeit gezwungen, um mit dem begrenzten Haushaltsbudget auszukommen. Das niedere Bürgertum orientierte sich stets am gehobenen Bürgertum und versuchte, sich deutlich von den unteren Bevölkerungsschichten abzugrenzen. Es galt, mehr zu scheinen als zu sein. Im Alltag wurde gespart, um bei Einladungen entsprechend repräsentieren zu können, was für den beruflichen Werdegang des Hausherrn unentbehrlich war.[9] Aus finanziellen Gründen war oft kein oder kaum Personal vorhanden, so daß die bürgerliche Ehefrau selbst zur Hausarbeit gezwungen war. Sie ersetzte fehlendes Personal und wurde dadurch zur Hausfrau, zur unbezahlten Arbeitskraft. Sie war aber angehalten, die familäre Idylle weder durch ihre Sparmaßnahmen noch durch ihre Arbeit zu stören. Hausarbeit sollte im Verborgenen, hinter den Kulissen erledigt werden. In der Anwesenheit ihres Ehemannes sollte sie zur liebenden Ehefrau werden und sich von der Hausarbeit nichts anmerken lassen.[10]

Weitaus stärker betroffen als die Bürgerinnen waren die Frauen der unteren Bevölkerungsschichten, die neben ihrer Erwerbstätigkeit den Verpflichtungen im Haus nachkommen mußten. Sie waren als Arbeiterinnen und als Arbeiterehefrauen doppelt belastet. Zusätzliche hygienische Maßregelungen ließen sich in einem solchen Leben am Existenzminimum bei zwölf Stunden Fabrikarbeit nicht bewältigen.

Die Große Wäsche

„Ein großer Theil der Arbeiten und Sorgen einer Hausfrau bezieht sich auf die Besorgung der Kleidungsstücke für ihre Familie und auf die Hauswäsche. Beide gehören zu den allernöthigsten Lebensbedürfnissen und von einer Art und Weise, wie die Hausfrau dafür sorgt, hängt das Wohl und Wehe, der Wohlstand und die Gesundheit der Familie und mithin auch das häusliche Glück zum großen Theile ab. Eine Hausfrau, die sich in Bezug auf die Kleidung von der Eitelkeit und Hoffahrt leiten läßt, anstatt vom Bedürfnis des Anstandes und der Gesundheit, bringt sich und die Ihrigen gar bald an den Bettelstab."[11]

Zum Privatbereich und damit zum Aufgabenbereich der Frau gehörte die Kleiderpflege. Die Kleidung wurde auch in bürgerlichen Kreisen größtenteils zu Hause genäht. Neben der Herstellung und Ausbesserung der Kleidung kamen nun auf die Frauen aus hygienischen Gründen neue Anforderungen hinzu. So waren Ratschläge zur Auswahl der Kleidung nach gesundheitlichen Gesichtspunkten und Anweisungen für deren Reinigung in jedem Gesundheitsratgeber enthalten, wie ein Blick in das Inhaltsverzeichnis des „Gesundheitsbüchlein" aus dem Jahre 1895 veranschaulicht:

„IV. Die Kleidung
§ 101. Die Kleidung als Schutz gegen Abkühlung.
§ 102. Die Kleidung als Schutz gegen Nässe.
§ 103. Auswahl des Kleidungsstoffes.
§ 104. Farbe, Form und Befestigung der Kleidungsstücke.
§ 105. Halsbekleidung.
§ 106. Beengung des Rumpfes durch Kleidungsstücke oder deren Befestigung.
§ 107. Strumpfbänder. Fußbekleidung.
§ 108. Kopfbekleidung.
§ 109. Das Bett.
§ 110. Reinhaltung der Kleider und Betten."[12]

Insbesondere die Reinhaltung der Wäsche bedeutete einen erheblichen Arbeitsaufwand für die Frauen. Die „Große Wäsche" war im 18. und im frühen 19. Jahrhundert ein Luxus der Oberschicht, verbreitete sich erst in der zweiten Hälfte des 19. Jahrhunderts in der Mittelschicht und rund fünfzig Jahre später in der Unterschicht.[13] Der Waschtag wurde zum großen Ereignis, das in zahlreichen Lebenserinnerungen aus dem 19. und beginnenden 20. Jahrhundert beschrieben wird:

„... weil der Vorrat [an Wäsche; d. V.] unerschöpflich war und man die bequeme Sitte noch nicht kannte, das Waschen in großen Anstalten außerhalb des Hauses besorgen zu lassen, so hatten die wohlhabenderen Bürgerfrauen ... nur zweimal im Jahre große Wäsche ... Übermäßig umfangreich waren die Haufen von Tischtüchern, Servietten, Hemden und Handtüchern, die alsdann dem Reinigungsprozeß unterlagen.

Sehr wohl erinnerlich ist mir aus dem elterlichen Hause, wie beim Herannahen dieser wichtigen Epoche eines Abends spät vier oder fünf alte Waschweiber ins Haus kamen, weil die Arbeit schon zwischen 2 und 3 Uhr morgens begann. ... Zur ihrem Empfange waren bereits große Teller mit umfangreichen Butterbrötchen geschmiert, Wurst und Käse wurde ihnen gereicht, und der Kümmelbranntwein durfte nicht fehlen. Sie blieben dann, je nach Bedürfnis, mehrere Tage im Hause und trieben in den unterirdischen Räumen desselben ihr Wesen. Waren sie endlich abgelohnt, so wurde die Wäsche auf große Trockenplätze hinausgefahren und dann wieder zurückgeholt. Nun ging es an das Rollen ..., und wenn dann auch das vorbei war, dann erschienen mehrer Plättfrauen, die unter Beistand der weiblichen Dienerschaft das Haus mit dem eigentümlichen Plättgeruch erfüllten, der durch heiße Wasserdämpfe und leicht angesengte Leinwand erzeugt wird ... und der Gesundheit keineswegs zuträglich sein soll.

Nach etwa 8 Tagen war das alles vollendet; die Wäsche wurde dann wieder in die großen Schränke zurückgelegt. ... Unsere Mütter und Großmütter blickten freudig auf die schneeweiße Habe und nannten die große Wäsche auch wohl das Waschfest; trotz aller Unbequemlichkeiten, die es für die übrige Familie mit sich brachte; denn diese mußten einander in so geschäftigen Tagen selbst bedienen, weil niemand für sie Zeit hatte."[14]

Obwohl Felix Eberty die Waschtage in seinem bürgerlichen Elternhaus als ein Waschfest beschreibt, muß berücksichtigt werden, daß die betroffenen Frauen anders empfunden haben müssen. Das Waschen war ein äußerst aufwendiger Vorgang.

Die körperlich anstrengende und gesundheitsschädigende Arbeit des Waschens wurde grundsätzlich von Frauen verrichtet.[15] Das Waschen bestand aus zahlreichen Einzelschritten[16]: Sortieren, Einweichen, Kochen, Auswaschen, Spülen, Bleichen, Bläuen, Auswinden, Trocknen, Aussortieren der Flickwäsche, Einfeuchten, Glätten der Wäsche durch Mangeln (Rollen) oder Plätten (Bügeln).

Für den Waschvorgang wurden zahlreiche Utensilien benötigt: Außer heißem, weichem Wasser waren Seife, Soda, Flecken-, Bleich-, Bläumittel und Stärke erforderlich: Erst in der zweiten Hälfte des 19. Jahrhunderts entstanden die großen Seifenfabriken. Bis dahin fand die übelriechende Seifenherstellung im eigenen Haus statt. Für die mechanische Bearbeitung der Wäsche wurden hölzerne Waschbleuel, Waschbretter und Bürsten verwendet. Der eigentliche Waschvorgang fand in Waschkesseln aus Kupfer oder Messing statt. Für das Einweichen und das Spülen verwendete man Holzbottiche. Zum Auswaschen nutzten die Frauen häufig fließendes Wasser eines Flusses oder Baches. Zum Trocknen kam die Wäsche an Holzlatten oder auf Wäscheleinen. Danach wurde sie mit Mangeln oder Plätteisen geglättet.

In Familien, die es sich leisten konnten, erledigten bezahlte Waschfrauen die Große Wäsche. Diese kamen bei Bedarf für einige Tage ins Haus, um dort die Wäsche unter Aufsicht der Hausfrau zu reinigen und zu plätten. Um die anderen Familienmitglieder so wenig wie möglich durch die Unruhe der Waschtage zu belästigen, wurde häufig ein Teil der Bügel- und Mangelarbeit außer Haus gegeben. Einige Waschfrauen nahmen die Wäsche ihrer Kundschaft entgegen, um die Arbeit bei sich zu Hause oder in öffentlichen Waschküchen zu verrichten. Entgegen dieser Tendenz zur gewerblichen Tätigkeit empfahlen die Haushalts-Ratgeber jedoch den Hausfrauen, ihre Wäsche selbst zu waschen. Dadurch lasse sich die Entlohnung der Waschfrauen einsparen, und das Eindringen der fremden Frauen in die familiäre Privatheit könne vermieden werden.[17] Ferner wurde der häusliche Waschvorgang als schonender angesehen als der außerhäusliche.

Eine weit größere Belastung war die Große Wäsche für die Arbeiterfrauen. Stark verschmutzte Arbeitskleidung mußte in engen Wohnungen ohne fließendes Wasser gewaschen werden. Die finanzielle Not ließ die Verwendung der teuren Waschutensilien (Seife, Lauge, Brennmaterial) nicht zu. Dennoch empfahl ein Haushaltsratgeber von 1882 den Arbeiterfrauen, einmal pro Woche zu waschen:

> „Die Besorgung der Wäsche ist für jede Hausfrau eine der wichtigsten Arbeiten, aber auch diejenige, welche am meisten zeitraubend ist und selbst ein ruhiges, geordnetes Hauswesen leicht stören kann. Darum fängt die Hausfrau am besten in jeder Woche gleich am Montag mit dem Waschen an und läßt jede andere nicht dringende Arbeit an diesem Tage bei Seite."[18]

Die Reinhaltung der Wäsche wurde bald von der Industrie für ihre Werbezwecke aufgegriffen. Textilhersteller wie die Firma Bleyle appellierten an das neue Hygienebewußtsein ihrer Kundinnen. Zusammen mit Reservewolle wurden Waschanleitungen in die Kleidungsstücke genäht, in denen den bürgerlichen Käuferinnen eine hygienische Pflege der Kleidung empfohlen wurde. Die bewußte Einsetzung von „Gesundheit" und „Hygiene" zu Werbezwecken zeigt deren Bedeutung um die Jahrhundertwende und veranschaulicht das Interesse der Industrie an der Gesundheitserziehung.

> „Jede besorgte Mutter befolgt gerne den obersten Grundsatz moderner Hygiene: Durch Reinlichkeit – Gesundheit!
> Bleyle's Knaben-Anzüge können infolge ihrer Eigenart ohne Schaden gereinigt werden und behalten selbst nach mehrmaligem Waschen Form und Farbe, wie überhaupt ihr schönes Aussehen vollständig bei. Man beachte streng folgende Waschanleitung:
> Man bereite ein gut lauwarmes Seifenwasser (am besten von venezianischer Seife) und schwenke die zu waschenden Kleider in demselben etwa 1/4 Stunde, ohne solche zu reiben, tüchtig aus. Dann werden die Gegenstände in gewöhnlichem Wasser so lange gespült, bis dasselbe nicht mehr trübe wird, worauf sie ohne vorheriges Auswinden aufzuhängen sind."[19]

Die Frau als Mittlerin in der Gesundheitserziehung

Die bürgerliche Frauenbewegung teilte die Auffassung von biologisch determinierten „Geschlechtscharakteren"[20]. Sie betonte die anatomische und charakterliche Andersartigkeit der Frauen mit der Überzeugung, daß diese Weiblichkeit die männliche Welt positiv ergänze. Sie wehrte sich somit gegen das konservative hierarchische Anatomiemodell, das von Übereinstimmungen zwischen weiblichen und männlichen Körpern ausging, doch den weiblichen Körper als minderwertiger betrachtete.[21] Außerdem spaltete sich die bürgerliche Frauenbewegung bewußt von den Frauenrechtlerinnen ab, die in der Überzeugung der Gleichheit aller Menschen sich für die Gleichberechtigung der Frauen einsetzten. Für die bürgerliche Frauenbewegung implizierte die Polarisierung der Geschlechtscharaktere die Möglichkeit, aber auch die Pflicht einer spezifisch weiblichen Aufgabenerfüllung: „Nicht Glück-Sucher, sondern Pflicht-Sucher müssen wir werden"[22].

Die Bestimmung der Frauen zur Mütterlichkeit wurde durch die weiblichen Geschlechtscharaktere wie Häuslichkeit und Emotionalität begründet. Diese Mütterlichkeit beinhaltete damit nicht nur die leibliche Mutterschaft, sondern wurde als Inbegriff aller pflegenden und umsorgenden Eigenschaften von Frauen verstanden.

Die bürgerliche Frauenbewegung forderte deshalb eine berufliche Tätigkeit für Frauen, die den genannten weiblichen Wesenszügen entsprach. Damit diente die angebliche Berufung der Frauen zur Mütterlichkeit als Grundvoraussetzung für spezifisch weibliche Berufe. Aus dieser „organisierten Mütterlichkeit"[23] entstanden die ersten

Frauenberufe mit caritativem und sozialfürsorgerischem Anspruch, indem die Frauen als „Volksmütter" und als „Stadtmütter" „erweiterte Mutterpflichten"²⁴ annahmen.

Diese neuen Beschäftigungsfelder der bürgerlichen Frauen bargen in sich außer der Fremdhilfe auch einen wesentlichen Anteil an Selbsthilfe²⁵: Sie sollten eine persönliche Bereicherung für die Frauen darstellen, der inneren Leere ein Ende setzen, sie ermöglichten die Konfrontation mit Unbekanntem und Verbotenem und wurden so zum „Amerika der Frau"²⁶, das ihrer Neugier und Abenteuerlust entgegenkommen sollte. Diese fürsorgerischen Tätigkeiten boten bürgerlichen Frauen nicht nur eine ihrer sozialen Stellung angemessene Beschäftigung, sondern gehörten bald zum Anstand in bürgerlichen Kreisen. Sie wurden als geeignete Vorbereitung auf die bevorstehende Ehe verstanden. Reichte die Mitgift nicht aus, um einen (passenden) Ehemann zu bekommen, blieb der ledigegebliebenen Frau nur der soziale Beruf als standesgemäße Tätigkeit. Er wurde als Kompensation für das Glück verstanden, das verheirateten Frauen in der Ehe und Mutterschaft zuteil wurde. In diesem Fall bedeutete Berufstätigkeit für die betreffenden Frauen ein Leben im Zölibat. Bis zur Jahrhundertwende wurden „ledige Mütterlichkeit" und „eheliche Mutterschaft"²⁷ als sich gegenseitig ausschließende Alternativen betrachtet. Um standesgemäß zu bleiben, konnten verheiratete Frauen ihre soziale Tätigkeit ausschließlich ehrenamtlich ausüben.

Zu den ersten weiblichen Berufen der bürgerlichen Frauen gehörten die Arbeit in fremden Haushalten als Erzieherin, die Tätigkeit als Lehrerin sowie die soziale Betreuung der unteren Bevölkerungsschichten. Die Erziehung zu hygienischem Verhalten war ein Teil dieser bürgerlichen Betreuungsmaßnahmen. Die Gesundheitserziehung der Arbeiterschichten zielte wiederum auf die Frauen. Sonntagsschulen sowie Koch- und Hauswirtschaftsschulen wurden eingerichtet. In verschiedenen Gesundheitsratgebern und Haushaltskursen wurde versucht, den Arbeiterfrauen bürgerliche Normen beizubringen. Handarbeitsabende wurde organisiert, bei denen pädagogische Erzählungen vorgelesen wurden. Im ausgehenden 19. Jahrhundert verbreiteten sich die privaten Wohltätigkeitsvereine, von denen es 1894 allein in Berlin 103 gab. Bei einem Viertel dieser Vereine war bereits aus dem Namen ersichtlich, daß es sich um reine Frauenvereine handelte.²⁸

Bei der Erziehung der Arbeiterfrauen zu bürgerlichem Hygienebewußtsein war zunächst eine Verbreitung des bürgerlichen Familiensinns erforderlich. Die Arbeiterinnen sollten daher zu Müttern, Hausfrauen und Gattinnen erzogen und dadurch dem bürgerlichen Frauenideal angeglichen werden.²⁹ 1890 waren jedoch nur 10–20% der Arbeiterschaft in der Lage, ein Familienleben nach bürgerlichem Vorbild zu führen, das die außerhäusliche Erwerbsarbeit der Männer und die unbezahlte Hausarbeit den Frauen zuwies. Vierzig Prozent der Arbeiterfrauen waren zu verschiedenen Nebenbeschäftigungen wie Heimarbeit, Gelegenheitsarbeiten in fremden Haushalten, weitere 40% zu voller Erwerbstätigkeit gezwungen.³⁰ Die Beschränkung des Tätigkeitsbereichs der Arbeiterfrauen auf das Haus ließ sich auf Grund der finanziellen Nöte in der Arbeiterschicht nicht realisieren. Die Hygienisierung bedeutete eine Erschwerung der Hausarbeit und damit eine Verschärfung der Doppelbelastung für die Frauen. Gleichzeitig war eine zunehmende Verschlechterung der Arbeitssituation für die Lohnarbeiterinnen zu beobachten. Dies führte dazu, daß die bürgerliche Frauenrolle als „Nur-Hausfrau" von den Arbeiterinnen als Befreiung aus der Doppelbelastung verstanden und daher idealisiert wurde.

Die bürgerliche Frauenbewegung stand nicht allein im Bemühen um Hygienisierungsmaßnahmen in den unteren Bevölkerungsschichten. Ihr Wirken befand sich im Einklang mit den Interessen des Staates, der Ärzte und der Unternehmer. Der Kranke war nicht nur für den Arbeitgeber, sondern auch für die Gesellschaft nutzlos. Unbedingtes Ziel mußte die Förderung und das Wachstum der Wehr- und Arbeitskräfte sein. Die Verbürgerlichung der Arbeiterschicht sollten ferner eine Neutralisierung potentieller sozialer Konflikte und aufkommender sozialistischer Ideen bewirken.³¹

Die Aufwertung der Mütterlichkeit und die Tendenz, im Rahmen der Hygienisierung „weibliche" Berufsbilder zu entwerfen, war demnach nicht ein historischer Zufall, sondern ein geschicktes Kalkül im Interesse des Staates. Die Trennung in eine weibliche und eine männliche Lebenssphäre entsprach ganz und gar der patriachalischen Gesinnung des Kaiserreichs. Doch bot die Aufwertung der Weiblichkeit den Frauen auch neue Möglichkeiten. Dies mag ein Grund gewesen sein, sich gezielt an der Idealisierung der Mütterlichkeit zu beteiligen.

Da durch die Hygienisierung in das Verhältnis des Einzelnen zu seinem Körper von gesellschaftlichen Institutionen in Form der beschriebenen Prozesse eingegriffen wurde, müssen diese Maßnahmen als Form der Zwangssozialisation verstanden werden. Durch das ‚Organisieren der Mütterlichkeit' wurde nicht zuletzt seitens der bürgerlichen Frauen die Zwangssozialisation der Arbeiterschicht vorangetrieben.

Anmerkungen

1 Nach Labisch, Alfons: Hygiene ist Moral – Moral ist Hygiene. Soziale Disziplinierung durch Ärzte und Medizin. In: Sachße, Christoph/Tennstedt, Florian (Hrsgg.): Soziale Sicherheit und soziale Disziplinierung. Beiträge zu einer historischen Theorie der Sozialpolitik. Frankfurt/M. 1986: 265–285, hier: 280.
2 Hausen, Karin: Die Polarisierung der „Geschlechtscharaktere" – Eine Spiegelung der Dissoziation von Erwerbs- und Familienleben. In: Conze, Werner (Hrsg.): Sozialgeschichte der Familie in der Neuzeit Europas. Stuttgart 1976: 363–393, hier: 363.
3 Nach Sachße, Christoph: Bürgerliche Frauenbewegung und die Entstehung des sozialen Frauenberufs. In: Sachße, Christoph/Tennstedt, Florian: Geschichte der Armenfürsorge in Deutschland. Band 2: Fürsorge und Wohlfahrtspflege 1871 bis 1929. Stuttgart 1988: 42.
4 Häntzschel, Günther (Hrsg.): Bildung und Kultur bürgerlicher Frauen 1850–1918. Eine Quellendokumentation aus Anstandsbüchern für Mädchen und Frauen als Beitrag zur weiblichen literarischen Sozialisation. Tübingen 1886: 12f.
5 Commission des Verbandes „Arbeiterwohl" (Hrsg.): Das häusliche Glück. Vollständiger Haushaltungsunterricht nebst Anleitung zum Kochen für Arbeiterfrauen. Zugleich ein nützliches Hülfsbuch für alle Frauen und Mädchen, die „billig und gut" haushalten lernen wollen. Neu herausgegeben von Richard Blank. München 1975: 1.
6 Nach Frevert, Ute: „'Fürsorgliche Belagerung': Hygienebewegung und Arbeiterfrauen im 19. und frühen 20. Jahrhundert." In: Wehler, Hans-Ulrich (Hrsg.): Geschichte und Gesellschaft. Zeitschrift für historische Sozialwissenschaft. 11. Jahrgang 1985/Heft 4. Göttingen 1985: 420–446, hier: 446.
7 Bleker, Johanna: Der gefährdete Körper und die Gesellschaft. Ansätze zu einer sozialen Medizin zur Zeit der bürgerlichen Revolution in Deutschland. In: Imhof, Arthur E. (Hrsg.): Der Mensch und sein Körper. München 1983: 226–242, hier: 229f.
8 Nach Weber-Kellermann, Ingeborg: Die Familie. Geschichte, Geschichten und Bilder. Frankfurt/ M. 1989: 99. Zur Definition des schillernden Begriffs „Bürgertum" siehe Ritter, Gerhard A./Kocka, Jürgen (Hrsgg.): Deutsche Sozialgeschichte. Band 2: 1870–1914, München 1974: 62–87.
9 Siehe dazu Meyer, Sibylle: Das Theater mit der Hausarbeit. Bürgerliche Repräsentation in der Familie der Wilhelminischen Zeit. Frankfurt a. M./ New York 1982.
10 Nach ebd.: 92.
11 Das häusliche Glück. 1882 [wie Anm. 5]: 95.
12 Gesundheitsbüchlein. Gemeinkaßliche Anleitung zur Gesundheitspflege. Bearbeitet im kaiserlichen Gesundheitsamt. Berlin 1895: VI.
13 Nach Hausen, Karin: Große Wäsche. Technischer Fortschritt und sozialer Wandel in Deutschland vom 18. bis ins 20. Jahrhundert. In: Geschichte und Gesellschaft. Zeitschrift für Historische Sozialwissenschaft. 13. Jahrgang 1987: 273–303, hier: 276f.
14 Eberty, Felix: Jugenderinnerungen eines alten Berliners. (1812–1883). Berlin 1925: 44f.
15 Nach Hausen 1987 [wie Anm. 13]: 280f.
16 Nach: ebd.: 280–283.
17 Nach: ebd.: 281.
18 Das häusliche Glück 1882 [wie Anm. 5]: 114.
19 Illustrierter Katalog Nro. 27 für Bleyle's Fabrikate. 1905: 39.
20 Hausen 1976 [wie Anm. 2]: 363.
21 Nach Studer, Brigitte: Das Geschlechterverhältnis in der Geschichtsschreibung und in der Geschichte des 19. und 20. Jahrhunderts. Überlegungen zur Entwicklung der historischen Frauenforschung und zu ihrem Beitrag zur geschichtlichen Erkenntnis. In: Feministische Studien. 7. Jahrgang 1989: 112.
22 Zit. in: Peters, Dietlinde: Mütterlichkeit im Kaiserreich. Die bürgerliche Frauenbewegung und der soziale Beruf der Frau. Bielefeld 1984: 112.
23 Titel einer Schrift von Henriette Herzfelder, 1914.
24 Peters 1984 [wie Anm. 22]: 148.
25 Nach Dießenbacher, Hartmut: Soziale Umbrüche und sozialpolitische Antworten. Entwicklungslinien vom 19. ins frühe 20. Jahrhundert. in: Asmus, Gesine (Hrsg.): Hinterhof, Keller und Mansarde. Einblicke in Berliner Wohnungselend 1901–1920. Hamburg 1982: 10–31, hier: 22.
26 Peters 1984 [wie Anm. 22]: 85.
27 Ebd.: 69.
28 Nach Dießenbacher 1982 [wie Anm. 25]: 22.
29 Nach Frevert 1985 [wie Anm. 6]: 446.
30 Nach Frevert, Ute: Frauengeschichte. Zwischen Bürgerlicher Verbesserung und Neuer Weiblichkeit. Frankfurt/M. 1986: 88.
31 Nach Spree, Reinhard: Soziale Ungleichheit vor Krankheit und Tod. Zur Sozialgeschichte des Gesundheitsbereichs im Deutschen Kaiserreich. Göttingen 1981: 160.

Kerstin Bosse

Stuttgart 1914:

Die „Ausstellung für Gesundheitspflege"

Ein „Spaziergang" durch die Hygiene

Bereits eineinhalb Monate vor Eröffnung der Ausstellung für Gesundheitspflege, der bis dahin größten „Messe", die Stuttgart je erlebt hat, findet sich in der Schwäbischen Chronik die Notiz, daß ein wichtiger Bestandteil der Ausstellung die Elektrizitätslehre sein würde.[1] Es wird erläutert, wie anhand von Demonstrationsapparaten die Grundlagen und Anwendungsgebiete der Elektrizität veranschaulicht werden sollen. Eine speziell eingerichtete Station für drahtlose Telegraphie soll dem Besucher ermöglichen, selbst Versuche anzustellen. Drei Tage später, am 4. April stand in derselben Zeitung zu lesen, daß das Hauptaugenmerk der Ausstellungsleitung „wohl vor allem auf den Fragen der Gesundheitslehre selbst"[2], etwa in der Pflege des Auges liege.

Elektrizität auf einer Gesundheitsausstellung? Die Pflege des Auges als zentraler Punkt der Gesundheitslehre? Als Chronistin dieser mittlerweile fast 80 Jahre zurückliegenden Ausstellung irritierte mich dieser Einstieg. Ein Rundgang durch die Hygieneausstellung anhand der vom Schwäbischen Merkur herausgegebenen Ausstellungszeitung und des über 300 Seiten umfassenden Ausstellungskatalogs beleuchtet das breite Spektrum. Es blieb nicht nur bei der Elektrizität und der Pflege des Auges, sondern zeigt vielmehr ein aus heutiger Sicht anderes Verständnis von Gesundheitspflege und Hygiene.

Selbst den zeitgenössischen Beobachtern fiel es zeitweilig schwer, angesichts der Beschreibung der ausstellenden Firmen und deren Produkten festzustellen, wo denn der hygienische Zusammenhang lag. Ein Ausdruck hierfür sind die beiden bereits genannten Vorabmeldungen der Schwäbischen Chronik, die Unklarheit darüber lassen, wo das räumliche und das inhaltliche Zentrum der Ausstellung zu suchen sei. Dem heutigen Betrachter dieser Gesundheitsausstellung drängt sich der Verdacht auf, daß es sich hierbei eher um eine an kommerziellen Interessen ausgerichtete Gewerbeausstellung handelte, die unter dem „Deckmäntelchen" der Hygiene aufgezogen wurde.

Die volksbelehrende Ausstellung – ein Weg zum „Homo hygienicus"

Die Tatsache, daß bereits im 19. Jahrhundert Hygiene zur bürgerlichen Verhaltensnorm wurde, führte dazu, daß Ärzte nicht nur Gesundheitsreformen forderten, sondern auch die Änderung der gesamten Lebensbedingungen.[3] Dies galt vor allem für die ärmeren Bevölkerungsschichten, ihre beengten, unhygienischen Wohnverhältnisse und ihre Arbeitsbedingungen.[4] Der Arzt Alexander Lipschütz führte in seinen zahlreichen, in Fortsetzung erschienen Aufsätzen zur Stuttgarter Ausstellung aus, daß kein vernünftiger Hygieniker heute mehr an der Notwendigkeit und an der Durchführbarkeit des achtstündigen Arbeitstages zweifele.[5] Typische Berufskrankheiten waren dargestellt: Bleigicht, Steinhauerlunge, Rußlunge und Eisenlunge. Sie galten als Produkte der raschen Industrialisierung, der sich stark verändernden Siedlungsstruktur und der daraus entstehenden industriellen Ballungsgebiete.[6] Sprach die Hygiene in bürgerlichen Kreisen vor allem sittliche und moralische Normen an, so bedeutete sie für die Arbeiterschaft zunächst schiere Überlebensnotwendigkeit. Mitte des 19. Jahrhunderts rückte die Frage nach geeigneten Maßnahmen, etwa durch Gesundheitserziehung, in den Vordergrund.

Als ein Mittel der öffentlichen Gesundheitserziehung ist die Hygieneausstellung anzusehen, welche dazu bestimmt war,

„einer größeren Anzahl von Menschen in kurzer Zeit eindringlichsten Anschauungsunterricht zu erteilen"[7].

Unter welchen Prämissen dies in Stuttgart erfolgte, hing wohl auch damit zusammen, welche gesellschaftlichen Kreise in erster Linie die Ausstellung gestalteten. So meinte Mathilde Planck, die Vorsitzende des württembergischen Frauenvereins, anläßlich der Eröffnung des Frauentags auf der Gesundheitsausstellung, daß sich weite Schichten über die großen Erfolge nicht im klaren seien.[8] Der damalige Bürgermeister Lautenschlager betont im Vorwort des Katalogs, daß die Aufklärung durch eine Ausstellung in ihrer Weise das eindringlichste Mittel sei, in der Allgemeinheit das Bewußtsein wachzurufen, daß die Erhaltung und Verbesserung der Gesundheit ethische und soziale Pflicht eines jeden Einzelnen sei.[9] Auch die Stuttgarter Ausstellung zeigt, daß es sich um eine Belehrung der Bürgerlichen an die arbeitende Klasse handelte. Es gelte, hygienisches Wissen selbst in die ärmsten Arbeiterwohnungen zu tragen.[10]

Das Presseorgan der Arbeiter, „Die Schwäbische Tagwacht" kritisierte daher zu Recht, nicht die öffentliche, die soziale Gesundheitspflege stehe im Vordergrund, sondern die persönliche. Die Frage, ob Arbeiter so leben könnten, ob die wirtschaftliche Lage ihnen die Pflege des Leibes nicht fast unmöglich mache, werde nicht angeschnitten. Als weiterer bedauerlicher Mangel der Ausstellung wird angesehen, daß sie die ökonomischen, sozialen und persönlichen Voraussetzungen für eine allgemeine Gesundheitspflege auf der Ausstellung kaum berücksichtige. Denn die besten hygienischen Kenntnisse und Ratschläge hätten verhältnismäßig geringen Wert, wenn 70% des deutschen Volkes nur beschränkten oder gar keinen Gebrauch von ihnen machen könnten. Beantwortet werde jedoch die Kardinalfrage der Ausstellung: wie kannst Du Dich und Deine Familie im modernen, aufreibenden Kampf ums Dasein widerstandsfähig erhalten.

Es zeigt sich, daß sich die Ausstellung an jeden wendet, der in den Fragen der Gesundheitspflege lernen will, und daß es hier, einschließlich der Fachgelehrten, niemanden gibt, der behaupten könnte, er habe ausgelernt.[11] Gemeinsames Ziel war es, die Gesundheitspflege zum Gemeingut aller zu machen.[12]

Die sich damals rasch verändernden Lebensbedingungen in allen Bereichen des täglichen Lebens brachten auch eine neue, „fortschrittliche" Gesundheitspflege mit sich. Eine allumfassende Hygiene wurde propagiert, an deren Ende der „Homo hygienicus" stehen sollte. Dieser neu zu schaffende Typus Mensch sollte Gesundheit als oberstes Lebensprinzip ansehen und seine ganze Lebensführung gesundheitlichen, aus der Medizin abgeleiteten Prinzipien unterwerfen.[13] Diesem Ziel verpflichtete sich auch die Stuttgarter Ausstellung. Unter der Voraussetzung, daß Hygiene alle Lebensbereiche des Menschen umfaßt, entstanden – von der Lehrausstellung ausgehend – weitere Komplexe für die angewandte Hygiene, in denen Körperhygiene, Haus und Wohnung sowie Industrie abgehandelt wurden. Der folgende Rundgang durch die Ausstellung führt den heutigen Betrachter zu der Erkenntnis, daß, aufgrund des Einhergehens von industriellem und gesellschaftlichem Fortschritt mit hygienischen Anforderungen, damalige Zielvorstellungen sich in der heutigen, oft als postindustriell beschriebenen Gesellschaft, verwirklicht haben und von uns bereits internalisiert wurden: Der Mensch des ausgehenden 20. Jahrhunderts als Konstrukt des postulierten „Homo hygienicus".

Auf dem Gelände

Am 14. Mai 1914 wurde in Stuttgart die zwei Jahre lang geplante und 1 Million Mark teure Ausstellung für Gesundheitspflege eröffnet. Unter der Schirmherrschaft Seiner Majestät des Königs und

1 Durch seine Anwesenheit verleiht der König von Württemberg der Ausstellung die nötige Bedeutung.

über 1000 geladenen Gästen wurde ein erster exklusiver Rundgang vorgenommen. Nach der einführenden Rede des Oberbürgermeisters Lautenschlager eröffnete der König die Ausstellung „mit dem aufrichtigen Wunsch, daß sie der Wissenschaft und der ganzen Gesellschaft Glück und Segen und Nutzen bringen möge".[14] Neben Staatsministern, den preußischen, bayrischen und russischen Gesandten, fanden sich unter den Gästen Universitätsrektoren, der populäre Graf Zeppelin sowie der Schöpfer des Stuttgarter Vorbildes, der internationalen Hygieneausstellung von 1911 in Dresden, Dr. August Lingner.[15] Auch Gustav Jaeger, Mediziner und Kleidungsreformer[16], war in den Reihen der Ehrengäste zu finden. Schöpfer der Stuttgarter Ausstellung war ein Dr. med. Ingelfinger, ein ehemaliger Mitarbeiter Lingners und auf der internationalen Hygieneausstellung in Dresden für die Abteilung „Der Mensch" zuständig. Das eigens zum Zweck der Ausstellung eingerichtete Ausstellungsamt beschäftigte zur Zeit der Eröffnung bereits 100 Angestellte, welche nicht nur für den Aufbau der Ausstellung zuständig waren, sondern bereits Monate zuvor die meisten der ausgestellten Lehrobjekte anfertigten.[17]

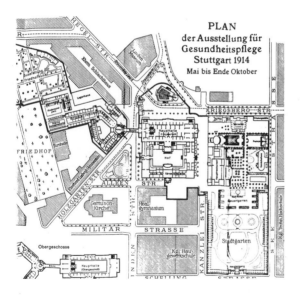

Das 60.000 Quadratmeter große Areal – davon 20.000 Quadratmeter überbaut – umfaßte den Stadtgarten, den Gewerbehallenvorplatz, den Hegelplatz, den Holzgartenplatz und einen Teil des Hoppenlaufriedhofs (heute vorwiegend Universitätsgelände). Neben der Gewerbehalle und dem mit einem Extrabudget von 700.000 Mark errichteten Hauptrestaurant als einzigen massiven Gebäuden gab es vier weitere provisorisch errichtete Gebäudekomplexe:

1. Die Halle für Körperhygiene, als hufeisenförmiger Vorbau an die Gewerbehalle.
2. Die große und die kleine Industriehalle auf dem Hegelplatz.
3. Einen Vortrags- und Projektionssaal auf dem Hegelplatz.
4. Diverse dem Rahmenprogramm dienende Bauten im Stadtgarten, wie etwa der Tanzsalon oder die Freilichtbühne.
5. Die „Friedhofsausstellung".

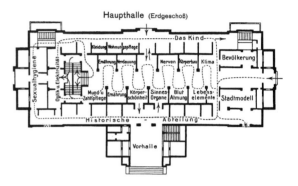

Der Blick auf die räumliche Anordnung der Ausstellung zeigt, daß das Zentrum in der Gewerbehalle lag – in der hier untergebrachten Lehrausstellung. Diese in vier inhaltliche Bereiche aufgeteilte Haupthalle der Ausstellung gliederte sich in eine wissenschaftliche, eine historische, eine volkstümliche und eine literarische Abteilung. Beim Eintritt zunächst zur Rechten und zur Linken „ein paar Kapitel volkstümlicher Statistik."[18] Durch anschauliche, meist elektrisch beleuchtete Schautafeln wurden Informationen über Bevölkerungsdichte, Geburten- und Sterblichkeitsraten vermittelt. Andere, graphische Darstellungen veranschaulichten die Niederschlagsmenge in verschiedenen Gegenden und den Grad der Luftverschmutzung in den einzelnen Stadtteilen Stuttgarts. Beim Weitergehen durch die sogenannte volkstümliche Abteilung wurde der menschliche Körper in seinen einzelnen Bestandteilen vor dem Besucher ausgebreitet: Von der Zusammensetzung und Funktion der Zelle über Blut und Atmung, Körperbau, Nerven, Sinnesorgane, in der ersten Hälfte des Mittelgangs bis zur Versorgung, das heißt die Ernährung, in der zweiten Hälfte. Wie die „Maschinerie geheizt" wird, was ein jeder über Kohlehydrate, Eiweiße, Salze und Wasser wissen sollte, zeigten Tabellen. Illustriert wurde das Ganze mit naturgetreuen Abbildungen von Nahrungsmitteln und Informationen über deren Nährwert. Interessant ist, daß bereits die frühen Verfechter der fleischarmen Kost zu Worte kommen und in anschaulicher Weise dem Besucher auf einem Tisch den ganzen Wochenplan einer gemischten fleischarmen Kost präsentierte, deren Durchschnittspreis 1 Mark pro Tag betrug. Der skeptische Berichterstatter meint hierzu, daß es wohl, abgesehen davon, daß dies nicht jedermans Kost sein dürfe, nur für einen leicht arbeitenden Menschen in Frage komme.[19] Im Anschluß an die Ernährung und Nahrung wurde in einer Kabine über die Beschaffenheit und richtigen Pflege der Zähne informiert.

2 Kojen im Erdgeschoß der Haupthalle

Am Ende dieser volkstümlichen Abteilung befand sich im Treppenaufgang zur Galerie die Einrichtung zur Elektrizitätslehre, wo unter anderem statische, galvanische und Wärme-Elektrizität sowie die verschiedenen Stromarten erklärt wurden. Die ‚Ausstellungsmacher' selbst wiesen im Katalog darauf hin, daß die Verbindung zwischen Elektrizität und Gesundheitspflege nicht sehr eng ist, legitimieren die Plazierung in der Lehrausstellung jedoch mit großer Unkenntnis beim Umgang mit Elektrizität, die zu häufigen Unfällen führe.[20] Im Zusammenhang mit der damaligen Begeisterung der Bevölkerung für die Elektrizität und den damit verbundenen technischen Möglichkeiten standen auch die überwiegend elektronisch betriebenen Schautafeln und Apparaturen zur anschaulichen Darstellung des menschlichen Organismus. Das Zerlegen des Körpers nach funktionalen und mechanischen Gesichtspunkten analog zur Maschine hatte schon die Abteilung „Der Mensch" auf der drei Jahre zuvor von Lingner organisierten internationalen Hygieneausstellung in Dresden gekennzeichnet.[21]

In den beiden rechts und links des Mittelgangs liegenden Seitenschiffen fanden sich die historische Abteilung der Ausstellung, die Bereiche Kleidung und Wohnungspflege, Wachstum und Erziehung des Kindes. Die historische Abteilung hatte zur Aufgabe, dem Besucher sowohl von der Evolution des Menschen im Laufe der Erdgeschichte, als auch „vom allmählichen Werden der Gesundheitspflege ein Bild zu vermitteln."[22] Folgende Themen wurden unter historischen Aspekten behandelt:
– Der Mensch
– Kleidung
– Körperreinigung und Körperpflege
– Wohnung
– Krankheit und Seuchen
– Hospitäler und Apotheken
– Ärzte und Hygieniker
– und, in Zusammenarbeit mit der jüdischen Gemeinde, die Hygiene der Juden.

Die mit „Ernährung, Kleidung und Wohnung für das Kind" betitelte Abteilung zeigte unter anderem die Gegenüberstellung zweier Zimmereinrichtungen unterschiedlicher Qualität. Das eine schmutzig, unordentlich und überhitzt. Das andere sauber, alles liegt an seinem Platz und es herrscht eine nur mäßige Temperatur. Hier sollte, im Sinne der Lehrausstellung, den Müttern die richtige Pflege des Säuglings vermittelt werden. Von Kritikern wurde beanstandet, daß hier wie in der ganzen Abteilung der ökonomische und soziale Aspekt außer acht gelassen wurde.[23]

Eine Sonderabteilung im Erdgeschoß der Halle befand sich hinter der Elektrizität und hatte Sexualhygiene zum Thema. Hier wurden Geschlechtskrankheiten wie Syphilis und Tripper veranschaulicht. Daneben die kleinere Abteilung Frau und Mutter, ausgestattet mit Präparaten und Modellen der Tübinger Frauenklinik zum Thema Menstruation und Schwangerschaft. Für eine kleine Sensation am Rande sorgte diese Abteilung, als in der Schwäbischen Tagwacht unter dem Titel „Prüderie" zu lesen stand, daß

„das biedere Zentrumsorgan sowie einige Überempfindliche, die zu schwach sind, menschlichen Dingen gerade ins Auge zu sehen, es durchgesetzt haben, daß die Abteilung für Geschlechtskrankheiten seit einiger Zeit ein Plakat trägt: nur für Männer"[24].

Einer weiteren Zeitungsmeldung nach soll (im Gegenzug vielleicht?) den Männern der Zutritt zu der Abteilung Frau und Mutter verboten worden sein. Der Berichterstatter der Schwäbischen Tagwacht empfiehlt:

„Wer nicht in der Lage ist, wissenschaftliche Dinge unbefangen zu betrachten, der soll hübsch aus einer Ausstellung, die sich mit dem Menschen und seinem Körper beschäftigt, fortbleiben und seine medizinische Weisheit aus einer der vielen Zeitschriften für die Hausfrau schöpfen."25

Es scheint, als sei hier der Durchsetzung der bürgerlichen Norm Hygiene durch andere religiöse und moralische Wertvorstellungen bürgerlicher Kreise Grenzen gesetzt worden.

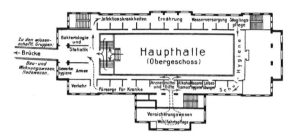

Der nächste große Abschnitt der Lehrausstellung, die wissenschaftliche Abteilung, befand sich im Obergeschoß der Gewerbehalle, auf der Galerie. Die wissenschaftliche Abteilung sollte ein Bild von der Tätigkeit des Hygienikers und von den Leistungen der öffentlichen Gesundheitspflege entwerfen. Unter den sich damals als Hygieniker bezeichnenden Berufsständen seien folgende genannt, die auch aktiv an der Errichtung dieser Abteilung beteiligt waren: Fachgelehrte, Universitätsprofessoren, Ärzte, Tierärzte, Verwaltungsbeamte und Techniker.26 Diese Abteilung war in elf Gruppen und verschiedene Untergruppen eingeteilt und sollte nicht nur dem eigentlichen Fachmann, sondern überhaupt dem Gebildeten verständlich gemacht werden.27 Vom hinteren Teil der volkstümlichen Abteilung hochgehend, traf der Besucher zunächst auf die Abteilung für Statistik. Rechts davon breitete sich die Abteilung für Infektionskrankheiten aus. Alles war aufgeboten worden, was den praktischen und wissenschaftlichen Erkenntnisstand dieses Gebietes ausmachte. Besonders ausführlich wurde die Tuberkulose behandelt, der zu dieser Zeit immer noch 100.000 Menschen jährlich zum Opfer fielen. Auch die Tiertuberkulose sowie andere die Tiere befallenden Seuchen wurden hier aufgeführt. Die nächste Gruppe, Nahrungswesen, befaßte sich am Beispiel der Nahrungsmitteltechnik mit der Milchversorgung, dem Fleisch und der Fleischbeschau sowie der allgemeinen Nahrungsmittelkontrolle, danach kam die Abteilung für Wasserversorgung.

Die folgenden Abteilungen befaßten sich mit der allgemeinen Säuglingspflege, der Schulgesundheitspflege, dem Turnen und dem Sport. In der zweiten Längsseite der Galerie waren die Abteilungen für Rassenhygiene, Alkoholismus, Arzneimittel und Gifte, das Versicherungswesen und die Wohlfahrtspflege sowie die Fürsorge für Kranke untergebracht. Wurde die Rassenhygiene in der einen Berichterstattung noch in neutralem Ton als angewandte Wissenschaft beschrieben, deren Aufgabe es sei, die Maßnahmen gegen eine Vererbung von Krankheiten und Körperschwächen zu benennen,28 so kommentiert derselbe Berichterstatter in einer anderen Veröffentlichung, daß

„es hier sehr viel zum ernsten Nachdenken gibt, daß es sich hier um Dinge handelt, die von größter Bedeutung sind für das große Problem der Gesunderhaltung oder richtiger der Gesundung unserer Rasse durch eine vernünftige, auf wissenschaftlichen Grundlagen großzügig aufgebauten Rassehygiene."29

In der Tat gibt es auch für den heutigen Betrachter Anlaß zum Nachdenken. Von solcher Wissenschaftlichkeit ist es nicht mehr weit, zu dem was im Nationalsozialismus unter dem Begriff Rassenhygiene zur „Gesundung des deutschen Volkes" seinen schrecklichen Höhepunkt fand.30 Die letzten Kabinen Armee und Gewerbehygiene schließen den Rundgang durch die wissenschaftliche Abteilung auf der Galerie ab.

Nachdem die Haupthalle mit der Lehrausstellung besichtigt wurde, gelangten die Besucher in den ersten der drei provisorischen Gebäudekomplexe, in den Gewerbehallenvorbau der Halle für Körperhygiene: Im sogenannten Kuppelsaal befand sich zunächst die literarische Abteilung, im dahinter liegenden Anbau die Sonderausstellung der Firma J. Mack, Stuttgart, die hier der sportlichen Frau ein kleines Reich geschaffen hat. Der Golf- und Tennisspielerin als auch der Reiterin und Wintersportlerin wurde hier vorgeführt, welche Sportkleidung unter modischen Aspekten angesagt war. Daneben stellte die Firma Mack modernere Reformkleider vor.

Ein Berichterstatter der Eröffnungsfeierlichkeiten wies angesichts der sich in Begleitung des Königs befindlichen enggeschnürten Damen auf die wohl immer noch stark vertretene Diskrepanz zwischen gesundheitlich erforderlichem und tatsächlichem Kleidungsverhalten hin. So nimmt es denn auch nicht Wunder, daß die zeitgleich in Stuttgart stattgefundene Ausstellung für Moden und Ausstattung als eine der wenigen Veranstaltungen ihren Platz nicht innerhalb des Geländes der Gesundheitsausstellung fand. Gerade wegen dieser noch immer sehr konservativen Kleider- und Körpereinstellung war auch der Verein für neue Frauenkleidung und Frauenkultur in dieser Abteilung der Gesundheitsausstellung vertreten, um der vernunftmäßigen Bekleidung einen Weg zu verschaffen.[31] Wendete sich der Besucher nach Besichtigung dieser Sonderausstellung der Firma

3   Reformkleid der Firma J. Mack, Stuttgart

J. Mack nach rechts, so hatte zunächst das württembergische Leinenhaus in Stuttgart, die Firma Konrad Merz, in Seitenschränkchen Modelle von Damen- und Kinderwäsche aus luftdurchlässigen Stoffen untergebracht, inklusive der Hemdhosenform „Schlanka" an einem lebensgroßen Modell. In gleicher Weise die mechanische Trikotweberei Stuttgart Ludwig Maier & Co. mit ihrer Unterwäsche an kleinen, sich in Miniaturzimmern präsentierenden Puppen.

Es folgte ein willkürlich anmutendes Sammelsurium ausstellender Firmen mit breiten Produktpaletten, von Projektionsapparaten und Lichtbildersammlungen, für Mediziner bestimmte Desinfektionsmittel, eine handlich und hygienisch vollkommene Metalltaschenspuckflasche für Huster, eine Kollektion moderner Ledermöbel, die Kabine des Vereins für neue Frauenkleidung und Frauenkultur, bis hin zu dem Modell einer modernen Bettfedernreinigungsanlage.

Im folgenden Ecksaal für Elektromedizin präsentierte die Stuttgarter Elektrotechnische Fabrik von Wilhelm Rüßer ihre elektromedizinischen Apparate. Der hier zu bestaunende Entfettungsapparat garantierte pro entsprechender Behandlung Gewichtsabnahmen bis zu 800 Gramm, ohne Einhaltung einer bestimmten Diät. Ein Elektrokardiograph gestattete die Aufnahme eines Abbildes der Aktionsströme des Herzens, und ein Vierzellenbad versprach die fehlerfreie Elektrisation des gesamten Körpers sowie einzelner Organe. Des weiteren fanden Besucher einen „Kinderbrutapparat" sowie ein vollständiges Röntgenkabinett. In den anschließenden Kabinen stellten die Vertreter des medizinisch-technischen Gewerbes aus; so zum Beispiel die Firma Paul Henger, Stuttgart, elektromedizinische Apparate und Röntgengeräte, die Firma Paul Hartmann, Heidenheim, Verbandsstoffe.

In der Mitte dieses Seitenflügels lag der Kunstsaal, ausgestattet vor allem mit Plastiken und Gemälden von Sascha Schneider. Er sollte vermitteln, daß eine Wechselbeziehung zwischen Kunst und Körperpflege besteht.[32] Kraft und Schönheit des Körpers waren hier zentrales Thema. Besonders kurios muteten dann auch die folgenden Abteilungen an, welche vor allem künstliche Glieder, orthopädische Fußbekleidung sowie künstliche Augen ausstellten.

Von der literarischen Abteilung aus nach links trafen die Besucher auf den ersten Aussteller auf dem Gebiete der Ernährung, die Bahlsensche Keksfabrik. Alle weiteren Kabinen zum Thema „hygienische Ernährung" zogen sich an einem separat gebauten Innengang der Halle entlang. Die Sindelfinger Kreppweberei mit ihren Spezialitäten elastischer und durchlässiger Kreppstoffe folgte. Anschließend nahm „entsprechend der Größe ihres Unternehmens"[33] die Firma „E. Breuninger zum Großfürsten" einen stattlichen Raum ein. Ihre in drei Teile untergliederte Abteilung präsentierte Damen-, Herren- und Kinderbekleidung, Berufsbekleidung für Ärzte, Krankenpfleger und -schwestern sowie in der Wäscheabteilung elegante und einfache Damenwäsche. Die Präsentation war so gehalten, daß durch Wechseln der Kleidungsstücke die Firma Breuninger in der Lage war, während der Dauer der Ausstellung ihre gesamte Kollektion vorzustellen. Die Stuttgarter Trikotweberei Henge & Co. ließ an einem in Betrieb befindlichen Rundwebstuhl ihren Trikotstoff für zweiteilige Unterbekleidung weben. Es folgte ein Informationsstand des deutschen Bundes der Vereine für naturgemäße Lebens- und Heilweise. Gestrickte Ober- und Unterbekleidung zeigten Paul Kübler & Co. GmbH in einem Schaukasten.

Im nach Gustav Jaeger benannten Ecksaal des linken Flügels breitete sich ein wahrer „Tempel der Wolle" aus, in dem in Theorie und Praxis die Grundsätze und Anschauungen des „Wollen-Jaegers" erläutert und ihre Verwirklichung im praktischen Leben veranschaulicht wurden.[34] Einen breiten Raum nahmen daher in dieser Halle die verschiedensten Firmen ein, welche ihre „Jaegerfabrikate" ausstellten. In der Mitte präsentierte sich die Firma Wilhelm Benger Söhne in einem großen Aufbau mit der von ihr gefertigten Jaegerschen Unterkleidung. Des weiteren Gustav Jaeger-Produkte wie Hüte und Rucksäcke, Stiefel und Socken, Fußsäcke und Decken, Handschuhe, Krawatten und Kragen, Schokolade und hygienische Apparate, Korsetts und Brusthalter bis hin zu einem vollständigen Bett mit Wollefüllung und Wolldecken. Das Zusammengetragene veranschaulichte, welchen Einfluß Gustav Jaeger auf die verschiedensten Industrien gehabt haben muß.[35]

Der im Anschluß auf den „Gustav Jaeger-Saal" folgende Raum wurde von der Firma Bleyle bestimmt, welche in einem großzügig angelegte von allen Seiten zu umgehenden Schaukasten ihre gestrickte Oberbekleidung zur Ausstellung brachte. Daneben stellte die Firma Heinzelmann, Reutlingen die bekannte Dr. Lahmann-Wäsche aus, welcher in Konkurrenz zu Gustav Jaeger die gesundheitsfördernde Bedeutung der Baumwolle propagierte. Weitere in diesem linken Seitenflügel ausstellende Firmen waren das Bavarialaboratorium in Wiesbaden mit seinem flüssigen Rasierpräparat, Dr. Rud. Reiß zeigte Mittel für Hautschutz und Hautpflege, Maysers Hutfabrik, Ulm, zeigte elegante Herrenhüte, Jul. Uhlmann, Leinzell, brachte ein Knüpf-Leibchen für Damen und Kinder und die Firma Cerf & Bielschowsky, Erfurt, zeigte orthopädisches Schuhzeug. Eine bei den Besuchern sehr beliebte Ecke schuf die Firma Margarethe Steiff mit der Darstellung einer Arche Noah, auf die verschiedenste Gattungen der von dieser Firma produzierten Plüschtierchen hinaufspazierten.

Die „Halle für Haus und Wohnung" stellte neben der „Halle für Körperhygiene" den zweiten thematisch wichtigen Bereich der angewandten Hygiene dar. Sie war über eine Brücke zu erreichen und befand sich im ersten Stock der großen Industriehalle. Hier fand der Besucher ein Themenspektrum, das sich mit dem Häuserbau, der Wohnungsrenovierung und Wohnungspflege auseinandersetzte. Damit in Zusammenhang stehende Erzeugnisse und deren Hersteller waren vor allem die Germania Linoleum Werke AG, Bietigheim, die Firma Daucher & Manz, Stuttgart, mit ihrer neuartigen Holzbalken-Deckenfüllung, Stephan Bomberg mit Dachdeckungs- und Isolierungsmaterialien, sowie Wasser- und Abwasserreinigungsanlagen, vorgeführt von Dipl. Ing. A. Haußmann in Stuttgart. Andere vornehmlich mit Pflegeartikeln vertretenen Firmen waren die chemische Fabrik von Julius Fuchs mit Parkett- und Linoleumwichse, Ludwig Zinser in Murr mit einem hygienischen Fußbodenfettungs- und Staubvertilgungsapparat, sowie Franz Fremdgen, Aachen, mit einer im Haushalt gut verwendbaren Teppichreinigungs- und Auffrischungsseife.

Daneben „Steinersche Paradiesbetten" samt Babykörben und Toilettentischen sowie der von Paul Jäger & Co. Stuttgart aufgestellte Pavillon mit aufrollbaren Moskitonetzen aus Drahtgewebe.

4   Vitrinen der Firma Kübler, Stuttgart

Abgeschlossen wurde der Rundgang durch die Industriehallen, die zeigten,

> „in welchem Maße Technik und Gewerbe den modernsten, sanitären und hygienischen Anforderungen zu entsprechen vermögen."[36]

Zunächst die technische Sonderausstellung, die vornehmlich Heiz- und Entstaubungsanlagen sowie Einrichtungen zur Wasserversorgung veranschaulichte. Gegenüber befand sich eine komplett ausgestattete Großküchenanlage, wie sie in Krankenhäusern und großen Wirtschaftsbetrieben in Gebrauch kam. Während die Firma Brown, Boveri & Co. in Mannheim mit einer praktischen Kältemaschine zur Speiseeisbereitung en gros vertreten war, präsentierte die Esslinger Maschinenfabrik ihre Kleinkältemaschinen. Leicht handliche Wäschereimaschinen präsentierte die Firma Karl Mack, Stuttgart, und die Firma Henkel & Cie, Düsseldorf, die Erzeugerin von „Persil", zeigte anhand verschiedener Wäschestücke die mannigfache Verwendung ihrer Produkte. Gleich mehrere Firmen zeigten Bade- und Klosettanlagen sowie handliche Staubsaugapparate und elektrisch heizbare Warmwasserspeicher.

In der kleinen Industriehalle präsentierten sich unter anderem die Daimler Motorengesellschaft mit einem Mercedes-Krankenhausmobil, die Firma Weygandt und Klein mit Modellen und Wagen für das kommunale Reinigungswesen, so zum Beispiel einem Sprengwagen modernster Konstruktion sowie einer kombinierten Kehr- und Sprengmaschine und einem Müllwagen mit Kippvorrichtung. Die ganze rechte Seite schließlich wurde von der Sonderausstellung des städtischen Reinigungsamtes bestimmt, wo die Straßenbahngesellschaft zur eingehenden Anschauung einen ganzen Waggon ausgestellt hatte.

Gesundheit und Gewerbe

Der Rundgang kann bei weitem nicht das komplexe Geschehen der Ausstellung wiedergeben. Immerhin hatten allein schon 86 Firmen und Gesellschaften die Lehrausstellung mit ihren Erzeugnissen beliefert, und die Zahl der ausstellenden Firmen belief sich laut Ausstellungskatalog auf 344. Ein Blick, gewissermaßen aus der Vogelperspektive, auf das Treiben auf dem Ausstellungsgelände sowie auf die vielfältigen Einfälle der Ausstellungsleitung, die die Bevölkerung zu einem Besuch motivierten, sollen einen plastischen Eindruck vermitteln.

5 Der vielbeachtete Schaukasten der Firma Bleyle.

„Ausstellung für Gesundheitspflege Stuttgart 1914 Mai – Oktober", so prangte es bereits Wochen zuvor von den Plakatwänden der Stadt. Die die Ausstellung umringenden Straßen, aber auch die Schloßstraße bis zum Bahnhof wurden zur feierlichen Eröffnung mit vorwiegend in Rot und Orange gehaltenen Fahnen und Wimpeln geschmückt. Allein schon dadurch kam die Ausstellung ins Gerede. So meinte manch verärgerter Stuttgarter Bürger, daß

> „die geschmacklosen, tangofarbenen Fahnen in aufdringlichster Weise die Landes-, Reichs- und Stadtfarben größtenteils verdrängt haben."[37]

Auf dem Gelände selbst waren neben den Ausstellungsgebäuden ein Tanzcafé, eine Freilichtbühne, ein Kaffee- und Teehaus, ein Kinderspielplatz nebst Milchausschank weitverstreut. Es sollte damit der „pädagogische Pferdefuß"[38] nicht allzu deutlich hervortreten und die Ausstellungsszene, einem Volkspark ähnlich, jedem etwas bieten: Unterhaltung, Anregung und Belehrung. Des weiteren wurde aus dem Teil der Kanzleistraße, welcher sich innerhalb des Ausstellungsgeländes befand, eine Gewerbestraße, in der vor allem Verkaufsstände wie ein Zeitungskiosk, ein Zigarrenverkauf und ein „Stiefelputzzelt" des Färbolwerks aus Düsseldorf ihre Waren feilboten.

Die Ausstellungsleitung wußte jedoch, daß die Präsentation der Gesundheitspflege sowie das Begleitprogramm noch nicht die zur Kostendeckung dringend benötigten Massen herbeiströmen ließen. Mit dem Konzept der Gestaltung ging daher auch ein Konzept der Werbung für die Ausstellung einher. Zunächst einmal wurde dafür gesorgt, daß täglich Führungen durchgeführt wurden. Darüber hinaus wurde die Einführung des Besuchers in die Lehrausstellung durch regelmäßig angekündigte Sonderführungen in einzelnen Abteilungen sowie durch Vorträge zu bestimmten Bereichen der Gesundheitspflege gewährleistet. Der 300 Seiten umfassende Katalog leistete neben der Orientierungshilfe für den Rundgang die zusätzliche Aufgabe, den Besucher über das Spektrum der Gesundheitspflege aufzuklären. Die umfangreiche Berichterstattung der Tagespresse erwähnte, so scheint es, nahezu jede Bewegung auf der Ausstellung. Das sehr ausgeklügelte Ein-

6 Schon Wochen vorher kündigten die Plakate das große Ereignis an.

trittskartensystem mit der Einteilung in Dauer-, Tages- und Familienkarten sowie Anschlußkarten für Ehefrauen, Söhne, unverheiratete Töchter und Hausangestellte tat ein übriges.

Eine große Besucherzahl war gewährleistet, wenn die auf der Ausstellung stattfindenden Kongresse tagten, so zum Beispiel die Hauptversammlung der Frauenvereine des Roten Kreuzes, die Tagung des Deutschen Vereins für Schulgesundheitspflege, der bereits erwähnte Württembergische Frauentag, der Kongreß der Berufsorganisationen Deutscher Krankenpflegerinnen und die Versammlung der Gustav Jaeger Vereine.[39] Die Leitung verließ sich nicht nur auf die zentrale Lage Stuttgarts und seines Bahnhofs, sondern organisierte meist an Sonntagen Sonderzüge aus allen Teilen Württembergs. Das Motto an solchen Tagen wurde nach den Städten benannt, aus denen die Sonderzüge kamen. So gab es dann unter anderem einen „Ulmer Tag" und einen „Schwenninger Tag" auf der Ausstellung.

Besonderer Anziehungspunkt waren die Freilichtbühne und die dort stattfindenden Tanzvorführungen von Sent'Ha Meth, mit täglichen Konzerten und abendlichen Tanzveranstaltungen. Häufig wurden an Sonntagen 30.000 Besucher gezählt – am 26. Juli belief sich die Gesamtbesucherzahl auf 900.000.[40] Läßt man die Zahlen für sich sprechen, so war die Stuttgarter Ausstellung nach nur 2 1/2 Monaten auf dem besten Weg, einen nachhaltigen Eindruck zu erzielen. Doch diese Prognose war verfrüht. Als es am 1.August 1914 zur Kriegserklärung Deutschlands an Russland kam, kannten die Zeitungen kein anderes Thema mehr als den nahenden Krieg. Die letzte Ausgabe der Ausstellungszeitung des Schwäbischen Merkur erschien am 26. Juli 1914. In der ersten Augustwoche findet sich in der Zeitung „Der Beobachter" der kurze Hinweis auf die baldige Schließung der Ausstellung zum 8. August 1914. Die Gewerbehalle und alle umliegenden Gebäude wurden für Lazarettzwecke benötigt.[41]

Dies setzte allen zur Eröffnungsfeier geäußerten Glückwünschen zum Erfolg dieser Ausstellung und ihrer positiven Wirkung auf das Bild Stuttgarts ein Ende.[42] Die Tatsache, daß diese Ausstellung in späteren Chroniken kaum mehr erwähnt wird, weist in der Tat darauf hin, daß ihr und Stuttgart der nachhallende Ruhm versagt geblieben ist. In Erinnerung geblieben ist dadurch bis heute nur die erste Hygieneausstellung in Dresden 1911. Auch die nach dem Krieg wieder aufgenommenen „Nachahmer", so zum Beispiel die „Gesolei" 1923 in Düsseldorf, orientierten sich eher an Dresden als an Stuttgart.

Im Hinblick auf die stattliche Besucherzahl ist davon auszugehen, daß der Zweck der Ausstellung, die Gesundheitspflege im allgemeinen und die Körperpflege im besonderen der Bevölkerung näher zu bringen, von dieser auch aufgenommen wurde. Darin liegt der eigentliche Erfolg begründet.

Resümee

Es ist nicht leicht, aus heutiger Sicht die eingangs gestellte Frage nach dem Charakter der Ausstellung, ihrer Verortung gewissermaßen, abschließend zu beantworten. Durch den Versuch, sich diese Ausstellung in ihrer ganzen Dimension noch einmal heranzuziehen, war zunächst festzustellen, daß es sich weder um eine eindeutig nach pädagogischen Grundsätzen aufgebaute Lehrausstellung, noch um eine nach markwirtschaftlichen Grundsätzen ausgerichtete Industrie- und Gewerbeausstellung handelte.

Um das Wesen der Ausstellung erfassen zu können, kann vielleicht von dem Bild eines Schnittpunktes ausgegangen werden, in dem Staat und Wirtschaft, Technik und Wissenschaft, Bildung und Kunst zusammentrafen und somit ein vielschichtiges Verhältnis von Abhängigkeiten und übergreifenden Beziehungen zum Ausdruck kam.[43] Tatsächlich sind in der Ausstellung Staat, Industrie und Wissenschaft ein enges Verhältnis eingegangen, um ihre unterschiedlichen Interessen zum Thema Hygiene gemeinsam darzulegen. Die Vertreter der Industrie, sich dessen bewußt, daß sich die traditionellen Industrie- und Gewerbeausstellungen des 19. Jahrhunderts überlebt hatten, sahen in dieser Ausstellung ein neues, publikumsorientiertes Medium, das sich an den Besucher als Konsumenten wandte.[44] Stellten die Organisatoren die persönliche Körperpflege in den Vordergrund, war ihnen gleichzeitig klar, daß nur ein Zusammenwirken aller die Gesellschaft bestimmenden Faktoren und Institutionen tatsächlich auch die Darstellung einer alle Lebensbereiche umfassenden Hygiene gewährleistete. Dieses Hand-in-Hand-Gehen unter verschiedenen Vorzeichen täuscht jedoch nicht darüber hinweg, daß es, was die Akzentsetzung einer Ausstellung betrifft, unterschiedliche Vorstellungen geben kann. So dankt zum Beispiel Oberbürgermeister Lautenschlager in seiner Eröffnungsrede ausdrücklich den Herren von der Industrie für ihr

Entgegenkommen und ihr Verständnis, daß sie sich dem von der Ausstellung vorgegebenen Leitfaden angepaßt hatten.[45] Der Rundgang durch die Ausstellung sowie der große Andrang, den sie während ihrer kurzen Dauer erlebte, zeigt jedoch vor allem, daß sie eine Akzeptanz erfahren hat, die sich auch darauf gründete, daß sie gewissermaßen als Spiegel der Gesellschaft ein Thema aufgriff, das die Menschen bewegte.

Anmerkungen

1. Schwäbische Kronik, 2. Abt. des Schwäbischen Merkur. 1. April 1914.
2. Schwäbische Kronik, 2. Abt. des Schwäbischen Merkur. 4. April 1914.
3. Sauer, Paul: Das Werden einer Großstadt. Stuttgart 1988: 375. Siehe dazu auch den Beitrag von Christa Diemel „Die Erziehung zu ‚vernünftiger' Lebensweise. Hygiene als kulturelles Wertmuster" in diesem Band.
4. Ebd.: 217f.
5. Aus Leben, Kunst und Wissenschaft. Tägliches Unterhaltungsblatt der Schwäbischen Tagwacht. 29.Juni 1914.
6. Sauer 1988 [wie Anm. 3]: 376.
7. Vogel, Martin: „Hygienische Volksbildung." In: Gottstein, Adolf, u. a. (Hrsgg.): Handbuch der sozialen Hygiene und Gesundheitsfürsorge. 1. Bd.: Grundlagen und Methoden. Berlin 1925: 358–390; hier: 360.
8. Der Beobachter, ein Volksblatt aus Schwaben. 06. Juni 1914.
9. Ausstellung für Gesundheitspflege Stuttgart 1914. Amtlicher Führer und Katalog: 5.
10. Fischer, A.: Grundriß der sozialen Hygiene. 2 Bde. 1913 [1.Band], 1925 [2. Band]; zit. ohne Seitenangabe in: Labisch, Alfons: „Homo hygienicus: soziale Konstruktion von Gesundheit." In: Wagner, Franz (Hrsg.): Medizin. Momente der Veränderung, Berlin 1989: 115–138; hier: 123.
11. Aus Leben, Kunst und Wissenschaft. Tägliches Unterhaltungsblatt der Schwäbischen Tagwacht. 11. Mai 1914.
12. Die Ausstellung für Gesundheitspflege in Stuttgart. In: Zeitung des Wohlfahrtvereins der Württembergischen Metallwarenfabrik, Geislingen-Steige. 30. Mai 1914.
13. Labisch 1989 [wie Anm. 10]: 116.
14. Ausstellungszeitung des Schwäbischen Merkur. 14. Mai 1914.
15. Ebd.
16. Siehe dazu auch die Beiträge zu Gustav Jaeger in diesem Band.
17. Aus Leben, Kunst und Wissenschaft. Tägliches Unterhaltungsblatt der Schwäbischen Tagwacht. 11. Mai 1914.
18. Ausstellungszeitung des Schwäbischen Merkur. 20. Mai 1914.
19. Ausstellungszeitung des Schwäbischen Merkur. 28. Mai 1914.
20. Ausstellung für Gesundheitspflege Stuttgart 1914. [wie Anm. 9]: 55.
21. Roth, Martin: „Menschenökonomie oder der Mensch als technisches und künstlerisches Meisterwerk." In: Der gläserne Mensch – Eine Sensation. Berlin 1990: 39–67; hier: 60.
22. Aus Leben, Kunst und Wissenschaft. Tägliches Unterhaltungsblatt der Schwäbischen Tagwacht. 23. Juni 1914.
23. Aus Leben, Kunst und Wissenschaft. Tägliches Unterhaltungsblatt der Schwäbischen Tagwacht. 20. Juni 1914.
24. Schwäbische Tagwacht vom 2. Juli 1914.
25. Ebd.
26. Aus Leben, Kunst und Wissenschaft. Tägliches Unterhaltungsblatt der Schwäbischen Tagwacht. 11. Mai 1914.
27. Ebd.
28. Aus Leben, Kunst und Wissenschaft. Tägliches Unterhaltungsblatt der Schwäbischen Tagwacht. 27. Juni 1914.
29. Lipschütz, Alexander: „Die Ausstellung für Gesundheitspflege in Stuttgart." In: Blätter für Volksgesundheitspflege. 14. Jahrgang, Berlin 1914: 169–171, hier: 171.
30. Siehe dazu auch: Marko, Ruth: „Die Rolle des Deutschen Hygiene-Museums in der Zeit des Faschismus." In: Medizin im Faschismus: 118–121.
31. Siehe dazu auch: Kühl, Susanne: „Durch Gesundheit zur Schönheit. Reformversuche in der Frauenkleidung um 1900" in diesem Band.
32. Ausstellungszeitung des Schwäbischen Merkur. 27. Juni 1914.
33. Siehe dazu auch den Aufsatz von Irmhild Buttler-Klose und Margret Ortwein ‚„Wir alle dienen dem Kunden …' Die ersten fünfzig Jahre des Kaufhauses Breuninger Stuttgart" in diesem Band.
34. Ausstellungszeitung des Schwäbischen Merkur. 20. Juni 1914.
35. Ebd.
36. Ausstellungszeitung des Schwäbischen Merkur. 28. Mai 1914.
37. Schwäbische Tagwacht. 14. Mai 1914.
38. Ausstellungszeitung des Schwäbischen Merkur. 15. Mai 1914.
39. Sauer 1988 [wie Anm. 3]: 380.
40. Der Beobachter. Ein Volksblatt aus Schwaben. 29. Juli 1914.
41. Der Beobachter. Ein Volksblatt aus Schwaben. 5. August 1914.
42. Der Beobachter. Ein Volksblatt aus Schwaben. 15. Mai 1914.
43. Haltern, Utz: „Die ‚Welt als Schaustellung'." In: Vierteljahrschrift für Sozial- und Wirtschaftsgeschichte. 60. Bd. Wiesbaden 1973: 1–40, hier: 3.
44. Roth 1990 [wie Anm. 21]: 39–67, hier: 50.
45. Ausstellungszeitung des Schwäbischen Merkur. 15. Mai 1914.

Gustav Jaeger – ein Fallbeispiel

Peter Wörz

„Der neuen Welt gehört ein neuer Rock"
Gustav Eberhard Jaeger: Biologe, Kleiderreformer, Naturmediziner

„Man hat mir oft den Vorwurf gemacht, daß ich zu subjektiv sei, zu viel von mir spreche und schreibe und das Mangel an Objektivität und Gefallsucht genannt. Ich muß mir diese Vorwürfe gefallen lassen: ich habe nie viel Respekt gehabt vor dem Gedachten, Gesagten, Abstrakten, Nachgeschwatzten, Gedruckten und Gelesenen, für mich war immer das wichtigste das Erlebte, besonders das, was ich selbst erlebte, weil das das Genaueste und Belehrendste ist, was man am eigenen Leibe erlebt, mit eigenen Augen gesehen, mit eigenen Ohren gehört, mit eigenen Händen errungen, mit eigenem Kopf erkämpft und in die Wirklichkeit umgesetzt hat. Endlich, und das ist die Hauptsache: Wenn man das Leben verstehen und andere über das Leben belehren will, so muß man das Leben erlebt haben und dabei erfahren haben, 'was goht und net goht', wie der Schwabe sagt."[1]
Selbstbewußtsein und Energie sprühen einem geradezu entgegen, wenn man die Bekenntnisse des 80jährigen liest: Gustav Jaeger (1832–1917) war ein kantiger schwäbischer Klotz, einer, an dem sich die Geister schieden.

Die einen nannten ihn beinahe ehrfurchtsvoll und voller Bewunderung ihren „Meister", für andere war er entweder ein tüchtiger Geschäftsmann, ein nicht ernstzunehmender Pseudo-Wissenschaftler oder Scharlatan, über den sich trefflich spotten ließ. Die Meinungen über den schwäbischen Naturforscher und Zoologen, den Erfinder und geschäftstüchtigen Propheten des „Wollregimes", den Entdecker der „Seele" sind so vieldeutig und ambivalent wie der wortgewaltige Professor selbst und wie die Zeit, in der er sein außergewöhnliches Lebenswerk schuf.

„Probiere alles und behalte das Beste" war einer seiner Sätze, die er immer wieder verkündete. Diesen Leitspruch bezog er auch auf die von ihm vehement verfochtene Naturheilkunde und auf die von ihm entwickelte „Normal"-Kleidung nach „System Jaeger".

Er selbst lebte dieses Prinzip des praktischen Versuchs: Jaegers persönliche Erlebnisse, Erfahrungen und Prägungen offenbaren sich immer wieder als Schlüssel für weitere Schritte im wissenschaftlichen und reformerischen Schaffen des Schwaben. In rund 30 Büchern, weit über 100 größeren Aufsätzen und 36 Jahrgängen der von ihm herausgegebenen Monatszeitschrift „Prof. Dr. G. Jaegers Monatsblatt. Zeitschrift für Gesundheitspflege und Lebenslehre" hinterließ der unerschrockene, tatendurstige und streitbare Professor der Nachwelt sein Lebenswerk.

Die neue Zeit

Auch wenn sie behütet war, die Welt des kleinen 300-Seelendorfes Bürg am Kocher, in die Gustav Jaeger im Jahre 1832 hineingeboren wurde: Die neue Zeit hatte sich schon angekündigt.

Die Dampfkraft hatte begonnen, die Welt zu erobern. 1835 fuhr zwischen Nürnberg und Fürth die erste Eisenbahn, Württemberg entwickelte sich langsam von einem Agrar- in einen Industriestaat.

Die Dampfkraft und die Eisenbahn signalisierten den Anfang dieses Wandels. Es folgten Elektrizität und der „Kraftwagen", Telefon und Fotoapparat. Aber auch Fabrikarbeit und Proletariat, Großstadt und Armut waren Zeichen der neuen Zeit, gehörten ebenso zu dieser Epoche des Übergangs wie die Zauberformel „Fortschritt".

Die ungezählten technischen und wissenschaftlichen Neuerungen hatten umwälzende Auswirkungen auf das Leben der Menschen. Die Welt verfiel in Hektik, die Gemütlichkeit des Bieder-

1   Gustav Jaeger im Alter von 75 Jahren.

Eine Kurzbiographie

In Bürg am Kocher, in einem Pfarrhaus, erblickte Jaeger als jüngstes von sechs Kindern am 23. Juni 1832 das Licht der Welt. Nach dem Studium der Medizin in Tübingen zog er nach Wien und bestritt seinen Lebensunterhalt als Privatdozent und Hauslehrer. 1860 heiratete Jaeger Selma Krais, mit der er sechs Kinder hatte. Im selben Jahr wurde durch ihn das Seewasseraquarium in Wien gegründet, drei Jahre später der große Tiergarten im Prater.

1866 siedelte Jaeger mit seiner Familie nach Stuttgart um, wo er an Fachhochschulen lehrte. Er verstärkte hier seine Forschungen auf dem Gebiet der Physiologie, Gesundheitspflege und Kleiderhygiene und zementierte seine beiden künftigen Säulen: Die Theorie von der Bedeutung der Duftstoffe und eine Kleiderreform, die nur ungefärbte und in einem bestimmten Schnitt gefertige Naturwollkleidung als gesundheitsfördernd akzeptierte. Nach Kündigung aller Lehraufträge standen von 1884 an die Verbindung mit den Stuttgarter Textilfabrikanten „Wilhelm Benger Söhne" sowie die Verbreitung seines „Wollregimes" im Vordergrund. Mehr und mehr wandte sich Jaeger von der Schulmedizin ab, entdeckte die Homöopathie für sich und wurde zu einem entschiedenen Streiter für die Naturheilkunde. Am 13. Mai 1917 starb er 84jährig auf seinem Landsitz „Karnsberg" bei Murrhardt.

---

meier war schnell Vergangenheit, die Gesellschaft veränderte sich. Es entstand ein „fein gesponnenes Netz von Beziehungen und Verpflichtungen bei Arbeits- und Lebensverhältnissen, die zunehmend differenzierter und abstrakter"[2] wurden. Das Leben wurde ständig komplizierter und immer stärker von der Technik bestimmt. Eine neuartige Flut von Reizen brach über die Menschen herein. Die gesellschaftlichen Verhältnisse wandelten sich schneller, als viele begreifen oder nachvollziehen konnten.

Alles schien sich zu bewegen, aber viele kamen mit dem Taumel nicht zurecht. Die Geschwindigkeit wird zu einem Merkmal der Epoche.[3] Das hatte Konsequenzen. Im Rückgriff auf zeitgenössische Schriften analysierte im Jahre 1908 Sigmund Freud (1856–1939) das Phänomen:

„In den politischen und sozialen, speziell den merkantilen, industriellen, agrarischen Verhältnissen der Kulturnationen haben sich eben im Laufe der letzten Jahrzehnte Änderungen vollzogen, die Beruf, bürgerliche Stellung, Besitz gewaltig umgeändert haben, und zwar auf Kosten des Nervensystems, das gesteigerten sozialen und wirtschaftlichen Anforderungen durch vermehrte Verausgabung an Spannkraft bei vielfach ungenügender Erholung gerecht werden muß."[4]

Die Modernität produzierte ein neues Krankheitsbild: Nervosität. 1869 führte der Amerikaner George M. Beard den Begriff der Neurasthenie für seelische und körperliche Erschöpfungszustände in das medizinische Vokabular ein.[5]

Gesundheit insgesamt erhielt eine neue Wertigkeit, insbesondere für das Proletariat: mit bisher tradierten Lebensgewohnheiten wurde gebrochen, soziale Zusammenhänge wurden gelockert. Die Kleinfamilie bestimmte in den Zentren der Industrialisierung die Privatsphäre, ein soziales Sicherheitsnetz, beispielsweise bei Krankheit, gab es nicht mehr. In den Städten wurde die Erhaltung der Arbeitskraft und damit der Gesundheit zu einer überlebensnotwendigen Maxime.⁶

Zum anderen spielte hier die enorm wachsende Bedeutung der Naturwissenschaften eine zentrale Rolle. Mit Max von Pettenkofer (1818–1901) erhob sich die Hygiene zu einer wissenschaftlichen Disziplin. Bedingungen für Krankheiten wurden zunehmend durchschaubarer, Seuchen und Krankheiten nun immer weniger als gottgegeben oder natürlich begriffen.

Diese Emanzipation von bisher gültigen Grenzen und Wahrnehmungen, welche von der Natur gesetzt waren – und die mit der Unabhängigkeit der Energieerzeugung von natürlichen Gegebenheiten mittels der Dampfmaschine einen zentralen Fixpunkt hatte – wurde einerseits ganz im Sinne des neuen Modernitätsbewußtseins begrüßt, andererseits provozierte sie aber auch eine gewisse Desorientierung. Die neue Umwelt, die sich mehr und mehr nach materiellen Gesichtspunkten zu ordnen begann, wurde zunehmend auch als künstliches Erzeugnis erlebt und kritisiert, schließlich war das Leben mit von der Natur vorgegebenen Zyklen und Empfindungen noch keine unzugängliche Vergangenheit.

In diesem Spannungsfeld wurden Alternativen zu den neuen, herrschenden Lebensformen und Lebensgefühlen geboren. Die Flucht aus der Großstadt, hinaus aufs Land, zurück zu einer natürlichen, die Gesundheit erhaltenden oder wiederbringenden Lebensweise und die Rück-Besinnung auf die Natur des Körpers – das alles summierte sich zu einer bemerkenswerten Reform-Bewegung. Reformkost und Vegetarismus, Verzicht auf Alkohol und Tabak, Naturheilkunde und Homöopathie, Bodenreform- und Siedlungsbewegung fanden zahlreiche Anhänger und signalisierten Konzentration und Rückorientierung auf Elementares, Faßbares. Was lag da näher als die eigene Befindlichkeit, der eigene Körper, der als „biologischer Träger des Ich" gleichsam als Vermittlungsinstanz „zwischen Leiblichkeit und Gesellschaftlichkeit"⁷ stand?

Gustav Jaeger gehörte mit seinem Engagement für die Naturheilkunde und mit seiner Wollkleidung zum Kreis dieser Lebensreformer. Auch seine Bestrebungen bezogen sich auf den Körper und dies nicht zuletzt auf seinen eigenen. Von den sich anbahnenden Umwälzungen wurde Jaeger freilich erst später berührt. Seine beschaulichen Kindheitsschilderungen erinnern eher noch an ein Bild von Spitzweg denn an bedrohlichen Maschinenlärm.

Der Zoologe und Biologe

Auf seinen Schulwegen durch Wald und Flur entdeckte Gustav Jaeger seine erste Leidenschaft, die Welt der Käfer. Als Neunjähriger legte er den Grundstock zu einer Sammlung, die am Ende seines Lebens über 1.000 Exemplare zählte. Es sollte nicht bei den Käfern bleiben: Wo er auch hinkam, als Schüler, Seminarist, Student und junger Gelehrter, das Sammeln blieb Jaegers Steckenpferd. Seine Zimmer waren immer auch kleine zoologische Gärten: Seine Stube im theologischen Seminar in Urach, in welches Jaeger als 14jähriger einzog, um dort auf das Theologiestudium am Tübinger Stift und seinen späteren Beruf als Pfarrer vorbereitet zu werden, war dafür berüchtigt.
In Urach erlebte Jaeger auch die Wirren des Jahres 1848. wenn er später der 48er-Revolution nicht mehr viel Positives abgewinnen konnte, dem 16jährigen gab sie den Mut, seiner Bestimmung den Rücken zu kehren und nicht den Beruf eines württembergischen Pfarrers zu ergreifen.

Er zog nach Stuttgart, wo er die Verlegerfamilie Hofmann kennenlernte. Eine schicksalhafte Begegnung, denn 1851 beglückte Hofmann Jaeger mit der Nachricht, daß er ihm das Studium der Medizin in Tübingen finanzieren werde. Hier widerfuhr ihm etwas, was sich in seinem Leben immer wieder als glücklicher Umstand erweisen sollte: Er kam zum richtigen Zeitpunkt mit den richtigen Leuten in Kontakt.

Auch in Tübingen blieb er seiner Neigung zur Tierwelt treu und wählte als wichtigstes Nebenfach die Zoologie. 1856 absolvierte er seine medizinische Staatsprüfung mit Bravour und beschloß, sein Praktikantenjahr in Wien zu machen. Dort schrieb Jaeger seine Doktorarbeit über einen Sehnenknochen beim Vogelflügel, eine vergleichende anatomische Studie.⁸ 1857 durfte er sich schließlich Doktor der Medizin nennen. Seine Doktorarbeit war zugleich eine gelungene Einführung in den erlesenen Kreis der Akademie der Wissenschaften in Wien. In diesem Jahr entstand auch seine Arbeit *Symmetrie und Regularität als Einteilungsprinzipien im Tierreiche*, die in ein bekanntes Standardwerk der Zoologie aufgenommen wurde.

Aufgrund dieser Erfolgserlebnisse reifte in dem 25jährigen der Entschluß,

„der ärztlichen Laufbahn Lebewohl zu sagen und von jetzt an die akademische Lehrtätigkeit anzustreben."[9]

Diese stand Jaeger auch offen. Den freigewordenen Lehrstuhl für Zoologie in Wien konnte er aber nur erhalten, wenn er die Konfession wechselte. Das war für den schwäbischen Pfarrerssohn, ehemaligen Schüler in der Pietisten-Siedlung Korntal und im evangelischen Seminar in Urach, unzumutbar. Jaeger sattelte um. Zunächst war er – wieder einmal dank glücklicher Verbindungen – als Hauslehrer beim Großindustriellen Seybel und als Privatdozent an der philosophischen Fakultät angestellt. Mit 28 heiratete er im Jahr 1860 Selma Krais aus Sondelfingen bei Reutlingen. Den Lebensunterhalt und die Miete für die kleine Vorstadt-Wohnung verdiente er als Publizist. Das frisch erwachte Interesse einer breiten Öffentlichkeit an den Naturwissenschaften war ein dankbares Feld.

„Ohne lebendes Getier konnte ich mich nicht des Daseins freuen."

„Da sich bald zeigte, daß die Abstammungslehre Darwins die größte Teilnahme in der Öffentlichkeit fand, so war sie ein außerordentlich dankbares Gebiet für populäre Aufsätze. Ich schloß mich der Lehre Darwins an und errang mir, als einer der ersten auf österreichischem Boden, welcher diese Lehre verfocht, ähnlich wie Häckel auf deutschem, rasch einen geachteten Platz unter den naturwissenschaftlichen Schriftstellern Wiens."[10]

Mit Unterstützung von potenten Geldgebern stürzte sich der 28jährige bald in ein neues Abenteuer. Er eröffnete das erste Seewasser-Schauaquarium auf dem europäischen Binnenland. Aus dem Aquarium wurde der Tiergarten im Prater, womit seine zoologische Sammelleidenschaft ihren Höhepunkt erreicht hatte. Jaeger zog um und lebte nun bis zum Ende der Wiener Zeit inmitten seiner Tiere, so wie er das schon immer getan hatte.

„Meine Frau hatte eine schwere Zeit durchzumachen in ihrer jungen Ehe. Ich war einzig und allein angewiesen auf die eingehenden Eintrittsgelder; die Kinder kamen in rascher Folge und meine Frau war zart und mußte öfters das Bett hüten, aber an Mut und Selbstvertrauen hat es mir nie gefehlt, eben so wenig an Geld, das immer dann vorhanden war, wenn wir es am nötigsten brauchten."[11]

Zusätzlich pflegte Jaeger weiterhin sein schriftstellerisches Talent in populär gehaltenen naturwissenschaftlichen Publikationen. 1864 erschienen zum ersten Mal seine *Zoologischen Briefe*.[12]

Der Enthusiasmus und die Karriere wurden jäh gebremst, als zwei Jahre später der deutschösterreichische Krieg ausbrach. Die nun fünfköpfige Familie mußte Wien verlassen und sich in Stuttgart eine neue Existenz aufbauen.

Der Forscher

Gustav Jaeger kam zurück nach Stuttgart, in sein „geliebtes Heimatland"[13], als die Stadt zur schwäbischen Metropole heranwuchs. Zwischen 1864 und 1871 stieg die Einwohnerzahl von 69.000 auf 91.600. Im Jahr 1875 lebten bereits 107.300 Menschen in Stuttgart.[14]

Solche Größenordnungen waren bisher unbekannt. Erst im Jahr 1887 wurde der Begriff „Großstadt" für Städte mit mehr als 100.000 Einwohnern geprägt.[15] Bei der Gründung des Deutschen Reiches 1871 gab es nur acht davon, 1910 waren es bereits 48.[16]

Dieser Prozeß der Urbanisierung, der die Menschen in die Zentren lockte, war eine Folgeerscheinung der Hochkonjunktur-Periode, welche die Industrialisierung in Deutschland seit 1850 bis zum ersten Abschwung im Jahr 1873 kennzeichnete.[17] Die Bürger erhofften sich bessere Aufstiegschancen und Ausbildungsmöglichkeiten, während die Unterschichten häufig wegen fehlender Möglichkeiten der Existenzsicherung ihre ländliche Heimat verließen. Zielort waren die immer stärker anwachsenden Städte, die Zentren der neuen Wirtschaftsentwicklung. Die Stadt wurde zum Synonym für Modernität und Fortschritt.

Aber viele Hoffnungen gingen in Versorgungsproblemen, Wohnungsnot und hygienischen Schwierigkeiten unter. Die Stadt wurde zum „Moloch", es herrschten Armut, Not und Elend, und dies vor allem beim neu entstehenden Proletariat.

Ein Arbeiter mußte bis zur Hälfte seines Lohnes für die Miete abzweigen. Es entstand das Schlafgänger- und Untermieterwesen, das die hygienischen Verhältnisse (bis zu fünfzehn Familien benutzten einen einzigen Abort) noch verschlechterte.[18] Das Leben in der Stadt war weder gesund noch human. Die durchschnittliche Lebenserwartung betrug 1842 etwa 32 Jahre, 1870 etwa 37 Jahre.[19] Kritik konnte da nicht ausbleiben. Auch Gustav Jaeger sollte sich lautstark zu Wort melden.

Jaeger hatte wieder zu lehren begonnen. Zuerst an der land- und forstwirtschaftlichen Akademie in Hohenheim, 1869 folgte der Lehrauftrag für Zoologie, Anthropologie und Gesundheitspflege am Königlichen Polytechnikum in Stuttgart, wo er 1870 den Professorentitel erhielt. Von 1876 an unterrichtete er zudem noch an der Königlichen Tierarzneischule Physiologie und Histologie. Seit 1871 erörterte Jaeger in seinen Vorlesungen über Gesundheitspflege am Königlichen Polytechnikum auch hygienische Probleme. Die Hygiene sah er als Mittel zur Optimierung der Immunkräfte:

> „Hygiene ist Selbsthilfe unter Gebrauch der dem Menschen wie jedem Lebewesen von der Natur mitgegebenen Verteidigungsmittel gegen Gesundheitsschädliches, in erster Linie seiner Sinneswerkzeuge, in zweiter Linie seiner Selbstarzneien."[20]

Mit Blick auf die wachsenden Städte und ihre sanitären Probleme – noch waren Bakterien und Viren als Ursachen für Seuchen und Infektionskrankheiten nicht bekannt – beschäftigte er sich mit dem Einfluß von körperlichem Training auf die Konstitution und die Widerstandskraft des Menschen.

Als Praktiker beließ er es nicht bei der Theorie. Neben seinen Lehrtätigkeiten begann er, diese Frage an 13 Absolventen der Stuttgarter Turnlehrerbildungsanstalt zu untersuchen, an der sein Bruder Otto Heinrich Vorstand war. Die Ergebnisse führten ihn zu der Erkenntnis, daß

„Hygiene ist Selbsthilfe."

schweißtreibende Betätigung die Gesundheit fördere. Seine gründliche Auseinandersetzung mit der Thematik brachten ihn zur Überzeugung, daß die Gymnastik die hierfür am besten geeignete Methode war

> „und zwar eine solche, die möglichst gleichmäßig den ganzen Körper (…) zusammenarbeiten

läßt. Die vollkommenste derartige ist die Laufgymnastik (…)."[21]

Er versuchte sich selbst im Dauerlauf und stellte dabei schnell fest,

> „welch heillose, alberne Einrichtung unsere sogenannte Kulturkleidung ist."[22]

Nun beschäftigte ihn die Frage, welche Bekleidung beim Laufen die besten Dienste erweise, womit die Bekleidungshygiene zu einem weiteren zentralen Forschungsfeld Jaegers geworden war.

> „Wenn man läuft, erfährt man, daß und wo es in der Mache fehlt, und wenn man schwitzt, wo es im Stoff fehlt, und auf diesen beiden Beobachtungen beruhte die von mir vorgeschlagene Kleiderreform (…)."[23]

Wesentlicher Bestandteil dieser Kleiderreform war die Wolle,

> „(…) weil ich erkannt hatte, daß sie abhärtend wirke, daß sie infolge der von ihr verursachten stärkeren Hautdurchblutung und erhöhten Hautthätigkeit den Wassergehalt und Fettgehalt des Körpers herabsetze und damit den Menschen nicht bloß gegen Erkältungskrankheiten, sondern auch gegen Seuchen widerstandsfähiger zu machen vermöge."[24]

Als Gustav Jaeger seine Lehrtätigkeit im Jahre 1884 beendete, hatte er bereits einen neuen Lebensweg eingeschlagen und eine Reform der Kleidung, das von ihm so betitelte „Wollregime"[25] entwickelt. Dies machte den schwäbischen Professor bekannt.

Der Kleiderreformer

Ab 1872 publizierte er seine Erkenntnisse über Bekleidung im *Neuen Deutschen Familienblatt*. Ende der 70er Jahre kreuzte sich Jaegers Weg mit dem von Ferdinand Steinbeis und dem der Brüder Wilhelm und Gottlieb Benger, was schließlich zu einer lukrativen Geschäftsverbindung führte. Die hygienisch-praktischen Aufsätze Jaegers im „Neuen Deutschen Familienblatt" (1880 gesammelt und unter dem Titel *Die Normalkleidung als Gesundheitsschutz* herausgegeben) wurden auch von Ferdinand Steinbeis gelesen.

Als Präsident der Königlich-Württembergischen Zentralstelle für Gewerbe und Handel versuchte er Jaeger schon im Jahre 1877 klarzumachen, daß er nur in Verbindung mit der Geschäftswelt die Resonanz erwarten dürfe, die er sich wünschte.

Aber Jaeger mußte erst überzeugt werden, denn er hatte „eine tiefe Abneigung gegen das Geschäftswesen."²⁶ Zwei Jahre lang konnte sich Jaeger nicht dazu durchringen, den von Steinbeis vorgezeichneten Weg einzuschlagen und beschäftigte sich weiter mit der Verarbeitung von Wolle.

> „Der Weise wählt Wolle."

„Ich hatte mir längst auch meine Gedanken über die Webart gemacht, da mich die verfilzten, brettartigen, undurchlässigen Flanellhemden, die man damals erst nicht einmal fertig kaufen konnte, sondern selbst machen lassen mußte, keineswegs befriedigten. Als beste Webart für wollene Kleidungsstücke schwebte mir ein strumpfartiges Machwerk vor; doch wollte mir die gewöhnliche Strickerei wenigstens für die Unterkleidung wieder zu plump und dick vorkommen."²⁷

Am 1. März 1879 landete ein Päckchen mit schicksalhaftem Inhalt auf Jaegers Schreibtisch. Darin fand sich ein Brief, in welchem Jaeger bestätigt wurde, daß nichts seinen sanitären Vorstellungen mehr entspräche, als ein gewirktes Trikothemd aus reiner Wolle. Absender waren die beiden Stuttgarter Textilfabrikanten Wilhelm und Gottlieb Benger, die 1874 den väterlichen Betrieb übernommen und in „Wilhelm Benger Söhne" umbenannt hatten. Auf der Suche nach Innovationen waren die Wirkwarenfabrikanten auf Jaegers Zeitschriftenaufsätze gestoßen und erahnten wohl in seinem Bekleidungssystem einen potentiellen Markt.

Neben dem Brief an Jaeger fand sich in dem Paket das, was der Kleiderreformer bisher vergeblich gesucht hatte: ein Trikot in eben der von ihm gewünschten „strumpfartigen Machart", nicht gewebt, sondern gewirkt. Noch im gleichen Jahr, am 30. Oktober 1879, wurde der erste Vertrag zwischen der Firma „Wilhelm Benger Söhne" und Gustav Jaeger abgeschlossen.²⁸

Was dann einsetzte, ist ein interessantes Kapitel württembergischer Wirtschaftsgeschichte, ein Exempel für die Verbindung von Wissenschaft und Wirtschaft und nicht zuletzt auch ein Lehrstück für Werbung in der zweiten Hälfte des 19. Jahrhunderts.

Der Geschäftsmann

Die Gebrüder Benger produzierten das sogenannte „Normalhemd". Gustav Jaeger gab die Lizenz zum Erwerb des gesetzlichen Markenschutzes unter seinem Namen und kassierte für jedes verkaufte Normalhemd seinen Anteil.

Der Erfolg dieser Verbindung übertraf alle Erwartungen: Im Anschluß an die Württembergische Landesgewerbeausstellung in Stuttgart im Jahre 1881 schnellte der Absatz sprunghaft in die Höhe. Die enorm expandierende Firma mußte schon im Jahre 1882 ein größeres Fabrikgebäude erstellen.

Gustav Jaeger, der Unermüdliche, tat seinerseits alles, was in seinen Kräften stand, um die Sache voranzutreiben. Durch rund 70 Städte im deutschsprachigen Raum tingelte er Anfang der 80er Jahre, um Vorträge zu halten. Der glänzende Redner füllte die Säle und gewann mit seinen rhetorischen Fähigkeiten nicht nur einen neuen „Wollenen", wie die Träger der „Normal"-Kleidung schnell genannt wurden.

1884 war Wien an der Reihe. Die Reaktionen waren – wie immer – gegensätzlicher Natur, aber sie sind bezüglich Jaegers Ausstrahlung beispielhaft und vermitteln anschaulich den Eindruck, den er bei seinen Vorträgen hinterließ. Von einem „ausgezeichneten, sieghaften Redner mit einer ausgiebigen Dosis von Humor" (Wiener alte Presse) war in den Wiener Blättern zu lesen, der „temperamentvoll, geistreich und fesselnd" (Neue illustrierte Zeitung) erzählte und seine Zuhörerschaft so vereinnahmte, daß am „Ende stürmischer Beifall losbrach" (Neues Wiener Tagblatt).²⁹

> „Mit vollen Segeln in meinem Fahrwasser."

Jaegers Charisma zog viele in seinen Bann, es entstand eine regelrechte Bewegung. Über ganz Deutschland verteilt, schloß sich seit 1884 ein Teil seiner Anhänger zu Jaegerianer-Vereinen zusammen. 1884 bildeten sich 15 Vereine, auf dem Höhepunkt 1887 waren es 30, mit insgesamt etwa 900 Mitgliedern.[30]

Auch diese spezielle Ausprägung der Anhänger Jaegers dürfte ihren Teil dazu beigetragen haben, daß der Verkauf der Normalwäsche florierte. Jaeger schloß nun auch mit anderen Fabrikanten Verträge ab. Der Umsatz verdoppelte sich von Jahr zu Jahr. 1884 konnte Jaeger erklären, daß die von ihm lizenzierten Firmen einen Jahresumsatz von vier Millionen Mark erwirtschaftet hätten.[31]

Schnell dehnte sich die Produktpalette aus: Oberbekleidung, Hüte, Socken, Schuhe, Hosenträger, Bettzeug und vieles mehr nach „System Jaeger" wurden angeboten.[32] 1886 gab es in über 150 Städten Deutschlands, Österreich-Ungarns und der Schweiz allein von Benger Söhne und Jaeger lizenzierte Geschäfte, die „Normal"-Waren verkauften. Die über diese „Normal"-Bekleidungs-Geschäfte ermittelte Zahl von „Normal"-Bekleideten in Deutschland betrug Anfang 1885 rund 50.000.[33]

Die „Wollenen" fanden sich vornehmlich in der bürgerlichen Mittelschicht, darunter waren auch exponierte Persönlichkeiten wie der Stuttgarter Unternehmer Robert Bosch, der Jugendstil-Maler Hugo Höppener, der als Fidus bekannt wurde, oder die englischen Schriftsteller George Bernard Shaw und Oscar Wilde. Der Ausbreitung ausgesprochen förderlich war der Sport, der sich zunehmender Beliebtheit erfreute. Vor allem Bergsteiger und Radfahrer erwiesen sich als gute Kunden. 1897 konnte Jaeger verkünden: „Heute sind die eigentlichen Träger und Vertreter des Wollregimes die Sportsleute."[34]

Zum wirtschaftlichen Höhenflug setzte das „Normalsystem" allerdings nicht in Deutschland, sondern in England an. Am 10. Dezember 1883 wurde in London die „Dr. Jaegers Sanitary Woollen System Company" ins Handelsregister eingetragen. Nach anfänglichen Schwierigkeiten brachte im Jahre 1884 ein Artikel über das Jaegersche „System" in der *Times* den wirtschaftlichen Durchbruch. 25 Jahre später hatte die Company in jeder größeren britischen Stadt eine Zweigstelle und zusätzlich über eintausend Handelspartner, die „pure wool"-Jaeger-Kleidung verkauften. Bald konnte man Jaeger-Wäsche auch in Nordamerika, Australien und Kanada erwerben.

Es sollte nicht bei den englisch- und deutschsprachigen Ländern bleiben. Nach der Jahrhundertwende versandte „Wilhelm Benger Söhne" Warenkataloge in 13 Sprachen in alle Welt.

Ganz ohne Reibungen konnte sich das „System" freilich nicht auf dem Markt behaupten.

2   Werbung der Firma Benger Söhne.

Auch andere Fabrikanten und Händler wollten am florierenden Geschäft mit der Wollkleidung teilhaben. 1886 berichtete Jaeger, daß er allein in Österreich 35 Firmen kenne, die sich auf wollene Unterkleidung spezialisiert hatten. Da konnte es nicht ausbleiben, daß sich Jaegers Namen auch auf Kleidungsstücken wiederfand, die nicht aus reiner Wolle waren und nicht der von ihm propagierten Qualität entsprachen. Aus diesem Grund verpflichtete sich Jaeger 1887, in seinem eigens eingerichteten Labor die Wäschestücke seiner Konzessionäre einer kontinuierlichen Kontrolle zu unterziehen. Häufig blieb dem Kleiderreformer und seinen Geschäftspartnern allerdings nichts anderes übrig als gegen den Mißbrauch der Schutzmarken „System Jaeger" und „Normalkleidung" vor Gericht zu ziehen.[35]

Daran, daß Gustav Jaeger ein vermögender Mann wurde, konnten die Duplikate und Plagiate freilich nichts ändern. Der leidenschaftliche Waidmann erstand schon bald das Landgut „Karnsberg" im Murrhardter Wald nebst eigener Jagd, konnte sich alljährlich eine ausgedehnte Sommerfrische in Bad Gastein erlauben, finanzierte seinen drei Söhnen das Medizinstudium und baute noch im hohen Alter von 78 Jahren ein herrschaftliches Haus in Stuttgart – selbstverständlich auf der Grundlage aller von ihm propagierten hygienischen Erkenntnisse.

Der Naturmediziner

Im Rahmen seiner Untersuchungen zur Verbesserung der Konstitution beschäftigte sich Jaeger auch mit dem Eiweiß und mit den Gerüchen, Düften und Ausdünstungsstoffen, was ihn zu seiner „Seelenstofftheorie" brachte. Als Träger der Individualgerüche von Mensch und Tier glaubte er die Eiweiße entdeckt zu haben, die für ihn auch das Geheimnis der Vererbung bargen. Diesen Geruchsstoffen gab er den Namen „Seelenstoffe". Er unterschied positive, „Luststoffe", und negative, „Unluststoffe"³⁶. Er behauptete zudem, daß die „Unluststoffe" die Ursache für Dispositionen zu Krankheiten seien. Damit hatte er in ein Wespennest gestochen. Hohn und Spott der Kollegen trieben ihn endgültig aus dem Lager der Schulmedizin³⁷, dem er schon länger abtrünnig geworden war.

Seine wissenschaftliche Arbeit war für Jaegers Entwicklung zum Verfechter einer naturnahen, ganzheitlichen Medizin aber nur der eine Impuls. Der andere hatte wieder unmittelbar mit einer persönlichen Erfahrung zu tun. 1859 verletzte er sich am Bein und mußte eine Blutvergiftung durchstehen. Zurück blieb ein Krampfaderleiden und dem begeisterten Turner die Gewißheit, daß er diesen Sport nicht mehr ausüben konnte. Das hatte schwerwiegende Folgen:

> „Wenn ich auch nie aufhörte, zeitweilige Jagd- und Sammlerexcursionen zu machen, so genügte das doch nicht, um das allmähliche Eintreten der Fettsucht mit ihrem Gefolge von Schweratmigkeit, Verdauungsbeschwerden, Hämorrhoiden und Disposition zu Erkältungskrankheiten zu verhindern."³⁸

Die Schuld für dieses Schicksal gab er einer falschen Behandlung seiner Blutvergiftung. Mehr Erfolg hatte dagegen eine Behandlung in Stuttgart durch die Naturheilerin Elise Reglin:

> „Wir begegneten uns nicht auf theoretischem Boden, sondern auf praktischem. Sie brachte mir den wichtigsten Grundsatz bezüglich Krankheit und Heilung bei. Ihre Parole war: ‚Heraus muß es'. (…) So war ich, der Zögling der anatomisch-physiologischen Schule, zum Anhänger der alten, von der Schule verfemten Humoralpathologie, oder deutsch gesagt, der Lehre von den schlechten Säften, geworden (…)."³⁹

Bis zur Mitte des 19. Jahrhunderts hatten die Ärzte Gesundheit und Krankheit in Verbindung gesehen mit der jedem Menschen eigenen Mischung seiner Körpersäfte. Fast zwei Jahrtausende lang beherrschte diese „Humoralpathologie" (von lat. humores = Säfte) die Lehrmeinung. Krankheit war immer als Erkrankung des gesamten Menschen angesehen worden. Zwar wurde diese Auffassung schon um die Mitte des 18. Jahrhunderts angezweifelt, es fehlte aber an einem der Humoralpathologie gleichwertigen Gesamtsystem. Dieses Konzept lieferte erst Rudolf Virchow (1821–1902) mit seiner „Cellularpathologie", die er 1858 veröffentlichte. Damit hatte die Medizin einen naturwissenschaftlichen Standpunkt bezogen. Virchow wies nach, daß die Zellen immer die Träger krankhafter Veränderungen sind. Daraus folgerte er, daß es nur lokale Erkrankungen und keine Allgemeinkrankheiten mehr gebe und daß diese dann auch keiner allgemeinen Maßnahme bedürfen, sondern lokal und gezielt bekämpft werden können. Die Symptomtherapie war geboren. In den ausgehenden 70er Jahren des 19. Jahrhunderts traten dann Louis Pasteur (1822–1895) und Robert Koch (1843–1910) mit ihren Forschungen an die Öffentlichkeit. Beide waren den Bakterien auf der Spur, die schließlich als Erreger der Krankheiten entlarvt wurden.

> „Ich habe die Seele entdeckt."

Für Gustav Jaeger lag die Krankheitsursache woanders, nämlich

> „in den biologischen Beziehungen des Kranken zur Außenwelt, während des vor der Krankheit liegenden Zeitraumes."⁴⁰

Die Bakterie sei die eine Sache, die Disposition zur Ansteckung die andere. Und diese Disposition beziehe sich immer auf den gesamten Menschen, ebenso wie die Krankheit:

> „Wann wird man endlich einsehen, daß ein Lebewesen, namentlich ein solches wie der Mensch, trotz seiner außerordentlich komplizierten Zusammensetzung eine Einheit ist (…)."⁴¹

Der Schulmedizin, die sich bis zur Jahrhundertwende in ein Spezialistentum auffächerte, sprach Jaeger die Qualifikation zur Heilung ab:

> „Ein Arzt, der mit nichts als dem herkömmlichen Wissen von Physik, Chemie und Physio-

logie, wie es unsere Schule lehrt, vor einem reparaturbedürftigen Menschenkind steht, kommt mir geradeso hilflos vor, wie ein Grobschmied vor einer Taschenuhr."[42]

Jaeger klagte an, daß mit dem Einzug der Naturwissenschaften in das Heilwesen das individuelle, das subjektive Gefühlsempfinden des Kranken und eine darauf ausgerichtete spezifische Heilbehandlung verloren gingen.[43] Die Biologie war für ihn auch bei Krankheit und Heilung maßgebend. Dementsprechend scharf attackierte er Virchow und Koch.

Seine Sicht der Heilung stempelte ihn zum Außenseiter des herrschenden Medizinal-Systems. Zudem vertrat er natürlich die von ihm konzessionierte Wollkleidung als ein ganzheitliches diätetisches Heilverfahren, wobei einmal mehr seine eigene Erfahrung den Ausgangspunkt bildete:

„Als ich nun das Wollregime bei mir durchführte, kam über mich etwas mir bisher ganz Unbekanntes. Meine Krankheitszustände empfahlen sich (...) ich gewann meine Gesundheit und meinen Frohsinn wieder."[44]

Für viele war diese Heilwirkung der entscheidende Grund, „in die Wolle zu gehen", wie Jaeger das nannte.[45]

Aber nicht nur die Überzeugung, daß die Wolle gesundheitsfördernd wirke, trieb Jaeger ins Lager der Naturheiler. Nach anfänglich gegenteiliger Meinung entwickelte er sich zu einem Verteidiger der Homöopathie. Er glaubte die Wirksamkeit homöopathischer Potenzen mit seiner Neuralanalyse nachgewiesen zu haben. Die Neuralanalyse war eine von Jaeger entwickelte Meßmethode: Mit Hilfe einer Stoppuhr hielt er die Reaktionszeit fest. Dadurch glaubte er den Einfluß aller flüchtigen und festen Substanzen auf das Wohlbefinden des Menschen ermitteln zu können.[46] Von diesem Zeitpunkt an machte er sich stark für die Einrichtung von Lehrstühlen für Homöopathie an Deutschlands Universitäten.

Der Lebensreformer

Mit seinem Eintreten für die Homöopathie und seiner Kritik an der Schulmedizin und ihren Methoden stand Jaeger nicht allein. Die Wurzeln der Naturheilkunde – ein Begriff, der erstmals um die Mitte des vorigen Jahrhunderts auftauchte – reichen weit zurück.

Aber erst mit der Wiederbelebung der Wassertherapie durch Christian Oertel (1765–1850) und Vinzenz Prießnitz (1799–1851), entwickelte sie sich zu einer beachtenswerten Bewegung, die häufig von Laienmedizinern getragen wurde. Bald gesellte sich zur Wassertherapie die Diätkur (Johannes Schroth, 1798–1856). Bis zur vegetarischen Diät war es nur noch ein kleiner Schritt (Theodor Hahn, 1824–1883). Eduard Baltzer (1814–1879) wurde zum Ideenführer dieser Reformbewegung.[47]

Die Ernährungsfrage wurde auch für Gustav Jaeger zu einer wichtigen Angelegenheit. In seiner Monatsschrift erschienen regelmäßig „Warnungstafeln", die auf die Gesundheitsschädlichkeit von gebläutem Zucker, gekupferten Reben und von in Staniol verpackter Schokolade verwiesen. Entsprechende Wirkungen hatte Jaeger alle am eigenen Leibe erfahren. Auch seine Ernährungsgewohnheiten stellte er im Laufe der Jahre um. Hatte er viele Jahre lang bis zu fünf Mahlzeiten pro Tag eingenommen und dem Alkohol ordentlich zugesprochen –

„hieran war ich so gewöhnt, dass ich, wenn mir nachts das Bier ausging, die Arbeit sistieren mußte"[48]

– so gewöhnte er sich mit zunehmendem Alter eine bewußtere, teilweise sehr einfache Ernährungsweise an. Das Rauchen gab er allerdings erst im hohen Alter auf – er hatte es über 50 Jahre lang gepflegt.

Die naturgemäße Lebensweise, ein Schlagwort der Reformbestrebungen in der zweiten Hälfte des 19. Jahrhunderts, war für den Biologen Gustav Jaeger ein Feld, auf dem er sich auskannte. Sein großes Wissen auf dem Gebiet der Zoologie sowie der wissenschaftliche Ehrgeiz, die Heilwirkungen auch mit exakten Methoden nachzuweisen, hoben ihn heraus aus der Schar der Lebensreformer, denen vielfach ihre Intuition und ein einfaches Naturbekenntnis als Begründung ihrer Lehre schon ausreichte. Gemeinsam mit seinem Konkurrenten Heinrich Lahmann, der die Baumwolle als den optimalen Bekleidungsstoff pries, kommt ihm das Verdienst zu, die wissenschaftli-

> „Die Sonne, die mir aufging."

che Theorie für die Bewegung der Kleiderreformer geliefert zu haben.[49]

Was Jaeger mit anderen Lebensreformern verband, war zum einen das Streben nach einer Re-Form der Gesellschaft über die Verbesserung der Lebensbedingungen jedes einzelnen und zum anderen der Kampf gegen die Schulmedizin. Zwar waren deren Erkenntnisfortschritte nicht wegzuleugnen, aber effektive Behandlungsmethoden ließen auf sich warten. Dadurch erklärt sich eine beachtliche Popularität für die Naturheilbewegung. Mit der Gewerbeverordnung von 1869 durfte das Heilgewerbe auch von nicht-approbierten Laien ausgeübt werden. Dieser Konkurrenz rückten die Schulmediziner mit einer Lawine von sogenannten Kurpfuscherprozessen zu Leibe. Jaeger war bis zu seinem Lebensende ein unerschrockener Streiter für die Freiheit des Heilgewerbes, und er trat in einigen Prozessen als Sachverständiger auf.

Nicht nur der gemeinsame Gegner Schulmedizin verband Gustav Jaeger mit vielen anderen Naturmedizinern, sondern auch der persönliche Zugang über die eigenen und erfolgreich bekämpften Krankheiten.

„Die meisten (…) waren Originale, und fühlten sich oft als Einzigartige, Begnadete. Von ihrem Sendungsbewußtsein leitet sich auch ihre gelegentliche unerträgliche Überheblichkeit her (…). Sie alle glaubten an die ihnen einleuchtenden Wahrheiten von dem Segen des Natürlichen für Gesundheit und Krankheit (…) Ihr Naturvertrauen ist ebenso überwältigend wie ihr Selbstvertrauen."[50]

An Selbstvertrauen mangelte es Gustav Jaeger gewiß nicht. Wie schlagfertig und mit welcher Konsequenz er Neidern, Konkurrenten oder Andersdenkenden entgegentrat, spiegelt sich in seinem *Monatsblatt* wider. Das Heilverfahren des Pfarrers Sebastian Kneipp, der Kleidung aus Leinen favorisierte, nannte er eine „Wasserpatscherei"[51], der Mediziner Heinrich Lahmann war für ihn ein „geriebener Spekulant."[52]

Aber nicht nur mit Kneipp und Lahmann nahm er es auf. Gustav Jaeger schlug nach allen Seiten aus, er war fest überzeugt von sich und seiner Sache:

„Ich erkläre hiermit feierlichst: ich stelle mich jeder öffentlichen Disputation an jeder Hochschule deutscher Zunge, wo es gewünscht wird, und werde die Ehre der wahren Wissenschaft und die Wahrheit dessen, was diese mich gelehrt hat, bis zum letzten Atemzug verteidigen. Aufdrängen werde ich mich Niemand, aber weichen auch Keinem."[53]

Neben seinen Büchern, Aufsätzen, öffentlichen Reden, Leserbriefen und Flugblättern war sein *Monatsblatt* das Jaegersche Werbe- und Kampforgan schlechthin, Sammelsurium und Zeugnis für die Vielseitigkeit des eigenwilligen Schwaben. Da findet sich im Schlagwortregister schon mal „Unterhose" neben „Unsterblichkeit".

Von banaler Alltäglichkeit bis zu philosophischen Höhenflügen – in dieser gewaltigen Spanne spiegelt sich Gustav Jaeger als rückwärtsgewandter Utopist und in seiner Widersprüchlichkeit: Einerseits ein Protagonist von widerständigen Lebensentwürfen gegen die gesellschaftlichen Strukturen und Ordnungen seiner Zeit, durchaus auch im Sinne eines zukunftorientierten Alternativmodells, das bis in die heutige Zeit hinein wirkt und lebt; andererseits ein mit idealisierenden Rückgriffen arbeitender, visionärer Botschafter eines in die Natur eingebundenen menschlichen Lebens.

Genau 100 Jahre nach Jean-Jacques Rousseau geboren, hätte Gustav Eberhard Jaeger das berühmte „Zurück zur Natur" wohl am liebsten in großen Buchstaben an die Wände des sich verändernden Deutschlands gemalt.

1891 brachte er dies in seiner ihm eigenen Art zu Papier:

„Bei uns bleibt der verachteten, mit Füssen getretenen, für unsalon- und unkommentmäßig erklärten Natur nur das eine übrig, sich an ihren Peinigern und Steinigern zu rächen, indem sie dieselben elendem Siechtum und jämmerlichem Tod überantwortet."[54]

100 Jahre später ist die Menschheit seiner apokalyptischen Vision erheblich nähergekommen.

Anmerkungen

1   Jaeger, Gustav E. In: Prof. Dr. G. Jaegers Monatsblatt. Zeitschrift für Gesundheitspflege und Lebenslehre. [= „MB"] 1912/ 12: 137.
2   Asendorf, Christoph: Ströme und Strahlen. Das langsame Verschwinden der Materie um 1900. Gießen 1989: 74.
3   Asendorf 1989 [wie Anm. 2]: 74.
4   Freud, Sigmund. In: Mitscherlich, Alexander/Richards, Angela/Strachey, James (Hrsgg.): Studienausgabe. Band IX. Frankfurt/M. 1969: 14f. Zit. nach: Glaser, Hermann: Das wilhelminische Zeitalter. Topographie einer Epoche. Frankfurt/M. 1984: 125.
5   Asendorf 1989 [wie Anm. 2]: 74.
6   Labisch, Alfons: „Gesundheitskonzepte und Medizin im Prozeß der Zivilisation." Bonn 1989: 22–24. In: Labisch, Alfons/Spree, Reinhard (Hrsgg.): Medizinische Deutungsmacht im sozialen Wandel. Bonn 1989: 15–36.
7   Labisch 1989 [wie Anm. 6]: 27.
8   Jaeger, Gustav E.: Das Os humeroscapulare der Vögel. Diss., Tübingen 1858.

9 MB 1907/ 11: 173.
10 Jaeger, Hans Helmut (Hrsg.): Familien-Chronik Jaeger. V. Band: Prof. Dr. med. Gustav Eberhard Jaeger. 1832–1917. „Ein ungewöhnlicher Mann". Erlangen 1982: 115. Die Darwinschen Theorien sollten zu einem zentralen Punkt in Jaegers wissenschaftlicher Arbeit werden. Siehe hierzu in diesem Band den Aufsatz „Variatio delectat et roborat".
11 Jaeger 1982 [wie Anm. 10]: 125.
12 Jaeger, Gustav E.: Zoologische Briefe. 1. Lieferung. Wien 1864.
13 MB 1894/ 4: 72.
14 Stadtgemeinde Stuttgart (Hrsg.): Führer durch die Haupt- und Residenzstadt Stuttgart. Stuttgart 1906: 3.
15 Glaser 1984 [wie Anm. 4]: 105.
16 Reulecke Jürgen: Geschichte der Urbanisierung in Deutschland. Frankfurt 1985: 68.
17 Wehler, Hans-Ulrich: Das Deutsche Kaiserreich 1871–1918. Göttingen [6]1988: 41–43.
18 Landsberger: „Zur Wohnungsfrage." In: Deutsche Vierteljahrsschrift für öffentliche Gesundheitspflege, 40/ 1908: 251–281. Zit. nach: Krabbe, Wolfgang R.: Gesellschaftsveränderung durch Lebensreform. Strukturmerkmale einer sozialreformerischen Bewegung im Deutschland der Industrialisierungsperiode. Göttingen 1974: 22f.
19 Das war unwesentlich höher als im ausgehenden Mittelalter. Nach: Rürup, Reinhard: Deutschland im 19. Jahrhundert. 1815–1871. Göttingen 1984: 28.
20 MB 1911/ 10: 118.
21 MB 1906/ 3: 44.
22 Ebd.: 45.
23 Ebd..
24 MB 1894/ 9: 152.
25 Siehe dazu die Beiträge „In Wolle lebt sich's gesünder ...", und „Variatio delectat et roborat".
26 MB 1893/ 5: 78.
27 MB 1894/ 9: 151.
28 Siehe hierzu der Beitrag „Der Prophet als Entrepreneur."
29 Alle Zitate aus: Jaeger, Gustav E.: Mein Vortrag in Wien. Separatdruck aus Professor Dr. G. Jaegers Monatsblatt, Stuttgart 1884/ 1: 1–12.
30 Nach: MB 1887/ 7: 146.
31 Jaeger, Gustav E.: Vortrag: Über die Erfahrungen mit der Wollkleidung und über Nationaltracht. Berlin 1885: 23.
32 Siehe dazu den Aufsatz von Ulrike Murmann „In Wolle lebt sich's gesünder ...".
33 Nach: MB 1886/ 2, II. Flugblatt: 8.
34 MB 1897/ 5: 74.
35 Siehe hierzu in diesem Band „Der Prophet als Entrepreneur".
36 Siehe hierzu den Aufsatz „Variatio delectat et roborat ".
37 Ein Begriff der 1876 in den homöopathischen Monatsblättern von Franz Fischer geprägt wurde. Nach: Rothschuh, Karl E.: Naturheilbewegung, Reformbewegung, Alternativbewegung. Stuttgart 1983: 101.
38 Jaeger, Gustav E.: Mein System. Zugleich 4., völlig umgearbeitete, Auflage von „Die Normalkleidung als Gesundheitsschutz". Stuttgart 1885: 1.
39 MB 1913/ 1: 1.
40 MB 1905/ 11: 176.
41 MB 1898/ 12: 189.
42 Ebd.
43 MB 1905/ 10: 156.
44 Jaeger, Gustav E.: Vortrag im Casino in Elberfeld am 22. Januar 1886. Separatdruck. Stuttgart 1886: 14.
45 Eine 1886 durchgeführte Umfrage in vier Jaegerianer-Vereinen erbrachte 144 ausgefüllte Fragebogen, aus denen hervorging, daß unter anderem 55 aufgrund einer Krankheit in die Wolle gingen, 43 aus Überzeugung, daß diese Kleidung die vernünftigste sei. 17 Mitglieder trugen sie, weil die Wollkleidung ihnen zweckmäßig und bequem war, 6 aus „ästhetischen Gründen und aus Haß gegen Modetorheit". (Nach: „Zur Statistik über das Wollregime, seine Verbreitung und seine Wirkungen". Zusammengestellt vom Deutschen Gustav-Jaeger-Bund. In: MB 1886/ 2, Beilage [= II.Flugblatt]: 1–8, hier: 2.) Siehe dazu in diesem Band auch den Aufsatz von Ulrike Murmann „In Wolle lebt sich's gesünder".
46 Siehe dazu den Aufsatz „Variatio delectat et roborat".
47 Nach: Rothschuh 1983 [wie Anm. 37]: 66–104.
48 Jaeger, Gustav E.: Entdeckung der Seele. 1. Band. Leipzig [3]1884: 207f.
49 Nach: Krabbe 1974 [wie Anm. 18]: 108.
50 Rothschuh 1983 [wie Anm. 37]: 100.
51 MB 1906/ 3: 45.
52 MB 1888/ 11: 244.
53 Jaeger, Gustav E.: Mein Vortrag in Würzburg. Separatdruck. Stuttgart 1884: 4.
54 Jaeger, Gustav E.: „Die Homöopathie. Urteil eines Physiologen und Naturforschers." In: Ders.: Ein verkannter Wohltäter. Auch ein Beitrag zur Kennzeichnung der Scholastik. Stuttgart 1891, n.pag..

Ulrike Murmann

„In Wolle lebt sich's gesünder"
Normalstrumpf – Sanitätsbett – Nationaltracht und anderes:
das Ausstattungsprogramm der Jaegerschen Reform

Gustav Jaeger wollte mit seiner Reform der Kleidung für Mann, Frau und Kind ein neues „Wohlbefinden" schaffen, mehr noch: Krankheiten heilen helfen, einen Beitrag zur Gesundung und Gesundheit leisten. Die Männerkleidung lag ihm besonders am Herzen, sie sollte vor allem einer ausgreifenden Veränderung unterworfen werden. Die zeitgenössische Frauenkleidung und -mode entsprach bereits viel eher seinen Vorstellungen. Gesünder daran fand Jaeger die helleren Farben, ebenso die „Gürtung der Lenden", das Tragen eines Korsetts sowie ihre luftigere und weiter aus der Stirn getragene Kopfbekleidung.

Wichtig war ihm ferner die Säuglings- und Kinderkleidung. Bald nach Einführung des Wollregimes gab es Kinderkleidung sowie Windeln aus Wolle im Jaegerschen Angebot.

Bei den Verbesserungen der Männerkleidung ging Jaeger sehr stark vom eigenen Körper und dessen Befindlichkeiten und Krankheitszuständen aus, stellte immer wieder Versuche mit sich selbst an. Er entwickelte die Kleidungsreform also hautnah am eigenen Körper. Dieses Vorgehen bevorzugte er auch für Kinder- und Frauenkleidung: seine Familie wurde zur Erprobung ebenfalls in die Wollkleidung gesteckt.

Männerröcke

Die Männermode des ausgehenden 19. Jahrhunderts war am neuen Typus des ‚Berufsmenschen' bürgerlicher Kreise orientiert. Dieser sollte eine gewisse zurückhaltende, ‚korrekte' Erscheinung demonstrieren, gerade der Beamte und Geschäftsmann. Kleidung hatte sachlich und praktisch zu sein, individueller Ausdruck war nicht gefragt. Dunkle Farben wurden favorisiert. Jackett und Sakko dominierten die Oberbekleidung. Die Hosen waren gerade geschnitten, meist passend in Farbe und Musterung. Das Hemd hatte einen steifen Stehkragen. Hauptkopfbedeckung war der Zylinder, die sogenannte Angströhre[1].

Gustav Jaeger nahm sich besonders der Hose[2] an; auf diesem Feld führte er seinen erbittertsten

1 Prospekt des Schneidermeisters Friedrich Bauer, Stuttgart.

Kampf gegen die herrschende Mode. Auch schlug er eine neue Gestaltung des Sakkos oder, wie er es nannte, des Rockes vor. Er entwarf drei Modelle: den Normalrock, den Sanitätsrock und den Interimsnormalrock.

Die Röcke wurden entsprechend den Regeln des Wollregimes ganz aus Flanell, später aus Wolltrikot gefertigt, möglichst ohne Futter, vorne mit doppeltem Brustlatz versehen, mit eng anliegenden Ärmeln, in den Farbstoffregime-Farben naturbraun und indigoblau. Die enganliegende Façon und der doppelte Brustlatz sollten vor allem eine Ventilation am Körper verhindern, außerdem den Brustraum besonders schützen. In einer Anzeige der Stuttgarter Firma Entreß wurde die Bandbreite der Verwendungsmöglichkeiten und Trageanlässe aufgezeigt:

> „Für's Haus, Bureau und Land, nicht minder für Touristen, Velocipedisten und Jaeger ist dieser Anzug sehr empfehlenswert."[3]

Sanitätsrock und Normalrock waren vom Schnitt her fast identisch. Beim Sanitätsrock war der Schoß an beiden Seiten geschlitzt wie beim „altdeutschen Leibrock", außerdem in Anlehnung an den „kurzen Soldatenrock" gestaltet, also kürzer. Er hatte nach Jaeger

> „den Vortheil, beim Gehen nicht zu geniren und die Unterleibsventilation zu erleichtern, deßhalb ist er der sanitär beste, leider der, zu dem sich die wenigsten Leute entschließen wollen"[4].

Der Sanitätsrock sollte möglichst mit Leibgurt getragen werden.

Der Schnitt des Normalrocks war orientiert am „schwäbischen Waffenrock" sowie am „Interimsrock der preußischen Offiziere, den unser Kaiser, der Großherzog von Baden u.s.f." trugen.[5]

Jaeger erntete von verschiedenen Seiten heftige Kritik für seine Kreationen: von Schneidern – die die Röcke häßlich und schwierig herzustellen fanden[6], vor allem wegen des zu verarbeitenden Materials, des Trikotstoffes –, aber auch vom Publikum. So schrieb der ansonsten sehr überzeugte Wollene[7] A. v. Fellenberg-Ziegler:

> „Ich bemerke dabei, daß ich den sogenannten Normal- oder Jaegerrock nach Militärschnitt nicht adoptirt habe, indem er zu auffallend ist und mehrfache Unbequemlichkeit hat."[8]

Ein Beamter machte sich ebenfalls Gedanken über die Auffälligkeit; er lehnte es ab, den Normalrock im Büro zu tragen, weil

> „er in meiner sozialen Stellung als Beamter wirklich nicht geht, denn ich glaube schon bemerkt zu haben, daß es meinen direkten Vorgesetzten nicht angenehm ist, einen ihrer Unterstellten in einer so ‚eigenthümlichen Uniform' einhergehen zu sehen."[9]

Jaeger kritisierte seinerseits, daß

> „es viele Leute gibt, die ihrer Stellung zuliebe es nicht sehen lassen wollen, daß sie ‚Jaegerianer' sind, und deren sind eben sehr viele, namentlich hier in Stuttgart"[10].

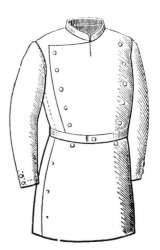

2 Prospekt der Firma Franz Entreß, vor 1884.

Die für die erwachsene männliche Bevölkerung des Kaiserreichs gemeinhin konstatierte Begeisterung für alles Militärische, die „Fetischisierung von Uniformen und soldatischem Gehabe"[11] spiegelte sich also nicht unbedingt wider in Haltungen und Geschmacksfragen zur Kleidung. Für Kinder wurde zwar der Matrosenanzug das dominante Kleidungsstück, aber bei den Männern war die starke Identifikation eher bezogen auf militärisch wichtige Personen und Ereignisse „in der ruhmreichen Vergangenheit."[12] Für Kleidungsfragen prägender war die herrschende Mode, die keine auffälligen Uniformen, sondern so unauffällige Kleidung wie möglich favorisierte. So verwundert es nicht, daß Jaegers „Kostüm" abgelehnt wurde.[13]

Speziell für soldatische Bedürfnisse entwickelte Jaeger Militärmützen und Normal-Soldatenhelme.[14] Zufrieden – und mit einem großen Stück in die Zukunft projizierter Hoffnung – konstatierte er, daß

> „das Wollregime sich in militärischen Kreisen jetzt rascher Bahn bricht, als in Civilkreisen, weil bei den ersteren der Mo-

3 Interimsnormalrock der Firma Bauer, Stuttgart.

deteufel nicht entgegenarbeitet."[15]

Sein Zugeständnis an den „Modeteufel" waren der Interimsnormalrock[16] und enganliegende Einsätze für gerade geschnittene Ärmel und Hosenbeine. Der Zusammenhang zwischen Physiognomie, Ästhetik und Kleidung wurde von Jaeger so beschrieben:

„Ob (...) Stößer oder eng anliegende Unterärmel resp. Unterhosen empfehlenswerter sind, richtetsichnach dem Verhältniß der Weite zur Stärke der Gliedmaßen; magere Leute, die ihre Magerkeit nicht zur Schau tragen wollen, werden besser Unterärmel und Unterhosen nehmen, fleischige Leute können Oberärmel und Oberhosen ohne weiteres (...) anliegend machen."[17]

Frauenkleider

Im Gegensatz zu vielen Fachkollegen und Kämpferinnen für die Frauenemanzipation beschäftigte sich Jaeger recht wenig mit der Reformierung der Frauenkleidung, weil sie vom Schnitt her seinem Wollregime eher entsprach als die Kleidung der Männer. Er wandte sich hier fast nur gegen die verwendeten Materialien für Frauenunterkleidung – Baumwolle und Leinen. Sogar das Korsett für Frauen akzeptierte er, ja er empfahl es auch den Männern.

Im Rahmen eines Artikels über Gürtel und Leibgürtung schrieb er:

„Der Fehler ist nicht das Corsett an sich, sondern daß das aus derber, womöglich noch verkleisterter Leinwand gefertigte übliche Corsett 1) die Nachtheile der Pflanzenfaserkleidung in potenzirtem Maße in sich vereinigt; 2) in der Regel zu straff geschnürt wird, weil die enorm verweichlichten Leiber der steifleinenen Frauenzimmer das Bedürfniß einer Stützung empfinden. Die Sache ändert sich aber in der Wolle und mit dem wollenen Corsett sofort. Die Wollenen Damen brauchen keine Gewalt anzuwenden, um 'Facon' zu behalten, und ihr strammer, fester Körper braucht keine Stütze (...) und da ihr Corsett nicht von Leinwand, sondern von Wolle, so haben sie alle Vortheile der Lendengürtung ohne deren Nachtheile."[18]

6 Normalkleid der Firma Helbling & Hermann, Stuttgart.

Die zu seiner Zeit angeprangerten und unter KleidungsreformerInnen vieldiskutierten Körperdeformationen bei Frauen durch das Korsett interessierten Gustav Jaeger kaum. Er wollte dieses Kleidungsstück nicht abschaffen, sondern nur reformieren.

So wurden Normal-Corsetten hergestellt, die obigen Anforderungen entsprechen sollten und auch getragen wurden, wie einige Erfahrungsberichte vermitteln. Ob die wollenen Materialien die Einschnürung weniger gesundheitsschädlich machten, bleibt fraglich.

Die Oberbekleidung der Frauen bei Jaeger entsprach eher der damals herrschenden Mode mit ihrer enganliegenden Taille, dem weiten, schleppenden Rock und ihren Drapierungen. Es war die traditionelle Mode mit „Küraßtaille"[19]. Die Jaeger'sche Frauenkleidung wirkte jedoch etwas schlichter als die modische Kleidung der Zeit – aber mit weiten Abständen zur Reformkleidung.

Unterwäsche

Der Reformierung und Propagierung seiner Unterwäsche mußte Jaeger nicht so viel Aufmerksamkeit zuwenden. Hier galt es weder gegen die herrschende Mode anzukämpfen noch gab es größere technische Probleme bei der Konfektionierung. Einzig ein Argument gegen das Tragen

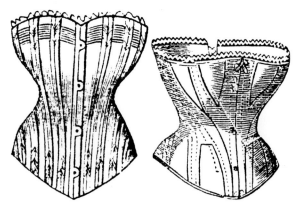

4 u. 5   Normalcorsetten der Firma Rammenstein, Stuttgart.

"In Wolle lebt sich's gesünder"

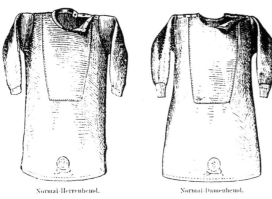

7 Anzeige der Firma Wilhelm Benger Söhne Stuttgart.

von Wolle auf der Haut ließ sich schwer aus der Welt schaffen: daß sie kratzt und die Haut aufscheuert. Jaeger bezeichnete diese Wirkung jedoch als durchblutungsfördernd und hautreinigend. Seiner Ansicht nach würde feine und reine Wolle sehr viel weniger kratzen als hartes, steifes Leinen.

Das Normalhemd – als Ober- oder Unterhemd – erfreute sich wohl der größten Beliebtheit unter Jaegers Normalbekleidungsstücken. Es kam wegen der großen Nachfrage sogar zu Lieferproblemen. Ende 1882 erstellte die Fa. Benger in Stuttgart-Heslach eine neue Fabrikanlage für die Produktion des Normalhemdes. Es wurde hauptsächlich in Naturfarben, aus Trikotstoff gefertigt. Zum Wollhemd, direkt auf der Haut getragen, gab es viel Zustimmung. Es hatte oftmals eine Initialwirkung für das Tragen weiterer Wollbekleidung, wie der folgende Erfahrungsbericht verdeutlicht:

„Nun kam im Februar und März die Bestellung des Gartens; darauf war ich am meisten gespannt, wie es mir gegenüber anderen Jahren ergehen würde, ob das Kreuzweh, das momentan gebückte Gehenmüssen sich trotzdem wieder einstelle, oder ob auch das gemildert würde. Ich zog Rock und Weste aus und arbeitete in der kalten rauhen Luft im Trikothemd, schwitzte natürlich durch die ungewohnte körperliche Anstrengung, bückte mich viel, aber auch keine Spur von dem früheren Kreuzschmerz zeigte sich; das war mir doch zu auffallend, als daß es nicht den Entschluß zur Reife brachte, mich ganz der Wolle zu ergeben, und so kam ich zu Ihnen nach Stuttgart, um mir die nöthigen Kleidungsstücke anzuschaffen."[20]

Das Tragen von Unterhosen setzte sich für Männer endgültig erst im Laufe des 20. Jahrhunderts durch. Vor allem im Sommer verzichteten sie darauf und „schlangen sich das Hemd zwischen die Beine."[21] Normalunterhosen nach Jaeger wurden zwar hergestellt, doch eigentlich lehnte auch er das Tragen derselben ab:

„Unterhosen sind nur ein Notbehelf für magere Leute, welche sich zu engen Oberhosen nicht entschließen wollen."[22]

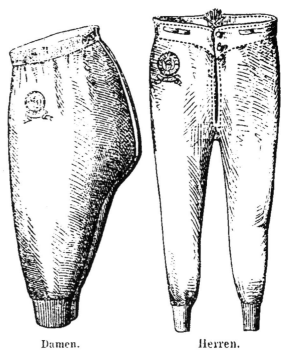

8 u. 9 Damen- und Herren-Unterhose der Firma Wilhelm Benger Söhne, Stuttgart.

Jaeger war demgegenüber dafür, nur die enganliegende Ritterhose zu tragen, um nicht zu viele Stoffschichten übereinander zu haben. Einem Kunden, der ausführlich schilderte, wie er sein Unterhemd gleichzeitig als Unterhose mitbenutzte, indem er Ösen am Saum des Hemdes anbrachte, um es so mithilfe von Knöpfen zwischen den Beinen festzumachen, antwortete Jaeger:

„Ich trage auch nie Unterhosen (…). Das Durchziehen des Hinterstückes vom Hemd zwi-

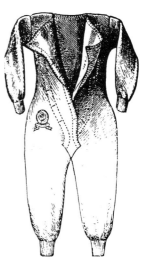

10 Normalhemdhose der Firma Wilhelm Benger Söhne, Stuttgart.

schen den Beinen und seine Befestigung am Vorderstück übe auch ich seit Jahren, nur habe ich dazu keine besondere Vorrichtung am Hemd angebracht, sondern bediene mich einer Sicherheitsnadel."[23]

Die Hemdhose zog Jaeger der Unterhose vor.[24] Ihre Verwendungsmöglichkeit beschrieb er ganz körper- und hautnah:

„Die Hemdhose paßt mehr für magere Leute; sind nämlich die Schenkel so stark befleischt, daß sie in der Mitte im Schritt zusammenstoßen, so kann der Schweiß aus dem zwischen sie eingeklemmten Theil der Hemdhose nicht genügend abdunsten, besonders bei Männern, wo die Oberhose dazukommt, und das ist widerwärtig."[25]

Der Normalstrumpf

„Anfangs suchte ich das Fuß-Malheur des Kulturmenschen ganz allein in dem unzweckmäßig konstruirten Schuh, schrieb den Normalschuh vor und stellte an den Strumpf nur die allgemeine Forderung des Wollregimes: aus Wolle."[26]

Vor allem auf Bitten seiner Kundschaft hin beschäftigte sich Jaeger intensiver mit der Entwicklung eines Normalstrumpfes, der nicht nur – wie der Schuh übrigens auch – die Bedingung erfüllte, aus reiner Wolle zu sein, sondern auch der Anatomie des Fußes, des rechten und des linken, angepaßt sein sollte. Der Fußschweiß – für viele ein Übel, das aus dem Tragen des aus dichten Materialien gefertigten schweren Schuhwerks resultierte – wurde wie üblich am eigenen Leib studiert. Jaeger kam zu dem Schluß, daß „von allen Hautoberflächen am schlimmsten die einander zugewendeten Seitenflächen der Zehen aussehen."[27] Er schilderte ausführlich die Verbesserungen, die durch den wollenen Normalschuh eingetreten waren, aber mit dem Strumpf war er noch nicht zufrieden. Schließlich umwickelte er jede einzelne Zehe mit einem Läppchen, das half. So kam er im Selbstexperiment zur Erfindung des Zehenstrumpfes: „derselbe besitzt gerade wie ein Handschuh, für jede Zehe ein eigenes Futteral."[28] Und er machte an den eigenen Füßen gute Erfahrungen damit. Bald wurde der Zehenstrumpf ins Sortiment der Fa. Entreß aufgenommen. Die Strümpfe konnten individuell – analog zur Formung des Fußes – angefertigt werden, durften allerdings nicht aus zu dicker Wolle gestrickt sein.

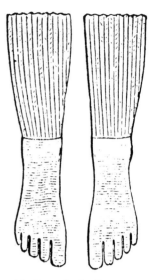

12 Prospekt der Firma Franz Entreß, Stuttgart.

Das Normalbett

Ein ‚Sorgenkind' war für Jaeger über lange Zeit hinweg sein Normalbett. Das Material für die Füllung der Matratze konnte nicht 100%ig pflanzenfaserfrei erstellt werden, und es gab vielfach Reklamationen, beispielsweise weil

„ein Käufer ein Polster auftrennte, das Material genau untersuchte, und wenn er ein paar Baumwollfäden fand, der Normalbettmanufaktur resp. mir mit den schwersten Vorwürfen auf den Leib rückte"[29].

Es fehlte an rein wollenen Abfällen; Jaeger empfahl daher, die

„abgetragenen reinwollenen Bekleidungsstükke, sofern damit keine Wohlthaten an arme und kranke Leute mehr zu machen sind, also alle reinwollenen Lumpen sorgfältig [zu; d. V.] sammeln."[30]

Zumindest ein reinwollenes Kopfkissen konnte sich die Kundschaft selbst ‚basteln'. Dennoch tüftelte Jaeger an der Weiterentwicklung des Bettes. Im August 1882 hieß es in einer Anzeige der „Württ. Normalbett-Manufaktur":

„Hiemit benachrichtigen wir unsere Abnehmer, daß von

Franz Entreß

Königsstraße. Stuttgart Königsstraße.

1) **Normal-Strümpfe und Socken**
mit 5, 2 oder 1 Zehe oder glatt für Herren, Damen und Kinder. — Die Strumpfzehen verhindern Verkrüpplung und Erlahmung der Fußzehen, sowie Anätzung derselben durch die Schweißsäuren.

11 Anzeige der Firma Franz Entreß, Stuttgart aus dem Jahr 1882; Ausriß.

jetzt an unsere Bettheile nicht blos nach den strengsten Anforderungen des Wollregimes (...), sondern auch nach den Anforderungen des Farbstoffregimes – Füllung mit naturbrauner Schafwolle – gefertigt werden."³¹

Für die Grundausstattung eines Bettes mußten mindestens 150.– bis 210.– Mark ausgegeben werden.³² Das war für die meisten Wollenen aber unerschwinglich. Es kam häufig zu Klagen darüber, daß man es aus finanziellen Gründen leider noch nicht zu einem Wollbett gebracht habe, während man ansonsten voll zur Wolle übergegangen wäre.

Das Sanitätsbett – für Jaeger „Hauptstück des Wollregimes"³³ – entsprach dann in technischer Hinsicht den Vervollkommnungsansprüchen Jaegers an das Wollbett. Die Matratze war mit naturbrauner Kunstwolle gefüllt, gewonnen aus Lodenstoff, alten Teppichen und anderen authentisch wollenen Materialien. Für die gegenüber Gebrauchtem mißtrauischen, „der besseren Klasse angehörende[n] Leute"³⁴ waren auch mit Naturwolle gefüllte Matratzen im Angebot.

Jaeger selbst hatte mit dem Wollbett sehr gute Erfahrungen gemacht: „(...) es verschwand jene morgendliche Mattigkeit und Schlafsucht."³⁵

1883 verwies er darauf, daß bereits „hunderte von Personen"³⁶ im Besitz einer Normalmatratze wären. Patientenberichte beschrieben des öfteren, wie durch das Benutzen des Wollbettes eine Krankheit verschwunden sei.

Weiteres kam im Laufe der Zeit hinzu. So wurden von der Normalbett-Manufaktur der Schlafsack (auch geeignet als Bett-Ersatz, vor allem auf Reisen), diverse Bezüge, Kissen, Keile und der Fußsack angeboten.³⁷ Mit der Einführung des Kamelwollregimes waren alle Artikel auch aus Kamelhaar zu bekommen.³⁸

Wichtig war laut Jaeger nicht nur das Schlafen in der Wolle und bei geöffnetem Fenster, sondern auch die Stellung des Bettes zum Fenster. Optimal wäre es, wenn die Kopfseite sich direkt darunter befinden würde. Jaegers Sohn beschrieb dies als Studiosus – poetisch angehaucht – aus Tübingen:

„Die jetzige Stellung meines Bettes, das Kopfende unmittelbar am Fenster, ist unbezahlbar. Wenn ich so in meinem Kamelhaarschlafsack stecke und mir die frische Nekkarluft über den Kopf streicht, ist es mir so urbehaglich, wie nie zuvor."³⁹

Schlafkleidung hielt Jaeger für mehr oder weniger überflüssig: „Meine Frau und ich schlafen neben dem oben und unten geöffneten Fenster selbst bei 15° Kälte nur durch ein Sommerhemd und eine Kamelhaardecke geschützt."⁴⁰

Das Beinkleid für den Mann

„Den Körper des Menschen hat noch kein Schneider verschönert, sondern nur dessen Kleidung; wohl aber hat die hygienische Misere in Folge der herrschenden falschen Bekleidung sehr viel zum Verfall der körperlichen Wohlgestalt der Kulturmenschen beigetragen, während in meiner Kleidung schon sehr viele ihre natürliche Wohlgestalt wieder bekommen haben und eine noch viel größere Zahl sie bekommen hätte, wenn man sich entschließen wollte, nicht blos den Sanitätsrock, sondern auch die für die Entwicklung der Wohlgestalt noch wichtigere Sanitätshose zu tragen. Mit ihr allein verschwinden der von der heutigen Mode gezüchtete Krötenbauch und die Spatzenbeine."⁴¹

In diesem ‚körpernah' gefaßten Stoßseufzer spiegelt sich Jaegers Dilemma mit dem Kleidungsstück wider, das ihm am meisten am Herzen lag:

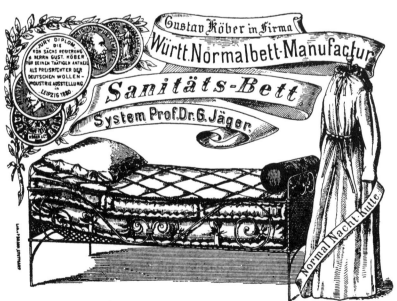

13 Anzeige der Württembergischen Normalbett-Manufaktur, 1883.

14 Normal- und Sanitätshose des Schneidermeisters Friedrich Bauer, Stuttgart.

die Hose für den Mann. Die Durchsetzung seiner Idee von der optimalen Hose war am stärksten den Wechselwirkungen von Einstellungen zu Mode, Hygiene und Gesundheit ausgesetzt.

Dabei wäre Jaegers Vorschlag zur Männerhose – in Anlehnung an die über Jahrhunderte gebräuchliche und modische enganliegende Facon – noch ein Jahrhundert früher nichts Ungewöhnliches gewesen. Der Adlige am burgundischen Hof des 14. Jahrhunderts, zur Zeit der italienischen Renaissance, der spanische Edelmann des 16. Jahrhunderts – sie alle kannten die enganliegenden Beinkleider. Im 18. Jahrhundert, zur Zeit von Barock und Rokoko, setzte sich die Kniehose für Männer durch, die das Bein aber immer noch eng umschloß.[42]

Erst im Zuge der französischen Revolution kam die weite Hose auf. Vorbild hierfür waren die Hosen der Sansculotten[43], ihre Mode wurde verordnet.[44] Die Männermode des 19. Jahrhunderts war dann überwiegend an dem Gebot der Nüchternheit und Sachlichkeit orientiert.

Jaeger bezeichnete die Neugestaltung der Beinkleidung als „Knotenpunkt der Bekleidungsreform."[45] Neben den Erfordernissen bezüglich des Materials (reine Wolle vom Schaf oder Kamel) und dessen Beschaffenheit (Porösität) kam bei der Hose deren Schnitt hinzu, der eng anliegend sein sollte, damit es keinerlei Luftbewegung zwischen Körper und Hose gäbe und keine kalte Luft von unten am Körper emporsteigen könne. Und genau in diesem Punkt, der für Jaeger aus gesundheitlichen Erwägungen von zentraler Bedeutung war, kollidierte der Schnitt für seine Hose absolut mit der gängigen Mode. Das war ihm sehr bewußt. Ihm ging es aber nicht um die Propagierung einer neuen Mode, er begriff sein Tun vielmehr als

„die ‚Ausrottung des Interimsrockes und der Trompetenhose'. Dieser Kampf ist der härteste, da wir hier mit dem Ungeheuer, genannt ‚Mode', einen schweren Stand haben."[46]

Es könnte vermutet werden, daß Jaeger nicht erkannt hatte, daß er die Mechanismen der Verbreitung von Mode für seine eigenen Interessen hätte nutzen können. Bestimmte Werbemaßnahmen Jaegers hatten Ähnlichkeit mit denen der Mode, aber er wollte sich auf sie nicht einlassen, bezog nur dort gegen sie Stellung, wo bestimmte Formvorgaben, Schnitte – wie eben bei der Männerhose – seinen Vorstellungen entgegenliefen. Da begriff er Mode als etwas Statisches, Unverrückbares, wogegen er nur anrennen, aber wo er nichts bewirken konnte. Er wollte etwas anderes, denn er wollte Beständiges schaffen. Ihm ging es um gesundheitliche, lebenspraktische Aspekte der Kleidung. Diesbezüglichen Argumenten ist Mode nur bedingt zugänglich, denn sie ist gekennzeichnet von einer „völligen Gleichgültigkeit gegen die sachlichen Normen des Lebens"[47].

Wenn oben davon gesprochen wurde, daß Jaeger sich zum Teil derselben ‚Modemechanismen' bzw. marktwirtschaftlichen Prinzipien – bewußt oder unbewußt – bediente, so ist damit zweierlei gemeint: Die Propagierung seiner Idee mittels Massenmedien, der eigenen Zeitschrift *Monatsblatt* sowie die rege Tätigkeit in eigener Sache, vor allem in Form von Vorträgen, die Jaeger mit Vorführungen verband. Ein gewisser Exhibitionismus durchzog hierbei Jaegers Handlungen und Selbstdarstellungen:

„Nach meinem Vortrage fordere ich jedesmal auf, sich durch Betasten meines ‚brettharten' Körpers von der Abhärtungskraft der Wolle zu überzeugen. Es thuns nicht alle, aber die handgreifliche Wahrheit geht auch von den wenigen Probirern aus wie ein Lauffeuer durch die Reihen. Die Propheten der Wollverweichlichung betasten dann ihr eigenes schlotterndes Gebein und verziehen sich stillschweigend."[48]

Jaeger wollte überzeugen durch Argumente, die auf Gesundheit, Konstitution und Ausdauer des

Körpers zielten. In einer der längeren Ausführungen zum Beinkleid benutzte er als Aufhänger einen Zeitungsartikel über den Ball der Museumsgesellschaft in Tübingen. Hierin wurde die mangelhafte Tanzfreudigkeit und Geselligkeit der anwesenden Männer und eine allgemeine ‚Vernachlässigung' der anwesenden „Damen" festgestellt. Der Reporter fragte erschüttert ob dieses Bildes:

„Wohin ist doch der edle Rittergeist, der anstandsvolle galante Frauendienst der alten Korps geschwunden?"[49]

Jaeger glaubte nun, Tanzlust geschlechtsspezifisch zuordnen zu können, indem er Bälle als durchgängig geprägt von „tanzlustigen Damen und tanzfaulen Herren"[50] bezeichnete. Er folgerte daraus einen generellen Unterschied zwischen der körperlichen Leistungskraft von Frauen und Männern, der ableitbar war aus der für ihn falschen Bekleidung der Männer.

Daß er dabei nicht nur gesundheitspolitisch, sondern durchaus auch national argumentierte, zeigt folgende Passage:

„Ist es nicht eine Schmach, insbesondere für uns Deutsche, daß wir unsere herrliche altdeutsche Tracht dem von den Narrenköpfen der französischen Revolution erfundenen Sansculottismus geopfert haben?"[51]

Er malt drastisch aus, was der „Sansculottismus" für den deutschen Mann gebracht habe:

„(...) und aus dem Ebenbild Gottes wurde eine Krötengestalt mit dickem Bauch und liederlichen Beinen."[52]

Und er konstatierte: „All diesen Unsinn hat die Frau nicht mitgemacht"[53] und betonte, daß „die Frau die Herrin der Mode ist und der Mann der Sklave derselben."[54]

Den Männern warf er Unflexibilität, einen Konservatismus in Modefragen vor, die derzeitige Mode für Männer habe „gerade den Gipfel der Geschmacklosigkeit erreicht."[55]

Auf vielen künstlerischen Gebieten (Kunst, Möbel- und Schmuckdesign) zeigte in Jaegers Lebenszeit der Trend in Richtung einer Wiederentdeckung der Renaissance[56]. Bei der weiblichen Kleidermode konstatierte Jaeger ähnliches:

„Die Frau (...) kleidet sich bereitwillig à la Gretchen, und der Herr? – statt wie sichs gehört und von selbst verstehen sollte, in das Kostüm von Doktor Faust zu schlüpfen, bringt er es fertig in dieser Renaissance-Umgebung in schwarzem Frack, Cylinder und Trompetenhose dazustehen, wie ein Stück Gerümpel, das man in der Eile beim Aufräumen des Zimmers vergessen hat."[57]

Er schloß seine Ausführungen mit einem Appell an die Frauen: „Ziehen Sie doch gefälligst Ihre Herren zweckmäßiger und geschmackvoller an."[58]

Es hat offenbar wenig gefruchtet. Seine Klagen über die seiner Ansicht nach zu geringe Akzeptanz der von ihm konzipierten Beinkleidung wiederholten sich immer wieder, und mehr und mehr schimmert eine resignative Haltung durch. Es nützte Jaeger auch wenig, daß er ein und dieselbe Zuschrift eines von der Beinkleidung begeisterten Lehrers zweimal wortwörtlich im Abstand von zwei Monaten im *Monatsblatt*[59] abdruckte.

Sicher waren nicht alle Wollenen der Ansicht eines Reporters der „Badischen Landeszeitung", der über die Wolltracht schrieb: „Es ist eine knapp anliegende und geschmacklose wollene Turnertracht."[60] Insgesamt aber wurden bei der enganliegenden Hose doch grundsätzliche Geschmacks- und auch Scham-Fragen berührt. Die körperbetonende Kleidung – durch die enganliegende Hose unter einem gerade das Gesäß bedeckenden Sakko – nahm sich merkwürdig aus in der Zeit der Fabriken, Büromenschen, Angestellten und Beamten, die in ihrer Arbeitswelt den Körper nicht einzusetzen und eher zu verstecken als hervorzuheben hatten – wobei die sich seit den 1880er Jahre in Deutschland ausdehnende Sportbewegung und die entsprechende -kleidung langsam einen Wandel einleitete.

Aber noch sah sich Jaeger gezwungen, bezüglich der Hose und ihres Schnitts Zugeständnisse an die herrschende Mode zu machen: wenn schon eine ‚moderne Form' der Hose bevorzugt wurde, so solle wenigstens darunter, auf halber Höhe befestigt, eine innere Röhrenhose getragen werden. Er selbst betonte:

„Für meine Person schere ich mich einen Teufel um die Mode, aber im Interesse meiner Reform und meiner Klienten sei ich gezwungen, auf dieselbe Rücksicht zu nehmen (...)."[61]

Ob es die Flucht nach vorne, eine ‚Verzweiflungstat' oder Jaegers bekannte Mischung aus Idealismus und Geschäftssinn war – 1884 jedenfalls schrieb er:

„Es sind relativ blutwenige, die so wie ich allem zum Trotz in der alten Ritterhose gehen (...). Der einzige Weg, den ich in diesem schwersten Kampf mit der Mode als zum Ziele führend ansehen kann, ist der der Vereinsbildung. Nur Jaegerianervereine können die Sache mit Aussicht auf Erfolg in die Hand nehmen."[62]

Jaegers Nationaltracht

„Bisher war der hygienische Standpunkt so ziemlich der einzige. Da die alte Normalkleidung entschieden etwas Quäckerhaftes hatte, und sogar monotoner war, als die französische Tracht, so konnte sie in ästhetischer Richtung nicht viel Propaganda machen; das ist jetzt anders. Die eine Aenderung ist die, daß ich die naturfarbige Kleidung durch blauen oder grünen Aufputz in Form eines solchen Rockkragens, Schlipses mit Goldquasten und altdeutsche Metallspange, und gleichfarbigen Leibgurt, und die indigoblaue mit cochenillerothem Ausputz schmücke (…). Die andere Aenderung ist, daß ich die Kleidung durch Hinzugabe des kleidsamen altdeutschen Rittermantels und des dazu stimmenden Wetterhutes zu einer styl- und geschmackvollen Tracht, die überall gefiel, vervollständigt habe. Nun können wir mit der Parole ‚Deutsche Nationaltracht' eine Fahne aufpflanzen, die manche Kräfte uns zuführen wird, die sich bis jetzt noch fernhalten."[63]

Gustav Jaeger als nationaler Eiferer oder als Modemacher im Farbrausch? Vielleicht auch – aber vor allem hatte er im Verlauf der Beschäftigung mit Kleidung Spaß an fortwährender Entwicklung und Verfeinerung gewonnen. Die gesundheitlichen Aspekte sollten auch auf anderer Ebene, mit anderen Stilmitteln eine Durchsetzung finden. Denn noch immer waren es ihm zu wenig Überzeugte, vor allem vom Beinkleid überzeugte Wollene.

Was ihn letztlich aber dazu bewog, eine eigene Tracht, ein modisches Kostüm zu entwerfen, ist nicht eindeutig zu beantworten. Anregungen hierfür erhielt er aus Zuschriften. Das erste Mal hat er das neue Modell vermutlich anläßlich eines Vortrags in Wien vorgeführt, um seine Wirkung zu testen.[64] Die Anlehnung an historische Vorbilder war durchgängig bei Jaeger, vor allem die immer wieder erwähnte Orientierung am Mittelalter und an der Renaissance.

Die Modellierung von Nationalkostümen aber war nicht jaegerspezifisch, sondern eine ‚Modeerscheinung' des 19. Jahrhunderts und reichte zurück bis in die Zeit der Befreiungskriege.[65]

Die überzeugten Wollenen des Berliner Jaegerianer-Vereins griffen die Idee des Galakostüms[66], wie die Nationaltracht auch genannt wurde, rasch auf und kleideten sich – vermutlich in Anlehnung an Beschreibung und Abbildung im *Monatsblatt* – für einen Abendball entsprechend:

„Die eng anliegenden weißen Tricot-Beinkleider und dito Schnallenschuhe kleideten ihre Träger vortrefflich und erregten in denselben eine Tanzlust, die (…) in beflügelten Wirbeln ihren Ausdruck fand. Auch auf die übrige Gesellschaft schien von den weißen Ritterbei-nen ein belebender Glanz zu strahlen (…)."[67]

Deutscher National-Anzug mit Wettermantel.
(Vorderteil über d. Achsel geschlagen.)

Fünfgelt-Thomen.
Müllheim in Baden.
Konzessioniertes
Normal-Bekleidungs-Geschäft
für (12?)
Normal-Herrengarderobe.

Haupt-Depot
sämtlicher **Original-Normal-Artikel**
System Professor Dr. G. Jäger.

═ Filiale in Badenweiler ═
weltberühmter Luftkurort und Thermalquelle,
offen vom Mai bis Ende Oktober.

Originalpreislisten, Belehrungen und Muster gratis.
Auswahlsendungen franko.

15   Annnoce eines Bekleidungsgeschäfts im Frühjahr 1886.

Des öfteren wurde Jaeger von seinen Anhängern in Verbindung mit Richard Wagner gebracht – besonders beim Thema Nationaltracht.[68] Es gab Parallelen: Sie waren beide Vertreter der Generation, die im Zuge der 1848er Revolution neue (politische) Möglichkeiten erhofft hatte, nach der Enttäuschung hierüber sich nun – in verinnerlichter Abkehr – anderen Gebieten, hier der Musik oder einer neuen Körperlichkeit zuwandten, bei beiden verbunden mit nationalistischen Ideen. Wie Wagners Musik, so war auch Jaegers Nationaltracht am Vorbild des Altdeutschen orientiert. Beide hatten auf ihrem Gebiet etwas Neues, in Erinnerung an Altes, geschaffen, das scharfe Gegnerschaft und emphatische Begeisterung gleichermaßen auslöste.

Jaeger selbst suchte mit seiner Nationaltracht die Verbindung zu Wagner und Bayreuth auch deshalb, weil er sich davon eine Vergrößerung seiner Klientel versprach.

Daß es hier bereits Überschneidungen gab, zeigt ein Bericht der „Alten Presse" Wiens über das Publikum eines Jaeger-Vortrages:

16 Statuette, die Gustav Jaeger in der von ihm propagierten „Nationaltracht" zeigt.

> „Merkwürdigerweise sah man unter den Zuhörern viele Wagnerianer, Anti-Semiten und Vegetarianer, lauter Leute, die der Woll-Theorie eine instinctive Sympathie entgegenzubringen scheinen."[69]

Jaeger war aber noch nicht zufrieden mit seiner neuesten Kreation. Als die Wollenen Süddeutschlands sich zum Kniebistag[70] von 1894 trafen, hatte er bereits eine Weiterentwicklung vorzuführen, daneben ein Knabenkostüm dieser Tracht, das sein Sohn trug. Auch andere Wollene waren bereits „in Gala" gekleidet. Zum ponchoartigen Mantel – dem Wettermantel – gehörte der Hut. Er war angelehnt an die Form des Wetterhuts und sollte von dunkler Farbe sein:

> „(…) glücklicherweise werden Hasenhaare mit Indigo gefärbt prachtvoll sammtschwarz, und sieht ein solcher wollig gebürsteter Hut mit goldener Kordel und Quaste (à la Tyrolerhut) und weißer Flaumfeder nicht bloß wahrhaft fürstlich aus, sondern trägt sich auch sehr angenehm (…) und ich gebe diesen Hüten mit Goldkordel (…) den Namen ‚Nationalhut'."[71]

Ein Hauptzweck, den Jaeger mit der Einführung der Nationaltracht verfolgte, war die Ausbreitung und Vermehrung von Jaegerianervereinen. Den für eine Werbeveranstaltung günstigsten und symbolträchtigsten Ort hatte er – auf Anregung – bald gefunden:

> „Diese Fahne muß aber an einem Ort aufgepflanzt werden, wo man sie sieht, und wo sie hinpaßt; und der einzige Ort ist meiner Ansicht nach – Bayreuth, zur Zeit der Wagner'schen Festspiele. (…) Wir sollten doch wenigstens auch 24 Mann hoch in der Zukunftstracht aufmarschieren können."[72]

Es erging ein Aufruf an Freiwillige, die an diesem Szenario mitwirken wollten. Doch es waren vermutlich keine „24 Mann", denn einige Monate später gab er dieses Vorhaben auf, bezeichnete es als verfrüht: „Wir würden doch nichts Vollkommenes, ästhetisch Tadelfreies (…) vorführen können."[73]

Vor allem die aktiven wollenen Männer in den Jaegerianer-Vereinen griffen die Idee von der Nationaltracht auf. So berichtete etwa der Vorstand des Dresdner Vereins:

> „Der Bann ist gebrochen! Die Beinkleidungsreform hat auch in Dresden begonnen! Seit dem 1. Juli d. J. gehe ich muthig und dreist, ja mit einer guten Portion von Stolz unter die Hunderte von bedauernswerthen Gaffern hinein, mit enganliegenden Tricothosen bekleidet, den Kopf mit breitkrämpigem Hute bedeckt, die Brust mit der goldbefranzten Kravatte geschmückt."[74]

Genüßlich malte er aus, wie er auf einer Promenade wandelte:

> „Das war nun gleich ein vortreffliches Terrain; in straffer Haltung, mit pathetischem Schritte, mischte sich der Normalgekleidete unter die Spaziergänger, wobei sich die Gaffergesellschaft übrigens recht feig benahm."[75]

Jaeger selbst mußte wegen der Nationaltracht auch einiges einstecken. So schrieben die „Bremer

Nachrichten" anläßlich eines Vortrags über sein Kostüm:

> „Unwillkürlich wird man bei dieser Erscheinung an das Bild des 'Rattenfängers von Hameln' erinnert."[76]

Welche Popularität die Idee des Nationalkostüms doch hatte und wie sie mit der Propagierung der eigenen Person und dem geschäftlichen Interesse verbunden wurde, veranschaulicht folgende Mitteilung im *Monatsblatt* vom Dezember 1884:

> „Mehrfach ist der Wunsch ausgesprochen worden, es sollte auch eine plastische Darstellung der von mir vorgeschlagenen Nationaltracht gefertigt werden. Dieß ist jetzt geschehen: Herr Bildhauer Bach da hier hat eine Porträtstatuette meiner Wenigkeit in ein Drittel Naturgröße gefertigt, von der broncirte Gypsabgüsse durch Hrn. P. Schmich, Stuttgart (siehe Annoncenteil) bezogen werden können. Es ist eine hübsch durchgeführte Figur, stellt mich aber absichtlich vergrößert und schlanker dar, weil es hier weniger auf völlige Naturtreue meiner Person gegenüber, als auf künstlerische Darstellung des Kostüms ankam. Jaeger."[77]

„Heilerfolge" —
Resonanz auf das Wollregime

In nahezu jeder Nummer des *Monatsblatts*[78] tauchten sie auf: Berichte von Wollenen über ihre Geschichte, ihre Erfahrung mit dem Wollregime. Ihnen allen gemeinsam ist ein verblüffend ähnlicher Sprachstil, der sehr an den Jaegers erinnert. Durch seine Sprache, die Formulierungen in seinen Ausführungen[79] wirkte er stilbildend, zum anderen war auch der Zeitgeist der wilhelminischen Epoche prägend. Daß Jaeger die Zuschriften – sozusagen als ‚Eigenwerbung' – selbst geschrieben hat, ist nicht anzunehmen, aber er hatte sie sicher zum Teil redaktionell überarbeitet.

Wer schrieb? Die Frage ist nicht eindeutig, im Sinne von klaren soziologischen Zuweisungen, zu beantworten. Nur etwa ein Viertel der Zuschriften hatten eine Berufsangabe beigefügt, von den meisten war nur der erste Buchstabe des Nachnamens und des Wohnortes genannt. Es waren ungefähr 90 Prozent Männer, die schrieben. Vor allem die Zuschneidung des Jaeger'schen Systems auf Männer erklärt die Geschlechterverteilung bei den Zuschriften.

Folgende Berufe wurden genannt: Offiziere, Lehrer, Fabrikanten, Ärzte, Beamte, Studenten, Künstler.[80] Die Männer, die geschrieben haben, sind also eindeutig dem Besitz- und Bildungsbürgertum zuzuordnen; Vertreter anderer Klassen – Arbeiter oder Bauern etwa – kommen nicht vor. Bei den Frauen sind keine Berufe genannt. Die Briefe kamen aus allen Teilen Deutschlands sowie aus Paris, Moskau, Petersburg, Lund, aus der Schweiz und auch aus Afrika.

Folgende Typen von Wollenen können aus den Leserbriefen konstruiert werden: von Krankheiten geheilte Wollene, ‚gesunde' Wollene, aktive Wollene (etwa die Jaegerianer), chronisch hypochondrische Wollene, Wollkrisen[81] permanent durchleidende Wollene, sporadische Wollene, Cryptowollene, d. h. heimliche Wollene – sie alle standen den Nicht-Wollenen bzw. Steifleinenen gegenüber.

Auffällig in den Berichten ist ein Hang zu militaristischer Sprache, wie sie bei Jaeger ebenfalls zu finden ist. Außerdem ist eine Vorliebe für epische Breite und Detailfreudigkeit, vor allem bei der Beschreibung von körperlichen Zuständen und Veränderungen festzustellen: eine Lust an der Beschreibung des eigenen Körpers, der Körpervorgänge. Darin drückt sich auch die Neugier aus, die ein ‚neues System' erproben will, außerdem der Drang, das Leiden loszuwerden, im Beruf wieder voll leistungsfähig sein zu können. Die Berichte haben häufig einen wichtigtuerischen Ton – Imponiergehabe vor der Autorität des berühmten Professors, dem man zu gefallen versuchte.

Zitate aus einer im *Monatsblatt* erschienenen Krankengeschichte veranschaulichen das:

> „Im Jahre 1864 bekam ich (damals 13 Jahre alt) um Johanni nach einigen Seebädern zu Helsingborg täglich sich wiederholendes Wechselfieber mit Drüsengeschwülsten, das aber bald sammt den Geschwülsten ohne Arzneigebrauch verschwand. Dieß wiederholte sich von da an Jahr für Jahr, nur daß die Drüsengeschwülste nicht mehr schwanden und im Jahr 1868 ein Nasenpolyp hinzukam, wegen dessen ich im Herbst desselben Jahres zweimal operiert wurde. Erst vom Jahr 69 an nahm ich Medizin (Chinin). (…) Vom September 75 bis September 76 hielt ich mich in Smoland auf, frei vom Wechselfieber, die Kräfte in stetiger Zunahme und ziemlich gesund. So blieb es, bis sich im April 1880 täglich mehrmaliges Hämorrhoidalbluten einstellte. Mein Arzt verordnete Klystiere. Am 14. August war das Bluten zu Ende, aber seitdem – ein ganzes Jahr lang – habe ich ohne Klystiere keine Öffnung. Das Wechsel-

Produktpalette „nach Prof. Dr. Gustav Jaeger"

Anthropin, Ärmel-Stößer, Bade-Schwimmhosen, Bademäntel, aromatisches Badeöl, Bandagen, Bettrosch, Bettschuhe, Bettücher, Bettvorlagen, Bettweißzeug, Bodenteppiche, Bruchbänder, Cachenez, Chemisettes, Cigaretten, Cigarren, Comptoir-Mützen, Couverts, Damen-Normal-Schürzen, Damen-Normal-Unterröcke, Damen-Strümpfe, Deck-Cravatten, Eisenbetten, Festhüte, Flora-Essenz, Frottir-Handschuhe, Frottirtücher, Fußsäcke, Geradehalter, Gesundheitsnährmittel, Haarnetze, Halbbandschuhe, Hand-Tücher, Handschuhe, Hausmützen, Hausschuhe, Hertha-Essenz, Hosen-Stößer, Jagd-Mützen, Kamelhaar-Damenkleiderstoffe, Kamelhaar-Strickgarn, Kamelhaar-Watte, Kaschmirkragen, Kinder-Schlafsack, Kinder-Strümpfe, Kissen-Überzüge, Knaben-Anzüge, Knaben-Mützen, Knie-Hose, Knopf-Cravatten, Kölnisches Wasser, Kopfkissen, Kopfpolster, Kopfrollen, Krauseln, aromatische Kräuter-Essenz, Läufer, Leibbinden, Luftreinigungslampe, Lustschetten, Manschettenknöpfe, hüte, Mädchen-Corsetten, Man- mit Bildnis Prof. Jaeger, Masch- Cravatten, Matratzen, Militär-Mützen, Militär-Uniformen, Nachtkutten, National-Anzug, Naturleder-Handschuhe, Nor- mal-Servietten, Normal-Bürsten für Wollstoff, Normal-Ci- vilmützen, Normal-Damen-Costumes, Normal-Damen-Paletots, Normal-Damen-Trikot-Taillen, Normal-Damen-Umschlagtücher, Normal-Geldbeutel, Normal-Handschuhe, Normal-Herren-Socken, Nor- mal-Hosenträger, Normal-Juppen, Normal-Kinder-Leibchen, Normal-Na- tur-Strickwolle, Normal-Regenschirme, Normal-Reisedecken, Normal-Schlaf- decken, Normal-Seidenhüte, Normal-Sonnenschirme, Normal-Tischtücher, Nor- mal-Woll-Gardinen, Normalcylinder, Normalmöbel, Normalstiefel, Oberjacke, Ozogen, Paspoils, Pferdehaar-Damenhüte, Platin-Glühlampe, Pulswärmer, Reise-Mützen, Rüschen, Sanitätsbetten, Schildmützen, Schlafsackstoff, Schnall-Cravatten, Schnürschuhe, Schreibfilze, Schuhblätter, Sommer-Jupons, geklöppelte Spitzen, Steh-Kragen, Steppdecken, Suspensorien, Taschentücher, Trauerhüte, Trikotschlafsäcke, Überschuhe, Umleg-Kragen, Umstands-Corsetten, Unterjacken, Vorhemden, Waschlappen, aromatisches Waschwasser, Wettermantel, Wickelbinden, Wickeltücher, Wollgürtel, Wollwaschseifen.

Aus Inseraten, veröffentlicht in „Prof.Dr. Gustav Jaegers Monatsblatt", Jahrgänge 1881–1886.

fieber blieb 1880 aus. Am 15. Februar 1881 stellte sich das Wechselfieber neuerdings sehr stark ein. (...) Seit dem Jahr 1867 habe ich täglich um die Mittagszeit heftiges Kopfweh gehabt und vermuthe deßhalb, daß mich seit dieser Zeit ein schleichendes Fieber niemals verlassen hat. Ende August 1881 las ich in einer Zeitung die Ankündigung der schwedischen Uebersetzung ihres Buches. Ich kaufte es, las und las, und hörte nicht auf, bis ich zu Ende war. Wer kann sich meine Freude denken. Ich sah die Hoffnung heraufgehen."[82]

Geschrieben wurde meist über *ein* Thema: die Krankheit und Erfahrungen mit dem Wollregime. Auch Vorschläge zur Verbesserung und Weiterentwicklung des Wollregimes wurden gemacht. Auffällig ist der stete Drang vieler – ebenso wie von Jaeger selbst –, im Selbstversuch Neues herauszufinden, die Vorteile der Wolle gegenüber Leinen und Baumwolle zu testen.

Die Schreibenden waren sich ihrer Fixiertheit auf den eigenen Körper und seine Krankheiten wohl bewußt, bezeichneten sich manchmal selbst als „nervöse Hypochonder", Leidende an einer auch zeittypischen Krankheit.[83] Beschrieben wurde nicht nur die eigene Leidensgeschichte, sondern auch die der ganzen Familie, die fortan oftmals – auf Anraten Jaegers – in Wolle gesteckt wurde.

In den Zuschriften an die Monatsblätter werden fast alle Krankheiten erwähnt. Wenig erfolgreich war das Wollregime bei Lebererkrankungen, Nierenaffektionen, Krankheiten der „Generationsorgane" und Mandelerkrankungen.

Jaeger selbst äußerte sich zu den Krankheiten, für die er das Wollregime besonders empfahl:

„Am leichtesten zugänglich haben sich der Heilung durch das Wollregime die gerade den bisherigen Kuren besonders Widerstand leistenden, rein nervösen Leiden gezeigt; nächst ihnen die Gruppe der katarrhalischen und rheumatischen Krankheiten. Unter den mehr lokalisirten Krankheiten der innern Organe haben sich am zugänglichsten eigentlich die Affektionen der Lunge, incl. der Tuberkulose, erwiesen."[84]

Jaeger wußte die eingehenden Berichte geschickt zu nutzen. Waren sie für seine Zwecke, für die Propagierung des Wollregimes attraktiv, wurden sie oft zu Leitartikeln im *Monatsblatt*. Vor allem in den Anfangsjahren war dies der Fall, später tauchten sie oft nur als verarbeitete Notizen unter den Rubriken „Correspondenz", „Briefkasten", „Fragekasten" oder „Mittheilungen" auf.

Jaeger brauchte die Berichte seiner Kundschaft auch in anderer Hinsicht: als Spiegel, als Resonanzboden seiner Ideen. Er ging auf Fragen und Probleme intensiv ein, inszenierte regelrechte „Fall-Diskussionen" im *Monatsblatt*, führte die Schreibenden vor, zeigte auf, was sie ‚falsch' gemacht hatten. Das Ernstnehmen der Laien betonte er oftmals, zumal er von Seiten seiner Fachkollegen mehr Ablehnung denn Anerkennung zu erfahren schien. Ob er von *ihnen* anerkannt werden wollte oder nicht, bleibt unklar. Er behauptete – mit der Zeit immer vehementer – daß ihm ein „sachverständiger", „wollener" Laie viel wichtiger wäre als ein „dummer", „ignoranter" Mediziner. Doch manchmal scheint da eine große Portion Enttäuschung und gekränkte Eitelkeit mitzuschwingen. Auch der Streit zwischen Allopathie und Homöopathie spiegelt sich wider. Jaegers Lehre war näher an der Natur, dem Tierleben, den sinnlich erfaßbaren Vorgängen des menschlichen Lebens orientiert, weniger am abstrakten, naturwissenschaftlich-analytischen Verständnis von Medizin.

Den „gesunden Sachverstand" des „Volkes" stellte er höher als das Wissen der Studierten:

„Das ist eben der große Contrast: Nicht blos die andern ‚Studirten', auch unsere Aerzte sitzen vom 7. bis zum 22. Lebensjahre in der Schulstube, in Secirsälen, Krankenhäusern und Laboratorien, wo sie nur Worte hören, den Tod und die Unnatur sehen, während das Volk mitten im Leben sitzt, und das Leben beobachtet, und deswegen weiß letzteres weit mehr, als unsere Büchergelehrsamkeit sich träumen läßt; letztere nennt all' das, was aus der Volksbeobachtung hervorgeht (...): Aberglauben."[85]

Anmerkungen

1 Nach: Loschek, Ingrid: Reclams Mode- und Kostümlexikon. Stuttgart 1987: 66–70.
2 Siehe hierzu weiter unten „Das Beinkleid für den Mann".
3 Anzeige der Firma Franz Entreß Stuttgart, o.J.
4 Prof.Dr. Gustav Jaegers Monatsblatt [=MB] 1882/ 9: 137. Wenn nicht anders angegeben, stammen die Zitate aus dem Monatsblatt von Gustav Jaeger.
5 Jaeger auf eine Kritik, die den Normalrock als „geschmacklos" bezeichnet hatte; in: MB 1882/ 1883/ 1: 17. Der zweite Jahrgang des Monatsblatts beginnt im November 1882 mit Nummer 1 und endet im Dezember 1883 mit Nummer 14.
6 Zur Auseinandersetzung mit der Kritik von Schneidern siehe: MB 1882/ 1883/ 13: 227–230.
7 Als „Wollene" wurden jene bezeichnet, die sich konsequent in Wolle kleideten (Unter- und Oberbekleidung),

	also auch in der Öffentlichkeit als Jaeger-AnhängerInnen erkennbar waren.
8	MB 1882/ 3: 36.
9	MB 1882/ 1883/ 5: 85.
10	MB 1882/ 9: 137f.
11	Doerry, Martin: Übergangsmenschen. Die Mentalität der Wilhelminer und die Krise des Kaiserreichs. Weinheim und München 1986: 46.
12	Ebd.
13	Es gab aber auch Befürworter, so schrieb ein Baumeister: „Da ich auch die Vorzüge der Uniform zu würdigen wußte (…) ging ich mit einem großen Schritt (…) zur vollen Metamorphose über." In: MB 1882/ 11: 172f.
14	Siehe: MB 1882/ 12: 190.
15	Ebd.
16	Später kreierte er auch diverse Gesellschaftsröcke, sich selbst ließ er für einen festlichen Anlaß einen Frack aus Wolle schneidern. Siehe: MB 1882/ 12: 194.
17	MB 1882/ 1883/ 13: 231.
18	MB 1882/ 10: 149f.
19	Siehe dazu die Abbildung in Loschek 1987 [wie Anm. 1]: 74. Der „Cul des Paris", das mithilfe von Schleifen und Stoffdrapierungen über einem Reifgestell nochmals betonte Gesäß, tauchte in der Jaeger'schen Frauenkleidung nicht auf, obwohl es in den 1880er Jahren modern war. Sicher war dies auch aus wollenem Material schwieriger zu erstellen.
20	MB 1882/ 7: 98 unter der Überschrift „Wie einer zum Wollregime kommt".
21	Junker, Almut/Stille, Eva: Zur Geschichte der Unterwäsche 1700–1960. Katalog zur Ausstellung im Historischen Museum Frankfurt. Frankfurt/M. 1988: 175–189.
22	MB 1882/ 1883/ 13: 232.
23	MB 1882/ 1883/ 12: 214.
24	Die Hemdhose bekam im übrigen schon recht früh von der National Health Society Großbritanniens ein ausgezeichnetes Zeugnis ausgestellt. Das Bengersche Produkt erhielt das Prädikat „nützliches hygienisches Erzeugniß". Siehe dazu: MB 1882/ 6: 90f.
25	MB 1882/ 1883/ 13: 232.
26	MB 1881 1: 8.
27	MB 1881/ 1: 8–10, hier: 8f.
28	Ebd.: 9.
29	MB 1882/ 3: 43.
30	Ebd.: 44.
31	MB 1882/ 10: 160.
32	Eine Normal-Matratze kostete 66.– Mark; der Bettrost 60.–, ein Kopfkissen 12.–, ein Fußsack 20.–, eine Steppdecke 35.–, ein Überzug 5.–. Zu Löhnen und Lebensmittelpreisen der Zeit siehe Seite 188, Anm. 89.
33	MB 1882/ 12: 189.
34	MB 1882/ 1883/ 7: 122.
35	Ebd.: 121.
36	Ebd.: 120.
37	Siehe hierzu die „Produktpalette" in diesem Beitrag.
38	Über erste Erfahrungen mit Kamelwolle als Material fürs Bett und für die Kleidung berichtete Jaeger in MB 1882/ 1883/ 12: 222–227. Vor allem für das Bett begrüßte er diese Wolle. Das Bettzeug aus Kamelwolle wird in der Dezembernummer von 1883 (1883/ 14: 263) von der Württembergischen Normalbettmanufaktur in einer Anzeige offeriert. In MB 1884/ 1: 2 wird von Jaeger „die praktische Einführung des Kamelwollregimes bei Bett und Oberkleidung" als erfolgreich gepriesen.
39	MB 1884/ 2: 38.
40	MB 1884/ 2: 40.
41	MB 1882/ 1883/ 13: 229f.
42	Siehe dazu: Wolter, Gundula: Die Verpackung des männlichen Geschlechts. Eine illustrierte Kulturgeschichte der Hose. Marburg 1988, besonders: 26–100. Gestrickte Strümpfe gab es seit ca. 1519, damals für die Herren des Hofes aus Seide angefertigt. Siehe dazu: Thiel, Erika: Geschichte des Kostüms. Die europäische Mode von den Anfängen bis zur Gegenwart. Berlin 1963: 313.
43	Sansculotten (frz.: „ohne Kniehosen"). Gemeint sind die langen Hosen der Hafenarbeiter und Matrosen Frankreichs, die im Zuge der französischen Revolution von 1789 auch von den Jakobinern getragen und somit modisch wurden. Es waren gerade geschnittene, knöchellange, unten nicht abgebundene Hosen, auch „Pantalons" genannt, im Gegensatz dazu standen die Kniehosen (= Culottes) der Adligen.
44	Zur Männerhose zur Zeit der französischen Revolution siehe: Thiel 1963 [wie Anm. 42]: 460–470.
45	MB 1882/ 1883/ 4: 65.
46	MB 1882/ 12: 188.
47	Simmel, Georg: Die Mode. In: Bovenschen, Silvia (Hrsg.): Die Listen der Mode. Frankfurt/ M. 1986: 179–207, hier: 182.
48	MB 1882/ 1883/ 3: 51.
49	Das „Beinkleid" in: MB 1882/ 1883/ 4: 65–70, hier: 65.
50	Ebd.
51	Ebd.: 67.
52	Ebd.: 68.
53	Ebd.
54	Ebd.: 69.
55	Ebd.
56	(franz.: „Wiedergeburt"); im engeren Sinne im 19. Jahrhundert von Kulturhistorikern wie J. Michelet und J. Burckhardt geprägte Bezeichnung für die Zeit von etwa 1350 bis Anfang des 16. Jahrhunderts als die Zeit der Wiedergeburt der Antike. (Nach: dtv-Brockhaus, München 21986, Bd.15: 134, Stichwort „Renaissance".)
57	MB 1882/ 1883: 69.
58	Ebd.: 70.
59	In: MB 1882/ 1883/ 11: 191 und MB 1882/ 1883/ 13: 259.
60	MB 1882/ 1883/ 1: 17.
61	MB 1882/ 12: 181.
62	MB 1884/ 1: 3. In diesem Zusammenhang erging sein Aufruf zur Gründung von Jaegerianer-Vereinen.
63	MB 1884/ 5: 99.
64	Siehe dazu: MB 1884/ 2, Beilage: 41f.
65	So machte bspw. Ernst Moritz Arndt 1814 einen Vorschlag für eine „deutsche Nationaltracht". Siehe dazu: Thiel 1963: 473–477. Dort die Abbildung Hoffmann von Fallerslebens in altdeutscher Tracht (ebd.: 481.). Siehe dazu auch Jahn, Friedrich Ludwig: Deutsches Volkstum. Lübeck 1810: 163–166 und: Deneke, Bernward: „Modekritik und 'deutsches' Kleid in der Zeit der Weimarer Republik." In: Jahrbuch für Volkskunde. 1991: 55–78. Die Intention war nationalistische Abgrenzung, vor allem zu Frankreich. Ebenso war es ein überwiegend ländliches Phänomen. Siehe dazu auch Sennett, Richard: Verfall und Ende des öffentlichen Lebens. Die Tyrannei der Intimität. In: Bovenschen, Silvia (Hrsg.): Die Listen der Mode. Frankfurt/M. 1986: 309–352, hier: 324.
66	Eine weitere Bezeichnung ist „Faustkostüm". Siehe: MB 1884/ 2: 31.
67	MB 1884/ 3: 55. Bericht des Berliner Vereins.
68	Jaeger wird auch mit Bismarck und anderen „Größen der Zeit" auf eine Stufe gestellt.
69	In: MB 1884/ 2: 29.
70	Auf dem Kniebis im Schwarzwald fand jedes Jahr ab 1881 (belegt im MB) die „Zusammenkunft Wollener aus Württemberg, Baden und Elsaß", der sog. „Kniebistag", statt. Die Aufrufe hierfür erfolgten jeweils im Monatsblatt. Jaeger nahm in der Regel selbst daran teil.
71	MB 1884/ 7: 152.
72	MB 1884/ 5: 99f.
73	MB 1884/ 7: 152.
74	MB 1884/ 8: 191.
75	Ebd.
76	MB 1884/ 11: 276.
77	MB 1884/ 12: 320.
78	Herangezogen wurden vor allem die Jahrgänge 1881–1886.
79	Das System als solches hat ja so etwas wie eine eigene Fachsprache, was die Begriffe „Normal", „Geruch", „Seele", „Gestank" etc. zeigen.
80	Eine vor allem vom Dresdner Jaegerianerverein 1885 durchgeführte Befragung unter Wollenen mittels Fragebogen bestätigt diesen Trend. Auch hier stammen Wollene überwiegend aus dem akademischen Milieu

sowie dem der technischen Intelligenz, der Beamtenschaft und dem Handwerk. Siehe dazu: „Zur Statistik über das Wollregime, seine Verbreitung und seine Wirkungen". Zusammengestellt vom Deutschen Gustav-Jaeger-Bund. In: MB 1886/ 2, Beilage [= II.Flugblatt]: 1–8, hier: 1f..

81 Als Wollkrise wurde von Jaeger die Anpassungsphase an die Wollkleidung bzw. zugleich die endgültige Austreibung der jeweiligen (chronischen) Krankheit bezeichnet (auch Heilkrise genannt). Wollkrisen waren vor allem gekennzeichnet durch Fieberanfälle, Hämorrhoidalblutungen sowie stark ausgeprägte Schübe der chronisch verschleppten Krankheit. Sie konnten – auch je nach Konstitution der einzelnen Personen – unterschiedlich oft und in unterschiedlich großen Abständen auftreten. Siehe dazu: MB 1885/ 6: 166–172.

82 MB 1881/ 2: 17f., Der Schreiber – Nils L. aus Lund – ist in den Jahren 1881–1883 der eifrigste und ausführlichste Berichterstatter über seinen Körper und die verschiedenen Erfahrungen mit dem Wollregime.

83 Sie wurde auch als „Maladie de la fin de siècle" bezeichnet. Siehe: Kemp, Wolfgang: Das Ende der Welt des 19. Jahrhunderts. In: Dorst, Wolfgang (Hg.): Fortschrittsglaube und Dekadenzbewußtsein im Europa des 19. Jahrhunderts. Heidelberg 1986. Zit. in: Mühleisen, Sibylla: „Marquis de la Poussière": eine Gründerkarriere. In: Köhle-Hezinger, Christel/ Ziegler, Walter (Hrsgg.): Der glorreiche Lebenslauf unserer Fabrik. Zur Geschichte von Dorf und Baumwollspinnerei Kuchen. Weißenhorn 1991: 139–158: 157.

84 MB 1882/ 1883/ 6: 102.

85 MB 1884/ 7: 161.

Alexander Gabriel

„Variatio delectat et roborat. ‚Abwechslung erfreut und kräftigt'"[1]

Das Wollregime Gustav Jaegers

Anfang der 1860er Jahre las Gustav Jaeger eine Untersuchung des zu dieser Zeit führenden Münchener Hygienikers Max von Pettenkofer[2] über die Hygiene verschiedener Kleidungsstoffe[3]:

> „deren Resultat ist, daß er die Wolle für den zur Bekleidung des menschlichen Körpers geeignetsten Stoff erklärt hat. Die Worte haben mir damals auch in den Ohren geklungen, aber ich habe ihnen keine weitere Aufmerksamkeit geschenkt, bis ich im Jahre 1863 nach London kam. Ich sah daselbst in einem Schaufenster ein Flanellhemd liegen. Ich kaufte und trug es und fand, daß mir das Hemd thatsächlich angenehm war, aber nur, wenn ich kein weißes darüber trug."[4]

Sein Lob der Wolle und ihre angenehmen Trage-Erfahrungen zeitigten bei Jaeger keine sofortigen Konsequenzen, einige Jahre später aber sollte er sich ihrer doch erinnern und die Wolle als Kleidungsstoff wiederentdecken.

Über vier Jahrzehnte beschäftigte er sich mit ihren Faser-Eigenschaften, ihrem Einfluß auf den menschlichen Organismus, mit ihrer Farbe, dem Schnitt und mit der Webart von Kleidungsstoffen. Wegen dieses Engagements erhielt er von seinen Zeitgenossen sowohl anerkennende, als auch despektierliche Namen wie „Woll-Jäger", „schwäbischer Gesundheitsheiland", „(Woll-)Apostel" und „Stuttgarter Schneiderkönig"[5] – Titel, die ihn weit über Württemberg hinaus bekannt machten.

Seine in Zoologie und Anthropologie aufgestellten Theorien und Modelle – die von der Öffentlichkeit weit weniger zur Kenntnis genommen wurden – bildeten Marksteine auf dem Weg zum Wollregime, in welchem sie letztendlich ihre praktische und zugleich populärere Umsetzung erfuhren.

Wie von einem roten Faden wird sein Lebenswerk durchzogen von der Programmatik der – durch Reizeinwirkung provozierten – Entwicklung und Anregung, von Gewöhnung und Wechsel – „Abwechslung"[6].

Anpassungsfähigkeit und Abhärtung

Die Studien, in denen Jaeger die Anpassung der Organismen an geänderte Umweltbedingungen durch stärkere Aus- bzw. Rückbildung von Organen und Körperteilen mittels ihres Gebrauchs oder Nichtgebrauchs untersucht – und sich damit auf Lamarcks[7] Evolutionstheorie bezieht –, finden ihren Niederschlag in einer Forschungsarbeit über die individuelle Anpassungsfähigkeit:

An 13 Absolventen der von seinem Bruder Otto Heinrich Jaeger[8] geleiteten Württembergischen Turnlehrerbildungsanstalt in Stuttgart ermittelt er den Einfluß eines viermonatigen intensiven körperlichen Trainings auf die Reaktionsfähigkeit der Probanden.[9] Diese Forschungen werden u.a. durch Vergleichsuntersuchungen der Erkrankungshäufigkeit von nichtturnenden, turnenden und unter seinem Bruder turnenden Stuttgarter Schulklassen ergänzt[10]:

> „Ich sagte mir: es ist ein Erfahrungssatz, daß die Schwitzbäder nicht blos ein Heilmittel gegen die sogenannten Erkältungskrankheiten sind, sondern auch ein Schutzmittel gegen sie: sie erhöhen die Widerstandsfähigkeit gegen Erkältung. Sollte da nicht das Turnen, das ja ähnlich auf die Körperbeschaffenheit wirkt wie das Schwitzbad, nämlich entwässernd, ebenfalls die Widerstandsfähigkeit gegen Erkältung erhöhen?"[11]

Jaeger addiert die Schulversäumnistage in den beiden Stuttgarter Gymnasien[12] von 1852–1874 und kommt zum Ergebnis,

> „daß die einer heftigen Turnschulung ausgesetzten Klassen 25½ Prozent weniger Schulversäumnisse aufweisen, als die minder ausgiebig geschulten."[13]

Da dieser Rückgang seiner Meinung nach vor allem auf eine Reduzierung der Erkältungskrankheiten zurückzuführen ist, folgert er, daß die durch Training und Abhärtung erreichte individuelle körperliche und geistige[14] Leistungs- und Widerstandsfähigkeit – „Konstitutionskraft" –, unter der er nicht nur die Erkrankungshäufigkeit, sondern auch die „Arbeitsfähigkeit" (also Leistungsfähigkeit) der betreffenden Person versteht[15], abhängig sei vom spezifischen Gewicht[16], das sich wiederum aus dem Verhältnis der „drei wichtigsten Bestandteile der lebendigen Substanz: Eiweiß, Fett und Wasser"[17] ergäbe. Da Wasser und Fett leichter seien als Eiweiß und Salze, sei ein abgehärteter Mensch spezifisch schwerer als ein verweichlichter. Die von ihm angestrebte Abhärtung entspräche einer Entfettung und Entwässerung des Körpers und sei für ihn nun durch den Index des spezifischen Gewichts meßbar geworden.[18]

Der für die Gesundung unverzichtbare gleichzeitige Entzug von Wasser und Körperfett sei nur durch „echauffirende Körperbewegung"[19] zu erreichen; durch verstärktes Schwitzen werde dem Körper über die Haut und über die Lungenoberfläche das überflüssige Gewebswasser entzogen.

> „Schwitzbäder, Genuß schweißtreibender Mittel, eine Bekleidungsweise, welche dem von der Haut erzeugten Wasserdampf freien Abzug gewährt, Genuß von Speisen, welche den Eiweißreichthum des Körpers erhöhen"[20],

kämen ergänzend und abrundend hinzu.

Von der gesundheitsfördernden Wirkung des körperlichen Trainings überzeugt, nicht zuletzt aber auch aus ökonomischen und sittlichen[21] Gründen, spricht er sich für das „Befehlsturnen"[22] nach der Methode seines Bruders Otto Heinrich aus: Nach „militärischem Kommando"[23] werden als „Massenübung"[24] im Stand und als „Laufgymnastik"[25] intensive Exerzitien zur Verbesserung der Bewegungs-Koordination und der Erhöhung der Ausführungsgeschwindigkeit[26] durchgeführt. Wichtigstes Turngerät ist dabei ein eiserner Stab.

Umfangreiche Untersuchungen der drei Dienstjahrgänge der deutschen Armee von 1866 an über mehrere Jahre hinweg hinsichtlich ihrer Morbiditäts- und Mortalitätsrate[27] lassen Jaeger für eine allgemeine Wehrpflicht als Mittel zur Hebung der Volksgesundheit plädieren. Ein Berufsheer ist für ihn dagegen „eine kostspielige nutzlose Zeit- und Geldverschwendung"[28].

Die gesundheitlichen, sittlichen und nationalökonomischen Vorteile der allgemeinen militärischen Ausbildung liegen für ihn auf der Hand:

> „Wenn das militärische Reglement in Hinsicht seiner physiologischen Leistung gut ist, und die Officiere ihre Schuldigkeit thun, so ist das stehende Heer eine Schule leiblicher Gesundheit, körperlicher Arbeitsfähigkeit, geistiger Energie, Temperament und Lebensart, und dadurch eine der reichsten Quellen des Nationalwohlstandes. Die Caserne kann dann mit viel größerem Recht als die Eisenbahn das Motto auf ihrer Stirne tragen: Time is money."[29]

Mag sein, daß der Anblick der vor Schweiß triefenden Schüler und Mitglieder des Turnlehrerbildungskurses, die sich zusätzlich dick einhüllen, um ihre Schweißmenge während der Übungen zu vervielfachen, Jaeger veranlaßt, die entwässernde Wirkung verschiedener Kleidungsstoffe zu untersuchen. Jedenfalls erscheint 1868 im „Stuttgarter Neuen Tagblatt" ein Artikel aus seiner Feder über die „Vorzüge der Flanellhemden, vor denen aus Leinen und Baumwolle."[30]

Von Lust- und Unluststoffen

Im Eiweiß sieht Jaeger den grundlegenden Bestandteil des „Protoplasmas"[31], das ein Gemenge verschiedener Verbindungen darstelle. Er erklärt die Eiweißverbindungen zu Produzenten des „Lebensfaktors", ihre Existenz als Voraussetzung für Leben überhaupt. Wie sie – „von denen jede für sich absolut todt, leblos"[32] sei – haben entstehen können[33], bleibt ihm zwar rätselhaft, das Problem der Urzeugung scheint aber prinzipiell gelöst zu sein. Den Beweis des Übergangs von einer bloßen Anhäufung von Molekülen hin zum lebendigen Stoff zu erbringen, betrachtet er nicht als seine primäre Aufgabe; dies zu tun, überläßt er anderen Wissenschaftlern.

Jaeger beginnt, sich in Zusammenhang mit seinen Untersuchungen über das Eiweiß auch für die Duftstoffe zu interessieren und ihre Ursachen, ihre spezifischen Zusammensetzungen, ihre Funktion und Wirkung zu erforschen:

> „Als praktischer Zoologe seit wohl dreißig Jahren thätig, sagte Jäger, als Insektensammler, Jäger, Fischer, Thiergärtner, Vogelzüchter hat mich nie etwas stärker frappirt, als die ganz eminente Rolle, welche die Duftstoffe der lebendigen Thiere bei der gegenseitigen Anziehung und der Abstoßung der Geschöpfe spielen. Wer mit Thieren praktisch umgeht und diesen Gesichtspunkt bei Seite lässt, stösst fort und fort auf die grössten Schwierigkeiten. Es wird kein Fallensteller einen Fuchs oder Marder, oder ein anderes Thier fangen, der nicht in das Thema der Verwitterung genau eingeweiht ist. Wer bei der Jagd die den Ausdünstungsstoff verbreitende Windrichtung vernachlässigt, hängt vom Zufall ab. Ein Insektensammler ist Nachtinsekten, versteckten Insekten, gegenüber machtlos, wenn er sie nicht mit Duftstoffen zu kötern weiss"[34].

Jaeger geht davon aus, „dass jede Thierart ihren specifischen Ausdünstungsgeruch"[35] habe, und erweitert diese These:

> „Nicht blos jede morphologische Art hat ihren specifischen, von dem der nächstverwandten verschiedenen Ausdünstungsgeruch, sondern auch jede Rasse, jede Varietät und in letzter Instanz sogar jedes Individuum."[36]

Dabei stünden

> „Aehnlichkeit und Differenz der Geruchs- und Geschmacksstoffe (…) in merkwürdig genauer Beziehung zu dem Grade der morphologischen Verwandtschaft"[37].

Je näher also zwei Individuen verschiedener Arten einer Gattung miteinander ‚verwandt' seien, desto ähnlicher seien ihre Individualgerüche. Nicht nur Kot und Harn enthielten Geruchsstoffe, diese würden auch an den Hautabsonderungen, Haaren und Federn haften.[38] Die individuellen Ausdünstungsgerüche und ihre Bestandteile – „die Albuminate entweder ganz allein oder höchstens neben ihnen noch die Lecithin-Verbindungen"[39] – seien in ihrer Spezifik allein Gegenstand der Vererbung.

Er gibt diesen flüchtigen, höchst spezifischen Geruchs- und Vererbungsstoffen, die sich im Molekül des Eiweißes einlagern, den Begriff „Seelenstoffe".

„Ich habe die Seele entdeckt"[40]

Indem die „Seele" für ihn „etwas Stoffliches, Irdisches, ein 'Duft'"[41] ist, verleiht er ihr eine Körperhaftigkeit, damit eine – auch zeitliche – Begrenztheit und vollzieht ihre Trennung vom „Geist", der für ihn unbeschränkt, körperlos, unermeßlich und unsterblich bleibt.[42]

Der individualspezifische Seelenstoff – „in hohem Grade flüchtig und löslich"[43] – beeinflusse den Körper, wie auch die Psyche; er sei in den verschiedenen Organen selbst noch spezifiziert[44] und existiere grundsätzlich in zwei Modifikationen: dem „Lustduft"[45] oder der „Lustmodification der Gehirnseele"[46] und dem „Unlustduft oder Unlustmodification"[47].

Daß er mit seiner „Entdeckung" von den Kollegen nicht ernstgenommen, von der Presse verhöhnt und verlacht wird, liegt vor allem an der Wahl des Begriffes „Seele". Dieser sollte den Ursprung der „Seelenthätigkeiten", d.h. der Instinkte, Triebe, Lust- und Unlustempfindungen sowie den Träger der Erbinformationen benennen, bleibt für viele jedoch nicht verständlich.[48]

Selbstbewußt mißt er seiner Theorie eine größere Bedeutung bei als Darwins Evolutionstheorie:

> „Ich kenne das Wagniß einer solchen Behauptung wohl, der Streit um die Seele wird noch heftiger entbrennen, als der um die Descendenztheorie."[49]

Charles Darwin und Gustav Jaeger

Durch die Veröffentlichung seines Werkes *On the Origin of Species*[50] setzt Charles Darwin 1859 den Schlußpunkt einer geistesgeschichtlichen Revolution.[51] Seine Theorie macht den Evolutionsgedanken salonfähig und rückt ihn dadurch ins Bewußtsein einer breiten Öffentlichkeit.[52] Die durch dieses „gewagte Abenteuer der Vernunft"[53] mitverursachte Demontage des traditionellen Weltbildes fordert den Widerstand durch Wissenschaftler und Laien heraus:

> „Als sie durch Darwin zuerst wieder aufgestellt und besser als durch Lamark begründet wurde, fiel sie wie eine Bombe unter die Schar

der Zoologen. Nur wenige Köpfe waren so darauf vorbereitet, daß sie sich ihrer sofort bemächtigen konnten. Ihnen stand die Masse der übrigen Zoologen theils zuwartend, theils in der Stille prüfend gegenüber und die wenig zahlreichen ersten aktiven Gegner bewiesen durch die Art ihrer Gegnerschaft, daß sie die ihren bisherigen Dogmen drohende Gefahr sehr auf die leichte Achsel nahmen und glaubten, der Spuk werde sich verziehen wie ein Nachtgespenst."[54]

Zu den überzeugten Apologeten der mechanistischen Theorie im deutschsprachigen Raum ist Gustav Jaeger zu zählen.[55] Seit Ende der fünfziger Jahre hält er Vorträge über den Darwinismus, arbeitet als Mit-Herausgeber und Autor an der Zeitschrift für einheitliche Weltanschauung auf Grund der Entwicklungslehre in Verbindung mit Charles Darwin und Ernst Haeckel, *Kosmos* mit, er schreibt Zeitschriften-Artikel und Bücher über die Evolutionstheorie.

Ihre neuen moralischen Normen von Dynamik, Auslese und "Survival of the Fittest" werden für Jaeger und andere „Herolde Darwins"[56] zum Fanal eines optimistischen Fortschrittsglaubens.[57] In ihr verbinden sich „in ausgeprägter Form zentrale Elemente zeitgenössischen Denkens: die Überzeugung, Teil eines evolutionären Prozesses zu sein, dessen Fortschritt eine andere, bessere Welt hervorbringe"[58]:

„Bis auf den heutigen Tag haben die größten Männer durch ihre Entdeckungen bewiesen, daß der menschliche Scharfsinn über Stoff, Raum und Zeit triumphirt, und nichts Stoffliches ihm unerklärbar ist. Jeder neue Sieg der Wissenschaft erfüllt den Forscher auf's Neue mit der Zuversicht, die Welt des Stoffes erforschen und begreifen zu können, und erhält die Gewißheit in ihm aufrecht, daß er, indem er forscht, keiner Fata morgana nachjagt."[59]

Verständlich wird Jaegers Beeindrucktsein und seine Euphorie durch die tiefgreifenden Konsequenzen, die Darwins Werk – „in einem eminenten Sinne zeitgerecht"[60] – nicht nur auf das Evolutionsverständnis der Naturwissenschaftler, sondern – durch den in ihm enthaltenen Materialismus – auf das gesamte Weltbild der damaligen Zeit hatte. Mit seiner Dynamik widerspricht es der vertretenen Lehrmeinung einer Konzeption starrer Stufenleitern in der Natur. Es widerlegt das damals vorherrschende Erklärungsprinzip einer universellen Zweckmäßigkeit, in dem die Abläufe in der Natur „durch innere Kräfte zu einem bestimmten (End-) Ziel"[61] vorherbestimmt seien.

Durch seine Deszendenz[62]- und Selektionstheorie[63] entzaubert Darwin das Naturgeschehen und nimmt ihm seine metaphysische Dimension. Ohne vorgegebene transzendierende Ziele würden beide wirksam, allein gesteuert durch die Umweltbedingungen mit einer ihnen innewohnenden Zweckmäßigkeit, die als eine Summe von Improvisationen und Zufällen verstanden werden muß. Sein Erklärungsmodell, in dem er die Natur mit den Mitteln der Mechanik erklärt, kommt vielen einer „Sinnentleerung der Geschehensabläufe"[64] gleich.

Die Evolution ist für ihn[65] ein kontinuierlich und sehr langsam ablaufender Prozeß, in dem in Millionen, wenn nicht in Hunderten von Millionen Jahren gerechnet werden muß[66]; „kleinste Schritte und größte Zeiträume!"[67], wie David Friedrich Strauß zusammenfaßt. Der Beginn der Entwicklung von Leben scheint unerreichbar weit entfernt, ein Ende ist genauso undatierbar.[68] Abgründe tun sich hier – angesichts der „tiefen Zeit"[69] – für die Zeitgenossen auf.

Die anthropozentrische Lehre, nach der der Mensch bisher die oberste Stufe einer Stufenleiter und das Endziel der Schöpfung darstelle, wird durch diese Theorie erschüttert. Der Mensch ist nicht mehr Ausdruck göttlichen Schaffens[70] und ein „ausgezeichnetes Wesen im Kosmos"[71], sondern – eingebunden in ein zoozentrisches System – ein Lebewesen unter anderen, selbst nur das Ergebnis zwangsläufiger Naturgesetze und ein Produkt derselben Schöpfung.[72] Viele Zeitgenossen werden damit aus der geistigen Heimat ihres Weltbildes vertrieben – der alte Gott gerät in „Wohnungsnot"[73].

Die „Pangenesis-Hypothese"

Um das „Phänomen der Rudimentation"[74], d.h. „Rückbildung, Verkümmerung", zu erklären, greift Darwin auf Lamarcks Theorie der Vererbung erworbener Eigenschaften zurück[75] – was einen Rückschritt in der Entwicklung der Evolutionstheorie bedeutet.[76] Lamarck hatte seine Lehre mit der Annahme „innerer Mechanismen" der Evolution aufgestellt. Jedes Lebewesen habe danach eine „innere Kraft", die seine Entwicklung beeinflusse.[77]

Darwin geht in seiner „Pangenesis-Hypothese"[78] davon aus, daß der Keim aus ‚Keimchen' oder ‚Knöspchen' – „gemmules" – zusammengesetzt sei, die von den einzelnen Organen des Körpers abgegeben und in ihm gesammelt würden. Die Wirkung der Keimchen auf den Keim sei abhängig vom Gebrauch und der Funktionstüchtigkeit des keimchengebenden Organs. Von rudimentären Organen[79] würden nur reduzierte Keimchen dem Keim geliefert, mit dem Ergebnis einer Reduktion dieses Organs in der folgenden Generation. Schlußpunkt dieser Übertragung sei die vollständige Verkümmerung des betreffenden Organs im Verlauf der Generationenübertragung, dann würden auch keine Keimchen mehr geliefert werden.

Jaeger verbindet um 1879 nun Darwins Pangenesistheorie (die er vorher kritisiert und bekämpft hat) mit seinen eigenen Auffassungen vom Geruchs- und Selbststoff als Vererbungsstoff. Sein Ziel ist es, sowohl den englischen Gelehrten zu rehabilitieren, und dessen Theorie „zu restituiren"[80], als auch diese weiter auszuführen und „auf [einen; d. V.] exakten, chemisch-physikalischen Boden (...) [zu; d. V.] stellen"[81].

„Darwin hat sich über die Natur der Keimchen nicht physikalisch exakt ausgesprochen und ich mußte, wie viele Andere, damals sofort an kleinste feste Körperchen (Mikrozellen oder dergleichen) denken, und unbewußt hat vielleicht auch Darwin an solche gedacht. Unter dieser Voraussetzung konnte einem Physiologen die Sache nicht einleuchten, da er die Wege nicht erkennen konnte, auf welchen diese Keimchen zu den so sorgfältig abgekapselten Geschlechtsstoffen gelangen sollten. Deßhalb verhielt ich mich ablehnend gegen die Pangenesis. Nachdem ich aber jetzt die Ueberzeugung gewonnen habe, daß die specifischen Duftstoffe und Würzestoffe die Träger der vis formativa in Gestalt des Rotationsmodus ihrer Moleküle – ihrer latenten Wärme – sind, liegt die Sache anders. Die Düfte sind gasförmig, und die Würzestoffe zum Theil ebenfalls oder jedenfalls in den Säften des Körpers löslich, und damit fällt die Transportschwierigkeit sofort hinweg. Wenn die formungskräftigen Keimchen Darwin's keine im festen Aggregatzustand befindlichen Mikrozellen, sondern Gasmoleküle oder flüssige Moleküle sind, dann giebt es keinen Ort im Körper, wo sie nicht hingelangen könnten. Ich bin natürlich weit davon entfernt, die Anmaßung zu hegen, als könnte jetzt das ganze Räthsel der Vererbung und des Formungstriebes nur so aus dem Stegreif gelöst werden – ebenso wenig als Darwin glaubte, mit seiner Theorie sofort alles Weitere überflüssig gemacht zu haben; was ich aber glaube, ist: 1) daß wir alle Ursache haben, an Darwin's Pangenesis, wenn auch in etwas modificirter Form, festzuhalten. 2) daß sich derselben eine den Gesetzen der Chemie und Physik besser entsprechende Formulirung und Begründung geben läßt, als Darwin es gethan hat."[82]

Mit seinem Begriff „Seele" sorgt Jaeger für erhebliche Aufregung und noch mehr Amüsement unter seinen Fachkollegen. Daß er diesen von ihm entdeckten Stoffen eine Vererbungsfunktion zuspricht und die Pangenesis-Hypothese – die schon zu der Zeit, als Darwin sie formuliert hatte, als ein Anachronismus galt – unterstützt, stellt ihn vollends ins Abseits. Seine Hoffnungen, mit diesem ‚großen Wurf' eine Antwort auf eine der brennendsten Fragen der damaligen Zeit zu geben und von der Fachwelt endlich anerkannt zu werden, zerschlagen sich.

Jaegers Gesellschaftsverständnis

Gustav Jaeger entwickelt sich Anfang der siebziger Jahre zum überzeugten Anhänger der pseudowissenschaftlichen Ideologie des Sozialdarwinismus'[83].

Durch die Überbetonung der Selektionstheorie und die Abwertung der Entwicklungstheorie – die Darwin beide als gleichwertige Bestandteile seiner Lehre ansah – gelang es, die Evolutionstheorie zum universellen Paradigma für alle Bereiche des Lebens, der Gesellschaft und des Staates zu funktionalisieren.[84]

„Aus ihr konnte jeder, wie aus einem delphischen Orakelspruch, je nachdem es ihm erwünscht war, seine Nutzanwendungen auf soziale, politische, hygienische, medizinische und andere Fragen ziehen und sich zur Bekräftigung seiner Behauptungen auf die Wissenschaft der darwinistisch umgeprägten Biologie mit ihren unabänderlichen Naturgesetzen berufen."[85]

Die Gesellschaft (also Volk, Staat, Recht, Sprache und Kultur) wird dem Selektionsgesetz unterworfen, bei dem sich im „struggle for existence"[86] nur der Tauglichste durchsetzen kann, während die weniger geeigneten verkümmern und sterben müssen. Der Mensch – seiner Individualität beraubt – gerät zum kleinsten Teil des großen Organismus' Gemeinschaft, Staat und Volk, in dem er sich einzuordnen und unterzuordnen hat. Indem das Recht des Tauglichsten als das Recht des Stärksten interpretiert wird, kann der Machtegoismus der eigenen Gruppe, des eigenen Volkes oder der eigenen Rasse pseudowissenschaftlich gegenüber anderen Gruppen begründet und durchgesetzt werden.

Jaeger verbindet das Evolutionsprinzip Darwins – unter Zuhilfenahme von Haeckels „biogenetischem Grundgesetz"[87] – mit der wilhelminischen Gesellschaftsordnung und kann damit das Prinzip eines – von ihm angestrebten[88] – hierarchischen Staates, der – wie im Mittelalter – auf Ständen aufbaut, naturwissenschaftlich begründen und rechtfertigen. Erziehung und Bildung als bürgerliche Werte werden darin zu nicht hinterfragbaren Selektionsmechanismen. Das Vorhandensein „eines günstigen Plasticitätsgrades der betreffenden Individuen"[89], der Bereitschaft, „das so unerläßliche Subordinationsgefühl"[90] zu entwickeln und sich der Umwelt anzupassen, kommt dazu. Parallelen zu seinen Turn- und Exerzierübungen lassen sich hier feststellen. Wer Mittel- und Unterschichten angehört, weiß nun, warum er diesen Platz in der Gesellschaft innehat und welche Möglichkeiten es gibt, diese Position zu verbessern.

Sein Schema wird für Jaeger nicht nur zur Meßlatte innerhalb der deutschen Gesellschaft, er rechtfertigt damit auch seine Ablehnung der Industrialisierung samt ihren sozialen Folgen und begründet – ebenfalls durch die wissenschaftliche Autorität der Evolutionstheorie – damit seine Fremdenfeindschaft und seinen Antisemitismus.

„Praktische Verhaltungsmaßregeln"[91]

Jaeger versteht sich in seiner Praxisnähe nicht als ‚Fachspezialist'. Er sucht vielmehr undogmatisch, manchmal etwas willkürlich und spekulativ[92] – dadurch immer streitbar[93] –, nach neuen Wegen, die noch offenen Fragen der Zoologie und Anthropologie zu beantworten.
Seine Untersuchungen haben für ihn

„Dinge zu Tage gefördert, die nach der praktischen Seite ebenso fruchtbar zu werden versprachen, wie nach der theoretischen."[94]

Die Verzahnung von Erkenntnisgewinn und Verwendung dieser Erkenntnisse im Alltag kennzeichnet überhaupt seine wissenschaftliche Arbeit. Er läßt sich nicht allein vom Interesse leiten, nach den Ursachen von Phänomenen und Prozessen zu fragen, sondern sieht sein Forschen auch als Mittel zum Zweck.

Beobachtungen und neu aufgestellte Theorien werden auf ihre Brauchbarkeit – auch in anderen Arbeitsbereichen – überprüft und in allgemein praktiktizierbare Anwendungen übertragen, ergänzt durch verständliche Anleitungen und Ratschläge.

Beispielsweise veröffentlicht er 1868 einen Artikel unter dem Titel *Das Laufenlernen der Kinder*, in dem er die Fußorthopädie von Menschenaffen, Säuglingen und Erwachsenen miteinander vergleicht. In seinen Überlegungen vergißt er auch nicht seine „Gehschule" zu beschreiben – 2m² groß, sie entspricht in ihrem Aufbau und ihrer Funktionsweise dem heutigen Laufstall.[95]

Seine Anwendungen sollen nicht etwa prophylaktische Maßnahme gegen Seuchen und Erkrankungen nur für einen kleinen privilegierten Personenkreis sein; volksgesundheitliche Aufklärung[96] sowie nationalökonomische und staatspolitische Aspekte sind ihm wichtiger – wobei er nicht so weit geht, nach den sozialen Krankheitsursachen zu fragen.

Unter diesem Aspekt sind (neben den meisten seiner zoologischen Werke) seine populärwissenschaftlich gehaltenen Beiträge im „Neuen Deutschen Familienblatt" in den Jahren 1872 bis 1880 zu sehen. Wissenschaftlichem Anspruch sucht er hingegen in Artikeln in den Zeitschriften „Das Ausland" und „Kosmos" gerecht zu werden. Die Zusammenarbeit mit dem meist aus interessierten Laien bestehenden Lese-Publikum ist ihm dabei jedoch wichtiger als die Diskussion mit Fachkollegen.[97]

1884 zieht Jaeger schließlich aus der Situation, zwei Herren zu dienen – „als Staatsdiener der Lehre, als Privatmann der Praxis"[98] –, die Konsequenz, nimmt seinen Abschied aus dem Staatsdienst und widmet sich fortan ganz der Entwicklung und Verbreitung seines Wollregimes.[99]

In dieser neuen Lebensaufgabe geht er geradezu pädagogisch vor: Seine Beobachtungen und Anweisungen sind allgemein nachvollziehbar, wie seine ‚populären hygienischen Instanzen' von Nase und Haut zeigen:

„Was übel riecht, ist uns schädlich, was wohlriecht, nützlich. Daher sprichwörtlich: Die Nase ist der Wächter unserer Gesundheit." (...) „Was sich kalt angreift, ist uns schädlich, was sich warm angreift, nützlich (...) Wolle greift sich warm an, Leinen und Baumwolle kalt, auch wenn der Thermometer lediglich keinen Unterschied in der Temperatur der Objekte angibt."[100]

In seinen Hilfestellungen appelliert er „für den bewußten, nicht fatalistischen Umgang mit der Krankheit und für ein ausgeprägtes Körper-Bewußtsein"[101] und vermittelt damit die Zuversicht, sich der permanenten Bedrohung erwehren zu können, die durch Seuchen, Erkältungskrankheiten, individuelle Unpäßlichkeiten und die Furcht vor ihnen droht:

> „Wer das Wollregime kennt und an sich erprobt hat, weiß, daß dasselbe zuerst den Körper desodorisirt d.h. stinkenden Schweiß aus ihm austreibt und wenn das geschehen, die Wiederansammlung dieser Stinkstoffe verhindert. Nun gerade diese Stinkstoffe bilden die Anziehungskraft für die Stubenfliege und den adäquaten Instinktstoff für die Seuchenpilze, insbesondere den der Cholera. Deshalb werden nur solche Wollene, welche unser modernes Einstellungssystem in Schule, Bureau und wie die Menschenställe alle heißen, zwingt und deren Kollegen das Oeffnen der Fenster verhindern, ‚damit kein Cholerabacillus hereinfliegt', auf ihrer Hut sein müssen, wenn die Cholera kommt. Der Wollene dagegen, welcher sich des uneingeschränkten Genusses frischer Luft erfreut, kann völlig ruhig sein."[102]

Die Neuralanalyse

Jaeger ist – trotz seines Spekulierens und allem Eklektizismus, den er ausgiebig betreibt – bemüht, streng naturwissenschaftlich zu arbeiten.[103] So sucht er nach Möglichkeiten, die Zustandsveränderungen des Körpers durch Lust- und Unluststoffe objektiv mittels einer Apparatur zu messen und sichtbar zu machen. Ihm war schon aufgefallen,

> „daß im Zustand des Affectes alle unsere physischen Bewegungen, willkürliche und unwillkürliche, eine Veränderung ihrer Geschwindigkeit zeigen gegenüber dem Zustand der Ruhe, und zwar im Allgemeinen so, daß im Zustand der Lust Alles schneller geht, das Herz, der Athem, kurz alle Bewegungen lebhafter sind und im Zustand der Unlust alles langsamer ist und die Bewegungen auch unregelmäßiger sind; man beherrscht sie nicht mehr, wie in der Ruhe."[104]

Er läßt sich eine Sekundenuhr mit 250 Unterteilungen auf dem Zifferblatt nach dem Vorbild des Hipp'schen Chronoskops[105] bauen, um so die individuelle Reaktionszeit seiner Versuchspersonen messen zu können.

Seine Probanden haben die Aufgabe, den Taster einer Uhr zehnmal zu drücken und sofort wieder loszulassen. Diese „Serie" wird dreimal wiederholt, aus den 40 Einzelzeiten ermittelt Jaeger den Durchschnittswert. Um eine Abweichung von der „individuellen Nervenzeit" feststellen zu können, wird zuerst die „Normal- und Ruhezeit" gemessen. Die Versuchspersonen werden danach einem Reiz ausgesetzt, es erfolgt eine zweite Messung, die einen „Belebungseffekt" bzw. „Lähmungseffekt" aufzeigen soll. Die unterschiedlichen Zeiten trägt Jaeger auf eine Kurve ab und versieht sie mit den getesteten Proben.

Dieses Verfahren, mit dem er bisher nicht gemessene Einflüsse auf den menschlichen Organismus nachzuweisen glaubt, nennt er „Neuralanalyse"[106] und mißt damit die Verträglichkeit von Nahrungs- und Genußmitteln und Kleidungsstoffen ebenso wie von Boden- und Klimaeinflüssen. Mit diesem seiner Meinung nach

> „neuen weitgreifenden überall auf die Praxis sich stützenden und durch exakte Methoden jetzt zur Unantastbarkeit erhobenen wissenschaftlichen Lehrgebäude"[107]

hat er nun das Werkzeug, um seine Arbeitshypothesen zu untermauern.

Die Entwicklung des Wollregimes

> „Unser Körper hat die höchst merkwürdige Eigenschaft, seinen Besitzstand an Fett, Gewebswasser und freien Seelenstoffen zu vertheidigen, er benützt jeden unbewachten Augenblick, jede uns noch so unscheinbar vorkommende Gelegenheit, das wieder zu erobern, was man ihm abgerungen hat."[108]

Jaegers Ziel ist es, durch

> „eine passende Veränderung der Bekleidung in Verbindung mit ausgiebiger Lüftung der Wohn- und Schlafräume"[109]

die in seinen Augen ungesunde und unerlaubt genommene Freiheit des Körpers zu reglementieren, ihm Fett und Wasser auszutreiben und ihn so abzuhärten. Da die stinkenden „Unluststoffe" die Verursacher der Krankheitsanfälligkeit sind, müssen sie ebenfalls aus dem Organismus entfernt werden. Die angenehm riechenden „Luststoffe" hingegen, die eine Ansteckung und Erkrankung (Cholera, Typhus, Ruhr, Pocken, Diphterie[110]) verhindern, werden durch die Kleidung gespeichert, um – in vertretbarem Maße – auf ihn einzuwirken. Nach außen „wetterfest, seuchenfest"[111] und nach innen „affektfest"[112], wird der Körper durch das Wollregime bewehrt.

Von der Kleidung fordert Jaeger, daß sie die Haut gleichmäßig warm hält und sie „gelinde kizle und frottire, um eine stetige reichliche Durchblutung zu unterhalten"[113], ferner, daß sie vorhandene „Angststoffe" vollständig aus dem Körper hinausbefördere und ihre Selbstreinigung durch Abschuppung nicht behindere, sondern unterstütze.[114]

Deshalb kommt für ihn als Mittel der Gesundheitspflege nur die Schaf- und Kamelhaarwolle in Frage. Aus Pflanzenfasern hergestellte Stoffe – Leinen, Hanf und Baumwolle – sowie Seide lehnt er völlig ab; letztere aus hygienischen, ökonomischen und ästhetischen Gründen.[115]

Die Ablehnung von Leinen, Hanf und Baumwolle begründet er damit, daß Tier- und Pflanzenfasern gegenüber Öl und Wasser ein ganz unterschiedliches Verhalten zeigten. Pflanzenfasern nähmen nur Wasser auf; sie würden dabei so aufquellen, daß „ihre Poren wasserdicht geschlossen"[116] wären. Damit würden sie die notwendige Ausdünstung unmöglich machen – während Tierfasern durch das in ihnen enthaltene Fett sich nicht vollsaugten, sondern die Körper-Feuchtigkeit (und damit die Unluststoffe) aufnehmen und an die Umgebung abgeben würden.[117]

Zudem verhielten sich Fett und Wasser in der Anziehung fremder Stoffe völlig entgegengesetzt: Während ersteres die „Luststoffe" anziehe, hätte Wasser die Eigenschaft, „Unluststoffe" an sich zu binden, die dann selbst auf den Körper krankmachend einwirken würden.

Die Arbeit an der Kleidung

Jahrelang befindet sich seine Bekleidungslehre in Deutschland[118] im stadium nascendi, sie hat den Charakter eines Provisoriums, an dem immer wieder kleinere und größere Korrekturen[119] vorgenommen werden, und das dadurch auch umfangreicher wird. Von 1872 an übergibt Jaeger die neuen Erkenntnisse und Fortschritte seiner Forschungen durch das Neue Deutsche Familienblatt und später durch sein Monatsblatt der Öffentlichkeit.

Erst zu Beginn des Jahres 1884 findet seine Lehre mit der Einführung des Kamelwollregimes und der Etablierung des „Normalbettes"[120] ihren theoretischen Abschluß. Es hat nun seine „Kinderschuhe zertreten"[121].

Während er zu Anfang für die Männerkleidung nur das Wollhemd empfehlen kann, dehnt er 1879 seinen Bekleidungsratschlag auf den hochgeschlossenen Rock mit doppelter Brust, der aus Tuch oder Buckskin gefertigt und mit leichtem Flanell oder mit Schafwolle gefüttert ist, auf die eng anliegenden Beinkleider (ebenfalls aus Tuch oder Buckskin) und auf die Wollsocken aus. Es soll – der vollständigen Abdünstung der „Angststoffe" wegen – mit Ausnahme der doppelten Brust nur einfache Schichten geben. Jaeger läßt deshalb Unterbeinkleider, Westen und Überröcke nicht zu.

Er versucht aber nicht, die Stoffschichten um der Abhärtung willen zu reduzieren, sondern setzt sich für unterschiedlich dicke Qualitäten des Trikotgewebes[122] ein. Ihm ist wichtig, die Forderung nach Porosität dieser Schichten mit der Warmhalte-Funktion der Kleidung zu verbinden.[123] Um der Porosität willen gibt Jaeger spätestens um die Jahrhundertwende die Verdoppelung der Brustseite von Rock und Beinkleidern auf, einzig beim Normal-Unterhemd wird sie fortan noch praktiziert.[124]

Die Frauen-Kleidung, selbstverständlich vollständig aus Wolle, sollte aus einem Hemd, Unterhosen und Strümpfen, einem Korsett, einem Oberkleid aus Stoff – ergänzt durch einen Unterrock aus Flanell – bestehen, „bis an den Hals herauf geschlossen und über die Brust herunter doppelt mit Flanell gefüttert – Sommer und Winter gleich"[125].

Vervollständigt werden diese Teile des Wollregimes durch den Normalhut (1882), die Normalschuhe (1883) und durch das Normalbett samt Nachtkutte (1883).[126]

Webart, Stoffe, Schnitte und Farben

Im Laufe des Jahres 1879 wird das Flanellgewebe der Normalunterwäsche mehr und mehr durch den Wolltrikotstoff abgelöst,

„im gesundheitlichen Effekt wird das gleich bleiben, allein wer eine sehr reizbare Haut hat, wird sich an das weichere Tricothemd leichter gewöhnen als an den rauheren Flanell."[127]

Der Trikot sei nicht nur weicher und angenehmer auf der Haut zu tragen, er sei auch poröser und dadurch wärmer, gehe nicht so schnell und so stark ein wie Flanell.[128] Für die Wirkware spräche auch, daß sie den gewobenen Stoffen zwar ähnlich sähe, aber preiswerter sei als diese[129]:

„Da aber jetzt wollene Tricotstoffe gemacht werden, die durch Walken ganz das Aussehen von Bukskin's haben, und völlig elastisch sind, so

gibt es in dem Stück kein Hindernis."¹³⁰
Jaegers Ansatz, eine Kleidungsreform durchzuführen, beschränkt sich aber nicht auf die Wahl des Materials, der Wolle. Sein Konzept schließt vielmehr Schnitt und Färbung mit ein.

Unter- wie Oberbekleidung sollen dem Körper eng anliegen und hochgeschlossen sein¹³¹, der Rock ist mit einem Gürtel versehen und auf der Brust – wie beim doppelreihigen württembergschen Uniformrock¹³² – gedoppelt. Dies alles, um den seiner Meinung nach schädlichen Luftstrom von unten nach oben unbedingt zu vermeiden. Er entwickelt damit aus einer Beobachtung Pettenkofers, nach der auch die Körperwärme die verschieden warmen Luftschichten eines Raumes in Bewegung versetze und selbst von diesen umströmt werde¹³³, seine eigene Vergiftungstheorie:

„(...) wir athmen gewissermaßen nicht die Luft des Zimmers, sondern die mit unserer Ausdünstung beladene Kleiderluft, und es gelangt ein Theil unserer Ausdünstung zur Wiedereinathmung, was natürlich eben so viel ist, als wenn unsere Ausdünstung um den wieder eingeathmeten Betrag vermindert wäre. (...) Der ungünstigste Fall bei der Tageskleidung wird eintreten, wenn sie zwischen sich und dem Körper einen Kanal frei läßt, in welchem die Kleiderluft ungehemmt in die Höhe steigen kann und in voller Concentration zur Athmungsöffnung gelangt, während die Wiedereinathmung bedeutend vermindert wird, wenn die Kleidung überall dicht anliegt, die Ausdünstung mithin gezwungen ist, überall direkt der Außenluft sich beizumengen und eine entsprechende Verdünnung zu erfahren, ehe sie sich der Athmungsluft beimengt."¹³⁴

Unterschiedliche Leistungsfähigkeit in verschieden gefärbten Röcken ist Jaegers Beweis der direkten Wirkung von Farbstoffen auf den Körper:

„Daß Laufgymnastik abhärtend, also gesundheitlich wirkt, wußte ich laut Früherem aus eigener Erfahrung längst. Als ich das Wollregime fand, enthielt ich mich absichtlich, um die Wolle für sich allein erproben zu können, jeglicher Gymnastik – abgesehen von zeitweiligen einmaligen Leistungsproben. Nachdem ich nun vier Jahre mit der Wolle allein operirt, beschloß ich bei Beginn des Sommersemesters meine laufgymnastischen Uebungen wieder aufzunehmen. Da ich nun gerade in dieser Zeit mit den verschiedenfarbigen Anzügen abwechselte, so machte ich rasch die Beobachtung, daß meine Lauffähigkeit in geradezu erstaunlichem Maße von der Farbe meiner Oberkleidung abhing. Allerdings verfüge ich noch nicht über zahlreiche Erfahrungen, allein doch ist das Wenige merkwürdig genug. Im braunen Anzug, in welchem ich am öftesten (etwa 10 mal) lief, war das mindeste Ergebniß 800 Meter Laufschritt, das Maximum 2400 Meter! Im Indigoanzug bin ich erst dreimal gelaufen und habe es nie über 800 Meter gebracht. Im Blauholzanzug lief ich erst einmal, und da war ich bei 500 Meter völlig erschöpft."¹³⁵

Er meint festzustellen, daß die Farbstoffe in Wechselbeziehung zu den Ausdünstungsstoffen stünden und eine unterschiedliche Anziehungskraft für Lust- und Unluststoffe hätten:

„(...) alle schwarzen Farben mit einziger Ausnahme des Indigo verleihen der Wollfaser die fatale Eigenschaft, die übeln Theile der Körperausdünstung zu fixiren und dadurch – zwar nicht in so hohem Grade wie Pflanzenfasern, doch immerhin in einem erheblichen Grade – gesundheitsschädlich zu wirken."¹³⁶

Ziel seines Farbstoffregimes ist nun, die Aufnahme und Speicherung von Luststoffen einerseits zu ermöglichen und zu unterstützen und andererseits das Eindringen oder gar die Einlagerung von etwaigen Unluststoffen zu unterbinden oder zumindest einzuschränken, denn es sei

„eine weitere feststehende Thatsache, jeder Stoff wird durch geeignete Concentrirung schädlich, nur der eine früher, der andere später. Der Unterschied zwischen den Luststoffen und Unluststoffen unserer Ausdünstung besteht nur darin, daß die ersteren erst bei hoher, die letzteren schon bei geringer Concentration schädlich werden. Daraus ergibt sich: gleichgiltig, ob ein Farbstoff mehr die Luststoffe oder mehr die Unluststoffe auf sich resp. in sich concentrirt – er wird umso gesünder sein, je kleiner die Menge von Duft ist, die er aufnimmt, und das richtet sich nach seinem eigenen Concentrationsgrad, d.h. darnach, ob er zu Hell- oder zu Dunkelfärbung verwendet wird. Mithin sind helle Farben sowohl direkt wie indirekt unbedingt gesünder als dunkle."¹³⁷

Seine Unterwäsche ist deshalb graumeliert – weder gebleicht, noch gefärbt. Für die Oberbekleidung läßt er nur den pflanzlichen Indigo-Farbstoff, sowie bestimmte tierische Farbstoffe wie Purpur und Cochenille zu. Die damals gebräuchliche Färbung durch Blauholzfarbe ist nicht erlaubt, und von den synthetischen Farbstoffen, die immer größere Verbreitung fanden, will er nie etwas wissen.

Prof. Dr. Gustav Jaegers Monatsblatt

Seit November 1881 gibt Jaeger ein eigenes Periodikum heraus, für das er bis zu seinem Tod im Jahr 1917 verantwortlich zeichnet: *Prof. Dr. Gustav Jaegers Monatsblatt*. Nach seinem Tod wird es von seinen Schülern K.E. Endriß, H. Göhrum und H. Sieglin mit Unterbrechungen bis 1922 weitergeführt. Das Monatsblatt enthält neben den Artikeln über das Wollregime und über Jaegers Seelenstofftheorie auch allgemeinere Beiträge zur Gesundheitslehre, Vereinsnachrichten der Jaegerianervereine und „kleinere Mittheilungen" des Herausgebers. Ergänzt werden sie durch einen „Fragekasten" (in dem Jaeger auf Zuschriften seiner AnhängerInnen einging) und durch Anzeigen der von ihm konzessionierten Firmen. In den über vierzig Jahren ihres Bestehens verlagern sich natürlich die Themen und Schwerpunkte dieser Publikation: In den ersten fünf Jahrgängen des Periodikums wird das System Jaeger einer breiteren Öffentlichkeit vorgestellt, in dieser Zeit werden die Voraussetzungen des wirtschaftlichen Erfolges für Woll-Produkte einer bestimmten Provenienz geschaffen. Die Zeitschrift übernimmt mit die Funktion der Vermarktung eines wissenschaftlichen Titels und einer für das breite Publikum über ein Fachgebiet hinausreichenden bedeutenden Autorität, die dann – neben den Begriffen Woll-Jaeger, System Jaeger, Normal- – zum Marken-Zeichen werden. Bis zum Jahr 1887 gründen sich die meisten der im deutschsprachigen Raum tätigen Jaegerianer-Vereine. Zu Beginn der letzten Dekade des 19. Jahrhunderts ist das Wollregime Jaegers längst etabliert, es bahnen sich die ersten heftigen Auseinandersetzungen zwischen den einzelnen Vertretern der Reformbewegung an. Bis dahin werden die Kritik und Gegen-Kritik nur nach außen (beispielsweise gegenüber Dr. Niemeyer, gegenüber der *Frankfurter Zeitung*, gegenüber der *Deutschen Wäschezeitung*) so vehement formuliert, nun finden diese Auseinandersetzungen auch innerhalb der Gruppe statt. In dieser Zeit beschränkt sich Gustav Jaeger nicht länger auf die Vermarktung und die Verteidigung seines Wollregimes, sondern öffnet sich Gebieten der Alchemie, der Wünschelrutengängerei und des Heilmagnetismus'. Die letzten zehn Jahrgänge sind die Jahre vor, im und nach dem Ersten Weltkrieg, es sind zum Teil auch die ersten Jahre nach Jaeger. Nach 1918 gibt es wichtigeres als das Problem, Leinen, Baumwolle und Wolle in der Kleidung voneinander zu scheiden. Seine Schüler setzen vor allem Jaegers begonnenes Engagement für die „Wohnungshygiene" fort und unterstützen die Bodenreformbewegung. Die Zeitschrift wird – ob wegen wirtschaftlicher Schwierigkeiten (Ressourcen, Preise) oder aufgrund interner Querelen, war nicht festzustellen – im Dezember 1922 eingestellt.

Reflexionen I

Daß Jaeger heftig angegriffen wurde, belegt das Bekenntnis der Redaktion der Zeitschrift *Ausland* zu diesem allzu forschen Forscher – auch wenn ihr sein Drang, seine Behauptungen an die Öffentlichkeit zu tragen, oft zu voreilig schien:

„Wir haben unseresteils, wie unsere Leser wissen, in das meist laienhafte Verdammungsurtheil der Presse über Jägers angebliche Entdeckungen niemals eingestimmt, ja nicht einmal die ablehnende Haltung vieler Fachkreise vermochte uns aus der kühlen Reserve zu drängen, welche dieser Frage gegenüber am Platze schien."[138]

Daß die Redaktion des *Kosmos'* mit Jaegers Begriffswahl der „Seele" nicht konform ging und ihn in dieser Angelegenheit nicht ganz ernstnahm, zeigt die Besprechung der 1878 erschienen Publikation *Die Entdeckung der Seele*:

„Das allgemeine Verdammungsurtheil, dem das Buch in gewissen Kreisen begegnet ist, wird ihm nur zur weiteren Verbreitung nützen und kann für den ernsten und aufrichtigen Kritiker in keiner Weise beeinflussend sein. (…) und wollen im Allgemeinen nur bemerken, daß der Verfasser allerdings die satirische Kritik durch einen Buchtitel und durch eine Deutung seiner Untersuchungen herausgefordert hat, die der Sache schaden mußten. (…) Daß auf diesen neuen Gebieten viele irrige Auffassungen mit unterlaufen, und daß sich zahlreiche Aufstellungen des Verfassers als verfrüht erweisen werden, ist selbstverständlich. Es giebt offenbar einen specifischen Entdecker-Luststoff, der die Thätigkeit des kritischen Centrums für einige Zeit lähmt, das weiß man aus tausenden von Erfahrungen, die jeder Entdecker darbietet."[139]

Der Beobachter veröffentlichte 1884 einen Artikel Jaegers, der von 20 despektierlichen Glossen als „Anm.[erkungen] d.[es] S.[etzers]" begleitet war:

„In medizinischen und naturwissenschaftlichen Werken, die ich schon gesetzt habe, wird immer umständlich auseinandergesetzt, wann, wie und wo die Versuche gemacht werden. Das ist für den Setzer höchst langweilig und es empfiehlt sich entschieden, in Ihrer schäferlichen Naturwissensmanier einfach die Behauptungen den Leuten an den Kopf zu werfen und sich mit dem Bewußtsein zu trösten: Wer's nicht glaubt ist ein Esel, was Sie bescheiden mit ‚Studiert' übersetzen."[140]

„Und nun zum Schluß: Vergelt's Gott, Herr Doktor, für die angenehmen Stunden, die Sie mir bereitet haben. Bei solchen Leistungen begreife ich wohl, daß Sie dem Neide ihrer weniger erfindungsreichen Collegen weichen mußten! Von unsrer Regierung ist's geradezu schändlich, daß sie Sie nicht zu halten wußte, aber freilich da werden die alten ‚studirten' Perücken vom Medicinalcollegium mit ihren ‚ekkelhaften Arzneien' dahinter stecken. Trösten Sie sich. Alle großen Männer sind zu Lebzeiten verkannt worden und kommende Jahrhunderte werden Ihnen als dem größten Wohlthäter des Menschengeschlechts zujubeln. Standbilder werden Ihnen errichtet werden und Schilda, Schöppenstädt, Ganslosen, Dalldorf, Winnenden, Schussenried und Zwiefalten werden sich einst um die Ehre reißen, Sie geboren zu haben."[141]

Reflexionen II

In Heinrich Manns – im Jahr 1918 erstmals erschienenen – Darstellung des Bürgertums des Wilhelminischen Zeitalters, „Der Untertan", wirkt das Jaegerhemd – mit seiner Symbolkraft des Fleischlichen und der Diesseitigkeit – für die am Geschehen Beteiligten profanisierend, ja anstößig in einer Handlung, die von ihnen als ‚heilig' angesehen wird, und macht auch hierin die Widersprüchlichkeit zwischen postuliertem Anspruch und Wirklichkeit dieser Gesellschaft deutlich:

„Endlich fand er die Tür, Lohengrin und Elsa machten sich auf dem Sofa an die ‚Wonnen, die nur Gott verleiht'. Zuerst umschlangen sie sich nur oben, die unteren Körperteile saßen nach Möglichkeit voneinander entfernt. Je mehr sie aber sangen, um so näher rutschten sie heran, – wobei ihre Gesichter sich häufig auf Hähnisch richteten. Hähnisch und sein Orchester schienen ihnen einzuheizen: es war begreiflich, denn auch Diederich und Guste in ihrer stillen Loge schnauften leise und sahen einander an mit erhitzten Augen. Die Gefühle gingen den Weg der Zauberklänge, die Hähnisch mit wogenden Gliedern hervorlockte, und die Hände folgten ihnen. Diederich ließ die seine zwischen Gustes Stuhl und ihrem Rücken hinabgleiten, umspannte sie unten und murmelte betört: ‚Wie ich das zum erstenmal gesehen habe, gleich hab ich gesagt, die oder keine!'

Aber da wurden sie aus dem Zauberbann gerissen durch einen Zwischenfall, der bestimmt schien, die Kunstfreunde Netzigs noch lange zu beschäftigen. Lohengrin zeigte sein Jägerhemd! Eben stimmte er an: ‚Atmest du nicht mit mir die süßen Düfte', da kam es hinten aus dem Wams hervor, das aufging. Bis Elsa ihn, sichtlich erregt, zugeknöpft hatte, herrschte im Hause lebhafte Unruhe; dann erlag es wieder dem Zauberbann. Guste freilich, die sich mit einem Praliné verschluckt hatte, stieß auf ein Bedenken. ‚Wie lange trägt er das Hemd schon? Und überhaupt, er hat doch nichts mit, der Schwan ist mit seinem Gepäck abgeschwommen!'"[142]

Anmerkungen:

1   Jaeger, Gustav E.: Mein System. Zugleich vierte, völlig umgearbeitete Auflage von Die Normalkleidung als Gesundheitsschutz. [1881] Kohlhammer Verlag Stuttgart 1885: 299.

2   Max von Pettenkofer (1818–1901) wurde 1865 erster Professor für Hygiene in Deutschland. In dieser Funktion schuf er die Grundlagen der neuzeitlichen Hygiene. Bekannt wurde er durch seine „Grundwassertheorie", vor allem aber durch seinen Choleravibrionenselbstversuch, mit dem er seine (von Robert Koch widerlegte) Theorie der Abhängigkeit der Cholera vom Grundwasserstand zu stützen suchte.

3   Pettenkofer, Max von: Beziehungen der Luft zu Kleidung, Wohnung und Boden. 3 Vorträge, Braunschweig 1853.

4   Jaeger, Gustav E.: „Vortrag des Herrn Professor Dr. Gustav Jäger, gehalten im Casino zu Elberfeld am 22.Februar 1886." In: Jäger, Gustav E. (Hrsg.): Sammlung der von Professor Dr.G.Jäger und seinen Anhängern veröffentlichten Flugschriften. Selbstverlag von Med. Dr. G. Jägers Bureau, kaufmännische Abteilung Stuttgart 1887. [Abt.III: Wollregime]: 11.

5   Die Titulierungen sind der „Wiener allgemeinen medizinischen Zeitung", 01.12. 1885; zit. in: Jaeger, Gustav E.: Professor Dr.Gustav Jaegers Monatsblatt. [= MB] Stuttgart 1886/ 1: 9, sowie MB 1882/ 12: 181; und MB 1884/ 2: 26, entnommen.

6   Dazu: Jaeger, Gustav E.: Die menschliche Arbeitskraft. München 1878 [= Jaeger 1878a]: Kapitel 25–30: „Uebung und Gewöhnung" (: 324 –348), „Abhärtung" (: 348–364), „Abwechslung" (: 364–406), „Berufsarbeit" (: 406–424), „Das Turnen" (: 424–467), „Das Militärwesen" (: 467–514).

7   Jean Baptiste de Lamarck (1744–1829). Der französische Naturforscher veröffentlichte 1809 seine „Philosophie zoologique", die als erste Formulierung einer Evolutionstheorie angesehen werden kann.

8   Otto Heinrich Jaeger – eine nicht minder illustre Persönlichkeit der schwäbischen Metropole – war seit 1864 Turnlehrer an den beiden Stuttgarter Gymnasien, Landesturninspektor und Vorstand der Turnlehrerbil-

9 Die Versuchspersonen hatten sich in den 4 Monaten 6 Tage in der Woche einem sechsstündigen Training zu unterziehen. Jaeger beschrieb im Jahr 1870 in einem Artikel die Versuchsanordnung, die Art der Tests und stellte seine erzielten Ergebnisse vor: Jaeger, Gustav E.: „Gymnastik und Physiologie." In: Neue Freie Presse. (Wien), Nro. 1965 [= 17.02. 1870], 2000 [= 24. 03 .1870].

10 Eine ausführliche Darstellung dieser Untersuchungen findet sich in seiner Schrift Seuchenfestigkeit und Constitutionskraft und ihre Beziehung zum spezifischen Gewicht des Lebenden. Leipzig 1878 [= Jaeger 1878b].

11 Jaeger, Gustav E.: „Die Seuchenfestigkeit. Eine Ergänzung der Seuchenlehre." In: Caspari, Otto/ Jaeger, Gustav/ Sterne, Carus [= Krause, Ernst] (Hrsgg.): Kosmos. Zeitschrift für einheitliche Weltanschauung auf Grund der Entwicklungslehre in Verbindung mit Charles Darwin und Ernst Haeckel sowie einer Reihe hervorragender Forscher auf den Gebieten des Darwinismus. [= Kosmos.] Stuttgart, II (Oktober 1877/ März 1878): 492–501, hier: 494.

12 Zu den Zahlen siehe: Jaeger, Gustav E.: „Der Werth der Körperbewegung für die Gesundheit." In: Neues Deutsches Familienblatt. Stuttgart 1876, Nr.1 und 2; zit. in: Jaeger, Gustav E.: Die Normalkleidung als Gesundheitsschutz. Gesammelte Aufsätze aus „Neues Deutsches Familienblatt" (Jahrgang 1872–1880) Kohlhammer Verlag Stuttgart 1881: 14–17; sowie: Jaeger 1878a [wie Anm. 6]: 424–470.

13 Jaeger, Gustav E.: „Der Werth der Körperbewegung für die Gesundheit." In: Neues Deutsches Familienblatt. Stuttgart (1876), Nr.1; zit. in: Jaeger 1881 [wie Anm. 12]: 15.

14 Zum Zusammenhang von Abhärtung und „geistiger Arbeitsfähigkeit" siehe: Jaeger 1881 [wie Anm. 12]: 10: „war mittels 5 Schwitzbädern meine geistige Arbeitsfähigkeit so gehoben, daß ich fast die doppelte Tagesarbeit in Manuscriptfertigung zu leisten vermochte."

15 Nach: Jaeger 1881 [wie Anm. 12]: 58.

16 Das spezifische Gewicht ermittelt er in einer ersten Untersuchung relativ ungenau: „Jeder wurde gewogen und seine Körperhöhe sowie sein Leibesumfang in der Höhe der Brustwarze gemessen. Die zwei letzteren Maße dienten dazu, den Kubikinhalt eines Cylinders zu berechnen, der die Höhe des Mannes und den Querschnitt seines Brustumfanges besaß. Dividierte man jetzt mit der Zahl der für den Cylinderinhalt gewonnenen Kubikdezimeter in das Körpergewicht, so erhielt man zwar nicht ein absolut richtiges Maß für das spezifische Gewicht, allein vergleichbare Maße." (Jaeger, Gustav E.: „Der Werth der Körperbewegung für die Gesundheit." In: Neues Deutsches Familienblatt. Stuttgart [1876], Nr.2; zit. in: Jaeger 1881 [wie Anm. 12]: 16.). Zwei Jahre später veröffentlicht er eine etwas genauere Untersuchungsmethode: „und es wurden behufs möglichst genauer Bestimmung der Körpermasse bei jedem Mann die Umfänge von Kopf, Hals, Schulter, Brust, beiden Knieen zusammen und beiden Waden zusammen gemessen. Daraus wurde aus der Höhe wie die kubische Masse des Körpers nach Kubikdezimetern oder nach Litern berechnet. Außerdem wurde jeder Soldat gewogen, so daß man in der Lage war zu bestimmen, wie viel bei jedem das Liter Körpermasse wog." (Jaeger, Gustav E.: „Etwas über Krankheitsursachen." In: Neues Deutsches Familienblatt. Stuttgart [1878], Nr.8; zit. in: Jaeger 1881 [wie Anm. 12]: 44.) Wobei er die Wassereintauchmethode natürlich kennt; ihm geht es um eine allgemein praktikable Meßmethode: „Der einfachste, um die Masse eines Körpers zu bestimmen, ist dessen Eintauchung in Wasser, allein den kann man hier nicht betreten, er ist zu umständlich und belästigend, läßt sich namentlich bei Kindern, Leidenden, Frauenzimmern u.s.w. nicht anwenden." (Jaeger, Gustav E.: „Etwas über Krankheitsursachen." In: Neues Deutsches Familienblatt. Stuttgart [1878], Nr.15; zit. in: Jaeger 1881 [wie Anm. 12]: 60.)

17 Jaeger, Gustav E.: Gesundheitspflege. o.O./ o.J.; zit. in: Jaeger, Ernst: „Hygiene der Kleidung." In: Versch.: Zum 100.Geburtstag von Prof.Dr. Gustav Jaeger. 23.Juni 1832. Kohlhammer Stuttgart 1932: 45. Diese drei Stoffe werden von ihm ergänzt durch „Salze", also Mineralien, die seiner Meinung nach ebenso wichtig sind wie das Eiweiß.

18 Nach: Ebd.

19 Jaeger 1881 [wie Anm. 12]: 39.

20 Ebd.

21 Eine Wirkung des Befehlsturnens sei „die Etablirung der Herrschaft des Geistes über das Fleisch" (Jaeger 1878a [wie Anm. 6]: 450.) – im Gegensatz zum „freien ungebundenen Turnen" (ebd.: 449.).

22 Ebd.: 450.

23 Ebd.: 430.

24 Ebd.: 432.

25 Ebd.: 443.

26 Nach: ebd.: 434.

27 Siehe dazu: Jaeger 1878b [wie Anm. 10]: 18–104.

28 Jaeger, Gustav E.: „Der nationalökonomische Werth des stehenden Heeres." In: Das Ausland. Ueberschau der neuesten Forschungen auf dem Gebiete der Natur-, Erd- und Völkerkunde. [= Das Ausland.] Augsburg (1870): 701–705, hier: 703.

29 Ebd.: 705.

30 Nach: Jaeger, Gustav E.: „Die Seuchenfestigkeit. Eine Ergänzung der Seuchenlehre." Kosmos. [wie Anm. 11], II (Oktober 1877/ März 1878): 492–501, hier: 496.

31 Er versteht darunter den Zellkern selbst wie auch den ihn umgebenden Bereich einer Zelle, der von einer Zellmembran umschlossen ist.

32 Jaeger, Gustav E.: „Ueber Urzeugung und Befruchtung." In: Zeitschrift für wissenschaftliche Zoologie. Heft 4, Leipzig (1869): 502.

33 „Der Act der Urzeugung ist nur zu vergleichen mit der Zusammenstellung zweier todter Metalle und einer erregenden Flüssigkeit zur lebendigen galvanischen Säule." Ebd.: 503.

34 Jaeger, Gustav E.: „Ueber Gemüthsaffecte." In: Tageblatt der 52.Versammlung Deutscher Naturforscher und Aerzte in Baden-Baden 1879. Baden Baden [1880 ?] Vortragsprotokoll: 138.

35 Jaeger, Gustav E.: „Ueber die Bedeutung des Geschmacks- und Geruchsstoffes." In: Zeitschrift für Wissenschaftliche Zoologie. 27.Band (1876): 320.

36 Ebd.: 321. Daneben gebe es „Species-, Gattungs-, Familien-, Ordnung- und Classengerüche" (Ebd.: 322.)

37 Ebd.

38 Ebd.: 323f.

39 Jaeger, Gustav E.: „Physiologische Briefe. I. Ueber Vererbung." In: Kosmos. [wie Anm. 11], I (1877): 18f.

40 „Ich habe die Seele entdeckt, sie ist, wie das alte Testament ganz richtig sagt, ein riechbarer Stoff, etwas Irdisches." (Jaeger, Gustav E.: „Meine neueste Entdekkung." In: Neues Deutsches Familienblatt. Stuttgart (1879), Nr.1; zit. in: Jaeger 1881 [wie Anm. 12]: 70.)

41 Ebd.: 60.

42 „Derselbe ist transcendent und seine Funktion ist die Vorstellung." (Jaeger, Gustav E.: „Die Entdeckung der Seele." In: Kosmos. [wie Anm. 11], IV (Oktober 1878/ März 1879): 171–191, hier: 191.). „Daß sowie durch diese Entdeckung unwiderleglich klar wird, es gebe im menschlichen Leibe ein zweites Selbständiges, den Geist, der alle Eigenschaften des Ewigen und Uebersinnlichen an sich trägt." (Ebd.: 70.; Auszeichnung im Original.) In seiner Dreiteilung von Körper, Seele und Geist bezog er sich auf die alt- und neutestamentliche Unterscheidung (AT: [hebr.] basar; näpäs; ruach. NT: [griech.] soma, psyche, pneuma).

43 Ebd.: 173.

44 „Jedes differente Organ hat seinen eigenartigen Seelenstoff; es gibt eine Muskelseele, Nierenseele, Leberseele, Nerven- und Gehirnseele, die aber alle nur Modificationen d.h. Differenzierungen des primären Eiseelenstoffes sind.'" Jaeger, Gustav E.: „Gustav Jägers Entdekkung der Seele." In: Das Ausland. [wie Anm. 28] (1879): 61–67, hier: 62f..

45 Jaeger, Gustav E.: „Die Entdeckung der Seele." In: Kosmos. [wie Anm. 11], IV (Oktober 1878/März 1879): 171–191, hier: 180.

46 Ebd.

47 Ebd.
48 „Zunächst scheint die Gleichsetzung von Seelenstoff und Seele als eine begriffliche Unklarheit, die auch sogleich angegriffen wurde. Diese Selbststoffe sind zweifellos etwas Beseeltes, sogar Beseelendes, sie sind Träger, sind 'Transporteure' seelischer Tätigkeiten, sie sind ein 'seelisches Substrat'. Aber sie sind nicht die Seele selber, die Psyche, die Entelechie, der Architekt." (Kröner, Walther: Gustav Jaegers Sendung. Darstellung seines Lebenswerkes und Aufriss einer totalen Biologie. Stuttgart/ Leipzig 1936: 41.)
49 Jaeger, Gustav E.: „Der todte Punkt in der Zoologie." In: Deutsche Revue über das gesamte nationale Leben der Gegenwart. Stuttgart/ Leipzig, Juli (1878): 109. Mag sein, daß er im vorliegenden Zitat nur die Reaktionen einschätzte, mit denen er zu rechnen glaubte. Möglicherweise gab er aber auch seiner Hoffnung über die wissenschaftliche Bedeutung seiner eigenen Forschung Ausdruck, indem er sie mit der Darwinschen Theorie verglich.
50 Darwin, Charles.: On the Origin of Species by means of Natural Selection, or the Preservation of Favoured Races in the Struggle for Life. London 1859. Deutsch: Die Entstehung der Arten durch natürliche Züchtung, oder Erhaltung der vervollkommneten Rassen im Kampfe ums Dasein. Stuttgart 1860.
51 „Ist der Weg dazu durch die Arbeiten mehrerer Forscher markiert, bei denen der Evolutionsgedanke in höchst verschiedenem Maße akzentuiert worden ist und die auch unterschiedliche Erklärungen für die Evolutionsphänomene geliefert haben." Wuketits, Franz M.: Kausalitätsbegriff und Evolutionstheorie. Berlin 1980: 57.
52 Zu Darwins Theorie und zu seinen Vorgängern siehe: Peters, H.M.: Historische, soziologische und erkenntniskritische Aspekte der Lehre Darwins. In: Gadamer, Hans-Georg/ Vogler, Paul (Hrsgg.): Neue Anthropologie. Band 1. München/ Stuttgart 1974: 326–334; Wuketits 1980 [wie Anm. 51]; Ders.: Zustand und Bewußtsein. Hamburg 1985; Ders.: Charles Darwin. München 1987; Ders.: Evolutionstheorien. Darmstadt 1988.
53 Immanuel Kant, zit. in: Bibliographisches Institut (Hrsg.): Meyers Enzyklopädisches Lexikon. Mannheim/ Wien/ Zürich 1972, Band 6: 481.
54 Jaeger, Gustav E.: „Eine neue Darstellung der Descendenzlehre." In: Das Ausland. [wie Anm. 28] (1874): 118f., hier: 118.
55 Mitte der achtziger Jahre kehrt Jaeger den materialistischen und mechanistischen Theorien den Rücken und wendet sich dem Vitalismus zu. Für eine Darstellung der Entstehung des Wollregimes ist diese Entwicklung jedoch sekundär und hier zu vernachlässigen.
56 Zu ihnen zählt Zimmermann neben Jaeger auch Ernst Haeckel, Wilhelm Bölsche und Albert Günther. Nach: Zimmermann, Walter.: Die Auseinandersetzung mit den Ideen Darwins. In: Heberer, Gerhard/ Schwanitz, Franz (Hrsgg.): Hundert Jahre Evolutionsforschung. Stuttgart 1960: 294.
57 Dieser Fortschrittsglaube betraf neben der wissenschaftlichen Entwicklung auch den technischen Bereich und die prosperierende Wirtschaft: „Wachstum war mehr, es bedeutete Wohlstand, es bedeutete Fortschritt. Fortschritt war nahezu überall abzulesen. An steigenden Produktionsziffern und technischen Errungenschaften, dem Wachstum der Städte und einer Blüte der Kultur, einer Zunahme der Lebenserwartung und dem internationalen Ansehen des Deutschen Reiches. Besonders beeindruckend waren die Fortschritte der Wissenschaft, sei es der Chemie oder Physik, der Medizin oder Biologie." (Brüggemeier, Franz-Josef/ Domansky, Elisabeth: Das Kaiserreich um 1900 – Eine Skizze. In: Niethammer, Lutz u.a. (Hrsgg.): Bürgerliche Gesellschaft in Deutschland. Frankfurt/M. 1990: 219f.)
58 Ebd.: 220.
59 Jaeger, Gustav E.: Zoologische Briefe. Wien 1876: 13; verfaßt zwischen 1857 und 1863.
60 Zmarzlik, Hans-Günther: „Der Sozialdarwinismus in Deutschland als geschichtliches Problem." In: Vierteljahreshefte für Zeitgeschichte. 11. Jg. (1963): 246–273, hier: 247.
61 Wuketits, Franz M.: Vitalismus – Mechanismus. In: Becher, Udo/ Just, Christian/ Sauermost, Rolf (Hrsgg.): Lexikon der Biologie. Freiburg/ Basel/ Wien 1987, Bd.8: 347–349, hier: 348.
62 Theorie über die Herkunft der Pflanzen- und Tierarten, nach der die gegenwärtigen Formen im Verlauf der erdgeschichtlichen Entwicklung aus einfacher organisierten Lebendformen entstanden sind. „Nach der Deszendenztheorie vollzog sich in langen Zeiträumen ein Artenwandel, wobei Mutation, Rekombination, die natürliche Auslese und die Isolation als wichtigste Evolutionsfaktoren wirksam waren." Bibliographisches Institut (Hrsg.): Meyers Enzyklopädisches Lexikon. Mannheim/Wien/Zürich 1972, Band 6: 480.
63 Darwin geht davon aus, daß die Lebewesen auf der Erde mehr Nachkommen 'produzierten' als tatsächlich überleben könnten, von diesen gingen viele vor Erlangung der Geschlechtsreife zugrunde. Die Nachkommen der überlebenden Lebewesen wiesen Unterschiede auf, die sich manchmal positiv, manchmal negativ auswirkten, manche dieser Variationen seien erblich. Nur die an ihre Umwelt am besten Angepaßten blieben im ständigen Konkurrenzkampf am Leben und könnten sich vermehren, was zu einer natürlichen Auslese (Selektion) unter den Individuen einer Population führe. Durch entstehende geographische Barrieren (Wasserflächen, Gebirgsketten, nahrungsarme Zonen) würden verschiedene Populationen einer Art voneinander getrennt, was zu isolierten Entwicklungsabläufen und zu untereinander nicht mehr fortpflanzungsfähigen Arten führe. Der Faktor Zufall (z.B. Naturkatastrophen) verändere zusätzlich das biologische Gleichgewicht innerhalb einer bestimmten Umwelt. Durch ihn könnten Populationen mit ihrem spezifischen Genbestand vernichtet werden, andere erlangten Vorteile. (Nach: Bibliographisches Institut (Hrsg.): Meyers Enzyklopädisches Lexikon. Mannheim/Wien/Zürich 1977, Bd.21: 555.)
64 Bibliographisches Institut (Hrsg.): Meyers Enzyklopädisches Lexikon. Mannheim/ Wien/ Zürich 1972, Bd.6: 280.
65 Darwin bezog sich hier auf die Forschungen der beiden Geologen Hutton (1726–1797) und Charles Lyell (1797–1875).
66 Nach: Wuketits 1987 [wie Anm. 52]: 20f.; Wuketits 1980 [wie Anm. 51]: 67.
67 Strauß, David Friedrich: Der alte und der neue Glaube. Leipzig [1872] ³1872: 201.
68 Was Hutton (1726–1797) ja schon 1788 festgestellt hatte: „The result, therefore, of our present inquiry is, that we find no vestige of a beginning, no prospect of an end." Hutton, James: Theory of the Earth. Or an Investigation of the Laws observable in the Composition, Dissolution, and Restoration of Land upon the Globe. Edinbourgh 1788: 304.
69 John McPhee; zit. in: Gould, Stephen Jay: Wie das Zebra zu seinen Streifen kommt. Essays zur Naturgeschichte. Frankfurt/M. 1991: 84.
70 Siehe z.B. Gen 1$_{26f.}$: $_{26}$ „Nun sprach Gott: 'Laßt uns den Menschen machen nach unserem Bilde, uns ähnlich. (…).' $_{[27]}$ Und Gott schuf den Menschen nach seinem Bilde, nach dem Bilde Gottes schuf er ihn, als Mann und Frau schuf er sie."; Gen 5$_1$: „(…) Am Tage, da Gott Adam schuf, machte er ihn Gott ähnlich."; Ps 8$_{5-7}$: „Was ist der Mensch, daß du seiner gedenkest! Des Menschen Sohn, daß du Sorge tragest um ihn! Du hast ihn fast zu einem Gotteswesen gemacht, hast ihn gekrönt mit Glorie und Glanz. Du hast ihm Macht gegeben über das Werk deiner Hände, alles hast du ihm zu Füßen gelegt." (Arenhoevel, Diego/Deissler, Alfons/Vögtle, Anton (Hrsgg.): Jerusalemer Bibel. Freiburg/ Basel/ Wien 1983.)
71 Wuketits 1985 [wie Anm. 52]: 263.
72 Die Verwandtschaft von Mensch und Menschenaffen deutete Darwin 1859 nur an: „Und Licht wird fallen auf den Menschen und seine Geschichte". Seine Andeutung wurde verstanden, aber nicht allein, weil sie aus der Deszendenztheorie erschlossen werden konnte, sondern weil Darwin nicht der erste und der einzige seiner Zeit war, der die verwandschaftlichen Beziehungen zwischen dem Tierreich und dem Menschen zu er-

forschen suchte und seinen Gedanken dachte.
73 Frei nach David Friedrich Strauß; „Erst wie in der Folge durch fortgesetzte Beobachtung und Rechnung die Fixsterne als ähnliche Körper wie unsere Sonne, muthmaßlich mit ähnlichen Planetensystemen um sich her, erkannt waren, als die Welt sich in einer Unendlichkeit von Weltkörpern, der Himmel in einen optischen Schein auflöste, da erst trat an den alten persönlichen Gott gleichsam die Wohnungsnoth heran." Strauß 1872 [wie Anm. 67]: 108. Strauß beschreibt (ebd.) die kopernikanische Ära, in der sich der Wandel von der geozentrischen (die Welt als Mittelpunkt des Universums) hin zu einer heliozentrischen Weltsicht vollzog; ich denke, es ist dennoch legitim, sein Bild zu verwenden, für den „alten Gott" wird nun eben der „Platz" auch auf der Erde, inmitten einer Schöpfung, die bis dahin als die seinige galt, knapp.
74 Wuketits, Franz M.: Grundriss der Evolutionstheorie. Darmstadt 1982: 107.
75 Die Theorie von der Vererbung erworbener Eigenschaften, also der direkten Weitergabe eines von einem Elternteil erworbenen Merkmals, stammt von Lamarck, aber schon in der Antike war die Pangenesishypothese eine im Prinzip vertretene Vererbungsvorstellung. „Aber der Gedanke, daß ein Organ durch Gebrauch und Nichtgebrauch gestärkt beziehungsweise geschwächt wird, erfuhr bei Lamarck eine präzisere physiologische Interpretation; und Darwin ist insofern Lamarckist, als auch er seine Pangenesishypothese auf den Glauben an die Wirkung von Gebrauch und Nichtgebrauch von Organen gründete." Wuketits 1987 [wie Anm. 52]: 35. Stärker als Darwin war Jaeger von der Lamarckschen Theorie der Vererbung individuell erworbener Eigenschaften, überzeugt: „Von den Einflüssen, welche abändernd auf den Thierleib wirken, wurde bekanntlich eine, nämlich die Gebrauchs-Intensität, schon lange vor Darwin erkannt und zwar von Lamarck. Ja, in dessen Descendenztheorie spielt sie geradzu die Hauptrolle, und daß sie das thut, führt eben dazu, daß der descendenztheoretische Anlauf La-marck's nicht durchschlug: er hatte die Gebrauchswirkung überschätzt. Darwin hat diesen Transmutationsfaktor nicht ignorirt, er bildet einen integrirenden Bestandtheil auch seiner Descendenzlehre, aber einen mehr untergeordneten, womit ich zwar im Allgemeinen übereinstimme, aber mit der Abweichung, daß ich ihm etwas mehr Gewicht beilegen möchte, als es Darwin thut." (Jaeger, Gustav E.: „Die Seuchenfestigkeit. Eine Ergänzung der Seuchenlehre." In: Kosmos. [wie Anm. 11], II (Oktober 1877/ März 1878): 492–501, hier: 492. „Ob nun ein Kind schwächlich oder kräftig ist, hängt von der Konstitutionskraft der Eltern ab. Tritt ein Mann nach abgeleistem Militärdienst in einer durch ausgiebige Körperbewegung gehobenen Konstitutionskraft in die Ehe, so werden aus dieser unter sonst gleichen Umständen kräftigere Kinder hervorgehen, als ohne das." (Jaeger 1881 [wie Anm. 12]: 70.
76 „Also lediglich, um, wie wir heute sehen, unerwiesene 'lamarckistische' Behauptungen zu erklären, hat Darwin die Pangenesis-Hypothese aufgestellt. Darwin war eben nicht 'darwinistisch' genug!" Zimmermann, Walter: Evolution. Die Geschichte ihrer Probleme und Erkenntnisse. Freiburg/ München 1953: 477.
77 Nach: Wuketits 1980 [wie Anm. 51]: 72.
78 Darwin, Charles: Provisional Hypothesis of Pangenesis. In: Ders.: The Variation of Animals and Plants under Domestication. London 1868, Vol. 2: 357–404.
79 Rudimentäre Organe stellen beim Menschen z.B. die Reste einer Schwanzwirbelsäule dar, in der Einzelwirbel zum Steißbein „verschmolzen" sind. Nach: Wuketits 1987 [wie Anm. 52]: 143; Anm. 6.
80 Jaeger, Gustav E.: „Zur Pangenesis." In: Kosmos. [wie Anm. 11], IV (Oktober 1878/März 1879): 377.
81 Ebd. Jaeger betont die mechanistische Interpretation der Evolution, die jeden übersinnlichen Eingriff in die Schöpfung ablehnt, mit der Beweiskraft der „exakten" (ebd.) Wissenschaft in diesem Artikel bezeichnenderweise mehrfach.
82 Ebd.: 378.
83 Gemeint ist damit der Darwinismus als eine politische Ideologie. Der Begriff ist insofern unkorrekt, als Darwin selbst seine Theorie eben nicht für gesellschaftliche Prozesse vorsah; die Vertreter dieser Weltanschauung beriefen sich aber explizit auf ihn. Nach: Brüggemeier/ Domansky 1990 [wie Anm.57]: 660, Anm. 2 (vgl. hierzu jedoch Wehler, Hans-Ulrich: Krisenherde des Kaiserreichs. 1871–1918. Göttingen ²1979: 283–289.). Zur Genese des Begriffes „Sozialdarwinismus" siehe: Zmarzlik 1963 [wie Anm. 60]: 246–273, hier: 246.; Ders.: Der Sozialdarwinismus in Deutschland. Habil. Universität Freiburg 1961: 562; und Becker, Peter Emil: Sozialdarwinismus, Rassismus, Antisemitismus und Völkischer Gedanke. Stuttgart 1990.
84 Siehe dazu: Zmarzlik 1963 [wie Anm. 60]: 250.
85 Hertwig, Oscar: Das Werden der Organismen. Eine Widerlegung von Darwins Zufallstheorie. Jena 1916: 710.
86 Der Begriff „struggle" wurde auf einen erbarmungslosen „Kampf" und „Krieg" ums Überleben zwischen den Individuen reduziert. Die Bedeutung einer langsamen Entwicklung im Laufe von Generationen zugunsten einer Art (infolge besserer Anpassung) wurde ignoriert, die Selektion paßte in das Gesellschaftsverständnis vieler Wissenschaftler dieser Zeit. Und die verwendeten Termini prägten wiederum den Zeitgeist: „Man glaube doch nicht, daß die menschliche Gesellschaft ein halbes jahrhundertlang Redewendungen, wie unerbittlicher Kampf ums Dasein, Auslese des Passenden, des Nützlichen, des Zweckmäßigen, Vervollkommnung durch Zuchtwahl etc. in ihrer Uebertragung auf die verschiedensten Gebiete, wie tägliches Brot, gebrauchen kann, ohne in der ganzen Richtung ihrer Ideenbildung tiefer und nachhaltiger beeinflußt zu werden!" (Ebd.)
87 Ernst Heinrich Haeckel formulierte 1866 das „Biogenetische Grundgesetz": „Die Entwicklung des Einzelwesens (Ontogenie) ist die kurze Wiederholung (Rekapitulation) seiner Stammesgeschichte (Phylogenie)." (Becher, Udo/ Just, Christian/ Sauermost, Rolf (Hrsgg.): Lexikon der Biologie. Freiburg/ Basel/ Wien 1987, Bd.2: 12.) Jaeger übernahm das Prinzip der Rekapitulation sowohl für die Somatogenesis, als auch für die individuelle kulturell-zivilisatorische Entwicklung, in der in der Zeit von der Geburt bis zum erwachsenen Menschen die einzelnen Kultur- und Zivilisationsstufen nachvollzogen würden – „Psychogenesis". Jaeger, Gustav E.: „Ueber die Entwicklung der Seele. I." In: Das Ausland. [wie Anm. 28] (1871): 981–983, hier: 982.
88 Jaeger, Gustav E.: „Die moderne Gesellschaft I.", sowie: Ders.: „Die moderne Gesellschaft II." In: Das Ausland. [wie Anm. 28] (1875): 18–21 und 39–42. Jaeger bezog sich auf die Somatogenesis, in welcher in den „historischen Organisationsstufen" (Ders.: „Die moderne Gesellschaft I." In: Das Ausland. [wie Anm. 28] [1875]: 18.) nicht nur die Vertreter der „höchstorganisierten Geschöpfe" (ebd.) in ihrem individuellen Entwicklungsgang vorhanden seien, auch die erwachsenen Formen weniger hoch entwickelter Lebewesen existierten in Form dieser Stufen „neben einander" (ebd.). Ein solches statisches Nebeneinander von hoch und weniger hoch Entwickelten gebe es ebenfalls in der deutschen Gesellschaft. Er nannte diese Einteilung „Gesittungs- und Bildungsstufen" (ebd.).
89 Ebd.
90 MB 1910/ 9: 147. Die Macht eines autoritären Regimes schränkt er allerdings ein: „Jede staatliche Ordnung verlangt herrschende Elemente. Diese Ueberzeugung steht felsenfest in jedem Kopf, der die Natur wirklich studiert hat, denn er sieht das nicht bloß im ganzen, sondern namentlich in den tausendfach wechselnden Bau- und Tätigkeitsformen der Lebewesen. Die vollendetsten sind die, bei denen das ganze Tun und Lassen des Einzelwesens von einem besonderen Werkzeug zum Herrschen, dem Gehirn, befehligt wird. Aber dieses Herrschen hat seine Grenzen, es darf nie so weit gehen, daß es den Menschen zum Sklaven herabwürdigt und namentlich nicht, daß er zum Sklaven erzogen wird." (MB 1911/ 1: 1.)
91 Jaeger 1881 [wie Anm. 12]: 13.
92 „Jäger ist weit davon entfernt, seine Theorie für unanfechtbar zu halten; er glaubt nur, daß der großen An-

zahl von Naturforschern gegenüber, die zu wenig speculiren, zur Herstellung des Gleichgewichts es auch solche geben müsse, die etwas zu viel speculiren. Und zu diesem letztern zält er im vorliegenden Falle sich." Zacharias, Otto: „Ueber die chemisch-physikalische Natur des Keimprotoplasmas."In: Das Ausland. [wie Anm. 28] (1876): 718f., hier: 719.

93 „Ohne Kampf giebt es auch in der Wissenschaft keinen Fortschritt und wir sind auf einem Punkt angelangt, wo jedes weitere Vordringen auf die heftigste Opposition stößt." Jaeger, Gustav E.: „Der todte Punkt in der Zoologie." In: Deutsche Revue über das gesamte nationale Leben der Gegenwart. Stuttgart/ Leipzig (1878): 109.

94 Jaeger 1878b [wie Anm. 10]: 4. „Das bloß schulmäßige Lernen erzeugt deshalb vorwaltend contemplative Naturen, die ohne äußeren Zwang zur Anhäufung todten Wissens hinneigen und im übrigen unpraktische Naturen sind. Das Befehlsturnen hat nun den Werth, die Bahnen frei zu machen, auf welchen, um mich so auszudrücken, das Wissen in die Glieder fährt, d.h. zur Handlung führt, lebendig wird. Das ist ein großer Gewinn 1) für das betreffende Individuum, weil es dadurch gemacht wird. Denn nur dasjenige Wissen trägt praktische Früchte für das Individuum, das nach außen hin den Nebenmenschen Vortheil bringt, und so ist dasselbe 2) auch ein Gewinn für die menschliche Gesellschaft. Warum müssen so viele Gelehrte, Dichter, verunglückte Genie's ec. zeitlebens am Hungertuch nagen, trotzdem daß sie vielleicht an Schulwissen ihre besser situirten Mitmenschen weit übertreffen und in der Schule stets obenan waren? Weil eben der Theil des Nervensystems nicht entwickelt wird, der das Wissen zum Können, die Wissenschaft zur Schaffensmacht werden läßt." Jaeger 1878a [wie Anm. 6]: 452.

95 Neue Freie Presse. (Wien), 22.10. 1868/ 29.10. 1868.

96 Daß sich in der Praxis seine Klientel hauptsächlich aus dem gehobenen Bürgertum rekrutierte, verstand er nicht als Widerspruch zu seiner propagierten „Volksgesundheit". Für diejenigen, die sich sein Wollregime nicht leisten konnten, und für jene, die in seinen Diensten standen (Wehrpflichtige), sollte der Staat wenigstens die Woll-Unterwäsche beschaffen. Daneben vertraute er auf Privatinitiativen.

97 „Was kein Verstand der Verständigen sieht, das schauet in Einfalt ein kindlich Gemüth." (Jaeger, Gustav E.: „Das Turngewand." In: Neues Deutsches Familienblatt. Stuttgart (1879), Nr.12; zit. in: Jaeger 1881 [wie Anm. 12]: 100.); „so habe ich stets viel lieber mit ganz vorurteilslosen Laien, wenn sie nur verständige Leute waren, disputirt, als mit Fachgelehrten, die stets einseitig und in der Schablone laufen; eine Gewohnheit, die ich nie zu bereuen gehabt habe." (ebd.).

98 MB 1884/ 4: 74.

99 Über die Gründe seines Rückzuges läßt sich spekulieren; möglicherweise waren sowohl die zunehmende Arbeitsbelastung durch beide Sphären, als auch die fehlende Reputation durch seine Fachkollegen und Vorgesetzten, finanzielle Aspekte und die Bedeutung, die er seinem „System" beimaß, entscheidend für seinen Entschluß. Sich selbst sah er gern als mißverstandenen, „verkannten Wohlthäter" – so auch der Titel einer Veröffentlichung 1891.

100 Beide Zitate: Jaeger 1885 [wie Anm. 1]: 114.

101 Wolff, Eberhard: Gesundheitsverein und Medikalisierungsprozeß. Der Homöopathische Verein Heidenheim/Brenz zwischen 1886 und 1945. Bausinger, Hermann (u.a.) (Hrsgg.): Studien & Materialien des Ludwig-Uhland-Instituts der Universität Tübingen im Auftrag der Tübinger Vereinigung für Volkskunde e.V., Band 2, Tübingen 1989: 113.

102 MB 1884/ 9: 236. Schon früher: „Wer seinen Leib in genügender Weise mittelst einer der bekannten Methoden abhärtet, dem braucht vor den Seuchen ebensowenig bange zu sein wie vor den Erkältungskrankheiten." Jäger, Gustav E.: „Etwas über Krankheitsursachen." In: Neues Deutsches Familienblatt. Stuttgart (1878), Nr.18; zit. in: Jaeger 1881 [wie Anm. 12]: 65.

103 Auch wenn er mit der heute von einem Wissenschaftler geforderten Geisteshaltung der Vorurteilslosigkeit, Voraussetzungslosigkeit, methodischen Disziplin, Sachlichkeit und Wahrhaftigkeit nicht zu messen ist.

104 Jaeger, Gustav E.: „Jägers Neuralanalyse." In: Das Ausland. [wie Anm. 28] (1880): 228–234, hier: 230.

105 Matthäus Hipp (1813–1893) war gelernter Uhrmacher und als Erfinder und Unternehmer in Württemberg und in der Schweiz tätig. Bekannt wurde er durch seine Erfindungen von elektrischen Telegraphensystemen, Signalvorrichtungen, Steuerungen und von Chronoskopen für sehr genaue Zeitmessungen.

106 „Wir haben auf diese Weise eine Untersuchungsmethode gewonnen, welche für Duftstoffe etwas ähnliches leistet, wie die Spectralanalyse für die Farben und der ich deßhalb den Namen Neuralanalyse gebe." Jaeger, Gustav E.: „Jägers Neuralanalyse." In: Das Ausland. [wie Anm. 28] (1880): 228–234, hier: 231.

107 MB 81/ 1: 1f.

108 Neues Deutsches Familienblatt. Stuttgart (1879), Nr.6; zit. in: Jaeger 1881 [wie Anm. 12]: 82.

109 Ebd.

110 Nach: Neues Deutsches Familienblatt. Stuttgart (1880), Nr.4; zit. in: Jaeger 1881 [wie Anm. 12]: 158.

111 Neues Deutsches Familienblatt. Stuttgart (1880), Nr.3; zit. in: Jaeger 1881 [wie Anm. 12]: 153.

112 Ebd.

113 Neues Deutsches Familienblatt. Stuttgart (1878), Nr.3; zit. in: Jaeger 1881 [wie Anm. 12]: 36.

114 Jaeger selbst sah sich in der Tradition Hufelands und Pettenkofers. Letzterer unterschied sich seiner Meinung von Hufeland nur darin, daß er auch „die betreffenden Eigenschaften ziffermäßig durch Messung und Wägung feststellte." (MB 1882/ 2: 27.)

115 „Da Seide bezüglich der Annahme der üblen Gerüche des Körpers sich nicht von Baumwolle und Leinen unterscheidet, Seidenfaden die Artikel vertheuert, etwas anderes nicht gefunden war, so konnte ich meine Forderung, ‚nur Wolle', auf den Faden nicht ausdehnen." (MB 1881/ 3: 41.), „Wolle übertrifft alle andern Kleiderstoffe an Weichheit und Eleganz des Faltenwurfs." (MB 1882/ 8: 125.; Antwort auf „Zuschrift von Frau L.K. in E., Pfalz").

116 MB 1910/ 1: 7.

117 Nach: MB 1910/ 1: 11.

118 Zum Auftritt des Wollregimes in England siehe den folgenden Beitrag.

119 Beispielsweise waren Jaegers Wollhemden noch bis ins Jahr 1882 gefärbt. Bei den Stoffen für die Oberbekleidung entschied er sich erst 1882/ 83 dafür, von gewobenen Stoffen auf Trikotstoffe umzustellen, die zunächst an Rundstrickstühlen, später an Regulär(wirk)-stühlen gefertigt wurden, (nach: MB 1882/ 12: 188.), siehe dazu auch die Anzeigen der Firmen Friedrich Bauer und Franz Entreß, beide Stuttgart, über Herrenanzüge aus Stoff (M. 60–100) und Trikot (M. 70–130) bzw. über „regulär gestrickte Oberanzüge" (MB 1882/ 12: 199.). Durch Abnehmen und Zunehmen werden auf dem Regulärstuhl formgerechte Trikotteile hergestellt, wie man sie sonst nur durch Zuschneiden erhält.

120 MB 1884/ 1: 2.

121 MB 1912/ 1: 2.

122 In einem Prospekt der Fa.Benger (Jahr unbekannt) wurden insgesamt acht verschieden dicke Qualitäten (es ist jeweils das Gewicht eines 100cm x 100cm-Stücks und der Preis für 1kg angegeben) angeboten: Extra feine Qualität (L): 185 Gramm, RM 31.50; Extra leicht (G): 160 Gramm, RM 25.40; Sommerqualität (K): 210 Gramm, RM 19.55; Sommer/ Mittel (KK): 370 Gramm, RM 19.10; Schwere Sommerqualität (KKK): 370 Gramm, RM 19.10; Winter (B): 280 Gramm, RM 19.80; Winter (A): 320 Gramm, RM 19.10; schwere Qualität (F): 350 Gramm, RM 19.10; sehr schwere Qualität (FF): 500 Gramm, RM 19.10. (Quelle: Wirtschaftsarchiv Hohenheim, Konkurrenz-Firmen-Prospekte des bisher unverzeichneten Bestandes der Fa. Büsing GmbH Reutlingen.)

123 Nach: Jaeger 1885 [wie Anm. 1]: 116.

124 Nach: MB 1912/ 3: 26.

125 Jaeger 1885 [wie Anm. 1]: 73. Er schränkt aber ein, daß er wenig Möglichkeiten sehe, den für ihn indiskutablen

Zustand der Kleidungshygiene bei den Frauen tiefgreifend zu verändern, „da hier Vorurtheil und Gewohnheit noch viel mächtiger sind und ich einer ganze Serie von liebgewordenem Tand und Plunder den Krieg erklären muß, von dem beim Mann keine Rede ist, wie seidenen Kleidern, weißen, auch noch (damit ja nichts durch kann!) gestärkten Unterröcken, leinenen Korsetten, weißen Strümpfen, ganzen weißen gestärkten Kleidern, so daß der Körper gleichsam unter einer Käseglocke steckt! Und dann noch: die Frauenwelt ist so verliebt in ihr Weißzeug, sie hat eine so große Freude an der Unterhaltung, die das ewige Waschen, Bügeln und Stärken gewährt, daß ich fürchte, von ihnen als grausamer Störenfried der Haushaltung, der eine trostlose Oede in der Waschküche und dem Weißzeugschranke erzeugt, mit Schimpf und Schande davon gejagt zu werden." (Ebd.).

126 Alle Jahresangaben aus MB 1884/ 1: 3.
127 Neues Deutsches Familienblatt. Stuttgart (1879), Nr.12; zit. in: Jaeger 1881 [wie Anm. 12]: 94.
128 Nach: Jaeger 1885 [wie Anm. 1]: 236.
129 „Bisher haben wir, was den Preis betrifft, dreierlei Abstufungen: 1 Herren-Anzug aus gewobenem Trikot stellt sich auf 80–120 Mark. Aus rechtwinkligen Geweben zu 60 und 80. Die auf dem Regulärstuhl gestrickten Herrn-Anzüge auf etwa 50 Mark NB. aus bester Qualität." MB 1884/ 9: 217. 130 Neues Deutsches Familienblatt. Stuttgart (1880), Nr.29; zit. in: Jaeger 1881 [wie Anm.13]: 193.
131 „Unter den bereits gebräuchlichen Männerröcken sind von vornherein alle diejenigen zu verwerfen, die nicht zum Hals herauf geschlossen sind, also die sogenannten salonfähigen, von unseren besseren Ständen getragenen, schlampigen, von französischen Mustern stammenden Männerröcke und Fräcke." Jaeger, Gustav E.: „Meine neueste Entdeckung." In: Neues Deutsches Familienblatt. Stuttgart (1879) Nr.8; zit. in: Jaeger 1881 [wie Anm.13]: 85.
132 „Weil er in ausgezeichneter Weise abhärtend wirkt und zugleich am besten beschützt." Jaeger, Gustav E.: „Etwas über Krankheitsursachen." In: Neues Deutsches Familienblatt. Stuttgart (1878), Nr.19; zit. in: Jaeger 1881 [wie Anm.13]: 68.
133 „So lange unser Körper wärmer ist, als die ihn umgebende Luft, wird diese überall, wo sie ihn berührt, wärmer, im nämlichen Augenblicke aber wird sie auch leichter und wird von der umgebenden kälteren und schwereren Luft verdrängt, die sich gleichfalls wärmt, um von einer nachfolgenden kältern Schicht wieder verdrängt zu werden. Jeder Mensch, welcher in der ruhigen Luft eines Zimmers steht, verursacht an seinem Körper einen aufsteigenden Luftstrom, wie jeder Zimmerofen thut, sobald er geheizt wird. Wenn man zwischen Rock und Weste ein empfindliches Anemometer bringt, so beobachtet man in der Regel, dass dieser aufsteigende Luftstrom so lebhaft ist, dass er sogar die kleinen Windflügel des Instrumentes dreht." Pettenkofer, Max von: Beziehungen der Luft zu Kleidung, Wohnung und Boden. Braunschweig. [1853] ³1873: 11.
134 Jaeger 1885 [wie Anm. 1]: 115.
135 MB 1882/ 8: 116. Auszeichnungen im Original. Jaeger war davon überzeugt, daß der hautanregende Effekt der Wolle den Körper ähnlich in Wallung bringe wie die Bewegung selbst (Jaeger 1885 [wie Anm. 1]: 8.).
136 MB 1882/ 6: 91.
137 MB 1882/ 8: 115.
138 Jaeger, Gustav E.: „Jägers Neuralanalyse." In: Das Ausland. [wie Anm. 28] (1880): 228–234, hier 228; Vorwort.
139 Kosmos. [wie Anm. 11], VI (Oktober 1879/ März 1880): 321; 323.
140 Der Beobachter. Ein Volksblatt aus Schwaben. Stuttgart, 54. Jg., Nr.120, 22. Mai 1884.
141 Ebd.
142 Mann, Heinrich: Der Untertan. [1918] München ³³1991: 296.

Alexander Gabriel

Der Prophet als Entrepreneur
Die symbiotische Beziehung zwischen
Hygiene und Maschenwarenindustrie

Im Jahr 1893 schrieb Gustav Jaeger in seinem Nachruf auf den im 85. Lebensjahr verstorbenen langjährigen Präsidenten der Königlich Württembergischen Zentralstelle für Handel und Gewerbe, Ferdinand Steinbeis, dieser sei die

„beinahe einzige offizielle Persönlichkeit Württembergs [gewesen; d. V.], welche sich für meine Thätigkeit als Hygieniker schon zu einer Zeit interessierte, in der ich nur vom Katheter und litterarisch im Neuen deutschen Familienblatt dieses Fach pflegte"[1] und

„der mir den Weg zur praktischen Ausführung wies. Er stellte mir vor, daß all mein Thun und Treiben in Wort und Schrift ganz vergeblich sei, solange ich mich nicht mit praktischen Geschäftsleuten in Verbindung setze, denn es habe keinen Zweck, eine Sache zu empfehlen, die man nicht kaufen könne; erst müsse sie gemacht und dann empfohlen werden. Er war es auch, der mir klar machte, ein Erfolg einer solchen Verbindung mit Geschäftsleuten sei nur dann zu erwarten, wenn Geschäftsvorteile damit verbunden seien, denn ohne solche nehme kein Geschäftsmann sich der Sache an. Und weiter sei es unbedingt notwendig, daß diese Vorteile nicht dem Geschäftsmann allein zukommen. Die Einführung dieser Sache könne einem bloßen Geschäftsmann nie gelingen, sondern erfordere die aktive und fortdauernde Mitwirkung eines hygienischen Fachmannes, der zu dieser Mitwirkung verpflichtet werden müsse, damit er nicht eines schönen Tags den Karren stehen lasse. Und die einzige Möglichkeit zu dieser Verpflichtung sei das, daß man ihn an den Geschäftsvorteilen Anteil nehmen lasse."[2]

Der kommerziellen Erschließung seines Wollregimes stand Jaeger lange Zeit äußerst skeptisch gegenüber; für ihn war es eigentlich die Pflicht des Staates, sein propagiertes Konzept in die „Militär- und Zivildienstkleidung"[3] einzuführen „um so der übrigen Bevölkerung mit gutem Beispiel voranzugehen."[4]

Jaeger erinnerte sich wohl an die Einführung der Trikot[5]-Unterwäsche durch die württembergische Heeresverwaltung zu Beginn der 1860er Jahre, die dieser den Weg geebnet hatte.[6] Seinem Werben war staatlicherseits jedoch die von ihm erhoffte Resonanz nicht beschieden, sein Vorschlag wurde – so scheint es – nicht einmal zu Kenntnis genommen.

Steinbeis gelang es, Jaeger von der Notwendigkeit eines privaten unternehmerischen Engagements für sein Anliegen zu überzeugen. Im März 1879 erhielt er von den Gebrüdern Benger ein Schreiben mit der Bitte, die beigelegten Trikotteile einer „genauen Prüfung zu unterwerfen"[7]:

„Nach den seit einer langen Reihe von Jahren gemachten Erfahrungen glauben wir sicher annehmen zu dürfen, daß die gewobenen [d.h. gewirkten; d. V.] Tricothemden Jacken u. Hosen Ihren Zwecken mehr entsprechen, als von Flanell gefertigte Kleidungsstücke, indem erstere die Transpiration des Körpers durch die Maschenbildung des Gewebes mehr fördert, als Flanell. Außerdem hat der gewobene Stoff die Eigenschaft, daß die hievon gefertigte Waare nicht so sehr in der Wäsche einläuft, wie dies bei Flanellen der Fall ist u. dadurch hart u. filzig werden; schließlich erwähnen wir noch, daß die gewobenen Gegenstände nach der Wäsche elastisch bleiben."[8]

Vierzehn Tage später kam seine Antwort:

"Die Prüfung der mir zugesandten Strumpfwirker wa[ren; d. V.] habe ich insoweit vorgenommen, als ich mich überzeugt, daß sie rein wollen sind und daß ich ein Hemd seither trage u. finde [daß; d. V.] es weit weicher und geschmeidiger ist, als Flanellhemden, sodaß sie also für Leute mit empfindlicher Haut für den Anfang besser sind. Ein Endurtheil kann ich natürlich erst abgeben, [wenn; d. V.] ich sehe, wie sie sich in der Wäsche machen. Ich habe dieselben aber [...] häufig theils mündlich empfohlen, theils in der [...] erscheinenden No.12 des Deutschen Familienblattes (beim Kohlhammer, Urbanstraße hier) in welchem Blatt [...] Sie überhaupt meine Auffassungen über Bekleidungs[lehre; d.V.] nachlesen können."[9]

Die von den Unternehmern ebenfalls beigelegten Unterhemden, -hosen und -jacken zu prüfen, lehnte er ab, weil

"Unterleibchen und Unterhosen nicht in mein Bekleidungssystem passen, das sind höchst überflüssige Möbel."[10]

Seine Empfehlungen hatten sichtlichem Erfolg, denn

"der Absatz in reinwollener (vorerst noch aus farbigen Garnen gewirkter) Leibwäsche begann schon im Frühsommer fühlbar anzuziehen, wobei die Kundschaft von vornherein ihr Interesse über das Hemd hinaus auch auf Hemdhosen, Unterhosen und Unterjacken ausdehnte."[11]

Das kam den Interessen der Unternehmer entgegen. Diese hatten somit allen Grund, sich im August 1879 für Jaegers persönlichen Einsatz zu bedanken:

"Es gereicht uns zum besonderen Vergnügen constatieren zu können, daß Ihre Bekleidungsmethode in der That sehr günstige Aufnahme findet, was die theils von hier und auswärts ergangene Nachfrage um Tricothemden u. Hose beweisen ja selbst von Finnland erhielten wir Bestellungen."[12]

Wenige Tage später unterbreitete Gottlieb Benger Jaeger verschiedene Modelle eines Trikothemdes zur Begutachtung:

"1) 1 Tricothemd mit Achselverschluß
2) 1 Tricothemd mit schrägem Verschluß
3) 1 Tricothemd, auf dem Rücken zu knöpfen.
Von diesen Proben, worüber mündlich debatirt wurde, wählte Herr Professor Jaeger Modell 1 als seiner Gesundheitslehre am Meisten entsprechend, und gab ihm sofort den Namen: ,Normaltricothemd', unter welchem Titel wir es erstmals im October 1879 in den Handel brachten."[13]

Am 30.Oktober 1879 wurde zwischen beiden Vertragsparteien auch juristisch das Vertragsverhältnis[14] besiegelt:

"§ 1.
Herr Professor Dr. Gustav Jaeger überläßt der Firma Wilhelm Benger Soehne Strumpfwarenfabrik die ausschließliche Anfertigung und den alleinigen Verkauf sowohl für das Deutsche Reich als für das Ausland des von ihm angegebenen und von letzteren construirten Normalhemdes für Herren, Damen und Kinder in reinwollnem Tricotstoffe sowie Flanellstoffen. Zu diesem Behufe gestattet Herr Prof. Dr. G.Jaeger den oben genannten Fabrikanten und sonst Niemanden

a.) unter dem Titel Normaltricothemden ,nach System Professor Dr. Gustav Jaeger' den gesetzlichen Musterschutz zu erwerben, sowie auf den eigenartigen Verschluß der Hemden ein Reichspatent nachzusuchen. (...)

§ 2.
Die Firma Wilhelm Benger Soehne verpflichtet sich hingegen:

a.) Die Hemden nur aus den von Herrn Professor Dr. G. Jaeger angegebenen Stoffen und nach dem festgestellten Schnitt unter Einhaltung möglichster Solidität zu fertigen, die Fabrikation unverweilt zu beginnen und solange Bedarf zwingt fortzusetzen.

b.) an Professor Dr. Gustav Jaeger, resp. dessen Erben, für jedes im Detail verkaufte Normaltricothemd, resp. jedes zu einem Hemd erforderliche Quantum verkauften Tricotstoffes den Betrag von

50 Pfg mit Worten: Fünfzig Pfennige und für jedes en gros verkaufte Hemd den Betrag 25 Pfg mit Worten: Fünfundzwanzig Pfennige zu bezahlen, hiebei werden 2 Kinderhemden als ein Ganzes berechnet, die Abrechnung selbst findet vierteljährlich statt.
(...)

§ 4.
Als Gegenleistung in diesem Unternehmen verpflichtet sich Herr Prof. Dr. G. Jaeger die Einführung der Normalhemden durch jederzeitige warme Empfehlungen zu erleichtern, und deren weitere Verbreitung durch öffentliche mündliche oder schriftliche diesbezüglichen Anregungen zu fördern. (...)"[15]

Dieser Vertrag wurde durch Folgeverträge immer wieder verändert, bzw. ersetzt.[16]

Kennzeichnend für die Strategie der Stuttgarter Unternehmer gegenüber Jaeger war das Bemühen, die Einschränkung der Jaeger-Produktion – die bisher nur Normalhemden gestattete – auf Unterhosen, Unterjacken, Hemdhosen und andere Unterwäsche-Artikel und nicht-reinwollene Unterbekleidung aus Kamelhaar, Vicuna-Angora oder Ziegenhaar auszuweiten.[17] Mitte März 1884 erhielten die Brüder Benger denn auch dafür die alleinige Konzession. Ihr Bemühen um Erweiterung ihres Angebotes nach System Prof. Dr.Gustav Jaeger hatte im Sommer 1887 Erfolg. Beide Parteien schlossen einen Vertrag ab, der an die Stelle des ersten aus dem Jahr 1879 trat und Gustav Jaeger deutlich enger an die Stuttgarter Fabrikanten band.

Die Vertragsparteien unterschieden darin drei Qualitäts-Gruppen: In den ersten beiden waren Artikel[18] zusammengefaßt, von denen verlangt wurde, daß sie in Stoff und Farbe nach den Grundsätzen Jaegers herzustellen seien.[19] In der dritten Gruppe waren Artikel genannt,

„welche ohne in Dr. Jaeger's System ausdrücklich empfohlen zu sein, denselben nahstehen",

und

„in Stoff und Farbe wesentlichen Erfordernissen des Jaeger'schen Systems nicht widersprechen."

Jaeger verpflichtete sich, die

„Fabrikate auf ihre hygienische Qualität und vorschriftsmäßige Herstellung wissenschaftlich, insbesondere auf mittels der von ihm erfundenen Neuralanalyse zu untersuchen, und ihnen die Ergebnisse zur Benützung mitzutheilen."[20]

Weiterhin bemühten sie sich, Patente in den USA einzureichen und in Frankreich, England, Rußland und Österreich-Ungarn Musterschutz für Normalhemden und Hemdhosen zu beantragen, was ihnen auch sehr bald gelang.[21]

„Damit ging es Schlag auf Schlag vorwärts."[22]

Der Vertrag vom 30. Oktober 1879 ermöglichte die Ausbeutung der Idee des Wolltrikots, einschließlich des wissenschaftlichen Titels Jaegers und seiner über sein Fachgebiet hinausreichenden wissenschaftlichen Autorität – den Vergleich mit Liebigs Fleischextrakt zieht er selbst.[23] Nicht mit dem Produkt allein, sondern mit seiner Person und gewappnet mit – von bekannten Ärzten und von Amts- und Privatpersonen[24] ausgestellten – Zeugnissen, gelang es, die Begriffe „System Jäger", „Normal-"[25] als Marken-Namen im Bewußtsein einer breiten Öffentlichkeit zu etablieren.

Mit dieser individualisierenden „Produktdifferenzierung"[26] war die Bengersche Normaltrikotware nicht nur unterscheidbar von der gattungsgleichen Ware der Konkurrenzunternehmen geworden, vielmehr wurde damit auch eine Aussage über deren Qualität und Reinheit getroffen – die Jaeger garantierte und mit seiner Unterschrift verbürgte:

„Erklärung.
Für die von den Herren W.Benger Soehne in Stuttgart nach meinem System gefertigten Normalartikel übernehme ich die persönliche Garantie.
1.) daß die dazu verwendeten Tricotstoffe durchaus reine Schafwolle ohne jede pflanzliche Beimengung sind.
2.) daß die zur Färbung verwendeten Farbstoffe nicht nur giftfrei, sondern von solcher Beschaffenheit sind, daß sie als der Gesundheit positiv förderlich bezeichnet werden können.
med. Dr. Gustav Jaeger   Professor des Kgl. Polytechnikums zu Stuttgart."[27]

Durch die Identifikation der Ware mit dem Namen Wilhelm Benger und der Person Gustav Jaegers und den Werten, die dieser durch seine wissenschaftliche Autorität in dieser Zeit vermittelte, konnten die persönlichen Beziehungen zwischen Produzent und Händler der Ware und dem Verbraucher – die verloren zu gehen drohten – und der „Verlust von Warenkenntnissen und Prüfungsmöglichkeiten auf der Abnehmerseite"[28] in einer ‚Sphäre des Vertrauens' aufgefangen werden.[29] Denn die Stuttgarter Unternehmer[30] gingen sehr behutsam zur un-persönlichen Werbung über: Der Anbieter, verkörpert durch Gustav Jaeger, konnte sich – verursacht durch die Vergrößerung des Absatzgebietes – nicht mehr selbst für die Provenienz und die Qualität seiner Ware verbürgen, wie dies bisher noch möglich gewesen war. Sein persönliches Garantieversprechen aber ersetzten – vorerst – nicht anonyme Abbildungen oder ‚Logos'. Er selbst symbolisierte dies in seinen Schriften und Katalogen – als Portrait und mit einer Erklärung – und verkörperte so in einer Welt der Maschinisierung, des Wandels, der Rationalität und der Dynamik einen festen Bezugspunkt, der Bekanntes, Bewährtes und Kontinuität zu gewährleisten schien.

Mit der Einführung des Markenzeichens (Doppelring mit Schleife) wurde seine Person in eine vereinfachende Abstraktion gebracht und war damit für Werbezwecke allgemein zu gebrauchen. „Sein" Markenzeichen war nicht nur Herkunftsangabe, Zeichen der Unternehmergarantie mit Vertrauensfunktion. Mittels der ihm eigenen Suggestiv- und Anziehungskraft und seiner Autorität wurde Jaeger vielmehr von Anfang an auch als Mittel der Werbung zur Bedarfs-Weckung und -Steuerung eingesetzt.

Marke als Qualitätssymbol

Die Stuttgarter Unternehmer hatten sich bei ihrer „Produktdifferenzierung"[31] nicht für einen möglichst niedrigen Preis ihres Produktes[32] entschieden, sie ließen sich nicht ein auf die Konkurrenz „mit der größten Billigkeit einer Ware"[33], wie sie von vielen anderen Herstellern praktiziert wurde, sondern setzten auf Qualität[34] – auch um den Preis höherer Kosten.[35] Daß diese ihren Preis schließlich wert war, wurde durch die „Marke" vermittelt.

Diese Werbung mit Markenzeichen und Markenartikel war zu dieser Zeit für den textilen Sektor neu und ungewöhnlich – obwohl es in Württemberg schon seit 1828 in der Gewerbeordnung einen Markenzeichen-Schutz gab.[36] Durch den Ausbau des Verkehrswegenetzes und die dadurch mögliche Erschließung neuer Märkte sowie durch die Entwicklung des Massenmediums Zeitschrift und Zeitung gewann sie jedoch mehr und mehr an Bedeutung. Produkt und Hersteller waren dem Käufer nicht mehr persönlich durch lokalen Bezug bekannt, beide mußte er erst durch die regionale und überregionale Marken-Werbung kennenlernen.

Dieser Strategie war Erfolg beschieden. 1931 stellte Hermann Schnabel fest, daß die württembergische Wirkwarenindustrie „in Markenartikeln dieses Industriezweigs in Deutschland an der Spitze" stünde, „als die volkstümlichsten seien genannt: Professor Jägers, Dr. Lahmanns Unterwäsche, Küblers und Bleyles Strickkleider, Hautana."[37]

Konzessionen

Um das Normalhemd vor Nachahmung der Konkurrenz zu schützen, meldeten es die Brüder Benger am 8. November 1879 zum Musterschutz an.[38] Die Eintragung als Schutzmarke folgte im Sommer 1880:

„ein Wappenschild mit Anker, welches wir aber dadurch bald verbesserten als wir es mit Ring und Schleife versahen u. am 6. October 1880 einregistrierten, was heute noch das Wesentliche us. Marke bildet."[39]

Dieser Schutz-Maßnahme der Geschäftspartner schlossen sich die meisten Konzessionäre – gegen den Widerstand der Brüder Benger – an: sie verwendeten von diesem Markenzeichen nur leicht abweichende Embleme[40] zur Auszeichnung ihrer Artikel nach Prof. Dr. Gustav Jaeger.[41]

Konkurrenzen

In Württemberg entstand eine „Normal"-Industrie, die aufgrund von Jaegers Tätigkeit zu Beginn der 1880er Jahre – nach seinen Angaben – einen Jahresumsatz von mehreren Millionen Mark hatte.[42]

So verwundert es nicht, daß nicht-konzessionierte Firmen Schutzmaßnahmen zu unterlaufen und sich als „Freibeuter"[43] unter die Vertragsfirmen Jaegers zu mischen suchten: sie umgingen das Marken- und Musterschutzgesetz[44] oder verletzten es, riskierten dabei eine Aufdeckung und eine Anklage[45]; „allein die Sammlung unbefugter Nachahmungen unserer Schutzmarke seitens in- und ausländischer Firmen füllt eine starke Mappe."[46]

Jaeger war im März 1880 das erste Mal gezwungen, gegen den Konkurrenzunternehmer Carl Machtolf einzuschreiten[47],

„welcher unter Bezugnahme auf Prof. Dr. G. Jaeger u. dessen Bekleidungsreform u. Gesundheitslehre marktschreierische Reclame in den Tagesblättern für Normal-Flanellhemden machte."[48]

Dennoch wurden Falsifikate und Imitate als „Normalhemden" mit dem Prädikat „von Dr. Jäger empfohlen" angeboten. Veränderungen des Schnittes und der Knopfleiste offerierte man dem gesundheitsbewußten Käufer als „Verbesserungen der Dr. Jäger'schen Unterkleider"[49]. Man verwendete – wie die Konzessionäre – etwa einen

„großen, runden schwarzen Stempel (…) dessen Schrift sich allerdings auf dem dunkeln Stoff nicht entziffern ließ."⁵⁰

Eine so werbende Firma sah – vor Gericht zu Rede gestellt – in ihrem Vorgehen keinen Täuschungsversuch. Für sie bestimmte das Warenzeichen nicht die Herkunft der Ware aus einem Geschäftsbetrieb, sondern deren Art und Gattung:

„dass die von ihr auf ihre Waren aufgedruckten Worte: Syst. Prof. Dr. Gustav Jaeger oder System Prof. Dr. Gustav Jaeger nicht geeignet seien, im Publikum den Glauben zu erwecken, dass ihre Waren vom Kläger [d.h. von Jaeger; d. V.] herrührten oder mit dessen Beteiligung hergestellt worden seien, sondern dass dieselben allgemein nur dahin verstanden werden könnten und verstanden würden, die Waren seien nach der vom Kläger mit grosser Reklame empfohlenen Methode fabrizirt worden. (…), daß es sich bei der Bezugnahme auf Klägers System nicht sowohl um eine Ursprungs- als vielmehr um eine Qualitätsbezeichnung handle (…)."⁵¹

Das Geschäft mit den Imitaten scheint sich gelohnt zu haben. Allein die Kölner Filiale des Warenhauses Tietz nahm in den neunziger Jahren der Firma Behr & Vollmöller (Vaihingen a.F.)⁵² jährlich für 100.000 M. Trikotwaren ab, der Konkurrent Marschel & Co. in Chemnitz scheint „etwa 3mal so viel"⁵³ geliefert zu haben, „alle mit Doppelring und Schleife gestempelt"⁵⁴. Möglicherweise wurde diese Firma durch den Absatz ihrer Imitate zu einer der größten Trikotfabriken Deutschlands.

Der Entrepreneur

Aber nicht nur die nicht-konzessionierten Firmen versuchten, ihren Anteil an Jaegers florierendem Geschäft zu bekommen. Er selbst mußte sich gegen alle möglichen Zumutungen und Diktat-Versuche seiner Verhandlungspartner und Konzessionäre erwehren, die sich 1882 im „Normalring", einer Vereinigung größerer und kleinerer (meist württembergischer) Unternehmer zusammengeschlossen hatten. Unter diesen scheint es zugegangen zu sein wie in einem „Reitergefecht"⁵⁵.

Der geschäftstüchtige Patron stand seinen Geschäftspartnern jedoch in der Wahrnehmung seiner Interessen und in der Wahl seiner Mittel in Nichts nach: Er erteilte in den achtziger Jahren seine Konzessionen über dieselben Artikel und dasselbe Verbreitungsgebiet nicht allein an seine eigentlich ausschließlichen Konzessionäre Benger – was diesen im Vertrag vom 31. Oktober 1879 ausdrücklich zugesichert worden war –, sondern auch anderen Firmen im In- und Ausland.⁵⁶

Die „Beförderung" des Strumpfwirker-Gewerbes

Im industriell unterentwickelten, strukturschwachen, rohstoff- und kapitalarmen Königreich Württemberg baute die Ministerialbürokratie auf die „mit natürlichem Geschick verbundene Arbeitslust einer dichten nach Arbeit verlangenden Bevölkerung"⁵⁷. Diese wurde so – neben der Auslandsnachfrage – zum wichtigsten Wirtschaftsfaktor⁵⁸ und machte sich im arbeitskräfte-orientierten verarbeitenden Gewerbe bemerkbar, zum Beispiel in der Maschinenbauindustrie.⁵⁹

Die Etablierung ausländischen Know-hows in die wirtschaftliche Einöde gelang unter anderem durch den Zuzug des französischen Rundwirkmaschinenkonstrukteurs Honoré Frédéric Fouquet aus Troyes, dem Zentrum der französischen Rundwirkmaschinen-Herstellung (Jacquin & Michel, Gillet, Berthelot, Motte & Fouquet).⁶⁰ Dieser hatte seit 1834 Rundstühle hergestellt und weiterentwickelt und gründete mit dem in Württemberg ansässigen Unternehmer Carl d'Ambly 1852 in Stuttgart eine „Circular-Strumpfweb-Maschinen-Fabrik". Ihre Firma – „Carl d'Ambly, Fouquet & Comp." – wurde von der Centralstelle sowohl durch die Zahlung von 2.000 fl. in vier Raten von 1853 – 1856⁶¹ unterstützt, als auch durch eine Verfügung im Gewerbeblatt gefördert, nach der sie

„einer Anzahl durchaus tüchtiger Strumpfwebermeister des Landes, welche sich in nächster Zeit einen solchen Rundstuhl anschaffen und selbständig darauf arbeiten [würden; d. V.],"⁶²

eine Prämie von 20% der Kosten (beschränkt auf maximal 50 fl.) für die Anschaffung einer – der 119 bis 686 fl. teuren – Maschinen⁶³ zahlen würde. Sie verwies⁶⁴ dabei auf den auf der gegenüberliegenden Seite abgedruckten „Preis-Courant der Circular-Strumpfweb-Maschinen-Fabrik von d'Ambly, Fouquet & Comp."⁶⁵ – was einer amtlichen Empfehlung gleichkam.

Diese Strategie einer gezielten Förderung einzelner Industrien, Handwerkszweige oder Betriebe blieb selten. Im Vordergrund stand die Politik indirekter Förderung und Lenkung, geleitet von der Doktrin des wirtschaftlichen Liberalismus'. Sie sollte helfen, einen Entwicklungsrückstand des Gewerbes aufzuholen, nicht aber, dieses vom Staat abhängig zu machen. Wo sich Gewerbe als nicht profitabel erwiesen, wurde ihr Niedergang durch Subventionen nur solange aufgehalten, bis es anderen Industrien möglich war, die dort freigesetzten Arbeitskräfte aufzunehmen.[66]

Die Förderung der Textilindustrie beschränkte sich aber nicht darauf, die Wirkerei, Strickerei und Näherei im Staat in die Lage zu versetzen, mit neu erworbenen technischen Kenntnissen und Verfahren konkurrenzfähig zu produzieren.[67] Die Centralstelle war auch bestrebt, diese Maschinen im Inland baldmöglichst selbst herstellen zu lassen[68], um so den Umfang der Importe zu verringern.

Die Industrialisierung Württembergs ohne tiefe Einschnitte mit einer ‚zeitlichen Phasenverschiebung' war allerdings nie die Strategie der Staatsförderung gewesen. Verursacht wurde diese ‚Verspätung' vielmehr durch eine Grundhaltung – selbst Bestandteil einer „kollektiven Reserviertheit gegenüber dem industriellen Fortschritt"[69] –, die geprägt war von Mißtrauen und ängstlicher Nachahmung – was jede „dynamische Eruption"[70] verhinderte. Der in Württemberg erst in den 1880er Jahren einsetzende entscheidende Industrialisierungsprozeß[71] – „take-off" – war mit ein Ergebnis dieses zögerlichen Verhaltens.

Auf die relevante Frage nach der Spezifität dieser staatlichen Wirtschaftsförderung und -lenkung und deren Interessen kann an dieser Stelle nicht ausführlicher eingegangen werden. Es wäre hierbei nicht zu fragen, „(…) inwieweit der Staat den technischen Fortschritt gefördert hat, sondern, welchen technischen Fortschritt er auf Kosten welcher anderer Möglichkeiten vorantrieb"[72]. Ebenso bleibt offen, welch stimulierende Wirkung die staatliche Unterstützung überhaupt für die betreffenden Industrien und die Industrialisierung allgemein hatte.[73]

Die Rundwirkstuhltechnik

Der Begriff „Stuhl" rührt von dem ein Sitzbrett enthaltenden Untergestell her.[74] Unterschieden wird der französische Rundstuhl – waagrechte, radial gelegene (an den äußeren Enden weiter voneinander entfernt als an den inneren) Nadelreihe – vom englischen – senkrechte, parallel angeordnete Nadelreihe – und vom deutschen, der mittels eines Exzenters die Schlaufen kuliert.[75]

Erst durch die Einführung des französischen Rundwirkstuhls mit Großer oder Stuttgarter Mailleuse (Neusystem)[76] durch Fouquet im Jahr 1856 war es möglich geworden, auch trockenes, „hartes, federndes Garn, wie Wolle, Seide"[77] fehlerfrei zu verarbeiten. Bis dahin war – mit der (von ihm 1845 erfundenen) sogenannten Kleinen Mailleuse oder Mailleuse droite (Altsystem)[78] – die Herstellung weitgehend auf Strümpfe und Trikotstoffe aus Baumwollgarnen und Streichgarnen im Fett beschränkt geblieben.

Konstruktion und Funktion

Das Nadelsystem des Rundwirkstuhls bildet einen Ring, welcher sich um seine Mittelachse dreht. Die Produktion des Stoffes vollzieht sich in stetig fortlaufenden Kreisbewegungen[79] um diese. Das Ergebnis ist ein Trikotschlauch, der durch sog. „Kratzen" von den Nadeln abgezogen wird und nach unten in den Warenkessel sinkt. Die seitlich am Zahnkranz angeordnete Mailleuse, auch „System"[80] genannt, dient als zentrales Element des Rundwirkstuhls, den laufenden Faden durch ein Maschenrad, in dem Platinen angeordnet sind und die durch den Zahnkranz des Nadelkranzes gedreht und durch Keilstücke gesenkt werden, in maschenförmigen Fadenschleifen mit sich selbst zu verschlingen.

Diese Anordnung – vervollständigt durch Preßrädchen zum Pressen der Nadeln, Platinen zum Abschlagen der Maschen und Einschließrädchen – war mit ihrer komplexen Steuerfunktion und Störanfälligkeit bei der Schleifenbildung bis zu Fouquets Weiterentwicklung der neuralgische Punkt der Maschine.[81]

Die Innovation bestand darin, Preßrädchen und Abschlag innerhalb des Maschenrades anzuordnen, was ein Ausspringen der schon kulierten Schleifen – und damit ungleichmäßige Maschen und Warenfehler – verhinderte und einen schnelleren Betrieb ermöglichte.

Die Achse der Maschine ist in einer Höhe von 1,80–2m an einem Balken oder Träger aufgehängt. Angetrieben wurde sie bis in die zwanziger Jahre durch eine Hand-Kurbel, seitdem über eine Transmission.

Je nach Umfang[82] arbeitet der Rundwirkstuhl mit zwei bis zwölf Mailleusen, die je eine Maschenreihe pro Umdrehung der Maschine herstellen und damit deren Leistung wesentlich mitbestimmen.[83]

Jeder Rundstuhl hat einen bestimmten Durchmesser und eine bestimmte Nadelfeinheit[84] und kann nur eine Trikotbreite mit einer Maschendichte herstellen. Um Seitennähte bei den Trikotagen zu vermeiden, müssen entsprechend der Körperweiten deshalb in der gleichen Maschenfeinheit (bspw. 26 fein) Rundstühle mit größerem oder kleinerem Durchmesser (14, 15, 16, 17 franz. Zoll, etc.) aufgestellt werden.[85]

„Da nun Trikotagen auf Maschinen von 20 grob bis 30 fein hergestellt werden und für jede Maschenfeinheit ein bestimmes Aggregat von Rundstühlen erforderlich ist, so ist von dieser Seite her eine starke Tendenz zur Spezialisierung gegeben. Praktisch wirkt sich diese dahingehend aus, daß die meisten Trikotagenfabrikanten sich auf wenige, die kleinsten Betriebe sogar nur auf eine Maschenfeinheit beschränken."[86]

Mit vorher gespultem Garn und Maschinen mit 2–4 Systemen konnte eine Arbeitskraft 1925 mindestens 20 Mailleusen gleichzeitig bedienen, dreißig Jahre später waren es schon 30–36 Mailleusen.[87]

Das kleinste Modell der Firma Carl d'Ambly, Fouquet & Comp., ein Rundwirkstuhl (Altsystem) mit einem Durchmesser von 5 franz. Zoll, mit einer Mailleuse und einem Feinheitsgrad zwischen 12 grob bis 24 fein kostete 1852 zwischen 143 und 168 Gulden.[88]

Ihr Katalog von 1895 bot Altsystem-Maschinen mit einem Durchmesser von 10 bis 48 franz. Zoll und mit zwei bis zwölf Mailleusen, mit einem Feinheitsgrad zwischen 8 bis 27 grob und 20 bis 26 fein an. Die billigste Normalausführung kostete 271 Mark, die teuerste kam auf 1.445 Mark.

Neusystem-Maschinen gab es in den gleichen Durchmessern mit zwei bis acht Mailleusen und einem Feinheitsgrad zwischen 8 bis 27 grob und 20 bis 36 fein für 348–1.625 Mark.[89]

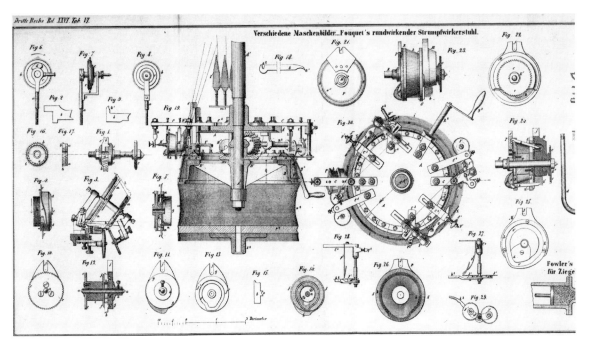

1 Das im Jahr 1852 der Öffentlichkeit vorgestellte „Altsystem".

Die Verbreitung der Innovation

Die technischen Voraussetzungen zur Verarbeitung von Wolle zum Trikot waren vorhanden. Für das Neusystem, das ausgebaut und verfeinert wurde[90], interessierten sich jedoch nur wenige. Das Altsystem, das seinen Zweck – die Herstellung von gröberen und mittelfeinen Strümpfen, Mützen, Schals und Spezial-Trikots – bis dahin vollkommen erfüllt und den Bedürfnissen der VerbraucherInnen und damit „den Haupterfordernissen der Praxis völlig entsprochen"[91] hatte, wurde nicht innerhalb kürzester Zeit abgelöst, wie man eigentlich hätte erwarten können. Vielmehr überwogen bis 1882 – mehr als ein Vierteljahrhundert nach der Einführung der großen Mailleuse – noch ganz eindeutig die Bestellungen für das eigentlich technisch überholte Modell.[92] 1866, dem zehnten Jahr seit der Erfindung des Neusystems, gehörten von 73 verkauften Rundwirkstühlen 46 dem Altsystem an, nur 27 dem Neusystem. 1872 standen 152 Altsystemen nur 34 Neusysteme gegenüber.[93] Diese „weite Zone des Übergangs"[94] zwischen alter und neuer Technologie muß aber nicht als Indiz für die Rückständigkeit der Unternehmer verstanden werden. Die gewonnene Flexibilität und Schnelligkeit konnte den deutlich höheren Preis der Neusystem-Maschinen gegenüber den Altsystemen noch nicht rechtfertigen, dazu war die Nachfrage nach gewirkter Baumwoll-, vor allem aber von Wollunterkleidung noch nicht groß genug:

> „man darf daraus schließen, daß bis zu diesem Zeitpunkt [Anfang/Mitte der siebziger Jahre; d. V.] immer noch die Fertigung von Strümpfen und wenigen Arten von Spezialartikeln besonders aus Baumwolle als Hauptaufgabe der Rundwirkmaschinen angesehen wurde. Die Beschäftigung mit gewirkter Leib- und Unterwäsche stand erst in den Anfängen."[95]

Während 1881 79 Maschinen (mit 296 Systemen) und 1882 84 Maschinen (mit 328 Systemen) von Fouquet gebaut werden konnten, stieg 1883 – der Jaeger'sche Stern und der seines Wollregimes standen schon am Himmel – die Nachfrage mit 206 Stühlen und 848 Mailleusen sprunghaft an. Nach den Jahren 1884 (214/ 876) und 1885 (185/ 670)[96] wurde die Maschine 1886 für Fouquet zum ‚Verkaufsschlager' – obwohl die Firma längst kein Monopol mehr darauf besaß: es konnten 409 Rundwirkstühle mit 2.062 Mailleusen ausgeliefert werden.

Nicht allein Fouquet war dieser unternehmerische Erfolg beschieden, auch die anderen Rundwirkmaschinen-Hersteller Württembergs – Terrot und Haaga[97] – profitierten von dieser regen Nachfrage: Allein von den drei oben genannten Maschinenwerkstätten wurden bis 1924 insgesamt 54.600 Rundwirkmaschinen mit zusammen 198.000 Systemen im In- und Ausland verkauft.[98]

Bis in die 1870er Jahre lag der Schwerpunkt der Trikotwarenherstellung in Württemberg in der hand- werklichen Strumpfwirkerei auf dem alten Flach- stuhl. Zu Beginn der achtziger Jahre stieg die Anzahl der Industriebetriebe in den späteren Zentren der Trikotindustrie, am Albrand (Nürtingen, Metzingen, Reutlingen, Kirchheim u.T., Vaihingen/F.)[99], auf der Südwest-Alb (Balingen, Ebingen, Tailfingen, Onstmettingen, Truchtelfingen, Hechingen, Burladingen)[100], Reutlingen[101] und im Großraum Stuttgart[102] rapide an.[103] Ihre Fabriken wurden nun zu guten Kunden der Firma Fouquet:

> „Ortsnamen wie Balingen, Ebingen, Tailfingen, Hechingen nehmen seit 1880/81 einen vorher ungewohnten Platz in den Bestellbüchern ein."[104]

Diese Entwicklung hin zu einer „württembergischen Nationalindustrie"[105] wäre jedoch ohne die bürgerlich-pietistischen Werte Fleiß und Bescheidenheit, ohne die handwerkliche Tradition, aus

2 Großer (44") Neusystem-Rundwirkstuhl mit 8 Großen Mailleusen, Hochantrieb und Kratzenabzug.

der sich die Facharbeiter rekrutierten, ohne die Steigerung der Exportrate[106] und ohne eine verbesserte Infrastruktur[107] – zur Versorgung mit Rohstoffen und zum Abtransport der Produkte[108] – nicht möglich gewesen. Zudem war die Bevölkerung auf der Südwest-Alb[109] – aufgrund der schlechten Ernteerträge und der praktizierten Realteilung[110], die zu immer kleineren Parzellen führte[111] – auf einen Nebenerwerb[112] oder einen Wechsel in einen anderen Hauptberuf angewiesen.[113]

Nicht nur geprägt von „Energie und Biegsamkeit"[114], sondern auch vom „Freiheits- und Selbständigkeitsdrang"[115] und der „Liebe zu eigenem Besitz"[116] blieb der „Arbeiter-Bauer" an seinem Wohnort, wurde zum „Bauern-Arbeiter"[117], oft genug zum Heimarbeiter und wanderte nicht ins Ausland[118] aus oder in die größeren Städte ab.

Wandel durch Bewußtseins-Wandel

Es wäre vermessen, hier ein komplexes Modell der Verbreitung des Rundwirkstuhls und der Nachfrage nach Trikotwaren in Ursachen, Katalysatoren, Wechselwirkungen, Synergien und Auswirkungen zu zergliedern.[119] Stark verkürzt soll hier nur einem ‚Strang' dieser ‚Verflechtungs-Ordnung' nachgegangen werden.

Was Ferdinand Steinbeis versucht hatte, Gustav Jaeger deutlich zu machen, war für die Trikotwarenindustrie seiner Zeit entscheidend: Um zu reüssieren, genügte es nicht, ‚nur' zu erfinden. Erst die wirtschaftliche Umsetzung dieser Invention – Innovation – sicherte ihre Existenz. Auf der Grundlage der Kontakte zwischen Ideen- und Kapitalgebern einerseits und Produzenten andererseits und einer Bedürfnisweckung nach den entsprechenden Produkten wurde die Erfindung nun verbreitet: die Diffusion. Die Voraussetzungen der ‚Bedürfnisweckung' – aus der die Nachfrage[120] resultierte – wurden erst durch Veränderungen gesamtgesellschaftlicher Wertvorstellungen[121], speziell einem Bewußtseinswandel gegenüber den Ideen der Hygiene- und Gesundheitsbewegung, ermöglicht.

Nur durch diesen ‚Resonanzboden' haben die Konzepte Gustav Jaegers und Heinrich Lahmanns ihren Widerhall in Alltagskultur und Alltagsgebrauch vornehmlich der Mittelschichten finden können.[122]

Das Eintreten der beiden Antipoden[123] für Strick- und Wirkware und gegen Webware wurde nun in Form der Jaeger- bzw. Lahmann-Hemden[124] und -Unterwäsche[125] zur „Schlüsselinnovation"[126] der gesamten Trikot- und Strickwarenindustrie.[127]

Durch diesen Impuls und die daraus resultierende Auslands- Nachfrage[128] konnte sich die technische Entwicklung des Neusystems – bis dahin fast unbeachtet[129] – in der Praxis innerhalb kurzer Zeit durchsetzen und zur Grundlage und zum Standard der industriellen Produktion werden.

Denn breite Bevölkerungskreise waren inzwischen bereit, Trikotstoff in seiner Eigenschaft des vielseitigen und elastischen, bequemen und hochwertigen Gewebes als Unter- und Oberkleidungsstoff[130] zu akzeptieren.[131] Viele sahen diesen in Form von Baumwolle und Wolle auch als gesundheitsfördernde ‚zweite Haut' an und verlangten die Ware. Für den Strick- und Wirkstoff sprach auch, daß er den gewobenen Stoffen zwar ähnlich sah, aber preiswerter war als diese.

Aber nicht nur praktische Gesichtspunkte waren für diese Bedarfsweckung verantwortlich, die Nachfrage nach den Surrogaten der Jaegerschen und Lahmannschen Bekleidung war auch Ausdruck einer neuen Modewelle mit stark vertretenen hygienischen Forderungen.[132]

Die große Nachfrage[133] zwang die Trikotwarenhersteller ihrerseits, in Rundwirkstühle zu investieren – das heißt, diese Branche zu industrialisieren –, die Beschäftigtenzahl zu erhöhen und ihre Produktion auszuweiten.[134]

„Dieses Wollsystem war der Auftakt zur Blütezeit der Trikotageindustrie"[135], einer Blütezeit in Phasen gesamtwirtschaftlicher Stagnation[136], die – unterbrochen durch kurze konjunkturelle Abschwächungen[137] – bis zum Ersten Weltkrieg währte.

Verbunden mit dieser Hochkonjunktur des Trikots war das Entstehen einer neuen Zulieferindustrie und von Handelsgeschäften: Kisten-, Karton-, Maschinen-, Nadel- und Spulenfabriken sowie Trikotagen-Groß- und Kleinhandlungen wurden gegründet und/oder konnten in dieser Zeit expandieren.[138]

Von „woolenites" und „woodenites"[139] im Vereinigten Königreich[140]

Auf wessen Vermittlung der Kontakt zwischen den Brüdern Benger (als von Jaeger alleinig konzessioniert) einerseits und den Herren Lewis R.S. Tomalin und seinem Schwager H.F. Ihlee andererseits zustandekam, läßt sich nicht mehr nachvollziehen. Überliefert ist nur der Vertrag vom 19. September 1883 und die Eintragung der gemeinsamen Gesellschaft am 10. Dezember 1883 ins Handelsregister.

Die Londoner Unternehmer waren durch diesen berechtigt, in Großbritannien, seinen Kolonien und Besitzungen Normal-Wollwäsche nach System Jaeger zu verkaufen. Sie durften dies mit den Einschränkungen, daß

„alle solche Normal Wollunterkleidungsartikel u. Wolle mit deren Fabrikation W. Benger Soehne sich befassen oder noch befassen werden, ausschließlich nur von denselben zu beziehen"[141] seien,

und daß keine gestrickte oder gewobene Konkurrenzware als Normalartikel neben oder als Ersatz für Produkte ‚nach Prof. Dr. Jaeger' geführt werden würde.[142] Sie verpflichteten sich, Druckschriften

„über das Wollregime und die Benger'schen Fabrikate zu halten (auch in combinirter Form), Plakate in seinem Schaufenster oder Laden leicht lesbar aufzuhängen, aufzulegen und an seine Kunden regelmäßig zu vertheilen u. die zu eruirenden Filialen u. Verkaufsstellen in gleicher Weise hirzu zu veranlassen"[143],

sowie dafür Sorge zu tragen,

„daß es dem englischen Publikum möglich ist, vorkommenden Falles seinen Bedarf in respektablen Verkaufsgeschäften zu decken d.h., daß in den verschiedenen Hauptplätzen Englands nach u. nach Verkaufsstellen oder Vertretungen eingerichtet werden."[144]

Die Firma Benger hingegen erklärte sich damit einverstanden,

„nur solche Normal Artikel zu liefern, welche in jeder Hinsicht den Anforderungen des Herrn Prof. Dr. G. Jaeger entsprechen u. zum Beweis der Aechtheit jedes Stück mit Orginalstempel in blauer Farbe abgestempelt ist"[145],

sowie

„schön ausgeführte Plakate, englische Belehrungen über us. Normal Fabrikate gratis zu liefern u. jedem einzelnen Stück Waare beizufügen, ebenso den zum Einkleben in die englischen Kataloge nöthigen Stoff gratis abzugeben."[146]

Durch eine Klausel sicherte sie sich gegen einen Fehlschlag dieser Zusammenarbeit durch ein einseitiges Kündigungsrecht nach drei Jahren ab, das an den Jahresumsatz gekoppelt war.[147]

Die Honorierung Jaegers durch die Londoner wurde in diesem Vertrag nicht behandelt, erst später ist festgehalten, daß der Stuttgarter 3% Tantieme in halbjähriger Abrechnung sämtlicher Bezüge erhielt,

„sofern diese Bezüge nicht von concessionirten Originalfirmen gemacht werden, oder sofern nicht bereits an die betreffende Originalfirma eine derartige Abgabe gezahlt wird, welche die Tantieme des Herrn Prof. Dr. G. Jaeger in sich schließt."[148]

Jaegers Konzessionäre waren in diesen Vertrag miteinbezogen, sie lieferten in seinem Auftrag nach England und profitierten von dieser multinationalen Geschäftsbeziehung – die wesentlich lukrativer werden sollte als der Verkauf in Deutschland.[149] Die gesicherte Auslandsnachfrage konnte von so manchem Lizenznehmer zur Vergrößerung des eigenen Betriebes genutzt werden; beispielsweise übergab Franz Entreß, der bis dahin seine Aufträge durch eine Lohnstrickerei in Nürtingen hatte erledigen lassen, das Stuttgarter Herrenwäschegeschäft seinem Bruder Anton und eröffnete zu Beginn des Jahres 1884 im Dorf im Neckartal ein weiteres Unternehmen.[150]

Die Resonanz in England

Anders als in Deutschland fand in England Jaegers Konzept Eingang in die damalige Alltagskleidung. Sein System erreichte – unter anderem ermöglicht durch Tomalins offensive Geschäftspolitik[151] – eine größere Bekanntheit und Verbreitung als in der Heimat. Die Übersetzung seiner Schrift *Prof. Dr. Gustav Jaegers Gesundheitspflege* erreichte unter dem Titel *Health Culture* eine Auflage von 500.000 Exemplaren[152], zwischen 1884 und 1909 verteilte die „Dr. Jaegers Sanitary Woollen System Company" etwa 7 Millionen Kataloge an ihre Kunden.[153] Die Zahl der Vertreter in Großbritannien und in Irland belief sich zeitweise auf über 1.000. Dazu kamen eigene Niederlassungen sowie in hunderten von Städten Kleinhandelsgeschäfte.[154]

Knapp drei Jahrzehnte nach Gründung seines Unternehmens schrieb Tomalin:

"Wir haben heute fast in jeder großen und kleinen Stadt von Großbritannien und Irland entweder eigene Depots oder Agenturen eröffnet und wahrscheinlich ist zur Zeit im britischen Reiche kein Name bekannter als der Dr. Jaegers. (...) Wir versenden heute die Jaegerware fast überall nach den britischen Kolonien. (...) Von Anfang an, wo wir den ersten Jaegerladen (1884) eröffneten, haben wir nichts anderes verkauft, als einzig und allein ‚Jaegers reine Wolle'. Und der Umstand, daß unsere Depots nur Jaeger'sche Kleidung in reiner Wolle für Mann, Weib und Kind verkaufen, vom Hemd an bis zum ganzen Kostüm, hat das Publikum von Vorurteilen befreit, wie es durch nichts anderes besser geschehen hätte können."[155]

Die Ursache dieser vorurteilsfreien Rezeption der Wolle lag in der gelungenen Synthese zwischen hygienischer Forderung einerseits und den Ansprüchen der ‚herrschenden' Mode und den Kleidungsgewohnheiten andererseits – was dem Schöpfer des Wollregimes zwar als Verwässerung seiner Lehre vorkommen mußte[157], dieser jedoch größere Popularität verschaffte.

Jaeger führte diese Empathie „seiner" Wolle gegenüber auf die Gewohnheit der Engländer, Wollkleidung zu tragen, zurück; die Umstellung auf seine Bekleidungslehre würde also nur die Farbe und die Verarbeitung der Wolle als Trikot betreffen.[158] Die positive Reaktion war seiner Meinung nach nicht zuletzt das Ergebnis der ‚Reife' des Wollregimes, das sich nun – im Gegensatz zu Deutschland – aller Experimente und Provisorien entledigt hatte, nachdem es

"(...) schon die Kinderschuhe zertreten hatte und gestützt auf Erfahrungen vor das englische Publikum treten konnte"[159].

Nicht nur in der Entwicklung und Verbreitung des Wollregimes gab es Unterschiede. In Deutschland blieb der Begriff „Jaegerkleidung" auf das Synonym „Unterwäsche" beschränkt, die dazugehörige Oberbekleidung wurde nicht akzeptiert[160] – während in England beide als Teile einer ganzheitlichen Kleidungslehre verstanden wurden.[161] Einen weiteren Grund für die unterschiedliche Verbreitung sah Jaeger im liberal strukturierten Sozial- und Gesundheitssystem, das sich in England durch die Initiative des Patienten selbst regle[162] und von daher – im Gegensatz zu der in Deutschland durch den Staat organisierten Gesundheitsfürsorge – seinem Anspruch an Selbstverantwortlichkeit für die eigene Gesundheit[163] eher entsprach.[164] Dazu kam, daß in England alle Artikel von einer Filialkette vertrieben wurden, während in Deutschland sich sein System auf mehrere Unternehmen verteilte; „(...) aber diese unter einen Hut zu bringen, war ein Ding der Unmöglichkeit."[165]

So oft auch die Herren der Jaeger Company ihre Dankadressen an den Schwaben richteten, nicht allein durch ihn und seine Hygiene-Lehre machte seine Kleidung ‚Karriere'. Auch Qualität und Haltbarkeit waren Kriterien für die Kundinnen und Kunden. ‚Jaeger London' bot sie: spätestens seit 1885 haben die Unternehmer auf jedes Teil – wenn es mit dem firmeneigenen Waschmittel „Suaviter" gewaschen wurde – fünf Jahre Garantie gegeben.[166] Qualitätsware mit Rücknahmegarantie.

Zudem hatte 1879 die Engländerin Lillie Langtry in einem Kostüm von J. Redfon im Stil der Engen Mode[167] Jersey als Kleidungsstoff sowohl mode- als auch alltagstauglich gemacht. Bekannt waren die Jerseys aber auch schon seit den 60er Jahren als Oberteile der Sportkleidung.[168]

„A new gospel has reached us from Germany"[156]

Die Jaegerianer-Vereine

Auf Jaegers Anregung schlossen sich seine Anhänger in Vereine „für Verbreitung einer gesundheitsförderlichen Normalbekleidung"[169] zusammen. Ihr Zweck war es,

„die Reform der Bekleidung des menschlichen Körpers nach den Grundsätzen der Gesundheitswissenschaft, insbesondere nach den Lehren des Professors Dr. Gustav Jäger in Stuttgart, – sowie diese gesundheitsförderliche Bekleidung durch die thatkräftigste Unterstützung auch den Minderbemittelten zugänglich zu machen."[170]

Ihre Mitglieder[171] waren gehalten, „den Vorschriften des Dr. Jaeger thunlichst"[172] nachzuleben, die Normalkleidung in der Öffentlichkeit zu tragen und die Bevölkerung „mit Beispiel, Schrift und Wort"[173] zu informieren. Wie diese Praxis durch die Vereinsmitglieder im Einzelnen aussah – darüber geben die Akten keine Auskunft.

Sicher ist, daß die 27 Gustav-Jaeger-Vereine[174], die es je gab, nie großen Zulauf hatten, und eher ein kümmerliches Dasein in der damaligen „Vereinslandschaft" der meisten Städte fristeten: mit weitem Abstand waren die Ortsgruppen in Dresden und in Stettin mit maximal 97 bzw. 86 Mitgliedern[175] die größten. Und meist dauerte es kein Jahrfünft, bis dies ‚Pflänzchen' dann auch verdorrt war.

Die Mitglieder des – in den Jahren 1886 bis 1894 gewählten – Vorstands im Jägerianer-Verein Nürnberg waren Vertreter sowohl des unteren, als auch mittleren und oberen Bürgertums.[176]

Seinen Jüngern wollten jedoch die wenigsten folgen, dazu fielen diese mit ihrer Oberbekleidung zu sehr auf, schienen zu obskur, ja wurden – wie ihr „Meister" – in der Öffentlichkeit zum Gespött gemacht. Ganz im Gegensatz dazu begeisterte „seine" Unterwäsche viele, und so trugen in Deutschland Zehntausende „System Jaeger"[177] – versteckt.

Anmerkungen

1 Jaeger, Gustav Eberhard (Hrsg.): Professor Dr.Gustav Jaegers Monatsblatt. Stuttgart 1893/ 5: 77. Nachfolgend als „MB" abgekürzt.
2 Ebd.: 78.
3 Ebd.
4 Ebd.
5 Unter „Trikot(agen)" wird in diesem Zusammenhang sowohl die auf Rundwirkstühlen, als auch die auf Rundstrickstühlen produzierte Maschenware verstanden. Bei beiden Techniken (Wirken/Stricken) wird der Faden mit sich selbst verschlungen – im Gegensatz zum Webstoff, bei dem 2 Fäden (Kette und Schuß) rechtwinklig miteinander verwebt werden. Auf die einzelnen Unterschiede in Technologie, Produktion, Verbreitungsgebiet und Aufbau der Maschenware kann hier nicht näher eingegangen werden; siehe dazu: Willkomm, Gustav: Die Technologie der Wirkerei für technische Lehranstalten und zum Selbstunterricht. Erster Teil. Leipzig 1910 und: Aberle, Carl: Geschichte der Wirkerei und Strickerei. In: Johannsen, Otto (Hrsg.): Geschichte der Textilindustrie. Leipzig/ Stuttgart/ Zürich 1932: 385–540. Siehe dazu auch den Beitrag von Johanna Poettgen in diesem Band.
6 Nach: Schnabel, Hermann: Die Wirkwarenindustrie in Württemberg. Ihre Entwicklung und gegenwärtige Struktur. Kohlhammer Verlag Stuttgart 1931: 12; Riede, Hugo: Die Entwicklung der württembergischen Textilindustrie. Heidelberg 1937: 44. Beide belegen ihre Aussage nicht.
7 Abschrift des Briefs der Brüder Benger vom 01. März 1879 an Gustav Jaeger. In: Benger, Gottlieb: Kopierbuch. Geschäftsbuch Fa. Wilhelm Benger Söhne/Gustav Jaeger. (umfaßt den Zeitraum zwischen 1879 und 1896): 2; Privatbesitz. Ihrem Brief nach taten sie dies auf Veranlassung des Architekten Hermann Diemar (ebd.).
8 Ebd. Welche Teile nun an Jaeger gesandt wurden, wird nicht klar, die Formulierung „einige Probestücke unseres Fabrikats" (ebd.) kann jedoch so interpretiert werden, daß es nicht nur Hemden, sondern auch Unterhemden, -hosen und -jacken waren, die Jaeger erhielt.
9 Ebd. Abschrift des Briefs Gustav Jaegers an die Brüder Benger vom 14.März 1879. Die Abschrift ist teilweise zerstört; die entsprechenden Stellen sind durch „[...]" kenntlich gemacht. Jaeger bezieht sich auf eine Artikelserie, die er unter dem Titel „Meine neueste Entdeckung" im Neuen deutschen Familienblatt 1879, Nr. 1–10 veröffentlichte, in der er seine Duftstofflehre und – darauf aufbauend – sein Bekleidungssystem darlegte. (wiederabgedruckt in: Jaeger, Gustav E.: Die Normalkleidung als Gesundheitsschutz. Stuttgart 1880.).
10 Ebd.
11 Voege, Ernst: 1844–1954. 110 Jahre Wilhelm Benger Söhne Stuttgart. Archiv für Wirtschaftskunde GmbH, Darmstadt 1954: 98f.
12 Kopierbuch [wie Anm. 7]: 3.
13 Ebd: 5; Kommentar zu den Briefen vom 07. und 08. August 1879 der Brüder Benger an Gustav Jaeger.
14 Nach Jaeger ist es nicht der erste Vertrag, den er im Rahmen der Verbreitung seines Wollregimes einging. Seinen 'Vertrags-Vorgängern' maß er jedoch „eine fast nur lokale Bedeutung" (MB 1904/ 5/ 6: 65) bei – während für ihn der „entscheidenste Vertrag" (ebd.) der zwischen ihm und der Firma Benger Söhne, „die in kurzer Zeit die Führung der ganzen Bewegung übernahm" (ebd.), war.
15 Kopierbuch [wie Anm. 7]: 6.
16 „Das ergab sich aus dem Wandel der geschäftlichen Voraussetzungen, einem Wandel, der sich namentlich in den ersten beiden Jahrzehnten oft sehr schnell vollzog, da die ganze Maschenwarenindustrie in Bewegung geraten war." Voege 1954 [wie Anm. 11]: 105f.
17 Nach Voege 1954 [wie Anm. 11]: 106.
18 „Gruppe I: Normal Hemd einschließlich des sogenannten Touristenhemdes, Reisenachthemdes und Damennachthemdes, Normal Hemdhose, Normal Unterbeinkleider, Sanitätsunterbeinkleider. Gruppe II: Normal

18 Unterjacken, Normal Schlafsack, Brust u. Rückenwaermer, Normal Tricotweste, Tricotverbandbinde, Hyg. Bauchbinde, Leibbinde zum Schlupfen und Binden, Normal Damen Untertaille, Damen Tricot Unterroecke, Normal Schweissblaetter, Erstlingswäsche, Stoffe in allen zu vorstehenden Artikeln verwendeten Qualitäten, Normal Salmiak Wollwaschseife." Kopierbuch [wie Anm. 7]: 60; Vertrag zwischen Fa. Benger Söhne und Gustav Jaeger vom 26.Juli 1887, § 3.
19 Ebd.: 62; Vertrag zwischen Fa. Benger Söhne und Gustav Jaeger vom 26.Juli 1887, § 5. Der Unterschied zwischen beiden Gruppen bestand darin, daß Benger bei den Artikeln der Gruppe 1 „zur Fabrikation und Stempelung dieser Artikel und damit zur Zahlung von Tantieme insolange als überhaupt Nachfrage besteht, verpflichtet" (ebd.: 65; § 10.) waren, während es ihnen bei denen aus Gruppe 2 freistand, auf ihre Rechte zu verzichten (ebd.).
20 „Tricot-Unterjacke, Jagdweste, Damen-Untertaillen (nicht Normal), Negligé Jacke, Damen Westen, Tricot Damen Unterroecke, Hemden vorne offen, Hosen vorne offen ohne Ueberschlag." Ebd.: 60; Vertrag zwischen Fa. Benger Söhne und Gustav Jaeger vom 26.Juli 1887, § 3. Ebd.: 64; § 7. Ebd.: 62; § 4c.
21 Was Rußland anbelangt, geschah dies allerdings erst im Jahr 1887. Hervorgerufen wurde diese Verzögerung durch einen Vertragsbruch Jaegers, der seinen ehemaligen Schüler und Mitarbeiter Julius Panzer mit der „geschäftlichen Ein- und Durchführung" seines Wollregimes in Rußland beauftragt und zur Herstellung der entsprechenden Normalartikel für dieses Territorium alleinig konzessioniert hatte – mit der Folge, daß die Brüder Benger (nach den Aussagen des klagenden Anwalts) in ihrem 'Rußland-Geschäft' einen deutlichen Umsatzrückgang zu beklagen hatten (Klage des Rechtsanwalts Dr.Kielmeyer vor dem königl. Landgericht Stuttgart vom 11.Juni 1887 namens der Firma W.Benger Söhne gegen Prof.Dr.Gustav Jaeger; n. pag.). Der Konflikt zwischen beiden Parteien wurde durch den Vertrag vom 26.Juli 1887 beigelegt.
22 MB 1904/ 5+6: 65f.
23 MB 1885/ 11: 338.
24 So empfahlen beispielsweise der „consultierende Arzt Ihrer Majestät der Königin von Württemberg, Prof. Dr. Rapp", der Oberamtsarzt Dr. Sigmundt, der Praktische Arzt E. Schlegel neben dem Herausgeber des Schweizer Volksarztes, einem k.k. Hofburgschauspieler und einem Bürgermeister in einem Gutachten die Wolltricothemden nach System Prof. Dr. Gustav Jaeger. In: Benger Söhne, Wilhelm (Hrsgg.): Katalog über das Wollregime. Darin enthalten: Belehrung über das Wollregime, Katalog. Stuttgart, o.J. [September 1882]; Privatbesitz.
25 Unter „Marke" sollen jene „Zeichen, welche zur Unterscheidung ihrer Waren von Waren anderer Gewerbetreibender auf den Waren selbst oder auf deren Verpackung angebracht werden" (Reichsgesetz vom 30. November 1874, zit. in Coing, Helmut: Europäisches Privatrecht. Band II., München 1989: 167.) verstanden werden.
26 Chamberlin, Edward H.: Die Theorie der monopolistischen Konkurrenz: Produktdifferenzierung. In: Herdzina, Klaus (Hrsg.): Wettbewerbstheorie. Köln 1975: 76–89; hier: 76. „Eine Produktgattung ist differenziert, wenn sich die Waren (oder Dienstleistungen) eines Anbieters von denjenigen der anderen Anbieter durch irgendeine bezeichnende Eigenschaft unterscheiden." (ebd.).
27 Kopierbuch [wie Anm. 7]: 28. Siehe auch: Warenzeichen der Firma Benger Söhne/Stuttgart, angemeldet am 6.Juli 1883 beim Amtsgericht Stuttgart für „Normalhemden, Hemdhosen, Unterbeinkleider, Unterjacken, Wollwesten, Leibbinden, überhaupt fertige Wollwaaren sowie Woll- und Strickgarne jeder Art" (In: Reichsamt des Innern [Hrsg.]: Nachweisung der im Deutschen Reiche gesetzlich geschützten Waarenzeichen. 1888, III. Band, Gruppe IX. Textilindustrie. e. Strickerei und Wirkerei [Strumpfwaarenfabrikation]: 121.)
28 Wadle, Elmar: Fabrikzeichenschutz und Markenrecht. Geschichte und Gestalt des deutschen Markenschutzes im 19. Jahrhundert. Erster Teil: Entfaltung. Schriften zur Rechtsgeschichte; H.14. Berlin 1977: 33.
29 Nicht zuletzt war bis zur Einführung der Gewerbefreiheit die „Marke" durch die Behörden erteilt worden, die damit garantierten, daß bestimmte Fabrikationsregeln oder Qualitätsvorschriften – allgemein oder örtlich festgelegt – eingehalten worden waren. Im 19. Jahrhundert tritt jedoch mehr und mehr die unternehmerische Unterscheidungsfunktion, die mit der Qualitätskomponente verbunden wird, in den Vordergrund. (Nach: Lammel, Siegbert: Recht zur Ordnung des Wettbewerbs. Bekämpfung des unlauteren Wettbewerbs/ Deutschland. In: Coing, Helmut: Handbuch der Quellen und Literatur der neueren europäischen Privatrechtsgeschichte. Band III/3, München 1986: 3806–3821; hier: 3806f.)
30 Das Bemühen um einen persönlichen Kontakt mit ihrer Kundschaft im In- und Ausland war beiden Brüdern sehr wichtig (nach: Stump, Carl. Abhandlung über Wilhelm Benger Söhne. n.v., zit. in Voege 1954 [wie Anm. 11]: 84; Stump war langjähriger Prokurist der Firma.).
31 Chamberlin 1975 [wie Anm. 26]: 76–89; hier: 76.
32 Welchen Anteil das System Professor Dr. Gustav Jaeger an der Gesamtproduktion hatte, bleibt unklar.
33 Schnabel 1931 [wie Anm. 6]: 80.
34 Was nicht ohne Risiko war, denn „es ist durchaus ungewiß, wie der neue Artikel vom Verbraucher aufgenommen wird." (ebd.)
35 Was nicht heißen soll, daß der Konkurrenzkampf weniger heftig geworden wäre, die Zahl der daran beteiligten Unternehmer wurde nur kleiner.
36 „Jeder Fabrikant oder Handwerker ist befugt, seine Fabrikate durch Aufdruckung seines Unterscheidungszeichens, das in seinem Namen oder Wappen oder in der Firma seiner Fabrik bestehen kann, kennbar zu machen, und ein Muster dieses Zeichens bei dem Oberamte, zu welchem sein Wohnort oder seine Fabrik gehört, zu hinterlegen. Die betrügliche Nachahmung solcher Zeichen wird als Fälschung geahndet." (Reyscher, A.L.: Sammlung württemberg. Gesetze. Band 15/ 2, Reg.-Gesetze, 5.Teil, Tübingen 1847: 1233; revidierte allgemeine Gewerbeordnung vom 05.08. 1836, die auch die Fassung der Allg. Gewerbeordnung von 1828 beinhaltet; „Allgemeine Bestimmungen, Art.6 Fabrikzeichen"). Zur Geschichte des Schutzes durch Warenzeichen in Württemberg siehe: Möhler, E.: Entwicklung des gewerblichen Rechtsschutzes in Württemberg. Stuttgart 1927: 116–127.
37 Schnabel 1931 [wie Anm. 6]: 79.
38 Kopierbuch [wie Anm. 7]: 5; Kommentar zu den Briefen vom 07. und 08. August 1879 der Brüder Benger an Gustav Jaeger.
39 Ebd.. Das Zeichen wurde nur für „Normalhemden, welche die Firma damals ausschließlich herstellte" (Benger Söhne, Wilhelm [Hrsgg.]: Denkschrift über die Entwickelung der Warenzeichen der Firma Wilhelm Benger Söhne in Stuttgart. Stuttgart 1899: 2.) angemeldet, für die Normalhemdhose, wollene Produkte allgemein, „Sanitäts-Unterkleider", Strick- und Webgarne, Schweißblätter und Seife gab es in der Produktbezeichnung unterschiedliche, sonst aber identische Schutzzeichen.
40 Graphisch blieb kennzeichnend – trotz aller Veränderungen, was die Firmenhinweise anbelangt – der durch zwei konzentrische Kreise gebildete Ring, unter dem ein ausgezacktes Band angebracht war. An Text hatten die Zeichen die auf die Ware hinweisenden Worte „Syst. Dr. G. Jaeger" und „Gesetzlich geschützt", „Rein Wollen" gemein.
41 Siehe bspw. im Verzeichnis der Normalgeschäfte in Stuttgart (MB 1881/ 1: 13.) und in den Anzeigen der Firmen Chr.Vetter (Normal-Cravatten), P. Schmich (Normal-Taschentücher) (MB 1882/ 5: 79) und G. Rammenstein (Normal-Korsett) (MB 1882/ 12: 195.), Otto Glatz (Normal-Unterröcke) (MB 1883/ 1: 20.), Franz X. Schmid (Normal-Hosenträger) (MB 1883/ 1: 24.), der Württ. Normalbettmanufaktur (MB 1882/ 10: 160.), alle Stuttgart. Die Firma Benger erhob gegen dieses Vorgehen Anklage, die in mehrfacher Instanz jedoch abgelehnt wurde.
42 Nach: Jaeger, Gustav E.: Mein Austritt aus dem Staats-

43 dienst. Separatabdruck im MB 1884/ 4: 1.
43 MB 1904/ 5+6: 74.
44 Diese Praxis der regionalen Zeichenrechte setzte sich im Deutschen Reich noch bis 1874 fort. Mit dem in diesem Jahr erlassenen Warenzeichengesetz wurde ein reines Registrierungssystem mit Zuständigkeit der Amtsgerichte aufgebaut, es gab weder eine zentrale Registerbehörde, noch ein zentrales Markenregister der publizierten Zeichen, „es war einfach unmöglich, dass auf diese Weise die einzelnen Amtsrichter einen Ueberblick über das Warenzeichenwesen gewinnen konnten" (Strafanzeige des Rechtsanwaltes Dr. E. Kielmeyer/ Stuttgart an die K. Staatsanwaltschaft beim K. Landgericht, Chemnitz Namens der Firma Wilhelm Benger Söhne gegen die Inhaber der Fa. August Marschel & Co. in Chemnitz vom 9. März 1898, n.pag.; Privatbesitz.) Bevor 1894 mit dem „Gesetz zum Schutz der Waarenbezeichnungen" die ausschließliche Zuständigkeit dem Patentamt erteilt wurde, bot allerdings eine dreibändige „Nachweisung der im Deutschen Reich gesetzlich geschützten Warenzeichen", die im Auftrag des Reichsamts des Innern 1887 zusammengestellt worden war und danach durch Ergänzungsbände auf dem Laufenden gehalten wurde, eine späte, aber wertvolle Hilfe bei der Anmeldung neuer Zeichen oder der Umschreibung älterer Marken. In dieser „Nachweisung" war das entsprechende Warenzeichen abgebildet, angegeben waren der Tag der Anmeldung, das damit beschäftigte Amtsgericht sowie die Artikel, für die es galt.
45 So wurden die beiden Inhaber der Firma Marschel & Co. (Chemnitz) 1884 zu je 300 M. Geldstrafe und 500 M. – an die Fa.Benger zu zahlende – Buße verurteilt (Abschrift des Urteils der III.Strafkammer des kgl. Landgerichts zu Chemnitz vom 07. April 1884; Privatbesitz.) Im Dezember 1897 wurden in den vier Münchner Filialen des Warenhauses Tietz so große Mengen an Trikotwaren beschlagnahmt, daß sich die K. Staatsanwaltschaft „dieser Masse von corpora delicti gegenüber geradezu in Verlegenheit" (ebd.) befand. Gegen Oskar Tietz – dessen Hauptlieferant die Firma Marschel & Co. gewesen zu sein scheint – wurde 1898 Anklage wegen „fortgesetzten Vergehens wider §14 und 20 des Gesetzes zum Schutz der Waarenbezeichnungen vom 12. Mai 1894" erhoben. Aus: Abschrift der Anklageschrift des kgl. Staatsanwaltes am kgl. Landgerichte München I vom 21. November 1898: 56; Privatbesitz).
46 MB 1904/ 5+6: 77.
47 Er verband die Androhung einer gerichtlichen Verfolgung etwaiger Nachahmer mit Produktinformationen und distanzierte sich in dieser Erklärung nicht nur von Fälschungen, sondern – „aus gesundheitlichen, technischen und oekonomischen Gründen" (Erklärung Jaegers vom 30. März 1880 bzw. vom 20. Mai 1880. In: Kopierbuch [wie Anm. 7]: 7.) – auch vom Flanell als bestgeeigneten Stoff für Unterbekleidung und setzte sich für den Trikotstoff ein.
48 Erklärung Jaegers vom 30. März 1880 bzw. vom 20. Mai 1880. In: Ebd.: 7.
49 Zitate aus einem an die Fa. Benger Söhne gerichteten Schreiben von Ernst K., sowie Annoncen der Firmen J.Stangl, Hemden- und Schürzenfabrik München, und C.F. Raab. Zitiert in: MB 1882/ 12: 182–184.
50 So das an die Fa. Benger Söhne gerichtete Schreiben von Ernst K.; zit. in MB 1882/ 12: 184.
51 Abschrift der Abschrift des Urteils des Vierten Civilsenats des kgl. Sächsischen Oberlandesgerichts vom 4.März 1892 in Sachen Firma Marschel & Co. gegen Professor Dr. Gustav Jaeger, Teil „Thatbestand", n.pag., Privatbesitz. Zuvor war die Fa. Marschel & Co. gegen eine erstinstanzliche Verurteilung im Juni 1891 in Berufung gegangen.
52 1881 gegründet, entwickelte sich die Vereinigte Trikotfabriken A.-G. Robert Vollmöller bis zum Ersten Weltkrieg zu einem der größten Textilunternehmen Württembergs mit Filialen in Untertürkheim, Plieningen und Herrenberg, mit 1.300 FabrikarbeiterInnen und 1.200 HeimarbeiterInnen (nach: Huber, F.C.: Festschrift zur Feier des 50jährigen Bestehens der Württembergischen Handelskammern. II.Teil: Großindustrie und Großhandel in Württemberg. Stuttgart 1910: 217.)

53 Strafanzeige des Rechtsanwaltes Dr. E. Kielmeyer [wie Anm. 44].
54 Ebd.
55 Jaeger, Gustav E.: Denkschrift zum Vertrag mit Robert Seuffer. 1906, nicht veröffentlicht; Privatbesitz. Manche von ihnen beanspruchten nur ein kleines Spezialgebiet der Jaeger-Produktion als Nische für sich, die meisten aber interessierten sich für größere Produktionsgebiete, „an denen auch andere sich interessiert hatten, wo also höchstens partielle Reservate vorbehalten werden konnten und weithin ein Nebeneinander mehrerer Konkurrenten hingenommen werden mußte." Voege 1954 [wie Anm. 11]: 114. Beispielsweise war die Normal-Oberbekleidung für Herren zwischen den Firmen Fr.Bauer, Bender & Cie., H.Herion und Franz Entreß aufgeteilt; Normal-Militäranzüge waren der Firma Bender & Cie., gestrickte Normalanzüge für Herren und Knaben der Fa.Entreß (die auch Normal-Strümpfe herstellte) und Normal-Damen-Oberbekleidung der Fa.Helbling & Hermann vorbehalten (nach: ebd.: 115.).
56 Siehe dazu Kopierbuch [wie Anm. 7]: 73-75; „Anlage 1 zu dem Vertrag zwischen W. Benger Söhne Stuttgart-Bregenz & Dr. G. Jaeger, Professor a.D. Stuttgart, datirt 26. Juli 1887" mit einer Auflistung aller Konzessionen, „bei welchen eine Kollision mit Benger'schen Konzessionen in Frage kommt oder in Frage kommen könnte" und: Klage des Rechtsanwalts Dr. Kielmeyer vor dem königl. Landgericht Stuttgart vom 11.Juni 1887 namens der Firma W. Benger Söhne gegen Prof. Dr. Gustav Jaeger; Beilage 5, Abschrift; Privatbesitz.
57 Vischer, Ludwig: Die industrielle Entwicklung im Königreich Württemberg und das Wirken seiner Centralstelle für Gewerbe und Handel in ihren ersten 25 Jahren. Stuttgart 1875: 370. Wobei die Rolle für die wirtschaftliche Entwicklung Württembergs, die Vischer der Centralstelle beimaß, kritisch zu hinterfragen ist; er war selbst Beamter der Centralstelle, „der in einer Zeit (1875), in der ihre Existenz gefährdet war, natürlich daran interessiert gewesen sein mußte, ihre Notwendigkeit auch weniger günstig Gesinnten klarzumachen." Fischer, Wolfram: Staat und Wirtschaft im 19. Jahrhundert. In: Borst, Otto (Hrsg.): Wege in die Welt. Die Industrie im deutschen Südwesten seit Ausgang des 18. Jahrhunderts. Stuttgart 1989: 89–106; hier: 100.
58 Steinbeis sah in den Rohstoffquellen, im Kapital, in der Qualitätsarbeit – „Geschicklichkeit" (Steinbeis, Ferdinand von: Die Elemente der Gewerbeförderung nachgewiesen an den Grundlagen der belgischen Industrie. Stuttgart 1853: 223.) – und im Absatz die Grundlage der Gewerbsetätigkeit. Aufgabe der Gewerbeförderung sei, die „Erstehung großer industrieller Etablissements" (ebd.: 226.) zu unterstützen. Von dem durch sie hervorgerufenen Aufschwung profitiere dann auch das Handwerk (ebd.).
59 „Die württembergische Maschinenindustrie beschränkte sich vor 1850 darauf, Reparaturen an den importierten Maschinen vorzunehmen. Sie umfaßte 1852 nur 3,2% aller gewerblich Beschäftigten. Loreth, Hans: Das Wachstum der württembergischen Wirtschaft von 1818 bis 1918. Jahrbücher für Statistik und Landeskunde von Baden-Württemberg, Jg.19, 1.Heft 1974: 52.
60 „Das Hereinholen ausländischer Technik war ein eindrucksvoller, von Anekdoten umrankter Vorgang, der mit Auslandsaufenthalten deutscher Unternehmer und Regierungsbeamter und mit Anwerbung von Ausländern verbunden war. Der dadurch bewirkte technische Wandel war in der Regel auffälliger als die von den Einheimischen selbst vorgenommenen Veränderungen. Daß neue Techniken aus der Fremde gekommen seien, war eine verbreitete Vorstellung, die das Befremdende des Neuen widerspiegelt. Die wirklichen Vorgänge waren meist komplizierter; ausländische Einflüsse wurden am ehesten dort wirksam, wo sie sich mit einheimischen Bestrebungen trafen und sich diesen anpaßten." Radkau, Joachim: Technik in Deutschland. Vom 18. Jahrhundert bis zur Gegenwart. Frankfurt/M. 1989: 88.
61 Von einer finanziellen Hilfestellung bei der Gründung des Unternehmens durch den württembergischen König oder die Centralstelle kann also nicht die Rede sein (vgl. dazu u.a. Vischer 1875 [wie Anm. 57]: 406, Benger,

Gebrüder Wilhelm (Hrsgg.): Fünfzigjähriges Jubiläum der Firma W.Benger Söhne. Stuttgart 1894: 11 und Boelcke, Willi A.: „Wege und Probleme des industriellen Wachstums im Königreich Württemberg." In: Zeitschrift für württembergische Landesgeschichte. Jahrgang XXXII, 1973, 2.Heft [= 1973a]: 436–520; hier: 511), da d'Ambly und Fouquet spätestens Ende Januar 1852 entschlossen waren, eine Rundstuhlfabrik in Stuttgart zu errichten, die später gestellten Unterstützungsgesuche dienten nur dazu, die Bedingungen für diese Gründung zu verbessern: „Das Unternehmen ist ohne Staatshilfe in Gang gekommen, die Kräfte von d'Ambly, Fouquet und einem oder mehreren stillen Teilhabern genügten durchaus, um es auf die Beine zu stellen." (Voege, Ernst: 1834–1959. 125 Jahre Fouquet-Werk. Intern-Chronik. maschr. Manuskript, Darmstadt 1959, Archiv des Landesmuseums für Technik und Arbeit in Mannheim, 458 DOA 875, Firmenarchiv Fouquet & Frauz: 41.) Aber natürlich waren ihnen die staatlichen Zuschüsse recht, die einer äußerst nachdrücklichen Befürwortung von Seiten Steinbeis' bedurften, der „sich seinerseits durch persönliche Visitationen regelmäßig vorher überzeugte, daß das Geld in einen gesunden Betrieb floß." (Voege 1959: 42.).

62 Aussetzung von Prämien an Strumpfwebermeister für die Anschafffung von Rundstrickstühlen. in: Centralstelle für Gewerbe und Handel (Hrsg.): Gewerbeblatt aus Württemberg. Nr.27/ 28; 07./ 14.Juli 1852: 125f. Diese Vorgehensweise war nicht einmalig, bspw. wurde auch der Erwerb von Lambschen Strickmaschinen (Vischer 1875 [wie Anm. 57]: 467.)und der von Nähmaschinen subventioniert: Im April 1860 veranstaltete die Centralstelle eine „mehrtägige öffentliche Produktion des Maschinennähens (…), welche (…) namentlich in weiblichen Kreisen das größte Interesse an den neuen, zum Theil sehr wohlfeilen Maschinen (von 30 fl. an aufwärts) hervorrief. Namentlich die sehr leicht zu handhabenden kleinen Kettenstich-Maschinen fanden nun sofort Eingang in den Familien, und beseitigten dort das Vorurtheil, welches man anfänglich gegen die Maschinen-Nätherei hatte, zugleich brachen sie aber auch den mit zwei Fäden nähenden Maschinen in weitern Kreisen die Bahn, über deren unverwüstliche Arbeit bald keine Zweifel mehr obwalteten." (Vischer 1875 [wie Anm. 57]: 461f.) Die Strategie der Centralstelle zeitigte – was die Anzahl der Nähmaschinen im Königreich anbelangt – nach fünfzehn Jahren Erfolg, „ihre Zahl wird jetzt auf ungefähr 25.000 angeschlagen. Familie und Gewerbetreibende ziehen daraus großen Nutzen, der Gesammt-Verdienst aus der Nätherei aber ist durch die Maschine nicht beschränkt, wie Anfangs befürchtet wurde, sondern gegentheilig aufs Großartigste erweitert worden." (Vischer 1875 [wie Anm. 57]: 463.)

63 Damit waren die Rundwirkstühle drei- bis zehnmal teurer als die traditionellen Flachwirkstühle. (Nach: Voege 1959 [wie Anm. 61]: 51; bezieht sich auf das Schreiben Ferdinand Steinbeis' an das Innenministerium vom 09. Februar 1863.)

64 „Die von der Fabrik Karl d'Ambly, Fouquet u. Cie. in Stuttgart ausgegebene hiernach beigefügte Preisliste gibt über die Anschaffungskosten der Stühle Auskunft." Aussetzung von Prämien an Strumpfwebermeister für die Anschaffung von Rundstrickstühlen. In: Centralstelle für Gewerbe und Handel 1852 [wie Anm. 62]: 126.

65 Ebd.: 127.

66 Bspw. die Strohflechterei, Zündholzfabrikation, Leinenindustrie. (Nach: Vischer 1875 [wie Anm. 57]: 429f. Boelcke, Willi A.: Forschungen zur Wirtschaftsgeschichte des Königreichs Württemberg. In: Arbeitskreis für Landes- und Heimatgeschichte im Verband der württembergischen Geschichts- und Altertumsvereine. Protokoll der 42.Sitzung am 24.11. 1973 in Stuttgart, maschr. [= 1973b]: 15–34; hier: 33.) Boelcke meint, daß dieser staatlichen Gewerbepolitik eine auf eine langfristige Industrialisierung ausgerichtete Strategie zugrundelag und interpretiert – durch die weitreichenden Folgen, d.h. die industrielle Potenz und Fortschrittlichkeit Württembergs nach dem Ersten Weltkrieg, wohl nicht unbeeindruckt – in die Politik der Centralstelle eine Absicht und einen Sinnzusammenhang nachträglich hinein, die beide im ursprünglichen Zeitablauf nicht bestanden: „Die staatliche Gewerbepolitik schuf die günstigsten Voraussetzungen für die fortschreitende Industrialisierung, vermied schroffe Übergänge und nahm dem Industrialisierungsprozeß seine schwerwiegenden sozialen Implikationen, die er in anderen Ländern zeigte." (Ebd.: 34.)

67 Wirkerei: Vischer 1875 [wie Anm. 57]: 408; Näherei: ebd.: 464; Strickerei: ebd.: 468.

68 „Einer der wichtigsten Nachfrager nach Maschinen war in Württemberg die Textilindustrie. Und die Nachfrage nach Maschinen war in Württemberg nach Huber besonders im ersten Fünftel der 1850er Jahre hoch. Und in jener Zeit ging Württemberg vom Maschinenimport mehr zur Herstellung eigener Maschinen über." Loreth 1974 [wie Anm. 59]: 56.

69 Borscheid, Peter: Unternehmer, Arbeiter, Industriekultur. In: Borst 1989 [wie Anm. 57]: 175–194; hier: 179.

70 Ebd.: 178.

71 Nach: Loreth 1974 [wie Anm. 59]: 59. Württemberg hinkte damit den anderen Staaten Deutschlands um 30 Jahre hinterher. (nach: ebd.).

72 Radkau 1989 [wie Anm. 60]: 100.

73 Ihre Auswirkungen sind wohl als gering einzuschätzen, bspw. betrugen die Ausgaben des württembergischen Staates zwischen 1877–1911 für die Förderung von Handel und Gewerbe 0,68% des jeweiligen Jahresetats, die der Gewerbeförderung im eigentlichen Sinn 0,35%. (Nach: Fischer 1989 [wie Anm. 57]: 101.) „Fragt man nun nach spezifischer Staatstätigkeit gerade in jenen Jahrzehnten, in denen die württembergische Industrie groß geworden ist, also etwa seit den achtziger Jahren, so wird man außer den staatlichen Investitionen in materielle und geistige Infrastruktur, in Eisenbahnen und Schulen, um es verkürzend zu bezeichnen, keine besonderen Aktivitäten entdecken. Die württembergische Industrie hat sich, spät zwar in mancher Hinsicht, aber sehr wirksam, im großen und ganzen ohne spezifische Staatshilfe entwickelt." (Ebd.: 104.)

74 Willkomm 1910 [wie Anm. 5]: 3.

75 Siehe dazu: Aberle 1932 [wie Anm. 5]: 456., sowie: Ders.: Die Wirk- und Strickmaschinen. (Handbuch für Textilingenieure, Bd. 41), Wuppertal-Barmen 1951, und Willkomm 1910 [wie Anm. 5]: 7f..

76 Die Begriffe „Maschenbildner", „Maschenbildungssystem", „Arbeitsstelle", „System" und „Mailleuse" werden hier synonym verwendet.

77 Hesser, Wilhelm: Die Fabrikation der Trikotwaren und Strumpfwaren und deren Kalkulation. Chemisch-technische Bibliothek. 264.Band. 2., vermehrte und verbesserte Auflage Wien/Leipzig 1925: 43. Kammgarn ist feiner, glatter, langfaseriger, gleichmäßiger und – durch die stärkere Drehung – härter und weniger füllig als das Streichgarn. Für die Kleidung nach System Jaeger wurde ausschließlich Kammgarn verwendet. Nach: ebd.: 104.

78 Siehe dazu: Die rundwirkenden Strumpfwirkerstühle der Mechaniker Fouquet und Berthelot zu Troyes. In: Dingler, Johann Gottfried./ Dingler, Emil Maximilian. (Hrsgg.): Polytechnisches Journal. Jg. 33, Bd. CXXVI [d.h.: Dritte Reihe, Band XXVI], Stuttgart 1852: 321–345, samt Tabellen VI und VII.

79 Sie unterscheidet sich somit von der Produktion am Flachwirkstuhl, da bei diesem nach jeder Maschenreihe der Kulierapparat umkehren muß, somit immer wieder Zeit verloren geht bis zur neuen Maschenerzeugung. Dazu kommt, daß sich an einem Nadelring mehrere Arbeitsstellen hintereinander anordnen lassen.

80 Siehe dazu die Abbildung in: Aberle 1951 [wie Anm. 75]: 22f.

81 Mehr als ein Jahrzehnt brüteten die Rundwirkmaschinenmechaniker in Troyes über diesem Problem, bis Fouquet die Lösung fand. Zu den Alternativen siehe: Die rundwirkenden Strumpfwirkerstühle der Mechaniker Fouquet und Berthelot zu Troyes. In: Dingler/ Dingler 1852 [wie Anm. 78]: 321–345, sowie Tab. VI und VII.

82 Meist wurden Rundwirkstühle mit einem Durchmesser

von 14 bis 22 franz. Zoll und Feinheitsgraden von 16 grob bis 24 fein hergestellt. (nach: Voege 1959 [wie Anm. 61]: 69f.)

83 Neben der Feinheitsnummer der Maschine, der Garnqualität, der Stoffart und dem Durchmesser des Stuhls, auch seine Umdrehungsgeschwindigkeit (zwischen 8 und 32 Umdrehungen/Minute). (Nach: Aberle, Carl: Trikotagen und verwandte Maschengebilde. Hannover/Berlin 1925: 117. und: Spittler, Ernst: Der Mailleusen-Rundstuhl. Apolda 1925: 23. Sonderabdruck der Deutschen Wirker-Zeitung, Apolda 1925/ Nr.41–51.)

84 Zur Bestimmung des Feinheitsgrades siehe: Worm, Josef: Die Wirkerei und Strickerei. Leipzig ³1923: 26.

85 Nach: Helm, Alfons von der: Die württembergische Trikotagenindustrie. Diss., Leipzig 1930: 47.

86 Ebd.. Siehe dazu auch die Rundwirkstuhlkäufe der Fa.Benger Söhne bei der Firma Haaga/Stuttgart von September 1884 – September 1925. (Maschinenverzeichnis der Firma Haaga. Buch 1 [Nro.1–5.838] und 2 [Nro.5.839–11.408]; Maschenmuseum Albstadt. n.n. inventarisiert.

87 Nach: Spittler 1925 [wie Anm. 83]: 23; Ders.: Die Rundwirkmaschine. (Der Mailleusen-Rundstuhl) Göppingen 1955: 103.

88 „Preis-Courant der Circular-Strumpfweb-Maschinen-Fabrik von d'Ambly, Fouquet & Comp." Centralstelle für Gewerbe und Handel 1852 [wie Anm. 62]: 127. Der immens hohe Preis war, wie Steinbeis im März 1854 feststellen mußte, neben dem Widerstand gegen „das Neue und Ungewohnte" (Benger 1894 [wie Anm. 61]: 8), mit ein Grund, weshalb die – schon verarmten – Heimwirker – trotz staatlicher Beihilfe – die Rundwirkstühle nicht kaufen konnten. Um genügend vielseitig produzieren zu können, benötigten sie mehrere Stühle unterschiedlicher Größe, was die Schwierigkeiten nur erhöhe. Deshalb sei, mithilfe von Geldgebern, die Gründung größerer 'Fabrik-Etablissements' oder Verlagsunternehmen anzuraten – wenn die württembergische Maschenwarenindustrie nicht von vornherein der Auslands-Konkurrenz (d.h nicht-württembergischen) unterliegen wolle. (nach: Voege 1959 [wie Anm. 61]: 54, 86; bezieht sich auf einen Brief Steinbeis' vom 08.März 1854 an das Innenministerium.). Daß es – wenige – Heimwirker dennoch wagten, mithilfe staatlicher Unterstützung und eingeräumter privater Kredite, ein Unternehmen zu gründen und dabei – oft erst nach Jahren und Jahrzehnten – Fortune hatten, zeigt das Beispiel Wilhelm Benger. Siehe dazu den Beitrag von Thomas Kegel „Wir waren eine richtige Familie."

89 In den Jahren 1850/53 hatten von den 542 Arbeitern der Maschinenfabrik Esslingen 94,5% einen Verdienst von unter 500fl., 5,5% einen zwischen 500 und 100fl.; dabei betrug für diesen Zeitraum der niedrigste Jahresverdienst 57fl., der höchste 870fl. (nach: Schomerus, Heilwig: Die Arbeiter der Maschinenfabrik Esslingen. Forschungen zur Lage der Arbeiterschaft im 19. Jahrhundert. Stuttgart 1977: 300.) 1852 kostete in Stuttgart ein 6 Pfund schweres Schwarzbrot zwischen 17 und 23 Kreuzer, in Freudenstadt ein 4 Pfund schweres Schwarzbrot zwischen 11 und 16 Kreuzer. In Stuttgart mußte man für ein Kilogramm Mastochsenfleisch zwischen 9 und 11 Kreuzer zahlen, für ein Kilo Kalbfleisch zwischen sieben und neun Kreuzer und für ein Kilo Schweinefleisch zwischen zehn und zwölf Kreuzer. Ein Simri Erbsen oder Linsen kostete jeweils zwischen zwei Gulden und zwei Gulden 48 Kreuzer. (Quelle: K. Statist.-topograph. Bureau, mit dem Verein für Vaterlandskunde (Hrsgg.): Württ. Jahrbücher für vaterländische Geschichte, Geographie, Statistik und Topographie. Jg. 1852, 1.Heft. Stuttgart 1854: 14f.)
1893 waren die Taglöhne für über 16 Jahre alte Arbeiter in Ebingen auf: m.: 1,8M./Tag, w.: 1,2M./Tag, in den übrigen Gemeinden des Oberamts Balingen auf m.: 0,8M./Tag und w.: 0,6M./Tag festgesetzt; in den 38 Oberämtern Württembergs betrugen sie im Durchschnitt m.: 1,7M./Tag und w.: 1,2M./Tag. (Quelle: K.Statist. Landesamt Württemberg (Hrsg.): Jahrbücher für Statistik und Landeskunde. Jg. 1893, Stuttgart 1893/ III: 113.). 1895 belief sich der nominale Jahresdurchschnittsverdienst der Arbeiter der Maschinenfabrik Esslingen auf 915M. (nach Schomerus 1977 [wie oben]: 296.) 100 kg Kartoffeln kosteten in Württemberg 1895 durchschnittlich 5,73M., 1 kg Mehl 0,32M., 1 kg Rindfleisch 1,60M., 1 kg Schweinefleisch 1,41M., 100 kg Erbsen 32,76M., 100 kg Linsen 37,70M.. (Quelle: K.Statist. Landesamt Württemberg 1893/ III [wie oben]: 128f.) Die Angabe der Durchschnittslöhne und der Grundnahrungsmittelpreise dient lediglich dazu, die Anschaffungskosten eines Rundwirkstuhls zu verorten. Über die materielle Situation der Arbeiter wird damit nichts ausgesagt.

90 Bspw. wurde die Handkurbel durch den Antrieb mit Dampfkurbel und selbsttätiger Klauenkupplung ersetzt, durch eine Verbesserung der Platinenführung im Maschenrad erhöhte sich die Leistung, der fertige Warenschlauch wurde durch eine entsprechende Vorrichtung nach unten abgezogen und aufgewickelt, es gab einen Fadenlieferer (Fournisseur), der stets nur so viel Fadenmaterial lieferte, wie die Mailleuse benötigte. Auch gelang es, die Qualität und Feinheit der hergestellten Ware weiter zu verbessern. (nach: Aberle 1932 [wie Anm. 5]: 385–540; hier: 465f.)

91 Voege 1959 [wie Anm. 61]: 37.

92 Ebd.: 115.

93 Ebd.: 70. Natürlich wurden auch die Alt-Systeme in Details verbessert und variiert und seit 1867 mit (Muster-)Zusatzeinrichtungen versehen (nach: ebd.: 70.).

94 Radkau 1989 [wie Anm. 60]: 186.

95 Voege 1959 [wie Anm. 61]: 70.

96 Alle Zahlen in: ebd.: 116.

97 Firma Carl Terrot/Cannstatt, gegr. 1864, Firma Gebrüder Haaga/Stuttgart, gegründet 1884.

98 Nach: Aberle 1925 [wie Anm. 83]: 121.

99 Vaihingen/F.: Vereinigte Trikotwarenfabriken Robert Vollmoeller, gegr. 1881 (nach: Riede 1937 [wie Anm. 6]: 46.); Nürtingen: Fa. Franz Entreß, gegr. 1884.

100 Ebingen: Gebrüder Haux, gegr. 1885, 280 FabrikarbeiterInnen/440 HeimarbeiterInnen; Fa. Chr. Ludwig Maag, gegr. 1881 250 FabrikarbeiterInnen/150 HeimarbeiterInnen. (nach: Huber 1910 [wie Anm. 52]: 217.). Fa. Linder & Schmid: 1889 stehen in der Hauptfabrik Ebingen und in der Filiale Onstmettingen 150 Rundstühle, arbeiten 150 ArbeiterInnen, die Hausindustrie nicht eingerechnet. Die Produktion beträgt 250 Dutzend Teile/Tag. (nach: Hirschfeld, Paul: Württembergs Großindustrie und Großhandel. Leipzig 1889: 83.) Fa. Rehfuß & Stocker, 1896 gegründet. Tailfingen: Fa. Balth. Blickles Witwe, gegr. 1886, 190 FabrikarbeiterInnen/85 HeimarbeiterInnen; Fa. Conrad Mayer, 1884; Fa. Ammann & Bitzer 1884; Fa. Mechanische Trikotweberei Conzelmann & Bitzer, gegr. 1885, 115 FabrikarbeiterInnen/85 HeimarbeiterInnen; Fa. J.G. Hakenmüller, gegr. 1887, 130 FabrikarbeiterInnen/80 HeimarbeiterInnen. (nach: Huber 1910 [wie Anm. 52]: 217.)
„Neugründungen und Erweiterungen von Hausbetrieben zu Manufakturen erfolgen seit dieser öffentlichen Werbung [durch Jaeger und Lahmann; d. V.] in so hohem Maße, daß das alte Strumpfwirkergewerbe auf dem Flachstuhl im Lauf der 80er Jahre wie weggeweht wird. Während in Tailfingen 1881 noch 97 Strumpfwirker [mit 180 Rundstühlen; d. V.] gezählt werden, sind es 1890 nur noch zwei. Dafür bestehen im gleichen Jahre im Tailfingen 124 Trikotwirkereien, wovon 113 hausindustrielle Betriebe sind, 10 Manufakturen [mit insgesamt 600 Rundstühlen; d. V.], die letzte eine Fabrik." (Lehmann, Edgar: Der Aufstieg der Wirkerstadt Tailfingen. Festgabe zum 80jährigen Bestehen der Christian Schöller KG Öschingen/Wttbg. Reutlingen 1951: 67.) Lehmann unterscheidet die „Manufaktur" von der „Fabrik" durch den unterschiedlichen Grad der Mechanisierung, ebd.: 68. Bis zum Jahr 1900 war die Zahl der Hauswirkereien auf 62, die der Manufakturen/Fabriken auf 10 (mit ca. 700 Rundstühlen) gesunken, 1913 waren es 34 Hausbetriebe, 25 Manufakturen/Fabriken und 1800 Rundstühle, in der Trikotbranche beschäftigt waren in Tailfingen 3.163 Personen, bei einer Bevölkerung von 5.500 Einwohnern (Alle Angaben: ebd.: 86.). Genauso Bergmann, Karl: Die Trikotagenindustrie in Tailfingen/ Württbg. Eine wirtschaftswissenschaftliche Studienarbeit aus dem Jahre 1947 an der Universität

Tübingen. Tailfingen 1947. Als Manuskript gedruckt: 11, 13 (Anm. 4), 14 (Anm. 3), 29–31. Er bezieht sich auf das Gewerbesteuerkataster Tailfingens der entsprechenden Jahre. Onstmettingen: Fa. Christian Alber, gegr. 1884 (nach: Helm 1930 [wie Anm. 86]: 30, Anm. 2.).

101 Fa. H. Heinzelmann, Reutlingen, gegründet 1885, sowie Fa. Rall, 1892 gegründet (nach Riede 1937 [wie Anm. 6]: 46f.).

102 Bspw.: Fa. W. Bleyle, 1889 gegründet; Fa. Kübler, 1894 gegründet (nach ebd.: 47.).

103 Ob damit das Handwerk „allmählich auf den Aussterbeetat gesetzt" (Handels- und Gewerbeverein Ebingen. In: Königliche Centralstelle für Gewerbe und Handel (Hrsg.): Jahresberichte der Handels- und Gewerbekammern des Königreichs Württemberg Stuttgart 1879: 195.) wurde, ist zu bezweifeln; „wenn man Selbständigkeit, Einheit von Haus und Produktionsstätte, Abwesenheit von Maschinen, Mentalität der vorkapitalistischen 'Nahrungsökonomie' als Kriterien für Handwerk setzt, gab es in der Tat einen Niedergang. Anders verhält es sich, wenn man das Handwerk arbeitstechnisch und anthropologisch definiert: als eine Arbeitswelt, in der es entscheidend auf manuelle Fertigkeiten, Erfahrung und Gefühl für Werkstoffe ankommt, wo Planung und Ausführung nicht oder nicht überwiegend getrennt sind und die Arbeit Selbstbewußtsein vermittelt. Handwerk, so verstanden, kann es auch in den Fabriken geben." Radkau 1989 [wie Anm. 60]: 187f..

104 Voege 1959 [wie Anm. 61]: 119. Wobei die Rundstuhlfabriken nicht – wie Boelcke schreibt – aufgrund der „großen Woge der Nachfrage auf dem Inlandsmarkt zu [einer] leistungsfähigen Exportindustrie" (Boelcke 1973a [wie Anm. 61]: 511.) wurden, vielmehr überstieg die Nachfrage aus den nicht-württembergischen Ländern schon von Anfang an den Absatz in Württemberg. „(...) bleibt nur der Schluß, daß die Produktion der Maschinenindustrie nicht von der Inlandsnachfrage veranlaßt wurde und daher nicht im Inland blieb. Die Maschinenindustrie speziell in Württemberg war also exportabhängig. 1863 und besonders 1884 wurde bereits von der Ausfuhr von Maschinen ins Ausland berichtet." Loreth 1974 [wie Anm. 59]: 54. Allgemein zur Bedeutung der Auslandsnachfrage siehe ebd.: 85f., 94f., 98f..

105 Hirschfeld 1889 [wie Anm. 100]: 78.

106 Bspw. wurden vor dem Ersten Weltkrieg durchschnittlich 60% der Gesamtproduktion des Balingen-Ebinger Bezirks exportiert. (nach: Helm 1930 [wie Anm. 85]: 84; bezieht sich auf Auskünfte der Handelskammer Reutlingen).

107 1874 erweiterte man die – 1869 erbaute – Eisenbahnstrecke Tübingen–Hechingen bis Balingen, vier Jahre später wurde sie über Ebingen nach Sigmaringen weitergeführt (nach: Göbel, Robert: Denkschrift zur Feier der Eröffnung der Eisenbahn und der zu Ehren derselben veranstalteten Lokal-Gewerbe-Ausstellung in Ebingen. Ebingen 1878: 25.). Mit welchen Erwartungen die Schienenverbindung von den Geschäftsleuten der Stadt und der Region herbeigesehnt wurde, drückt Göbel aus: „Gebe Gott, daß sie dereinst die Hoffnungen erfüllt, welche wir in langem schmerzlichem Entbehren an den Besitz einer Bahn zu knüpfen gelernt haben, und so für unsere Vaterstadt der Ausgangspunkt einer neuen Entwicklungsperiode, einer segensreichen, glücklichen Zukunft werden möge." Ebd.: 26. Erst 1901 wurden durch eine Normalspur-Nebenbahn die Orte Tailfingen und Onstmettingen an Ebingen angebunden. (nach: Lehmann 1951 [wie Anm. 84].)

108 „Die natürlichen Voraussetzungen aber sind im deutschen Süden gering. Fast alles dort verarbeitete Material muß von draußen herangeholt werden. Nachdem eine Fabrik gebaut und eingerichtet ist, so ist sie in sehr vielen Fällen eine Art Kolonie, in der mit Auslandsstoffen mit Auslandskohle zu Auslandsware veredelt werden. Das Einheimische dabei sind allein die Menschen." Naumann, Friedrich: Der deutsche Süden. In: Cossmann, Paul Nikolaus (Hrsg., unter Mitwirkung von Josef Hofmiller, Hans Pfitzner, Hans Thoma, Karl Voll): Süddeutsche Monatshefte. 10.Jg., Erster Band, Oktober 1912/ März 1913: 119.

109 Damit sind die damaligen Oberämter Spaichingen, Balingen und Hechingen gemeint.

110 Bei der Verteilung des Besitzes werden in Realteilungsgebieten alle Erben gleichmäßig berücksichtigt, dies gilt auch für die Immobilien. Im Anerbenrecht steht hingegen nur einem Erben das gesamte Erbteil zu.

111 „Die landwirtschaftlichen Voraussetzungen sprechen dort [gem. Oberämter Balingen, Spaichingen, Tuttlingen, Rottweil, Oberndorf und Sulz; d .V.] für größere Betriebe, d.h. für die geschlossene Vererbung [Anerben-Teilung; d. V.]. Dadurch aber, daß in diesen Gebieten die freie Teilung [Real-Teilung; d.V.] herrscht, wurden die Betriebe kleiner, die Zahl der Bewohner relativ groß; ursprünglich mußten sie auswandern, dann aber ergab sich aus der zu großen Anzahl von Menschen der Standort für viele Industrien." Fuchs, C.J.: Die ländliche Vererbung in Württemberg und Hohenzollern. In: Sering, Max/ Dietze, Constantin von (Hrsgg.): Die Vererbung des ländlichen Grundbesitzes in der Nachkriegszeit. I. Deutsches Reich. Schriften des Vereins für Socialpolitik, 178.Band, München/Leipzig 1930: 415–495; hier: 448. Hoffmann stellt eine signifikante Übereinstimmung von ländlichen Realteilungs- und Industriegebieten und von ländlichen Anerben- und Agrargebieten fest. Hoffmann, Hildegard: Landwirtschaft und Industrie in Württemberg insbesondere im Industriegebiet der Schwäbischen Alb. Berlin 1935: 45–49.

112 Z.B. in Ebingen, „woselbst die Strumpfwirkerei der einzige Erwerb außer dem Ertrage einer Weidekuh und eines kleinen Allmendstückchens bildete." Reinhard, Otto: Die württembergische Trikotindustrie mit spezieller Berücksichtigung der Heimarbeit in den Bezirken Stuttgart (Stadt und Land) und Balingen. In: Verein für Socialpolitik (Hrsg.): Hausindustrie und Heimarbeit in Deutschland und Österreich. Bd. 1: Süddeutschland und Schlesien. Leipzig 1899: 37.

113 So betrug die im Jahr 1895 auf einen landwirtschaftlichen Betrieb entfallende Fläche 2,51 ha; mehr als 87% aller landwirtschaftlichen Betriebe hatten in diesem Jahr eine Fläche von ≤ 5ha. (nach: Schnabel 1931 [wie Anm. 6]: 21.). D.h., daß nur 13% aller landwirtschaftlichen Betriebe mehr als 5 ha besaßen, auf sie entfiel aber 43% der Nutzfläche.

114 „Die süddeutsche gewerbliche Entwicklung ist ein Ergebnis von Energie und Biegsamkeit. Darin liegt das Interessante und Feine an ihr, aber auch das Gefährliche für die Zukunft." Naumann, Friedrich: 1912/1913 [wie Anm. 108]: 119.

115 Riede 1937 [wie Anm. 6]: 108.

116 Bergmann 1947 [wie Anm. 100]: 49.

117 Fuchs 1930 [wie Anm. 111]: 489.

118 „Von Deutschland aus gesehen war Württemberg in den 96 Jahren [1818–1914; d. V.], soweit das aus dem Wachstum des Produktionsfaktors Arbeit geschlossen werden kann, weit davon entfernt, eine Wachstumsregion, eine leading region zu sein. Es war viel eher ein Entleerungsraum." Loreth 1974 [wie Anm. 59]: 15. Zur Funktion der Auswanderung für die Wirtschafts- und Reallohnentwicklung in Württemberg in Wachstums- und Stagnationsphasen siehe ebd.: 15–24, 97–99.

119 Zu einem Konstrukt siehe: Jokisch, Rodrigo/ Lindner, Helmut: „Technologischer Wandel in Gesamtdarstellungen." In: Kölner Zeitschrift für Soziologie und Sozialpsychologie. 1979: 672–688.

120 „Die Steigerung des Verbrauches an Trikotwaren, welche namentlich seit Prof. G. Jägers Eintreten hiefür mit seinem Wollregime und Normalkleidung sich in alle Kreise der Bevölkerung eingebürgert haben, (...)." Hesser 1925 [wie Anm. 77]: Vorwort, n.pag.

121 Gemeint sind damit Leitbilder, Moralvorstellungen, Verhaltensstrukturen, Erwartungsansprüche, Bedürfnisstrukturen. Nach: Braun, Rudolf/ Fischer, Wolfram/ Großkreutz, Helmut/Volkmann, Heinrich (Hrsgg.): Gesellschaft in der industriellen Revolution. Köln 1973: 9.

122 Breitere Bevölkerungsschichten erfaßte diese 'Jaeger-Kultur' nicht, und 1912, im 31. Jahrgang seines Monatsblatts, stellt Jaeger selbst resignierend fest, daß „eine irgendwie intensive Ausdehnung (...) das Wollregime

auf deutschem Boden nirgends erreicht" habe. Es konnte in Deutschland zu keinem „das Volkswohl fördernden Volksbrauch" entwickelt werden, sondern sei „zum Aschenbrödel verurteilt worden und bis heute geblieben, trotz eines in der Stille sich andauernd vollziehenden Fortschrittes." (MB 1912/ 1: 2, 4.)

123 Als dritte Autorität beteiligte sich der Weber, Pfarrer und Naturheilkundige Sebastian Kneipp mit seinem Engagement für das „Kneippleinentrikot" an dieser Diskussion über die hygienische Kleidung. Nach: Aberle 1925 [wie Anm. 83]: 120. Und schließlich propagierte Bilfinger in seiner „Universalunterkleidung" die Kombination des Wollregimes mit dem Lahmann'schen System. (nach: Hesser 1925 [wie Anm. 77]: 105.)

124 Die Reutlinger Strickerei und Trikotagenfabrik H. Heinzelmann – 1885 gegründet – fertigte Unterwäsche nach System Lahmann aus ägyptischer („Mako-") Baumwolle. (Nach: Huber 1910 [wie Anm. 52]: 215.)

125 „Die Nachfrage nach solcher Unterwäsche wuchs plötzlich ins kaum mehr Faßbare. In diesen 90er Jahren beeinflußten die beiden Ärzte von Rang und Ansehen die Qualität der Trikotagenindustrie. Die bisherigen Rundwirkstühle und die sonstigen technischen Einrichtungen genügten allein nicht mehr. Modernste Methoden des Waschens und Trocknens wurden gefordert, des Bleichens, Rauhens, Kalanderns, Pressens und was der Veredelungsprozeß ansonsten noch alles aufwies, bevor zugeschnitten und konfektioniert wurde." Festschrift 100 Jahre Linder u. Schmid. Ebingen 1862–1962. Darmstadt 1962: 17.

126 Freudenberger, Herman/ Mensch, Gerhard: Von der Provinzstadt zur Industrieregion (Brünn-Studie). Ein Beitrag zur Politökonomie der Sozialinnovation, dargestellt am Innovationsschub der industriellen Revolution im Raume Brünn. Göttingen 1975: 14. „Eine Schlüsselinnovation hat die Eigenschaft, eine Menge von mehr oder weniger spezifischen Innovationsmöglichkeiten fast auf einen Schlag plausibel zu machen, also einen Bezugspunkt zu liefern, der dazu beiträgt, den Grad der Spezifität der verschiedenen Konzepte sprunghaft zu steigern. Plötzlich hat eine bestimmte Variante einer Technik einen Sinn, plötzlich wird ein bestimmtes Organisationsschema effizient, eine Reformidee machbar." Ebd.: 40.

127 Sie selbst war damit das Ergebnis einer langen Kette von vorbereitenden innovativen Prozessen – damit nicht zufällig und nicht geschichtslos –, stellte aber einen „gewissen Höhepunkt dar, nämlich die gelungene Verschmelzung einer Reihe aufeinanderzustrebender Tendenzen, die selbst in einer Verkettung von Vorgängen des innovativen Wandels bestanden haben." Ebd.: 14.

128 „Hauptabnehmer war England, wohin manche große Unternehmungen bis zu 80% ihrer Gesamtproduktion lieferten. Daneben spielte der Absatz nach den Niederlanden, den nordischen Staaten, der Türkei, nach Aegypten und auch nach Oesterreich-Ungarn eine gewisse Rolle. Wohl war die Industrie des Stuttgarter und vor allem des Balinger Bezirks durch ihre schlechte geographische Lage in der Ausfuhr den anderen deutschen Trikotagengebieten gegenüber benachteiligt, aber die große Aufnahmefähigkeit des Auslandsmarktes ließ diesen Nachteil noch nicht so stark fühlen." (Schnabel 1931 [wie Anm. 6]: 71.) Zahlen zwischen 75% und 90% gibt auch Bergmann 1947 [wie Anm. 100]: 15 an.

129 Die Entwicklung des Neu-Systems war keine Antwort auf eine Nachfragesituation, die Maschine war schon vor der Bedarfsweckung nach Trikotstoff vorhanden. Fouquet hat sicherlich an die größeren Marktchancen gedacht, die eine Verbesserung dieser Maschine zur Folge gehabt hätte. Aber neben diesem ökonomischen – rationalen – Aspekt gab es noch andere Gründe, sich mit der komplizierten Technik auseinanderzusetzen: der des Spieltriebs – „auch als verbissene Leidenschaft –, der Hang zum Imponiergehabe und zum Wettkampf, ohne daß es dabei immer um klar wirtschaftliche Vorteile" (Radkau 1989 [wie Anm. 60]: 53.) gegangen sein müßte. In diesem menschlichen „Bewußtseinsakt, der das neue Arrangement natürlicher Bestände entwirft und damit das Gewordene überschreitet" (Ropohl, Günter: Technologische Aufklärung. Beiträge zur Technikphilosophie. Frankfurt/M. 1991: 66.) spiegeln sich auch „Menschliche Wunsch- und Alpträume, Träume von Befreiung und Herrschaft, Schöpfungs- und Machtphantasien, Wünsche nach Gottähnlichkeit und Angst vor Chaos" wider (Kraft, A./Ortmann G. (Hrsgg.): Computer & Psyche – Angstlust am Computer. Frankfurt/M. 1988: 12; zit. in: Becker, Dietmar/Becker-Schmidt, Regina/Knapp, Gudrun-Axeli/Wacker, Ali: Zeitbilder der Technik. Essays zur Geschichte von Arbeit und Technologie. Forschungsinstitut der Friedrich-Ebert-Stiftung. Reihe Arbeit. Hrsg. von Werner Fricke. Bonn 1989: 12.).

130 Der Oberbekleidungsstoff wurde nicht gewirkt, sondern auf Rundstrickstühlen gestrickt (siehe bspw. Fa. Entreß/Nürtingen).

131 Es ging nicht darum, etwas völlig Neuartiges vorzustellen, sondern Bekanntes neuzubewerten. Der Trikotstoff wurde zwar getragen, er genoß aber keinen guten Ruf: „Um 1850 fand (...) als erster Massenartikel das billige Trikotoberhemd als Arbeitshemd seinen Markt, wobei ein gewirktes Hemd mit gewebtem Einsatz keine geringe Rolle spielte. Der gewebte Einsatz, auf dem Halsausschnitt der Oberkleidung berechnet, sollte die Täuschung hervorrufen, das ganze Hemd sei ein gewebtes. Es war typisch für eine Zeit, in der man Trikotwäsche noch nicht für voll nahm und ihr auch in ästhetischer Hinsicht noch nicht viel zutraute." (Voege 1959 [wie Anm. 61]: 20.)

132 Nach: Hoevelmann, Margarete: Modewandlungen und deren Einfluß auf die Struktur und den Geschäftsgang der Wirkerei- und Strickerei-Industrie in Deutschland während der letzten Jahre. Diss. Marburg 1931: 48.

133 1884 hatte sich die Trikotwarenindustrie Württembergs so weit entwickelt, daß sie „bereits [1884; d.V.] einen Jahresumsatz von mehreren Millionen" (Jaeger 1884 [wie Anm. 42]: 1.) Mark erwirtschaftete, zwei Jahre später schreibt Jungingers 'Fliegender Bilderkalender' von einer Industrie, „die jährlich beiläufig 5 Millionen Mark umsetze.

134 Wobei hier eine gewisse zeitliche Verzögerung zu berücksichtigen ist. Denn die meisten Unternehmer reagierten sofort auf Preis- und Gewinnänderungen. Sie investierten erst dann, als durch die stetige Nachfrage die Möglichkeiten, Gewinne zu erzielen, über Jahre hinweg angestiegen waren und begründete Aussicht bestand, daß dieser Trend fortsetzen würde. (nach: Loreth 1974 [wie Anm. 59]: 83. Ihre Reaktion beschleunigte sich erst in der Zeit des Aufschwungs nach 1895. Über die Ursachen dieses Unternehmerverhaltens siehe ebd.: 82f., 91f. und 97.) Darin besteht wohl einer der beiden grundlegenden Unterschiede zwischen der Fa. Wilhelm Benger Söhne und anderen Trikotwarenherstellern: a.) brachten die Brüder sowohl technische (Wilhelm), als auch kaufmännische (Gottlieb) Kenntnisse in ihren Betrieb mit ein – während bei anderen Firmen der Anteil der technischen Unternehmer überwog, und die Gefahr dabei bestand, daß betriebswirtschaftliche Aspekte (bspw. Buchführung, Preiskalkulation) keine Berücksichtigung fanden (siehe dazu allg. Loreth 1974 [wie Anm. 59]: 81f.). b.) agierten erstere Ende der siebziger Jahre, darauf spekulierend, daß sich die Nachfragesituation zu ihren Gunsten entwickeln könnte (aufgrund der nicht vorhandenen Markttransparenz war ein „Voraussehen" nicht möglich), während andere zuwarteten und sich (Jahre) später erst dazu entschieden, zu investieren.

135 Aberle 1932 [wie Anm. 5]: 464. Gemeint sind sowohl Strick-, also auch Wirkwarenindustrie.

136 Bspw. in der Stagnation zwischen 1871/73 und 1888/90. Nach: Loreth 1974 [wie Anm. 59]: 72.

137 „So kommt es, daß schwere, erschütternde Krisen die württembergische Wirkwarenindustrie noch nicht befallen haben. Gelegentlich sind allerdings auch gefahrbringende Absatzschwierigkeiten aufgetreten, teils in Verbindung mit allgemeinen Krisen der ganzen Wirtschaft, teils im Zusammenhang mit Schwierigkeiten im besonderen Fall, mit Schwankungen in der Witterung und der Mode, sowie mit Preisänderungen der Rohstoffe. Aber im ganzen genommen stand die Industrie

von ihrer Gründung an immer wieder vor der erfreulichen Tatsache vermehrter Absatzmöglichkeiten." (Schnabel 1931 [wie Anm. 6]: 68.)
Die genauen Umsatzzahlen, Gewinn- und Verlustbilanzen lassen sich – mangels Quellen – nicht anhand der Umsätze und Gewinne der einzelnen Betriebe in der württembergischen Trikotagenindustrie (Strick- und Wirkwarenindustrie), sondern nur – zeitlich versetzt – durch die Kunden- und Maschinenbücher der Maschinenbauer nachvollziehen. Siehe dazu: Maschinen-Verzeichnis der Fa. Gebr. Haaga/Stuttgart (September 1884–August/September 1925; Maschinen-Nr. 1–11.408) (Maschenmuseum Albstadt. Bestand der Fa. Gebr. Haaga/ Stuttgart, n. n. inv.) und Kundenbuch der Fa. Fouquet & Frauz 1874–1925. (Maschenmuseum Albstadt, Leihgabe des Landesmuseums für Technik und Arbeit, Mannheim.)

138 Bspw. Maschinenfabrik Arbach/Reutlingen, seit 1874 wurden dort Umkehrmaschinen, Rauhmaschinen, Kalander, Roll-, Wasch-, Bügelmaschinen hergestellt; Reutlinger Strickmaschinenfabrik H. Stoll, gegr. 1873; Fa. Haaga, Stuttgart, 1884 gegründet; Rundwirkmaschinenfabrik Mayer & Cie. Tailfingen, gegründet 1905; Maschinenfabrik Schmid & Rehfuß, 1911 gegründet. Fouquet & Frauz/ Rottenburg; Fa. C.Terrot Söhne/ Stuttgart-Cannstatt, und die Nadelfabrik Theodor Groz & Söhne in Ebingen: 1852 in Ebingen gegründet, beschäftigte die Firma 1861 25 Arbeiter, 1879 hatte das Stammgeschäft 50, 1910 500 Arbeiter. (nach: Hoffmann 1935 [wie Anm. 111]: 131f.) Auf die große Bedeutung des Handelsgewerbes für den Absatz, die Erweiterung der Märkte und den Warenvertrieb kann hier nicht näher eingegangen werden.
139 The Times. 04.10. 1884: 4.
140 Auf die Gründung anderer Niederlassungen, z.B. der Dr. Jaegers Sanitary Woollen System Co. in New York im Jahr 1887 und deren wechselvolles Schicksal sowie auf die Zusammenarbeit mit dem Konzessionär Jules Desurmont & Fils Tourcoing/Paris kann an dieser Stelle nicht eingegangen werden.
141 § 2.a.), n.pag.; Privatbesitz.
142 Ebd.: § 2.b.).
143 Ebd.: § 2.d.).
144 Ebd.: § 4..
145 Ebd.: § 3.a.).
146 Ebd.: § 3.b.).
147 Ebd.: § 4..
148 Ebd.: § 10.; Kopierbuch [wie Anm. 7]: 52.
149 „Die Trikotwarenindustrie kann die durch Jäger gegebenen Exportanregungen nie hoch genug einschätzen. Es ist ebenso diesem Woll-Apostel wie der Zuverlässigkeit und Schaffenslust der Tailfinger Arbeiter zu verdanken, daß es in Zeiten der Export-Hochblüte zwischen 1904 und 1914 in Tailfinger Firmen gab, die jeden deutschen Auftrag ablehnen konnten. Denn jeden zweiten Tag lief ein Waggon Waren von Tailfingen nach England." Lehmann 1951 [wie Anm. 100]: 66. Für manchen Unternehmer machte der Export in dieser Zeit bis zu 90% seiner Gesamtproduktion aus. Nach: ebd.: 80.
150 Franz Entreß hatte in Stuttgart seit 1872 ein Konfektionsgeschäft in Herrenwäsche und ließ seit 1880 – zumeist in Heimarbeit – Strumpfwaren produzieren. Zwei Jahre später wurde er Jaegers alleinig konzessionierter Stricker. Neben Strümpfen wurde die Fertigung auf alle möglichen Strickartikel ausgedehnt, wie Leibbinden, Kniewärmer, Schlafkostüme, Unterröcke, Herrenwesten etc. Verschiedene Faktoren begünstigten seinen Umzug nach Nürtingen und seine Etablierung 1884: Er konnte an schon bestehende Geschäftsbeziehungen anknüpfen. Den notwendigen Fabrikraum erhielt er zu sehr günstigen Konditionen. Schließlich konnten aus der im Niedergang begriffenen Korsettweberindustrie Arbeitskräfte zu niedrigen Löhnen für seine Produktion eingestellt werden. 1886 begann Entreß mit der Fertigung konfektionierter Knaben- und Sportanzüge aus gewalkten Trikot- und Cheviotstoffen, ersteres – als Zulieferer – für Wilhelm Bleyle. 1910 beschäftigte er 500 FabrikarbeiterInnen und ca. 250 HeimarbeiterInnen. (Nach: Huber 1910 [wie Anm. 52.]: 197, sowie: Kocher, J.: Geschichte der Stadt Nürtingen. Band 3, Stuttgart 1928: 95f.)
151 Siehe dazu: MB 1909/ 5/ 6: 83–97.
152 Nach: MB 1909/ 5/ 6: 90; MB 1913/ 7/ 8: 91.
153 Nach: MB 1909/ 5/ 6: 90.
154 MB 1909/ 5/ 6: 86. 1904: 15 Geschäfte in England und Schottland, 3 in Australien (MB 1904/ 5 /6: 66.), 1909 waren es mindestens 28, davon 4 in Kanada, 2 in Australien, die anderen alle in England und Schottland, (MB 1909/ 5/ 6: 83–96.) „Mindestens" deshalb, weil weder Tomalin, noch Jaeger konkrete Zahlen angeben, im Monatsblatt sind die Häuserfronten dieser Jaegerfilialen in 28 Photographien abgebildet, dem Brief Tomalins an Jaeger nach soll es eine „umfassende Uebersicht" sein (MB 1909/ 5/ 6: 93.).
155 MB 1912/ 6/ 7: 71f.; siehe auch MB 1912/ 10: 121f.
156 „A new gospel has reached us from Germany which promises the physical regeneration of mankind, if we will but adopt a, comparatively speaking, simple reform in our system of clothing." The Times. 04.10. 1884: 4.
157 „In England wurde dann auch die Wollsache durchgeführt, einheitlich und folgerichtig, wenn auch in anderer Form als bei uns, namentlich nicht in einer äußerlich sich vom Ueblichen abhebenden Tracht." MB 1908/ 12: 183. Robert Seuffer, der diesen Satz schrieb, glättet hier die Differenzen zwischen beiden Positionen. Wichtig war Jaeger ja nicht nur das Material, sondern auch dessen Schnitt und Färbung.
158 MB 1904/ 5/ 6: 72.
159 MB 1912/ 1: 2.
160 „(...) während die Jägerschen Neuerungsgedanken auf andern Gebieten, z.B. auf dem der Oberkleidung, auf viel größeren Widerstand stoßen mußten." MB 1902/ 6/ 7: 84. Verfasser ist Robert Seuffer, der Schwiegersohn Gustav Jaegers.
161 Nach: MB 1904/ 5/ 6: 68f.
162 MB 1912/ 1: 4.
163 „In Deutschland erwartet der Patient von seinem Arzt ein Rezept zu einer Arznei, die er kurzerhand verschluckt und damit punktum. Wenn dem deutschen Patienten ein Arzt damit kommt, er solle erst zum Kaufmann gehen, um sich ein anderes Hemd zu kaufen, für das er ein halbes Dutzend Silberlinge opfern muß, oder gar auch noch zum Schneider und mit dem sich abstreiten, ob und wie er sich einen Anzug bestellen soll, so pfeift er einfach auf einen solchen Doktor und hält ihn für einen Gispel." (ebd.)
164 Darauf deuten auch seine – mit negativer Konnotation versehenen – Begriffe „Selbstgift", „Selbstvergiftung", „Selbstgiftausstoßung" hin.
165 MB 1904/ 5/ 6: 74.
166 Jaeger Press Release. o.O. 1984: 4.
167 Erhielt ihre Bezeichnung durch die stark verlängerte, enge Küraßtaille, bei der auf die Turnüre verzichtet und nur hinten ab etwa Kniehöhe eine Stoffraffung beibehalten wurde. Nach: Loschek, Ingrid: Reclams Mode und Kostüm-Lexikon. Stuttgart 1987: 170.
168 Jersey: Gewalkte, bzw. angerauhte Wirk- und Strickware. Nach: ebd.: 272f.
169 Vereinsakten der Stadt Nürnberg. Bekanntgabe der Gründung eines „Vereins für Verbreitung einer gesundheitsförderlichen Normalbekleidung". Schreiben des K.Expedisors Johann Wiemer an den Stadtmagistrat vom 01.02. 1886. Stadtarchiv Nürnberg, C77 V 1102: 2 passim. Auf der Hauptversammlung am 10.01. 1888 wird der Verein – aufgrund „des etwas langatmigen Namens" – in „Dr.Gustav Jaeger-Verein Nürnberg" umbenannt. Beide Zit. ebd.: 13.
170 Ebd.: 5; §1: „Satzungen des Vereins für Verbreitung einer gesundheitsförderlichen Normalbekleidung.
171 Gemeint sind hier nur die „ordentlichen" Mitglieder, „außerordentlich" und ohne Stimmrecht, teilweise auch ohne Rederecht, waren jene Mitglieder, die keine Normalkleidung in der Öffentlichkeit trugen oder seine Bekleidung verkauften – oder weiblichen Geschlechts waren (ebd.: 6; §5.)
172 Ebd.: 5; §2.
173 Ebd.: 5; §2.

174 Die Vereine firmierten unter 2 unterschiedlichen Bezeichnungen: entweder „Jägerianerverein", bzw. „Jägerverein", „Gustav-Jäger-Verein" oder: „Verein für Jägersche Normaltracht".
175 MB 1886/ 6: 162–164. Wobei keine Unterscheidung zwischen „aktiven" und „passiven" Mitgliedern getroffen wurde.
176 Was weder für die Zusammensetzung der übrigen Jägerianer des Vereins repräsentativ sein, noch für andere Vereine in Deutschland gelten muß. Erster Vorsitzender und Schriftführer war von 1886–1894 ein „K. Telegraphen Expeditor", ein Postbeamter, das Amt des Kassierers übte (über denselben Zeitraum) ein Kassier der Vereinsbank aus. Die Berufe der Herren des 4-, später 8-köpfigen Ausschusses wurden mit „Kaufmann", „Großhändler", „Fabrikbesitzer", „Normalbazar Inhaber", „Kommis" angegeben, einmal wird auch ein „Magnetopath" genannt. (Vereinsakten der Stadt Nürnberg. Stadtarchiv Nürnberg, C7/ V 1102: 2–25. Die Aufgabe dieses Ausschusses war es, den Vorstand in seinen Amtsgeschäften zu unterstützen, zwei seiner Mitglieder hatten die Kassenrevision durchzuführen. (Nach: ebd.: 7f; §§ 11 und 12.)
177 „Jetzt gibt es nicht tausende, sondern hunderttausende von Wollmenschen in Deutschland, und die mit Anfertigung der Normalkleidung beschäftigten Fabriken können nicht genug arbeiten, um den Bestellungen nachzukommen." Neues Wiener Tageblatt, 05.01. 1884; zit. in: MV 1884: 4. Nach eigenen Angaben betrug die Zahl der Jägerianer Anfang 1885 rund 50.000 („Zur Statistik über das Wollregime, seine Verbreitung und seine Wirkungen". Zusammengestellt vom Deutschen Gustav-Jäger-Bund. In: MB 1886/ 2, Beilage [= II.Flugblatt]: 1–8; hier: 8.), wobei nicht klar wird, wer als „Wollener" gezählt wurde.

Bei den Herren Hans-Helmut Jaeger, Walther Seuffer und Wilhelm Wegenast möchten wir uns sehr herzlich für die erteilten Auskünfte und für ihre Bereitschaft bedanken, ihre Unterlagen zu Gustav Jaeger uns so selbstverständlich zu Verfügung zu stellen.

Näheres zu Gustav Jaegers biologischen, sozialdarwinistischen wie auch lebensreformerischen Ideen und Konstrukte vermittelt Heinrich Weinreichs Dissertation, die in diesen Tagen erscheint.

„‚Ihr Freunde zollt mir unverdiente Ehre,
Wo ich ein Jünger nur des Meisters bin,
Dem alle wir so sehr zu Dank verpflichtet, –
Auf ihn lenkt alle dankbar jetzt den Sinn.
Professor Doktor Jäger hats errungen,
Was uns beglückt, was Wohlergehn gewährt,
Durch ernstes Forschen ist es ihm gelungen,
Der Welt zu zeigen unsrer Kleidung Wert.
Zwar wird er erst von wenigen verstanden,
Doch unverzagt, wir schreiten mutig fort!
Die Zeit erscheint, wo man in allen Landen
Beachten wird sein ernstes Mahnungswort.
Zwar weilt er fern von uns im Neckarlande,
Doch grüßen wir ihn durch geschäftigen Draht.
Hoch lebe, dreimal Hoch Professor Jäger,
Es wachse seine große deutsche That!
Alle: Hoch! Hoch! Hoch!'

Die Gruppe tritt dabei nach rechts und links so weit als möglich zurück, im Hintergrunde wird (durch den Diener) ein Vorhang aufgezogen.
Es erscheint auf hohem Postament die Statuette Professor Dr. Jägers, weiß in jungem Grün, rechts und links etwas höher zwei kleine Mädchen als Genien, jede einen Lorbeerkranz halb über seinem Haupte haltend, alles in bengalischem Rotfeuer, Musik dazu aus Tannhäuser: ‚Dir töne Lob'."

(Der neue Doktor. Festspiel für Jägerianer-Vereine, gedichtet und Herrn Prof. Jäger in dankbarer Hochachtung zugeeignet von E. E. H. Böhme. Stuttgart 1886: 16.)

Die Unterwäsche

Heike Gall

Männerunterhosen
"Sachlich und unerotisch"?

Das Vorhandensein von Männerunterhosen ist – wie das von Unterwäsche überhaupt – seit dem frühen Mittelalter belegt. Doch eine so weit zurückgreifende, gar lückenlose Geschichte der Männerunterhose schreiben zu wollen, erscheint angesichts der bruchstückhaften Quellenlage und der zufällig wirkenden Überlieferungssituation vermessen und in diesem Zusammenhang nicht ertragreich. Erhalten geblieben und somit ‚leibhaftig' präsent sind uns von solchen Textilien sogar aus dem 19. Jahrhundert nur sehr wenige, und geht man noch weiter zurück in der Geschichte der Männerunterhose, der der „Bruch", der „Underhose" oder des „Undergesesleins"[1], so finden sich nur noch einzelne, isoliert stehende Belege[2] – zumeist aus hochherrschaftlichen Krei-

1   „Standard"-Männerunterhosen, gesehen in Stuttgart 1991.

sen. Zudem: Männerunterwäsche, aber noch spezieller: Männerunterhosen sind offensichtlich ein Thema, über das nicht nur Männer keine großen Worte verlieren – so zumindest der Eindruck nach Sichtung der zur Verfügung stehenden Literatur. Hingegen ertrinkt man beinahe in einer Flut von Aufsätzen, Ausstellungskatalogen und Monographien zur Frauenwäsche. So wird Männerunterwäsche z.B. in dem fast 400 Seiten umfassenden Katalog des Frankfurter Historischen Museums von 1988 „Zur Geschichte der Unterwäsche 1700–1960" auf gerade 14 Seiten unter dem Titel „Männerwäsche, sachlich und unerotisch, 1850–1910" abgehandelt.[3]

Aus den wenigen gegenständlichen und den kaum reicheren schriftlichen oder bildlichen Belegen können wir immerhin entnehmen: Es gab die Männerunterhosen seit dem Mittelalter – aber es gab sie dann auch wieder so gut wie gar nicht. Sie sind für niedere Schichten insgesamt wenig, für höhere Schichten nur zeitweise nachweisbar. Dabei – so die historische Kleidungsforschung – ist ihre Geschichte kaum von der der Hose zu trennen. Das heißt aber auch: Wann eine der dargestellten oder erwähnten Hosen nun entsprechend der heutigen Definition von Unterwäsche, also gänzlich bedeckt von der Oberbekleidung[4], getragen wurde, kann heute kaum noch nachvollzogen werden. Sie waren einmal kurz, dann wieder lang, einmal enger, dann wieder weiter.[5] In ländlichen Gebieten verzichteten manche Männer noch bis in die Zeit des 2. Weltkriegs – zumindest im Sommer – auf das Tragen von Unterhosen und schlangen sich das Hemd zwischen die Beine.

Die Bewertung der Männerunterwäsche als „sachlich und unerotisch" trifft für die Masse der Unterhosen bis in die 1970er Jahre zu. Bis dahin sind Unterhemd und Unterhose, jene Oberbekleidung und Körper trennenden und im Winter zusätzliche Wärme gebenden Textilien, lang bis halblang, seit dem ausgehenden 19. Jahrhundert zunehmend Trikotwaren und – kein Gegenstand modischer Experimente, sieht man einmal von den Extravaganzen kleinster Eliten und dem Nachkriegszwischenspiel der „Boxershorts" als kurzlebigem US-Import in Deutschland ab. Unterwäsche war für die Präsentation von Mann-Sein offensichtlich bei weitem nicht so bedeutsam wie für die Stilisierung von Weiblichkeit. Geändert hat sich dies radikal erst in den 1980er Jahren.

„A Man, A Taste, A Slip"[6]
Zur Ver-Modung der Männerunterhose

Boxershorts mit Musterthemen wie „Tropicals", „Graffitis", „Ethnics", mit oder ohne Eingriff, geknöpft, mit Smokbund, hinten gekraust und vorne glatt oder in Bundfalten gelegt, seitlich geschlitzt, schmal oder lang … Knackige, knappe Minis in Bleu, Champagner, Elfenbein, Silber, Noir, Pistazie und Lavendel … Tangas, V-Slips, Rio-Slips, Taille-Slips, Gürtel-Slips, Bodies, Overknees oder der Long-John[7] in Schwarz, Weiß oder melangiertem Grau …

Die Situation auf dem Markt für Herrenunterwäsche hat sich verändert: In den 50er Jahren noch hatte der moderne Mann lediglich die Wahl zwischen dem kurzen weißen, allenfalls pastellfarbenen X-oder Y-Hosenmodell in Doppel-oder Feinripp. Seit Ende der 60er/Anfang der 70er Jahre konkurrierten neben sanften Pastelltönen wilde Muster in den damaligen Modefarben Orange-Braun, Beige-Braun und Olivgrün in der männlichen Unterhosenwelt, bis schließlich Mitte der 80er Jahre führende Modeschöpfer diesen Markt entdeckten. John de Greef teilt in seinem Buch über Wäsche und Männermode die Welt der Männerunterwäsche in „die Periode vor und die Periode nach Nikos" ein.[8] In der Tat erregten die Kollektionen des Griechen Nikolaos Apostolopoulos und seine grandios inszenierten Modeschauen seit 1985 – gelinde gesagt – Aufsehen:

„Bei seiner ersten Vorführung saß man noch auf Ledersofas in einem Pariser Appartment (…) Ein halbes Jahr später mußten sie sich zusammen mit vielen Presseleuten zu Hunderten in einem Pariser Museumsgarten drängen (…) Die Nikos-Unterwäsche stand jetzt im Mittelpunkt eines großen Spektakels, bei dem der langanhaltende Beifall von einem ‚entreact' des Kontratenors Aris Christofellis unterbrochen wurde, der das allerhöchste F erreichte. Und dann erschien ein Modell in schwarzer Unterwäsche auf einem weißen Pferd (…) Goldbestickte Schamkapseln auf Veloursunterhosen bewiesen eindeutig (…), daß der Mann das Pfauenrad nicht hinten, sondern vorne schlägt."[9]

Zahlreiche namhafte Couturiers erweiterten nun ihre Kollektion um den Bereich der Herrendessous und lösten so eine Lawine auf diesem Produktionssektor aus. Es stellt sich die Frage: Wie reagieren die Männer auf die Ver-Modung eines bis dahin von modischen Trends weitgehend unberührten Kleidungsbereichs? Werden sie von der

Modewelle überrollt, oder rollt diese an ihnen vorbei, oder trifft sie tatsächlich auf ein Bedürfnis und den Geschmack der Männer?

Von der Herstellerseite wird jedenfalls alles dazu getan, die neue Angebotspalette publik zu machen. So hat sich der Werbeaufwand für Herrenwäsche allein in den Jahren von 1986 bis 1989 fast verdreifacht.[10] Gleichzeitig erreichten in dieser Zeit aber auch die Männeroberbekleidung und Produkte zur Körperpflege für Männer Umsatzhöhen, die in früheren Jahren undenkbar waren.[11]

Auch das Bild vom Mann in der Werbung hat sich deutlich verändert. Den nackten Mann z.B. gibt es seit kurzem nicht mehr nur als teilnahmslose Staffage-Figur – in der Regel von der Bildkante abgeschnitten oder von allerlei Gegenständen halb verdeckt – sondern in erotisch-provokanter Pose.[12]

Body-Building- und Fitnesstudios mit Sonnenbank-Anlagen schießen wie Pilze aus dem Boden. In ihnen baut der moderne Mann seinen Körper nicht mehr in erster Linie zu massigen Muskelgebirgen um, sondern er versucht, ihm eine Modellierung zu geben, die Leistungsfähigkeit und Fitness zumindest optisch suggeriert.

Doch das Bild vom Mann ist widersprüchlich. Schichtspezifische Präzisierungen sind notwendig, stehen doch neben den Selbststilisierungen nach den Vor-Bildern einer aggressiven Plakat- und Schaufensterwerbung die eher zaghaften Entdeckungsversuche einiger Männer auf ihrer Reise zu einem selbstbestimmten und sensiblen Körper- und Geschlechterbewußtsein – Reaktion auf die Frauenbewegung?

Dem suchenden Blick auf die Regale der meisten Buchhandlungen bietet sich seit etwa 1980 in der Regel eine – wenn auch schmale – Sammlung von Männer-Büchern der emanzipatorischen Art.[13]

Der Blick in die Schaufenster des Bekleidungshandels und in die modernen Körperkulturstudios für Modellierung und Fitness aber läßt darauf schließen, daß doch immer noch die „apparative und maschinelle Interpretation des männlichen Körpers" dominiert, zu der Wolfgang Schmidbauer sarkastisch feststellt:

„Für den ernstzunehmenden Mann ist der Körper die Tragevorrichtung für einen Kopf (...), die Muskelmaschine, die für effektive Arbeit unentbehrlich bleibt, der Apparat, dessen oberes Ende mit Nahrung und Getränk versorgt werden muß, dessen unteres Ausscheidungsmöglichkeiten für angestaute sexuelle und sonstige Stoffwechselprodukte aufweist."[14]

Sein Gebrauch ist zunehmend auf den Freizeit- und Konsumbereich verwiesen, weil durch den massiven Einsatz neuer Technologien die körperliche Arbeitskraft tendenziell überflüssig und in diesem Maße in der Arbeitswelt „zum lästigen, weil vollends unproduktiven Appendix im Universum intelligenter und zugleich körperloser Automaten"[15] wurde. Diesen Identitätsverlust gilt es auszugleichen und auf anderen Gebieten zu kompensieren. Der Körper wird in den Dienst genommen als

„Statussymbol und Prestigeobjekt in der Welt der Freizeit und Mode und als Demonstrationsobjekt von ‚gesunder Vitalität' und unverwüstlicher Fitness – all dies dient der eigenen Vermarktung auf dem Arbeits- und Sexualmarkt"[16].

Ein weiterer Antrieb zur neuen Stilisierung von Männlichkeit könnte auch die Reaktion der Männer auf die Frauenbewegung seit Ende der 60er Jahre sein – und dem von ihr in Gang gesetzten und zumindest in einigen Teilbereichen auch verwirklichten Strukturwandel innerhalb der Familie. Die alte, soziosexuelle Festlegung der Frau als Sexualobjekt und die des Mannes als Sexualsubjekt in Frage zu stellen sowie das revolutionäre Aufbegehren der Frauen gegen diese zwingen die Männer unleugbar in eine neue Rolle hinein, eine Rolle, bei der die Attraktivität des Körpers und die Verpackung desselben eine immer wichtigere Rolle spielt. Von den Frauen wird das ‚Recht auf Begehren' eingefordert – die Attraktivität von Mann-Sein kann sich nicht mehr allein in Macht, Geld und körperlicher Stärke erschöpfen. Der ganze Unterwäsche- und Dessousbereich als typische Requisitenkammer des ‚schönen Geschlechts'? – Nicht mehr!

So ergab eine Umfrage, die im Auftrag der Zeitschrift Textil-Wirtschaft erstellt wurde, zum Thema, was Mann/Frau an Männern gut findet, etwa, daß Frauen dem „knackigen Mann im Tanga" vor dem in der als Liebestöter empfundenen Doppelrippunterhose mit Eingriff den Vorzug geben. Favorit bei den Damen sei

„der etwas dandyhafte Mann in Samt und Seide, mit Sinn fürs Schöne."[17]

„Die [heutige Männer-; d. V.] Mode hat die neuen gesellschaftlichen Verhaltensweisen, die in den 60er und 70er Jahren zum Vorschein kamen, kodifiziert und gebändigt!"[18]

– und dies gilt nun offensichtlich auch für die Unterbekleidung des Mannes. Die Bemühungen von Konsumgüterindustrie und Dienstleistungsgewerbe um die junge Lifestyle-Generation aber sind zugleich von einer Intensität, die „Lifestyle" zu einer geradezu totalitären Lebensmaxime aufbaut, die in bisher unbekanntem Maße im Zeichen zwanghaften Konsumierens unter einem – allerdings ebenfalls ungewohnt ‚farbigen' – Modediktat steht.

Exkurs I
„Sommerliche Modeindiskretionen" aus einem Herrenmagazin der 20er Jahre

Luxus, Snobismus und die uneingeschränkte Anbetung der Mode und Eleganz prägen den Charakter des Magazins „Der Junggeselle", eines Magazins, das sich an – wohlgemerkt gut betuchte – junge, ledige Herren wendet. Mit frivolen Bildern und amourösen Geschichten wird Mann darüber informiert, wie Mann sich gibt den Damen gegenüber, wo Mann sich trifft, was Mann liest, wie welche Theateraufführung war. Er erfährt den neuesten Gesellschaftsklatsch, und natürlich, wie Mann sich und seine Umgebung „styled", angefangen bei der Wohnung samt Toilettentisch, über das „modische Gesicht"[19] und die Oberbekleidung bis zum „Wäsche-Trousseaux des Herrn"[20]. Der zwar kurze, da im Laufe von 6 Jahrgängen nicht ganz zwei Spalten umfassende Blick auf die Herrenwäsche verweist uns auf eine Zeit, die als die letzte einer exaltierten Mode für den Herrn bezeichnet werden kann und vergleichbare Momente mit der erst wieder in den 80er Jahren einsetzenden, aber viel breiteren Lifestyle-Gesellschaft aufweist.

Freiherr von Eelking, der die Leser in regelmäßig erscheinenden Berichten über die neueste Mode informiert, plaudert „Sommerliche Modeindiskretionen"[21] aus, lyrisch und delikat:

„Wo das Toilettenbudget eine so vollendete Harmonie gestattet, kann das Hemd, da es nun einmal unter den Dessous des Herrn erblich zur Herrschaft berechtigt ist, auch der übrigen Wäsche farblich ihren Charakter geben, soweit diese nicht andere Rücksichten zu nehmen hat wie das unbescholtene weiße Taschentuch oder die Strümpfe, die dann allerdings noch in dem Zwickel jene diesbezügliche Akzentuierung bekommen können. Aus dem gleichen, oben angeführten Grundsatz der Negierung aller sparsamkeitslüsternen Ausstattungen muß zwar auch die ganz unifarbene Unterwäsche abgelehnt werden, die leider immer wieder in den Schaufenstern geschmackliche Unkenntnis in falscher und nur scheinbar vornehmer Richtung abdrängt. Trumpf ist auch hier einzig und allein blendendstes Weiß aus Seidentrikot oder kleine Ziselierungen zulassendem Mako. Aber der Bund an Unterjacke und Beinkleidern kann – sogar an den kurzen, bei uns leider kaum ästimierten englischen Kniehosen – den blauen, braunen, schwarzen oder grünen Ton des Hemdes noch einmal aufnehmen und vielleicht sogar an das Gurtband der Hosenträger weitergeben, die die neuesten Typen nicht mehr zum Verstellen, sondern mit dünnen Kernlederansätzen wie Steigbügel zum Verschnallen zeigen. Sehr individueller Stil, der auch die dezentesten bunten Streifen noch als aufdringlich, den ganz weißen Oxford für manche Situationen aber doch als zu korrekt oder zu wesenlos empfindet, begnügt sich mit einem schmalen, bunten Passepoil, der um den Rand der weichen Doppelmanschetten herumläuft, vielleicht auch die – einmal zur Abwechslung senkrecht stehenden – Knopflöcher einfaßt und auf der Hemdfront je links und rechts in eine Falte eingesäumt ist. In dieser diskreten Anwendung der koloristischen Note können dann auch Bijous auf der Brust eingeknöpft werden, die sonst hier ihren Platz lieber angenähten Perlmutterknöpfen überlassen."[22]

Sauberkeit und Sitz
Ansätze zu einer Analyse männlichen Trageverhaltens

„Unterwäsche wird heute wesentlich mehr gekauft als früher, andererseits ist Unterwäsche nicht mehr der Modeartikel. Das klingt paradox." (Herr S. sen., Mitte 60)

Diese Feststellung des Seniorchefs eines Textilfachgeschäftes in der Randlage einer schwäbischen Mittelstadt verweist uns auf die Kluft zwischen Werbebild und Alltagsverhalten. Es gibt viel Modisches bei den Herrendessous, Umsatz aber bringt die Standardware. Meinungsumfragen und Verhaltensanalysen, im Auftrag der Bekleidungsindustrie erstellt[23], vor allem aber unsere Gespräche mit Männern unterschiedlicher Herkunft und Altersstufen[24] zeigen umrißhaft, daß die neue modische Vielfalt der Unterwäsche zwar wahrgenommen, das Trageverhalten aber im wesentlichen von zwei recht prosaischen Parametern bestimmt wird – von Einstellungen zur

Sauberkeit und Empfindungen vom richtigen Sitz.

Individuelles Bedürfnis *nach* der und gesellschaftlicher Anspruch *an* die Reinlichkeit von Körper, Kleidung und Wäsche sind bekanntermaßen einem steten Wandel unterworfen, der in engem Kontext sozialer und technischer Entwicklungen steht.

Die von Ärzten und Hygienikern Ende des 18. Jahrhunderts initiierte Hygienebewegung zielte zunächst auf die Gesundheit des menschlichen Körpers, dann auf die Moral – bis sich schließlich der Begriff der Sauberkeit fest im bürgerlichen Tugendkatalog des späten 19. und frühen 20. Jahrhunderts verankert hat.[25] Sauberer Körper, saubere Kleidung und saubere Wäsche stehen zwar in enger Beziehung zueinander, unterliegen aber offensichtlich verschiedenen Parametern: Unter sauberer Oberbekleidung verbergen sich noch lange kein gewaschener Körper und keine frische Wäsche. Hauptfunktion der Wäsche war zwar lange Zeit der Schutz der Oberbekleidung vor dem ungewaschenen Körper, doch andererseits wurde und wird der gewaschene Körper lange nicht immer mit frischer Wäsche oder frischen Kleidern bedeckt.

Während sich im Bereich von Körperpflege und Oberbekleidung im Laufe der letzten einhundert Jahre eine stete Entwicklung in Richtung unserer heute zwar noch immer verschwommen definierten, aber doch vergleichsweise rigiden Vorstellung von Sauberkeit abzeichnet, erscheinen diese Normen für die weitgehend unsichtbare Unterwäsche, insbesondere für die Unterhose, bei weitem noch nicht erreicht. Zahlreiche Statistiken belegen dabei einen geschlechtsspezifisch deutlich unterschiedlichen Umgang mit jenem Bekleidungsstück: Wechselten 1968 bereits 59% der Frauen täglich ihre Unterhosen, waren es bei den Männern gerade 5%. 20 Jahre später sind es 70% der Frauen und immerhin 45% der Männer, was einer Steigerungsrate von 900% bei den Männern entspricht.[26]

Die immer noch als vergleichsweise mangelhaft empfundene Reinlichkeit der Männer provozierte *Bild am Sonntag* im Mai 1990 zu der Frage:

„Habt ihr eigentlich Angst vor Wasser? – Oft nur 'ne Katzenwäsche. Und nur jeder zweite Mann zieht morgens frische Wäsche an!"[27]

Nicht zufällig erscheint dieser Artikel auf der Seite „Extra für die Frau", denn Frauen haben – zumindest statistisch nachgewiesen – mehr Interesse an Wäschewechsel und Sauberkeit. Der ganze Bereich der Kleidung wird, vom Kauf über die Pflege bis zu ihrer ‚Zuteilung' traditionsgemäß den Frauen zugewiesen. Einer Unternehmensberatungsstudie zufolge kaufen heute lediglich (oder immerhin?) beinahe 50% aller Männer ihre Unterhosen selbst.[28] Das regelmäßige Bereitlegen frischer Wäsche durch Mütter und Ehefrauen, die ‚Zuteilung' also, wird auch von einigen unserer männlichen Gesprächspartner noch als selbstverständlich benannt. Trotz der Klagen vieler Frauen über den weniger peniblen Umgang vieler Männer mit ihrem Körper scheinen doch gerade sie prägend daran mitzuarbeiten, diese stereotypen Verhaltensformen zu tradieren.

Das massive Interesse der Produzenten von Herrenunterwäsche, dieses Kauf- und Alltagsverhalten aufzubrechen, äußert sich über Marketingstrategien und Werbekampagnen, die „(...) als Beitrag zur Heranzüchtung eines neuen Standards im Verhältnis zum Körper" wirken, wie dies Wolfgang Fritz Haug am Beispiel einer 1970 im Spiegel erschienenen Werbekampagne einer Gruppe von neun Herstellerfirmen von Herrenunterwäsche anschaulich analysiert.[29]

Die Bildaussage ist eindeutig: Wer nicht täglich seine Unterwäsche wechselt – und deshalb natürlich auch mehr Unterhosen braucht –, ist ein Schwein.

Ein früher Versuch in dieselbe Richtung wurde übrigens bereits Mitte der 50er Jahre von Seiten der Textilindustrie und hier speziell der Kunstfaserproduzenten gestartet. Materialien wie Nylon und Perlon wurden als besonders pflegeleicht beworben, die tägliche kleine Wäsche der Socken, Strümpfe und Höschen als problemlos dargestellt und dabei ein häufigerer Wäschewechsel sogar für Männer indirekt propagiert: Eine Werbung, erschienen in der Frankfurter Illustrierten von 1955 zeigt (man sehe und staune!) einen neben seiner Frau am Waschbecken des Badezimmers stehenden Mann, der sein Unterhemd zu Socken und Unterhose auf die Leine hängt.[30]

Heute, 35 Jahre später äußert sich der Inhaber eines kleinen Textilfachgeschäftes für Ober- und Unterbekleidung immer noch unzufrieden:

„Es ist noch längst keine Selbstverständlichkeit, daß die Wäsche täglich gewechselt wird, noch längst nicht! Hier wäre noch ein großer Bedarf. Hier könnte die Wäscheindustrie ruhig in der Richtung auf die Werbetrommel hauen! – So, wie es der Schießer mal hatte, ‚täglich frische Wäsche' und solche Sachen. Ja, aber da gehört mehr gemacht, weil das ist noch längst keine Selbstverständlichkeit, daß man morgens frische Wäsche anzieht!" (Herr S. sen., Mitte 60)

In unseren Gesprächen mit Männern erinnerten sich alle an ihre Kinder- und Jugendzeit, in der es noch üblich war, die Unterhose frühestens nach drei Tagen, normalerweise aber nur einmal pro Woche zu wechseln.[31]

„Früher, als Schüler, da hat man die Hosen mindestens drei Tage lang getragen, die waren schon richtig schön pischerig." (Eugen, 40)

Tanga

„Na, und dann das Klopapier, also dann nur Zeitungspapier, also da konntest du nie richtig mit saubermachen ..." (Arnold, 50)

String

„Bei mir war es oft so, Samstags Badetag und dann frische Wäsche. Also lange Unterhosen die ganze Woche – es sei denn, du hattest Sport zwischendurch." (Frieder, 36)

Sportslip

„Genau! Am Badetag wurden frische Handtücher hingelegt und frische Wäsche." (Manfred, 46)

Herrenslip

„Meine Mutter ist ja eine sehr pingelige Frau, die auch sehr schnell Ekelgefühle hat und sowas, also, die mochte nichts anfassen von anderen Leuten, das kommt noch hinzu, und trotzdem war das eigentlich üblich: acht Tage lang die gleiche Wäsche." (Arnold, 50)

Longslip

„Im Laufe der Jahre verkürzte sich die Tragedauer dann immer mehr und als ich 'ne Freundin hatte, hab ich natürlich noch mehr darauf geachtet. Spätestens vor dem Rendezvous hat man sie dann gewechselt, und dann wurde es irgendwann zur Gewohnheit. Man möchte das ja auch bei der Freundin oder Frau so. Mein Gott, wär das peinlich gewesen, wär da auch nur die Spur von irgendetwas zu sehen gewesen!" (Eugen, 40)

Hose kurz

Boxershort Elasticzonen

Immer wieder bestätigt wurden jene Anlässe, aus welchen in ihrer Kinder- und Jugendzeit außerhalb der gewohnheitsmäßig eingehaltenen Zyklen von drei Tagen bis einer Woche die Unterhose gewechselt wurde. Als solche benannt wurden der Sportunterricht, der Arztbesuch und schließlich das Rendezvous. Alles also Situationen, in denen die Unterhose in der ‚großen' oder ‚kleinen Öffentlichkeit'

Hose 3/4 lang

Hose lang

gezeigt wird. Bei der Peinlichkeitsschwelle stehen weder Form noch Farbe oder Aussehen, sondern die Sauberkeit an erster Stelle. Im biographischen Verlauf also – so die These, die es sicher noch weiter zu diskutieren gilt – erfolgt die Entdeckung und Wahrnehmung der Unterhose als wichtiges Kleidungsstück im Interaktionsprozess über das Argument ihrer Sauberkeit.

Mag der Trend zu häufigerem Unterhosenwechsel noch ein genereller sein, so erweist sich der zu „mehr Mode" als eher generationsabhängig.

„Alles was über 50 ist, kauft normalen Standard: weiß, Doppelripp oder farbig-gemustert. Der Trend geht jetzt aber zu den kleineren Formen und zu Farben, ohne Eingriff, und zu Farben, Farben vor allem, also wenn wir jetzt irgendwelche guten Farben haben, die zur Oberbekleidung passen, dann wird das gekauft. Früher war weiß, heute ist es Farbe, Farbe in allen Schattierungen – vom Pastell bis zu dem knalligsten Rot und Gelb und Grün und Blau." (Herr S. jun., Ende 20)

Doch die Ver-Modung der Herrenunterwäsche scheint insgesamt kein Massenphänomen zu sein. Marktanalysen zeigen, daß für extravagante Herrenunterwäsche die Altersgrenze bei 30 Jahren liegt und daß die Masse des Umsatzes mit – allerdings zunehmend farbigerer – Standardware gemacht wird. Einer Umfrage zufolge favorisieren angeblich noch ein Viertel aller bundesdeutschen Männer die Doppelrippunterhose.[32]

In unseren Gesprächen mit – auch jüngeren – Männern wurde deutlich: Wichtiger als modische Extravaganz ist der Sitz.

Dabei verblüffte die Vehemenz bei ihrem Plädoyer für eine gute „Verpackung":

„Das darf nicht rechts oder links in der Gegend hängen, sondern das muß da sein, wo es hingehört" (so z. B. Manfred, 46).

Also nicht in erster Linie nur das Erscheinungsbild – wie uns die Werbung glauben machen muß –, sondern vor allem ein angenehmes Körpergefühl prägen neben Ansprüchen an Sauberkeit das Kauf- und Trageverhalten. Spontane Äußerungen zu Erinnerungen aus Kindertagen an kratzige und scheuernde Materialien (Manfred, 46) und das Ziepen der Beinhaare in langen Unterhosen (Eugen, 40) deuten in dieselbe Richtung. Hinweise also auf ein stärkeres Körperbewußtsein der angeblich so körperfremden Männer und auf ein selbstbestimmteres Modeverhalten im Wäschebereich, als dies in Bezug auf die Mehrheit der Frauen angenommen wird?

Ihre Grenzen findet diese Selbstbestimmung allerdings in der tradierten Bequemlichkeit überkommener Rollenbilder und nicht zuletzt durch die Zuweisung des Wäschekaufs zu den „Frauensachen" – vielleicht aber doch auch in einer männertypischen „Unausgesprochenheit" in „Männersachen", wie Herr S. vom Textilgeschäft vermutet:

> „(...) da genieren die sich noch eher wie die Frauen, das ist Frauensache: Unterwäsche- und Sockenkaufen."

Die meisten unserer Gesprächspartner bekannten, über „So etwas" zuvor noch nie und schon gar nicht in einer gemischtgeschlechtlichen Runde gesprochen zu haben. Trotzdem (oder deshalb): Die Gespräche haben nicht nur uns Spaß gemacht.

Exkurs II
Der Eingriff – Randbemerkungen zu einem nicht unwesentlichen Detail

> „Im Übrigen haben diese Hosen [der Slip; d. V.] keinen Schlitz zum Wasserlassen. Das zeigt, sie sind nicht praktisch als Unterwäsche, sondern allenfalls als Kostüm zur Exhibition."[33]

Notizen aus Gesprächen im Sommer 1990

> „Ich glaube, man hat sich früher mehr so geniert. Wenn du auf dem Männerklo bist, da stehen dann zehn Männer nebeneinander vor dem Urinal, das hat man dann irgendwie besser verbergen können auf diese Art und Weise. Wenn du jetzt keinen Eingriff hast, mußt du die Hose ja runterziehen, aber dann kannst du auch völlig gerade rauspinkeln."   (Frieder, 36)

> „Das macht sonst auch keinen Spaß zu pinkeln, wenn da so alles abgeklemmt wird."   (Eugen, 40)

> „Also für mich wäre es unmöglich. Ich habe gerade die eine Sportunterhose, die ist auch ohne Eingriff – unmöglich! So gern ich die trag, aber..."   (Herr S. sen., Mitte 60)

> „Die Unterhose ohne Eingriff ist im Vormarsch bei den Leuten unter Vierzig."   (Herr S. jun., Ende 20)

> „Also ich habe Hosen mit Eingriff, aber ich benutze ihn nicht (...) Mindestens bei 95% der deutschen Männer ist das so."   (Manfred, 46)

> „Was sie sein muß: rundum zu! Also so einen Hosenladen kann ich nicht leiden. Das kriegt man heute – abgesehen davon – so gut wie nicht mehr. Kriegst du bloß bei den Altherrenmodellen."   (Jochen, 29)

> „Ja, da muß ich sagen, ich bin Linkshänder – jetzt – der Schlitz ist immer rechts..."
(Herr S. jun., Ende 20)

> „N' Eingriff brauchst du gar nicht! Das ist unpraktisch. Du mußt da so reinlangen und ihn dann so um die Ecke ziehen, wie so ein Schiebeschrank (...) das ist unmöglich. Du mußt seitlich rein, suchen und ihn dann im Zickzack – wie einen Blitz – rausziehen – das kannst du gar nicht."   (Frieder, 36)

> „Da ist der Slip, der Sportslip, mit Eingriff oder ohne – das ist Einstellungssache!"   (Herr S. sen., Ende 60).

Anmerkungen

1. Historische Bezeichnungen aus dem 17. bis 19. Jahrhundert. Nach: Zander-Seidel, Jutta: Textiler Hausrat. Kleidung und Haustextilien in Nürnberg von 1500–1600. Kunstwissenschaftliche Studien Band 59. München 1990: 208.
2. „In our survey the sources of information for the earlier centuries are extremely scanty"; und zwar für die Männerunterhosen im Unterschied zur Frauenwäsche bis weit ins 19. Jahrhundert – so die Einschätzung der Quellenlage für die Unterwäsche von Cunnington, C. Willet/Cunnington, Phillis: The History of Underclothes. London/Boston 1981: 12.
3. Junker, Almut/Stille, Eva: Zur Geschichte der Unterwäsche 1700–1960. Katalog zur Ausstellung im Historischen Museum Frankfurt. Frankfurt/M. 1988: 175–189.
4. Willet/Cunnington 1981 [wie Anm. 2]: 12.
5. Siehe dazu die unterschiedlichen Darstellungen allein für das Mittelalter ebd.: 23–30.
6. Artikelüberschrift in: Textil-Wirtschaft 14.09.1989
7. Einteiler mit knöchellangem Bein
8. Greef, John de: Männermode. Wäsche. München 1989: 61.
9. Ebd.: 69.
10. Nach einer Marktanalyse von Schmidt+Pohlmann hat sich der Werbeaufwand von 1.372.000 DM auf 3.231.000 DM gesteigert, wobei der überwiegende Anteil aller Anzeigen in sogenannten „Publikums-Zeitschriften", von Wirtschaftsmagazinen über Programmillustrierte bis zu Frauen- und Modemagazinen. MARIA (Marketing Information für den Absatz) Hamburg 1990, n.pag.
11. Molottala Molfino, Allesandra: „Der Mann der 80er Jahre." In: Münchener Stadtmuseum (Hrsg.): Anziehungskräfte. Variété De La Mode 1786–1986. Katalog zur Ausstellung. München 1986: 351.
12. Siehe: Sarasini, Bia: „Vom Verführer zum Verführten." In: Münchener Stadtmuseum [wie Anm. 11] 1986: 586–588.
13. Als die Frauenbewegung bereits Zwischenbilanz zog (siehe dazu: Doormann, Lottemie (Hrsg.): Keiner schiebt uns weg. Zwischenbilanz der Frauenbewegung in der Bundesrepublik. Weinheim 1979), begann erst die Auseinandersetzung der Männer mit ihren gesellschaftlichen Rollen (Siehe dazu: Schenk, Herrad: Die feministische Herausforderung. München 1980) – sieht man einmal von vereinzelten Vordenkern wie Horst Eberhard Richter ab.

14 Schmidbauer, Wolfgang: „Körper." In: Bonorden, Heinz (Hrsg.): Was ist los mit den Männern? Stichworte zu einem neuen Selbstverständnis. München 1985: 93–96, hier: 93.
15 Hoffmann, Dieter: „Bodybuilding." In: Bonorden, Heinz (Hrsg.): Was ist los mit den Männern? Stichworte zu einem neuen Selbstverständnis. München 1985: 29–33, hier: 29.
16 Klein, Michael: „Vom 'ganzheitlichen Athleten' zum 'einsamen Muskelmann'? Körperbewußtsein und Bodybuilding." In: Kulturamt der Stadt Stuttgart (Hrsg.): Kunstkörper – Körperkunst. Texte und Bilder zur Geschichte der Beweglichkeit. Bearbeitet von Claudine Pachnike. Stuttgart 1989: 114.
17 Handelsblatt 28.09.1989
18 Molottala Molfino 1986 [wie Anm. 11]: 354.
19 Der Junggeselle 1920/32, n.pag.
20 Ebd. 1925/38, n.pag.
21 Ebd. 1920/25, n.pag.
22 Ebd.
23 Siehe: MARIA 1990 [wie Anm. 10.], n.pag.
24 Als Interviewpartner stellten sich im Sommer 1990 zur Verfügung: Herr S. sen., Mitte 60; Seniorchef eines Textilfachgeschäftes in der Randlage einer schwäbischen Mittelstadt (1); Herr S. jun., Ende 20; Juniorchef ebd. (1); Karl, 29; Student (1); Jochen, 29; Polizist (2); Frieder, 36; Städtischer Beamter des gehobenen Dienstes (1); Eugen, 40; Kulturwissenschaftler (1); Manfred, 46; Kaufmännischer Angestellter (1); Arnold, 50; Pädagoge (1). (1) = Gesprächspartner der Verfasserin, (2) = Gesprächspartner von Johanna Poettgen. Über die befragten Männer erschließt sich für das Thema ein Zeitraum von den frühen 50er Jahren bis heute – Einzelaussagen, etwa deren Väter betreffend, reichen auch weiter zurück.
25 Siehe der Beitrag „Die Erziehung zu 'vernünftiger' Lebensweise" von Christa Diemel in diesem Band. Siehe auch: Kaschuba, Wolfgang: „'Deutsche Sauberkeit' – Zivilisierung der Körper und Köpfe." In: Vigarello, Georges: Wasser und Seife, Puder und Parfum. Geschichte der Körperhygiene seit dem Mittelalter. Frankfurt/M./New York/Paris 1988: 292–326.
26 Silberzahn-Jandt, Gudrun: Waschmaschine. Eine empirische Studie zum Wandel von Hausfrauenarbeit. Tübingen 1989: 84.
27 „Extra für die Frau" in: Bild am Sonntag. 20.05.1990
28 G+J Branchenbild 1989: 8. IN MARIA 1990 [wie Anm. 10]. Bemerkenswert ist in diesem Zusammenhang, daß der Marktanteil des Versandhandels am Gesamtumsatz im Bekleidungsgeschäft im Durchschnitt aller Sparten bei nur 5% liegt, in der Sparte der „Herrenunterwäsche" jedoch bei 18%, Herrenunterwäsche hält damit vergleichsweise den höchsten Anteil. Der Schuhmarkt 16.8. 1985. Ebd.
29 Haug, Wolfgang Fritz: Kritik der Warenästhetik. Frankfurt/M. 1971: 105f.
30 Abb. in: Schmidt-Linsenhoff, Viktoria: Frauenalltag und Frauenbewegung 1890–1980. Katalog zur Ausstellung des Historischen Museums Frankfurt/M. Basel/Frankfurt/M. 1981: 135.
31 Es sei an dieser Stelle erinnert an frühere Ausstattungsstandards in Bezug auf sanitäre Einrichtungen und den hohen Arbeitsaufwand beim Waschen der Wäsche in den zumeist noch nicht mit elektrischen Waschmaschinen und Wäscheschleudern ausgestatteten Haushalten. Einer Studie des Statistischen Bundesamtes von 1963 zufolge leisteten sich noch 1962/63 lediglich 25–27% aller Haushalte der Bundesrepublik eine Waschmaschine; 1989 besitzen 98% aller Haushalte einen Waschvollautomaten. Nach: Silberzahn-Jandt 1989: 22. Diese nach: Helming, Elisabeth/Scheffran, Barbara: Die große Wäsche. Schriften des Rheinischen Museumsamtes, Nr. 42. Köln 1988.
32 G+J Branchenbild 1989: 8. In MARIA 1990, n.pag.
33 Haug 1971 [wie Anm. 29]: 109.

Max Frommer
1983

Mannskleider in einem schwäbischen Dorf
Isingen 1910

Die Tracht war zwar ausgestorben. Geblieben war aber das Gesetz der Tracht, daß man sich nach der Ortssitte kleiden muß. Es war noch nicht üblich, seiner äußeren Aufmachung eine auffallende persönliche Note zu geben. Jede Bekleidung hätte von den verschiedenen Personen gleicher Statur getragen werden können.

Die Männerbekleidung bestand aus einem kragenlosen Flanell- oder Trikothemd, einer Hose mit Hosenträgern, einer Weste, einem Kittel, Sokken, Schuhen und einer Kopfbedeckung. An Sonn- und Feiertagen kamen noch der anknöpfbare Kragen, die Krawatte und gelegentlich auch die gestärkte, anknöpfbare Hemdenbrust und die Röllchen-Manschetten dazu.

Es wird auffallen, daß in dieser Aufzählung die Unterhose fehlt. Tatsächlich trug man normalerweise keine Unterhose. Nur bei sehr großer Kälte wurden von der Mutter Unterhosen ausgegeben. Für die kleinen Buben waren sie durchgehend und bedeckten den ganzen Körper außer dem Kopf und den Füßen. Für die Männer hatten sie die Form der heutigen langen Unterhosen; sie wurden wie eine Art Futter in die Hosen eingeknöpft und mit diesen vom Hosenträger gehalten.

Auch der Mantel fehlt in der Aufzählung. Nur wenige Männer hatten einen Mantel, und auch sie trugen ihn selten. Jugendliche besaßen sicher keinen Mantel. Ein Mantel war bei der bäuerlichen Arbeit hinderlich; man konnte ihn höchstens in den Mußestunden tragen, oder auch, wenn man „überfeld" ging, und für diese seltenen Gelegenheiten rentierte sich bei der Isinger Einfachheit und Sparsamkeit die Anschaffung nicht. Mußte man sich gegen die Kälte schützen, so zog man unter dem Kittel eine gestrickte Wollweste an oder auch zwei Kittel übereinander. Die Ohren schützte man durch ein „Halfter", ein selbstgestricktes Wollband, das man unter der Kopfbedeckung um den Kopf legte, unter Umständen auch durch eine Wollmütze, die man ihrer Form wegen „Geißeneuter" nannte; man konnte sie bis zum Hals herunterziehen, wobei Augen, Nase und Mund durch eine visierartige Öffnung freiblieben. Großen Wert legte man auf das Halstuch, einen wollenen Schal, den man kunstlos mit einem einfachen Knoten festband. Mit dem Halstuch wollte man sich vorwiegend gegen die Erkältungskrankheiten der Atemwege schützen.

Die Hände schützte man im allgemeinen so wenig, daß die Bauersleute im Winter fast immer mit „Schrunden" geplagt waren. Trug man „Hañdschen" (Handschuhe), so waren sie selbstgefertigt. Am vornehmsten waren die schwarzen Wollhandschuhe mit angestrickten Fingerlingen, aber wenn man solche hatte, trug man sie nur sonntags; für die Arbeit waren sie zu wertvoll. Dafür hatte man graue oder braune Wollhandschuhe, bei denen nur für den Daumen ein Fingerling angestrickt war. Für die groben Arbeiten im Wald, im Steinbruch oder auch beim Holzsägen und Holzspalten, trug man entweder über den Wollhandschuhen oder an ihrer Stelle die „Zwilchhañdschen", aus eigenem Tuch hergestellte, gefütterte Fausthandschuhe, die einige Belastungen aushielten.

Man unterschied sehr deutlich das „Sonntigshäs" vom „Wäachtigshäs", den Feiertagsanzug von der Arbeitskleidung. Der Sonntagsanzug wurde beim Schneider bestellt. Wir hatten damals in Isingen keinen eigenen Schneider. Dafür ging der Schneider von Geislingen jeden Sonntag um die Mittagszeit durch den Ort. Brauchte man seine Hilfe, so rief man ihn herein. Für einen neuen Anzug nahm er in der Stube Maß, legte Stoffmuster vor und beriet bei der Auswahl. Eine Woche später brachte er den Anzug zur Anprobe, und wieder eine Woche später wurde der fertige Anzug ins Haus geliefert. Der Schneider wurde auch zu Ausbesserungsarbeiten am Sonntagsanzug herangezogen. Wenn eine Hose durchgesessen oder durchgewetzt war, pflegte man den Anzug nicht wegzuwerfen. Der Schneider übernahm es, einen neuen Hintern einzusetzen. Und weil es sich meistens um eine alte Hose handelte, war der gleiche Stoff nicht mehr zu bekommen. Dann nahm er nach Gutdünken einen Stoff, der „ganz ähnlich" aussah, wobei allerdings seine Vorstellungen einer Ähnlichkeit nicht immer mit der des Kunden übereinstimmten. Manchmal ließ man zu einem noch tragbaren Rock eine neue Hose machen. Aber auch da wagte man es nicht, eine Kontrastfarbe zu wählen, etwa eine helle Hose zu einem dunklen Rock. Man war auf die „Ähnlichkeit" versessen, die sich stärker nach dem Ton als nach der Farbe richtete.

Die Männerkleidung war in Isingen keineswegs farbenfreudig. Helle Farben waren ganz verpönt. Die Sonntagsanzüge waren dunkel in den Farben braun, grau und grün. Meist waren die Stoffe ganz einfarbig; die Andeutung eines Musters hatten eigentlich nur die „Salz- und Pfefferanzüge", bei denen graues und braunes Garn ineinanderverwoben war. Die Stoffe der Sonntagsanzüge zeichnete sich im allgemeinen auch nicht durch eine besondere Qualität aus. Die Anzüge konnten deshalb nicht zu Arbeitskleidern degradiert werden; man mußte sie als Sonntagsanzüge tragen, bis alle Reparaturmöglichkeiten erschöpft waren. Ich glaube, daß ein ausgewachsener Mann seinen einzigen Sonntagsanzug 10 bis 20 Jahre lang tragen konnte. Bei den heranwachsenden Söhnen wurden die Sonntagsanzüge selbstverständlich auf den jüngeren Bruder vererbt, wenn sie dem älteren zu klein geworden waren. Für die jüngeren Brüder war meist der Konfirmationsanzug der erste Anzug, der für sie selbst angeschafft wurde. Er wurde im allgemeinen nicht zu knapp angefertigt, damit der Konfirmand nicht zu schnell aus ihm hinauswuchs und mindestens für einige Jahre einen Sonntagsanzug hatte.

Für die Hochzeit ließen sich die Männer, die es sich leisten konnten, einen schwarzen Kirchenrock in der Form eines städtischen Gehrocks anfertigen. Ihn trug man später bei allen besonderen Anlässen, etwa beim Kirchgang an hohen Feiertagen, bei Beerdigungen oder bei den Hochzeiten der eigenen Kinder. Zum Kirchenrock trug man den festlichen Zylinderhut. Der Kirchenrock war aus gutem und teurem Stoff hergestellt und sollte wohl wie der alte Trachtenrock in der Familie vom Großvater auf einen Enkel vererbt werden können. Aber dieser Gedanke kam nie zum Tragen; unsere Großelterngeneration hatte noch die Tracht getragen, und schon unsere eigene Generation verzichtete auf den Kirchenrock und ließ sich im schwarzen Anzug trauen. Das war vor dem Krieg noch nicht möglich; wer sich einen eigenen Kirchenrock nicht leisten konnte, versuchte, sich für die eigene Hochzeit einen auszuleihen.

Zum Sonntagsanzug gehörten auch Kragen und Krawatte. Die ältere Generation trug den gestärkten „Umlegekragen" mit einer eingesteckten Krawatte, die den sichtbaren Hemdausschnitt oder die „gestärkte Brust" teilweise oder auch ganz verdeckte. Die jüngeren Männer trugen den modischen Stehkragen; bei ihm wurde die Krawatte ins Kragenknöpfchen eingehängt und um den Kragen herum festgeschnallt. Man trug „kleine Krawatten" in Form von Fliegen oder Schmetterlingen oder „lange Krawatten"; bei beiden Formen kannte man das Prinzip des Selbstbinders noch nicht.

Als Kopfbedeckung kam für den Sonntagsanzug nur der dunkle Filzanzug in Frage. Der sommerliche Strohhut oder die Mütze gehörten zur Arbeitskleidung. Ohne Kopfbedeckung kam man sich aber sonntags wie werktags nicht vollständig angezogen vor.

Frommer, Max: Vom Leben auf dem Lande. Isingen 1910. Stuttgart 1983: 176–179.

Evelyn Glaser

Von Hemden und Miedern

Zur Geschichte der weiblichen Unterwäsche

Das Hemd

Über Unterwäsche reden, hieß lange Zeit vom Hemd reden: Es war das einzige Bekleidungsstück, das direkt auf der Haut getragen wurde; am Leib war es Unterwäsche, in sichtbaren Bereichen wie Ärmel und Ausschnitt war es Oberbekleidung. Beim Mann übernahm es die Funktion der Unterhose, bei der Frau die des Unterrocks. Außerdem diente es auch noch als Nachthemd. Das Hemd wurde von allen Schichten getragen, in der Stadt wie auf dem Land, von Frauen ebenso von Männern oder Kindern.

Das Hemd ist das älteste Kleidungsstück, das bis heute – zum Beispiel als „T-Shirt" – noch weit verbreitet ist. Wohl aufgrund seines hohen Alters kommt dem Hemd in der Kulturgeschichte eine herausragende, auch symbolische Bedeutung zu: Es bekleidet den Menschen von Geburt an und begleitet ihn bis in den Tod – vom Taufhemd bis zum Totenhemd. Auch der Aberglaube kennt viele Regeln für den Umgang mit dem Hemd, mehr als für jedes andere Kleidungsstück.[1] Das Hemd war ein beliebtes Brautgeschenk.[2] Die besondere Bedeutung des Hemdes belegen auch volkstümliche Erzählungen und viele Märchen – das Sterntaler-Märchen ist das bekannteste.[3] Nicht zuletzt verdeutlichen Redensarten, wie nahe und existentiell das Hemd für den Menschen ist: „Das Hemd ist mir näher als der Rock", „Jemandem das Hemd ausziehen", „Dem flattert das Hemd", „Und wenns das letzte Hemd kostet". Zum kulturell eingebundenen Menschen gehörte wenigstens ein Hemd. Das Hemd ist die unterste Schicht des kulturellen Daseins des Menschen – zumindest in der Vergangenheit.[4]

Auch für die württembergische Bevölkerung war das Hemd, wie Angelika Bischoff-Luithlen anhand von Inventuren und Teilungen nachweist, ein „unerläßliches Kleidungsstück (...) zu jeder Tracht und zu jeder Zeit"[5].

Hemden tauchen bereits in den frühesten Nachlaß- und Beibringensinventaren auf, wie sie bei Tod oder Heirat angefertigt wurden. Aus der Hinterlassenschaft eines Pfarrers in Bernloch auf der Mittleren Alb 1631 wissen wir, daß er neben einem Mantel, zwei Hosen, zwei Arbeitskitteln (Wammes), einem Paar Strümpfen und vier Taschentüchern auch „2 Hembten" mit vier Krägen besaß. Und ein Bauer im 20 km entfernten Feldstetten hatte 1764 laut Inventar „7 gute fläxene Hembden, 2 neue reustene Hemdbden", seine Ehefrau besaß lediglich „6 mittlere Hembden".[6] In den von Ernst Guther untersuchten Inventuren von Gerstetten (heute Kreis Heidenheim) aus der Zeit zwischen 1704 und 1830 überwiegen zahlenmäßig die Hemden:

"Im Durchschnitt kamen über die ganze Zeit auf ein Inventar fünf bis acht Hemden und vier bis neun Paar Strümpfe. Es gab aber auch arme Leute, die mit ihrem einzigen Hemd begraben worden sind, während andererseits eine Seldbäuerin 30 gute Stücke in der Truhe hatte!"[7]

Noch um 1910 war in der Aussteuer von Bäuerinnen aus Lauffen am Neckar das Hemd neben den Strümpfen der größte Posten bei der Leibwäsche. Die Aussteuer einer damals 57jährigen Bäuerin zum Beispiel enthielt 12 neue und 6 alte Hemden. Selbst die Aussteuer einer jungen Bäuerin aus ‚guten' Verhältnissen enthielt noch 12 leinene und 6 farbige Hemden, aber nur 3 Paar Beinkleider.[8]

Der einfache, gerade Schnitt des Hemdes war

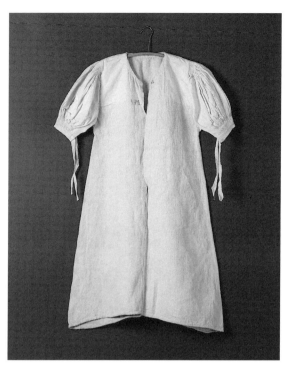

1 Ein Frauenhemd, wie es bis in unser Jahrhundert hinein von bäuerlichen Schichten getragen wurde.

gehalten. Die 1920 geborene Frau S. aus einem Dorf bei Tübingen wußte noch aus ihrer Kindheit zu berichten:

„Also ich weiß noch, die alten Leute, die Emmi nebendran, die hat so richtige Sackhemden gehabt, alles wie fast weiß, ganz grobe Leine, ganz grobe. Und das hat man doch gesehen, wenn sie immer aufgehängt worden sind mit Ärmeln, so lange Ärmel sind das gewesen und da vorne drei Knöpfe."[13]

Das Hemd war ein von allen Schichten getragenes Kleidungsstück – aber es war nicht für alle gleich. Die gesellschaftliche Stellung und die finanzielle Situation spiegelten sich selbst in diesem versteckten, kaum sichtbaren Kleidungsstück: in der Feinheit der Stoffe, in der Üppigkeit der Spitzen und Rüschen und vor allem in der Sauberkeit. Denn nur Wohlhabende hatten einen ausreichenden Vorrat an Hemden für die Zeit zwischen der nur zweimal im Jahr stattfindenen Großen Wäsche. Die Oberbekleidung konnte meist nicht gewaschen werden und so diente das Hemd weniger dem Schutz des Körpers vor Kälte – eine Funktion, die das leinene Material überhaupt nicht hätte erfüllen können –, als vielmehr dem Schutz der Kleidung vor der Verschmutzung durch Ausdünstungen und Ausscheidungen des

zunächst für beide Geschlechter fast gleich. Es hatte lange, gerade eingesetzte Ärmel und orientierte sich mehr an Fadenlauf, Webkante und möglichst sparsamer Ausnutzung des Stoffes als an den Körperformen der Träger.[9] Hergestellt wurden die Hemden im „Weberland" Württemberg meist aus selbstgesponnenem und oft auch noch selbstverwobenem Leinen. Das bessere Hemd – „flexin", wie es in den Akten genannt wird – war aus reinem Leinen. Das gröbere war für den Alltag: das sogenannte „reustin" Hemd, aus Flachs und Hanf. Die Armen mußten sich mit einem „eheewerken" oder „abwerken" Hemd aus Hanf- und Flachsabfällen begnügen[10]: von dieser groben „abwergenen" Qualität waren 83 % aller Hemden in den Inventuren des Dorfes Gerstetten auf der Ostalb.[11] Hier wie in anderen untersuchten Orten auf der Alb und in Schwieberdingen (im heutigen Kreis Ludwigsburg gelegen) listen Inventuren immer wieder reustine Hemden mit flexin Ärmel auf. Bei diesen sogenannten „Bscheißerle" waren nur die sichtbaren Teile aus dem feinen reinleinenen Stoff gearbeitet.[12]

Die groben Hemden, die bereits in den frühesten vorhandenen Verzeichnissen des 16. Jahrhunderts auftauchen, haben sich in nahezu unveränderter Form bis in unser Jahrhundert

2 An den nicht sichtbaren Teilen wurden häufig gröbere Gewebe verwand, wobei es auch „Bscheißerle" gab, bei denen nur die Ärmel aus feinem Stoff waren.

Körpers.[14] Und so schied das saubere Hemd, war es sonst auch ganz schlicht, sinnfällig Reiche von Armen. Schließlich war bis in unser Jahrhundert hinein das Wäschewaschen eine aufwendige Prozedur.[15] Gerade in ländlichen Gebieten, in denen in den bäuerlichen Haushalten alle Familienmitglieder ihre Arbeitskraft in den Dienst der Landwirtschaft stellen mußten und die Frau nicht „Hausfrau", sondern Bäuerin war, war es unmöglich, den Forderungen der Hygieniker gerecht zu werden[16] oder gar unsere heutigen Maßstäbe von Sauberkeit und Wäschehygiene anzulegen. Frau S. erinnert sich an die Zeit zwischen den beiden Weltkriegen:

> „Mich wundert das heute noch immer, früher haben wir alle vier Wochen bloß ein Hemd gekriegt, ein frisches Hemd, und vier Wochen das Hemd angezogen. Ja so ist es gewesen früher: alle vier Wochen hat man die Betten abgezogen, alle vier Wochen (…) hat man im Stall gebadet, im Holzzuber, alle vier Wochen, alle Kinder sind da im Zuber drin gewesen, alle vier Wochen."[17]

Auch wenn das weite, gerade fallende Hemd jahrhundertelang fast unverändert überdauerte, so hatte es doch seit dem 18. Jahrhundert grundsätzliche Wandlungen erfahren – in der Stadt und bei Gruppen, die sich an städtischen Gepflo-

4   Das Hemd, Teil einer Garnitur, trägt der Abkehr von der knabenhaften Silhouette Rechnung, ein eingearbeitetes Büstenteil betont die weiblichen Formen.

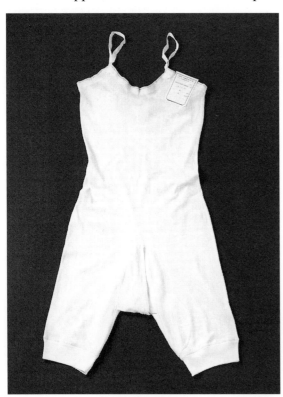

3   Die Hemdhose, ein typisches Wäschestück der 20er Jahre.

genheiten orientierten, mehr und schneller, auf dem Land weniger und langsamer. Wie jedes Bekleidungsstück war es Moden unterworfen. Im 18. Jahrhundert veränderte sich weniger der Schnitt als vielmehr die Funktion des Hemdes und sein Gebrauch. Es wurde allmählich von Kleidungsstücken, die darüber getragen wurden, bedeckt: dem Leibchen, dem Mieder, der Jacke, der „Taille", die im schwäbischen „Büble" heißt. Dadurch wurde das Hemd zum Unterhemd im heutigen Sinne.[18]

Diese Zerlegung der Kleidung in Ober- und Unterbekleidung gab dem Hemd nach und nach eine zusätzliche Bedeutung: die erotische.[19] Je mehr dieses körpernahe Stück dem öffentlichen Blick entschwand, desto größer wurde seine erotische Ausstrahlung. Vielleicht verführte gerade dieses erotische Moment zu einer immer üppiger werdenden Ausschmückung der Hemden. Der Ausschnitt, die Manschetten und der Saum wurden mit feinen Biesen, aparten Fältchen, duftigen Spitzen, zierlichen Stickereien und neckischen Bändchen garniert. Da, wo das Hemd ‚blitzen' durfte, sollte es wohl den Blick auf ein zartes Dekolleté, grazile Arme und wohlgeformte Fesseln lenken.

Ab der Mitte des 19. Jahrhunderts wurde das Oberteil des Hemdes enger und mittels gut plazierter Abnäher figurbetonter; die Ärmel wurden zu Trägern.[20] Die üppigen Stoffmassen des ‚klassischen Hemdes' hätten sonst unter der mittlerweile enganliegenden Oberbekleidung nicht erwünschte Falten und unschöne Wülste aufgeworfen. Das Nähen solch kunstfertiger Hemden im Korsettschnitt bedurfte freilich einer geübten, einer professionellen Hand.

Noch bis ins 20. Jahrhundert hinein wurde das Frauenhemd aus gewobenem Stoff genäht.[21] Die Baumwolle hatte zwar im Laufe des 19. Jahrhunderts das Leinen verdrängt[22], doch setzte sich Gewirktes aus Baumwolle, Wolle und Kunstseide bei der Frauenunterwäsche erst nach dem ersten Weltkrieg durch. Männer gaben diesem angenehm weichen Material schon lange den Vorzug.[23] Wäsche aus anschmiegsamem Trikot, sei es nun aus wärmender Wolle, aus dicker, innen angerauhter oder feiner Baumwolle oder aus glatter glänzender Kunstseide, war das ideale ‚Darunter' der neuen Mode. Eine die Panzerung der Frau beendende Mode der fließenden Stoffe und lose fallenden Schnitte, des nach oben gerutschten Rocksaums, der zeigte, daß die Frau mit zwei Beinen auf der Erde stand: Das war eine Mode, die der veränderten Stellung der Frau in der Gesellschaft nach dem Ersten Weltkrieg Rechnung trug.[24]

Eine jahrhundertelange Ära des „Hemdes als zweite Haut" ging zu Ende. Das Korsett, aber auch Büstenhalter und Hüftgürtel, die das Korsett vielfach ablösten, wurden nicht mehr über dem Hemd getragen, sondern direkt auf der Haut. Das ‚klassische Hemd', das trotz gewisser Form-, Material und Funktionsvarianten bis ins 20. Jahrhundert das zentrale und meist einzige Leibwäschestück der Frau war, wurde in den 1920er Jahren auf ein Trikothemdchen reduziert. Mit angesetztem Höschen wurde es zur Hemdhose, die bis in die 50er Jahre vor allem als „Leib und Seel" für Kinder geschätzt war. Seit den 1930er Jahren war es Teil der „Garnitur" aus Hemd, Schlüpfer und Unterrock. In den 1970er Jahren, als das T-Shirt seinen Siegeszug antrat, hatten es junge Mädchen und Frauen oft schon gänzlich ausrangiert.

Seit etwa zehn Jahren ist im Zuge des noch anhaltenden Wäschebooms auch das Hemd wieder ‚in'. Es ist aber nicht mehr nur das schmucklose und biedere Achselhemd, als das es die ‚schlechten Zeiten' in den Wäschefächern älterer Damen überdauert hatte. Es darf wieder „blitzen", ist edel, aus Seide, mit viel Spitzen oder sportlich, aus Baumwolle und bunt gemustert. Mehr noch:

Das Unterhemd hat als „Top" wieder einen festen Platz in der Oberbekleidung eingenommen. Das Untere ist zum Äußeren geworden, den öffentlichen Blicken preisgegeben.

Das Mieder

Mieder – oder genauer gesagt Miederwaren – zählt man heute, trotz Popstar Madonna[25], zur Unterbekleidung. Auch schon ihre Vorgänger, die Schnürbrüste, präsentierten sich bis gegen Ende des 18. Jahrhunderts als ein prächtiges Schmuckstück des Obergewandes. Ob drüber oder drunter, ob Schnürbrust, Schnürmieder oder Korsett genannt – das Mieder bewegte die Gemüter von Ärzten und Moralisten (oft in Personalunion), von Frauenrechtlerinnen und Reformbewegten, von ModejournalistInnen und KarikaturistInnen – und seit einigen Jahren beschäftigt es auch HistorikerInnen und MuseologInnen.

Verschwiegen werden soll dabei freilich nicht, daß es immer wieder Zeiten gab, in denen der Mann zu Schnürleibchen griff – nicht wegen irgendwelcher körperlicher Mängel, sondern der Mode und Hoffart wegen. Auch Kinder beiderlei Geschlechts wurden bis Ende des 18. Jahrhunderts geschnürt, wenn sie der obersten Schicht angehörten. Die Mode, Kinder in ein Mieder zu

5   Ein unter der Oberbekleidung zu tragendes Mieder aus schmucklosem Leinengewebe und, wie auch ein Jahrhundert später die Korsetts, ohne Vorstecker.

zwingen, kam Mitte des 19. Jahrhunderts noch einmal für Mädchen auf.

„Schnürbrust, Schnürleib, Schnürmieder, Corset ist ein mit eitel dicht an einander geschobenen schwachen Fischbein-Stäblein wohl gesteiftes Brust-Stück, womit das Frauenzimmer den Leib zu schnüren, und in eine geschickte Form zu zwingen pflegt."[26]

Das so im Jahre 1743 im Universal-Lexikon von Zedler beschriebene versteifte Schnürmieder hatte sich schon mit der ‚Spanischen Mode' Ende des 16. Jahrhunderts in ganz Europa eingebürgert. Es gehörte zum Obergewand der höfischen Frauenkleidung.

Die ‚französische Mode' des 18. Jahrhunderts und ihre Anhänger, die höfische sowie die gehobene bürgerliche Gesellschaft der reichen Städte, fanden Gefallen an mehr oder weniger gewagten Dekolletés, an einer zierlichen Taille und an aufgebauschten Hüften. Die weibliche Brust wurde nicht mehr wie bisher platt gedrückt, sondern betont.[27] Sie zu betonen und in die jeweilige Form zu bringen, war fürderhin – neben dem engen Schnüren der Taille – eine wichtige Aufgabe für das Mieder.

Das Mieder modellierte also den Körper nach dem jeweiligen Schönheitsideal, verlagerte aber auch, wenn Reifröcke, Poschen, Bouffanten[28] oder Röcke daran befestigt wurden, das Gewicht der Kleidungsstücke von den Hüften auf die Schultern. So gab es dem Körper Halt bei langem Stehen in den schweren höfischen Roben.[29]

Im 18. Jahrhundert finden sich auch schon Mieder, die unter der Oberbekleidung getragen wurden. Sie waren wie die sichtbaren Mieder aufwendig gearbeitet, gesteift und geschnürt und wurden über dem Hemd getragen. Aber man hat, wie ein blau-weiß gestreiftes, mit einfachem Leinen bezogenes, vorne und hinten geschnürtes Stück aus dem Württembergischen Landesmuseum zeigt, auf kostbare Bezugsstoffe und den Vorstekker verzichtet.[30] Es ist – wenn auch nicht in der Funktion, so doch im Aussehen – den ausschließlich als Unterbekleidung getragenen Korsetts des 19. Jahrhunderts sehr ähnlich.

Bei der Betrachtung des barocken Mieders darf nicht vergessen werden, daß es Teil der repräsentativen Kleidung war.[31] Dazu wurde der Körper – nicht nur, aber vor allem der Frauen – nach einem Schönheitsideal ohne Rücksicht auf die natürlichen Formen des Leibes modelliert, und mit Hilfe eines Tanzmeisters wurden die dazugehörigen Haltungen sowie die angemessenen Bewegungen einstudiert, die auch keine Rücksicht auf

6 Das Mieder, unerläßliches Kleidungsstück der repräsentativen Frauenkleidung, verhalf zu einer grazilen Taille und betonte die weibliche Brust.

natürliche Bewegungsabläufe nahmen.[32] Im privaten Kreise – im eigenen Haus, in der Familie, beim Empfang von Besuchen, auf Landpartien – wurde ein Hauskleid, ein Deshabillé mit leichtem Tagesmieder getragen. Zwei nur leicht versteifte Tagesmieder aus edler Seide in der Sammlung des Württembergischen Landesmuseums zeigen, daß hier an Bequemlichkeit wenig zu wünschen übrig blieb.[33]

In Württemberg lebte die Mehrheit der Bevölkerung auf dem Land. Auch für die dort lebenden Frauen gehörten die Mieder im 17. und 18. Jahrhundert zur alltäglichen Kleidung, wie ihr häufiges Erscheinen in den Inventaren, die im Falle der Verheiratung oder des Todes angefertigt wurden, zeigt. Über die Form des ländlichen Mieders wissen wir wenig; es wird weithin als ärmelloses, weit ausgeschnittenes Oberteil beschrieben und war meist unversteift.[34]

Über seine Materialien geben die Inventare genauere Auskunft, weil von ihnen – neben dem Erhaltungszustand – der Wert des Stückes abhing. Es waren meist rot, schwarz oder blau gefärbte Wollstoffe.[35]

In 120 dörflichen Inventaren des 17. Jahrhunderts zum Beispiel fanden sich nur sieben Kleiderbestände von Frauen, aber in allen war ein – zumeist rotes oder schwarzes – „zeugin" Mieder aufgeführt.[36] Die Auswertung von über 300 Inventaren aus den Jahren 1700–1770 aus verschiedenen Schichten der ländlichen Bevölkerung ergab, daß das Mieder in keinem weiblichen Kleiderbestand fehlte.[37]. Dies gilt auch für die Ostalb in der Zeit zwischen 1704 und 1830: in 1.920 In-

7   Henrike Dannecker (1802)

ventaren, in denen Frauenkleidung aufgelistet ist, sind 4.888 Mieder belegt.[38]

Mieder – gleich zu welcher Schicht die Trägerin gehörte – wurden über dem Hemd getragen, um es vor der „schmutzigen" Haut zu schützen. Wenn das Mieder sichtbar war, stellte es meist ein Zierstück der Kleidung dar. Der zumeist recht aufwendig in Handarbeit bestickte Vorstecker, der häufig auch das Monogramm oder ein Datum trägt, verweist auf die hohe Bedeutung des Mieders.

Oft ist es auch in den Inventaren als vom „Sponso verehrt" ausgewiesen.[39] Dieses Geschenk des Bräutigams an seine Braut scheint mir ein Indiz zu sein für den Stellenwert dieses den Körper so eng umfassenden Kleidungsstücks, auch in der bäuerlichen Welt des 18. Jahrhunderts. Und ganz gleich, ob eine Hofdame ihr kostbares, stark versteiftes Mieder zu einer festlichen Robe trug oder eine Bäuerin zu ihrer ländlichen Tracht ein meist unversteiftes an hatte – bei beiden wird dieses eng geschnürte Leibchen nach außen die Haltung und nach innen ihr Gefühl für den eigenen Körper beeinflußt haben.

Kleidung beeinflußt aber nicht nur die äußere Haltung, sie spiegelt auch die innere wieder. Moden wie die korsettlose der fließenden und durchsichtigen Gazestoffe des Empire zwischen den Jahren 1790 und 1820 setzen neue Einstellungen zu Körper und Kleidung voraus. Nach der Jahrhundertmitte hatte die sogenannte Englische Mode mit ihren einfachen und lässigen Schnitten das Mieder zwar nicht abgeschafft – auch wenn sich um die Gesundheit der Damenwelt besorgte Ärzte dafür aussprachen –, aber es war doch kürzer und weniger stramm, als es die Französische Mode vorschrieb.[40]

Es war die Zeit der von aufgeklärten Pädagogen reformierten Kinderkleidung, der Einflüsse aus den tropischen Kolonien, deren Klima das Tragen leichter Stoffe erforderte; hinzu kam die allgemeinen Schwärmerei für die griechische Antike als Wiege der Demokratie. Vor allem von der Englischen Mode gingen Innovation für einen Kleidungsstil aus, bei dem das Mieder schließlich aus der Mode kam.[41]

Diese Empire-Mode, „in Anlehnung an den kunsthistorischen Stilbegriff als ‚klassizistisch' bezeichnet"[42], ist zwar nicht im Gefolge der Französischen Revolution entstanden. Dennoch verdankt sie ihre schnelle Verbreitung der ungeheuren gesellschaftlichen Ausstrahlung des revolutionären Frankreich. Ein Modejournalist bezeichnete die Veränderung in der Mode als eine Revolution, die sich während „jener Volksrevolution" entwickelte:

„(…) nach und nach verschwinden die vielen Bänder und Blonden, der Puder und alles Bundschäckige und Steife, und aus tausend Nuancen, aus thörichten und gefälligen Abschweifungen, führt die Mode endlich hervor – die erneuerte Griechin, vom leichten Gewande umflossen."[43]

Die modische Dame, auch die modische Württembergerin, trug nun helle Chemisenkleider aus leichtem weichem Musselin. Die Weite der hemdartig geschnittenen Kleider wurde am Hals zu einem runden Ausschnitt und um die nach oben verschobene Taille mit einem Band gefaßt.[44]

Was darunter getragen wurde, war abhängig vom Modemut der Frau. Nackt, wie es der für die klassizistische Mode auch verwandte Begriff „Nuditätenmode" implizierte, war – neben wenigen, ganz gewagten Pariser Modedamen – niemand. Enganliegende fleischfarbene, die Beine und den Rumpf bedeckende Tricots aus Maschenware[45] mögen jedoch diesen Eindruck erweckt haben. Üblich waren jedoch zumeist Unterkleider aus mehr oder weniger steifen Stoffen und ein unterstützendes Brustband[46], da die Brust nicht mehr durch das unter dem Mieder straff gezogene Hemd Halt fand.[47] Was an der Mode schokkierte, zeigen die von Christian Gottlieb Schick gemalten Bilder der Wilhelmine Freifrau von Cotta und der Heinrike Dannecker aus dem Jahr 1802: Hier sind Frauen in einer Kleidung gemalt, die sie nicht als steife unbewegliche Figuren, nicht als „ein Gebäude, das man mit der Elle ausmessen könnte"[48] erscheinen lassen, sondern die die natürliche Silhouette des Körpers und die Bewegung der Gliedmaßen, auch die der Beine sichtbar macht.

„Wir sehen fast alles was den Körper zwängt und beengt ist verschwunden, (…) zwanglos schließt sich das Gewand an die Form des Körpers"[49],

notiert das Journal des Luxus und der Moden im Jahr 1803 über die Bekleidung der „Elegantin"; die Bilder von Gottlieb Schick mögen ein Beleg dafür sein.

Aber auch in dieser Mode gab es – mit Blick auf antike Statuen – bestimmte Vorstellungen davon, wie ein „natürlicher" Körper auszusehen hatte: Vorstellungen, die sich nicht immer mit den realen Körpern der Frauen deckten.

So kam es, daß auch in dieser das Mieder verpönenden Epoche so manche Modedame ihre nicht-modische Figur mit Hilfe eines versteckt unter der Chemise getragenen Korsetts formte⁵⁰ oder Polster, sogenannte Brustverbesserer, in die Brustbänder einlegte.⁵¹ Schon 1785 stöhnte ein ansonsten die „edle Simplizität" der englischen Mode lobender Korrespondent des Journals des Luxus und der Moden in London:

> „Es wurde nämlich unter unseren Damen Mode, sich den Busen durch das Halstuch außerordentlich hoch aufzubauen und dick zu machen. Man trug zu dem Ende in den Halstüchern Bügel und Carcassen von Draht."⁵²

Der „korsettlosen" Mode war nur eine kurze Blüte beschieden. Schon in den ersten Jahren des 19. Jahrhunderts bemerkte das „Journal des Luxus und der Moden" „einen Abfall von der Natur", nachdem in England und Frankreich die Taillen wieder länger wurden und selbst „die Schneider das Wort Corset aussprechen" durften.⁵³ Bereits 1820 hatte sich das versteifte Schnürleibchen wieder um den Leib der bürgerlichen Frau gelegt.

Das so schnelle Ablassen der modebewußten Damen von der bequemen klassizistischen Mode mag verwundern. Ist nicht eine selbstbewußt ihren Stuttgarter Salon haltende Heinrike Dannekker im Fischbeinleibchen, enggeschnürt, nur schwer vorstellbar? Dennoch: im Gegensatz zur langen Hose beim Mann, die sich auch im Gefolge der Französischen Revolution verbreitet hatte,

8 „Wir sehen fast alles, was den Körper zwängt und beengt, ist verschwunden (…), zwanglos schließt sich das Gewand an die Form des Körpers."

war die Mode der Chemisenkleider immer extravagant geblieben. Bei der Einführung des Korsetts war nur der Name neu, die Sache an sich, das Schnüren, war von vielen Bürgerinnen nie aufgegeben worden. Zum Tragen dieser weich fallenden Kleider und zum Ablegen des Mieders hätte auch ein freier Geist gehört, und so war die Rückkehr zum geschnürten Leib,

> „nachdem die emanzipatorischen Entwürfe von Aufklärung und Revolution das Leben der Frauen im Kern nicht hatten verändern können, … eine nur allzu konsequente Entwicklung".[54]

Doch trotz aller äußeren Ähnlichkeiten war das Korsett des 19. Jahrhunderts nicht mehr dasselbe wie die Schnürbrust des Barock. Mit Pathos war sie abgelegt worden, und die, die weiterhin schnürten, wollten nicht nur die schmale Taille, sondern demonstrierten damit ihre konservative Haltung, ihre „Moralität". Auch die Frauen, die sich heimlich unter dem Mousslinkleid schnürten, zeigten einen neuen Umgang mit dem Körper. Einen Umgang, der uns auch heute nicht fremd ist: der aber inzwischen weniger den Absatz der Korsetthersteller sichert, als vielmehr viele Frauen nach Diät leben läßt.

Das Korsett wurde – und wird – im Kopf getragen.

Das Korsett war nicht mehr zentrales Schmuckstück der Kleidung, bei dem die luxuriöse Ausstattung und ihre Haltung, die es erzwang, den gesellschaftlichen Stand der Trägerin und die Bedeutung des Anlasses, zu dem es getragen wurde, sichtbar machte. Das Korsett, das immer unter der Oberbekleidung getragen wurde, machte anderes sichtbar: innere Werte wie Moralität, und es formte nicht mehr die öffentliche Person, sondern das Individuum.[55]

Ein Mieder aus Feldstetten

Auf den ersten Blick unterscheidet sich ein Feldstetter[56] Mieder vom ausgehenden 18. Jahrhundert in der volkskundlichen Sammlung des Württembergischen Landesmuseums kaum von den Miedern der gehobenen Stände zu Beginn des 18. Jahrhunderts[57], die sich in der kunsthistorisch orientierten Abteilung Kunst- und Kulturgeschichte des gleichen Museums befinden. Sie gleichen sich

9 Dies bäuerliche Mieder unterscheidet sich nur durch die Wahl der Stoffe vom höfischen Mieder.

10 Seidendamast mit buntem Blumenmuster, silberne Borten, Lederschößchen, silberne Haken.

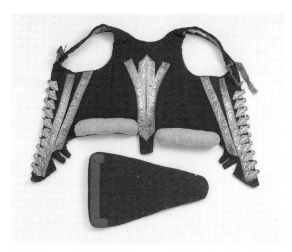

11 Rückenansicht des Mieders von Abb. 9; deutlich sichtbar der Wulstring.

im Schnitt, sind beide aus mehreren Lagen Stoff gearbeitet, mit Fischbeinstäbchen – soweit dies zu ertasten ist – gesteift, und die Haken für die Schnürung sind an eichblattförmigen, floralverzierten Metallblättchen am Mieder angenäht. Selbst die silbernen Borten, die beide Mieder schmücken, gleichen sich.

Das Feldstetter Mieder ist jedoch nicht mit Seidendamast oder -brokat bezogen: seine Außenseite ist aus glattem, wollenen, rostroten Tuch, sein Futter aus grobem Leinen. Die Schößchen, die dem Rock Fülle geben, die Hüften betonen und den Rock mittragen, sind nicht aus Leder, sondern aus Sackleinen. Gefüllt ist es – mehr Wulst als Schößchen – bei diesem Mieder von der Alb mit Stoff. Auch Spreufüllungen waren üblich.

Rückschlüsse auf „das Mieder in Feldstetten" läßt dieses Stück allerdings nicht zu. Allein schon sein museales Überleben spricht dafür, daß es ein Sonntagsstück war, das nicht im alltäglichen Gebrauch verschlissen wurde; daß es einer Frau aus wohlhabender Familie gehörte, die es nicht nötig hatte, ihre Kleidung aufzutragen, und daß es ein besonderes Mieder war und deshalb wert schien, aufbewahrt zu werden. Dieses Mieder zeigt aber, daß es selbst im Albdorf Feldstetten Mieder gab, die – wenn auch mit zeitlicher Verspätung – die Mode bei Hofe und in reichen Bürgerhäusern nachahmten.

Das Korsett ohne Naht

Das Korsett war nach 1810 wieder in Mode gekommen und war, nun als Teil der Unterbekleidung, unerläßlich für die Garderobe der modischen Dame. Es wurde wie ehedem aus verschiedenen Stoffteilen von Hand genäht. Bei diesem Geschäft waren die französischen Coursetièren führend, weshalb auch die begüterten deutschen Damen vielfach ihre Korsetts aus Pariser Ateliers bezogen. Auch die Korsettschneiderinnen in Deutschland fertigten die Mieder einzeln nach Maß an. Zum Teil wurden sie auch zu Hause selbst geschneidert. 1840 wurde im französischen Bar le Duc ein Verfahren entwickelt, das es ermöglichte, die Mieder an einem Stück zu fertigen: sie wurden auf einem Webstuhl „auf Façon" gewoben.[58] Dies führte zu weitreichenden Veränderungen in der Korsettherstellung.

Der Niedergang der Leinenweberei und die Mechanisierung der Baumwollweberei führten in Württemberg in den 1840er Jahren zu einer Handweberkrise, die 1848/50 ihren Höhepunkt fand. Um den in Not geratenen Handwebern neue Erwerbsmöglichkeiten zu eröffnen, förderte im Jahr 1848 die Zentralstelle für Gewerbe und Handel die Gründung der ersten deutschen Fabrik für gewobene Korsetts durch den Franzosen d'Ambly in Stuttgart. Es folgten nach 1851 weitere, ebenfalls von der Zentralstelle geförderte Gründungen in Göppingen.[59]

Die Korsettweberei entwickelte sich in den folgenden Jahren mehr und mehr.

„Ende der 50er und Anfang 60er Jahre wurden von den inzwischen entstandenen Korsettfabriken (alle in der Gegend von Stuttgart, Cannstatt und Göppingen) im ganzen Land Webereifilialen eingerichtet. So wurde z. B. auf der weltentlegenen Schwäbischen Alb, in Heubach, bereits 1858 für Göppinger und Stuttgarter Fabriken Korsetts auf Handwebstühlen gewebt."[60]

Die Landesbeschreibung „Das Königreich Württemberg" von 1884 nennt neben den Hauptplätzen Stuttgart, Cannstatt, Göppingen, Reutlingen, Ebingen, Balingen, Ludwigsburg und Heubach noch Filialen der großen Fabriken auf den Fildern, in Sindelfingen, Schönaich, Laufen, Tailfingen, Waldstetten (heute Weilstetten), Winterlingen, Geislingen, Gmünd, Nürtingen, Rottenburg,

Urach und Welzheim. In etwa 70 Orten des Landes waren 800 Personen in Fabriken und 2.000 weitere in der Hausindustrie für die Korsettweberei beschäftigt.[61] Die Weber vor Ort wurden in den Werkstätten der Filialen etwa drei Monate lang eingearbeitet und verließen diese, sobald sie selbständig arbeiten konnten, um zuhause die Produktion aufzunehmen.[62]

Die Korsetts wurden auf Handwebstühlen am Stück gewoben. Eine maschinelle Fertigung war nicht möglich, da sie ‚auf Façon' gearbeitet wurden. „Die breiten Hüften, die schmale Taille und die geformte Büste wurden in Form von Zwickeln gleich eingearbeitet."[63] Selbst die Hohlräume für die Stäbchen sowie die Verstärkung der Zwickel waren eingewoben: Es war rundum ein Korsett ohne Naht. Das Weben war Männerarbeit, da es nur von ausgebildeten Webern – traditionell eine Domäne der Männer – ausgeübt werden konnte. Frauen übernahmen das Festonieren und Besticken, schoben die Stäbchen aus Fischbein, Metall, Peddigrohr oder Holz ein und befestigten die Metallhäckchen. Sowohl das Weben als auch das sogenannte Fertigmachen erfolgte in der Hausindustrie; nur das Waschen, Appretieren und Bügeln fand in den Fabrikräumen selbst statt.[64]

Bei einer Gewerbezählung im Jahr 1875 stellte es sich heraus, daß in Württemberg 50% aller Betriebe der deutschen Korsettindustrie und fast alle hierfür notwendigen Webstühle, nämlich 99%, angesiedelt waren.[65] Eine Besonderheit der württembergischen Korsettindustrie war, daß ein hoher Anteil der Produktion für den Export bestimmt war, wobei besonders Nordamerika beliefert wurde. 1875 sollen Korsetts 40% des gesamten württembergischen Exportwerts in die Vereinigten Staaten ausgemacht haben.[66] Die Damen der ‚besseren Gesellschaft' waren wenig aufgeschlossen für Konfektionsware, zu der das Korsett ohne Naht gehörte; sie zogen die feineren und – da auf Maß gearbeitet – wohl auch bequemeren handgenähten vor. Das massenhafte Tragen von Korsetts schlug denn auch nicht bei den gewobenen, sondern bei den maschinengenähten zu Buche, da sie noch billiger waren. Der große Absatz von nahtlosen Korsetts in die Vereinigten Staaten ist wohl auch auf die engen verwandtschaftlichen Beziehungen der vielen jüdischen Unternehmer in der Korsettweberei zu Handelshäusern in Übersee zurückzuführen. So entwickelte die damals bedeutendste Korsettfabrik Ottenheimer in Stuttgart ihre Geschäfte mit der Exportfirma Ottenheimer Brothers in New York ab.[67]

Die Geschäftslage der württembergischen Korsettindustrie war dadurch unmittelbar abhängig von der Wirtschafts- und Zollpolitik der Vereinigten Staaten. Der amerikanische Bürgerkrieg von 1861 etwa brachte die Produktion fast vollständig zum Erliegen. Nach Kriegsende folgte dann ein ungeheurer Aufschwung. In den 1870er Jahren haben die Erhöhung der Schutzzölle und die allgemeine Wirtschaftskrise von 1873 sowie die Übersättigung des amerikanischen Marktes wieder zu starken Einbrüchen geführt. Nach einer gewissen Erholungsphase in den 1880er Jahren brachte eine erneute Anhebung der Zölle das völlige Aus für die Korsettweberei.[68] Im Jahr 1871 stellte die Firma Ottenheimer 1.127.000 gewebte Korsetts her, 1878 dagegen nur noch 128.000. Und zwischen 1883 und 1889 wurden wieder etwa eine halbe Million jährlich produziert. 1890, das Jahr, in dem die Firma mit der Herstellung von genähten Korsetts begann, wurden nur noch 193.000 gewoben, und nach einem Rückgang auf 4.800 im Jahr 1906 stellte sie die Produktion für Korsetts ohne Naht ein.[69] Konkurrenz war der Korsettweberei schon bald durch die Einführung

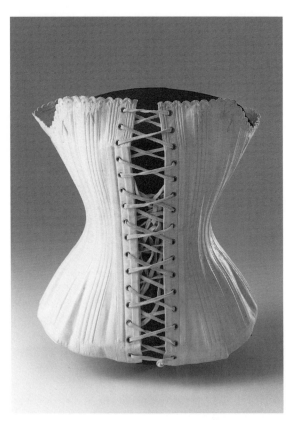

12 Das gewebte Korsett war – heute fast vergessen – ein bedeutender Exportartikel Württembergs und hat nachhaltig die Gewerbelandschaft geprägt.

13 Rückansicht von Mieder Abb. 12.

der Nähmaschine entstanden. Die Korsettherstellung mit der Nähmaschine, ebenfalls von Frankreich ausgegangen, etablierte sich vor allem in Preußen und Sachsen und führte zu einer weiteren Verbilligung des Korsetts, denn es wurden vor allem Frauen beschäftigt, deren Lohn niedriger war als der der Weber.[70]

In Württemberg konnten sich jene Firmen weiterhin halten, die rechtzeitig auf maschinengenähte Korsetts und auf die Produktion für den inländischen Markt umstellten.[71] So ist zum Beispiel das „weltentlegene" Heubach noch heute, hundert Jahre nach dem Niedergang der Korsettweberei, eine der wichtigsten Adessen in der Miederwarenbranche.

Obwohl das völlige Verschwinden der Korsetts ohne Naht ein fast gänzliches Vergessen dieser Industrie nach sich zog, so hatte sie doch, wenn auch nur für kurze Zeit, Weltgeltung erlangt und nachhaltig Folgen für die Gewerbelandschaft in Württemberg gezeitigt.

Anmerkungen

1 So glaubte man im Welzheimer Wald sich „vor der Aushebung zum Militär" schützen zu können durch ein Hemd, dessen Garn ein siebenjähriges Mädchen gesponnen hatte. Nach: Schwäbisches Wörterbuch, bearbeitet von Hermann Fischer. Tübingen 1911, Bd. 3: 1415.
2 „Wenn der Bräutigam das von der Braut erhaltene Hemd am Hochzeitstage trägt, so bleibt er, wie man in Schwaben glaubt, der Frau ein Leben lang treu." Bächtold-Stäubli, Hanns (Hrsg.): Handwörterbuch des deutschen Aberglaubens. Berlin [1927] ²1987, Bd. 3: 1722.
3 Brednich, Rolf Wilhelm (Hrsg.): Enzyklopädie des Märchens. Berlin 1990, Bd. 6: 802–812.
4 Einem verschuldeten Toten konnte alles außer einem Hemd gepfändet werden, heißt es im Lexikon von Zedler, 1734, Bd. 15, 895. Das mittelalterliche Ritual „nackt Buße zu tun" hieß, nur mit einem Hemd bekleidet zu sein. Es ist angesichts der Bedeutung des Hemdes umso erstaunlicher, daß es in der herkömmlichen Kleidungsforschung ziemlich vernachlässigt wurde.
5 Bischoff-Luithlen, Angelika: Der Schwabe und sein Häs. Stuttgart 1982: 43.
6 Ebd. 168 und 164f.
7 Guther, Ernst: „Die ländlich heidenheimische Tracht in ihrer Endphase." In: Jahrbuch 1987/88 des Heimat- und Altertumsvereins Heidenheim an der Brenz e.V.: 248–289, hier: 253.
8 Bidlingmaier, Maria: Die Bäuerin in zwei Gemeinden Württembergs. Kirchheim/Teck [1918], Nachdruck 1990: 118f.
9 Junker, Almut/Stille, Eva: Zur Geschichte der Unterwäsche 1770–1960. Frankfurt/M. ³1988: 16.
10 Vogt-Schnapper, Gudrun: „Zur Geschichte von Tracht und Kleidung. Eine Bestandsaufnahme und Betrachtung aufgrund archivalischer und sonstiger Erhebungen in Schwieberdingen und anderen Orten." In: Ludwigsburger Geschichtsblätter, Nr. 22, 1970: 67–106, hier: 71 und 81.
11 Guther 1987/88 [wie Anm. 7]: 260.
12 Ebd.: 261; Bischoff-Luithlen 1982 [wie Anm. 5]: 46f.; Vogt-Schnapper 1970 [wie Anm. 10]: 72.
13 Frau S., geb. 1919 in einem Dorf bei Tübingen. Die Eltern hatten Landwirtschaft und sie selbst ging mit 14 Jahren nach Tübingen „in Stellung".
14 Zander-Seidel, Jutta: Textiler Hausrat. Kleidung und Haustextilien in Nürnberg von 1500–1650. München 1990: 93.
15 Eine eindrückliche Beschreibung, was die 'Große Wäsche' war, gibt Martha Farner in ihren Lebenserinnerungen. In der Großfamilie der 1903 geborenen Schweizerin dauerte sie, ohne Vorbereitungszeit, sechs Tage und war nur mit Hilfe von professionellen Wäscherinnen zu bewerkstelligen. (Fahrner, Martha: Alles und jedes hat seinen Wert. Zürich 1986: 27–40.) Siehe auch: Hausen, Karin: „Große Wäsche. Technischer Fortschritt und sozialer Wandel in Deutschland vom 18.–20. Jahrhundert." In: Geschichte und Gesellschaft. Zeitschrift für kritische Sozialwissenschaft, 13. Jg., 1987, Heft 3: 273–303.
16 Siehe dazu auch die Aufsätze von Christa Diemel und Birgit Geiger in diesem Band.
17 Frau S. [wie Anm. 13].
18 Loschek, Ingrid: Reclams Mode- und Kostümlexikon. Stuttgart [1987], ²1988: 462.
19 Bloch, Iwan: Das Sexualleben unserer Zeit in seiner Beziehung zur modernen Kultur. Berlin 1908: 154.
20 Junker/Stille 1988 [wie Anm. 9]: 142.
21 Ebd. 297.
22 Köhle-Hezinger, Christel: Reusten, Wifling, Zitz und Zeugle. In: Dies./Ziegler, Walter (Hrsgg.): Der glorreiche Lebenslauf unserer Fabrik. Zur Geschichte von Dorf und Baumwollspinnerei Kuchen. Stuttgart 1990: 25–34.
23 Goebel, Susanne: „Der Unterwäsche auf den Leib gerückt. Frühe Formen der Wäschereklame der Trikotindustrie." In: Schwäbische Heimat, 42. Jg., Heft 1/ 1991: 39–50, hier: 41.

24 Siehe dazu die Aufsätze von Kathrin Fastnacht, Monika Mierzowski und Brigitta Schilk in diesem Band.
25 Madonna, seit den 1980er Jahren bekannte US-amerikanische Popsängerin, die bei ihren Auftritten häufig Korsetts, Corsagen oder Büstenhalter als Oberbekleidung trägt und damit einen Modetrend setzte, wie Vertrter der Miederwarenbranche bestätigen.
26 Zedler, Johann Heinrich: Großes Universallexikon Aller Wissenschaften und Künste Welches bishero durch menschlichen Verstand und Witz erfunden worden. 35. Band, Halle/Leipzig 1743: 594.
27 Junker/Stille 1988 [wie Anm. 9]: 26, 37f.
28 Reifröcke: Unterrock, der meist durch Reifen aus Holz, Fischbein oder Draht in Form gehalten wurde. Nach: Loschek 1988 [wie Anm. 18]: 391.
Poschen: Meist mit Fischbein gesteifte Taschen, die von beiden Seiten um die Hüfte gebunden wurden, eine Art kleiner, kurzer Reifrock. Nach Junker/Stille 1988 [wie Anm. 9]: 46.
Bouffanten: Künstliche Einlagen, ab 1780 Jahren vor allem als gefüllte Gesäßpolster. Ebd.: 48.
29 Zedler 1743 [wie Anm. 26]: 594 und Junker/Stille 1988 [wie Anm. 9]: 43–48.
30 WLM 1561a und Loschek 1988 [wie Anm. 18]: 316.
31 Sennett, Richard: Verfall und Ende des öffentlichen Lebens. Die Tyrannei der Intimität. Frankfurt/M. ²1983: 56. Siehe auch den Aufsatz von Herbert Baum in diesem Band.
32 Junker, Almut: „Die Revolution in der Mode". In: Schmidt-Linsenhoff, Viktoria (Hrsg.): Sklavin oder Bürgerin? Französische Revolution und neue Weiblichkeit 1760–1830. Frankfurt/M. 1989: 520–582, hier: 521.
33 WLM E 3515 und E 3517.
34 Bischoff-Luithlen 1982 [wie Anm. 5]: 131 und Vogt-Schnapper 1970 [wie Anm. 10]: 72.
35 Die, im Vergleich zum höfischen Mieder, begrenzte Variationsbreite bei den Materialien gründet nicht so sehr in den finanziellen Möglichkeiten oder im Geschmack der Menschen, sie war vielmehr Folge von absolutistischen Kleiderordnungen, die die Stoffauswahl reglementierten und bei Bauern und Bürgern auf inländische Waren wie Wolle und Leinen beschränkten.
36 Vogt-Schnapper 1970 [wie Anm. 10]: 72.
37 Ebd. 79f. und 84.
38 Guther 1987/88 [wie Anm. 7]: 251.
39 Vogt-Schnapper 1970 [wie Anm. 10]: 80.
40 Loschek 1988 [wie Anm. 18]: 317 und Junker/Stille 1988 [wie Anm. 18]: 56f. Bsp.: WLM 7577 und WLM 135–261.
41 Auer, Anita: „Klassizistische Damenmode in Baden und Württemberg." In: Baden und Württemberg im Zeitalter Napoleons, Band 2 (Aufsätze). Stuttgart 1987: 583–597, hier: 583f.
42 Ebd. 583.
43 Journal des Luxus und der Moden, Teilnachdruck, ausgewählt von Werner Schmid, Band 2, Leipzig 1968: 27.
44 Bildmaterial in den Ausstellungskatalogen zu Baden und Württemberg im Zeitalter Napoleons. Stuttgart 1987.
45 Loschek 1988 [wie Anm. 18]: 442.
46 Ebd. 317 und 465.
47 Saint-Laurent, Cecil: Drunter. Eine Kultur- und Phantasie-Geschichte des weiblichen Dessous. Wien 1988: 151.
48 Journal des Luxus und der Moden 1968 [wie Anm. 43]: 28.
49 Ebd. 29.
50 Waugh, Norah: Corsets and Crinolines. Great Britain 1987 (B. T. Batsford Ltd. London): 75.
51 Loschek 1988 [wie Anm. 18]: 136.
52 Journal des Luxus und der Moden, Bd. 1. 1967: 99.
53 Journal des Luxus und der Moden 1968 [wie Anm. 43]: 92.
54 Junker 1989 [wie Anm. 32]: 525.
55 Sennett 1983 [wie Anm. 31]: 85–93, 212–216, 223f.
56 Feldstetten, heute Laichingen-Feldstetten, Alb-Donau-Kreis. WLM, VK 1985/467–12a/b.
57 WLM, VK 1985/467–12a/b.
58 Rosenberg, Paul M.: Die deutsche Korsettindustrie. Eine volkswirtschaftliche Studie. Stuttgart 1909: 11; sowie: Junker/Stille 1988 [wie Anm. 9]: 160.
59 Rosenberg 1909 [wie Anm. 58]: 11f.
60 Ebd. 12.
61 Das Königreich Württemberg, 2. Bd., 3. Buch, Stuttgart 1884: 73.
62 Rosenberg 1909 [wie Anm. 58]: 13.
63 Junker, Almut/Stille, Eva: „Korsettmacher." In: Volkskunst. Zeitschrift für volkstümliche Sachkultur, Nr. 2, Jg. 1988: 21–25, hier: 24.
64 Ebd.; Rosenberg 1909: 13.
65 Das Königreich Württemberg [wie Anm. 61]: 73.
66 Bayer, Gotthardt/Philippscheck, Klaus (Hrsgg.): „Die Weberey ist hier sehr zu Haus." Zur Geschichte der Handweberei in Sindelfingen. (Sindelfingen 1990), n. pag.: [14].
67 Rosenberg 1909 [wie Anm. 58]: 14.
68 Hoffmann, Emil: Die Industrialisierung des Oberamtsbezirkes Göppingen (Württemberg). Göppingen 1910: 68, 78.
69 Rosenberg 1909 [wie Anm. 58]: 14.
70 Junker/Stille 1988: 161, 164.
71 Siehe: Hoffmann 1910 [wie Anm. 68]: 68–73 und Rosenberg 1909 [wie Anm. 58]: 16f.

Sylvia Heiler

Aussteuer – Zur Geschichte eines Symbols

Der Einzug des Aussteuerwagens war bis zur Zeit nach der Jahrhundertwende einer der signifikantesten Momente der bäuerlichen Hochzeit. Bekannt ist dieser Brauch seit dem 16. Jahrhundert.

Um den Austeuerwagen kreist ein großer Bogen landwirtschaftlicher Arbeit und häuslicher Handarbeit sowie überhaupt dörflichen Zusammenlebens. Er wurde allgemein auch als Brautwagen bezeichnet, da die Aussteuergegenstände zum größten Teil von der Braut mitgebracht wurden. Das betraf die Arbeitsgeräte für Haus und Hof sowie Möbel, jedoch vor allem die Aussteuer-Wäsche für den gemeinsamen Hausstand, die zuvor in mühevoller und hoffnungsträchtiger Kleinarbeit, im Blick auf diesen Tag, angefertigt wurde.[1]

Der Einzug des geschmückten und in der Regel mit Pferden bespannten Brautwagens in das zukünftige Zuhause der Brautleute erfolgte kurz vor der eigentlichen Trauung. Dieses Spektakel wurde von der ganzen Ortschaft, den Nachbarn, Freunden und Verwandten begleitet und kritisch beäugt. Der Maler Johann Baptist Pflug hat ein solches Zeremoniell ausgesprochen romantisch beschrieben, für das reiche Oberschwaben, wo es besonders prächtige und bedeutungsvolle Züge annahm:

„Zur Abfahrt bereit steht der Brautwagen; die Möbel und sonstigen Gerätschaften sind aufgeladen, die Brautbetten hoch aufgetürmt. Bänder, Flitter und Kränze flattern und erwecken in den Herzen mancher Dorfschönen die schlecht verhehlte Sehnsucht."[2]

Neben der Aussteuer-Wäsche, die meist in offenen Waschkörben oder Kästen lag, präsentierte der Brautwagen den gesamten, ordentlich aufgebauten Hausrat, einschließlich der Möbel.

In der alten Welt des bäuerlichen und kleinbäuerlichen Lebens ging es in erster Linie darum, satt zu werden.

„Im Bäuerlichen zählt zunachst Äußeres, die Zahl der Morgen macht den Wert des Menschen aus, die stolzen Rösser demonstrieren den eigenen Stolz, das schmucke und sauber geputzte Kleid steht für das polierte Seelenleben."[3]

Ein Mann mußte eine Frau haben – das machte schon die Verteilung der unterschiedlichsten Aufgaben in Haus und Hof notwendig. Die Buben wurden sehr früh an die männlichen Arbeiten herangeführt. Erwachsen waren sie, sobald sie ‚schaffen' konnten wie der Vater. Mädchen dagegen wurden anders an das Zusammenleben gewöhnt. Von der Mutter angeleitet, präparierten sie, oft schon vom 14. Lebensjahr an, die gesamte Wäscheaussteuer. Ihre Vorbereitung auf das Leben bestand vornehmlich aus der Vorbereitung auf die Ehe. Denn die bäuerliche Ehe war zuallererst eine Wirtschaftsgemeinschaft, in der sich Besitz und Arbeitskraft vereinen, wobei die Frau den weitaus größten Teil des Hausrats beisteuerte.

Kinder zu haben war lebensnotwendig: Sie bedeuteten Arbeitskräfte, erhielten den Besitz und gewährleisteten so die Versorgung der Alten. Es wurde nicht nach ‚unten' geheiratet, sondern unter seinesgleichen – anderes hätte Not, zumindest aber sozialen Abstieg zur Folge gehabt.

Im feierlichen Ritual des Brautwageneinzugs finden das Leben und Wirken der Bauersleute zur Hoch-Zeit einen symbolischen Ausdruck. Der hier zelebrierte Stolz fungiert auch als Ausgleich in einem Leben, das keineswegs so romantisch war, wie es die Bilder vom Landleben der „guten alten Zeit" uns glauben machen.

In diesem Kontext läßt sich die Tatsache der Präsentation der Aussteuergegenstände deutlicher erfassen. Liegt doch ein bedeutungsvoller Grund der Zurschaustellung darin, „Akt der Kontrolle" zu sein. Sie zeigte, daß man die Regeln des bäuerlichen Zusammenlebens gelernt hat und dazugehört.

„Die Kontrolle ist zugleich Ausdruck des Gesetzes. Nie würde einer wagen, eine unangemessene Zahl von Hemden oder Bettüchern zu präsentieren – weder zuviel noch zuwenig."[4] Wo es nur ging, wurden Hanf und Flachs angebaut. Soweit sie aus Leinen und Wolle waren, produzierte die schwäbische Hausweberei die für die Kleidungsstücke benötigten Stoffe zu einem guten Teil selbst. Für die um die Mitte des 19. Jahrhunderts zunehmende Verlags-Weberei wurde auch Baumwolle verwendet.

Aus den peniblen Auflistungen der Inventuren und Teilungen sind uns folgende Stoffgruppen, die über die Jahrhunderte hinweg auftauchen, bekannt:

Die Leinenstoffe:
„Leinenstoffe tauchen unter den verschiedensten Bezeichnungen auf: Abwerk, Kammertuch, Kölsch, Karo, Reusten – das sind einige der meistgenannten Stoffarten aus der schwäbischen Hausweberei. Das selbst hergestellte Leinen diente nicht nur für Bett-, Tisch- und Leibwäsche, sondern auch für die Oberbekleidung. Blau und schwarz waren diese Stoffe in der Regel – sie konnten beim Färber in der Stadt billig eingefärbt werden. So entstanden blau gefärbte Frauenröcke, blaue und schwarze ‚zwilchene' Männerhosen, Wämser und ‚Büble'", die kurzen zum Miederrock getragenen Jäckchen. Auch Strümpfe waren aus selbstgesponnenem Garn und selbst gewebt – aus Leinenresten zugeschnitten und zusammengenäht: Sie sollen, wie zeitgenössische Quellen berichten, immer Falten geschlagen haben. Selbst ‚gestrickte Strümpfe' waren aus Leinen, aus dem selbstgesponnenem flächsernen Garn, das zur Weberei gebraucht wurde. Sie waren steif wie ein Brett und sie kratzten – ähnlich wie das ‚reustene Hemd', das auf der Haut getragen wurde."[5]

Die Wollstoffe
„Wollstoffe waren teuer und wurden nur für Sonntagskleider verwendet – oft nur für ein einziges gutes Stück, welches das ganze Leben lang hielt. Wollstoffe kamen vor allem aus Calw, dessen Tuchhandel um 1600 schon Weltgeltung hatte. Alle Wolle, die in Württemberg innerhalb eines Jahres erzeugt wurde, verarbeitete man in Calw in einem Vierteljahr; das weitere Material wurde importiert. Eine Wollindustrie entstand im 19. Jahrhundert in Göppingen, Salach, Esslingen, Reutlingen. Der Wollstoff, der in den alten Akten am häufigsten auftaucht, ist der ‚Wifling', ein grobes Zeug aus leinenem Zettel und wollenem Einschlag, das meist zu Frauenröcken Verwendung fand."[6]

Die Baumwollstoffe
„Die Baumwolle – davon sprach die Mundart als ‚Kattun', als ‚Zeugle' oder als ‚Zitz'. Baumwolle als Mischgewebe (‚Barchent') kannte man seit dem Mittelalter: verwoben entweder mit Wolle oder mit Flachs. ‚Da das kurzfaserige, handgesponnene Baumwollgarn der Beanspruchung durch die Webstühle nicht standhielt, eignete es sich nur für den Einschlag (Schuß), während das widerstandsfähigere Leinen – oder Wollgarn für die Kette benutzt wurde.' Reine Baumwolle fand bei uns relativ spät Eingang. Durch die Mechanisierung der englischen Baumwollspinnereien kamen Baumwollstoffe in unser Land; 1784 war in Ratingen bei Düsseldorf die erste mechanische Baumwollspinnerei in Deutschland gegründet worden. Dies bewirkte vollständigen Wandel in der ländlichen Kleidung. Nun konnte man Schürzen, Büble, Hemden für den Sommer, Kopftücher aus Baumwollstoffarten herstellen. Der Siegeszug der sogenannten ‚Zeugle' bahnte sich an, die – in unempfindlichen Farben eingefärbt – als Arbeitskleidung bald unentbehrlich wurden. Das Kopftuch begann die jahrhundertelang getragene Haube der Frauen zu verdrängen, man fertigte Hemden und Schürzen aus Baumwolle – weil man merkte, daß Baumwolle auf der Haut angenehmer war als das steife, kalte und kratzige Leinen. Die Nachfrage nach Baumwollstoffen, modischbunt bedruckt und farbenfroh, war seit Mitte des 18. Jahrhunderts ständig angewachsen. England, wo seit den 1760er Jahren ‚der bereits dreißig Jahre zuvor entwickelte Webstuhl mit sogenannten Schnellschützen', seit 1764 die mechanische Spinnmaschine (‚spinning jenny') Anwendung fand und 1785 ‚der erste mechanische Webstuhl patentiert' wurde, konnte arbeits- und kostensparend produzieren und ‚gleichbleibendere und feinere Qualität garantieren.' Bald überschwemmten mechanisch her-

gestellte Webwaren auch in Deutschland den Markt. Ob bei Hausierern oder auf Märkten – alles kaufte, sofern man es sich nur irgend leisten konnte, die billigen und farbenfrohen Baumwollsachen.

Färbe- und Druckmethoden waren verbessert worden – nun gab es bunte, leuchtende Farben, Blümchen, Streifen und Pünktchen. Vorher war das ‚Häs', besonders das der Armen, fast nur einfarbig gewesen. Muster konnten zwar eingewirkt werden, aber nur in Form von Streifen und Karos. Seit der Jacquard-Webstuhl 1831 in den Fabriken eingeführt worden war, konnte man auch Blumenornamente und gemusterte Damaste weben. Gedruckte Baumwollgewebe jedoch waren billiger, in ihrem Aussehen gefälliger und leichter zu waschen. Biedermeierliche Blümchenmuster waren fortan aus der Kleidung nicht mehr wegzudenken, und sie bestimmen bis heute unser Bild früherer Kleidung."7

Wer selbst keinen Webstuhl besaß und nicht weben konnte, ließ im Auftrag weben. Allerdings war man in der bäuerlich-ländlichen Lebenswelt nicht vollständig auf Eigenproduktion beschränkt; denn schmückende und modische Accessoires z.B. wurden in der Regel dazugekauft.

„Oft sind so Händler gekommen ..."8

Früher war der Hausierhandel nicht wegzudenken aus dem Leben. Dieser Berufsstand war in gewisser Weise der „ländliche Kulturbringer"9, wie Angelika Bischoff-Luithlen bemerkt. Schon vor dem 30jährigen Krieg kamen Händler aus fremden Territorien ins Herzogtum Württemberg, die mit ihren Waren die Alltagskultur entscheidend prägten. Viele Elemente der Kleidung, die in die Tracht aufgenommen wurden, stammen von außerhalb – so zum Beispiel die Tücher aus Mailand oder das blaue Fuhrmannshemd aus dem Elsaß. Händler aus Böhmen, Österreich, Italien und dem Elsaß versorgten die ländliche Bevölkerung mit allerlei Krämerwaren; zuweilen beschränkte sich ihr Angebot aber nicht nur auf den Warenbereich – einige unter ihnen verstanden sich auch auf's Musizieren und die Schauspielerei. Von Seiten der Obrigkeit wurde den Händlern das Leben nicht leicht gemacht. Es gab unzählige Verordnungen und Reskripte, die versuchten, Grenzschmuggel, Krämerei und „Verführerei" der Bauersleute zu unterbinden. Doch immer wieder fanden sich Mittel und Wege, die Erlasse zu umgehen. Im Württembergischen, wie auch im benachbarten Hohenzollern, war dieses Gewerbe sehr früh vertreten. Handel betrieben vor allem die Bewohner jener Gebiete, die aufgrund schlechter landwirtschaftlicher Ertragslage auf einen Zuverdienst angewiesen waren. Das rauhe Klima, die kargen Böden und die Realteilung ließen beispielsweise auf der Südwestalb eine ertragreiche Landwirtschaft kaum zu. Im Laufe des 19. Jahrhunderts spezialisierten sich die aus diesem Gebiet stammenden Händler auf den Vertrieb von Textilwaren, da dies mehr Gewinn einbrachte. Die Waren, die Männer wie Frauen gleichermaßen auf Märkten oder an den Haustüren feilboten, waren entweder selbstgemacht oder gekauft.

„Rund ein Drittel der 1874 in Tailfingen gezählten Hausierer, die mit Strumpfweber-, Woll-, Baumwoll- und Ellenwaren handelten, gehörte selbst dem Strumpfweberhandwerk an. Die Killertäler bezogen einen Teil ihrer Textilien, v.a. Trikotwaren entweder im Ort selbst oder von größeren Firmen in Ebingen und Tuttlingen."10

Eine 70jährige Gewährsfrau berichtet für die Zeit zwischen den beiden Weltkriegen:

„Und dann, und grad der von Ebingen, ist immer einer gekommen ... also ich hab von dem meine ganze Unterwäsche gehabt. Schöne Unterwäsche. Die haben wunderbare gemacht – in Ebingen, da sind ja die Trikotfabriken. Der hat das bei den Fabriken gekauft, auf eigenes Risiko. Ja, der hat Köffer gehabt, der ist immer zu mir gekommen ...".11

Die Händler erarbeiteten sich im Laufe der Zeit jeweils einen Kundenkreis in einem bestimmten Gebiet, in dem die Waren – mit amtlich beglaubigtem Gewerbeschein – verkauft werden durften. In einem Landstrich wurde dann längere Zeit übernachtet, und von diesem Standquartier aus zogen die Händler mit ihren Waren von Ort zu Ort. Dadurch entstand auch Vertrauen in der Bevölkerung.

„Und das ist also so gewesen, man hat dem so vertraut, man hat gewußt, der haut einen nicht übers Ohr."

Oft wurden sämtliche Kleidungsstücke bei den Händlern gekauft.

„Also in Wendelsheim hat einer gewohnt namens Maier. Der hat also Unterwäsche gehabt, auch Unterröcke, also alles was man dortmals eben so gehabt hat ... auch Kurzwaren ... und aufgewickelte Spitzen."

Die Hausierer übten in gewisser Weise eine Funktion aus, wie sie heute die Versandhäuser haben.

„ja, der [Händler; d. V.] hat das [Ware; d. V.] dabeigehabt. Und wenn er was nicht dabeigehabt hat, hat er so Wäschemuster gehabt, in einem Koffer, und auch so Heftchen, wo du hast die Sorte oder den Preis aussuchen können, das weiß ich auch noch gut. Danach ist er gekommen und hat dir die Sachen gebracht. Der hat dortmals schon ein Auto gehabt."

Als das Verkehrswesen und die Vertriebsnetze der Einkaufsläden immer weiter ausgebaut wurden, verloren die Händler nach der Jahrhundertwende nach und nach an Kundschaft. Beinahe zum Erliegen gekommen war der Hausierhandel nach dem zweiten Weltkrieg. Während des Krieges mangelte es an Waren, während der Währungsreform und Inflation auch an Geld.[12]

„Und dann ist ja Kriegszeit gewesen und der von Ebingen, der Händler ist immer weniger gekommen. Also vor dem Krieg – das war eigentlich schön. Da ist der Trikotmann gekommen, da ist der Herr Schnee gekommen, das war der Zigarrenhändler und dann sind Samenhändler gekommen von Gönningen, mit ihren Tulpen und Samen. Und wer ist denn noch ... ah ja der Birkelmann ... also das war einfach schön."

Zwei Beispiele einer Standardbrautausstattung, ca. 1890–1900.

Für das reiche Oberschwaben (Oberholzheim):
  2 Betten
  1 Kleiderkasten
  1 Weißzeugkasten
  1 Glaskasten (Vitrine)
  1 Kommode
  1 oder 2 Nachttischchen
  2 Tische
  2 Stühle
  10faches Bettzeug
  1 Dutzend Tischtücher
  2 Dutzend Handtücher und Hemden
  24-30 Paar Strümpfe
  10 Kleider (farbig und schwarz)
  einige Dutzend meist farbige Schürzen
  6 seidene Halstücher
  24 Schnupftücher
  4 Kopftücher
  3 Unterröcke (farbig und schwarz)
  3 Hüte
  8 Paar Schuhe
  1 Spinnrad
  evtl. eine Brautkuh

Für die ärmere Schwäbische Alb (Oberamt Urach):
  2 Betten
  1 Kleiderkasten
  1 Weißzeugkasten (früher eine Truhe)
  1 Kommode
  1 Tisch
  mehrere Stühle
  1 Bank
  1 Wiege
  4–8faches Bettweißzeug (meist nur 4fach)
  1 Nudelbrett
  1 Backmulde
  1 Hanfbreche
  1 Gabel
  1 Rechen oder Hacke[13]

Das Öffnen des Wäscheschrankes

„An der Hochzeit wurde alles aufgemacht. Und da sind sie gekommen, die Weiber und haben ins Haus ‚neidruckt' und gezählt, wieviel Bettwäsche im Kasten liegt. Guck, die hat ein Dutzend ... und was die hat! Das wollten die wissen. Und wenn eine reich war: Die hat aber schöne Bezüge und Kissen."[14]

Der Wäscheschrank wurde nicht nur geöffnet, um frische Wäsche herauszunehmen oder Gewaschenes und Gefaltetes wieder hineinzulegen. Die Tür wurde auch aufgemacht, um den neugierigen Augen der Anderen stolz zu präsentieren, welche Schätze darin verborgen lagen.

Dieses Ritual weist Parallelen auf mit dem des Brautwagenvorführens. Es wurde ebenso mit in die städtische Welt hineingenommen und erfuhr dort eine Renaissance in Bürgerkreisen, die der Wäsche und der Stellung der Hausfrau ebenfalls große Bedeutung zukommen ließen. Aus diesem Milieu heraus hat sich dieser Umgang mit Wäsche bis in die moderneren Nachkriegshaushalte der 1950er und 1960er Jahre erhalten: Die symbolische Bedeutung des Aussteuerwagens mit seiner Zurschaustellung des Heiratsguts war nun vom Wäscheschrank übernommen worden. In seinem

Zeichencharakter ist er eng mit der weiblichen Biographie verbunden.

Im bäuerlichen Haus taucht der Wäscheschrank – früher als „Kasten" oder „Halbkasten" bezeichnet – nicht vor 1600 auf. Er war ursprünglich sehr niedrig, entsprach vom Format her einer Truhe mit Deckel und seitlichen Tragegriffen. Aus dieser Form entwickelte sich allmählich der eintürige oder zweitürige Schrank. Im Halbkasten wurden Flachs und Leinwand aufbewahrt, im „eingerichteten" Schrank hingegen fand sich die gesamte Wäscheaussteuer: Sämtliche Bett-, Tisch- und Leibwäsche, die die Hochzeiterin mit in die Ehe gebracht hatte, sowie sonstige Wäsche-Textilien für den Hausgebrauch wie Handtücher oder Geschirrtücher.

Der gefüllte Wäscheschrank galt als Stolz der Frau, mit dem sie ihren mitgebrachten Reichtum zur Schau stellen konnte. In einem 1898 veröffentlichten Tagebuchroman erklärt eine Deutsche einer Engländerin:

„Wäsche als solche bedeutet nach außen hin ein sichtbares Zeichen von großem Besitz. Ließe man sie Wäsche jede Woche waschen, wie in England der Fall, hielte man sie für jemand, der bloß so viel besitzt, daß es gerade für diese Zeitspanne ausreicht, und sie wären ein Gegenstand allgemeiner Verachtung."[15]

Der Wäscheschrank hatte seinen Platz meist in der Schlafkammer. Je nach Wohlstand war er größer, kleiner, bunt bemalt oder geschnitzt. Auch das Innere war besonders ausgestaltet: Alle Wäschestücke mußten sauber sein, ordentlich gefaltet und akurat geschichtet. Die frisch gewaschene Wäsche wurde jeweils so gefaltet, daß Monogramme, Verzierungen und Stickereien gut zu sehen waren und der Wäsche das vorteilhafteste Aussehen verschafften. Danach wurden die einzelnen Wäschestücke sortiert, halbdutzend- oder dutzendweise Kante auf Kante gestapelt und dazu meist mit Wäschebändern zusammengehalten. Das half, in den Wäscheschränken Übersicht und Ordnung zu bewahren.

Manchenorts, bei reicheren Bauern, wurde der Braut von ihrer Näherin, die Hochzeitskleid und Aussteuer angefertigt hatte, der Schrank zur Hochzeit eingerichtet: Sie ordnete die einzelnen gefalteten Wäschestücke und aufgerollten Stoffbahnen kunstvoll-ornamentartig an und dekorierte die Wäschelagen zum Festanlaß außerdem mit Trockenblumen, Flitter und Duftsträußchen – eine Kunst, worin sich die Näherinnen oft besonders schulten.

Die Näherin

Alle Wäsche- und Kleidungsstücke wurden selbst genäht, vor allem natürlich die eigene Aussteuer. Was im Lauf des Lebens und besonders für die meist hohe Anzahl der Kinder gebraucht wurde, ließ man von einer Näherin anfertigen, die man einen oder zwei Tage ins Haus bestellte und die gegen Entlohnung und Versorgung Kinderkleider und Unterwäsche nähte. Eine heute über 70jährige Frau aus ehemals kleinbäuerlichen Verhältnissen in einem Dorf bei Rottenburg am Neckar erinnert sich:

„Da hat es so Bauern-Näherinnen gegeben … wo gelernt haben … [Gemeint sind Bäuerinnen, die die Weißzeugnäherei auf der Schule bzw. in Nähkursen gelernt haben und damit auch Geld verdienen konnten. d. V.] Das war die alte Hedwig …, die Scheurer-Liesl. Da hat man gesagt „die Näherin". Wenn man die hat wollen, sind die ins Haus gekommen. Die haben dann alles genäht. Da ist immer eine von Tübingen gekommen, … die hat ihr ganzes Geld in unserem Dorf verdient. So immer im Winter sind die gekommen. Im Winter hat man eben die Näherin gehabt."

In der Regel besaß man zwei Garnituren Unterwäsche, die im jährlichen Turnus ausgewechselt, abgetragen, teilerneuert oder an jüngere Geschwister weitergegeben wurden.

„Und dann sind wir ja vier oder fünf Kinder gewesen, und was mir zu klein war, ist meiner Schwester richtig geworden. Das Zahlen war, glaub ich, das wenigste. Was hat so eine Näherin gekriegt? Vielleicht drei Mark am Tag. Und dann hat sie gegessen bei uns. Die hat zu essen gehabt. Einen Tag hat sie das gemacht – vielleicht auch mal zwei Tage; das ist immer drauf angekommen, was sie hat machen müssen. Ich weiß noch, wo meine Schwester … die Sachen hat tragen müssen … die hat das nicht wollen … und das ist dann immer geändert worden. Das hat die Näherin gemacht; oder dem Vater hat man Hemden gemacht. Manchmal ganz grobe leinene, ganz grobe. Also ich weiß noch die alten Leute, z.B. die Emmi nebendran, die hat so richtige Sackhemden gehabt, alles wie fast weiß, die hat so richtige Sackhemden gehabt. Und das hat man doch gesehen, wenn die Wäsche aufgehängt worden ist – mit Ärmel – so lange Ärmel sind das gewesen. Das war so kratzig wie ein Sack, aber da hat man sich nichts dabei gedacht … eigentlich, mich hat das nicht gestört … da hat man nichts anderes gewußt. Da hat man das angezogen, da ist man froh gewesen, daß man etwas zum Anziehen gehabt hat ... Dann ist es immer drauf angekommen, welche Schneiderin man gehabt hat. Wenn man die Frau Thoma gehabt hat, die hat es fein gemacht, immer. Die hat auch Kleider gemacht. Man hat auch weiße Kleider gehabt, die macht verkocht hat ... das hat es auch gegeben – weiße Kleider, so ganz primitiv gemachte. So vier Bahnen oder manchmal auch ganze. Jetzt wenn man die Elisabeth gehabt hat, die war dann schon mehr primitiv; und Hedwig, also die ist weniger ins Haus gekommen, zu der hat man es dann bringen müssen."

Auf die Frage, was „feiner gemacht" bedeutet, lautete die Antwort:

„Die haben Geschmack gehabt. Ja wir haben schöne Unterröcke gehabt – die haben oben breite Spitzen gehabt ... und das hat immer die Frau Thoma gemacht. Und meistens sind die Spitzen nicht weiß gewesen, sondern die Spitzen sind so - wie kann man da sagen – also blau, meistens ins Blau ist es gegangen, so weiß-blau war das ... wunderschöne Spitzen. Da hab ich lang einen Unterrock gehabt mit Spitzen, und da hat man das zeigen wollen, was man gehabt hat, und dann hat man das Röckchen hochgetan und da hat dann unten die Spitze rausgekuckt – also das hat immer die bessere Schneiderin gemacht."

Die Vorderkanten der Fachböden waren häufig mit gehäkelten oder geklöppelten Schrankbrettstreifen und genähten oder bestickten Spruchbändern versehen, die den moralischen Wert der reinen und akurat gefalteten Wäsche betonten:

„Was ich als Mädchen mir erträumt.
liegt hier in diesem Schrank vereint.
Darum soll's meine Sorge sein.
Zu halten dies stets glatt und rein."[16]

„Was Mütterlein mir einst beschert,
halt ich in diesem Kasten wert,
soll immer glatt und fein geordnet sein,
wie's einst tat mein Mütterlein."[17]

Der Wäscheschrank war ein mit fleißiger und peinlicher Genauigkeit auf Lebezeiten ausgestelltes Dokument weiblicher Lebensstationen, von Handarbeit und Hausarbeit. In ihm taten sich Stolz und Ehrgeiz der Frauen kund. Eine besondere Steigerung dieses Stolzes bestand darin, einen Teil der Aussteuersammlung über viele Jahrzehnte hinweg ungebraucht aufzubewahren. Die Aussteuersammlung wurde schon sehr früh, meist von der Mutter, angelegt. Den heranwachsenden Mädchen brachte man bei, mit Nadel und Faden umzugehen. Sie arbeiteten an langen Winterabenden ungezählte Stunden daheim oder in den sogenannten Lichtstuben auf den großen Tag der Hochzeit hin. Das Aufkommen der Frauenarbeits- und Nähschulen seit dem 19. Jahrhundert verlegte diese Erziehungsaufgabe fortan auch in den außerhäuslichen Bereich.

„Man lernte das Verarbeiten des Leinens, man übte die Fertigkeit der Finger, man träumte aber auch vom kommenden Leben, das sich stückweise in der Fertigstellung offenbarte: Wer sein Tanzhemd näht und bestickt, dem wird die Musik und die Bewegung im Kopf sein, wer Kinderkleidung anfertigt, der wird an Schwangerschaft denken, und wer das Hochzeitskleid verziert, der wird auch nicht nur an Kuchen, die gebacken werden, seine Sehnsucht verschwenden, zumal, wenn dieses Hochzeitskleid identisch ist mit dem Totengewand und so eindrucksvoll und einleuchtend den Zusammenhang des Lebens verstehen läßt und in einen Gegenstand einschließt. Die Aussteuer ist mehr als die Summe der im Hause notwendigen Dinge. Sie enthält die ganze Lebensbahn, deren Stationen man selber bei der Arbeit mit Nadel und Faden, den Anweisungen der Alten folgend, in der Phantasie vorwegnimmt. Der ungeheure Aufwand, mit dem bestimmte Trachtenstücke bestickt wurden, erhält da einen Sinn, die Geduld und die Liebe, die man für die Herstellung bestimmter Kleidungsstücke aufbringt, ist keine Verschwendung, weil man eben nicht nur ein Mieder herstellt, sondern seine eigene Schönheit: ein Stück von sich für den anderen, der es gelernt hat zu sehen, daß ein Mädchen, das sich auf solche artistischen Kreuzstiche versteht, auch kreuzbrav und mehr sein wird."[18]

Größe, Vielfalt und Feinheit einer Wäscheaussteuer waren abhängig von den Vermögensverhältnissen, dem sozialen Stand, dem die Braut angehörte. Eine möglichst vollständige und schöne Wäscheausstattung war eine der wichtigsten Grundvoraussetzungen für die Heirat. In der ländlich-agrarischen Lebenswelt kam den Dingen, ihrem Zweck und Nutzen eine außerordentliche Bedeutung zu. Mit dem materiellen Wert stieg oder fiel das Ansehen, der „Wert" der heiratsfähigen jungen Mädchen.[19]

Weiße Wäsche

Zur moralischen Bewertung der hausfraulichen Fähigkeiten gehörte die symbolträchtige Farbe Weiß: Die Frau als Herrscherin und Hüterin des weißen Bereiches, der Wäsche, auch als Weißzeug bezeichnet. In dieser Funktion wurde die Frau nahezu selbst zum Symbol der Reinheit und Reinlichkeit. Auch im übertragenen Sinne: als geistige, moralische Reinheit und Anständigkeit, als unbefleckte, unverdorbene Tugend der Jungfrau. Dies wurde im Bürgertum des 19. Jahrhunderts hochstilisiert. Das strahlende Weiß in der Wäsche konnte nicht weiß genug sein, es fungierte als „gesellschaftliches und ökonomisches Statussymbol"[20].

Den größten Anteil stellte die Bettwäsche. Angehende Bräute übernahmen das „Zeichnen" ihrer Wäsche selbst, manchmal unterstützt von Müttern, Tanten, Schwestern. Unermüdlich stickten sie in jedes einzelne Stück ihre Initialen. Den Monogrammen wurden oft Zahlen beigefügt, die angaben, wieviel Stück von der gleichen Wäscheart vorhanden waren. Die eingestickten Monogramme und Zahlen halfen der Hausfrau, auch bei einer riesigen Wäschemenge den Überblick zu behalten und Verwechslungen auf dem Bleichrasen vorzubeugen. Der Bestand an Wäsche war im Vergleich zu heute relativ groß, da wegen der aufwendigen Arbeiten bei der großen Wäsche oft noch bis in die Mitte unseres Jahrhunderts nicht so oft gewaschen wurde.[21]

> „Mich wundert das heut noch immer, früher haben wir alle vier Wochen bloß ein frisches Hemd gekriegt ... vier Wochen das Hemd angezogen, alle vier Wochen. Ja, so ist es gewesen früher: alle vier Wochen hat man ein frisches Hemd gekriegt, alle vier Wochen hat man die Betten abgezogen, alle vier Wochen hat man daheim im Stall gebadet, im Holzzuber, alle vier Wochen. In der Zeit [Anfang der 20er Jahre; d. V.] wo ich noch so drei, vier, fünf war, da hat man die Tuchleinen selber – wie sagt man –gebleicht. Da haben wir immer selber müssen Wasser gießen auf der Wies draußen. Das war bei uns dort, wo der Höschle jetzt wohnt ... das hat man geheißen ‚In der Blaihe' [Bleiche; d. V.]."[22]

Tisch und Bett

Im 18. und 19. Jahrhundert wurde bei der Eheschließung das zusammengeführte Hab und Gut der Brautleute in sogenannten „Beibringen" genauestens aufgeschrieben und amtlich beglaubigt. Diese Inventurlisten enthielten unter anderem die Spalten „Bettgewand" und „Leinwand". Sibylle Frenz hat daraus den Aufbau eines bäuerlichen Bettes rekonstruiert. Demzufolge lag auf einem Holzlattenbettgestell ein aus grobem Leinen genähter Strohsack, der die Funktion einer Matratze hatte. Darauf wurde ein Unterbett gelegt – aus Barchent, einem fest gewobenen Halbleinen, mit Federn gefüllt. Über das Unterbett wurde nochmals ein Laken gespannt, das ursprünglich aus Hanf, später aus Leinen und erst in neuerer Zeit aus Halbleinen bestand. Als Kopfteil diente ein Keil (Pfülben), auf dem wiederum ein oder mehrere Kopfkissen (Haipfel) lagen. Zu guter Letzt deckte man sich mit einem breiten Deckbett zu. Oberbett und Kissenbarchent gab es auch aus Zwilch,

> „ein aus flächsernem Garne doppelt und erhaben überschlagenes weiß verfestigtes Gewebe aus allerhand zierlichen Mustern bestehend."[23]

Die Schonbezüge (Ziechen) der einzelnen Betteile stellte man wie fast alle andere Bettwäsche auch aus selbstangebautem Hanf oder Flachs her. Da diese nicht in direktem Hautkontakt standen, nahm man dazu sehr grob gewobenes Leinen.

> „Eine Garnitur Bettwäsche bestand aus einer Pfülbenzieche, zwei Kissenziechen, einer Oberbettzieche und einem Leinlach. Oberbettziechen kommen in den alten Inventuren doppelt so oft vor wie Unterbettziechen. Das läßt darauf schließen, daß die Unterbettziechen nicht so oft gewechselt wurde wie die übrige Bettwäsche."[24]

Die Tischwäsche bildete einen weiteren Teil der Aussteuer. Dies war vor allem bei den städtischen Mittel- und Oberschichten so: Seit dem 16. Jahrhundert galt das Tischtuch in den gehobenen Schichten – dem Adel, dem städtischen Bürgertum – als Selbstverständlichkeit. In den ländlichen und städtischen Unterschichten dagegen aß man lange Zeit am rohen, unbedeckten Holztisch. Tischtücher waren

> „bis 1925 auf dem Lande eine Seltenheit und wurden nur in der guten Stube am Sonntag oder für den Besuch aufgelegt."[25]

Tischwäsche nimmt im weiblichen Lebenszusammenhang einen besonderen Platz ein: Sie ist die einzige Wäscheart, die einer größeren Öffentlichkeit gegenüber repräsentative Funktion hat, die regelrecht vorgeführt wird. An ihr läßt sich in besonderem Maße die Weiterentwicklung der von städtischen Kreisen geprägten Bedeutung und Symbolhaftigkeit der Aussteuerwäsche veranschaulichen. Wurde auf dem Land die Wäsche im Schrank noch von neugierigen Augen der anderen Frauen öffentlich ein- und abgeschätzt, so entsprach dem in der Stadt die Inszenierung bestimmter Lebensbereiche wie der Tischkultur. Im Gegensatz zum Land begünstigte die städtische Lebensweise eine zunehmende Intimisierung körperlicher Verhaltensweisen und Bereiche. Es kam zu deren „Verhäuslichung", zur Privatisierung – und damit waren Leibwäsche und Bettwäsche den Augen der Öffentlichkeit entzogen. Umsomehr rückten Manieren, Tischetikette und Tischwäsche in den Vordergrund.

Die Tischwäsche hatte möglichst komplett zu sein. Servietten und Tischtücher sollten in ihren Varianten zueinander passen. Mußte ein beschädigtes Stück aussortiert werden, konnte es immer wieder aus dem vorhandenen Vorrat ergänzt werden. Nach Angabe einer Hausfrauenzeitschrift von 1902 zählten zur Aussteuer eines mittleren Bürgerhaushaltes:

„2 Damasttafeltücher für 12 Personen,
2 für 8 Personen, 36 Servietten dazu,
4 feine Jacquard-Tafeltücher für 8 Personen samt 24 Servietten,
6 Jacquard-Tischtücher für 6 Personen samt 24 Servietten,
18 Frühstücksservietten, 3 Theegedecke, 2 Kaffeedecken, 8 Kaffee-Servietten und 12 Obst-Servietten."[26]

Das Zusammenlegen der Wäsche nach dem Waschen wurde zu einer Wissenschaft erhoben. Es gab

„Anweisungen in den Wäschelehrbüchern, die zeigten, an welchen Stellen die Teile geknickt und gefaltet werden mußten, damit alle Stücke das gleiche Format erhielten und die aufwendigen Verzierungen sichtbar waren."[27]

Die Stapel sollten sortenweise mit Wäschebändern zusammengehalten werden, bevor sie wieder in den Schrank zurückgelegt wurden. Die Wäschebänder waren aus Stoffstreifen gefertigt, die man mit dem Namen der jeweiligen Wäscheart oder einfach mit Plattstich- und Kreuzstichmustern bestickte, seltener waren es Spitzenborten oder bunte Bänder aus Seide.

„Das verstellbare Wäscheband mit Knopfverschluß und Schieber, das 1895 mit großformatigen Anzeigen als Neuheit angepriesen wurde, ist noch an den bunt bezogenen Wäscheplatten der 50er Jahre unseres Jahrhunderts zu finden."[28]

Frauenleben – Wäschewelt

In der Entwicklung zur Moderne kommt der Frau eine Brücken-Funktion zu. Sie stellte durch ihren festen Platz im Haus eine Verbindung dar zwischen jener Welt der traditionellen Bindungen und Werte und den neuen, individualisierten bürgerlichen Lebensformen. Diese ihr zugeschriebenen bewahrenden weiblichen Qualitäten ermöglichten einen fließenden, langsamen Übergang in die moderne Welt. Ein besonderer Stellenwert kam dabei der Wäsche-Domäne zu, die klar zum ‚gehüteten Bereich der Frau' gehörte und mit traditionellen Werten wie Fleiß, Ordnung und Reinlichkeit unmittelbar verbunden war. Man denke nur an das akurate Zusammenlegen der Tischtücher und Servietten, deren Legefalten wie mit dem Lineal gezogen und rechtwinklig-wilhelminisch verlaufen mußten. Ungleichmäßige Linien, durch falsche Handgriffe verursacht, waren der Schrecken einer Haufrau, setzte sie sich dadurch doch dem Vorwurf mangelnder Sorfgalt aus.

Durch die Frau, ihr Wäsche-Wirken und ihre Wäsche-Funktionen – bis hin zum Weitergeben und Vererben an Töchter und Enkelinnen – konnten noch lange Zeit konservative weibliche Lebenselemente aufrechterhalten werden. Sie stammten ursprünglich aus einem anderen Bedeutungszusammenhang, dem der argrarischen Welt. Aus diesem Zusammenhang herausgenommen, verliert das ‚Tugendhafte' der Frau zusehends an Kraft. Neue Freiräume, die sich für Frauen ergaben, ihre Emanzipation in unseren Tagen, haben Aussteuer und Wäsche um ihre alte, symbolische wie reale Bedeutung gebracht. Schon gegen Ende des 19. Jahrhunderts wurde dies formuliert:

„Die Fülle der Schätze, die einst der Wäscheschrank von Großmutter und Urgroßmutter aufwies, hat sich allmählich auf ein geringes Maß zurückgezogen. Bedingt durch die Serienherstellung konnte man nämlich fertig kaufen, was gerade modern war, weil man kapitalistisch denkend fand, daß die Wäsche ‚ein immerhin nicht unbedeutendes Kapital repräsentiert, dessen Zinsen nach Jahren schon zur Anschaffung neuer Wäsche hinreichen würden'."[29]

Anmerkungen

1. Die mundartlichen Bezeichnungen für Aussteuergegenstände lauten beispielsweise für Oberschwaben „Brautfuder", für den Kreis Ehingen „Bautzeug" und für das Oberamt Ulm „'s Sach". Nach: Landesstelle für Volkskunde Stuttgart, Württembergisches Landesmuseum Stuttgart (Hrsg.): Volkstümliche Überlieferungen in Württemberg. Glaube – Brauch – Heilkunde. Bearbeitet von Karl Bohnenberger, unter Mitwirkung von Adolf Eberhardt, Heinrich Höhn, Rudolf Kapff. Photomechanischer Neudruck aus den Württembergischen Jahrbüchern für Statistik und Landeskunde 1904–1918. [1961] ³1981: 109.
2. Zengerle, Max: Johann Baptist Pflug. Aus Räuber- und Franzosenzeit. Die Erinnerungen des schwäbischen Malers aus den Jahren 1780–1840. Weißenhorn 1966: 126.
3. Jeggle, Utz: „Liebe auf dem Dorf. Vom Regelwerk der bäuerlichen Welt im 19. Jahrhundert." In: Journal für Geschichte, Heft 5, 1982: 7.
4. Jeggle 1982 [wie: Anm. 3]: 11.
5. Köhle-Hezinger, Christel/Ziegler, Walter (Hrsgg.): Der glorreiche Lebenslauf unserer Fabrik. Zur Geschichte von Dorf und Baumwollspinnerei Kuchen. Weißenhorn 1991: 25.
6. Ebd.
7. Ebd.: 25f. Zit.: Borscheid, Peter: Textilarbeiterschaft in der Industrialisierung. Soziale Lage und Mobilität in Württemberg. Stuttgart 1987: 27 [1] und: Baden und Württemberg im Zeitalter Napoleons. Katalog der Ausstellung im Württ. Landesmuseum. Stuttgart 1987: 1139 [2-4].
8. Dieses und folgende Zitate stammen aus einem 1990 geführten längeren Interview mit einer 70jährigen Frau aus dem Raum Tübingen, die ihren Erinnerungen auf Fragen nach dem Kleidungsverhalten und der Wäscheausstattung, insbesondere zur Unterwäsche ihrer Zeit, freien Lauf ließ.
9. Bischoff-Luithlen, Angelika: Der Schwabe und sein Häs. Stuttgart 1982: 77.
10. Arbeitskreis Heimatpflege des Regierungsbezirks Tübingen (Hrsg.): Menschen, Maschen und Maschinen. Begleitheft zur Ausstellung „Zur Geschichte der Maschenindustrie im Raum Albstadt." (10.–27.September 1987): 17.
11. Wohnort unserer Interviewpartnerin war zu Zeiten ihrer Kindheit (1919–1932) Wendelsheim bei Rottenburg am Neckar, später in ihrer Jugend Tübingen-Stadt.
12. Arbeitskreis Heimatpflege 1987 [wie Anm. 10]: 17.
13. Nach: Landesstelle 1981 [wie Anm. 1]: 109–111.
14. Aussage einer zweiten 70jährigen Informantin aus Tübingen, auf die Frage, ob sie sich daran erinnern kann, daß man früher die Wäsche vorführte.
15. Ausstellungsband „Beruf der Jungfrau" – Henriette Davids und bürgerliches Frauenverständnis im 19. Jahrhundert. Oberhausen 1988: 189.
16. Frenz, Sibylle: Bettgewand und Leinwand. In: Alte Textilien im Bauernhaus. Begleitbuch zur Ausstellung im Hohenloher Freilandmuseum Schwäbisch Hall-Wackershofen. Schwäbisch Hall 1984: 52.
17. Wolf Alois: Alte Stube und Kammer. München 1977: 54.
18. Jeggle 1982 [wie Anm. 3]: 9.
19. „Beruf der Jungfrau" 1988 [wie Anm. 15]: 188f. Traditionellerweise gehörte die textile Ausstattung zur Domäne der Frau. Ihr oblag die Aufsicht über die Wäsche, die Verantwortlichkeit für den Wäscheschrank und die Beschaffung der Wäsche für die Hausgemeinschaft.
20. Stadtmuseum München (Hrsg.): Anziehungskräfte. Variété de la mode 1786-1986. München 1986: 189.
21. Siehe dazu näher: „Beruf der Jungfrau" 1988 [wie Anm. 15]: 189.
22. Beispiel unserer 70jährigen Interviewpartnerin aus dem Dorf Wendelsheim bei Rottenburg am Neckar.
23. Frenz 1984 [wie Anm. 16]: 54; zit. Zedler, Johann Heinrich: Großes Universallexikon/Aller Wissenschaften und Künste/Welches bisher durch menschlichen Verstand und Witz erfunden worden. Halle/Leipzig 1743.
24. Ebd.: 52.
25. Ebd.: 56.
26. „Beruf der Jungfrau" 1988 [wie Anm. 15]: 189.
27. Landschaftsverband Rheinland. Rheinisches Museumsamt. (Hrsg.): Die Große Wäsche. Köln 1988: 125.
28. Junker, Almut/Stille, Eva: Zur Geschichte der Unterwäsche 1700–1960. [1987] Frankfurt/M. ³1988: 265.
29. Ebd.: 287.

Johanna Poettgen

Das Trikot
Wilhelm Benger (1818–1864) – aus den Anfangsjahren einer Weltfirma

An Wilhelm Benger, dem Firmengründer der heute noch bekannten Trikotagenfabrik Benger-Ribana, kann exemplarisch der Werdegang eines Unternehmers der württembergischen Textilindustrie nachvollzogen werden. Die Lebensgeschichte dieses Mannes steht in engem Bezug zu der beginnenden Industrialisierung.

*Als man Tricot noch ohne „k" schrieb:
Die Anfänge der Trikotgeschichte*

Unter dem Stichwort „tricot" findet sich in Zedlers Universallexikon von 1745 folgende Erklärung:
> „Ein großer Flecken in der Piccardie, daselbst werden grobe Gamaschen zu Montierung der Soldaten gemacht (…) zwölff Dörfer um diese Gegend herum arbeiten eben diese Sachen."[1]

Aus dieser Ortsbezeichnung entwickelte sich später das französische Wort tricoter, das stricken bedeutet. Bereits um 1800 wurde der Begriff „tricot" als Bezeichnung für besonders dehnbare und elastische Wirkware verwendet, die heute folgendermaßen definiert wird:
> „[Sie; d. V.] (…) ist maschinell hergestellte Maschenware für enganliegende Unterwäsche, Sport-und Badebekleidung usw. Die Herstellung erfolgt zum Unterschied von Strickwaren auf Maschinen, deren Nadeln bei der Maschenbildung gemeinsam bewegt werden."[2]

Die Stoffe werden heute meist auf Rundstühlen als Schlauchware hergestellt. Nach der Ausrüstung[3] wird das Zwischenprodukt dann aufgeschnitten und zu Trikotagen, also konfektionierten Wäschestücken verarbeitet.

Bis zur Erfindung der Handkuliermaschine im Jahr 1589 durch William Lee, einem Pfarrer aus Cambridge, gab es ausschließlich handgestrickte Waren. Der Theologe hatte nicht das Stricken vervollkommnet, wie er anfänglich dachte, sondern ein völlig neuartiges Verfahren entwickelt. Es gelang ihm, die ersten Paar Strümpfe mechanisch herzustellen. Lees Konstruktion galt als die wichtigste Erfindung in der Geschichte der Wirkwaren, und noch bis ins 20. Jahrhundert hinein wurde nach diesem Prinzip gearbeitet. Da Lee mit seiner Erfindung im eigenen Lande keine Anerkennung erfuhr, ja sogar ein Herstellungsverbot der Königin Elisabeth I. hinnehmen mußte, wanderte er nach Frankreich aus. Innerhalb kürzester Zeit konnte sich Frankreich eine Vorrangstellung in diesem Textilbereich aufbauen.

Es waren vor allen Dingen die Hugenotten in Frankreich, die die Erfahrungen im Textilbereich weitergaben und perfektionierten. Die Verfolgung der Protestanten in Frankreich aber zwang die Mitglieder dieser Konfession zur Auswanderung ins reformierte Ausland wie nach England, in die Niederlande, die Schweiz und Teile von Deutschland. Auch im Herzogtum Württemberg fanden Hugenotten wohlwollende Aufnahme und Förderung. Auch die in Degerloch ansässige Familie Benger stammte von den Hugenotten ab. Es handelte sich um eine alte Strumpfwirkerfamilie, in der traditionsgemäß immer einer der Söhne der Strumpfwirkerzunft angehörte.[4]

Schon der Vater Wilhelm Bengers, Johann Friedrich Carl Benger (geboren 1788), wurde Zunftmeister und Oberzunftmeister der Stuttgarter Stumpfwirkerzunft. Er unterschrieb nicht nur Meisterbriefe, sondern versuchte, seine Zunft auf technische Neuerungen aufmerksam zu machen.[5]

Über die Jugendjahre Wilhelm Bengers wissen wir nur sehr wenig. Er verbrachte seine Lehrjahre beim Vater und ging danach vier Jahre auf Wanderschaft. 26jährig bekam er 1844 den Meisterbrief des Strumpfweber-Zunftvereins, und zwei Wochen später heiratete er die Degerlocherin Maria Magdalena Kaiser. Der Vater kaufte ihm ein Haus mit Werkstatt in der Kleinen Falterstraße, wo er mit einem vom Vater überlassenen Wirkstuhl arbeitete. Als dieser 1849 starb, übernahm sein Sohn Wilhelm neben dem Werkstattinventar auch den Kundenstamm.

Damit verfügte er zwar über eine gutbürgerliche bis aristokratische Kundenschaft vom englischen Gesandten bis zur Primaballerina des Königlichen Balletts, jedoch waren seine Geschäfte weiterhin durch permanenten Geldmangel gekennzeichnet.[6]

Ein Leben fürs Trikot:
W. Bengers unternehmerischer Werdegang

Wilhelm Benger als Unternehmerpersönlichkeit konnte den wirtschaftlichen und sozialen Aufstieg erreichen, weil er die Möglichkeiten seiner Zeit erkannte und nutzte. Als Benger 1844 den Meisterbrief bekam, machte er sich als Handwerker selbständig und stand so ganz in der Tradition seines Vaters. Ausgestattet mit einer guten Ausbildung, einem ererbten Wirkstuhl und der handwerklichen Beratung des Vaters startete er die „Karriere" eines zielbewußten Unternehmers.

Zwar gehörten zu seinem Kundenstamm viele gutzahlende Einzelkunden, die bei ihm direkt kauften, doch Kunden breiter Bevölkerungsschichten gingen in die neueröffneten Ladengeschäfte der Städte.[7]

Mit Hilfe der von 1852 an nach und nach erworbenen Rundwirkstühle konnte er dem Konkurrenzdruck anderer Anbieter standhalten. 1855 wurde er von seiner Zunft zum Zunftmeister gewählt. 1856 bescheinigte ihm ein Bericht des Königlichen Ministeriums des Innern:

„Er ist wohl derjenige Strumpfwirkermeister des Landes, welcher mit Hilfe dieser Maschinen seinen Gewerbebetrieb am meisten ausgedehnt hat (...) ein solider und strebsamer Mann, habe er auf die Erweiterung seines Geschäftes so viel verwendet, daß die Aufgabe von Prämiengeldern in einer Höhe von inzwischen 170 Gulden vollauf zu vertreten sei."[8]

In der grundsätzlichen Umstellung von der teueren Einzelproduktion auf Bestellung[9] auf die billigeren Standardartikel liegt die Leistung des Produzenten und Geschäftsmannes W. Benger. Mit dem erwähnten Kauf der Rundwirkstühle verwandelte sich der Handwerksbetrieb in einen kleinen Fabrikbetrieb.

1856 verlegte er seinen Betrieb an die Obere Weinsteige in Degerloch. Die väterlichen Stühle hatten ausgedient, an ihrer Stelle standen nun mehrere, moderne Rundwirkstühle, die aber immer noch mit der Handkurbel angetrieben wurden.[10] Zu dieser Zeit hatte die Firma Benger ca. 60 Beschäftigte. Bereits ein Jahrzehnt nach der Gründung der Firma konnte man von einem Fabrikbetrieb sprechen, dessen Kapazität sich den Gegebenheiten der immer aufnahmefähigeren Märkte im In- und Ausland anpaßte.

1864 siedelte die Familie mit dem Betrieb nach Stuttgart in die Hauptstätter Str. 7 über; einen Monat nach dem Umzug starb Wilhelm Benger im Alter von nur 46 Jahren.

Ein Schreibheft als Katalog der Themen der Zeit

Bengers persönliche Sicht seiner Zeit und seine berufliche Entwicklung zum Fabrikanten in der Textilwirtschaft spiegeln sich wider im „Schreibheft"[11], einem tagebuchähnlichen Notizbuch, in dem er seine Lebensverhältnisse und Alltagssituationen in Form von Briefen, Rechnungen, Mahnungen, gedanklichen Streifzügen, Bilanzen von vier Geschäftsjahren schildert. Zum Zeitpunkt des ersten Eintrags, am 18. März 1838 ist Benger 20 Jahre alt. Er berichtet über einen Zeitraum von drei Jahren von Wanderschaft, permanentem Geldmangel, Auswanderungsgedanken, beruflicher Strebsamkeit und nicht zuletzt von der Auftragslage.

Dieses „Schreibheft" muß im Sinne eines Kopierbuches des 18. und 19. Jahrhunderts verstanden werden.[12] Es war eine übliche Organisationsform von Geschäftsbuch und Geschäftsbriefen[13] und steht als historische Quelle im Spannungsfeld von Persönlichem, Individuellem, Allgemeinem und Geschäftlichem. Dieses dichte Spannungsfeld kann als Kennzeichen früher Unternehmerschaft gelten, wo Privates und Geschäftliches eng miteinander verknüpft waren.[14]

Man muß davon ausgehen, daß das „Schreibheft" in der Retrospektive geschrieben worden ist, d. h., es wurden Briefe, Rechnungen und Bilanzen gesammelt und irgendwann chronologisch geordnet und abgeschrieben. Nur so ist zu erklären, daß neben Wanderschaftsbriefen von W. Benger auch Rechnungen und Briefe eingetragen sind, die aufgrund der Datierung nur vom Vater Johann Friedrich Carl Benger stammen können. Warum diese Schriftstücke dann mit Wilhelm Friedrich Benger unterzeichnet sind, läßt sich nur schwer nachvollziehen. Eine solche Unklarheit erschwert natürlich die Interpretation des „Schreibhefts" als Quelle. Die folgenden Auszüge beleuchten bedeutende Themen dieser Zeit – aus der subjektiven Sicht des W. Benger.

„Da für Handel und Wandel nichts so förderlich ist, als gut angelegte Straßen (...)"[15]

„(...) Über die Eisenbahnen
Stuttgardt den 18. März 1838
Da für Handel und Wandel nichts so förderlich ist, als gut angelegte und sorgfältig unterhaltene Straßen, so war es seit langem eine Hauptsorge der Regierungen sie in Verbesserungen anzubringen wo es immer nöthig und wichtig war. Dadurch sind die Landstraßen, besonders in Deutschland so wesentlich verbessert worden, daß einer jetzt in 2 bis 3 Stunden ebenso weit und viel gefahrloß und sicherer fährt, als vor 100 Jahren bey schlechtem Wetter in einem Tage. Bey stetem Streben nach Vervollkommnung dachten besonders die Engländer daran, die Straßen auf eine Weise anzulegen, bey welcher möglichst die größte Schnelligkeit der Bewegung erreicht werden könnte und bey der zugleich der Einfluß der Witterung am wenigsten störend einwirkte. So entstanden Eisenbahnen, auf welchen die Fahrleisten aus Guß bestehen, in welchen die Wagenräder so genau richten, daß sie sich zwar ungehindert darin fortbewegen, aber auch ausgleitschen können. Diese Fahrleisten sind aus lauter Eisenbahnschienen in Stücke zusammen geramt und entweder zwischen den Rinnen so eingekeilt, daß die Fahrleiste eine Vertiefung auf der Straße bildet, oder auf steinernem Grund liegend befestigt und auf der Straße erhöht angebracht. (sic) Wilhelm Friedrich Benger."
Die Eisenbahn wurde für über ein Jahrhundert zum wichtigsten Verkehrsträger. Die von der Eisenbahn begünstigten Räume (z.B. der Mittlere Neckarraum) erlangten für die Wirtschaftsentwicklung dauerhafte Standortvorteile. Die Eisenbahn und die aufkommende Industriegesellschaft waren beide dem wirtschaftlichen Fortschritt verpflichtet. Technische Neuerungen wie der Ausbau des Eisenbahnnetzes schufen auch die Grundlage für Produktion und Distribution von Trikotagen aller Art. Die Eintragungen im „Schreibheft" zeigen den politisch und wirtschaftlich engagierten Strumpfwirker W. Benger, der die neuen Herausforderungen seiner Zeit annahm und sie als fortschrittsbewußter Mann wertete.

„ich danke nun dem lieben Gott, daß er mit meiner Noth ein Ende machte"[16]

„Stuttgardt, den 13. Mai 1838[17]
Liebe Eltern!
Entlich bin ich nach einer Reise von beynahe 6 Monaten hier angekommen und bey Werkmeister Heimsch in Arbeit getreten. In den ersten Tagen des April verließ ich Berlin mit Geld und Kleidern wohlversehen und wanderte getrost fort in der Hoffnung in Leipzig Unterkunft zu finden. Die schlechte Witterung hilt mich aber gleich im Anfang auf und nöthigte mich, zu mehreren Tagen Halt zu machen, weil die Straßen fast unwegsam geworden waren. Meine Kleider waren so durchnäßt, daß sie am Morgen noch so feucht waren, als ich sie am Abend abgelegt hatte; ich mußte hier täglich wechseln und ruinierte daher meine besseren Kleider so sehr, daß ich nun fast ganz entblößt bin. Mein Geldvorrath von dem ich einen Theil zu retten hoffte, ging nicht nur ganz darauf, sondern ich mußte, um fort zukommen, meine Uhr und den besten Rock verkaufen. Gerne hätte ich irgendwo Arbeit genommen. So danke ich dem Gott, daß ich hier entlich eine Stelle fand. Es geht mir nun zwar gut, allein ich bin auf der langen Reise sehr von Kräften gekommen, so muß ich mir eine Zeitlang zusetzen und kann darauf nicht hoffen mit eigenen Mitteln mir die nöthigsten Kleidern anzuschaffen. Ich sehe mich deßhalb genöthigt, Euch, geliebte Eltern, herzlich und dringend zubitten, mich mit etwa 15 fl bis 20 fl [d. h. Gulden; d. V.] zu unterstützen, um mich als ein ehrbarer Mensch kleiden zu können. Gerne bin ich bereit Euch, dafür Ersatz zu leisten, so bald es mir möglich ist. Die liebe Mutter möchte ich noch besonders bitten, mir einige Hemter zubesorgen; könnte sie mir auch einige Paar Socken, Unterhosen beylegen,

so wäre ich sehr dankbar dafür, es ist Alles gut angelegt. In dem ich Euch und meine Geschwister herzlich grüße, hoffe ich baldige Gewährung meiner Bitte und bin mit Liebe Euer dankbarer Sohn.
Wilhelm Friedrich Benger."

Dieser Brief aus seiner Gesellenzeit zeigt die feste Verwurzelung im traditionellen Handwerk. Er belegt die oft verzweifelte Situation der Handwerksgesellen auf Wanderschaft. Wandernde Handwerksgesellen waren, wenn sie längere Zeit keine Arbeit fanden, auf die Unterstützung anderer angewiesen. Das Handwerk erhielt nicht etwa von selbst seine Mitglieder. Während der ersten Hälfte des 19. Jahrhunderts nahm die Gesellenzahl mit dem Bevölkerungswachstum stetig zu. Fanden die Gesellen längere Zeit keine Arbeit, vermehrten sie die Massen der am Existenzminimum lebenden Menschen. Hunger und mangelnde Hygiene bedeuteten oft Seuchengefahr.

In den Wanderschaftsbriefen Wilhelm Bengers zeigt sich sowohl eine emotionale Anhänglichkeit an die Eltern als auch die finanzielle Abhängigkeit von ihnen. Diese Angewiesenheit ließ sich aus dem traditionell patriarchalen Wertesystem ableiten. Tugenden wie Gottesfurcht, Dankbarkeit und Gehorsam den Eltern gegenüber laufen wie eine roter Faden durch das Tagebuch Bengers und entsprechen uneingeschränkt den bürgerlichen Tugenden seiner Zeit.
So schreibt Benger an seine Eltern:
„Degerloch, den 6ten Januar 1839[18]
Theuerste Eltern!
Je näher das Ende des Jahres herbey kommt, desto lebhafter dringen sich meinem Gedächtnis alle vielen Wohlthaten auf, welche Eure treusorgende Elternliebe mich bis heute erfreut hat (...) Wie mehr als Eure lieblichen Wohlthaten durfte ich den Segen erfahren den Euer liebevolles Elternhaus für mein Wohlergehen von Gott für mich ermöglichte. Empfanget nun heute von mir den kindlichen Dank für Eure Liebe und schenket mir dieselbe auch ferner. Wie könnte ich Euch besser danken, als indem ich mich bemühe, immer besser immer geschickter zu werden."[19]
Die Wertvorstellungen und Verhaltensweisen der frühbürgerlichen Gesellschaft und Wirtschaft, die beruflichen und familiären Tugenden wie Sparsamkeit, Arbeitsamkeit, Gottesfurcht und Zähigkeit entsprachen sowohl bürgerlicher als auch christlich-protestantischer Ethik. Das unternehmerische Wirtschaftsethos war in die Religion eingebunden. Die Unternehmermoral im 19. Jahrhundert muß auch in direktem Bezug zur Auffassung von Bürgerlichkeit gesetzt werden: „(...) Unternehmermoral meint hier Ehrlichkeit in Geschäftssachen. Sie zählte zu den ‚bürgerlichen Tugenden' und implizierte die Pflege ‚bürgerlicher Verhaltensweisen': es kam darauf an, daß man für ehrlich gehalten wird (...)."[20]

Ehrlichkeit hatte eine bedeutsame ökonomische Dimension durch ihre vertrauenstiftende Wirkung. Wenn man Ehrlichkeit im Sinne des Festhaltens an allgemeinen vereinbarten Spielregeln ökonomischen Handelns definiert, wird sie zur Grundvoraussetzung für die Entwicklung von Marktwirtschaft überhaupt und zu einem Faktor, der die Industrialisierung in bürgerlichen Ländern wie Deutschland mit zu erklären vermag. Es ist anzunehmen, daß W. Benger ein Pietist war, jedoch werden in seinen Briefen ethisch-religiöse Grundeinstellungen des aufstrebenden Bürgertums deutlich, die gerade in Württemberg durch den Pietismus besonders ausgeprägt wurden.[21] Frömmigkeit, Sittlichkeit und Sparsamkeit aber machten den Handwerker Wilhelm Benger noch nicht allein zum industriellen Unternehmer. Es bedurfte weiterer Antriebe wie Bildung, Kapital und eines entsprechend geistig-sozioökonomischen Umfelds.

Kapitalbildung der Frühindustrialisierung – Hausbeleihung

„Stuttgardt, den 24. Juni 1838
Hochgeschätzter Herr Amtmann!
Da im Bauwesen, daß ich im Interesse meines Gewerbes vorzunehmen mich veranlaßt worden bin, sehe ich mich genöthigt, die Summe von 800 Gulden aufzunehmen. Da ich nun weiß, daß Sie nun leicht eine solche Summe entbehren können und meine Verhältnisse Ihnen nicht unbekannt sind bin ich so frey, Ihnen anzufragen, ob sie nicht die Gefälligkeit haben und mir gegen Landesübliche Verzinsung die genannte Summe anleihen. Ich könnte Ihnen dagegen entweder ein Haus, daß mit 1200 Gulden in der BrandversicherungAnstalt eingeschrieben ist, verpfänden oder zwei sichere Bürgen stellen, im Falle möchte ich Sie bitten, mir gefälligst bald zu antworten. Ich verbleibe mit Hochachtung
Ihr gehorsamster Wilhelm Friedrich Benger."

Die Hausbeleihung als eine Art der Kapitalbeschaffung des Unternehmers Benger verdeutlicht die Kapitalbildung und die Probleme der Geldversorgung am Anfang des 19. Jahrhunderts. Kreditgeber waren fast ausschließlich private Kapitalbesitzer. Deutlich wird hier die Verzahnung von Handwerksbetrieb, Geschäft und Familie.

„Was die gerühmte Freiheit betrifft, so ist es gerade wie bey uns, wer der Obrigkeit nicht inkommanidiert werden will, muß Gesetze achten und befolgen (…)"[22]

„Stuttgart, den 8. September 1839
Lieber Vetter!
Seit längerer Zeit schon geht ein Gedanke mit mir umher, der mir keine Ruhe mehr läßt und den ich Dir mit der Bitte mittheile mir deine Ansicht und Meinung mitzutheilen. Vor etwa einem Jahr sind zwei Bekannte nach Amerika ausgewandert, denen es daselbst wie ich hörte äußerst gut gehen soll. Sie verdienen täglich 2 bis 3 fl und wenn sie sich ein Gut kaufen wollen, so könnten Sie sich 1 Morgen Gutlandes um 8–6 Gulden haben. Wenn ich nun bedenke, wie ich mich den ganzen Tag für 40–48 Kreutzer plagen und erst noch aufs sparsamste leben muß, wenn ich als ein solider ehrlicher Mann durchkommen will, so meine ich eben, ich könnte es viel besser haben, wenn ich in Amerika wäre zudem darf man dort keine Steuer bezahlen und ist ein freier Mann dem Niemand etwas zusagen hat während einem hier die Polizei überall auf dem Nacken sitzt. Wenn man nun dieses und noch viel anderes bedenkt so entleidet mir mein Geschäft und Leben, daß ich gar nicht mehr froh werden kann, daher sehr geneigt bin auch auszuwandern. Weil aber meine Verwandten sehr dagegen sind so bitte ich Dich mir Deine Meinung zu sagen. Du bist viel in der Welt herumgekommen und kennst die Welt und die Meinigen halten viel auf Dein Urtheil. Lebe wohl und geb bald vernünftige Nachricht. Wilhelm Friedrich Benger."
Schon bevor die Zahl der Auswanderer während der Zuspitzung der wirtschaftlichen Situation in den 40er Jahren einem Höhepunkt zustrebte, gab es – der Brief Bengers beleuchtet das – einen starken Drang, der ökonomischen Misere hierzulande zu entkommen. Durch die schwere Agrar- und Wirtschaftskrise der 40er Jahre ging die Nachfrage nach Handwerksleistungen zurück, was viele Handwerker zur Berufsaufgabe zwang. Als einziger Ausweg bot sich für viele die Auswanderung an. Auch die Situation der Strumpfwirker verschlechterte sich. Depression, Mißernten, Teuerungen und Hungersnöte waren die wichtigsten Gründe der Verarmung des Landes zu Beginn des 19. Jahrhunderts. Das Hauptkontingent der Emigranten bildeten keineswegs die Ärmsten der Armen, sondern hauptsächlich handwerkende Bauern und Handwerker mit bäuerlichem Nebenerwerb.[23]

Auch Benger beschäftigte sich mit dem Thema der Auswanderung, sicher angeregt durch Zunftgesellen, die keinen anderen Lösungsweg sahen als nach Amerika auszuwandern, um sich eine neue Existenz aufzubauen. Zwar hatte Benger größere Handlungsspielräume, doch spielte auch er mit dem Gedanken der Auswanderung. Die größeren Handlungsspielräume bedeuteten, als Sohn des Zunftmeisters eine fundierte Ausbildung genossen zu haben, vor allem aber jederzeit Arbeit beim Vater finden zu können. Doch auch so blieb der Arbeitsalltag mühsam und hart. Und es war eine naheliegende Folgerung, die Möglichkeit der Auswanderung als Hoffnung auf das bessere Glück in Betracht zu ziehen.

„(…) seit mehreren Wochen habe ich unbedeutende Geschäfte und kann daher ohne Hinderniß Deinen Auftrag sogleich reflektieren (…)"[24]

„Stuttgart, den 12. November 1839
Lieber Freund! bey der, im vor M. dahier Stadtgehabten Abstreichs-Behandlungen von Seiten der Königlich. Kriegs-Kasse Verwaltung, fiel mir die Verfertigung von 480 Stück einschlägiger Soldaten-Bettladen Akkord mäßig zu. Nachdem von mir getroffenen Maßregeln wäre es mir nun ein leichtes gewesen, den Ablieferung-Termin, den 1ten Januar 1840 einzuhalten. Allein es wurde mir gestern von Herrn Stadt-Rath N N der Antrag gemacht die sehr beträchtliche Aussteuer für seine Tochter zu verfertigen, was ich besonders aus dem Grunde nicht zurück weisen mag, weil ich meinem Sohn vor der Beendigung seiner Lehrzeit dadurch noch die Gelegenheit verschaffen möchte, etwas Modernes und Geschmackvolles machen zu helfen. Da ich aber im Raume zu be-

schränkt bin, um beide Geschäfte zu gleicher Zeit ausführen zu können, so mache ich Dir den Antrag, an meiner Statt und auf meinen Namen Die noch fehlenden 220 Stück Bettladen unter den vorgeschriebenen Bedingungen zu machen. Die Vorschrift aber lautet: Länge 7' 2", Breite 3' 4". Die Stollen müßen wie stark Eichenholz, das Übrige von gesondertem Tannenholze gemacht werden. Der Preis ist 4 fl. Der Tag der Ablieferung ist der 6 Januar bey 14 Tagen Verspätung findet ein Abzug von 10% statt. Willst Du nun diesen Auftrag übernehmen, so gib schnell Nachricht. Deinem treuen Freund Wilhelm Friedrich Benger."

Aufgrund der Datierung und der im Brief genannten Umstände muß es sich um ein Schreiben des Vaters gehandelt haben, denn W. Benger bekam ja erst 1844 seinen Meisterbrief ausgehändigt. Es scheint in der Zeit der Frühindustrialisierung üblich gewesen zu sein, auch andere handwerkliche Aufträge, die mit der eigenen Zunft nichts zu tun hatten, anzunehmen. Aus heutiger Sicht ist es völlig unvorstellbar, daß sogar ein Zunftmeister, der sozial abgesichert zu sein schien, Schreinerarbeiten angenommen hätte. Da Strumpfwirker aber ihre Webstühle, die aus Holz waren, selbst reparierten, liegt es nahe, daß eine handwerkliche Fertigkeit in der Holzverarbeitung mit der Zeit erworben wurde. Die schlechte wirtschaftliche Erwerbslage des beginnenden 19. Jahrhunderts läßt den Schluß zu, daß eine Festlegung auf nur ein Zunftgewerk den Lebensunterhalt nicht genügend absicherte, so daß handwerkliche Arbeitsaufträge angenommen wurden, sofern sie zu einem nahe ‚verwandten' Tätigkeitsfeld gehörten.

„(...) Der Eltern Segen bauet den Kindern Häuser (...)"[25]

Nach dem Tod des Firmengründers W. Benger übernahm seine zweite Frau Juliane die Geschäftsleitung, neben der Erziehung ihrer acht Kinder aus den beiden Ehen Bengers. Wie viele kleine Unternehmer im Umkreis, die ihre Betriebe Stufe für Stufe erweiterten und allmählich einen ‚guten' Namen erwarben, so arbeitete diese ungewöhnlich starke Frau acht Jahre lang im Sinne ihres Mannes. Sie hielt an der Unternehmensphilosophie fest, die ihr Mann verkörpert hatte. Pünktlichkeit, Zuverlässigkeit und Ehrlichkeit spiegeln sich in der überlieferten Anekdote der Familienchronik wider, die davon berichtet, daß sie eine Lieferung von Trikotreithosen für die Ulanenkaserne am Königstor eigenhändig an Ort und Stelle mit einem Handwagen zustellte.

Das Unternehmen florierte in kurzer Zeit in so großem Ausmaß, daß schon vier Jahre später die Räumlichkeiten für den gestiegenen Geschäftsumfang nicht mehr ausreichten. 1868 zog man in das neuerworbene Gebäude in der Sophienstraße 7 um. Nachdem die Mutter acht Jahre lang die Geschäfte geführt hatte, übernahmen die Söhne Wilhelm und Gottlieb die kaufmännische Leitung des Betriebs, der nun mit 14 Rundstühlen und zirka 60 Beschäftigten arbeitete. 1874 starb Juliane Benger 53jährig an einem Herzschlag, und damit ging der Betrieb unter dem Namen Wilhelm Benger Söhne in den Besitz der beiden ältesten Söhne über.

Die größte unternehmerische Leistung der Söhne lag in der Erkenntnis, daß mit der Realisierung der Theorie Professor Dr. Gustav Jaegers der bisherigen Produktpalette ein zukunftsweisendes neues Erzeugnis hinzugefügt werden konnte, das auf dem neuen Hygienedenken aufbaute. Durch die vertragliche Regelung mit Prof. G. Jaeger, die dem Betrieb die ausschließliche Anfertigung und den alleinigen Verkauf sowohl im Ausland als auch im Inland zusicherte, wurde Gustav Jaegers ‚einfaches Hemd' zum wichtigsten Wirtschaftsfaktor der Firma. Der geschäftliche Aufschwung, den die Firma Benger durch den Absatz ihrer wollenen Hemden erlebte, förderte auch die von ihnen abhängigen Industriezweige wie z.B. Wirkmaschinen- und Nähmaschinenhersteller.

Aus den Anfängen der väterlichen Werkstatt entwickelte sich der Betrieb unter der Leitung der Söhne Bengers zur Weltfirma.

Im Jahr 1877 wurden die ersten dampfbetriebenen Stühle in der Firma eingesetzt. In der Geschichte des Werks war damit die zweite Phase erreicht. Willi A. Boelcke spricht von den Jahren nach der Jahrhundertmitte von dem unvorstellbaren Aufstieg der in Deutschland führenden württembergischen Maschenwarenindustrie, durch die ein neues Industrialisierungspotential in die Wirtschaft getragen wurde, das fast unaufhörlich neue Arbeitsplätze schuf und zum größten und wichtigsten Zweig der württembergischen Textilindustrie heranwuchs.[26]

Stellvertretend dafür kann auch die Firma Benger stehen: Ihre engen Wirtschaftsbeziehungen mit dem Ausland – die Firma hatte eine Fabrik in Bregenz und Verkaufsniederlassungen bis nach New York – waren Ausdruck des expandierenden Unternehmergeists und des Erfolgs der „Philosophie" der Qualitätsware.

Anmerkungen

1 Zedler, Johann Heinrich: Grosses vollständiges Universallexikon, Bd. 45. Leipzig 1735–1754: 647.
2 Lösch, Josef: Textil-Wörterbuch für die Praxis. Frankfurt/M. 1971: 398f.
3 Unter dem Fachbegriff „Ausrüstung" versteht man die Veredelung von Stückware, d.h. zum Beispiel eine Beeinflussung der Farbe, der ganzen Warendichte, des Gebrauchswertes durch Appretur, Bleichen, Färben, Imprägnieren usw. Er umfaßt alle Arbeitsgänge zwischen Rohware und unkonfektionierten Fertigwaren.
4 Wilhelm Benger und Söhne: Jubiläumsschrift 1844–1954. Archiv für Wirtschaftskunde GmbH, Darmstadt. Stuttgart 1954: 14.
5 1836 bekam er eine silberne Ehrenmedaille der Stuttgarter Industrieausstellung wegen besonderer Qualität und großer Produktpalette verliehen. Wir können also davon ausgehen, daß Wilhelm Benger eine qualifizierte Ausbildung in der väterlichen Werkstatt erhielt.
6 Das tagebuchähnliche Schreibheft, das Wilhelm Benger führte, belegt in Briefen die bescheidene finanzielle Lage, in der er sich befand.
7 Siehe Beitrag von I. Buttler-Klose und M. Ortwein „Wir alle dienen dem Kunden ..." in diesem Band.
8 Firmenfestschrift der Firma Benger. Wissenschaftlich bearbeitet von Kraft Sachisthal. Archiv für Wirtschaftskunde GmbH, Darmstadt 1954: 26.
9 Das „Schreibheft" von W. Benger enthält in Auszügen Aufträge mit detaillierter Arbeitsanleitung aus den Jahren 1838–1841.
10 Firmenfestschrift der Firma Benger [wie Anm. 8]: 31.
11 So der Titel der historischen Quelle, Privatarchiv Hr. Breuning, Inhaber der Firma Maute-Benger, Stuttgart.
12 Unter Kopierbuch, Briefkopierbuch steht in Meyers Konversationslexikon von 1895: „Ein in vielen Ländern, auch durch Art. 28 des allgemeinen deutschen Handelsgesetzbuchs, gesetzlich vorgeschriebenes Handlungsbuch, in welches die abgehenden Geschäftsbriefe nach der Reihenfolge der Erledigung eingetragen werden (...) Mit dem Abschreiben solcher Briefe begann früher der kaufmännische Lehrling seine Laufbahn. Seit längerer Zeit sind dafür Kopierpressen in Gebrauch (...)." Meyers Konversationslexikon: Ein Nachschlagewerk des allgemeinen Wissens. Bd.10, Leipzig/Wien 5.1895: 534.
13 Nach: Dascher, Ottfried: Kaufmannsbriefe. In: Dascher, Ottfried/Reininghaus, Wilfried/Unverferth, Gabriele (Hrsgg.): Soll und Haben. Geschichte und Geschichten aus dem Westfälischen Wirtschaftsarchiv. Dortmund 1991: 68.
14 Es ist sicher nicht nur für „frühe Unternehmerschaft" kennzeichnend, sondern für Handwerksbetriebe und patriarchalisch geführte Kleinunternehmer überhaupt – auch heute!
15 „Schreibheft": Brief vom 18.3.1838
16 „Schreibheft": Brief vom 25.8.1839
17 Die Problematik im Umgang mit der Quelle wird hier sichtbar, denn der ursprüngliche Schreibort kann unmöglich Stuttgart gewesen sein, da der Gruß an die Eltern und Geschwister und die Bitte um „Hemter, Socken und Unterhosen" von Stuttgart nach Degerloch wenig Sinn aufgrund der geringen Kilometeranzahl macht. Anzunehmen ist vielmehr, daß der Brief aus Leipzig stammt und später erst beim Eintragen ins „Schreibheft" mit Stuttgart lokalisiert wird.
18 Nach dem Inhalt des Briefes zu gehen, müßte dieser Brief noch vor Silvester geschrieben worden sein. Die Datierung weist aber eindeutig auf den sechsten Januar. Warum Inhalt und Datierung des Briefes nicht übereinstimmen, ist aus heutiger Sicht nicht zu klären. Der alte Weihnachtstermin 6. Januar – Erscheinungsfest – mag Benger zusätzlich irritiert haben.
19 „Schreibheft": Brief vom 6.1.1839
20 Tilly, Richard: „Unternehmermoral und -verhalten im 19. Jahrhundert. Indizien deutscher Bürgerlichkeit." In: Kocka, Jürgen: Bürgertum im 19. Jahrhundert. Bd. 2, München 1988: 35–65.
21 Nach: Trautwein, Joachim: Religiosität und Sozialstruktur. Stuttgart 1972: 50.
22 „Schreibheft". Brief vom 8.9.1839
23 Boelcke, Willi A.: Wirtschaftsgeschichte Baden-Württembergs. Von den Römern bis heute. Stuttgart 1987: 215.
24 „Schreibheft": Brief vom 24.11.1839
25 Wilhelm Benger Söhne. 50-jähriges Jubiläum der Firma. 8. April 1844–1894. Stuttgart 1894: 28.
26 Boelcke 1987 [wie Anm. 23]: 216.

Das angepriesene
und vermarktete Kleid

Irmhild Buttler-Klose, Margarete Ortwein

„Wir alle dienen dem Kunden ..."
Die ersten 50 Jahre des Kaufhauses Breuninger in Stuttgart

Breuninger-Impressionen

„Das ist ,der Breuninger'!" Die Schwäbin, die mit diesen Worten ihre norddeutsche Freundin auf ein großes Geschäftsgebäude in der Stuttgarter Innenstadt hinwies, erntete einen verständnislosen Blick: „Wer oder was ist Breuninger?" Dabei wurde beiden bewußt, daß sie hier auf eine ,schwäbische Spezialität' gestoßen waren, die Auswärtigen nicht geläufig und Einheimischen *so* selbstverständlich ist, daß sie es nicht für möglich halten, daß jemand Breuninger nicht kennen könnte.

Seit über 100 Jahren ist die Firma Breuninger in Stuttgart ein Begriff als Textilfachgeschäft, das sich im Laufe der Jahre zu einem Warenhaus mit breitem Sortiment entwickelte. Von Anfang an wurde Wert darauf gelegt, sich bewußt als schwäbisches Unternehmen zu etablieren. Anders als in den meisten Kauf- und Warenhäusern der Zeit stand die Person des Firmengründers im Mittelpunkt.

Ein Wiener, seit Jahrzehnten in Stuttgart wohnhaft, hat seine Beobachtung in einem Gespräch so beschrieben: „Unglaublich, wie hier die Leute über ,den Breuninger' reden. Man hat das Gefühl, als säße der leibhaftige ,Herr Breuninger' selbst hinter jeder Kasse; die personalisierte Institution, wenn man so will!"

Wie kam es zu dieser ,schwäbischen Institution'? Ihre Entstehung und die Vermarktung von Kleidung und Konfektion in den ersten fünfzig Jahren ihres Bestehens sollen im folgenden Beitrag beleuchtet werden.

Eduard Breuningers Weg zum Firmenchef

Als neuntes von zehn Kindern wurde Eduard Breuninger am 14. Juli 1854 in Backnang als Sohn des Rotgerbers Heinrich Christian Breuninger (* 1811) und seiner Frau Rosine Dorothea, geb. Schneider (* 1816), geboren.[1] Er wuchs im Elternhaus „Am kalten Wasser"[2] auf, in dem sich auch der Betrieb des Vaters befand. Im Jahre 1858 starb Heinrich Breuninger während einer Reise in Südrußland. Der Handwerksbetrieb mußte nun von Eduards Mutter und seinen älteren Geschwistern weitergeführt werden. Zwei Brüder erlernten wie alle direkten Vorfahren den Beruf des Rotgerbers. Während einer später den Betrieb der Mutter übernahm, wanderte der andere nach Nordamerika aus. Auswanderung als Ausweg hatten schon zwei Onkel gewählt. Zwei weitere Brüder folgten nach Nordamerika, während die Schwestern allesamt Handwerker aus dem Heimatort oder der Umgebung Stuttgarts heirateten.

Eduard Breuninger begann nach dem Besuch der Volksschule im Jahre 1868 eine kaufmännische Lehre in einem Manufakturwarengeschäft seiner Heimatstadt Backnang.[3] Dem begabten Schüler war ein weiterer Schulbesuch – aus finanziellen, aus ,Standes'-Gründen? – nicht möglich. In dem Geschäft seines Lehrherrn Albert Müller wurden hauptsächlich Stoffe, „Garne, Wollwaren etc. nebenbei auch Kolonial- und Farbwaren, Öle, Tabak, Zigarren, etwas Glas und Porzellan" verkauft, zudem wurden Aufträge für die „Blaubeurer Bleiche", sowie für eine Spinnerei und Lohnweberei entgegengenommen.[4] Die Firma, die Breuninger stolz als erstes Geschäft am Platze beschreibt, beschäftigte neben zwei bis drei Lehrlingen eine „Ladenjungfer" und einen Kommis, der selbst im Hause gelernt hatte und nun vorrangig die neuen Lehrlinge anleitete und beaufsichtigte. Außer Eduard, der täglich mit Mostkrügle und „Butterbrot von Muttern"[5] im Geschäft erschien, wohnten und aßen alle anderen Beschäftigten im Hause des Meisters.

Die Geschäftszeiten waren sehr lang, geöffnet wurde morgens um 6 Uhr, im Winter eine Stunde später, geschlossen erst wieder abends um 22 Uhr. Diese Arbeitszeiten galten werktags wie sonntags. Nur an jedem vierten Sonntag bekam man von 16 bis 20 Uhr frei; „von Urlaub wußte man nichts"[6]. Der erfolgreiche 47jährige Geschäftsmann Breuninger blickt mit diesen knappen autobiographischen Notizen in seiner Festschrift aus dem Jahre 1911 zurück auf seine Lehrjahre. Indem er damit ein Stück der alten Zeit skizziert, die aus seiner Perspektive gar nicht so rosig gewesen ist, will er gleichzeitig seinen zeitgenössischen Lesern und hier insbesondere seinen Angestellten die in seinem eigenen Betrieb enorm verbesserten Arbeitsbedingungen vor Augen führen.

Breuninger beschreibt im Rückblick Szenen des Geschäftsalltags bei seinem Lehrherrn. Lebhaften Verkauf gab es lediglich an Wochenmarkttagen und sonntags nachmittags, wenn die Landbevölkerung zum Einkauf in die Stadt strömte. Außergewöhnlich voll war der Laden immer, wenn gerade Jahrmarkt war. Manche Kunden wurden mit besonderer Hingabe bedient: Für Brautleute und ihre Angehörigen samt Schneider und „Näherin" wurde ein festliches Essen in der „Ladenstube", dem angrenzenden Wohnzimmer der Kaufmannsfamilie, bereitet. Sonst gab es häufig Zeiten, hauptsächlich in der Ernteperiode, in denen die Lehrlinge nicht recht wußten, was sie mit ihrer Zeit anfangen sollten. Ihnen war es gestattet, sich in solchen Momenten privat fortzubilden, Briefmarken zu tauschen oder auch mal in der Murr zu baden, wenn sie nicht mit monotonen Putzarbeiten beschäftigt wurden. Woche für Woche mußten Geschäftsräume und Lager gereinigt, sämtliche Fächer ausgewischt und danach alle Waren wieder an ihre angestammten Plätze zurückgelegt werden, wo sie teilweise schon seit Jahrzehnten lagerten.

Nach Ende seiner Lehre ging Breuninger im Frühjahr 1871 als ausgelernter Kommis nach Stuttgart und trat in die Manufakturwaren-Großhandlung Bonnet & Gundert ein. Dort verdiente er seinen Angaben nach derart viel, daß er befürchtete, für dieses hohe Gehalt nicht genug leisten zu können. Er verglich sein Jahresgehalt von 400 Gulden mit dem Tageslohn von einem Gulden, mit dem der erfahrenste Arbeiter in der Gerberei seiner Mutter bezahlt wurde und versuchte, neben den notwendigen Ausgaben für Kost, Wohnung und Kleidung, noch möglichst viel Geld zu sparen. Von zu Hause wurde er weiterhin mit frischer Wäsche, Heizmaterialien, Suppen- und Mostvorräten unterstützt.

Im Spätherbst 1872 verließ Breuninger die Residenzstadt, um sich zu Hause auf ein Examen vorzubereiten, das ihm ermöglichte, seinen Militärdienst als „Einjährig-Freiwilliger"[7] beim Infanterieregiment in Ludwigsburg abzuleisten. Hierfür mußte er Kenntnisse in zwei Fremdsprachen vorweisen. Weil ihm die entsprechende Schulbildung fehlte, hatte er schon während seiner ersten Berufsjahre nebenbei Sprachkurse besucht.

Am 1. April 1874 kehrte er wieder zurück zu seinem früheren Arbeitgeber A. Gundert in Stuttgart, diesmal, um bei der Liquidation des Unternehmens zu helfen. Im Herbst 1874 trat er als Vertreter der „Manufakturwarenfirma Engros Kahn & Co." in Stuttgart ein und bereiste in dieser Funktion den ganzen süddeutschen Raum.

Sechseinhalb Jahre später, am 1. März 1881, eröffnete Breuninger im Alter von 26 Jahren sein eigenes Textilgeschäft, das als Groß- und Einzelhandel firmierte. Er hatte mit seinen Ersparnissen Haus und Geschäftsräume der Firma Ostermayer in der Münzstraße 1 in Stuttgart gemietet, dazu das Warenlager dieser Firma aufgekauft und deren Angestellte, einen Lehrling und „zwei Fräulein" übernommen.[8] Mit einer Anzeige warb er in der örtlichen Presse um neue Kundschaft. Der Verkauf von Waren zu Billigstpreisen war zunächst nur als Übergangslösung gedacht, um die alten Magazine zu leeren, doch daraus entwickelte sich bald eine erfolgreiche Strategie.

1 Anzeige zur Geschäftseröffnung.

Drei Jahre vor seiner Geschäftseröffnung hatte Breuninger geheiratet. Anna Lydia Breuninger, geb. Veil, war eine entfernte Cousine und Tochter eines Rotgerbers und Gemeinderates in Schorndorf.[9] In den Jahren bis 1896 wurden zwei Töchter und vier Söhne geboren, wovon einer im Säuglingsalter verstarb. Über sein Privatleben erfährt der Leser in Breuningers Festschriften nichts. Er selbst erwähnt lediglich die intensive Mitarbeit seiner Frau. Sie sei „eine ganz hervorragende Stütze des Geschäfts" gewesen und ihre „stellvertretende Tätigkeit" habe es ihm ermöglicht, in den Anfangsjahren kleinere Geschäftsreisen in die Umgebung zu unternehmen.[10]

„Stillstand ist Rückschritt"[11]
Die permanente Expansion

Von Anfang an machte Breuninger aus dem übernommenen Textilgeschäft ein expandierendes Unternehmen. Drei Jahre nach der Geschäftseröffnung im Erdgeschoß weitete er den Betrieb auf den ersten Stock des Gebäudes aus, später auch auf den dritten Stock, während sich im zweiten Stockwerk seine Privatwohnung befand. Groß- und Einzelhandelsabteilung entwickelten sich rasch, und so konnte Breuninger nach und nach neues Personal einstellen.

Die Kombination von Groß- und Einzelhandel erwies sich als vorteilhaft: Bis zum Jahre 1903 waren die Umsätze des Großhandels höher als die des Einzelhandels und somit konnte aus diesen Gewinnen der Geschäftsaufbau betrieben werden.[12]

Im Jahre 1888 zog die Firma in das erworbene Nachbarhaus „Zum Großfürsten", ein ehemaliges Gasthaus. Nachdem er mit seiner inzwischen sechsköpfigen Familie 1894 eine eigene standesgemäße Villa in Stuttgarts Halbhöhenlage[13] bezogen hatte, begann er in der Altstadt, Nachbarhäuser und -grundstücke aufzukaufen. Sein Ziel war es, anstelle seiner jetzigen Geschäftshäuser und -anbauten ein modernes, großes Kaufhaus zwischen Münz-, Sporer- und Becherstraße zu errichten.

Dabei kam ihm zugute, daß die Stadt Stuttgart in diesen Jahren ihr umfangreiches Sanierungsprogramm der Altstadt erstellte.[14] Breuninger verstand es, sich insbesondere im Hinblick auf die Verbreiterung der Sporergasse in die Verhandlungen einzubringen. Er gewann durch gezielte Tauschabsprachen ein Grundstück von hinreichender Größe. Umfangreiche Abrißarbeiten begannen im Jahre 1900. Dann wurde der Neubau in mehreren Etappen errichtet, so daß der Verkauf auch während der Bauarbeiten in verschiedenen Gebäudeteilen weitergehen konnte.

Im März 1903 wurde das neue Geschäftshaus „Zum Großfürsten" feierlich eröffnet, geschmückt mit Flaggen, Girlanden, Lorbeerbäumen und taghell erleuchtet, was die Zeitungen besonders hervorhoben.[15] Man betrat das neue Gebäude, später „Konfektionshaus" genannt, durch den repräsentativen, über zwei Geschosse reichenden Haupteingang in der Münzgasse, den sechs in die Wand

2 Eduard Breuninger erweitert im Jahr 1889 seine Geschäftsräume.

3 Das Hauptportal in der Münzstraße 1903.

eingelassene Szenen aus der Textilproduktion zierten.¹⁶ In den Giebel über dem Hauptportal war neben Symbolen für den Welthandel, wie Segelboot und Lokomotive, das Bildnis eines Großfürsten in barocker Ausschmückung eingemeißelt.¹⁷ Das Geschäft hatte an seiner Hauptfront vier Meter tiefe Schaufenster.¹⁸

Besondere Bewunderung fand vor allem der Lichthof im Zentrum des Gebäudes, um den herum sich die Verkaufsabteilungen der beiden darüberliegenden Stockwerke unter einer Glasoberlichtdecke gruppierten, und der wegen seiner Lage und Ausstattung die Visitenkarte des Unternehmens darstellte. Gleichzeitig hatte dieser „Zierraum des Hauses" die Funktion, alle Ecken und Winkel mit hinreichend Licht zu versorgen.¹⁹ In den oberen Stockwerken waren neben den Großhandelsräumen und dem Dienstzimmer des Chefs die Abteilungen der Eigenanfertigung untergebracht. Schon vor 1900 hatte die Firma Breuninger begonnen, Damen- und Herrenwäsche sowie Damenhüte selbst herzustellen.²⁰ Bestrebt, die eigene Anfertigung auszudehnen,²¹ wurden den großen Maß- und Änderungsabteilungen beispielsweise eine eigene Matratzen- und Steppdeckennäherei und die Pelzwarenanfertigung hinzu-

gefügt. Ein Teil der Arbeit wurde an „Maß- und Konfektionsschneider" außerhalb des Hauses vergeben.²²

Nach Fertigstellung des eigenen Gebäudes wähnte sich Breuninger in einer Situation, auf viele Jahre hinaus seine Raumprobleme endgültig gelöst zu haben, schrieb er später über diese Zeit.²³ Eine solche Aussage sollte wohl eher eine Beteuerung sein, daß er eigentlich durchaus selbstgenügsam sei; denn angesichts seiner schon bald erneut beginnenden Planungen für Erweiterungsbauten scheint der Expansionsdrang für ihn lebensbestimmend gewesen zu sein. Vor Beginn seines nächsten Neubaus begab er sich im Jahre 1906 eigens in die USA, um dort nach Anregungen für seine Kaufhausgestaltung zu suchen. Auch wenn er anschließend selbstbewußt bestritten, dort überhaupt von Neuigkeiten überrascht worden zu sein – abgesehen von den atemberaubenden Größendimensionen wäre alles dortige schon hinreichend bekannt – so übernahm er doch Anstöße.²⁴

Sein nächster Bauabschnitt umfaßte einen Teil des gegenüberliegenden Häuserblocks zwischen Becher- und Karlstraße, den er abreißen ließ. Wieder erforderte der feuchte Grund eine intensive

4   Blick in den Lichthof des Geschäftshauses „Zum Großfürsten", 1903.

und, wie Breuninger betont, kostspielige Bearbeitung: Das Fundament mußte auf der gesamten Fläche durch Eisenbetonpfähle gesichert werden. Der fertiggestellte Bau, das „Aussteuerhaus", wurde im Oktober 1908 mit einem großen Straßenfest eingeweiht. Zahlreiche Journalisten, die sich am Eröffnungstage unter die Menge der Kunden mischten, um den kunstvoll illuminierten und geschmackvoll ausgestatteten Neubau zu besichtigen, lobten diese vorbildliche „Sanierung der Altstadt". Das ansprechende Äußere fände seinen Widerhall in der vornehmen und technisch ausgereiften Einrichtung der Innenräume. Besonders hervorgehoben wurden jeweils die „Repräsentationsräume": allen voran das Lesezimmer mit seiner reichhaltigen, kostenlosen Leihbibliothek und einer Palette von etwa 50 ausliegenden in- und ausländischen Zeitungen und Zeitschriften, geöffnet für Mitarbeiter und Kunden, dazu ein Schreibzimmer und schließlich ein „komfortables Rauchzimmerchen" für die männliche Kundschaft.[25] Doch die Expansionspläne Breuningers waren auch jetzt nicht zu Ende.

Kriegsbestände, Kriegsgewinne, Surrogate

Vor Beginn des Krieges wurde ein weiterer Anbau begonnen, der sich nahtlos an das 1908 fertiggestellte Gebäude anschließen und den Haupteingang zur belebten Marktstraße verlegen sollte. Der größere Teil dieses Erweiterungsbaus konnte 1915 bezogen werden. Die Ecke zwischen Marktstraße und der neuen Breuningerstraße wurde erst 1916 fertiggestellt, da es im Kriege Beschaffungsprobleme und Mangel an Fachkräften gab.

Der Ausbruch des Weltkrieges kam für Breuninger überraschend. Er beschreibt die Stimmung im nachhinein folgendermaßen: „Wir lebten in der Freude des guten Geschäftsganges und ahnten kaum, daß wir auf einem Vulkan standen"[26].

Zu Beginn des Krieges erlebte das Kaufhaus einen Boom; denn viele wollten den in den Krieg ziehenden Soldaten notwendige oder angenehme Dinge kaufen. Viele Mitarbeiter mußten ihren Militärdienst leisten. Im Krieg kam es in der Textilbranche zu Rationierungen und Engpässen. Rohstoffe wurden beschlagnahmt und durften nur mit behördlicher Genehmigung verarbeitet werden. Die Großhändler waren viel unterwegs zu den einzelnen Fabriken, ständig auf der Suche nach freigegebenen Waren, um die Lager zu füllen. Es kamen Ersatzstoffe auf, Papiergewebe oder ein aus Brennessel und Baumwolle gemischter Stoff. Beide Surrogate fanden – wegen ihrer

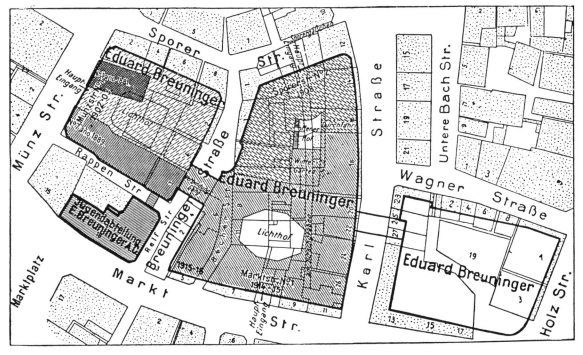

5 Lageplan der Geschäftshäuser Breuninger.

schlechten Eigenschaften – kaum dauerhafte Verwendung.²⁷ In Belgien und Frankreich wurden Stoffe in Fabriken erbeutet, die unter der Hand verkauft wurden und für den Großhandel eine willkommene Verdienstmöglichkeit darstellten.

Das Verkaufspersonal wurde – entgegen sonstiger Praxis – in diesen Zeiten dazu angehalten, die Kunden nicht wie gewohnt aufmerksam und geflissentlich zu bedienen, sondern eher zögerlich zu beraten und keinesfalls zum Kauf zu ermuntern, um so die bescheidene Auswahl in den Regalen noch etwas länger zu erhalten. Schließlich gab es staatlich gelenkte Rationierungen durch die Reichsbekleidungsstelle, die zusätzlich Bezugsscheine einführte. Breuninger vermietete teilweise unentgeltlich Bereiche seiner Kaufhäuser an Dienststellen oder Organisationen: Im Haus in der Münzstraße wurden Möbel und Haushaltsgegenstände aus zweiter Hand an Bedürftige abgegeben; in den oberen Stockwerken des Gebäudes in der Marktstraße wurden Uniformen für das Bekleidungsamt genäht, nebenan befand sich eine städtische Altkleiderstelle.

Die Zeit nach dem Krieg war geprägt von der galoppierenden Geldentwertung, die die Preise für Waren täglich in die Höhe schnellen ließ und den Handel um den Gewinn brachte. Schwarzmarkt und andere düstere „zollfreie" Kanäle waren Konkurrenten geworden. Sehr zur Freude der Geschäftsleute verschwanden diese „zweifelhaften Existenzen und Schwindler"²⁸, als im November 1923 die Währungsreform vollzogen wurde. Nach Jahren des Mangels erfolgte eine lebhafte Nachfrage. Große Bestände aus Heeresvorräten kamen auf den Markt, die Kriegsproduktion wurde sehr schnell auf zivile, modische Kleidung umgestellt, und der Handel erlebte einen einzigartigen Aufschwung. „Bis zum Jahr 1928 darf man im Textilhandel von guten Jahren reden"²⁹, konnte Breuninger in seiner Festschrift vermerken.

Das „Herrenhaus", die Krönung des Lebenswerks

Breuningers letzter Neubau wäre mit Sicherheit schon Anfang der 20er Jahre errichtet worden, hätten nicht Krieg und Inflation die konkrete Verwirklichung verzögert. Pläne lassen sich schon um 1910 erkennen, als Breuninger umfangreiche Liegenschaften des angrenzenden Straßenblocks entlang der Marktstraße erwarb. Ursprünglich erwog er, zusammen mit einer Möbelfabrik in diesem Haus alles für die komplette Wohnungseinrichtung anzubieten. Als aber der Bau schließlich Ende der 20er Jahre begonnen wurde, wollte Breuninger den Raum doch vollständig zur Erweiterung des eigenen Unternehmens nutzen.

Die städtischen Behörden machten die Genehmigung seiner Pläne von verschiedenen Vorleistungen und Auflagen abhängig.³⁰ Er mußte die geplante Gebäudehöhe des Kaufhausbaus herabsetzen und der Verbreiterung der anliegenden Karlstraße auf Kosten seines Neubaus zustimmen. Ein zusätzliches Problem stellte der mitten durch das Grundstück verlaufende Nesenbach dar, der in ein Rohrsystem verlegt und durch das erste Untergeschoß geführt wurde und es damit in zwei Hälften unterteilte.

Die Bauarbeiten begannen schließlich im August 1929, also zwei Monate vor dem Ausbruch der Weltwirtschaftskrise an der New Yorker Börse. Trotz des damit verbundenen Einbruchs der Konjunktur führte Breuninger den Neubau fast termingerecht zu Ende. Nach seinen Angaben erfuhr der Textileinzelhandel erst Anfang 1931 spürbare Einbußen.³¹ Zugute kam ihm, daß er für den Bau keine Schulden aufgenommen hatte, sondern die Kosten vollständig aus eigenen Mitteln bestreiten konnte.³²

Mit geringer, witterungsbedingter Verzögerung wurde das neue Gebäude im Jahre des 50jährigen Geschäftsjubiläums unter Anwesenheit von Vertretern aus Politik und Wirtschaft eröffnet.³³ Aufgrund der düsteren wirtschaftlichen Lage im Land beschränkte sich das Unternehmen auf eine bescheidene Ausgestaltung der Feier. Der Chef hatte es stattdessen vorgezogen, finanzielle Zuwendungen in und außerhalb des Geschäfts zu verteilen. Die schlechte wirtschaftliche Lage führte dazu, daß Breuningers Bau nun vor den politisch Verantwortlichen in einem anderen Licht erschien. Hatte er drei Jahre zuvor noch Schwierigkeiten, die Baugenehmigung zu bekommen, so wurde ihm nun bei der Einweihung von allen Seiten Anerkennung dafür ausgesprochen, daß er mit seinem Neubau zum Erhalt vieler Arbeitsplätze beigetragen hatte. Auch Breuninger selbst konnte lobend hervorheben, „daß die Firma noch keinen Angestellten wegen Arbeitsmangels entlassen mußte".³⁴ Aus den Erinnerungen ehemaliger Mitarbeiter erfährt man, daß die Firma, um den Erhalt der Arbeitsplätze zu sichern, von ihren Mitarbeitern verlangte, sich mit Gehaltskürzungen einverstanden zu erklären.³⁵

Das dritte große Breuninger-Gebäude in der Altstadt, unter- und überirdisch mit den bestehenden Geschäftshäusern verbunden, setzte neue architektonische Akzente. Den Bauauftrag vergab Breuninger wie schon zuvor an die Stuttgarter Architekten Eisenlohr und Pfennig, die bereits frühere Bauten für ihn geplant hatten. Noch im hohen Alter entschloß sich Eduard Breuninger zu solch einem modernen Baukomplex.[36] In der Tat erweist sich der leichte Stahlskelettbau mit seiner nachträglichen Ummantelung als geradezu ideal für ein Kaufhaus. An der Fassade dominieren die horizontalen Fensterbänder, die trotz der Größe und Weite des Gebäudes genügend Tageslicht einfallen lassen. Die „Betonung der Horizontalen"[37] gilt als typisches Kennzeichen der Kaufhausarchitektur dieser Epoche und ermöglicht es auch, auf die Errichtung der früher beliebten Lichthöfe zu verzichten und damit erheblichen Raum als Stellfläche zu gewinnen.[38]

Im Eingangsbereich war eine großzügige Schaupassage angelegt, an der jeder Besucher des Geschäftes vorbeiging. Das neue Kaufhaus bot ausschließlich Herren- und Sportartikel zum Verkauf. Ziel Breuningers war es, unter *einem* Dach seinen Kunden die reichhaltige Auswahl eines Spezialgeschäftes zu präsentieren.[39] Dabei zeigte sich an dem enormen Raumbedarf auch die in den 20er Jahren gestiegene Rolle, die der Sport im Leben der Zeitgenossen eingenommen hatte. Breuninger spricht im Zusammenhang mit dem Ausbau der Sportabteilung vom wichtigen Beitrag, den der Sport zur Stählung der Jugend einnehme.[40]

Neben den fünf Verkaufsetagen befanden sich darüber je eine Kantine für das Personal und für die Kundinnen, die „auswärtigen Frauen, die während ihrer Einkäufe einer Erfrischung bedürftig" waren.[41] Weiterhin gab es noch einen großen Versammlungs- und Vorführraum, der sich für Modeschauen eignete, sowie kleinere Räume für Lehrzwecke. Ganz oben war die Herrenmaßschneiderei untergebracht. Besonders hervorzuheben ist der großzügig über zwei Etagen angelegte Dachgarten, der zusammen mit Duschräumen der Erholung und Erfrischung ausschließlich der Mitarbeiter dienen sollte. Bei der Eröffnungsfeier stieß der Dachgarten auf allgemeine Bewunderung angesichts des grandiosen Blickes über die Dächer der Altstadt bis hin zu den Hängen mit den blühenden Obstbäumen. Fortan finden sich in Werbepublikationen des Unternehmens zuweilen Bilder seiner sich entspannt auf der Dachterrasse sonnenden Mitarbeiterschaft.

Der Patriarch
Zur Persönlichkeit des Firmengründers

Als Eduard Breuninger am 25. März 1932 im Alter von 77 Jahren starb, wurde in zahlreichen Nachrufen seiner gedacht. „Arbeit und Gutestun" sind die Begriffe, die immer wieder mit ihm in Verbin-

6 Lydia und Eduard Breuninger

dung gebracht werden.[42] Diese Tugenden prägten Breuninger bereits in seiner Jugend. Er kam aus einer streng pietistischen Familie und wuchs in einer bescheidenen, standesbewußten und vor allem gottesfürchtigen Umgebung auf.[43] Als junger Mann wurde er Mitglied des Stuttgarter „Jünglingsvereins".[44] Seine Ehefrau Lydia entstammte ähnlichen Verhältnissen. Die pietistischen Werte Arbeit, Pflicht und Verzicht blieben beiden zeitlebens wichtig. Ob sie sich den religiösen Traditionen des Pietismus verbunden fühlten, ist nicht bekannt.[45]

Eduard Breuninger zeigte sich dem Zeitgeist entsprechend als Bürger mit guter monarchischer Gesinnung. Bilder des württembergischen Königs und seiner Familie zierten die Titelseiten von Werbegeschenken seiner Firma. Auch in die Grundsteine seiner Geschäftsneubauten ließ Breuninger solche Bilder legen. Im Februar 1918 wurde ihm von der Obrigkeit der Ehrentitel „Kommerzienrat" verliehen.[46]

Das Familienleben der Breuningers wie auch das Arbeitsklima in der Firma waren durch das streng patriarchalisch-hierarchische Denken Breuningers geprägt. Seinen Angestellten gegenüber verhielt er sich autoritär, streng und ungeduldig, wie er es auch im Umgang mit seiner Familie praktizierte. Seine Söhne Max und Alfred, die beide später im Geschäft mitarbeiteten, durften dort selbst als gesetztere Herren nur als „Herr Max" und „Herr Alfred", nicht etwa mit „Herr Breuninger" angeredet werden; den gab es zu Lebzeiten Eduard Breuningers nur einmal.[47]

Seine Tochter Hedwig beschreibt ihren Vater als streng und ungeduldig, sieht aber darüber hinaus bei ihm einen „edlen Sinn"[48], der sich in umfangreichen finanziellen Zuwendungen an verschiedene Institutionen zeigte. Vor allem seiner Heimatstadt Backnang, deren Ehrenbürger er 1911 wurde, ließ er beträchtliche Geld- und Sachspenden zukommen. Dort unterstützte er beispielsweise den Bau einer Brücke, eines Altenheims, der Jugendherberge und gründete einen Stipendienfonds für begabte Schüler seiner früheren Schule.[49] In Stuttgart förderte er tatkräftig den Bau des neuen Opernhauses und den württembergischen Siedlungsverein, er unterstützte evangelische Jünglingsvereine und die damals weitverbreiteten Kriegervereine.[50]

Breuninger fühlte sich moralisch verpflichtet, möglichst viele Personen seiner näheren und ferneren Umgebung an seinem erworbenen Wohlstand teilhaben zu lassen. Er sah sich für seine gesamte Lebenswelt verantwortlich. Aus dieser Verantwortung heraus legitimierte er seinen Führungsanspruch in Familie und Firma.[51]

Die Firma als Familie

Breuningers patriarchalischer Führungsstil war mit umfangreichen Sozialleistungen für das Personal verbunden. Bereits 1889 war das Geschäft sonntags geschlossen, was damals durchaus ungewöhnlich war: erst 1919 wurde dies im Deutschen Reich obligatorisch.[52] Wenig später führte Breuninger den bezahlten Jahresurlaub für seine Angestellten ein. 1902 wurde ein Prämien-, Pensions- und Unterstützungsfonds eingerichtet, der „aktiven und ausgetretenen, verdienten Gliedern der Firma" zugute kommen sollte. 1903 kam eine Stiftung für treugeleistete Dienste hinzu, aus der Lohnzuschläge je nach Dauer der Betriebszugehörigkeit gezahlt wurden. Weibliche Beschäftigte erhielten dabei stets nur die Hälfte der Zuschläge ihrer männlichen Kollegen. Im Januar 1905 wurde eine Geschäftssparkasse eingerichtet. Dem Personal standen eine Bibliothek mit 2000 Bänden „unterhaltenden und belehrenden Inhalts", ein Kranken- und Ruhezimmer sowie eine von den Mitarbeitern selbst verwaltete Kantine zur Verfügung. 1908 wurde der „Breuninger Singchor" zur Pflege des Gesangs und der Geselligkeit gegründet, dem im Jahre 1911 ein Drittel der 610 Mitarbeiter angehörten. Im königlichen Wilhelma-Theater wurden „Separat-Vorstellungen" für die Angestellten veranstaltet. Es gab Unterrichtskurse vor allem in Fremdsprachen und kaufmännischen Fächern, deren Besuch für jüngere Angestellte obligatorisch, für ältere fakultativ war.[53] Am 15. August 1912 erschien die erste Nummer der Hauszeitschrift „Monatsblätter für die Angestellten der Firma E. Breuninger", eine der ältesten deutschen Werkszeitungen.[54]

Als „Krönung der sozialen Tätigkeit"[55] Breuningers galt das firmeneigene Ferienheim Hohenrodt im Schwarzwald. Der Verband Deutscher Waren- und Kaufhäuser verabschiedete 1907 eine Resolution, die u. a. die Einrichtung von Ferienheimen für Angestellte empfahl.[56] Ob sich Breuninger hierdurch anregen ließ, ist nicht mehr genau zu rekonstruieren, doch trug er sich mit der Absicht,

„ein Ferienheim für seine Angestellten zu schaffen, das volle Gewähr bietet, sich von den Mühen anstrengender Arbeit zu erholen und neue Kräfte zu sammeln. Daß der sichere Erfolg auch wieder dem Geschäft zugute kommen muß, liegt auf der Hand, denn zu Anfang der freiwilligen Urlaubsgewährung mußte ich die Beobachtung machen, daß die weiblichen Angestellten den Urlaub vielfach zu Hause mit Nähen und Putzen verbrachten."[57]

Breuninger sah sich eine Reihe von Grundstücken in verschiedenen Orten an und erwarb schließlich in der Nähe von Freudenstadt ein 40 Morgen großes Areal.[58] 1911/12 entstand zunächst das „untere Haus", dem ein Wirtschaftsgebäude angeschlossen war. Hier verbrachten die Angehörigen der Familie Breuninger und „ein kleiner Kreis Gefolgschaft"[59] den Sommerurlaub. Diele und Außenwände des Gebäudes trugen Gedichte aus der Feder Breuningers, z.B.:

„Wem die Arbeit ein Vergnügen,
wird das Leben Freude sein,
wer sich aber scheut zu pflügen,
dem bleibt jede Ernte klein.
Besinnen, beginnen, mutig vollenden
und Recht und Wahrheit zu allem verwenden,
dann wird Dein Werk Dir herrlich gelingen
und Glück und Segen ewig Dir bringen."[60]

1914–16 wurde das „obere Haus" errichtet. Es stand erst nach dem Ersten Weltkrieg den Mitarbeitern zur Verfügung, nachdem es Breuninger in den letzten Kriegsjahren der Militärverwaltung zur Nutzung überlassen hatte.[61] Ein Mitarbeiter des Hauses Breuninger erinnert sich:

„Das obere Haus war wie ein Hotel neuzeitlich und modern eingerichtet: im Erdgeschoß Empfang, eine große Diele, Speiseraum, Schreib- und Musikzimmmer. Der erste und zweite Stock war den Zimmern vorbehalten, die ringsherum einen durchgehenden Balkon hatten. Das Untergeschoß stand vorwiegend der Jugend – auch der reiferen – zur Verfügung. Ein Schwimmbad, Wannenbäder und ein Gymnastikraum mit vielerlei Sportgeräten war in ständigem Betrieb. Zu dem herrlichen Park, der die ganze Anlage umschloß, gehörte auch ein großer Tannenwald, der den Erholungssuchenden bei Spaziergängen Ruhe und Entspannung gewährleistete. Tennisplätze und eine Kegelbahn rundeten das Bild ab. Der Pensionspreis belief sich auf zwei Mark je Tag. Kleine Ausflüge, zum Beispiel in die Mittlere Mühle, und Besuche von Freudenstadt über den Breuningerweg, gehörten zu den vielen Möglichkeiten."[62]

In einem ganz anderen Zusammenhang bekam das Ferienhaus Hohenrodt bleibende historische Bedeutung: Jährlich tagten hier von 1923 bis 1930 führende Erwachsenenbildner der Weimarer Zeit, um über theoretische und praktische Probleme ihres Faches zu diskutieren. Breuninger hatte der Gruppe auf Vermittlung von Theodor Bäuerle, dem Leiter des Vereins zur Förderung der Volksbildung in Württemberg, sein Ferienheim zur Verfügung gestellt. Die Teilnehmer der Tagungen formierten sich zum „Hohenrodter Bund", dessen bildungspolitische Bedeutung für das damals noch junge Fachgebiet der Erwachsenenbildung bis heute unbestritten ist.[63]

Breuninger wollte stets „alle Verbesserungen, welche (…) für die Gesundheit [der; d. V.] Angestellten von Nutzen sind, einführen"[64]. So stellte er dem „Ball-Spiel-Club Breuninger", dem seit 1927 bestehenden firmeneigenen Sportverein, Sportanlagen zur Verfügung.[65] Sämtliche Maßnahmen zur Erholung und zur sportlichen Betätigung der Angestellten waren nicht uneigennützig. Sie sollten sich positiv auf Arbeitskraft und Motivation auswirken.

Das Motto Breuningers war „Fürsorge gegen Treue"[66]. Die patriachalische Haltung Breuningers beinhaltete einerseits die karitative Fürsorge für seine Angestellten, war aber andererseits mit eindeutigen Autoritätsansprüchen verknüpft.[67] Das Personal hatte im Gegenzug gehorsam, dankbar, fleißig und zuverlässig zu sein. Außerdem wurden eine große Betriebsverbundenheit sowie ein entsprechender Lebenswandel in der Freizeit erwartet.

In der ersten Nummer der Hauszeitschrift spricht Breuninger zwar von einer „fast genossenschaftlichen Grundlage unseres Geschäfts"[68], doch er duldete keinerlei Aktivitäten der Angestellten, die seine Autorität untergraben konnten. Eine Interessenvertretung der Mitarbeiter hatte im hierarchischen Führungskonzept von Breuninger keinen Platz.[69]

„Pünktlichkeit und Ordnung ist die Seele eines Geschäfts"[70], dieser Grundsatz Breuningers schlug sich in präzisen Arbeitsanweisungen und Verhaltensregeln nieder.

Für das „Verkaufs-Personal" galten 17 Paragraphen:

„(…) § 5. Ruhe und Ordnung ist die erste Pflicht.

§ 6. Aus benachbarten Rayons [Abteilungen] zu Unterhaltungen zusammenzustehen, ist streng verboten.

§ 7. Wenn keine Kundschaft zu bedienen und keine Lagerarbeiten zu verrichten sind, muß um Arbeit bei den Lagervorständen gebeten werden; denn Müßiggang ist aller Laster Anfang. (…)"[71]

„Für alle Angestellten" erließ er 10 Gebote:

„(…) II. Halte in Deinen Arbeiten Ordnung (…)
IV. Du sollst keine Nebeninteressen haben (…)
IX. Sei niemals zufrieden mit dir selbst (…)
X. Sieh in Deinem Chef nicht eine unangenehme Kontrollinstanz, ein notwendiges Übel oder gar einen Arbeitgeber, der nur dazu da ist, um Gehalt zu bezahlen. Erwirb Dir sein Vertrauen, seine Freundschaft durch Arbeitsfreudigkeit und Leistungen (…)."[72]

Arbeitsbedingungen und Sozialleistungen bei Breuninger waren durchaus mit denen des Hauses Wertheim in Berlin zu vergleichen, das als „Musterbetrieb" unter den damaligen Warenhäusern galt.[73] Wertheim hatte im Jahre 1905 3.200 Mitarbeiter[74], Breuninger 250.[75] Im Jahre 1911 verdiente eine Verkäuferin bei Breuninger 95 Mark im Monat. Sie arbeitete von 8.30 Uhr bis 18.30 Uhr bei einer zweistündigen Mittagspause. Im Sommer standen ihr zwölf Urlaubstage zu.[76] Das Mindestgehalt von Verkäuferinnen betrug 1907 70 Mark.[77] Bei Wertheim wurde von 8.30 Uhr bis 20.00 Uhr gearbeitet, durch entsprechende Pausenregelung betrug die durchschnittliche Arbeitszeit neun Stunden pro Tag.[78] Die Angestellten hatten zwischen vier und zwanzig Tagen bezahlten Jahresurlaub.[79]

Die zahlreichen Sozialleistungen, die Wertheim seinen Angestellten gewährte, waren wie bei Breuninger mit strengen Disziplinvorschriften verbunden. Was der Sozialdemokrat Paul Göhre[80] in diesem Zusammenhang bei Wertheim beobachtete, traf auch auf Breuninger zu:

> „Alle diese Wohlfahrtseinrichtungen und Vergünstigungen sind natürlich nicht nur von den guten wohlmeinenden Herzen der Chefs des Hauses, sondern ebensosehr (...) von ihren rechnenden Köpfen, dem sehr nüchternen Interesse des Hauses und seines riesigen Betriebes diktiert. Und selbstverständlich ist auch alles gepaart mit einer Disziplin, die an Geschlossenheit nichts zu wünschen übrig läßt, die aber freilich bei einem solchen Beamtenheer [Angestellte; d. V.] unerläßlich erscheint."[81]

Im täglichen Geschäftsbetrieb gab Breuninger sich als unnachsichtiger, äußerst kritikfreudiger Chef, dem nichts zu entgehen schien, getreu seiner Devise: „Der Ärger hält mich gesund."[82] So begab er sich jeden Morgen, nachdem er schon von zu Hause aus telefonisch die wichtigsten Anweisungen gegeben hatte, auf einen mehrstündigen Rundgang durch sämtliche Abteilungen seines Hauses, gefolgt von allen Abteilungsleitern. Das Verkaufspersonal durfte Herrn Breuninger dabei nicht grüßen, falls Kunden in der Nähe waren, denn „sonst meinen die [Kunden], ich wäre ein Langschläfer und käme erst um 9 Uhr ins Geschäft"[83]. Breuninger monierte auf diesen Rundgängen selbst Kleinigkeiten wie z. B. unschön hängende Etiketten. Widerspruch der Mitarbeiter wurde angesichts seiner Entgegnung „Ich denke mir was dabei"[84] gegenstandslos. Auch für Breuninger galt, was Paul Göhre über Wertheim festhielt:

> „So stellt sich der ganze Riesenbetrieb als eine sehr eigenartige Organisation dar: sichtlich nicht nur kaufmännisch, sondern zugleich auch militärisch und bureaukratisch bestimmt und gefügt und mit einer durchaus absolutistischen Spitze versehen."[85]

Moderne Marketingstrategien als Erfolgsmotor

Die Geschäftsräume des Kaufhauses Breuninger liegen in der Stuttgarter Altstadt. Hier wohnten um die Jahrhundertwende vor allem Arbeiterfamilien.[86] In den Geschäften, die in der Nähe des Marktplatzes lagen, kauften überwiegend die unteren sozialen Schichten der Stadtbevökerung und die ländliche Bevölkerung aus der Umgebung Stuttgarts ein. Käufer höherer sozialer Schichten suchten eher Geschäfte in der Königstraße auf.[87] Breuninger setzte von Anfang an auf Werbung, um sein Textilgeschäft über die engere Umgebung hinaus bekannt zu machen, obwohl dies damals unter Geschäftsleuten als unseriös galt. Seit 1881 gab er regelmäßig Inserate in Tageszeitungen auf.[88] Nach 1895 nutzte Breuninger die zunächst unbedruckte Rückseite von Straßenbahnfahrscheinen zu Werbezwecken.[89] Ab 1896 gab er illustrierte Preislisten heraus, seit 1899 ließ er Zeitungsbeilagen drucken.[90] Niedrige Preise und Sonderverkäufe, die der Lagerräumung dienten, ließen sozial schwächere Käufer auf sein Geschäft aufmerksam werden, während die Maßschneiderei und „fertige Konfektion (...) in hochfeinem Genre"[91] auf die Bedürfnisse wohlhabenderer Kunden ausgerichtet waren.

Als werbewirksam erwies sich die Bezeichnung „Zum Großfürsten", die Breuninger 1889 in den Firmennamen aufnehmen und als Warenzeichen eintragen ließ und die als Qualitätszeichen der Produkte aus dem Hause Breuninger diente. Dieser Namenszusatz machte sein Geschäft vor allem für Kunden aus gehobeneren sozialen Schichten attraktiv, so daß schließlich „Kundschaft aller Stände" zum Einkauf ins Haus Breuniger kam.[92]

Besonderen Wert legte Breuninger auf die Schaufenstergestaltung. Im Jahre 1911 sorgten ei-

7 Das Warenzeichen der Firma Breuninger

gene Dekorateurwerkstätten für ständig wechselnde Auslagen in 30 Schaufenstern. Auch die einzelnen Abteilungen wurden je nach Anlaß dekoriert. Breuninger setzte sich mit seinem Interesse, das er der Schaufenstergestaltung entgegenbrachte, bewußt von den Zuständen ab, die er im Laden seines Lehrherren erlebt hatte:

> „Den Auslagen wurde soviel wie keine Aufmerksamkeit geschenkt. Von den vier Schaufenstern wurde nur eines in der Regel alle vierzehn Tage erneuert, d. h. es wurden drei verschiedene Kleiderstoffe in Falten aufgezogen und an von der Decke herabhängenden Schnüren befestigt. Die anderen Fenster beherbergten jahraus jahrein die alten Gäste, die nur jeden Samstag vom wiederkehrenden Staub befreit wurden."[93]

Die Warenverzeichnisse, die Breuninger zu Werbezwecken an seine Kundschaft verschenkte, enthielten nicht nur Preislisten, sondern auch Bilder von Sehenswürdigkeiten in Stuttgart und Würtemberg sowie Kalender, ein Verzeichnis der Markttermine im Umkreis und einen Stadtplan von Stuttgart mit der darin hervorgehobenen Lage des eigenen Kaufhauses.[94] Solche Verzeichnisse wurden auch per Post im Umland Stuttgarts verschickt, was den Bekanntheitsgrad des Geschäftes zusätzlich erhöhte.[95]

Bewußte Imagepflege als „schwäbisches" Unternehmen betrieb Breuninger durch Herausgabe von künstlerisch gestalteten Alben. 1903 erschienen „Bilder aus Stuttgart und Würtemberg", 1908 „Bilder aus Schwabens Gauen". Es folgte 1911 eine Jubiläumsschrift zum 30jährigen Bestehen des Geschäftes und 1931 das „Breuninger-Buch", letzteres mit einer Anzahl von schwäbischen Anekdoten und Spüchen, bebildert mit romantischen Ansichten in Stadt und Land und geschrieben vom schwäbischen Heimatforscher und -dichter August Lämmle.

Ein wichtiger Teil der Selbstdarstellung des Hauses Breuninger war – neben der repräsentativen Architektur der Geschäftshäuser – die gediegene Innenausstattung der Verkaufsräume. Breuninger scheute eigenen Angaben zufolge weder Kosten noch Mühe. Marmorwände, Treppengeländer aus Bronze und aufwendige Ladeneinrichtungen aus Mahagoniholz sollten

> „die Firma (...) auch hier durch die Güte und Schönheit der Einrichtungen in dem soliden Rahmen erscheinen [lassen], der das vornehme

8 Blick in den Dekorationsraum.

9   Blick in die Abteilung für Herrenwäsche

Bild des ganzen Unternehmens würdig umfaßt."⁹⁶

Das Sortiment von Breuninger sprach in den ersten Jahren vor allem Frauen an: „Mode- und Trauerwaren", Aussteuerartikel, Heimtextilien, Stoffe etc. wurden angeboten, ab 1891 auch Damenkonfektion und Kinderbekleidung. Später entstanden Abteilungen für Herren und Jugendliche. In den zwanziger Jahren wurde das Warenangebot, ganz dem Zeitgeist entsprechend, um Sportgeräte und -bekleidung erweitert.

Das ständige Streben Breuningers, „die einzelnen Zweige zu lückenlosen Spezialabteilungen auszubilden"⁹⁷, sollte es möglich machen, den „verwöhntesten Ansprüchen" vornehmer Damen wie den „bescheidensten Bedürfnissen" einfacher Mädchen gerecht zu werden⁹⁸ und somit „arm und reich zu ... Kunden zu zählen"⁹⁹. Breuninger rechnete wie sicher auch manch anderer Kollege seiner Branche Anfang des 20. Jahrhunderts

„mit der psychologischen Eigenart der Frauenwelt, allein durch das Sehen dazu verleitet zu werden, Dinge zu kaufen, die sie vielleicht gar nicht brauchen"¹⁰⁰.

So wies er in der Festschrift zum 30jährigen Geschäftsjubiläum im Jahre 1911 auf das sich im Hause befindliche „behagliche Rauchzimmer" hin, wo „die Herren, welche auf ihre Gattinnen warten, (...) dampfen dürfen, bis das Portemonnaie der Gattin gänzlich zusammengeschrumpft ist."¹⁰¹ Nach Breuningers offiziellem, oft und gerne wiederholten Firmengrundsatz sollten folgende Kriterien die Besucher des Hauses zum Kauf bewegen:

„Durch gute frische Waren in gediegener Auswahl und Preiswürdigkeit, verbunden mit aufmerksamer, entgegenkommender Bedienung sich das Vertrauen der Kundschaft zu gewinnen und zu erhalten, soll immer der oberste Grundsatz der Firma sein und bleiben."¹⁰²

Ein schwäbischer Sonderweg?

Das Land Württemberg hat nicht nur eine eigenständige Textilindustrie hervorgebracht, auch in der Vermarktung der Textilwaren ist eine Besonderheit zu verzeichnen: Die Entwicklung der Firma Breuninger, die sich immer als bewußt schwäbisches Unternehmen verstand, legt es nahe, von einem ‚schwäbischen Sonderweg' der Warenhausgeschichte zu sprechen.¹⁰³ Zwischen den beiden Weltkriegen stieg Breuninger zum „größten

Unternehmen des Textileinzelhandels" in Stuttgart und sogar in ganz Süddeutschland auf.[104] Obwohl das größte Kauf-Haus am Platze, vermied Eduard Breuninger jede Verwendung der Begriffe Kaufhaus oder Warenhaus, sprach in seinen Festschriften ausschließlich von „Firma" bzw. „Geschäft"[105]. Zu genau kannte er die Vorbehalte seiner Kundschaft gegenüber Kauf- und Warenhäusern mit ihrem Ruf, billige, minderwertige Massenartikel zu verkaufen, als daß er sich mit diesen auf eine Stufe stellen wollte. Er warb von Anfang an mit folgenden Schlagworten: „Größte Auswahl – Billigste Preise – Gediegene Arbeit – Streng reelle Bedienung".[106] Dieses kam den Neigungen seiner schwäbischen Käufer entgegen, die Qualität verlangten, dabei aber die Tugend der Sparsamkeit nie aus dem Blickfeld ließen. Um seinen Billigangeboten einen seriösen Anstrich zu geben, fügte er in Anzeigen zuweilen kleine Erklärungen an:

„Den größten Teil unseres Bedarfs in Damenwäsche fertigen wir vorwiegend aus Stoffen eigener Ausrüstung in unseren Werkstätten selbst an. Durch Ausschaltung von Zwischenspesen billigste Preise und weitgehendste Vorteile für unsere geschätzte Kundschaft."[107]

Verbale Rücksichtnahme auf seine Kunden hinderte den Firmenchef nicht daran, sämtliche Konzepte und Prinzipien der Kaufhäuser zu übernehmen, die sich im modernen Handel als sinnvoll erwiesen hatten.

Eduard Breuningers patriarchalischer Führungsstil war so stark zentralistisch ausgerichtet, daß die Gründung von Filialen in anderen Orten nicht in Betracht kam. Seine Gewohnheit, sämtliche Fäden in der Hand zu halten – sein täglicher Rundgang ist hierfür treffendes Beispiel – und alle wichtigen und weniger wichtigen Entscheidungen selbst zu treffen, stand dem entgegen. Die Verbundenheit mit seinen pietistischen Wurzeln ließen ihn verstärkt soziale Gesichtspunkte in der Unternehmensführung berücksichtigen, wie die Verbesserung der Arbeitsbedingungen, Hilfen zur finanziellen Absicherung, Einrichtung eines Ferienhauses.

Diese Maßnahmen hatten neben wirtschaftlichem Kalkül auch die Funktion, ein ausgeprägtes „Familienbewußtsein" unter den Mitarbeitern zu stiften. Darüber hinaus blieb Breuninger durch viele Sach- und Geldspenden außerhalb seines Geschäftes ein auch nach seinem Tode noch viel geehrter Mann, wenngleich seine zuweilen impulsive Persönlichkeit ihm zu Lebzeiten nicht nur Freundschaften einbrachte.

Der Selbsteinschätzung des Gründers nach war „Breuninger" nie ein Kaufhaus. Das Image des Textil-Einzelhandelsunternehmens sollte um jeden Preis beibehalten werden.[108] Die Firma Breuninger wollte sich nicht mit irgendwelchen Kaufhäusern vergleichen lassen, sie war – einzigartig, eben: – „der Breuninger"!

Anmerkungen

1. Die folgenden biographischen Angaben sind, soweit nicht gesondert belegt, der 1931 veröffentlichten Ahnentafel von Pfarrer Cornelius Breuninger, dem Neffen Eduard Breuningers, mit dem Titel „Die Backnanger Breuninger. Stammbaum der Backnanger Breuninger" entnommen, insbesondere den Seiten 58–62.
2. Den Beinamen „Zum kalten Wasser" trug dieser Zweig der Breuninger-Familie; zudem weist diese Bezeichnung auf die Tatsache hin, daß Gerberhäuser immer an Wasserläufen standen.
3. Siehe dazu die Lebenserinnerungen von Eduard Breuninger, abgedruckt in der Festschrift zum 30jährigen Firmenjubiläum unter dem Titel „1881–1911: Vom Klein- zum Großbetrieb! 30 Jahre ununterbrochene Entwicklung in der Manufakturwarenbranche mit Streiflichtern auf die Veränderungen der Textil-Industrie, des Handels mit Manufakturwaren und verwandter Artikel während des vergangenen halben Jahrhunderts", insbesondere: 19–35 (nachfolgend zitiert als FS 1911). Die Darstellung wurde geringfügig überarbeitet und vor allem aktualisiert für die Festschrift zum 50jährigen Bestehen im Jahre 1931 unter dem Titel: „Mein Lebensgang als Kaufmann". In: Lämmle, August (Hg.): Das Breuninger Buch. Bilder aus Württembergs Vergangenheit und Gegenwart. Stuttgart 1931: 141–169 (nachfolgend zitiert als FS 1931). Zwei weitere Auflagen folgten: Die 2. Auflage erschien 1931, ergänzt um die Festreden zur Einweihung des Neubaus (S. 175–196); die 3. Auflage erschien 1935 und enthielt die Fortschreibung der Firmengeschichte bis 1935 mit einer abschließenden Würdigung des verstorbenen Seniorchefs. Unsere Ausführungen folgen, wenn nicht andere Quellen genannt werden, dem Gang der autobiographischen Darstellung Breuningers.
4. FS 1911: 19
5. Ebd.: 22
6. Ebd.: 20
7. Als Einjährig-Freiwilliger verpflichtete er sich, für seine Ausstattung und Verpflegung selbst aufzukommen und wurde dafür statt nach drei Jahren schon nach genau einem Jahr entlassen; siehe: Brockhaus' Konversations-Lexikon (14. vollst. neubearb. Auflage, Leipzig 1901) s. v. „Einjährig-Freiwillige".
8. FS 1911 [wie Anm. 3]: 24
9. Siehe: Cornelius Breuninger 1931 [wie Anm. 1]: 39 und 61
10. FS 1911 [wie Anm. 3]: 24
11. breuninger nouveautés. Hausmitteilungen für Mitarbeiter der Firma Alfred Breuninger & Co. KG. Nr. 18, 1962: 8.
12. Scheerer, Harald: 1881–1956. Fünfundsiebzig Jahre Breuninger. Stuttgart 1955 (im folgenden zitiert als FS 1956): 117
13. Herdweg 22 (das Haus steht noch heute).
14. Siehe: Sauer, Paul: Das Werden einer Großstadt. Stuttgart zwischen Reichsgründung und Erstem Weltkrieg 1871–1914. Stuttgart 1988: 45.
15. Eßlinger Zeitung, 13. März 1903: 1.
16. Siehe: FS 1911 [wie Anm. 3]: 39
17. Ebd.: 38. Es handelt sich um die Kopie des entsprechenden Brustbildes am früheren Gasthof „Zum Großfür-

sten". Die Namensgebung geht auf den Besuch des russischen Großfürsten Paul im Jahre 1782 zurück. Die dynastische Verbindung der beiden Herrscherhäuser Württembergs und Rußlands führte im 19. Jahrhundert zu einer gewissen Rußlandbegeisterung in der württembergischen Metropole und mag auch Breuninger motiviert haben, den wohlklingenden Namenszusatz – nicht zuletzt aus Prestigegründen – zu übernehmen.

18 Wiener, Alfred: Das Warenhaus. Kauf-, Geschäfts-, Büro-Haus. Berlin 1912: 266.
19 Bei der Erweiterung der Geschäftsbauten Ende der 80er Jahre unseres Jahrhunderts griffen die Architekten wieder auf dieses Stilelement aus den Anfangstagen der Warenhauspaläste zurück und gestalteten die Karlspassage als Lichthof.
20 FS 1956: 42
21 Ebd.: 37
22 Ebd.: 56
23 Ebd.: 30
24 Ebd.; [o. Verf.]: Hundert Jahre Breuninger. Die Kraft der Idee. Ideen gestalten die Zukunft. Stuttgart 1981. (zitiert als FS 1981): 11.
25 Schwäbische Kronik (des Schwäbischen Merkurs zweite Abteilung) Nr. 460 (2. Oktober 1908): 3, Sp. C; vgl. auch: Deutsches Volksblatt Nr. 226 (3. Oktober 1908): 2, Sp. C und Schwäbische Tagwacht. Organ der Sozialdemokraten Württembergs. Nr. 231 (3. Oktober 1908): 3, Sp. A.
26 FS 1931 [wie Anm. 3]: 156
27 Zu Surrogaten siehe: Bausinger, Hermann: Surrogate, Surrogate... in: Städtisches Museum Ludwigsburg (Hg.): Die Hauptstadt der Cichoria. Ludwigsburg und die Kaffeemittel-Firma Franck. Ausstellungskatalog. Redaktion: Andrea Berger-Fix. Ludwigsburg 1989: 2–7. Wiederabdruck in: Bausinger, Hermann: Der blinde Hund. Anmerkungen zur Alltagskultur. Tübingen 1991: 267–271.
28 FS 1931 [wie Anm. 3]: 158
29 Ebd.
30 In diesem Zusammenhang steht vermutlich der Bau von 14 Mietwohnungen im Jahre 1928.
31 FS 1931 [wie Anm. 3]: 158
32 FS ²1931 [wie Anm. 3]: 180
33 Im Schwäbischen Merkur vom 10. Mai 1931 erschien aus diesem Anlaß eine vierseitige Sonderbeilage mit dem Titel „Neubau Breuninger". Auch in der Fachwelt fand das neue Breuninger-Gebäude gebührende Beachtung und Anerkennung (siehe: Düssel, Karl Konrad: Der Neubau E. Breuninger A.-G. Architekten Eisenlohr & Pfennig, Stuttgart. Mit 32 Aufnahmen der Bildkunst. Dazu 8 Seiten Grundrisse und Konstruktionsblätter. In: Moderne Bauformen. Monatshefte für Architektur und Raumkunst. 30. Jg., 1931: 429–452).
34 FS ²1931 [wie Anm. 3]: 178
35 Volz, Adolf: Ein Leben für Breuninger. In: breuninger nouveautés Nr. 22, 1966: 43.
36 Stuttgart lieferte in den zwanziger Jahren eine Anzahl beachtenswerter Beispiele moderner Architektur. Hervorzuheben seien: der neue Hauptbahnhof (1914–27) von Paul Bonatz und E. F. Scholer, der Tagblatt-Turm, das erste Hochhaus der Stadt und gleichzeitig das erste deutsche Hochhaus in Sichtbeton (E. Otto Oßwald, 1928), die weltbekannte Weißenhofsiedlung, die aus 60 Wohneinheiten bestehende, von 15 namhaften in- und ausländischen Architekten erstellte Versuchssiedlung anläßlich der Bauausstellung im Jahre 1927. Im Warenhausbau übernahm das Kaufhaus Schocken die Führung, als es sich vom renomierten Berliner Architekten Erich Mendelsohn einen modernen Zweckbau errichten ließ, dessen Front mit dem auffälligen Treppenhaus nicht nur in die Architekturgeschichte einging, sondern ebenso in der Plakatwerbung als unverwechselbares Erkennungsmerkmal eingesetzt wurde. Breuninger mag sich angesichts solcher Vorreiter herausgefordert gesehen haben, auch seinerseits das Stadtbild zu prägen.
37 Hermann, C.: Warenhaus und Technik. In: Probleme des Warenhauses. Beiträge zur Geschichte und Erkenntnis der Entwicklung des Warenhauses in Deutschland. Berlin 1928: 132.
38 Eisenlohr/Pfennig: Der Erweiterungsbau. In: FS ²1931: 192
39 Siehe: FS 1931 [wie Anm. 3]: 163
40 FS ²1931 [wie Anm. 3]: 180
41 Ebd. Bei Breuninger begann ein regulärer Restaurationsbetrieb erst nach dem Zweiten Weltkrieg (siehe: Der Interne Aktuell. Hausmitteilungen für Mitarbeiter der Firma E. Breuninger GmbH & Co. Nr. 41 vom Juli/August 1982, n. pag.). Dagegen führte das Kaufhaus Tietz (Stuttgart, Ecke Königstraße/Schulstraße) schon bald nach seiner Eröffnung Kaffeehausmusik ein und importierte damit ein modernes Element der Warenhauskultur aus der Metropole Berlin nach Stuttgart.
42 FS ³1935 [wie Anm. 3]: 189
43 Doerry, Martin: Übergangsmenschen. Die Mentalität der Wilhelminer und die Krise des Kaiserreichs. Weinheim 1986: 74.
44 Ebd.: 76. Jünglingsvereine waren die Vorläufer des heutigen CVJM.
45 Ebd. Interessant ist in diesem Zusammenhang, daß sich in der Firmenüberlieferung bis heute das Gerücht hält, Lydia Breuninger habe ihrem Mann beim Bau des Hochhauses die Gefolgschaft verweigert. Das gigantische Wachstum des Betriebes schien bei ihr schließlich auf mentalen Widerstand gestoßen zu sein. Hier spiegeln sich ebenso Ängste und Probleme wider, die Firmenangestellte mit der rasanten Modernität des Unternehmens hatten. (Vgl. FS 1981: 13)
46 Ebd.: 120. Der Titel „Kommerzienrat" wurde in Deutschland bis 1919 an herausragende Finanzmänner, Industrielle und Großkaufleute verliehen.
47 Ebd.
48 breuninger-nouveautés. Nr. 18, 1962: 9
49 Ebd.; Sch.[-]: Eduard-Breuninger-Jugendherberge in Backnang. In: Aus dem Schwarzwald. Blätter des württembergischen Schwarzwald-Vereins. 40. Jg. (1932) Nr. 4: 56f; Förderverein Max-Born-Gymnasium e. V. (Hg.): 450 Jahre Lateinschule Backnang. Jubiläumsschrift des Max-Born-Gymnasiums Backnang. Backnang 1989: 34.
50 Doerry 1986 [wie Anm. 43]: 121
51 Ebd.
52 Schwerin von Krosigk, Lutz Graf: Alles auf Wagnis: Der Kaufmann gestern, heute und morgen. Tübingen 1963: 132.
53 FS 1911 [wie Anm. 3]: 117f
54 FS 1956: 102
55 breuninger-nouveautés Nr. 18, 1962: 5
56 Wernicke, Johannes: Der Kampf um das Warenhaus und die Geschichte des Verbandes Deutscher Waren- und Kaufhäuser e.V. bis Ende 1916. In: Probleme des Warenhauses. Beiträge zur Geschichte und Erkenntnis der Entwicklung des Warenhauses in Deutschland. Hg. v. Verband Deutscher Waren- und Kaufhäuser e.V. anläßlich seines 25jährigen Bestehens. Berlin 1928: 36.
57 FS 1931 [wie Anm. 3]: 166f. Zur Errichtung firmeneigener Ferienheime gab es auch kritische Stimmen. So hielt der Stuttgarter Unternehmer Robert Bosch den Bau solcher Heime für überflüssig, wie seine Äußerung aus dem Jahre 1912 zeigt: „Ich habe die Wahrnehmung gemacht, daß die kaufmännischen Angestellten zur überwiegenden Mehrheit Erholungsheime nicht gern besuchen, da sie den begreiflichen Wunsch haben, während ihrer Freizeit auch mit anderen Menschen als ihren Kollegen zusammenzutreffen..." In: Heuss, Theodor: Robert Bosch. Leben und Leistung. Tübingen 1946: 458.
58 FS 1931 [wie Anm. 3]: 167
59 breuninger-nouveautés Nr. 18, 1962: 8
60 breuninger-nouveautés Nr. 19, 1963: 42; weitere Gedichte sind u. a. abgedruckt im Nachruf: (o. Verf.) Zur Erinnerung an Kommerzienrat E. Breuninger, Stuttgart. In: Aus dem Schwarzwald. Blätter des württembergischen Schwarzwald-Vereins. 40. Jg. 1932: 55f.
61 FS 1931 [wie Anm. 3]: 169
62 breuninger-nouveautés Nr. 19, 1963: 41f.
63 Siehe dazu: Wirth, Ingeborg: Hohenrodter Bund. In: Dies.: (Hg.): Handwörterbuch der Erwachsenenbildung. Paderborn 1978: 359–366; Laack, Fritz: Das Zwischenspiel freier Erwachsenenbildung. Hohenrodter

Bund und Deutsche Schule für Volksforschung und Erwachsenenbildung in der Weimarer Epoche. Bad Heilbrunn 1984: 57. Die große Bedeutung, die Breuninger als wohlwollender Förderer der Erwachsenenbildung einnahm, zeigt sich auch in dem Nachruf von Theodor Bäuerle (Th. B.): Eduard Breuninger. In: Mitteilungen des Vereins zur Förderung der Volksbildung e. V. Stuttgart. 2. Jg., 1932: 97.

64 FS 1911 [wie Anm. 3]: 39
65 FS 1956: 51
66 Doerry 1986 [wie Anm. 43]: 120
67 Siehe: Uhle, Carlhans: Betriebliche Sozialleistungen. Entwicklungslinien und Ansätze einer Erklärung ihrer Bereitstellung. Köln 1987: 134.
68 Der Interne Breuningerbrief (August 1962), o. S. [1f] (= Nachdruck aus der Nr. 1 der Hauszeitschrift vom 15.8.1912).
69 Doerry 1986 [wie Anm. 43]: 119
70 FS 1911 [wie Anm. 3]: 74
71 Der Interne Breuningerbrief vom August 1962: 47; Nachdruck aus der Nr. 1 der Hauszeitschrift vom 15.8.1912.
72 Ebd.
73 Göhre, Paul: Das Warenhaus. (= Die Gesellschaft. Sammlung sozialpsychologischer Monographien, 12) Frankfurt/M. 1907: 83.
74 Ebd.: 65
75 FS 1956: 48
76 Ebd.: 24
77 Göhre 1907 [wie Anm. 73]: 73
78 Ebd.: 75
79 Ebd.: 77
80 Der sozial engagierte evangelische Theologe Paul Göhre (1864–1928) wurde in Deutschland bekannt durch die Darstellung seiner Erfahrungen als gewöhnlicher Arbeiter in Chemnitz: „Drei Monate Fabrikarbeiter" (1891). Sein Einsatz für die Verbesserung der Lebens- und Arbeitsbedingungen der Arbeiterschaft führte ihn zur Mitarbeit im Evangelisch-Sozialen Kongreß und zum Eintritt in die SPD im Jahre 1901, deren Reichstagsabgeordneter er zwischen 1903 und 1918 war.
81 Göhre 1907 [wie Anm. 73]: 78
82 FS 1956: 37
83 Ebd.
84 breuninger-nouveautés Nr. 18, 1962: 8
85 Göhre 1907 [wie Anm. 73]: 87
86 Sauer 1988 [wie Anm. 14]: 45
87 FS 1931 [wie Anm. 3]: 178
88 FS 1956: 18
89 Ebd.: 23
90 Brennecke, Jochen: Großzügig, modern, solide. Die Zauberformel einer Kaufmannsfamilie. In: Textil-Woche-Manufacturist. 80. Jg. (1957) Nr. 20/21: 695.
91 FS 1911 [wie Anm. 3]: 30
92 Doerry 1986 [wie Anm. 43]: 119. Im Jahre 1916 wurde die Bezeichnung „Zum Großfürsten" wieder aus dem Firmennamen gestrichen. (FS 1956: 19)
93 FS 1911 [wie Anm. 3]: 21
94 FS 1981: 10
95 Brennecke 1957: 695
96 FS 1911 [wie Anm. 3]: 87
97 Ebd.: 37
98 Ebd.: 84f.
99 Ebd.: 95. Welche Schichten überwiegend bei Breuninger verkehrten, ist für uns nicht mehr feststellbar. Es fehlen Stimmen in einer repräsentativen Auswahl, um eine soziale Käuferanalyse zu erstellen.
100 Wiener 1912: 22.
101 FS 1911 [wie Anm. 3]: 93
102 FS 1981: 11; siehe: FS 1911 [wie Anm. 3]: 119; FS 1931: 153
103 Ähnlich wie in anderen Fällen, in denen sich in Württemberg etwas verspätet oder gesondert entwickelt hat, belegt das Beispiel „Breuninger", daß selbst einem Massenphänomen wie dem Kaufhaus ein eigenständiger Wesenszug aufgesetzt wurde.
104 Boelcke, Willi A.: Wirtschaftsgeschichte Baden-Württembergs von den Römern bis heute. Stuttgart 1987: 402.
105 Lediglich einmal findet sich der Terminus „Kaufhaus", jedoch als architektonische Bezeichnung, siehe FS 1911 [wie Anm. 3]: 27.
106 FS 1911 [wie Anm. 3]: 24 u. 26
107 Anzeige im Schwäbischen Merkur Nr. 74 (31.3.1932): 4.
108 Noch heute wird die Firma Breuninger im Branchenverzeichnis als Einzelhandelsgesellschaft geführt. Während die konkurrierenden Kaufhäuser in Stuttgart über die Jahrzehnte hinweg nicht nur ihr Gesicht, sondern auch ihren Namen änderten (Tietz-Union-Hertie bzw. Schocken-Merkur-Horten), gab es dafür bei Breuninger keinen Grund. Bis heute blieb der Familienname bei Breuninger neben allem äußeren Wandel weiterhin das bekannte und gültige Markenzeichen.

Heidrun Großjohann

Die Karriere des stummen Spektakels
Zur Geschichte des Schaufensters

Unsere Städte, die auch Hauptumschlagplätze von Waren sind, wären keine solchen ohne sie – die Schaufenster. Diese haben einen festen Platz in der Ikonographie des öffentlichen Lebens. Im Dienste des Handels stehend, versucht das Schaufenster gleichsam, den Übergang von der Produktion zum Verkauf zu ebnen. Die primäre Funktion des Schaufensters besteht darin, schon aus der Ferne Passanten herbeizulocken und für sich zu interessieren. Der Passant soll die im Schaufenster ausgestellten Waren begehren und nicht länger zögern, das Geschäft zu betreten, um sich zum Kauf verleiten zu lassen, oder aber sich den Kauf fest vorzunehmen sobald das Geschäft geöffnet hat.

Die Beantwortung der Frage, wie und warum Schaufenster sich entwickelt haben, muß von wirtschaftlichen Hintergründen ausgehen, da das Schaufenster als Vehikel zur Absatzsteigerung angesehen werden kann.

Nicht erst seitdem Schaufenster die Straßen der Stadt eroberten bestand die Idee, Waren reizvoll zu präsentieren, um Passanten zum Kauf zu animieren. Die Tradition der allgemeinen Zurschaustellung von Waren dürfte bis in die frühe Menschheitsgeschichte zurückreichen – seitdem es Märkte gibt. Die elementarste Form der Warenpräsentation ist es, die Tausch- oder Verkaufsprodukte vom Boden des Marktplatzes aus feilzubieten. Vom Schmutz des Marktplatzes aus strebte die Ware empor auf den Verkaufstisch. Im Mittelalter errichteten Landwirte, Handwerker, Händler und Krämer auf dem Markt Tischgestelle aus Holzblöcken und Brettern.[1] Zum Schutz vor Regen und Sonne kamen Leinendächer hinzu, die mit Stangen über den Verkaufsstand gespannt wurden. Die nächste Stufe in der Perfektionierung der Warenpräsentation war die Schaffung der Verkaufsbude. Im Gegensatz zu den Verkaufstischen war die aus Holz gebaute Bude fest installiert. Mit ihren zwei Läden, die man aufschlagen konnte – den unteren als Verkaufstisch und als

1   Heute noch erhaltene Schaubude in Riedlingen

Auslage, den oberen als schützendes Vordach –, war sie der direkte Vorläufer des Ladens.

Verkaufsbuden, die im privaten Besitz des Händlers waren, wandelten sich zuerst in feste Ladenhäuschen.[2] Immer noch wurde über eine Holzlade hinweg mit dem Kunden verkehrt.

Vor dem 18. Jahrhundert gab es keine Schaufenster. Ein Grund liegt darin, daß u.a. freier Handel im heutigen Sinn nicht existierte, die Warenströme verhältnismäßig gering waren und daß das Marktgeschehen bis in die Neuzeit sehr reglementiert wurde. Eine institutionalisierte Ordnung, bestehend aus Zunftwesen und ständischem Verhaltenskodex, ließ nicht viel Freiraum für individuelle Verkaufsideen. In der Zunft der Handwerker beispielsweise galt es als verpönt, Werbung zu betreiben. Zum anderen war das Aufkommen des Schaufensters von der Erfindung durchsichtiger Glasscheiben abhängig. Seit dem 13. Jahrhundert kannte man zwar Bleiverglasung, die aber mangelnde Durchsichtigkeit aufwies. Die entscheidende Erfindung zur Herstellung klarer Glasscheiben gelang erst im Jahr 1688 dem Franzosen Lucas de Neheon.[3]

Als es möglich wurde, gewalzte Glasscheiben herzustellen, fand das transparente Material nicht unmittelbar Verwendung als Schaufenster. Dafür bestand ja zunächst auch kein Bedarf. Bis es so weit war, standen andere Verwendungsmöglichkeiten im Vordergrund, zum Beispiel als Luxusware Spiegelglas, wo es zum Statussymbol avancierte. Der Spiegelsaal von Versailles ist dafür das beste Beispiel.

Das Geschäftslokal des Detailhandels stellte bis zum späten 17. Jahrhundert nicht mehr als einen einfachen und schmucklosen Vorraum zum dahinter befindlichen Warenlager dar.[4] Zur Straße hin zeigten oft weitausladende Schilder an, was es im Geschäft zu erstehen gab. Im Laufe des 17. und 18. Jahrhunderts mußten die pompösen Aushängeschilder weichen, da sie dem Verkehr hinderlich waren.

An diesem Punkt, scheint es, wurden die Weichen für das Schaufenster gestellt. Mit dem Verschwinden des Außenschildes veränderte sich der Charakter des Ladenlokals. Dem Ladeninneren wurde fortan mehr Sorgfalt zugewendet. Die Bemühung um ansehnliche Präsentation des Ladens verlagerte sich von außen nach innen. Damit bot sich das Ladenlokal dar wie ein Empfangszimmer im Schloß, mit edlen Dekorationsmaterialien wie exotischen Hölzern, Marmor, Messing und vor allem Glas und Spiegel.

Was war passiert?

Der Luxushandel hatte in den europäischen Metropolen zu einer neuartigen Verbindung von Ästhetik und Handel gefunden. Das Ladenlokal ahmte das Lebensumfeld seiner Klientel nach, das sich zusammensetzte aus der Hofgesellschaft, dem wohlhabenden Adel und dem reich gewordenen Bürgertum.

Die bürgerlichen Kaufleute hatten das luxuriöse Ausstatten aus dem höfischen Bereich gelernt. Während an Fürstenhöfen augenblendende Staffage Statussymbol und reiner Selbstzweck war, erkannten die Kaufleute, daß sich aus dem prachtvollen Ausstellen von Waren ungeahnte Chancen zur Profitsteigerung ergeben mußten. Um die Mitte des 18. Jahrhunderts scheint dies umgesetzt worden zu sein; denn das Schaufenster begann sich als eigenständiger Teil des Ladens herauszubilden. Zwar waren Glas und Spiegel als Konzession an den Geschmack des höfischen Publikums in den Laden gekommen, das Schaufenster selber aber war ein Ergebnis frühkapitalistischen Geschäftssinns: Der bürgerliche Handel hatte das Schaufenster als neuartiges Werbemittel entdeckt.

Mit der Erweiterung des Fensters zum Schaufenster eröffneten sich neue Konsumwelten, und die Zeitgenossen des 18. Jahrhunderts fanden sich in geblendeter Begeisterung. Ein französischer Reisender geriet bei einem Besuch Londons ins Schwärmen:

„Was wir [in Frankreich; d. V.] gewöhnlich nicht haben, ist das um die Läden gezogene, in der Regel wunderschöne und kristallklare Glas. Dahinter legt man die Ware aus, die solcherart vor Staub geschützt vor den Augen der Passanten hingebreitet liegt und von allen Seiten einen prächtigen Anblick bietet."[5]

Und die Schriftstellerin Sophie LaRoche berichtet in den 1780er Jahren aus London:

„Hinter den großen Glasfenstern ist alles, was das Herz begehrt, in so großer Auswahl und auf so anziehende Weise ausgestellt, daß man fast habgierig wird. (...) Stoffe für Damenkleider werden sehr geschickt präsentiert. Hinter den schönen hohen Fenstern fallen sie gerafft nach unten, so daß man einen Eindruck davon erhält, wie sie als Kleid verarbeitet wirken würden."[6]

Das Schaufenster entwickelte also eine enorme Werbewirksamkeit. Die ästhetische Präsentation der Ware vermochte Augen- und Besitzlust zu wecken. Vorbeigehende, die an sich keine Kaufabsicht hatten, wurden durch das Schaufenster dazu gebracht, die ausgestellte Ware haben zu wollen.

Dabei muß betont werden, daß die Schaufenster des 18. und frühen 19. Jahrhunderts noch keinesfalls groß waren, sondern noch Züge des gewöhnlichen Fensters trugen. Sie bestanden aus mehreren, durch Sprossen abgetrennte, kleinere Scheiben.

Erst als um 1850 die Herstellung größflächiger Scheiben möglich wurde, erhielt das Schaufenster eine ununterbrochene Glasfront und damit sein bis heute gültiges Aussehen.

Die Verwendung von künstlichen Lichtquellen hat die Ästhetik des Schaufensters weiter veredelt. Anfangs zu schwach, um indirekt als Scheinwerfer eingesetzt zu werden, erschienen die Lämpchen unmittelbar zwischen der Ware selbst. Erst als durch Gaslicht und elektrisches Licht die Reichweite der Strahlung zunahm, verschwanden die Lampen aus dem Blickfeld der Passanten. Die Gaslampen an Londoner Geschäften um die Mitte des 19. Jahrhunderts waren

> „außerhalb des Ladens angebracht und ein Scheinwerfer [warf; d. V.] ein starkes Licht auf die im Schaufenster ausgestellten Waren."[7]

In den europäischen Metropolen nahm man die erleuchteten Schaufenster als Anregung und willkommenes Ambiente für ein lebhaftes Nachtleben auf. In der neuen Sphäre von Lichterglanz, Warenpräsentation und bewegten Menschenmenge lag offenbar eine große Faszination. Es ereignete sich ein bewegtes menschliches Spektakel vor dem stummen Warenspektakel der Schaufenster.

Die Beziehung zwischen Schaufenstern und Passanten ist vergleichbar mit einem Theater. Das erleuchtete, strahlende Schaufenster kann man sich als Bühne, die Straße als Theatersaal, die Passanten als Publikum denken. Von der Erlebniswelt auf einem Pariser Boulevard im Jahr 1849 hieß es:

> „Die Läden prangten bis ins erste Stockwerk hinauf wie phantastische Schlösser; Gold, Flitter, Juwelen, Blumen, Tücher, Teppiche, Bronze und Vasen prunkten, leuchteten zum Verkauf. Und auf dem Trottoir vor den Theatern und Cafes lustwandelte die Menge in der lauen Winternacht."[8]

Diese Aussage bezeugt, mit welchem Erfolg die Schaufenster es vermochten, im Kontrast zum Dunkel der Nacht, Staunen und Gefallen auszulösen; angesichts der erleuchteten Straßen konnte sogar von Lustwandeln die Rede sein.

Die Muße, vor den Schaufenstern zu promenieren, um sehen und gesehen werden zu können, war allerdings ausschließlich der privilegierten Klasse vorbehalten. Diese neue Freizeitbeschäftigung war ein weiterer Bereich, in dem sich das wohlhabende Bürgertum von der arbeitenden Klasse abhob. Der Hinweis auf eine neue Komposition der Schaufenster – die Läden prangten bis erste Stockwerk hinauf, wie phantastische Schlösser – deutet auf eine neue Entwicklung: Die Zentrierung des Detailhandels in Passagen. Passagen konstituieren sich aus Fußgängerladenstraßen, die mehrgeschossig und, Schaufenster an Schaufenster, wiederum mit einem Glasdach überdeckt werden.

Mit den Passagen kam die Idee des Schaufensters zu ihrer größten Bündelung und Ausführung. Die erste ihrer Art hatte 1829 in Paris Premiere mit der „Galerie d'Orleans". Walter Benjamin datiert das Aufkommen der „Mehrzahl der Pariser Passagen (...) in den anderthalb Jahrzehnten nach 1822."[9]

Als erste Passage in Deutschland öffnete 1845 der „Basar auf dem Jungfernstieg" in Hamburg seine Tore. Ein besonderes Fluidum umgab die Besucher der Passagen des 19. Jahrhunderts. Die Menschen gingen auf herrlichen Marmormosaikfußböden, standen vor Schaufenstern und Vitrinen oder saßen an Tischen der Passagen-Restau-

2 Friedrichstraßepassage, von der Friedrichstraße aus gesehen. Berlin 1908/09.

rants.¹⁰ Ungemein werbestrategisch gezielt wurden Architektur, Warenpräsentation und Kommunikation darauf abgestimmt, Passanten in eine euphorische Kaufstimmung zu versetzen. Die Passagen waren ein geschickter Versuch des Detailhandels, durch einen von Ablenkungen freien Raum den Warenumsatz zu steigern. Sie entstanden eben zu dem Zeitraum, wo der Laden als Verkaufs-„Instrument" fertig ausgebildet war und die Warenproduktion es erforderte, nach Formen für einen gesteigerten Umsatz und nach neuen Methoden der Bedarfsdeckung Ausschau zu halten. Die Kaufleute suchten deshalb nach neuen Wegen der Verteilung, nach schnellerem Umsatz ihrer Waren, deren massenhafte Produktion durch den Einsatz technischer Erfindungen möglich geworden war.

Für diese Ansprüche – schneller und bequemer Absatz – war die Passage aber noch nicht effektiv genug. Die Hochkonjunktur der Passagen in den europäischen Metropolen dauerte von 1830 bis 1880. Im Jahre 1881 wurde die „Passage auf dem Jungfernstieg" bereits wieder abgerissen. Ein neuer Ladentypus hatte in der zweiten Hälfte des 19. Jahrhunderts den Passagen den Rang abgelaufen: das Warenhaus. Um größere Absatzmöglichkeiten zu schaffen, mußte der Laden in alle Dimensionen erweitert werden. Das Ladenlokal wurde breiter, tiefer und mehrgeschossig. Die Ausweitung der Geschäftätigkeit und Geschäftsführung erforderte ein differenziertes Raumprogramm: Zu den Verkaufsräumen kamen Büros, Lager- und Ausstellungsräume hinzu.¹¹ Diese Ausdehnung innerhalb des von der Gestalt des Hauses vorgegebenen Rahmens wurde ermöglicht durch den neuen Baustoff Eisen, der als Trägerkonstruktion große Räume gestattete. Nun standen großen Flächen zur Verfügung, auf denen die Warenhäuser ein vielseitiges Angebot aus einem umfassenden Sortiment offerieren konnten. Neue Geschäftsprinzipien fanden durch das Warenhaus Eingang in den Handel: großer Umsatz, kleine Preise, schnelle Zirkulation der Ware, freie Besichtigung ohne Kaufzwang, fester Preis und Etikettierung der Ware, Barzahlung und Umtauschmöglichkeit.¹² Erstmals wurde avantgardistischer Verkaufsraum nicht nur für eine kleine, privilegierte Schicht konzipiert, sondern für die Masse aller sozialen Schichten.

Mit dieser Entwicklung „demokratisierte" sich das Schaufenster. Alle waren angesprochen, wenn die Warenhäuser die Möglichkeiten der Schaufensterpräsentation durch die Zaubermittel Glas und Licht voll ausschöpften. Entlang den beleuchteten Fenster hatte sich in den Großstädten Europas eine neue Facette des Nachtlebens fest etabliert. Eine bessere Imagepflege als die Schaufenster, insbesondere die erleuchteten Schaufenster zur Nacht, konnte es für die Geschäftsleute des 19. Jahrhunderts nicht geben. Welchem Geschäftsinhaber würde es nicht gefallen, wenn sein Geschäft Kommentare erntete wie im „Magasin des Printemps" 1883 in Paris:

„Der Eindruck, den dieser gigantische Glaspalast macht, ist wahrhaft außerordentlich."¹³

Seit Mitte des 18. Jahrhunderts geriet das Schaufenster nie in Gefahr, an Bedeutung zu verlieren oder zu verschwinden, weil es einfach ein zu effektives Werbemittel darstellte. Ästhestische Schaulust, gepaart mit dem Gesetz des Kapitalismus', neue Märkte zu erschließen und den Umsatz zu steigern, heißt sein Erfolgsrezept.

Das Schaufenster ist zwar condition sine qua non, um Waren zu vertreiben – viele Verkäufsmärkte unserer Zeit verzichten auf Schaufenster und geben ihr Warenangebot auf andern Wegen bekannt (Inserate in Zeitungen und Zeitschriften, Plakate, Radio- und TV-Spots, Prospekte und Kataloge) – die Psychologie des Schaufensters aber, daß zur-Schau-gebrachte Ware die Kauflust erst richtiggehend weckt, vergessen heutige Verkaufsstrategen nicht. Die farbigen und anschaulichen Verkaufsprospekte und -kataloge sowie die Werbespots im Fernsehen können als „mobile Schaufenster" angesehen werden, zu denen sich der Verbraucher nicht mehr hinbegeben muß, sondern die unmittelbar in seine Wohnung kommen.

Die Geschichte des Aufstiegs des Schaufensters legt zwei Deutungen nahe:

Für die Zeitgenossen des 18. und 19. Jahrhunderts bedeutete das Schaufenster eine Neuheit für ihre Wahrnehmungswelt. Die Betrachtung eines Schaufensters war eine Veränderung der Perspektive. Zudem mußte sich das Wahrnehmungsvermögen mit Einzug der Schaufenster neuen Bedingungen anpassen: Der Blick wurde – begrenzt durch den Rahmen des Schaufensters – gelenkt und verengt; gleichzeitig wurden die zu betrachtenden Objekte immer zahlreicher.

Ebenfalls auffällig wird die hohe Anforderung an die Wahrnehmung der einzelnen durch andere technische Innovationen des 19. Jahrhunderts. Hier ist vor allem die Eisenbahn zu nennen. Mit dem Blick aus dem Eisenbahnfenster, in Deutschland erstmals 1835 zwischen Nürnberg und Fürth, zog in damals unerhörter Geschwindigkeit ein Übermaß von Bildern und Eindrücken an dem Auge vorbei. Auf solche Weise war Landschaft vorher niemals erfahren worden.

Den ersten Eisenbahnreisenden schwindelte angesichts dieser Akzeleration. Sie mußten erst den „panoramatischen Blick" lernen, was heißt, einen weiten Blickausschnitt mit einer Überfülle von Details durch einen oberflächlichen Blick zu bewältigen.[14]

Das Unbehagen der Zeitgenossen richtete sich darauf, daß mit Komplexerwerden des Blickfeldes die Tiefenschärfe verloren gehen und sich kein tiefer Eindruck einprägen könne. Vielleicht ist unser heutiges Empfinden von Reizüberflutung vor Fernseher und Video den Eindrücken vor Schaufenstern und aus Eisenbahnfenstern im 19. Jahrhundert vergleichbar.

3   Sedan-Panorama am Bahnhof Alexanderplatz in Berlin.

Das neue Sehen – für die einen ist es anstrengende Anforderung, für andere Herausforderung und Genuß. Letzteres führte zur Einrichtung eines neuen visuellen Mediums, dem der panoramatische Blick Selbstzweck war: Die Panoramen und Diaramen des 18. und 19. Jahrhunderts bauten das neuentdeckte, erweiterte Blickfeld zu einer Inszenierung des Rundumblicks aus. Sie waren Vergnügungseinrichtungen, die man zum Seh-Erleben besuchte. Von außen als große zirkuläre Gebäude erkenntlich, waren sie im Innenraum mit kreisförmig angebrachten Gemälden ausgestattet, die beleuchtet wurden. Diese Rundgemälde, welche die Besucher umgaben, riefen durch ihre kunstvolle und täuschend echte Ausführung beinahe vollkommene Sinnestäuschungen hervor. Das erste europäische Panorama wurde 1792 in London präsentiert und bot dem Betrachter einen Rundblick von dieser Stadt. Dasselbe Panorama machte bei einer Tournee durch Europa in Hamburg Station.[15]

Der technische Ideenreichtum des 18. und 19. Jahrhunderts hatte zur Folge, daß die Menschen ganz neue Apperzeptionsleistungen erbringen mußten. Die Erweiterung der Perspektive, die Panoramaisierung der Wahrnehmungswelt ist ein Kennzeichen des industriell revolutionierten Zeitalters und seines euphorischen Fortschrittglaubens. In den Schaufenstern findet dies seine Manifestation und Widerspiegelung.

Denkbar ist jedoch auch eine andere Funktion des Schaufensters. Der fortschreitende Industriekapitalismus bedeutete nicht nur Lustwandeln vor glanzvollen Warenauslagen, sondern vielmehr Verelendung weiter Bevölkerungsschichten und Zerstörung von Landschaft. Im Schaufenster waren gewissermaßen die Versprechungen der kapitalistischen Warenwelt verdinglicht, ihre negativen Seiten ausgeblendet. Das Schaufenster konnte zur Kompensation dienen: Im schönen Schein der Schaufenster fanden wohl Überlegungen, daß mit einer wirtschaftlichen Entwicklung, die auch Elend gebiert, etwas nicht in Ordnung sein könne, schnell ihr Ende.

Anmerkungen

1   Nach Schwanzer, Berthold: Die Erlebniswelt von Geschäften und Schaufenstern. Wien 1988: 13.
2   Nach: Geist, Johann Friedrich: Passagen. Ein Bautyp des 19. Jahrhunderts. München 1969: 68.
3   Ebd. Neue Erkenntnisse in der Glasforschung sind zu erwarten aus Ergebnissen der Landesarchäologie Konstanz und aus Grabungen, z.B. des Kreisarchivs Göppingen im Nassachtal.
4   Nach: Schivelbusch, Wolfgang: Lichtblicke. Zur Geschichte der künstlichen Helligkeit im 19. Jahrhundert. München 1983: 138.
5   Voyage en Angleterre. 1729, Victoria and Albert Museum. 86 NN2, fol. 29; zit. in: Braudel, Fernand: Der Handel. Sozialgeschichte des 15.–18.Jahrhunderts. München 1986: 66.
6   Davis, Dorothy: A History of Shopping. London/Toronto 1966: 192; zit. in: Schivelbusch 1983 [wie Anm 3]: 141.
7   Charles Knight 1851; zit. in: Adburgham, Allison: Shops and Shopping 1800-1914. London 1964: 96; zit. in: Schivelbusch 1983 [wie Anm. 3]: 142.
8   La Lumière électrique. 1881; zit. in: Schivelbusch 1983 [wie Anm. 3]: 143.
9   In: Geist 1969 [wie Anm. 2]: 36.
10 Osterwold, Tilman: Schaufenster. Die Kulturgeschichte eines Massenmediums. Stuttgart 1974: 26.
11 Nach: Geist 1969 [wie Anm. 2]: 69.
12 Ebd.: 81.
13 La lumière électrique. 1883. Zit. in Schivelbusch 1983 [wie Anm. 3]: 147.
14 Schivelbusch, Wolfgang: Geschichte der Eisenbahnreise. Zur Industrialisierung von Raum und Zeit im 19. Jahrhundert. Wien 1977: 60. Den Begriff des Panoramatischen hat Dolf Sternberger eingeführt, um die europäische Wahrnehmung im 19. Jahrhundert zu beschreiben.
15 Oettermann, Stephan: Das Panorama: Frankfurt/M. 1980: 145.

Herbert Baum

Schaufensterpuppen

Die Zurschaustellung von Textilwaren durch Schaufensterpuppen hat gegenüber dem einfachen Auslegen und Drapieren im Schaufenster den Vorteil, daß sie am Körper der Puppe die Dreidimensionalität der Hose, des Rocks, des Kostüms oder des Anzugs zeigt. Aus der Sicht des Einzelhandels hat die Puppe vor allen Dingen die Aufgabe, wie das gesamte Schaufenster überhaupt[1], die Ware ansprechend für den potentiellen Käufer zu präsentieren, um so einen Besitzwunsch beim Betrachter zu wecken, der ihn zum Betreten des Geschäftes und zum Kauf der ausgestellten oder anderer Ware im Laden veranlassen soll. Insofern besteht die Funktion der Schaufensterpuppe darin, durch Körpergestik, -haltung und Mimik Aufmerksamkeit zu erregen, Bedürfnisse und neue Wünsche beim möglichen Kunden zu wecken.

Von der Modepuppe zur Schaufensterpuppe

Die Präsentation der neuesten Mode durch Puppen war schon im Mittelalter bekannt. 1391 sandte Königin Isabeau von Frankreich ihrer Tochter, der Königin Isabella von England, „Puppen, um ihr die neuesten Pariser Moden vorzuführen"[2]. Im 17. Jahrhundert waren die Modepuppen schon so weit verbreitet, daß sie Stoff für eine Satire von Johann Michael Moscherosch hergaben. Er verspottete um 1640 in „Wunderliche und wahrhafftige Gesichte Philanders von Sittewald" die deutschen Frauen, die sich auf diese Weise Pariser Modeneuheiten bereitwillig zu eigen machten.[3] 1689 amüsierte sich der Autor einer anonymen Schrift darüber,

„daß nicht nur das Frauenzimmer deswegen selbst nach Frankreich reist, sondern auch noch Modelle, angekleidete Puppen kommen läßt, für viele Taler, damit man ja genau des Teufels Hoffahrt nachmachen könnte."[4]

Der französische Hof schickte in der zweiten Hälfte des 17. Jahrhunderts diese „Botschafter der Mode"[5] nach London, später auch an die anderen

1   Pariser Modepüppchen, letztes Drittel des 18. Jahrhunderts

europäischen Höfe, wie Berlin, Wien, Rom und Petersburg.[6]

Die Faszination dieser Gesandten hatte als Resonanzboden ästhetische Vorstellungen, die im Benehmen und Aussehen den fließenden Bewegungen und der Lebendigkeit ablehnend gegenüberstanden.

Vorbild wurde das Starre und das Mechanische der Marionette,

„Perücken waren mit Draht ausgesteift, die Gewänder waren starr, die Bewegung eckig, die Verbeugung abgezirkelt und beim Menuett wird abgemessen marionettenhaft getanzt."[7]

Man versuchte, die Sinne zu täuschen, gab sich Träumen und Visionen hin, war angezogen von der Vorstellung, den Menschen als leblose Maschine aufzufassen. Das 17. Jahrhundert war die Zeit des „Quiproquo", des trügerischen Scheins.[8] Ausdruck hierfür ist die Namensgebung jener Wachspuppen am französischen Hof. Die Puppe, die mit der neuesten Staatstoilette ausgestattet war, bezeichnete man als „Grande Pandora" und die andere, als „Petite Pandora",

„die stets das Neueste auf dem Gebiet des Negligés zeigte, unter welchen Begriff damals alle nicht zur Staatstoilette gehörenden Kleider [also Hauskleidung; d. V.] fielen."[9]

Der Name Pandora spielt auf den gleichnamigen griechischen Mythos an, in dem geschildert wird, wie Epimetheus, der Bruder des Prometheus, getäuscht durch den schönen Schein der Pandora, diese als Geschenk des Zeus in sein Haus aufnahm. Dort offenbarte sich ihre wahre Mission. Sie öffnete die Büchse und heraus kamen Krankheiten, Krieg und Betrug und alles Schlechte auf der Welt. Danach schloß Pandora die Büchse schnell wieder, so daß einzig und allein die Hoffnung als letztes Gut in der Büchse zurückblieb.[10]

Im Mythos wird der „Konflikt zwischen rationaler Einsicht und sinnlicher Faszination verarbeitet"[11], in dem das Individuum bei einem Warentausch steckt. Kaufauslösender Impuls ist nicht der „Gebrauchswert" einer Ware, sondern ihr „ästhetisches Gebrauchswertversprechen", sinnlich erfahrbar durch die Oberfläche der Ware und/oder durch ihre Verpackung.[12] Im Alltag drückt sich dieser Sachverhalt durch sprichwörtliche Verarbeitung aus: „Es ist nicht alles Gold, was glänzt".

Der schöne Schein der Grande Pandora sollte die Empfängerinnen an den Höfen Europas darüber hinwegtäuschen, daß sie durch den Kauf französischer Waren halfen, deren Absatz zu steigern und somit die Stellung der französischen Manufakturen für Seide und Spitzen in Europa zu festigen.[13]

Hundert Jahre später ereichte der „Courier de la Mode"[14], wie die Puppe 1764 offiziell in Dover hieß, seinen Höhepunkt an Beliebtheit. In der zweiten Hälfte des 18. Jahrhunderts bestimmte das instrumentelle Denken der Aufklärung das Verhältnis zum eigenen Körper.

Man begriff den „Körper als Kleiderpuppe". Kleidung betrachteten die Zeitgenossen

„als Mittel der Dekoration und Konvention, wobei der Körper als Puppe und nicht als expressiver lebendiger Organismus erschien. (...) Die Perücke, der Hut, das Jackett als solche, als Ding, lenkten die Aufmerksamkeit auf ihren Träger und nicht, indem sie der Eigenschaft seines Gesichtes, der seiner Figur zum Ausdruck verhalfen."[15]

Das 19. Jahrhundert stand ganz im Zeichen der Industriellen Revolution. Gekennzeichnet war es von der sich verändernden Lebensweise breiter Bevölkerungsschichten, der Urbanisierung und der Massenproduktion, hervorgerufen durch technologische Innovationen und Erfindungen im Bereich der Produktivkräfte.[16]

Die Massenprodukte für den Konsum benötigten einen angemessenen Platz, wo sie für den Betrachter ihren Wert ideologisch überhöhen. Dazu geschaffen waren die neuentstehenden Passagen; die erste eröffnete 1829 in Paris.[17] Sie waren die „Welt im Kleinen"[18], in der man die Ware auf den Thron hob und nicht den Kunden als vermeintlichen König. Zur Imagination des käuflichen Glücks fanden hier die ersten Schaufensterpuppen ihren Platz. Schneiderbüsten nachempfunden, waren sie aus heutiger Sicht noch funktional ausgerichtet: Ohne Kopf, Arme und Beine, bloß mit einer speziellen Vorrichtung zum Anbringen der Tournüre[19], der Schleppe, sowie mit hölzernem gedrechseltem Dreifuß, der durch die bis zum Boden reichenden Kleider versteckt wurde.[20]

Die ersten Schaufensterpuppen dienten allein als Vorbild für Sitz und Form der Kleidung. Wegbereiter dafür war die seit Mitte des 19. Jahrhunderts sich immer mehr durchsetzende Konfektionskleidung.

Einer breiten Öffentlichkeit bekannt wurden die Schaufensterpuppen durch die Gewerbe- und Industrieausstellungen, die als Vorläufer der späteren Weltausstellungen gelten können. Die „Wallfahrtsstätten zum Fetisch Ware"[21], wie Walter Benjamin die Weltausstellungen bezeichnete, repräsentierten für das Bürgertum das „Symbol des allgemeinen materiellen und sozialen Fortschritts"²² und dienten als Rahmen bürgerlicher Selbstdarstellung.

Auf der Handels- und Industriemesse im Jahre 1849 in Paris errang Monsieur, königlicher Hofschneider, mit seinem Patent der „Bustes D' Hommes" eine Medaille. Fred Stockmann, ein Bildhauer aus Belgien, errang mit seinen Modellen 1878 auf der Pariser Weltausstellung ebenfalls eine Auszeichnung, der er in den folgenden Jahren noch viele hinzufügte: Auf Ausstellungen in Tunis, London, Moskau, Chicago, Antwerpen, Amsterdam, Brüssel und Hanoi.²³

Als gegen Ende des 19. Jahrhunderts sich die neu entstandenen Warenhäuser immer mehr durchsetzen konnten, wurden die Schaufenster als attraktives Mittel der Reklame entdeckt, um Passanten anzuziehen.²⁴ Der neue Beruf des Schaufensterdekorateurs begann sich herauszubilden. Die Erkenntnis, durch werbewirksame Dekoration des Schaufensters den Profit zu vermehren, fand ihren symbolischen Ausdruck darin, daß man der ehemals kopflosen Schaufensterpuppe einen Kopf aufsetzte.

1894 warb der schon erwähnte Fred Stockmann für ein Modell, das mit einem Kartonkopf für 9 francs, bei aufgemalten Haaren für nur 7 francs zu haben war. Ein Wachskopf mit echtem Haar und Schnurrbart kostete schon 75 francs. 1903 kam eine in der Bewegung verharrende Radfahrerin zu seinem Sortiment hinzu.²⁵

Objekte männlicher Augenlust

Bevor die Schaufensterpuppe zu ihrem Kopf kam, war sie schon Objekt der Augenlust männlicher Betrachter mit phantasievollen Vorstellungen.

1886 beschreibt Joris Karl Huysmanns (1848–1907), Hauptvertreter des literarischen Impressionismus' in Frankreich, welche Gefühle und emotionalen Eindrücke der Anblick von Frauenbüsten bei ihm wachrufen:

„In einem Laden an der Rue Legendre im Batignolles-Quartier, eine ganze Serie Frauenbüsten, ohne Kopf und ohne Beine, mit Vorhanghaken anstelle der Arme und einer Haut aus Futterstoff, trockenes Graubraun, grelles Rosa, hartes Schwarz, aufgereiht wie Zwiebeln, aufgespiesst auf Stengeln oder auf Tischen ausgebreitet. Auf Anhieb denkt man an eine Leichenhalle in der die Rümpfe enthaupteter Kadaver aufgestellt sind, bald aber verflüchtigt sich das Grauen vor diesem amputierten Leibern, suggestive Gedanken tauchen auf, denn der Busen, dieses Instrument weiblicher Anziehungskraft, beginnt zu wirken, getreulich wiedergegeben von den Schneidern, die diese Büsten schufen. Hier sind es die spitzen Brüste der Garçonne, diese kleinen Bläschen, auf denen ein Tropfen Rosé, die niedlichen Birnchen, von zwerghaften Spitzchen durchbrochen. Und diese spriessende Pubertät weckt in uns die ausschweifenden Phantasien von eben erst Begonnenem..."²⁶

Huysmann schildert seine Phantasien beim Anblick „reiferer" Frauen und „kolossaler Weiber", wobei er einen Vergleich zu den „antiken Skulpturen des Louvre"²⁷ zieht:

„Doch welch Unterschied zwischen dem unmenschlichen Marmor und dem prallen Futterstoff jener schrecklichen Stücke! Die griechischen Büsten, nach den starren Regeln des Geschmacks ferner Jahrhunderte geschaffen, sind tot, keine Eingebung kann noch von diesen aus kalter Materie gehauenen Skulpturen ausgehen, die unsere Augen satt haben. Und dann, geben wir es zu, welcher Abscheu, wenn die Pariserin beim Ausziehen vollkommene Reize zur Schau stellen würde, wenn wir bei unseren Fehltritten derart eintönige Busen besingen müßten. Wie hoch sind doch die solcherart lebendigen Mannequins der Modeschöpfer den trübsinnigen Venus-Statuen überlegen! (...) Man stelle sich einmal den Schmerz der Unglücklichen vor, die verzweifelt mitansehen müssen, wie ihre Formen austrocknen oder anschwellen..."²⁸

In ähnlicher Weise beschreibt Emile Zola (1840–1902) die Schaufensterpuppen in seinem Buch „Paradies der Damen":

„Über den runden Busen der Schaufensterpuppen bauschte sich der Stoff, die kräftigen Hüften hoben die Zartheit der Taille stärker hervor, der fehlende Kopf war durch ein rotes Preisschild ersetzt, das mit einer Nadel an dem roten Molton festgesteckt war, der den Hals umgab; und die Spiegel zu beiden Seiten des Schaufensters reflektierten und vervielfachten sie ins Endlose in einem wohlberechneten Spiel, bevölkerten die Straße, mit diesen verkäuflichen Frauen, die an Stelle eines Kopfes in fetten Zahlen ihren Preis trugen. (...) Ein ganzes Heer ohne Kopf und Beine reihte nichts als seine Rümpfe aneinander, unter der Seide abgeflachte Busen von Modepuppen in der erregenden Geilheit siechender Frauen."²⁹

Auffällig bei beiden Autoren ist der erotische und emotionale Charakter der Beschreibungen. Der männliche Blick isoliert, seziert und reduziert den weiblichen Körper auf sein Äußeres. Wie beim Tausch von Waren wird abstrahiert vom Konkreten der Ware, damit sie austauschbar, käuflich wird. Es interessiert nur das Allgemeine, die äußere Hülle.

Die beiden Schriftsteller vergleichen lebende Frauen und Puppen miteinander. Dabei haben die Lebenden das Nachsehen, haftet doch den „Unglücklichen" die Vergänglichkeit ihrer „Instrumente weiblicher Anziehungskraft" an. Deshalb sollen sie, so das projizierte Wunschbild, die jungen Puppen beneiden. Louis Cheronnet beschreibt diesen Wunsch:

„Sobald sich der Vorhang zum großen Mode-Theater heben wird, werden die Männer von ihnen träumen und ihre fleischlichen Schwestern werden sie beneiden."[30]

Den existentiellen Nachteil der leblosen Puppen gegenüber den lebendigen Frauen gleicht die Phantasie der männlichen Betrachter aus. Hendryk Zbierzchowski beschreibt in der Ausgabe vom Mai 1926 der Zeitschrift „Schaufenster-Kunst und -Technik", wie sich sein fiktiver Protagonist Pancewicz in eine „Frau aus Wachs" verliebt. Pancewicz steht vor einem reich beleuchteten Schaufensterquadrat" und schaut hinein:

„Das ‚Magazin für Damenkonfektion' prunkte mit den allerneuesten Pariser und Wiener Modellen und rief mit seinem Farbenspiel den Vorübergehenden zu sich hin. Einem Nachtfalter gleich schob er sich unbewußt zu diesem Licht im Dunkel der Nacht hin und blieb vor dem Schaufenster stehen. Plötzlich erzitterte er bis in die Tiefen seines Seins und saugte sich in den Ecken der Ausstellung fest. Dort saß auf einem Stuhl eine Frau aus Wachs, in natürlicher Größe, Pariser Fabrikat, ein Meisterwerk der Präzision und fesselndes Bildhauerkunstwerk. (…) Unter dem Vorhang langer, samtener Wimpern blickte ein Paar Augen hervor, hell und rein wie das Meer am Morgen (Ein Meisterwerk des Optikerkunst). Die kleinen rosaroten, leichtgeöffneten Lippen erstarben in einem unbeschreiblichen, seltenen Augenblick, als hätten sie vor einer Weile jemandem die Worte zugeflüstert: ‚Ich liebe dich'. Das leicht rosarot gefärbte Wachs ahmte täuschend den Schimmer der Haut nach, unter der das junge und heiße Blut zu kreisen schien. Die Beine in seidenen Strümpfen, in koketter Anmut übereinandergelegt, zogen den Blick höher hinauf, wo der Strumpf endet und die Dessous nicht jenen konventionellen seelenlosen Ausdruck einer Puppe besaßen. Sein Leben faszinierte, war augenblicklich erkaltet und wartete nur auf das Zeichen, um zu erwachen. Pancewicz stand bewegungslos da, wie im Boden festgewurzelt, und konnte die Augen von jenem Phantom großartigsten Weibtums nicht losreißen. (…) Unter dem Einfluß dieses Blickes begriff endlich auch sie. Ihre Lippen umrankte ein Lächeln, das siegesbewußte, kluge Lächeln einer Gioconda, flüchtete dann in die Augen, die zu sprechen schienen: mein bist du auf ewig! Von einer plötzlichen Furcht befallen, rieb sich Pancewicz die Augen. Nein! Es ist keine Täuschung. (…) Die Wachspuppe würde lebendig werden, und er würde sie erzitternd in inneren Schauern in seine Wohnung tragen, wo sie mitten unter liebenden Liebkosungen flüsternd die geheimnisvolle Geschichte ihres Seins erzählen würde, bis zum Augenblick des Erwachens unter dem Einfluß seiner machtvollen, selbst die Naturgesetze besiegenden Sehnsucht."[31]

Bei diesen Ausführungen männlicher Beobachter mag der Pygmalion-Mythos eine Rolle spielen. Danach verlangt

„der Mann von der Frau, daß sie wie eine Statue auf einem Podest steht und allmählich Leben bekommt."[32]

Weiter reicht die Erklärung von Christine Woesler de Panafieu, die in den Produkten männlicher Kreation und Vorstellungskraft Spuren der „Umschichtung männlicher Triebstrukturen" sieht – als Teil des Prozesses der Zivilisation. Das männliche Subjekt als „rational handelndes, sich selbst kontrollierendes, a-emotionales und autonomes Wesen", distanziert sich von seinem körperlichen Tun. Es umgibt sich „mit einer zweiten faltenlosen austauschbaren sauberen Haut, einer Art Uniform aus grauem Anzug und weißem Hemd."[33]

Umgekehrt wird das Weibliche mit dem Körper identifiziert:

„Dieser Körper soll die Schaulust des Mannes hervorlocken und seine Phantasien beflügeln. Als sein ‚Schönes Eigentum' (Barbara Duden) repräsentierte der weibliche Körper die abgespaltenen und unterdrückten Momente des männlichen Körpers, ohne allerdings innerlich beteiligt zu sein. (…) In Frauenkörpern ist also eine Geschichte von innerer Entleerung bei äußerer Verschönerung eingeschrieben."

Erniedrigt wird die Frau als „zeugende, menstruierende, gebärende und sinnliche ‚Natur'" (…), da sie sich „männlicher Kontrolle, seiner Rationalität und Logik entzieht."

Die männlichen Ideen und Phantasien konstruieren ein „Naturwesen Frau". „Dieses Naturwesen wurde allerdings seiner Naturhaftigkeit beraubt. Sein Körper, mit dem es identifiziert wird, ist unbelebt und kalt wie glänzender Marmor."

Diese Art der Betrachtungsweise degradiert die Frau zum beherrschbaren Objekt männlicher Augenlust. Der Objektcharakter läßt sich auch daran verdeutlichen, daß in der zweiten Hälfte der zwanziger Jahre vergleichsweise mehr mit weiblichen Puppen als mit männlichen Puppen geworben wurde.[34] Der männliche Blick offenbart nicht nur ein Herrschaftsverhältnis zwischen den Geschlechtern, sondern auch die Art und Weise, wie männliche und weibliche Puppen modelliert wurden.

3 „Schaufensterkunst in U.S.A.!", Mitte der zwanziger Jahre

Balancierende Frauen – standsichere Männer

Genauer betrachtet werden soll, in welchen geschlechtsspezifischen Haltungen und Gesten die Puppen verharren. Exemplarisch werden Fotos

2 Großstädtisches Eckfenster (Berlin, Leipziger Straße), Mitte der zwanziger Jahre

aus der Zeitschrift „Schaufenster-Kunst und -Technik" ausgewählt.[35]

Ein Schlüssel zum Verständnis der nonverbalen Kommunikation des Menschen ist „das Machtgefälle zwischen Männern und Frauen"[36].

Vergleicht man die Abbildungen 2 und 3 miteinander, so fällt zunächst auf, daß die Gruppe der weiblichen Puppen im Vergleich zu den männlichen Puppen mehr mit den Armen gestikuliert. Die dritte Schaufensterpuppe von rechts und die erste von links halten beide Arme seitlich vom Körper weg. Die Hände sind waagerecht erhoben, die Handflächen zeigen nach unten. Diese Arm- und Handhaltung suggeriert dem Betrachter, daß beide Figuren eine Stütze benötigen. Verstärkt wird dies durch die enge Fußstellung, insbesondere bei der ersten Figur von links. Ihre Fußstellung – der rechte Fuß geradeaus, der linke Fuß steht seitlich an der rechten Fußspitze – ist nicht besonders standsicher, verlangt geradezu nach der ausbalancierenden Armhaltung. Die auf dem Stuhl sitzende Puppe in der Bildmitte hält ihren Arm von sich gestreckt, der Unterarm weist schräg nach oben, ihre Handhaltung wirkt so, als ob ihre Hand ein Spiegel wäre. Die andere Hand ist abgeknickt und zeigt auf ihren Körper. Ihr Kopf ist leicht zur Seite geneigt, die Füße stehen ineinander verschränkt hintereinander, der linke hinter dem rechten Fuß. Auch die zweite Puppe von links neigt ihren Kopf leicht nach links und knickt ihren rechten Fuß leicht ein. Deutlicher ist diese Fußstellung auf Bild 4 zu erkennen.

Die beschriebenen Körperhaltungen der Schaufensterfiguren suggerieren Passivität, Hingebung, Schwäche, Emotionalität, Anmut und Schönheit. Dies sind alles Merkmale, mit denen man(n) weibliche „Geschlechtscharaktere" im letzten Drittel des 18. Jahrhunderts zu beschreiben begann. Diese Geschlechtscharaktere waren eine abgeleitete „Kombination von Biologie und Bestimmung der Natur"[37] die „zugleich als Wesensmerkmal in das Innere der Menschen verlegt"[38] wurden.

4

aufrecht, der Kopf ist gerade. Vergleicht man die Bein- und Fußstellung der sitzenden Puppe auf Bild 2 und 5, so fällt auf, daß die männliche Puppe wesentlich mehr Raum beansprucht.

Die gesamte Haltung wirkt mehr nach außen gerichtet, offensiver und entspannter. Eine dominante Haltung demonstriert besonders anschaulich auch die männliche Figur mit Mütze auf Bild 3: Sie steht breitbeinig im Raum, beide Hände in der Hosentasche, die Ellbogen weisen vom Körper weg. Die gesamte aufrechte Körperhaltung betont die Willenskraft und raumeinnehmende, nach außen gerichtete Stellung des Mannes in der Gesellschaft. Die durch die Körperhaltung vermittelten geschlechtsspezifischen Charaktere werden nochmals besonders deutlich, wenn Mann und Frau die gleiche Kleidung tragen, wie zum Beispiel Abbildung 6 und 7 einen Badeanzug:

Diese Zuordnung vollzog sich im Kontrast zu den Männern. Sie spiegelt sich auch in der Körperhaltung wider, wie sie gerade am Beispiel der männlichen Schaufensterpuppe zum Ausdruck kommt. Im Gegensatz zu den weiblichen Puppen sind die Arme bei den männlichen Puppen dichter am Körper anliegend, das Körpergewicht ist gleichmäßig auf beide Beine verteilt. Sie stehen

5

6

7

Während die weibliche Figur den Kopf zu Seite neigt, hält die männliche Figur ihre Kopf gerade und blickt dem Betrachter direkt in die Augen. Beide Figuren legen ihre Hände auf die Hüfte auf, die männliche Figur ballt die Hände zu Fäusten, während die weibliche Figur ihre Hände offenhält, ihre Finger scheinen sich am Gürtel festzuhalten. Unterschiedlich ist auch die Beinstellung: Die Füße der männlichen Puppe stehen weiter auseinander als die der weiblichen Figur.

Die Kopie von der Kopie

Die Schaufensterpuppen der zweiten Hälfte der zwanziger Jahre spiegeln die hierarchischen Geschlechterverhältnisse wider, und sie verkörpern gesellschaftliche Bedürfnisse und Wünsche nach Erfolg, Reichtum und Abenteuer. Die Figurenhersteller griffen diese auf, indem sie Personen, die diese Träume versinnbildlichten, als Modelle in die Schaufenster stellten. So gab es eine Kopie von Charles Lindbergh, der durch seinen Ozeanüberflug zum Sinnbild des Helden wurde.[39] Andere Vorbilder waren für die Gesellschaft der Weimarer Republik die Stars der deutschen und amerikanischen Filmindustrie.

Es existierten Wachsfiguren mit den Gesichtszügen von Marlene Dietrich, Emil Jannings, Lilian Harvey, Fritzi Massary, Ida Wüst, Hans Albers, Willy Fritsch und Richard Tauber.[40]

Die Kulturindustrie reduzierte die scheinbare Individualität der Filmstars auf das Allgemeine, auf das leicht erkennbare Merkmal: die Locke, die „übers Auge hängen muß, damit man sie als solche erkennt", erzwingt die Ausscheidung widerstrebender Physiognomien – „solcher etwa, die wie Garbo nicht aussehen", mit dem Ergebnis, daß „Stars Werbebildern für ungenannte Markenartikel gleichen"[41]. Insofern war es nur folgerichtig, wenn Schaufensterpuppen mit dem Konterfei eines Schauspielers versehen wurden. Das Kino als neues Freizeitvergnügen der breiten Massen spielte dabei eine entscheidende Rolle. Der auf eine Pseudoindividualität reduzierte Schauspieler diente dem Bildhauer als Vorbild für seine Schaufensterfiguren. Diese Figuren sollten wiederum den Passanten ein Vorbild sein, um sie zum Kauf im Geschäft anzuregen. Über den Verkauf der Ware sollen die Wünsche, die mittels der Figur verkörpert werden, befriedigt werden. Sich bewegend in einem Feld von Täuschungen und Simulationen streben die Konsumenten der Kopie einer Kopie nach.[42]

Die Metapher des ewigen Lebens

Die Modellierung der Schaufensterpuppen verweist noch auf einen anderen Aspekt, den die Figuren verkörpern. Es fällt auf, daß in überwiegender Mehrzahl Jugendlichkeit[43] dargestellt wurde. So fehlen propagierte Modelle, die außerhalb der Normen der kulturell anerkannten Schönheitsvorstellungen stehen. Nicht vorhanden sind Figuren, die zu große Ohren, zu große oder krumme Nasen, Pickel im Gesicht haben oder krank aussehen. Die meisten, in der Bewegung verharrenden, Wachsfiguren lächeln oder sehen zufrieden aus. Ihre geschönten Oberflächen könnten somit als „Metapher eines ewigen Lebens"[44] gedeutet werden.

Der Tod, das Wissen von der Vergänglichkeit des Lebens, ist aus dem Schaufenster verbannt und aus dem Bewußtsein des Betrachters verdrängt.[45] Diese Verdrängung jedoch ist ein aussichtsloses Unterfangen: der Konsument ist dem Tod näher, als er es wahrhaben will, indem er sich dem „Ritual des Warenfetischismus, das Mode heißt"[46] unterwirft. Diese Unterwerfung zieht eine Auflösung zwischen organischer und anorganischer Welt nach sich und verleiht der toten Ware einen „sex-appeal des Anorganischen"[47]. Die Ware tritt an die Stelle des Konsumenten, wird personifiziert, der Konsument im Gegensatz dazu verdinglicht. Dies hat zur Folge, daß er so den Bezug zur organischen Welt verliert, was ihn ‚versteinern' läßt. Am Lebendigen „nimmt die Mode die Rechte der Leiche wahr."[48]

8   Der kernige, herbe Mann

Androgynie als Zeichen der Krise

Bei der Betrachtung heutiger Schaufensterpuppen fallen besonders einige männliche Puppen auf.

Im Vergleich mit der männlichen Figur auf Abbildung 8 zeichnen sie sich durch die weicheren und zarteren Gesichtszüge aus. Vergleicht man sie wiederum mit den Abbildungen 11 und 12, auf denen weibliche Puppen zu sehen sind, so fällt es schwer, sie als weibliche oder männliche Puppen zu identifizieren. Die männlichen Puppen wirken eher androgyn.

Das Phänomen der Angleichung der Geschlechter in ihrem Aussehen ist nicht nur auf Schaufensterfiguren beschränkt. Ulla Bock verweist auf mehrere Beispiele in der Musik- und Filmindustrie, deren Kultfiguren wie David Bowie, Grace Jones, Michael Jackson, Laurie Anderson und Amanda Lear oder Mick Jagger androgynes Aussehen zugesprochen wird. Unterstützt wird das offensichtliche Bedürfnis nach Geschlechtersymbiose durch die Bekleidungsindustrie, die transvestitische Freizeitmode anbietet.[49] Bock wertet die Faszination eines harmonischen Modells von Androgynie als ein Zeichen „krisenhafter Phasen des gesellschaftlichen Umbruchs"[50], der sich in den 80er Jahren vollzog und noch voll-

9   Mann – oder ...

zieht. Die hochkomplexen Informationstechnologien, wie Computer, Mikroelektronik und Telekommunikation, erfordern einen „flexiblen, im hohen Maße anpassungsfähigen ‚entgrenzten',

10 Frau?

Ob allerdings Androgynie als Utopie für ein herrschaftsfreies Zusammenleben der Geschlechter die ideale Antwort ist, bleibt zu bezweifeln. Solange man dabei in den traditionell geformten Geschlechterbestimmungen, die am Beispiel der Schaufensterpuppen aufgezeigt wurden, verhaftet bleibt, kann Androgynie als Emanzipationsmodell für Männer und Frauen kein Vorbild sein.

12

den androgynen Menschen, der die verbleibenden Spannungen der Gegensätze in sich auszubalancieren versteht."[51] Indirekt könnten solche Ängste und Verunsicherungen der Menschen auch an den Schaufensterpuppen ihren Ausdruck finden.

11

Ganz im Gegenteil. Bock macht darauf aufmerksam, daß der Gedanke der Androgynie die Erinnerung an den paradiesischen Zustand des Ungeteiltseins in sich verbirgt und somit nicht vorwärts, sondern rückwärts gewandt ist. Eine Weiterentwicklung zur emanzipatorischen Gleichheit der Geschlechter ist nur möglich bei gleichzeitiger Toleranz der Differenz.[52]

Der Stoff, aus dem die Puppen sind

Im Rahmen eines Aufsatzes über Schaufensterpuppen darf ein Überblick über die Entwicklung der unterschiedlichen Materialien nicht fehlen, die bisher zur Herstellung dieses Werbemediums verwendet wurden.

Bei der Entscheidung für einen bestimmten Stoff waren die Hersteller in einem Zielkonflikt. Einerseits sollten die Puppen „leicht", „unempfindlich gegen Temperaturwechsel", „marmorhart" sein und zudem eine „unbegrenzte Lebensdauer" garantieren. Andererseits verlangte man vom Aussehen der Puppen eine „vollendete lebensnahe Charakterisierung". Um dem gesteckten Ziel möglichst nahe zu kommen, experimentierten sie mit vielfältigen Stoffen, wie Wachs, Papiermaché, einer Mischung aus Karton und Wachs, hierbei war der Torso aus Karton; Arme, Beine und Kopf dagegen bestanden aus Wachs. Weiterhin verwendete man eine Mischung aus Gips und Wachs, die man als Carnésine bezeichnete. In den 50er Jahren kam Polyester und Kunstharz als Material hinzu und löste das Wachs als Grundstoff ab. In den 70er Jahren entwickelte man ein Verfahren, bei dem es möglich war, auf den lebenden Körper zu modellieren. Dabei wurde „das menschliche Modell direkt in ein Gelantinebad gelegt und mit offenen Augen modelliert."[53]

Anmerkungen

1. Siehe dazu auch die Aufsätze von Heidrun Großjohann, Ralf Grammel und Ralf Schneider in diesem Band.
2. Wilckens, Leonie von: Puppen aus aller Welt. München 1959: 38.
3. Nach: ebd. Johann Michael Moscherosch (1601–1669) war Staatsmann, Satiriker und Pädagoge im Barockzeitalter.
4. Zit. in: Bachmann, Manfred/Hausmann, Claus: Das große Puppenbuch. Tübingen 1971: 103.
5. Wilckens 1959 [wie Anm. 2]: 38.
6. Nach Thiel, Erika: Geschichte des Kostüms. Die europäische Mode von den Anfängen bis zur Gegenwart. Berlin 1963: 400.
7. Wawrzyn, Lienhard: Der Automatenmensch. Berlin 1976: 100, zit. in: Woesler de Panafieu, Christine: Das Konzept von Weiblichkeit als Natur- und Maschinenkörper. in: Schaeffer-Hegel, Barbara/Wortmann, Brigitte (Hrsgg.): Mythos Frau. Projektionen und Inszenierung im Patriarchat. Berlin 1984: 252.
8. Foucault, Michel: Die Ordnung der Dinge. Eine Archäologie der Humanwissenschaften. Frankfurt/M. 1974: 83.
9. Thiel 1963 [wie Anm. 6]: 400.
10. Nach: Schwab, Gustav: Die schönsten Sagen des klassischen Altertums. München 1957: 9–12. Pandora, der Name heißt soviel wie die „Allbeschenkte", war von den verschiedenen griechischen Göttern mit deren jeweiligen Haupteigenschaften beschenkt worden. Sie wurde zur Bestrafung der Menschen für den Opferbetrug des Prometheus und für den Raub des Feuers von Zeus zu Epimetheus geschickt.
11. Haug, Wolfgang Fritz: Warenästhetik und kapitalistische Massenkultur. Systematische Einführung in die Warenästhetik. Berlin 1980: 197; siehe auch: 54–57.
    Neben Haugs Interpretation sind noch andere möglich: Gerhard Vogel hebt drei Funktionen hervor; zum einen den frauenfeindlichen Charakter, das „Weib" wurde zum Leid der Männer erschaffen. Als zweites bietet der Mythos eine Erklärung für die „Erschaffung des weiblichen Geschlechts", Pandora als „Urfrau". Als drittes wird eine Erklärung gegeben, warum es Krankheiten, Krieg gibt und warum der Mensch arbeiten muß. Zitate aus: Vogel, Gerhard: Der Mythos von Pandora. Die Rezeption eines griechischen Sinnbildes in der deutschen Literatur. Diss. Hamburg 1972: 7, 8 und 10.
    Eine ganz andere Interpretation bietet Ernst Bloch an: Die Hoffnung bleibt als letztes Gut in der Büchse der Pandora zurück. Mit der „der Mensch dem Menschen Mensch und die Welt Heimat werden kann". Heimat wird bei Ernst Bloch als vorwärts gerichtete Utopie, als „Reich der Freiheit" verstanden. Bloch, Ernst: Das Prinzip Hoffnung. Frankfurt/M. 1985, Bd.5: 390.
12. Haug bezieht sich in seiner Kritik der Warenästhetik auf die marxistische Terminologie „Gebrauchswert" und „Tauschwert". Unter Gebrauchswert wird die Nützlichkeit eines Dings verstanden. Tauschwert ist das, „was den Besitzer einer Ware unmittelbar an ihr interessiert" (Haug 1980 [wie Anm. 11]: 35.). In ihrer Gesamtheit machen sie ein Ding zur Ware.
13. Zu der Zeit hatte Frankreich eine führende Stellung innerhalb der „Modeindustrie" in Europa inne, wie auch beim Diktat der Mode, deren endgültige Vorrangstellung allerdings erst im 18. Jahrhundert erlangt wurde. Nach: Thiel 1963: 400. Sowie: Braudel, Fernand: Sozialgeschichte des 15.–18.Jahrhunderts. Der Alltag. München 1985: 342.
14. Wilckens 1959 [wie Anm. 2]: 387. Siehe auch: Bachmann/Hausmann 1971 [wie Anm. 4]: 103.
15. Sennett, Richard: Verfall und Ende des öffentlichen Lebens. Die Tyrannei der Intimität. In: Bovenschen, Sylvia (Hrsg.): Listen der Mode. Frankfurt/M. 1986: 310, 316.
16. Unter Produktivkräfte versteht man sämtliche materielle und geistige Mittel, die die Menschen benutzen, um ihr materielles Leben zu produzieren. Dazu gehört der Mensch selbst mit seinen geistigen Fähigkeiten, alle Werkzeuge, sowie Teile der Natur, wie z.B. Boden und Wasser. Siehe dazu: Habermas, Jürgen: Zur Rekonstruktion des Historischen Materialismus. Frankfurt/M. 1976: 152f.
17. Württembergischer Kunstverein (Hrsg.): Das Schaufenster – Kulturgeschichte eines Massenmediums. Stuttgart 1974: 26.
18. Benjamin, Walter: Das Passagen-Werk. In: Gesammelte Schriften. Frankfurt/M. ³1989, Band V/1: 83.
19. Tournüre ist die Bezeichnung für das Gesäßpolster, das bei Damenkleidern angebracht wurde. Nach: Fehlig, Ursula: Kostümkunde. Mode im Wandel der Zeiten. Leipzig ⁴1988: 210.
20. Nach: Parrot, Nicole: Mannequins. Bern 1982: 41.
21. Benjamin 1982: 50.
22. Haltern, Utz: Die Londoner Weltausstellung von 1851. Ein Beitrag zur Geschichte der bürgerlichen industriellen Gesellschaft im 19. Jahrhundert. München 1971: 348.
23. Nach Parrot 1982 [wie Anm. 20]: 39–42.
24. Nach: Kuhn, Axel: Verkauf von Waren und Träumen. Die Warenhausgesellschaft. In: Nitschke, August/Ritter, Gerhard A. (Hrsgg.): Jahrhundertwende. Der Auf-

bruch in die Moderne 1880–1930. Hamburg 1990, Bd.2: 61–75, hier: 67. Siehe auch: Strohmeyer, Klaus: Rhythmus der Großstadt. In: Boberg, Jochen/Fichter, Tilmann (Hrsgg.): Die Metropole. Industriekultur in Berlin im 20. Jahrhundert. München 1986: 32–51.

25 Nach: Parrot 1982 [wie Anm. 20]: 41f.
26 Huysmann, Joris Karl: Croquis parisiens. Paris 1886; zit. ohne Seitenangabe in: Parrot 1982 [wie Anm. 20]: 36f.
27 Alle drei Zitate aus: Huysmann, Joris Karl: Croquis parisiens. Paris 1886; zit. ohne Seitenangabe in: Parrot 1982 [wie Anm. 20]: 38.
28 Huysmann, Joris Karl: Croquis parisiens. Paris 1886; zit. ohne Seitenangabe in: Parrot 1982 [wie Anm. 20]: 36–39.
29 Zola, Emile: Paradies der Damen. München 1976: 10, 641.
30 Louis Cheronnet, zit. in: Parrot 1982 [wie Anm. 20]: 81.
31 Zbierschowksi, Henryk: Die Frau aus Wachs. In: Bund der Schaufensterdekorateure Deutschlands e.V. (Hrsg.): „Schaufenster-Kunst und -Technik", 2.Jg., Mai 1926: 8–11, hier: 8f.
32 John Cohen, zit. in: Woesler de Panafieu 1984 [wie Anm. 7]: 268.
33 Alle folgenden Zitate aus: Woesler Panafieu 1984 [wie Anm. 7]: 253–255. Sie erstellte ihre Analysen in Bezug auf die Androiden, die sich im 18. und 19. Jahrhundert großer Beliebtheit erfreuten. Als Grundlage dienten ihr die literarischen Beschreibungen dieser Automatenmenschen.
34 Dies wird belegt durch die Abbildungen in der Zeitschrift „Schaufenster-Kunst und -Technik". Eine Zählung dieser Abbildungen ergab, daß von 128 Bildern, auf denen Schaufensterpuppen zu sehen sind, 84% weibliche und nur 16% männliche Puppen zeigen. Es wurden die Jahrgänge September/Oktober 1925 und 1926 herangezogen. Der Jahrgang 1932 weist ein Verhältnis von 68% weibliche Puppen zu 32% männliche Puppen auf. Auch wenn die stichprobenartige Auszählung keinen repräsentativen Charakter beansprucht, kann sie doch eine Tendenz zeigen, die noch weiterer Überprüfung bedarf. Bei den heutigen Schaufensterpuppen ist das Verhältnis 70% weibliche Puppen zu 30% männliche Puppen. Diese Information gab eine Angestellte des dänischen Figurenherstellers Hindsgaul, Niederlassung Düsseldorf.
35 Ausgewählt habe ich diese Fotos aus den Jahrgängen 1925–1934, mit Ausnahme des Jahrgangs 1933, der mir nicht zur Verfügung stand.
36 Henley, Nancy M: Körperstrategien. Geschlecht, Macht und non-verbale Kommunikation. Frankfurt/M. 1988: 268. Siehe dazu auch: Wex, Marianne: „Weibliche" und „männliche" Körpersprache als Folge patriachalischer Machtverhältnisse. Berlin 1980 und: Ludwig-Uhland-Institut für Empirische Kulturwissenschaft der Universität Tübingen, Projektgruppe unter der Leitung von Bernd-Jürgen Warneken (Hrsg.): Der aufrechte Gang. Zur Symbolik einer Körperhaltung. Tübingen 1990.
37 Hausen, Karin: Die Polarisierung der „Geschlechtscharaktere". Eine Spiegelung der Dissoziation von Erwerbs- und Familienleben. In: Conze, Werner (Hrsg.): Sozialgeschichte der Familie in der Neuzeit Europas. Stuttgart 1976: 368–370.
38 Ebd.
39 Nach: Peukert, Detlef: Die Weimarer Republik. Frankfurt/M. 1987: 176.
40 Nach: „Schaufenster-Kunst und -Technik" April 1931.
41 Adorno, Theodor W./Horkheimer, Max: Kulturindustrie. Aufklärung als Massenbetrug. In: Dialektik der Aufklärung. Philosophische Fragmente. In: Horkheimer, Max: Gesammelte Schriften. Frankfurt/M. 1987, Bd.5: 144–196, hier: 181, 173, 181.
42 Baudrillard, Jean: Der symbolische Tausch und der Tod. München 1982: 77–130. Aktuelles Beispiel hierfür wäre die zunehmende Beliebtheit der Fernsehsendung eines Kommerzsenders mit dem Moderator „Max Headroom", der eine Simulation eines Computers ist. Diesen Hinweis verdanke ich Stefan Paul.
43 Zum Kult der Jugendlichkeit in den 20er Jahren siehe: Kracauer, Siegfried: Die Angestellten. Frankfurt/M. 1971: 49–53.
44 Elfferding, Wieland: Gramsci und der Tod der neuen Herren. In: Fischer, Ralf/Scharenberg, Albert (Hrsgg.): Perspektiven. Zeitschrift für sozialistische Theorie. Sonderheft 1, Marburg ³1988: 25.
45 Nach: Elias, Norbert: Über die Einsamkeit der Sterbenden. Frankfurt/M. 1982: 100.
46 Bolz, Nobert W.: Prostituiertes Sein. In: Ders./Faber, Richard (Hrsgg.): Antike und Moderne. Zu Walter Benjamins Passagenwerk. Würzburg 1986: 192.
47 Benjamin 1982: 130.
48 Ebd. Benjamin verweist in diesem Zusammenhang auf „die in der Dichtung des Barock beliebte Detaillierung der weiblichen Schönheiten" und deren Vergleich untereinander, der „sich insgeheim an das Bild der Leiche" hält. Unterstützt wird dies noch durch Vergleiche der einzelnen Körperteile mit anorganischen Gebilden wie Alabaster, Schnee oder Edelsteinen (ebd.). Analoges Beispiel für die Beobachtung Benjamins wäre die Arbeit eines Konditormeisters. Er ließ sich von den „verführerischen Kurven" eines Mannequins „inspirieren" und bildete sie „in süßer Schokolade" nach. (Südwest-Presse, 31.12. 1990)
49 Bock, Ulla: Androgynie und Feminismus. Frauenbewegung zwischen Institution und Utopie. Weinheim/Basel 1988: 120.
50 Nach: ebd.: 11.
51 Ebd.
52 Ebd.: 183–186.
53 Parrot 1982 [wie Anm. 7]: 222. Siehe auch verschiedene Ausgaben der Zeitschrift „Schaufenster-Kunst und -Technik" bspw. Kultur des Wachsbildes und ihre Notwendigkeit für das moderne zugkräftige Schaufenster (Juli 1926), Samson, Friedrich: Zweckmäßigkeit, Form und Farbe. Ein Überblick über die Hilfsmittel für die Schaufensterdekoration. (Februar 1927: 24–28.), Wachs oder Pappe – oder? (Juni 1928: 22–25.).

Roland Wirth

Die Markenware

Wenn wir heute in ein beliebiges Geschäft gehen, so sind uns die Namen der dort erhältlichen Waren selbstverständlich. Sie setzen sich meist aus dem Herstellernamen, dem Produktnamen und dem Artikelnamen zusammen und bilden dabei häufig phantasievolle Kunstnamen. Um uns der Textilwelt zuzuwenden: Die Firmen BOSS, LEVI'S, JACK WOLFSKIN, SCHIESSER, um nur einige wenige zu nennen, sind uns wohl bekannt. Mit bestimmten Namen assoziieren wir bestimmte Eigenschaften, die wir den Produkten zuordnen. Der Name der Marke gibt uns Auskunft über Qualität, Preisniveau, Art des Artikels, aber auch über die soziale Gruppe, an die sich das Produkt wendet. Zur Verdeutlichung soll der Name Boss beispielhaft herausgegriffen werden: Die Firma BOSS steht für Herrenbekleidung der oberen Preis und Qualitätsklasse, sie wendet sich an gehobene Schichten. Auch wenn diese Statuszuordnungen sich heutzutage auflösen, stellen sie doch nach wie vor einen möglichen Grund für den Kaufentscheid dar. Die Orientierung an solchen Zuordnungen vereinfacht die Entscheidung für einen bestimmten Artikel und trägt dazu bei, sich in einer sozialen Wirklichkeit zurechtzufinden, in der die Auswahl an Artikeln unübersehbar geworden ist. Dabei wird die Konstruktion dieser Wirklichkeit vor allem von den Produzenten forciert. Ob deren Bemühungen erfolgreich sind, hängt aber nicht nur von ihnen ab, sondern auch von den Veränderungen ihrer Umwelt. Die tatsächlichen Merkmale der Ware verlieren dabei an Bedeutung, treten hinter den Ruf der Marke und ihrem Markenimage zurück, die allein schon Gewähr für die richtige Wahl des Artikels zu bieten scheinen.

Anfänge der Massenproduktion und ihre Folgen

Diese Situation war nicht immer so: Marke, Markenartikel und Markenzeichen in ihrer heutigen Form sind erst mit der Industrialisierung entstanden und haben seitdem zunehmend an Bedeutung gewonnen.

Das Aufkommen großer Betriebe in der zweiten Hälfte des 19. Jahrhunderts hat für den Markt, für Absatz und Konsum einschneidende Auswirkungen. Die Massenproduktion zeichnet sich nicht nur durch neue Produktionsmethoden, die Etablierung der Fabrikarbeit, Normierung von Arbeitssituation und Produkt aus. Die Massenproduktion bedeutet auch eine Abkehr von der personenbezogenen Produktion. Es wird nicht mehr für einzelne Kunden, sondern für „den Markt" produziert, Produzent und Konsument haben keinen Kontakt mehr zueinander.

In der Bekleidungsindustrie wird dieser Schritt erst möglich durch die Konfektionierung der Kleidung. Die individuellen Maße des Käufers werden standardisiert, die Bedürfnisse in feste Größen „geschneidert".[1] Dies beschleunigt und erleichtert sowohl die Herstellung als auch den Verkauf im Laden. Die Industrie produziert fortan feste Kleidungsgrößen. Der einzelne Mensch paßt sich den vorhandenen Maschinengrößen an, die Kleider werden nicht mehr an den Menschen angepaßt.² An die Stelle des persönlichen Kontaktes zwischen Produzent und KäuferIn tritt eine Vertriebsorganisation, die die industriell gefertigten Güter an Einzelhandelsgeschäfte verteilt.

Die Begrenzung des lokalen Marktes entfällt, der mögliche Absatzmarkt weitet sich aus. Um die Produktion erweitern zu können, wird der Aufbau eines überregionalen Vertriebsnetzes notwendig, das ganz Deutschland ebenso wie das Ausland als möglichen Markt öffnet. Die dazu notwendigen Voraussetzungen, die Eisenbahn als Verkehrsmittel und der Abbau von Zollschranken, wurden im 19. Jahrhundert geschaffen.

Mit der Veränderung des Vertriebs ergibt sich in viel höherem Maße die Notwendigkeit, das eigene Produkt von anderen unterscheidbar zu machen, ihm einen Wiedererkennungswert zu geben, der durch den Verlust der persönlichen Beziehung zwischen Käufer und Produzent nicht mehr existiert: Eine Käuferin, die sich ihr Kleid vom Schneider anfertigen läßt, wird zwischen einer begrenzten Zahl von Schneidern in der Umgebung ihres Heimatortes auswählen können. Diese kennt sie oder kann sich doch über ihr Können informieren.

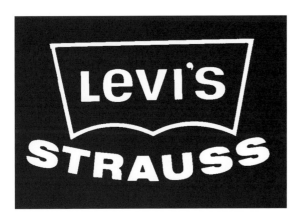

Die Massenproduktion sprengt sowohl die Grenzen des Marktes als auch das persönliche Verhältnis. Mit der Veränderung des Marktes tritt das Produkt dem Käufer anonym entgegen. Es unterscheidet sich vorderhand nicht von den Produkten anderer Hersteller, die den gleichen Markt für sich beanspruchen. Es tritt anstelle des Gebrauchswertes der Tauschwert eines Produktes in den Vordergrund. Das Produkt selbst wird beliebig, austauschbar, es ist nicht länger an seinen Produzenten gebunden. Die persönlichen Beziehungen werden ersetzt durch den Begriff der Marke.

Die Hersteller versuchen, die tatsächlich gegebene Austauschbarkeit ihres Produktes zu verschleiern, indem sie es mit bestimmten Eigenschaften verbinden. Sie geben ihren Produkten Namen, die diese Produkteigenschaften symbolisieren sollen. Es entsteht die Markenware. Typisch für den Markenartikel ist, daß versucht wird, den Markennamen mit Eigenschaften gleichzusetzen, die eine Entscheidung für den Kauf herbeiführen sollen. Dazu zählen die Qualität des Produkts, der Preis, die Preiswürdigkeit und Gebrauchswerteigenschaften, bei der Kleidung zum Beispiel gesundheitliche Aspekte, Bequemlichkeit.

Mit der Verbreitung eines – wenn auch bescheidenen – Wohlstandes erhält die Kleidung in größeren Schichten der Bevölkerung zusätzlich zu ihrem Nutzen als Bekleidung einen verstärkten Statuscharakter. Der Geltungsnutzen tritt gegenüber dem Gebrauchsnutzen in den Vordergrund. Kleidung dient zunehmend dazu, Wohlstand zur Schau zu stellen. Der „aufwendige Verbrauch"³ zielt darauf ab, „den guten Geschmack und die Klugheit des Käufers oder andere gesellschaftlich anerkannte Werte sichtbar zu machen."⁴ Dabei stehen der Geltungsnutzen und der Gebrauchsnutzen nicht unabhängig nebeneinander:

> „Der aufwendige Verbrauch in der modernen westlichen Gesellschaft zeichnet sich gerade durch die Vermischung von zweckrationalen und geltungsbedingten Kaufmotiven aus."⁵

Der Kauf solcher Produkte dient der Statuszuordnung. Begünstigt wird eine ‚Statusselbsteinord-

nung' mittels Kleidung durch die tiefgreifende Statusunsicherheit. An die Stelle der festen Kleiderordnung des ständischen Gesellschaftssystems tritt die Kleiderfrage als individuelle Entscheidung. Eine Zuordnung zu einer sozialen Schicht kann in bezug auf Kleidung selbst gewählt werden, die Kleidung wird zu einer Geschmacksfrage, einer Frage des Stils.[6]

Die Worte der Werbung

Wilhelm Bleyle hat als erster – wie es in einer Firmenfestschrift zur 100. Wiederkehr seines Geburtstages etwas geschwollen heißt – „auf dem Gebiet der Oberbekleidung ein System der engen Verknüpfung von Herkunftsbezeichnung, Qualitätsgarantie und festen Verkaufspreisen durchgeführt, mit seinem Namen die echte Markenware geschaffen, die Fabrikant, Händler und Verbraucher zu einer Einheit gegenseitigen Vertrauens zusammenschloß."[7] Die Firma Bleyle wirbt mit dem „wohlbegründeten Ruf einer wirklichen Qualitätsware"[8], nennt seine Knaben-Anzüge den „deutschen Spar-Anzug"[9], möchte „nur das Beste bieten"[10]. Ein Fachgeschäft wirbt mit Bleyle's Knabenanzügen als „älteste, bewährteste und beliebteste, gesetzlich geschützte Spezialmarke gestrickter Knabenkleidung"[11]. Diese Werbemethoden verändern sich über die Jahrzehnte kaum, ja die Werbesprüche bleiben fast wörtlich über lange Zeit die gleichen. Zwar wird die Methode im Laufe der Zeit ausgefeilter, aber gleichzeitig werden Inhalte und auch die ursprüngliche Gestaltung der Werbung beibehalten.

Zur Identifikation einer Marke gehören Markenzeichen mit hohem Wiedererkennungswert, wie der Bleyle-Herold. Es wird versucht, den Markennamen durch beständiges Wiederholen bekannt zu machen und in den Köpfen der Konsumenten zu verankern. Es treten dabei Probleme bei der Wahl des Markenzeichens auf, da dieses sowohl eine eindeutige Markierung darstellen, also einfach und prägnant sein und eine eindeutige Zuordnung zur Ware ermöglichen muß, als auch der Gefahr von Verwechslungen und Fälschungen vorbeugen soll, sich also von ähnlichen Zeichen genügend unterscheiden muß. Der Herold wird als Erkennungsmerkmal in der Werbung, aber auch als Etikett an der Kleidung selbst verwendet und ändert sich über die Jahre kaum. Er wurde Mitte der 90er Jahre des vorigen Jahrhunderts unter der Nummer 6604 in die Warenzeichenrolle eingetragen, der Herold gehört damit zu den ersten Markenzeichen. Er wurde bei der Kleidung, an der Verpackung und bei der Werbung ständig und über die Jahre hinweg praktisch unverändert angewendet.

Durch ein einheitliches Erscheinungsbild steigert die Werbung für Bleyle-Kleidung den Wiedererkennungswert. Es werden ganze Bilderbücher in Reimen verfaßt, die den Namen Bleyle in jeder Strophe erwähnen. Dadurch sollten Assoziationen zwischen der Lebensfreude der beschriebenen und abgebildeten Szenen, den gepriesenen Eigenschaften der Kleidung und dem Namen Bleyle hervorgerufen werden.

Bleyle selbst stellte in den ersten Jahrzehnten seines Bestehens fast nur Kinderbekleidung her und der Begriff „Mein Bleyle" meint in der Regel eben den Bleyle-Knabenanzug. Auffällig ist die häufige Gleichsetzung von Firma, Marke und Produkt zu Anfang des Jahrhunderts. Namen wie Persil, Maggi, Odol, aber eben auch Bleyle werden synonym für die Produkte Waschmittel, Speisewürze und Mundwasser gebraucht.

Schon sehr früh waren sich die Firmengründer der positiven Wirkung der Werbung mit ihrem Namen bewußt und setzten diese auch gezielt ein. So schreibt Bleyle im Jahre 1902 an einen Kunden:

„Viele meiner Kunden lassen auf ihre Kosten regelmäßig Special-Inserate auf mein Fabricat erscheinen, wodurch selbstredend der Umsatz in demselben sich ganz bedeutend steigert. Außerdem hat aber das regelmäßige Erscheinen einer Annonce auf eine gediegene Specialität, die an dem betreffenden Platze nur in einem einzigen Geschäfte zu haben ist, eine nicht genug zu schätzende Bedeutung für das ganze Geschäft. Dasselbe kommt in einer der Concur-

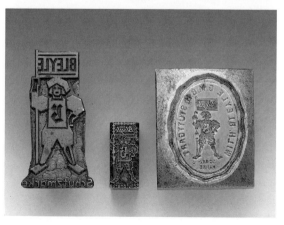

1 Stempel der Firma Bleyle.

renz bevorzugten Weise regelmäßig in Erinnerung. Es wird allmählich auch von den Kreisen, die sonst den Verkehr mit demselben nicht pflegen, wiederholt genannt & schließlich auch bei eintretendem Bedarfe irgend eines anderen Artikels berücksichtigt. Kurz zusammen gefaßt kann man sagen, alles Publikum wird mit dem Geschäft unbewußt befreundet & vertraut."[12]

Ebenso wie auf Zeitungsannoncen legt Bleyle auch viel Wert auf Prospektmaterial. So schreibt Wilhelm Bleyle 1902 an einen seiner Vertreter:

"Die grünen Prospekte liefere ich zu M 3.50 per Tausend, dies ist im Verhältnis ein niedriger Preis, doch können Sie ev. auch noch um etwas herunter gehen. Wie weit Sie gehen können, sehen Sie ja von Fall zu Fall selbst. Ich halte diese Reklame für ganz ausgezeichnet."[13]

Imitationen

Die ersten großen Firmen scheinen einen sehr hohen Bekanntheitsgrad besessen zu haben. Dies läßt sich an den häufigen Versuchen erkennen, solche Produkte zu fälschen und zu imitieren. Auch die Werbemethoden wurden oft kopiert. So existieren in den Unterlagen viele Belege dafür, daß Prozesse gegen solche Plagiate geführt wurden. Dabei spielt der nach Meinung der Unternehmer ungenügende Schutz von Markenzeichen eine wichtige Rolle. Noch 1913 klagt Ruben:

"Die illoyale Konkurrenz, die gewerblichen Freibeuter verschmähen kein Mittel, um die oft wertvolle Reklame des Konkurrenten für sich selbst auszunutzen, deshalb ahmt die vornehme Konkurrenz niemals die Reklame ihrer Konkurrenten nach. (...) Die Strafbestimmungen wegen Vergehens gegen das Warenzeichengesetz sind zwar lange nicht scharf genug."[14]

Dadurch läßt sich auch der große Aufwand erklären, der in den Musterkatalogen dafür aufgewendet wird, auf die Merkmale zu verweisen, an denen man echte Bleyle-Kleidung erkennen kann. Hier wird zum Teil mehrseitig auf den Herold, die Verpackung und den Bleyle-Aufhänger verwiesen, und vor Imitationen gewarnt. Es läßt sich erkennen, daß die Warnung vor Imitationen, das Herausstellen der Unterscheidungsmerkmale gegenüber anderen Produkten im Laufe der Jahre in den Katalogen immer mehr Raum einnimmt. Bleyle beschließt deshalb, seine Kataloge nur noch mit Firmenaufdruck der vertreibenden Firma und einem farbigen Bild mit dem Namen Bleyle herzustellen und schreibt 1902 an einen seiner Vertreter:

"Auf diese Weise kann zunächst eine Firma, die mit mir nicht in Verbindung steht, sich auch keine Kataloge indirekt mehr verschaffen, da solche ohne Firmendruck überhaupt nicht mehr abgegeben werden. (...) Auch darf sich die Konkurrenz dieser kleinen farbigen Bilder nicht mehr bedienen, da nach dem Gesetz eine Schutzmarke und ein nach einer Schutzmarke angefertigtes Plakat, was hier zutrifft, nur auf Wunsch oder Erlaubnis des Eigentümers der Schutzmarke verwendet werden darf."[15]

Zusätzlich wurde Bleyle nur in bestimmten Geschäften verkauft, die keine vergleichbaren anderen Waren anbieten durften.[16]

Zusammenfassend fallen die über Jahrzehnte hinweg gleichbleibenden, quasi statischen Werbemethoden, die festen Markenzeichen und die Wiederholung der Slogans auf. Die damals offenbar mit viel Erfolg angewendeten Methoden geraten mit der Zeit in Widerspruch zur immer größer werdenden Bedeutung des Modewechsels. Die Kleidungsbranche wird zunehmend geprägt von häufigem Wechsel, dem Bedürfnis nach Neuem, nach Veränderung. Die Anforderungen an Haltbarkeit und Qualität verlieren an Bedeutung. Dies macht die über Jahrzehnte hinweg betriebenen Werbestrategien obsolet. Die Richtung dieser Art von Werbung, über lange Zeiten hinweg kaum verändert, würde in der heutigen Zeit ihre damals vorhandene Wirkung verfehlen.

Zur Entstehung des Modefachgeschäfts

Die Veränderung des Handels vollzog sich mit der Industrialisierung und bildete eine Voraussetzung für die Markenproduktion. Es lassen sich drei große Tendenzen erkennen:
1. Übergang vom Vertrieb im Umherziehen zum seßhaften Handelsbetriebes. Umfang und Bedeutung des Hausierens sowohl mit eigenen als auch mit fremden Produkten nehmen ab.
2. Übergang von periodischen Veranstaltungen von Warenmärkten und -messen zu ständigen Absatzorganisationen.
3. Übergang vom Handkauf zum Fernkauf.[17]
Die Entwicklung des Ladengeschäfts geht aus von der Gemischtwarenhandlung. Das Angebot dieser Läden ist undifferenziert, es werden alle

Waren bunt durcheinander angeboten. Insbesondere in großen Städten wurden diese Läden abgelöst von den sogenannten Branchengeschäften. Die verschiedenen Branchen wurden nach der erforderlichen Behandlung der einzelnen Warengattungen unterteilt. Als Hauptbranchen galten die Pfundwaren, die Ellenwaren, die Stückwaren und die Altwaren. Erst spät entsteht das Bedarfartikelgeschäft, das eine gänzlich neue Gruppierung der Waren aufweist. So schreibt Sombart im Jahre 1902:

„Dieses neue Prinzip, das der alten branchenmäßigen Einteilung seinem innersten Wesen nach entgegengesetzt ist, das aus einem ganz und gar neuen Geist geboren und bestimmt war, die handwerksmäßig-statische Ordnung des Detailhandels in ihren Grundfesten zu erschüttern, dieses ganz und gar revolutionäre Prinzip war die Gruppierung der Waren in einem Laden nach dem Gebrauchszweck, also die Zusammmenfassung bestimmter Arten von Gütern unter dem Gesichtspunkt eines bestimmten Bedarfskomplexes."[18]

Eine Art von Geschäften, die uns heutzutage selbstverständlich erscheint, wird hier als „revolutionäres Prinzip" eingeschätzt. Zu den ersten dieser neuen Bedarfsartikelgeschäfte gehören:
– Das Modewarengeschäft. Es geht aus dem alten Seidengeschäft hervor. Im Modewarengeschäft werden alle zur Bekleidung gehörenden Waren zusammen angeboten.
– Das Luxuswarengeschäft: Hier wird alles feilgeboten, was den

„immer verfeinerter und blasierter werdenden Geschmack der reichen Stutzer und Lebemänner und der Damen der Welt und Halbwelt reizen konnte."[19]

– Das Wohnungseinrichtungsgeschäft. Hier wird alles angeboten, was zur Ausstattung und Ausschmückung einer Wohnung dient.

Alle drei Geschäfte verkaufen in der Anfangszeit vor allem Luxusartikel für die bürgerliche oder adlige Oberschicht. Doch schon bald wird diese Art der Lebensführung von den bürgerlichen Mittelschichten innerhalb ihrer Möglichkeiten nachgeahmt.

2 Aus dem Bleyle-Katalog Nr. 27, um 1915.

Die Bedeutung der Warenzeichen für die Reklame

Ein zeitgenössischer Autor über die Bedeutung der Warenzeichen:
„Wer in seinem Geschäftsbetriebe zur Unterscheidung seiner Waren von den Waren anderer eines Warenzeichens sich bedienen will, kann dieses Zeichen zur Eintragung in die Zeichenrolle anmelden. Warenzeichen sind im Sinne des Gesetzes: ‚Merkzeichen, durch welche kenntlich gemacht werden soll, daß die mit ihnen versehene Ware aus der Fabrik oder dem Geschäft eines bestimmten Gewerbetreibenden herstammt'. Demnach muß ein Markenzeichen geeignet und bestimmt sein, zur Unterscheidung von Waren zu dienen. ‚Der Zeichenschutz hindert gewerbliche Freibeuter, ihre Ware unter falscher Flagge auf dem Markte einzuführen, indem sie den renommierten Zeicheninhaber als Urheber dieser Ware erscheinen lassen.' (...)
Nicht immer hat dem Produzenten dieser Schutz, der sich noch weit mehr stärken ließe, zur Seite gestanden. Zur Zeit des veralteten Reichsgesetzes über Markenschutz vom 30. November 1874 war es beispielsweise dem Fabrikanten von Creolin nicht möglich, ein Wortzeichen für dieses Produkt zu erhalten. Was würde wohl aus den Produkten Odol, Javol, aus Amol, Manoli, Garbati geworden sein, wenn auch heute noch dieses rückständige Gesetz zu Recht bestände! Wäre es überhaupt wohl möglich geworden, daß der wirtschaftliche Aufschwung dieser Produkte einen derartigen Siegeslauf genommen hätte, wenn die Unternehmer sich nicht einer geschützten Reklame hätten bedienen können? Denn in Wirklichkeit hat erst die Reklame den Produkten zu Ansehen verholfen., und erst der Warenzeichenschutz, insbesondere der Wortschutz konnte die Unternehmer veranlassen, eine so außerordentliche Propaganda für ihre Leistungen ins Werk zu setzen. (...)
Wie soll nun das Warenzeichen beschaffen sein? Eine einfache Zeichnung oder ein kurzes, vokalreiches Wort wird meiner Erfahrung nach den besten Anklang finden. Eine praktische Vereinigung von Wort und Bild stellt das Ideal dar."[20]

Kaufe das Beste

Mit dem Anfang dieses Jahrhunderts wird die Qualität der Produktion zu einem immer entscheidenderen Thema. Viele Massenprodukte der industriellen Anfangszeit lagen auf einem sehr niedrigen qualitativen Niveau. Der Verbilligung der Waren stand eine verkürzte Lebensdauer gegenüber, die den scheinbaren Preisvorteil wieder schluckte.

Mit der zunehmenden Öffnung auch internationaler Märkte geriet insbesondere die deutsche Produktion in Konkurrenz zu ausländischen Waren und konnte sich gegen deren höhere Standards nur schwer durchsetzen. Gleichzeitig mit zunehmendem deutschen Nationalbewußtsein geriet auch das Schlagwort der deutschen Qualitätsware in Umlauf und verband so kaufmännische mit nationalen Interessen. Ein weiterer Schritt wurde mit der Gründung des deutschen Werkbundes im Jahre 1909 getan: Hier verbanden sich Industrielle, Künstler und Sozialreformer zu einem Bund, der die ‚gute Ware' im Sinne von haltbar, ästhetisch und gut gearbeitet propagierte. Hinter dem Begriff ‚gut gearbeitet' verstand man dabei sowohl die Art der Ausführung, also solide und professionell, als auch die Art der Tätigkeit, die zu diesem Produkt führte, und die man als qualifiziert, gut bezahlt und befriedigend ansah. Die Ästhetik des Produkts sollte sowohl seine Funktion als auch seine Produktionsweise wiederspiegeln. Das heißt, daß die für Handarbeit typischen Verzierungen bei durch Maschinen hergestellten Waren nicht mehr verwendet werden sollten, daß die schmucklose Massenware eine eigene Ästhetik darstellt, die dem Volk nicht zuletzt durch Erziehung und Schule nahegebracht werden sollte. Angestrebt wurde eine Übereinstimmung von Inhalt, Technik und Form. Mit der Abkehr von der handwerklichen Produktion sollte auch eine Abkehr der damit verbundenen ästhetischen Ideale einhergehen.[21]

Anmerkungen

1 Dazu schreiben Kuhn/Kreutz: „Bleyle war der erste, der in der Branche ein System von Standardgrößen einführte – Zum Nutzen des Handels und zu seinem eigenen." Kuhn, Robert/Kreutz, Bernd: Der Matrosenanzug. Kulturgeschichte eines Kleidungsstücks. Dortmund 1989: 114.

2 Siehe dazu differenzierter den Beitrag „Der vermessene Körper" in diesem Band.

3   Veblen, Thorstein: Die Theorie der feinen Leute. München 1981, passim. Titel der Originalausgabe: The Theory of the Leisure Class. o.O. 1899.
4   Kreikebaum, H./Rinsche, G.: Das Prestigemotiv in Konsum und Investition. Demonstrative Investition und aufwendiger Verbrauch. Berlin 1961: 112.
5   Ebd.: 113.
6   Näheres in ebd.: 127.
7   Firmenfestschrift „Wilhelm Bleyle 1850–1915". Zur 100. Wiederkehr seines Geburtstages am 7. April 1950: 22.
8   Illustrierter Katalog der Firma Bleyle 1925. Zur Zeit der Bearbeitung noch nicht inventarisierter Bestand des Wirtschaftsarchivs Baden Württemberg Stuttgart-Hohenheim.
9   Ebd.
10 Ebd.
11 Werbung der Firma Bleyle 1909. Zur Zeit der Bearbeitung noch nicht inventarisierter Bestand des Wirtschaftsarchivs Baden Württemberg Stuttgart-Hohenheim.
12 Kopierbuch der Firma Bleyle vom 25. Februar 1902. Zur Zeit der Bearbeitung noch nicht inventarisierter Bestand des Wirtschaftsarchivs Hohenheim.
13 Kopierbuch der Firma Bleyle vom 08.März 1902. Zur Zeit der Bearbeitung noch nicht inventarisierter Bestand des Wirtschaftsarchivs Baden Württemberg Stuttgart-Hohenheim.
14 Ruben, Paul: Die Bedeutung der Warenzeichen für die Reklame. In: Ruben, Paul (Hrsg.): Die Reklame, ihre Kunst und Wissenschaft. Berlin 1913: 5.
15 Kopierbuch der Firma Bleyle vom 12. Februar 1902. Zur Zeit der Bearbeitung noch nicht inventarisierter Bestand des Wirtschaftsarchivs Baden Württemberg Stuttgart-Hohenheim.
16 Am 12. Februar 1902 schreibt Wilhelm Bleyle: „Diese Firmen [diejenigen, die konzessioniert sind, Bleyle's Knabenanzüge zu verkaufen; d. V.] sind auch verpflichtet, neben Bleyle's Knaben Anzügen kein anderes Fabrikat zu führen, sodass nach dieser Richtung Verwechslungen ausgeschlossen sind." Kopierbuch der Firma Bleyle vom 12. Februar 1902. Zur Zeit der Bearbeitung noch nicht inventarisierter Bestand des Wirtschaftsarchivs Baden Württemberg Stuttgart-Hohenheim.
17 Nach: Sombart, Werner: Der moderne Kapitalismus. Band II, 1. München 1928: 441.
18 Ebd.: 461.
19 Ebd.: 461f.
20 Ruben, Paul: Die Bedeutung der Warenzeichen für die Reklame. In: Ruben 1913 [wie Anm. 14]: 1–13.
21 Siehe dazu Pechmann, Günther Freiherr von: Die Qualitätsarbeit. Ein Handbuch für Industrielle, Kaufleute, Gewerbepolitiker. Frankfurt/M. 1924; Deutscher Werkbund (Hrsg.): Zwischen Kunst und Industrie. Die Neue Sammlung. Staatliches Museum für angewandte Kunst. München 1975; Selle, Gert: Design-Geschichte in Deutschland. Produktkultur als Entwurf und Erfahrung. Köln 1987.

Ralf Schneider

Das Schaufenster als Werbemedium
Optische Reize

"Vom Schaufenster in das Geschäft ist es nur ein Schritt!"[1]

Mit dieser Feststellung leitete die Wilhelm Bleyle GmbH eine ihrer Broschüren ein, die sich mit ausgearbeiteten Gestaltungsvorschlägen an die von ihnen belieferten Einzelhändler wandte.

Die notwendigen Reklame-Accessoires, wie der sogenannte Bleyle-Fries oder der Firmenschriftzug, der in keiner Dekoration fehlen durfte, konnten direkt vom Hersteller bezogen werden.

Geschmacklich und gestalterisch orientierten sich die Ratgeber dabei an den Grundsätzen von Fachleuten, die zu Beginn des 20. Jahrhunderts das Schaufenster als Werbemittel professionalisierten:

„Der Aufbau einer guten Dekoration muß organisch, klar und übersichtlich sein. Die Ware (...) muß unbedingt die Hauptsache bleiben."[2]

Während die Kundschaft in der Anfangsphase der Werbung noch als „relativ unbekanntes Phänomen"[3] galt, mußte sich Bleyle an bereits gut eingeführte Geschäfte wenden und diese auf eine einheitliche Präsentation seiner Markenartikel einschwören.

Im Schaufenster bot sich die Möglichkeit, mittels Puppen eine gleichsam realistische Präsentation von Kleidung[4] in den Zusammenhang von idealisiertem Alltag und Versprechungen des Markenherstellers zu bringen. Das Bild der spielenden Kinder, ordentlich und sauber, greift die Wunschvorstellungen der von Bleyle anvisierten Zielgruppe der bürgerlichen Hausfrau auf, die sich mit der Szene identifizieren und – angesichts der Realität zerschlissener Hosen ihrer eigenen Kinder – vom Qualitätsanspruch der Bleyle-Knabenanzüge überzeugen lassen sollte.

Das Schaufenster mit seinen Inszenierungsmöglichkeiten bot sich als „neuzeitlicher Vermittler von Nachfrage und Angebot"[5] für die Image- und Produktwerbung geradezu an. Der Einzelhandel mußte sich auf neue Vertriebssysteme und Werbepraktiken einstellen, galt doch das geschäftsmäßige, ‚marktschreierische Anpreisen' von Waren in Kreisen der ehrbaren Geschäftsleute noch als anrüchig und wurde mit „Humbug, Unlauterkeit und Schwindel"[6] in Verbindung gebracht.

Werbung benutzt die Trennung des ästhetischen Reizes einer Ware, ihre Verpackung und Präsentation, um sie mit Bedeutungsmustern zu versehen, die mit dem Markennamen mehr in Verbindung stehen als mit dem eigentlichen Produkt. Die Glasscheibe des Schaufensters wurde zur Trennungslinie zwischen optischem Reiz und haptischer Wahrnehmung von Waren.

„Schein wird für den Vollzug des Kaufaktes so wichtig – und faktisch wichtiger als Sein. Was nur etwas ist, aber nicht nach ‚Sein' aussieht, wird nicht gekauft. Was etwas zu sein scheint, wird wohl gekauft."[7]

Mit diesem Satz charakterisiert W.F. Haug das Verhältnis zwischen Warenpräsentation und Kauf-Publikum.

Emile Zola beschreibt 1883 in seinem Roman „Das Paradies der Damen" die suggestive Wirkung der neuen Warenpräsentation eines Pariser Kaufhauses auf die Passantinnen sehr plastisch:

„Dort gab es im Freien, bis auf den Bürgersteig hinaus ganze Haufen billiger Waren, die Verlockung zum Eintreten, die Gelegenheit zu wohlfeilen Einkäufen, die aus Vorübergehenden Kundinnen macht. (...) rechts und links türmten sich Tuchballen zu dunklen Säulen auf, die diesen tabernakelhaften Hintergrund in noch größere Ferne rückten. (...) In dieser dem Kult weiblicher Anmut errichteten Kapelle befanden sich die Konfektionswaren."[8]

Tabernakel und Kult, dunkle Säulen und Kapellen verweisen auf die geradezu magische Anziehungskraft des Kaufhauses mit dem sinnigen Titel: *Paradies der Damen*.

Nicht die Ware als solche bestimmte den Kaufanreiz, sondern die ansprechende Präsentation, die in ihrer verlockenden Schönheit auf emotionale Wünsche und Bedürfnisse der Betrachterinnen abzielte. Das gegenüberliegende Geschäft eines Tuchhändlers beschreibt Zola so:

„Durch Holzwände von der Farbe des Firmenschildes, einem Flaschengrün, das die Zeit mit ockergelben und grauschwarzen Tönen gefärbt hatte, waren links und rechts zwei tiefe Schaukästen abgeteilt, dunkel und verstaubt, (...) die offenstehende Tür schien in die feuchte Finsternis eines Keller zu führen."[9]

Die Attraktivität der Konkurrenz ruinierte das wenig ansprechende Tuchgeschäft. Wie das Beispiel zeigt, mußte sich der Einzelhandel an den Praktiken der großen Warenhäuser orientieren, wollte er nicht untergehen.

„Die Zeiten sind vorüber, da der Kaufmann sich damit begnügen konnte, einige der von ihm eingeführten Waren als Schild in das Schaufenster zu legen"[10],

heißt es 1912 in einem Ratgeber für die Praxis der Schaufenstergestaltung.

Der Aufbau der Waren im Schaufenster, bis dahin eher als Aufgabe von Lehrlingen und Verkäufern angesehen[11], wurde nun in seiner wirtschaftlichen Bedeutung erkannt und strukturiert. Elemente aus der bildenden Kunst, wie Goldener Schnitt und Farbenlehre, wurden zu gestalterischen Grundregeln der Schaufenstergestaltung.

Nützlichkeit und Zweckmäßigkeit

Schönheit war der Lockvogel für den Verkauf, und Schönheit orientierte sich anfangs des 20. Jahrhunderts an den Begriffen der Nützlichkeit und Zweckmäßigkeit. So schreibt Adolph Beuhne, Professor an der staatlichen Kunst- und Gewerbeschule in Hamburg:

„kann es doch keine Schönheit geben, die ohne diese Grundlagen auskommen kann. Andererseits kann die vollkommene Zweckmäßigkeit und Nützlichkeit als vollkommene Sachlichkeit niemals häßlich sein."[12]

Der Aufbau der Waren im Schaufenster sollte sich aus der Eigenart der Ware, durch Nützlichkeit schön zu sein, ableiten.

„Fremdkörper, namentlich wenn sie in Form und Farbe nicht einwandfrei sind, halte man dem Schaufenster fern."[13]

Beuhne orientierte sich stark an der Architektur, die – im Sinne der Neuen Sachlichkeit – „keine kleinliche, spielerische Behandlung der Gesamt- oder Einzelform"[14] zuließ. Das Schaufenster eroberte sich so den öffentlichen Raum der Innenstädte und war damit in die den Raum bestimmende Architektur eingebunden, die – als Gegensatz zur Bombastik des wilhelminischen Historismus' – neue, einfachere Formen suchte.

Den Kontrast zum malerischen Publikum – „da wogten die Hüte groß und klein" – sollten die Schaufenster bieten:

„Ist es nicht besser, daß im Schaufenster die ruhige Linie herrscht, als daß sich dort die ewige Unruhe des Straßenverkehrs wiederholt?"[15]

Das Ansehen des Schaufensters als wichtiger wirtschaftlicher und kultureller Faktor sollte gefördert werden. Mit der Gründung von Dekorationsschulen und dem Berufsverband „Bund der Schaufensterdekorateure Deutschland e.V." im Jahr 1925 sollte die künstlerische Eigenständigkeit der Dekorationskunst hervorgehoben werden. Selbstbewußt und optimistisch hieß es:

„Das große Publikum würde endlich ein persönliches Verhältnis zu Kunst und Kunstgeschichte bekommen, und von da aus wäre der Weg zum Verständnis echter Dichtung und zur Liebe für das gute Buch gar nicht weit."[16]

Tatsächlich bildeten Schaufenster einen gewissen Farbtupfer in den wachsenden Steinwüsten der Städte.

Durch den Einsatz der neuen elektrischen Beleuchtung vor allem trugen sie zur Faszination der nächtlichen Stadt, zu deren Lichterglanz bei. 1928, bei der Großveranstaltung „Berlin im Licht" wurde dies als Sinnbild für Modernität und Fortschritt euphorisch gefeiert.[17]

Die dunkle, nicht elektrisch illuminierte Seite der Großstadt dagegen lebte in bitterem Elend. Aus dieser Sicht klingt eine Empfehlung, das Schaufenster auch nachts zu beleuchten, reichlich zynisch:

„Der Kaufmann, der eine fördernde Rolle kennt, die eine vergnügte, zufriedene Stimmung beim Kauf spielt, wird durch eine optimistische, die schlechten Zeiten ignorierende

Schaufensterbeleuchtung, die Theater- oder Kinobesucher für sein Geschäft interessieren."[18]
Wohlstand und Luxus suggerierende Warenpräsentation und allgegenwärtige Anpreisung von Waren, die nur von Wohlhabenden erworben werden konnten, wurde von ärmeren Schichten tatsächlich als provokativ empfunden: In einem Bericht des Hamburger Arbeitslosenrates an den Senat heißt es 1919, es bedürfe

> „aller Überredungskünste, um die Massen ruhig zu halten. Ungeheure Erbitterung werde ausgelöst, durch die reichen Auslagen in den Delikatessengeschäften, wo die großen Leckerbissen zu haben seien."[19]

Die Straße war nicht nur der Ort einer vergnüglichen Konsumstimmung, der die Voraussetzung erfüllte,

> „daß diese örtliche Gegebenheit so intensiv und einseitig wie möglich durch Schauwerbung genutzt"[20]

werden konnte, sondern auch ein Raum, an dessen spiegelnden Begrenzungen die Gegensätze der kapitalistischen Gesellschaft aufeinander treffen mußten.

Im Spannungsfeld zwischen Luxusauslage und realen Bedürfnissen mußte sich das Schaufenster der Wechselwirkung mit dem Publikum stellen, um breite Käuferschichten anzusprechen. Die immer wieder geforderte Versachlichung der Dekoration kann als Anpassung in diese Richtung verstanden werden. Andererseits bedingte der künstlerische Anspruch der Dekorateure, wie er auf Schaufensterwettbewerben zum Ausdruck kam, eine Verselbständigung ihrer Kunst, die die Passantinnen nur noch als Objekte erscheinen ließ. Eine kritische Kundin brachte es auf den Punkt:

> „Daß wir Objekt waren, ist uns erst so richtig während des vergangenen Jahres zum Bewußtsein gekommen. Lohnabbau, Gehaltsabbau und Arbeitslosigkeit haben die Stellung der Frau als Einkäuferin außerordentlich stark beeinflußt. In der Frau hat sich selbst eine große Umwandlung vollzogen nach der Richtung hin, daß die Frau nicht mehr Objekt ist, das man zu einem Einkauf verleiten kann und der man etwas verkauft, sondern daß die Frau Subjekt ist, das einkauft. (...) Sie geht an den Schaufenstern vorüber, die die Qualitäten der Ware verschleiern und den Eindruck von Pomp und Luxus hervorrufen. (...) Wir Frauen lehnen beim Anblick solcher Fenster rein unbewußt den Einkauf ab, rein aus dem Gefühl heraus, weil das übertrieben Dekorative mit dem bitteren Ernst unseres Einkaufs im Widerspruch steht."[21]

Schaufenster – Alltäglichkeit

Funktionieren kann die geschmackliche Beeinflußung im Schaufenster nur, wenn sich die Dekoration unauffällig in den sich auf der Straße abspielenden Alltag einfügt. Ein schönes Beispiel hierfür ist der Wechsel der Dekoration im Rhythmus der Jahreszeiten und Festtage. Die Schaufenster setzen unmittelbar an den saisonalen Modifikationen des Alltags an und versuchen, die Menschen in ihrer jeweiligen alltäglichen Befindlichkeit anzusprechen und zu beeinflussen. Heute ist es im Bewußtsein der Menschen schon beinahe so, daß Frühjahr, Sommer, Herbst oder Winter dann ist, wenn Schaufenster dies mit entsprechender Dekoration und Mode anzeigen.

Dem fußgängerzonengewohnten Menschen der Gegenwart ist die Alltäglichkeit der Schaufenster in ‚Fleisch und Blut' übergegangen. Das anfängliche ‚Sich-ergötzen' an schön ausgelegten Waren wurde in der Konsumgesellschaft mit dem sonntäglichen Schaufensterbummel zu einer beliebten Freizeitbeschäftigung, die vor allem für den Bereich der Bekleidung und ihrer Vermarktung von großer Bedeutung ist.

In einer Marktforschungsstudie gaben 77% der Befragten an, sich anhand von Schaufenstern über Textilien zu informieren.[22] 40% tun dies in ihrer Freizeit, während 41% Schaufenster anschauen, weil sie „sowieso grad was in der Stadt zu erledigen" haben.[23] Die Menschen auf der Straße sind von der modernen Marktforschung entdeckt, und für die werbewirksame Gestaltung von Fassaden, Geschäften und Schaufenstern empirisch erfaßt und greifbar gemacht worden.[24] Das Publikum,

> „diese Hunderttausende von allen Klassen und Menschen, mit denselben Eigenschaften und aus allen Ständen, die sich da aneinander vorbeidrängen, sind sie nicht alle Menschen, mit denselben Eigenschaften und Fähigkeiten, und demselben Interesse, glücklich zu werden?"[25]

Dies fragte sich Friedrich Engels fast naiv, ohne zu wissen, daß eben dieses Interesse, ‚glücklich zu werden', zu einem Versprechen der Werbung wurde, daß sich durch den Kauf einer Ware scheinbar einlösen läßt.

Mit der Etablierung der Schaufenster in den Zentren der Städte, den Orten der öffentlichen

Kommunikation, trug dieses mit dazu bei, der Werbung den Rang einer alltäglichen (unentbehrlichen?) Selbstverständlichkeit zu verleihen.

Anmerkungen

1   Das Bleyle-Fenster. Mappe II, Wilhelm Bleyle GmbH Stuttgart o.J.: 2.
2   Ebd.
3   Mentges, Gabriele: „'Gesund, bequem und praktisch' oder die Ideologie der Zweckmäßigkeit." In: Hessische Blätter für Volks- und Kulturforschung. NF. 25, Marburg 1989: 131–152; hier: 136f.
4   Siehe dazu den Beitrag „Schaufensterpuppen" von Herbert Baum in diesem Band.
5   Walter, Albert: Das Schaufenster und sein Schmuck. Ein kurzer Leitfaden für die Praxis. Leipzig 1928: 6.
6   Redlich, Fritz: Die Reklame. Begriff – Geschichte – Theorie. Stuttgart 1935: 15.
7   Haug, Wolfgang Fritz: Kritik der Warenästhetik. Frankfurt/M. 1971: 17.
8   Zola, Emile: Das Paradies der Damen. München 1971: 9.
9   Ebd.: 13.
10 Beuhne, Adolph: Das Schaufenster: Ein Ratgeber für die Praxis. München 1912: 7.
11 Nach Walter 1928 [Wie Anm. 5]: 107.
12 Beuhne 1912 [wie Anm. 10]: 14.
13 Ebd.: 18.
14 Ebd.: 30.
15 Beide Zitate: ebd.: 31 und 32.
16 Bund der Schaufensterdekorateure Deutschlands e.V. (Hrsg.): Schaufenster, Kunst und Technik. Jg.2, o.O., Februar 1926: 22.
17 Siehe dazu: Schlör, Joachim: Nachts in der großen Stadt. Paris – Berlin – London 1848–1930. München 1991: 63–72.
18 Bund der Schaufensterdekorateure Deutschlands 1926 [wie Anm. 16]: 18.
19 Aktenvermerk, 18.12. 1919, StA HH I; zitiert in: Führer, Karl Christian: „Solidarität und Magenfrage, Arbeitslosenproteste und Arbeitslosenräte in Hamburg 1918–23." In: 1999. Zeitschrift für Sozialgeschichte des 20. und 21. Jahrhunderts. Heft 2/91, Hamburg 1991: 20f. Bezeichnenderweise beschloß der Senat nicht etwa eine Erhöhung der Erwerbslosenfürsorge, sondern eine Einschränkung der Schaufensterdekorationen, da „diese geeignet seien, Störungen der öffentlichen Ordnung und Ruhe hervorzurufen." (Ebd.: 21.)
20 Osterwold, Tilman in: Württembergischer Kunstverein Stuttgart (Hrsg.): Schaufenster. Stuttgart 1974: 6.
21 Anonym. In: Bund der Schaufensterdekorateure Deutschlands e.V. (Hrsg.): Schaufenster, Kunst und Technik. Jg. 8, März 1932: 25
22 Nötzel, Rötger: „Das Schaufenster – So wirkt es auf Ihre Kunden." In: Schaufenster & Shop Design. Fachzeitschrift der internationalen Schauwerbung. Heft 2/1989: 34.
23 Nötzel, Rötger: „Das Schaufenster als Werbemedium." Schaufenster & Shop Design. Fachzeitschrift der internationalen Schauwerbung. Heft 2/1991: 22.
24 Siehe dazu: Schwanzer, Berthold: Die Erlebniswelt von Geschäften und Schaufenstern. Wien 1988.
25 Engels, Friedrich: Die Lage der arbeitenden Klasse in England. Leipzig 1848: 36.

Ralf Grammel

Lichtblicke im Alltag
Werbung und Mode

Der Triumph der Massenkonfektion
Vordergrund

Erst durch den Prozeß der Industrialisierung und die damit einhergehenden Veränderungen der Lebensgewohnheiten der Menschen wurden die Voraussetzungen für die Mode als gesellschaftliches Massenphänomen geschaffen. Die ‚Karriere' der Konfektionskleidung – der serienmäßig und industriell produzierten Kleidung – steht in direktem Zusammenhang mit der industriellen Revolution ab der zweiten Hälfte des vorigen Jahrhunderts. Die in jener Zeit stattfindenden tiefgreifenden technischen, wirtschaftlichen, sozialen und kulturellen Veränderungen, die die überkommenen gesellschaftlichen Strukturen ins Wanken bringen, schaffen auch die Basis für ein neues Konsumverhalten, für neue Bedürfnisse und neue Produkte, die breiteren Bevölkerungsschichten zugänglich werden.

Die mit einer ungeheuren Dynamik einsetzende Technisierung und Industrialisierung im Textilsektor hatte die Verdrängung derjenigen handwerklichen Produktionsweise zur Folge, die nicht den Anforderungen eines Massenmarktes und den sich ändernden Konsummustern entsprechen konnte. Denn Mode als Massenphänomen bedeutet,

> „daß eine große Anzahl von Personen dazu verhalten wird, ihren Bedarf zu vereinheitlichen, ebenso wie sie dazu genötigt wird, ihn wieder zu ändern. Die Mode, die folglich nicht nur zur Wechselhaftigkeit, sondern auch zur Vereinheitlichung der Bedarfsgestaltung zwingt, zieht das Vorhandensein der Fähigkeit möglichst rascher Befriedigung eines großen Bedarfs einerseits, und der Lieferung vieler gleichförmiger Gegenstände andererseits nach sich."[1]

Die serielle und maschinelle Massenproduktion, die strukturbedingte Überproduktion von Waren für einen anonymen Markt erfordert neue Verkaufs- und Vermarktungsstrategien. Ausdruck für den Zwang, immer größere Warenmassen in möglichst kurzer Zeit auf dem Markt umzusetzen, sind zum einen das sich ab der Jahrhundertmitte etablierende Warenhaus sowie die Reklame, die jetzt den Verbraucher direkt ansprechen. So wie sich im Bereich der Produktion die Verdrängung der kleinen Werkstätten vollzieht, geraten die relativ kapitalschwachen Einzelhändler durch kapital- und umsatzstarke Warenhäuser in Bedrängnis. Sie werden zu den Verlierern des verschärften Kampfes um die Kunden.

Jeder hat Zutritt

Mit dem Warenhaus, dieser „gigantischen Verkaufsmaschinerie"[2], entsteht auf virtuose Weise eine neue Dimension der Reklame: die Verbindung des Zwecks der Umsatzsteigerung mit künstlerischen Elementen der Warenhausarchitektur, ihren phantastischen Eindrücken auf die Passanten sowie des fast sakralen Charakters der Inszenierung und Präsentation glitzernder Warenwelten. In diesen lichtdurchfluteten „Kathedralen des neuzeitlichen Handels"[3] werden mittels gekonnter Anwendung aller Methoden der Reklame die Kunden durch die Illusion stets verfügbarer Warenmassen gefesselt und zum Kauf verführt.

Der Akt des Kaufens, aber auch das bloße Flanieren in diesen Kathedralen wird in großstädtischen Warenhäusern wie Tietz oder Wertheim erstmals auch tatsächlich zum Erlebnis. Entsprechend euphorisch werden die neuen Warentempel gefeiert:

> „Wenn man durch dessen hohe, reiche Räume schreitet, hier einen und da einen Einkauf erledigt, wenn man alle die in Neuheit und unbeflecktem Glanze um sich gebreiteten Waren überschaut, die breiten Treppen empor- und herniedersteigt, überall Licht, Glanz, Schönheit einem entgegenflutet, die Menschen, Mitkäufer oder Neugierige einen umströmen, gleich bewegt wie wir: dann wird der Aufenthalt in solchem Hause, ja das Kaufen selber jedem geradezu zu einem frohen Akt, zu einem Genuß, einem Fest (...)."[4]

Das Warenhaus leitet ein scheinbare Demokratisierung des Konsums ein, indem es einst exklusive Produkte breiten Bevölkerungsschichten zugänglich macht und auf Massennachfrage zielt. Es forciert aber auch den ‚Entpersönlichungsprozeß' des öffentlichen Lebens: „Aus der Kundschaft im alten Laden ist das Publikum geworden."[5]

Die Beziehungen der Menschen werden – nicht nur bei Kauf und Verkauf – auf Waren- und Geldbeziehungen reduziert, das Individuum hat sich einer effektiven und rationellen Verkaufs- und Reklamemaschinerie zu unterwerfen:

> „Man kauft heute bei dieser, morgen bei jener Nummer des Personals und ist selbst nur eine Nummer von Tausenden, die im Laufe eines Tages an dem Verkaufsstande vorüberströmen."[6]

Der modische Herr verdaut alles

Mit dem Aufblühen des Handels stieg die Zahl der Angestellten, einer neu entstehenden Klasse. Angesiedelt zwischen den höheren Beamten und der Arbeiterschaft stellten sie das „Stehkragenproletariat ohne soziale Sicherung"[7] dar. Diese neue Gruppe der Angestellten, beschäftigt in Verwaltungsapparaten, Kontoren oder den großen Warenhäusern, bildete zugleich das bedeutendste Klientel für die billigere, aber modischen Ansprüchen genügede Konfektionskleidung. Bedingt durch die niedrigeren Preise für Konfektionsware, das rapide Anwachsen der Zahl der Angestellten und der Arbeiter sowie den duch die Berufstätigkeit verursachten Zwang zum häufigen Wechsel der Garderobe vollzog sich ein grundlegender Wandel der Konsummuster. Stimuliert durch Werbung und bedürfnisgerechtere Produktgestaltung führte er zu erhöhtem Konsum und schnelleren Modewechseln. Der Siegeszug der Konfektionskleidung und die sich vollziehende ‚Demokratisierung' der Mode waren aber keineswegs allein der Proklamierung neuen Konsumverhaltens mittels Werbung zuzuschreiben. Er war auch ein Reflex auf parallele, ineinandergreifende, soziale, ökonomische und kulturelle Prozesse innerhalb einer Gesellschaft, in der sich durch die industriekapitalistische Entwicklung die Beziehungen der Menschen untereinander radikal veränderten. Dem Individuum wurden zwar zunehmend politische und ökonomische Freiheiten zugesprochen, zugleich war es aber von Entpersönlichung, Oberflächlichkeit und dem Verlust an Sensibilität gekennzeichnet. Der Einzelne wird zum Sklaven der Äußerlichkeiten; was bleibt, ist der ferne Schimmer der Illusionen.

Gerade aber in einer nach Effektivität und Rationalität strebenden Gesellschaft kommt der Mode und deren ‚irrationalen' Charakter eine bedeutende gesellschaftliche, kuturelle und psychologische Funktion zu.

Die Mode oder mit wem man es zu tun hat

Die Mode lebt vom Augenblick, ist beherrscht vom Sein, vom Bezug auf die Gegenwart. Die Formen und Inhalte der Mode, heute für absolut erklärt, vernichtet sie morgen. Von Beginn an trägt sie in sich den Keim des eigenen Untergangs:

> „Das Wesen der Mode besteht darin, daß immer nur ein Teil der Gruppe sie übt, die Gesamtheit sich aber erst auf dem Weg zu ihr befindet."[8]

Die zunehmende Verbreitung einer Mode innerhalb der Gesellschaft bedeutet aber: Je größer die Masse all jener wird, die mit der ‚neuen' Mode schwimmen, desto näher rückt das Ende dieser Mode. Die einstigen Protagonisten müssen sich erneut absetzen und neue Formen, neue Inhalte zur ‚Mode' deklarieren. Tun sie das nicht, werden sie von anderen tonangebenden Gruppen oder Moden abgelöst,

> „jedes Wachstum (...) treibt sie ihrem Ende zu, weil sie dadurch die Unterschiedlichkeit aufhebt."[9]

Georg Simmel – fasziniert von dem für die Mode charakteristischen „Kontrast zwischen ihrer ausgedehnten, alles ergreifenden Verbreitung und ihrer schnellen und gründlichen Vergänglichkeit"¹⁰ – veröffentlichte im Jahr 1905 seine „Philosophie der Mode". Auch wenn bei Simmel die Wechsel der Mode zu sehr als etwas Naturhaftes beschrieben werden und damit die Allianz aus Textilindustrie und Werbung zu stark in den Hintergrund gerät, handelt es sich hier doch um eine der fundiertesten Arbeiten zum Thema überhaupt.

Der Soziologe Simmel beschreibt die Grund-Funktion der Mode als eine spezifische Art von Orientierungsmuster, welches vor allem in Zeiten sozialer Orientierungslosigkeit an Bedeutung gewinnt und dem die gegensätzlichen Bedürfnisse des Individuums – Anpassung und Unterscheidung – zugrunde liegen.

> „Die Mode ist Nachahmung eines gegebenen Musters und genügt damit dem Bedürfnis nach sozialer Anlehnung, sie führt den Einzelnen auf die Bahn, die Alle gehen, sie gibt ein Allgemeines, das das Verhalten jedes Einzelnen zu einem bloßen Beispiel macht. Nicht weniger aber befriedigt sie das Unterscheidungsbedürfnis, die Tendenz auf Differenzierung, Abwechslung, Sich-abheben."¹¹

Durch das Medium Mode lassen sich aber auch Gruppenidentitäten demonstrieren, es gelingt die Abgrenzung gesellschaftlicher Gruppen von anderen Gruppen und der übrigen Gesellschaft.

> „So bedeutet die Mode einerseits den Anschluß an die Gleichgestellten, die Einheit eines durch sie charakterisierten Kreises, und eben damit den Abschluß dieser Gruppe gegen die tiefer Stehenden, die Charakterisierung dieser als nicht zu jener zugehörig."¹²

Bei dieser Bildung von Gruppenidentitäten beziehungsweise der Festigung von Identitäten fungiert die Kleidung im Zusammenspiel mit weiteren gruppenspezifischen Statussymbolen als soziales und kulturelles Distinktionsinstrument: Über die Mode mit ihren wechselnden Formen und Inhalten wird versucht, sich stets aufs Neue zu definieren.

So werden innerhalb der Gesellschaft Terrains abgesteckt und soziale Hierarchien gefestigt. Mode als wesentlicher Faktor einer Abgrenzungstrategie schafft aber nicht nur Distanz, sie kann in derselben Weise auch Überschneidungen und Konsens mit anderen Gruppen oder sozialen Milieus verdeutlichen.

Die Demonstration bestimmter Moden und Stile – als „Einheit von Bedeutungen"¹³ – ist als Technik der sozialen und kulturellen Integration und Desintegration zu interpretieren. Mode als komplexes System von Bedeutungen, Wertigkeiten und Zeichen wird aber auch als ‚Sprache' verstanden, als eine Technik, die es dem Individuum ermöglicht, sich selbst zu bezeichnen. Über die Mode und die Art der Präsentation bestimmter Kleidungsstücke bedient sich der Träger der „Sprache der Mode"¹⁴ und gibt so bewußt oder unbewußt Auskunft über seine Wünsche und Vorstellungen, seinen Charakter oder die Stellung innerhalb der Gesellschaft. Die Demonstration bestimmter Moden und Kleidungsstile wird zu einer Inszenierung des Körpers und der Persönlichkeit. Die Mode als Sprache ermöglicht dem Individuum, dem Umwelt gegenüber sich selbst auszudrücken und darzustellen. Der Träger definiert sich über die Zeichen und Bedeutungen der ‚Sprache' Mode und wird so interpretierbar, zum ‚sprechenden' Körper. Kleidung und Mode signalisieren auf diese Weise, „mit wem man es zu tun hat, wer der andere ist oder sein will."¹⁵

Die Mode, das Ich und die Werbung

Die Lust auf Stoff sollen sie wecken, die Zauberformeln der Werbung. Jongliert wird heute mit zentralen Begriffen wie Stil, Identität, Lifestyle, Luxus und Individualität. Letztere natürlich nicht im Sinne eines Einzelkämpferdaseins à la Don Quichote: Nein, trotz – oder wegen? – aller Ellenbogenmentalität wird ein Hauch von Kollektivität und Kooperation vermittelt, die Zugehörigkeit zu einer bestimmten Szene oder gesellschaftlichen Gruppe signalisiert.

„Gruppenbildung ist wieder gefragt", konstatiert Karla Fohrbeck in einem Exkurs über die Stilbildung zwischen „Kult und Kommerz"¹⁶. Das trifft den Nagel auf den Kopf. Denn sei es der bornierte Macho, der sich mit gekünstelter Sinnlichkeit umhüllt oder die einstige Hare-Krishna-Braut, die zur Jet-Set-Egozentrikerin mutierte. Sie alle demonstrieren Gruppenzugehörigkeit und machen deutlich, zu welcher Szene welcher Ton gehört, den es zu beherrschen gilt, um ‚In' zu sein. Individualität dient hier der Abgrenzung gegenüber den Anderen. Sie wird ein Instrument der Selbstinszenierung und Stilsicherung, getreu dem Slogan: „Guter Geschmack verbindet"¹⁷. Gegenüber dem Rest derer, die nicht dieser Gruppe oder jener Szene zugehören, wird durch spektakulär inszenierten Lebensstil – diesem Konglomerat aus Klamotten, Auto, Designermöbeln, persönlichem Anlageberater, Parfum, Lieblingsrestaurant und anderen existentiellen Accessoires

1   Ob provozierend …

2   bewegt, oder …

des täglichen Lebens – unmißverständlich klar gemacht: Mit mir kann man nicht alles machen; Ich habe meinen eigenen Kopf, die Kraft und den Willen, mein Leben so zu gestalten, wie Ich es will!

So zumindest vermittelt es der schöne Schein durchgestylter Werbewelten, adressiert an die unzähligen Aufsteiger und die noch größere Masse derer, die es gerne wären.

„Eine Welt des Luxus genießen"[18]

Wer möchte nicht endlich ‚sein eigener Herr' sein, ausbrechen aus dem Trott, seine eigenen Wege gehen? Wer möchte nicht von Freunden geschätzt und vom anderen Geschlecht umschwärmt werden, nebenbei auch noch jugendlichen Charme verbreiten und morgens weiße Flügeltüren öffnen, um sich sogleich an den Strand zu begeben?

Entsprechend vermitteln die Werbebotschaften:

„Träume werden wahr. Nicht für jeden, aber für jeden, der seine Träume lebt."[19]

In einem aufwendigen Prospekt wird von den Abenteuern erzählt, die nur in eben diesen Jeans erlebt werden können, weil diese Jeans natürlich ganz anders sind als die vielen anderen; und überhaupt: Um den „eigenen Stil zu leben" braucht es eben diese Jeans. Aber neben den Themen ‚Abenteuer' und ‚Ausbruch aus dem Alltag' kursiert auch noch die Erfolgsstory.

„ARE YOU A MEMBER OF THE CLUB?" fragt mich auf der ersten Seite des Prospekts der imaginäre Türsteher von *LEO BEST* . Da ich verneinen muß, stellt er mir einige Fragen, die mir dann auch schnell klarmachen, daß ich wohl doch zu hoch gegriffen habe. Denn ich fahre weder „mit einer Harley in die Wallstreet", bin nicht „Heute tough guy, morgen Latin lover", und befinde mich auch nicht „Immer auf der Überholspur". Aber: Auch wenn ich es noch nicht zum „member of the club" geschafft habe, darf ich mich trösten und dennoch die offerierten Klamotten für teures Geld erstehen, denn *LEO BEST* versteht mich. Mit einem vertraulichen „Tell me your dreams. I make them come true" entläßt er mich mit gestärktem Ich-Gefühl in die Realität.

Die wiederum sieht freilich so ganz anders aus; da bleibt von der vielbeschworenen Individualität und Freiheit nicht mehr viel übrig, es sei denn, ich bin „Member of the club", dann kann ich mir natürlich auch Individualität, Stil und Kleider von **CHANEL**, BOSS, ESCADA oder einem anderen gefeierten Modeschöpfer leisten.

Eine Chance auf Individualität liegt für den Normal-Sterblichen lediglich in der Möglichkeit zur ‚individuellen' Kombination von modischen Massenartikeln, wodurch die Wahrscheinlichkeit, im nächsten Szene-Lokal fünf weiteren Repräsentanten jener Individualität gegenüber zu sitzen, die auch ich repräsentiere, in der Tat auf ein erträgliches Minimum reduziert wird.

Auch wenn diese Darstellung etwas überzogen ist, Tatsache bleibt, daß jene Art Werbung, die das Individuelle, das Ich in das Zentrum stellt und den Waren selbst eine eigene Individualität verpaßt, und die mit diesem Ich-Wahn den Verstand des Konsumenten traktiert, schlicht und ergreifend lügt. Denn es liegt in der Logik der Massenproduktion, daß die Individualität auf der Strecke bleibt. Ob es ein Hemd von Lacoste oder eine Jeans von Marc O'Polo ist: Beide sind Massenartikel, für die es sich nur lohnt zu werben, weil diesen Kleidungsstücken eine hunderttausendfache Schar von Konsumenten gegenübersteht. Modewerbung, die als Zielgruppe Jugendliche und junge Erwachsene ansprechen soll, benutzt die Begriff „Individualität" und „Identität" eher im Sinne einer Profilierungs- und Abgrenzungsmöglichkeit gegenüber anderen.

„Originalität und Unterscheidungsfähigkeit" werden hier propagiert, um „Profil zu gewinnen, um in den Markt hinein zu kommen, um Identität durch Abgrenzungsproben zu stabilisieren."[20]

Werden Zielgruppen umworben, deren Stellung in der Gesellschaft noch nicht gefestigt ist, verspricht die Modewerbung nicht nur ein gestärktes Selbstvertrauen, da bestimmte Persönlichkeitsmerkmale mit dem Kauf einer bestimmten ‚Marke' gleichsam mit erworben würden. Sie verspricht vielmehr, auch auf der Seite der Gewinner zu stehen: „Keep up with the leaders in the race and never be a loser again"[21].

Bei dieser Werbung, die sich an aufstiegsorientierte, junge Erwachsene wendet, fällt auf, daß mit relativ viel Text gearbeitet wird, mit Texten eher dekorativen Charakters allerdings. Dekorativ insofern, als der Text ‚neben' dem Bild und dessen Botschaft steht. Er bezieht sich nicht direkt auf das Bild, vielmehr soll über ihn ein zusätzlicher Bezug zum Produkt hergestellt werden: Er hat die Funktion, das Produkt zu erhöhen, sozusagen auf einen Sockel zu stellen.

Der Text erzählt nicht unmittelbar vom Produkt selbst, sondern legt werbewirksam fest, was man mit dieser Kleidung alles machen kann: wo

3 mit Sex-Appeal ...

und wie sie allem Anschein nach getragen wird, welcher soziale Status damit verbunden ist, welchen Lebensstil sie repräsentiert; oder er erzählt ganze Stories von erfolgreichen jungen und schönen Menschen und deren bestandenen Abenteuern. Damit wird versucht, der Kleidung eine ganz individuelle Geschichte anzuhängen. Kaufe ich mir schließlich dieses Kleidungsstück, erwerbe ich damit auch exklusiv die ‚Urheberrechte', darf die Story für mich an Anspruch nehmen, mein bis dahin ereignisloses Leben mit großen Abenteuern in Verbindung bringen. Dadurch werde ich zu einem interessanten, begehrenswerten, erfolgreichen und stilvollen Individualisten avancieren und vor Selbstvertrauen strotzen. Kleidung macht's eben möglich, sagt die Werbung.

Mit ganz anderen Mitteln arbeitet hingegen Mode-Werbung, die nicht die Aufsteiger, sondern diejenigen, die schon oben angekommen sind, im

4 ... was bleibt, ist der Name und das mit ihm verbundene Image.

Visier hat. Statt um ‚Originalität und Unterscheidungsbedürfnis' bemüht man sich um Identität, betreibt eine Absicherung des gefundenen individuellen Stils. Hier werden keine neuen Terrains mehr abgesteckt, sondern besetzte Plätze nach unten verteidigt.

Entsprechend ändert sich auch die in der Werbung verbreitete Stimmung. Sie wandelt sich vom bewegten und heiteren Scherzo hin zu einem ruhigeren Adagio. Plötzlich halten wir keine grellbunten Prospekte mehr in der Hand, sondern von Kunstfotografen kreierte Schwarzweißkataloge; nicht irgendwelche modischen Teenies fahren in Papas Schlitten sinn- und hirnlos durch die Gegend, sondern es werden schöne und gepflegt aussehende Damen und Herren abgebildet, die nun endlich Zeit und Geld genug haben, um sich den Musen, dem Reisen und der Selbstbetrachtung zu widmen. Endlich hat man einen kultivierten Geschmack, beherrscht den guten Ton und pflegt den ganz persönlichen, individuellen Stil. Lediglich ein schlichtes Armani, Strenesse oder Valentino ziert die Werbefotografie; denn die Prospekte der Edel-Marken und Top-Designer bedürfen nicht der nervigen Texte zur Erläuterung oder Erhöhung der abgebildeten Kleidungsstücke. Hier genügt schon der Markenname, um alle Stil-Fragen aus der Welt zu schaffen.

Mit der Marke oder dem Label lassen sich bestimmte Assoziationen, Bedeutungen und Prestigewerte auf das Kleidungsstück übertragen, werden Zuordnungen zu sozialen Gruppen und Aussagen über den sozialen Status des Trägers ermöglicht – wobei durch die Zurschaustellung einer prestigeträchtigen Marke hier auch die Sehnsucht des Trägers, zu einer ‚höheren' sozialen Schicht zu gehören, zum Ausdruck kommt.

> „Darüber hinaus existiert ein mit der Marke verbundener Mythos, das heißt ein von wechselnden Verfügbarkeiten und Marketingstrategien bestimmter Komplex zusätzlicher Bedeutung, die einen hohen oder niederen Grad an Distinktion versprechen und mehr oder weniger prestigeträchtig sind."[22]

Über den offen zur Schau gestellten prestigeträchtigen Markennamen wird nicht nur dem Identifizierungs- und Unterscheidungsbedürfnis der einzelnen Rechnung getragen. Die Marken-Identität und der Stil einer Marke werden als immaterieller Bestandteil der Mode mitverkauft, die Anpassung an vorgefertigte Lebens-Stile wird ermöglicht. Marken-Identitäten und -Stile werden in der Werbung zum scheinbar individuellen Lebensstil deklariert, das Marken-Image wird so zum ‚eigenen' Image.

Da die Kleidung alleine nicht genügt, eine zusammenhängende, in sich schlüssige Lebenswelt darzustellen – wofür nicht selten die Neuprägung „Life-Style" steht –, wird von den Herstellern eine umfassende Produktpalette zur Vervollkommnung des markenbewußten Individuums angeboten.

So zeichnet sich der in den Werbewelten lebende Homo Boss, der Homo Joop oder der Homo Paloma Picasso dadurch aus, daß neben den Kleidungsstücken der betreffenden Marke auch das entsprechende Parfum, die passende Handtasche, Brille, Uhr und Geldbörse, der markentypische Schmuck, Lippenstift, Schuhe, Füllfederhalter oder gar Eßbesteck, Vasen, Teller und Tassen dessen ‚Lifestyle' prägen und den ‚Homo Marke-X' (der selbstverständlich nur in der Werbung lebt) als ein vollkommenes, abgerundetes und vor allem stilsicheres Individuum erscheinen lassen.

Die Marken kommen dem Bedürfnis von Individuum und Gruppen nach sozialer und kultureller Differenzierung entgegen. Sie schaffen durch die Möglichkeiten der Zuordnung und Kategorisierung Orientierungshilfen innerhalb der Gesellschaft, deren Bedeutung mit steigender Komplexität wohl noch weiter zunehmen wird.

Ein Hugo Boss-Anzug, so betrachtet, als moderne Form einer Tracht, als möglicher Fixpunkt in einer bunten Vielfalt kultureller und sozialer Interessen und Wertvorstellungen?

Anmerkungen

1. Sandgruber, Roman: Die Anfänge der Konsumgesellschaft. München 1982: 299f.
2. Strohmeyer, Klaus: „Rhythmus der Großstadt". In: Boberg, Jochen/Fichter, Tilman/Gillen, Eckhart (Hrsgg.): Die Metropole. Industriekultur in Berlin im 20. Jahrhundert. München 1986: 32–51, hier: 40.
3. Zola, Emile: Paradies der Damen. [1883] München 1976: 368. Zit. in: Asendorf, Christoph: Batterien der Lebenskraft. Giessen 1984: 71.
4. Göhre, Paul: Das Warenhaus. Frankfurt/M. 1907: 142. Zit. in: Meurer, Bernd/Vinçon, Hartmut (Hrsgg.): Industrielle Ästhetik. Giessen 1983: 45f. Marginalie.
5. Sombart, Werner: Das Warenhaus – ein Gebilde des hochkapitalistischen Zeitalters. Berlin 1928: 84. Zit. in: Strohmeyer 1986 [wie Anm. 2]: 40.
6. Sombart, Werner: Das Warenhaus. Berlin 1928: 84. Zit. in: ebd.
7. Strohmeyer 1986 [wie Anm. 2]: 37. Siehe dazu auch: Kracauer, Siegfried: Die Angestellten. Aus den neuesten Deutschland. Frankfurt/M. 1930.
8. Simmel, Georg: Philosophie der Mode. Reihe: Moderne Zeitfragen. Herausgegeben von Hans Landsberg. Band 11. Berlin 1905: 15.
9. Ebd.
10. Ebd.: 40.
11. Ebd.: 8.

12 Ebd.: 9.
13 Reck, Hans-Ulrich: „Stilnotate zwischen Lebensform, Subversion und Funktionsbegriff." In: Brock, Bazon/Reck, Hans-Ulrich (Hrsgg.): Stilwandel als Kulturtechnik, Kampfprinzip, Lebensform oder Systemstrategie in Werbung, Design, Architektur, Mode. Internationales Design Zentrum Berlin e.V. Köln 1986: 104.
14 Siehe dazu: Barthes, Roland: Die Sprache der Mode. Frankfurt/M. 1985.
15 Eberle, Matthias: „Wesen und Funktion der Mode." In: Mode – das inszenierte Leben. Internationales Design Zentrum Berlin (Hrsg.): Berlin o.J.: 23.
16 Fohrbeck, Karla: „Lebensformen, Life-Style, Stil: Zwischen Kult und Kommerz." In: Internationales Design Zentrum Berlin e.V. Köln 1986: 71–100.
17 Strenesse-Werbung
18 Escada-Werbung
19 Tweans-Werbung
20 Fohrbeck 1986 [wie Anm. 16]: 80.
21 Tom Tailor-Werbung
22 Gorgus, Nina: „Der liebe Gott steckt im Detail." In: Kleider und Leute. Ausstellungskatalog der Vorarlberger Landesausstellung 1991. Bregenz 1991: 222–241, hier 240.

SCHWÄBISCHE WAHRHEITEN ZUM THEMA: MODE

"Mit ons isch manches erscht richtig zom Traga komma!"

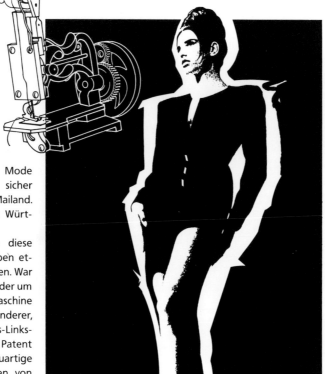

Wenn man von Mode spricht, denkt man sicher zuerst an Paris oder Mailand. Und viel weniger an Württemberg.

Aber dennoch, alle diese Modemetropolen haben etwas von den Schwaben. War es doch ein Schwabe, der um 1866 die erste Nähmaschine herstellte. Und ein anderer, der 1892 die erste Links-Links-Strickmaschine zum Patent anmeldete. Auch neuartige Rezepte zum Bleichen von Stoffen gehen auf das Konto eines Schwaben, nämlich auf das von Joh. Michael Engel. Und wer glaubt, die Kunstfaser Perlon käme aus der Neuen Welt, der irrt. Der Stuttgarter Professor Paul Schlack erfand sie 1938. Doch die württembergischen Errungenschaften in Sachen Mode sind noch weitreichender. Denken wir da nur an die weltbekannte, unverwüstliche Bleylehose, deren Hosenboden, wenn er wirklich einmal durchgewetzt war, vom Hersteller kostenlos nachgestrickt wurde. Oder die revolutionär gestreifte Iris-Damastwäsche, die 1955 erst so richtig Farbe in die deutschen Betten brachte. Und schließlich war es im württembergischen Sindelfingen, wo das erste Modezentrum entstand, das Vorbild für weitere in Europa und der ganzen Welt werden sollte. Aber nicht nur in textilen Fragen kennen sich die Schwaben aus. Dies gilt auch bei der Wahl ihrer Versicherung. Nicht ohne Grund haben wir eine Spitzenstellung im Land. Machen Sie es deshalb wie viele andere. Sprechen Sie mit uns. Wir sind stets ganz in Ihrer Nähe.

Wie Land und Leute

SV SPARKASSEN-VERSICHERUNG

Unternehmen der S Finanzgruppe

Frauenkleider – Frauenbilder

Kathrin Fastnacht, Monika Mierzowski

Grauer Alltag – Goldene Zwanziger

„Mir hen halt schaffe müsse …"

Drei schwäbische Frauen haben uns von ihrer Herkunft, ihrem Leben, ihren Träumen und ihren Kleidern erzählt. Alle drei waren in den sogenannten „Goldenen Zwanzigern" zwischen 20 und 30 Jahre alt und sind in ländlichen Gebieten aufgewachsen. Aus ihren Erinnerungen heraus relativiert sich das Bild der „Neuen Frau", deren Lebensstil zur damaligen Zeit proklamiert wurde. Die gängigen Assoziationen der 20er Jahre – charleston-tanzende Frauen in kniekurzen, taillenlosen Kleidern – lösen sich schnell auf.

„Verdienen und Vergnügen": diese Losung der Großstadt Berlin verkürzte sich für diese drei Frauen auf das Verdienen: „Mir hen halt schaffe müsse" war die nüchterne Bilanz ihres Lebens. Trotzdem träumten auch sie von dem schillernden Leben der Theater, Lichtspielhäuser, Tanzabende und den Kleidern der damaligen Mode.

Der Erfüllung dieser Wünsche standen jedoch zum einen die fehlenden finanziellen Mittel gegenüber, aber auch die meist strenge und religiöse Erziehung der Eltern.

Das hohe Alter der Interwiewpartnerinnen entschied oft über Erinnern und Vergessen. So ist es nicht zu vermeiden, daß die Lebensbilder nicht vollständig sind. Bezeichnend sind aber dadurch gerade die Ereignisse, an die sie sich deutlich erinnerten und die für sie wichtig waren.[1]

Flauschmantel und Schnürstiefel

Frau M. wurde 1903 als achtes und letztes Kind eines Weingärtnerehepaars in Uhlbach bei Esslingen geboren. Durch ein kleines Vermögen väterlicherseits wurde ihr der Klavierunterricht ermöglicht. In ihrem Geburtsort besuchte sie die Hauptschule und wohnte bis zu ihrer Heirat bei ihren Eltern.

Ihre Kleidung hat sie „schon bald selbst gemacht": mit 12 Jahren bereits hatte sie für Mutter und Schwester genäht, bei denen sie das Nähen auch „abgeguckt" hatte.

Meistens wurden schon gebrauchte Kleidungsstücke verwendet, nur selten konnten neue Stoffe verarbeitet werden:

„Da hab ich mir aus einem Regenschirm ein Täschchen gemacht und einmal hab ich einen hellen Seidenstoff von der Tante bekommen, den hab ich kornblumenblau gefärbt und mir daraus ein Kleid genäht. Mein Bruder hat sich geniert mit mir."

Man versuchte aus allem etwas zu machen und so doch noch wenigstens einen kleinen Anteil an der Modewelt haben zu können. Sonntags zur Kirche trug sie einmal, so erzählte sie uns, ein rosa Kleid mit einem grünen Flauschmantel; die schwarzen Schnürstiefel dazu „wurden mit Spukke gewichst". Während der Woche wurden auch Wollkleider getragen; einmal besaß sie auch eine Bleyle-Wolljacke, aber mit 14 war sie ihr zu klein.

„Da hab ich se aufgezogen und noch einmal gestrickt. Eine Bleylehose haben mir als ghet. Man hat halt Paten ghet, und da hat mer sich an Weihnachten a Stück gewünscht. Bleyle machet Se ja net he [kaputt; d. V.], ich mein, ich hab von de andre [Geschwister; d. V.] noch was anziehen können."

Soweit es finanziell möglich war, versuchte man qualitativ hochwertige Kleidungsstücke zu kaufen: Denn „die hielten ja doppelt so lange!" Auch hier war Sparsamkeit die eigentliche Motivation. Gerade der Firma Bleyle wurde diese Qualität attestiert: „Bleyle machen Se ja net he …". Da diese Kleider aber eben sehr teuer waren, konnte man sie sich nur ausnahmsweise, sozusagen „fürs Leben" leisten.

Tagsüber arbeitete Frau M. in der Landwirtschaft mit, abends ging sie einmal in der Woche in den Kirchenchor und zum Mädchenabend, später sei dann die „Damenriege" aufgekommen. Manchmal ging sie mit ihren Brüdern nach Stuttgart ins Theater, ins Große Haus. Das waren große Erlebnisse, zu denen sie sich hübsch machte:

„Da hab ich mir selbst ein Theaterkleid gnäht und die Schuhe im Köfferchen mitgenommen. Uhlbach war doch net kanalisiert damals und man mußte bis Obertürkheim laufen und dann nach Stuttgart fahren."

Mit 18 Jahren ging sie in Begleitung ihrer älteren Schwester in die Stuttgarter Studententanzschule.

„... und dann sind die Leut mir doch ein bißchen fremder gewesen in der Stadt, ich war noch arg jung ... aber ich bin in viele Studentenverbindungen gewesen, bei den Damenkneipen. Man ist natürlich pünktlich heimkomma."

Ab und an konnte sie die Eltern erweichen, auch an „Vergnügungen" teilnehmen zu dürfen, aber nur in Maßen.

„Mei Mutter war ja streng. Nach der Arbeit wollten wir baden im Neckar, aber die Mutter sagte nein ... wir haben nicht gestritten, wir ham halt nicht dürfen ... Überhaupt über Lehrer und Pfarrer schimpfen, des hätt's nicht gegeben! ... oder abends, zum Vater-Unser-Beten, da sind wir keuchend heimgekommen, daß es noch langt für die letzte Stroph. Man hat halt noch schwer schaffen müssen."

In den kleinen, ländlichen Orten war die soziale Kontrolle sehr streng. Jeder kannte jeden und jeder wußte praktisch über alles Bescheid. Auch die Amtspersonen wie der Pfarrer und der Lehrer waren unbestrittenen Autoritäten. Aus diesem gesellschaftlichen Gefüge auszubrechen war sehr schwer. Wer gegen die Normen und Werte verstieß, wurde sehr schnell ausgegrenzt. So war es kein Wunder, daß sich die Freizeit- und Lebensideale der Großstadt in den ländlichen Gebieten nicht durchsetzten. Denn hier waren die Menschen nicht bindungslos, frei und anonym.

Im Ersten Weltkrieg verlor der Vater von Frau M. sein Vermögen. Die Familie mußte sich weiter einschränken.

„Nach dem Krieg hatten wir keine Bleylekleider mehr, außer man hat jemand gekannt, der bei Bleyle gschafft hat. Heut ist er ja eleganter geworden, aber damals war's ja immer's gleiche bei ihm, nach einem Schema. Dann war der Stoff so rar, da hat man keinen Stoff gekriegt. Da hab ich mir einen schicken Anzug gemacht zum Radfahren, da war ich schon verlobt. ... Zum Skifahren bin ich auch schon recht früh, wo fast noch niemand gfahre ist. Ich durft net mit dem Hosenrock durchs Dorf laufen, so streng waret se da damals noch."

Trotz des strengen dörflichen Sitten-Reglements versuchte Frau M., wo immer möglich, ihre Träume zu verwirklichen. Das begann für sie mit der Mode: Mit dem Tragen eines Hosenrockes z.B. hatte sie sich sehr weit vorgewagt, denn die Hose war zu dieser Zeit noch ausschließlich männliches Requisit.

Mit 23 Jahren heiratete Frau M. ihren ersten Mann; das Paar zog nach Welzheim. Dort führte sie den Haushalt und beschäftigte sich nebenher mit Näharbeiten. Um Anregungen zu bekommen, ging sie häufig in naheliegende Bekleidungsgeschäfte:

„Da hab ich einen Trachtenmantel anprobiert und den hab ich mir dann so nachgezeichnet. Ich hab ihn mir dann eigentlich schöner als das Vorbild gemacht: aus einem alten Herrenmantel heraus, mit einer Kapuze, er war vielleicht bräunlich mit grün, ein Filzstoff ... aber daß ich da so keck war und nachhher wieder raus bin und nichts gekauft habe ...!"

Frau M. war keineswegs eine schüchterne Natur. Sie war schon früh selbständig und eigenwillig. Nach wenigen Ehejahren ließ sie sich von ihrem Mann scheiden. Auch damit verstieß sie gegen die Regeln im Dorf, was sie auch deutlich zu spüren bekam.

„... also ich war schon eine Lückenbüßerin in der Familie, als ich nach meiner ersten Ehe wieder nach Hause bin, ohne Beruf; ich war doch Hausfrau und Weingärtnerin. Ich hab dann die Kinder der Geschwister gehütet und bei den Eltern gewohnt."

Im Gegensatz zum Dorf, zu ländlichen Gebieten, war in der Stadt, besonders in der Großstadt, die Einstellung zur Ehe und den Beziehungen zwischen den Geschlechtern viel freier. Die propagierte Kurzlebigkeit, die in der Vergnügungs- und Zerstreuungs-„Industrie" ihren Ausdruck fand, wirkte sich auch auf den Bereich der Liebesbeziehungen aus. Werte wie Treue lehnte man ab und forderte die Umsetzung der freien Liebe, die u. a. durch die Verbreitung von Verhütungsmitteln und die damit verbundene Verringerung der Gefahren der Schwangerschaft und Geschlechtskrankheiten erst in zunehmendem Maße ausgelebt wurde.

Frau M. gehörte sicherlich nicht zu den Vertreterinnen der freien Liebe, aber sie wehrte sich gegen die Ehe, in der sie nicht mehr glücklich war. Nach ihrer ersten Ehe kam erschwerend hinzu, daß sie keinen Beruf erlernt hatte und deshalb zurück zu den Eltern mußte. Sie erzählte, daß sie sich zuerst gar nicht mehr aus dem Haus getraut habe vor lauter Scham über die gescheiterte Ehe. Auch das zeigt, wie einschneidend der Sittenkodex der Umgebung sich auf das einzelne Leben auswirken konnte. Trotzdem führte sie, so weit es ihr möglich war, ein eigenständiges und selbstbestimmtes Leben. Sie hatte es dabei keineswegs immer leicht, sich gegenüber den moralischen Normen ihrer Umgebung zu behaupten. Weitere Einschränkung waren ihre geringen finanziellen Möglichkeiten, die die Erfüllung manches Traumes verhindert hatten.

Sonntagsschuhe, Schnürschuhe, Spangenschuhe

Frau V., 1905 in Esslingen geboren, war 37 Jahre lang Verkäuferin in einem Esslinger Schuhladen. Sie war die Älteste von sieben Kindern, zwei Mädchen und fünf Buben. Ihr Vater war Schmiedemeister, die Mutter versorgte Haushalt und Kinder. Landwirtschaft betrieb die Familie nicht mehr, da sie in der Stadt wohnte. Nach dem Volksschulabschluß begann Frau V. ihre Tätigkeit:

„Ich bin eingelernt worden von der Chefin, da war ich 14 oder 15, als ich angefangen hab, gleich nach der Schul. Es war ein Familienbetrieb, in dem ich zuerst die einzige Angestellte war. Wir haben viel Landkundschaft ghet, aus Berkheim und Nellingen, wo man viele derbe Schuhe gebraucht hat. Als Kundschaft haben wir auch Bauerng ghet. Ausgehschuh', das hat mer in der Zeit net 'braucht. Wenn die Frauen aufs Feld sind, haben sie extra schwere Halbschuhe ghet. Sie ham halt ein Paar Sonntagsschuhe ghet, das waren eher Schnürschuhe, Spangenschuhe, so moderne Sachen ham wir net ghet. Es waren meistens Schnürschuhe oder Pompse, mir haben auch wenig mit hohen Absätzen ghet."

Interessant in der Aussage von Frau V. ist, wie sie sich und die Kundschaft von den „modernen Sachen" distanziert und abgrenzt. Deutlich sichtbar wird, daß in der ländlichen Umgebung zuerst die Arbeit kam, zum Vergnügen hatte man keine Zeit und kein Geld. Trotzdem integriert sie ganz selbstverständlich den englischen Ausdruck „Pumps" in ihren Wortschatz als „Pompse": Man war also sehr wohl darüber informiert, was Mode war, und man versuchte, Anteil an den Veränderungen der Zeit zu haben. Für die meisten war „Mode" jedoch nicht erreichbar.

„Bei der Arbeit hab ich einen schwarzen Berufskittel getragen. Mit 17 hab ich mir ein Pepitaröckchen genäht, und eine weiße Bluse mit rundem Ausschnitt und langen Ärmeln. Die Jacken ham wir da lang ghabt ... erst mit 20 hat man einen Mantel gekriegt, da hieß es dann, ebbes isch für Freud und Leid. Mit 23 hab ich einen Rock und eine Bluse bekommen, da war ich heilfroh, das war ein Ereignis, mit den Kleidern hat man noch net so viel Auswahl ghet wie heute."

Teure Anschaffungen wie z.B. ein Mantel, ein Rock oder eine Bluse waren geradezu ein Ereignis. Sie sollten nach Möglichkeit ein ganzes Leben halten. Deshalb wurden auch keine zu modischen Stücke gekauft, sondern eher zeitlose Modelle ausgewählt. Nahezu grotesk kommt es einem angesichts solcher Erzählungen vor, wenn man folgendes Gedicht liest, das 1926 in einer Berliner Frauenzeitschrift veröffentlicht wurde:

1 Der Hosenrock war bei Frauen nur bei sportlichen Aktivitäten wie zum Beispiel dem Radfahren geduldet.

Ein Photo zeigt eine elegante junge Dame, die ratlos die gedrängte Fülle in ihrem Kleiderschrank mustert:

„NICHTS ANZUZIEHEN –!
Ich stehe schon eine halbe Stunde lang
vor diesem gefüllten Kleiderschrank.
Was ziehe ich heute nachmittag an –?
Jedes Kleid erinnert mich ...
also jedes Kleid erinnert mich an einen Mann.

In diesem Sportkostüm ritt ich den Pony.
In diesem braunen küßte mich Johnny.
Das hab' ich an dem Abend getragen,
da kriegte Erich den Doktor am Kragen,
wegen frech ...

Hier goß mir seinerzeit
der Assessor die Soße übers Kleid
und bewies mir hinterher klar und kalt,
nach BGB sei das höhere Gewalt.
Tolpatsch.

In dem ... also das will ich vergessen ...
da hab' ich mit Joe im Auto gesessen –
und so. Und in dem hat mir Fritz einen Antrag gemacht,
und ich habe ihn – leider – ausgelacht.
Dieses hier will ich überhaupt nicht mehr seh'n:
in dem mußt' ich zu dieser dummen Premiere geh'n.
Und das hier ...? Hängt das immer noch im Schranke ...?
Sekt macht keine Flecke –? Na, ich danke –!"²

Solche Probleme hatte Frau V. sicherlich nie. Und immer wieder betont sie, daß sie nur wenig Freizeit hatte:

„Da hat man gearbeitet von morgens acht bis abends acht und zwei Stunden Mittag gemacht. Abends hab ich halt daheim bleiben müssen und beim Waschen helfen, und auf die Geschwister aufpassen ... das war das Los meiner Jugend. Abends sind wir nicht weggegangen, ins Kino oder so, vielleicht die anderen, die mehr Geld ghabt haben. Mein Geld mußte ich daheim abgeben. Wenn ich's Geld ghabt hätt', wär ich schon auch mal ins Kino gegangen."

Auch Frau V. hatte Träume, auch sie wäre gerne ins Kino gegangen, hätte sich Kleider gekauft und ein bißchen Vergnügen gehabt. Statt dessen mußte sie sich damit begnügen, die Sachen von ferne zu betrachten, etwa bei einem Stadtbummel:

„Da hat man ja sonntags auch noch die Läden offen ghabt, net jeden Sonntag, aber meine Chefin hat das net wollen, die war sehr fromm. Da hab ich auch mal nach Stuttgart wollen, einfach nach Stuttgart wollen, bummeln, mit einer Freundin die Läden angucken, wir haben hauptsächlich Schaufenster anguckt. Da haben wir um sieben daheim sein müssen. Ich bin ein bißchen später gekommen, und danach hab ich ein paar Sonntage nimmer fortdürfen. Mein Vater war streng evangelisch."

Fromm, streng, evangelisch sind bei Frau V. Synonyme. Sie sind zugleich signifikante Leitlinien, mit denen sie erzogen wurde und mit denen sie aufgewachsen ist. Ordentlich sein, in der Ordnung leben, das tun, was „man" tut, das waren die entscheidenden Kriterien für die Menschen in ihrem Umfeld und somit auch für sie.

Mit 23 Jahren heiratete Frau V. einen Bäcker. Doch das änderte vorerst wenig an ihrem Leben und ihrer Umgebung:

„Wir haben zu Hause gewohnt und da ein Zimmer gekriegt. Wir haben drei Jahre noch bei den Eltern gewohnt, bis wir eine eigene Mietwohnung ghabt haben. Mir waret kinderlos, wenn ich Kinder ghabt hätte, hätte ich nicht weiterarbeiten können. Ich hab einmal eine Frühgeburt ghabt, da hab ich zu schwer getragen. Ich will jetzt kein Kind mehr, ich will eine Frau, hat mein Mann gesagt. Die Frauen sind doch früher oft im Kindbett gestorben."

Frau V. war kinderlos und nur deswegen arbeitete sie weiter. Die Selbstverständlichkeit, mit der sie sagt, daß sie mit Kindern nicht weitergearbeitet hätte, verrät, wie tief verwurzelt diese Norm gerade auf dem Land war. Die neue Berufstätigkeit der Frau wurde eigentlich nur als Übergang zwischen Schule und Ehe geduldet. Deshalb hielt man es auch nicht für nötig, den Mädchen eine richtige Ausbildung zukommen zu lassen.

Sonntagskleid und Knopfschuhe

Frau S., geboren 1897 und aufgewachsen in Esslingen, war unter sieben Kindern die älteste Tochter. Der Vater war Monteur in der Maschinenfabrik Esslingen.

„Er war in Südamerika und Italien, überall, und hat die Bahnen montiert, er hat eine sehr gute Stellung ghabt. Meine Mutter war daheim."

Soweit es sich Familien finanziell leisten konnten, blieb die Frau zu Hause. Auch Arbeiterfamilien, besonders die der besser bezahlten Arbeiter versuchten das bürgerliche Familien- und Frauenideal nachzuahmen. Man wollte sich von der Masse abheben, sich den „Luxus der Hausfrau" leisten.

Frau S. ging „ins Weißnähen", wo hauptsächlich für die Aussteuer genäht wurde.

„Ich bin ins Weißnähen gegangen, da hab ich meine Nähmaschine gekriegt. Kleider nähen hab ich net gelernt, dafür hat man Stoff gekauft und zur Näherin gebracht. Wollkleider hab ich net ghabt, da gabs auch noch keine Pullover, wenn man sie net selber gestrickt hat. Ich hatte keinen Beruf. Meine Mutter wurde krank, und ich hab sie gepflegt. Ich bin dann von der Schule weggeblieben, um den Haushalt zu machen."

Immer wieder wurden die Töchter sozusagen zurück an die Familie gebunden. Erst mit der eigenen Familiengründung wurden sie aus diesem System entlassen, um dann wiederum an die eigene Familie gebunden zu sein.

Mit 23 Jahren heiratete Frau S. und wohnte nach der Heirat im Elternhaus des Mannes; er war Ziseleur. Mit 24 Jahren bekam sie ihr erstes von fünf Kindern. Auch sie träumte vom Einkaufsbummel, von schönen Kleidern und vom Ausgehen:

„Zum Einkaufen ist man noch nicht nach Stuttgart gegangen, aber zum Fotografen. Der Karl Friedrich Bauer war das größte Geschäft in Esslingen, da hab ich mein erstes Kostüm bekommen. Ich hab Wert auf Kleider gelegt, ich hab se auch gern ghabt. Aber man ist froh gewesen, wenn man ein schönes Sonntagkleid ghabt hat. Wir sind net weg'gangen, zum Tanzen ... In die Tanzstunde bin ich schon 'gangen, und wenn eine Hochzeit gewesen ist, haben wir getanzt."

Die Vergnügungen waren beschränkt, aber doch immer mal wieder möglich – nicht zuletzt aufgrund des besseren Einkommens des Vaters:

„Im Theater, im Großen Haus in Stuttgart waren wir. Da haben wir Parzival und Lohengrin gesehen, da hatt ich mein schönstes Sonntagkleid an und Knopfschuhe."

Für solche Ereignisse putzte man sich groß heraus. Aber Frau S. hätte nie gewagt, die Grenzen zu überschreiten:

„Eine Hose hab ich nie anghabt ... da hätt man mit den Fingern auf mich gezeigt! Das hat den Männern gehört. Frauen rauchten nicht, und sie zogen keine Hosen an."

Mode zwischen den Kriegen

In der Weimarer Republik war die Berlinerin der Inbegriff der „Neuen Frau". In der Metropole konzentrierten sich die Einflüsse und Veränderungen, die nach dem Ersten Weltkrieg die Gesellschaft umstrukturierten. Die politischen Ideen demokratischer Staatsführung sollten auf alle Lebensbereiche einwirken, der gesamten Bevölkerung eine bessere Lebensqualität ermöglichen.

„Jede ‚Demokratisierung' der Gesellschaft führte dazu, daß breitere Schichten an der Mode teilnahmen und die von der Klassengesellschaft geschaffenen Trachtenprivilegien ihre Bedeutung einbüßten. ... Mit den Kämpfen um soziale Gleichstellung war immer auch das Streben nach ‚modischer Gleichberechtigung' verbunden und um so größeren Veränderungen war die Mode in Zeiten sozialer Unruhe unterworfen, wenn mit den sozialen auch die modischen Privilegien der Herrschenden ins Wanken gerieten, das heißt, wenn die zuvor gesellschaftlich und modisch Deklassierten die gleiche Kleidung wie die Privilegierten zu tragen begannen und letztere ihrer Kleidung immer neue Formen, Farben und Muster geben mußten."[3]

„Man beneidet den Modischen als Individuum, man billigt ihn als Gattungswesen."[4]

Die beiden Grundfunktionen der Mode, – „Anpassung" und „Unterscheidung" – lassen sich im Bleyleprogramm in dem dadurch kreierten Frauenbild vorzüglich erkennen. In einem Essay beschreibt der Kulturphilosoph Georg Simmel das Phänomen der Mode als eine durchgängige Erscheinung in der Geschichte der Menschheit:

„Mode ist Nachahmung eines gegebenen Musters und genügt damit dem Bedürfnis nach sozialer Anlehnung, sie führt den Einzelnen auf die Bahn, die Alle gehen, sie gibt ein Allgemeines, das das Verhalten jedes Einzelnen zu einem bloßen Beispiel macht. Nicht weniger aber befriedigt sie das Unterschiedsbedürfnis, die Tendenz auf Differenzierung, Abwechslung, Sich-abheben. Und dies letztere gelingt ihr einerseits durch den Wechsel der Inhalte, der die Mode von heute individuell prägt gegenüber der von gestern und von morgen, es gelingt ihr noch energischer dadurch, daß Moden immer

Klassenmoden sind, daß die Moden der höheren Schicht sich von der tieferen unterscheiden und in dem Augenblick verlassen werden, in dem diese letztere sie sich anzueignen beginnt. So ist die Mode nichts anderes als eine besondere unter den vielen Lebensformen, durch die man die Tendenz nach sozialer Egalisierung mit der nach individueller Unterschiedenheit und Abwechslung in einem einheitlichen Tun zusammenführt."[5]

Marlen, Greta, Lilian[6]

Im Bereich der Bekleidung ermöglichte die Konfektionsindustrie die serienmäßige Herstellung von Textilien in großer Stückzahl. Geschmackvolle und qualitativ hochwertige Kleidung sollte jedem Mann und jeder Frau zugänglich sein.

Die Firma Bleyle spiegelt diese Entwicklung. Insbesondere an der „Bleylefrau" zeigt sich die Ambivalenz von traditioneller und fortschrittlicher Lebenseinstellung.

Wolle war der Stoff, aus dem Bleyle sein Sortiment anfertigte. Kein Stoff für Träume, wie es leichter fließender Crêpe de Chine für einen verführerischen Abend wäre. Die Firma Bleyle stellte ausschließlich Tagesbekleidung her – nüchtern und klar, für „Reise, Sport und Wochenend."[7]

Neben dem medizinisch-hygienischen und wirtschaftlichen Aspekt beschränkte sich der ästhetische Anspruch auf sachliche, zweckmäßige und formgerechte Gestaltung.

Durch die anonyme Massenfertigung war der Bezug, wie er beim Selbst Schneidern entstand, zwischen Trägerin und Kleidungsstück verlorengegangen. Damit eine Identifikation mit der „äußeren Haut" erleichtert wurde, bekamen die namenlosen Massenprodukte Namen.

Geographische Namen im Sinne des modernen Tourismus als Zeichen von Weltläufigkeit standen neben Frauennamen, die an Film-, Sport- und Schlagerstars der Zeit erinnerten. Die Aufteilung war dabei folgende: Einzelteile wie Westen, Pullover und Röcke wurden nach Städtenamen benannt, bevorzugt aus der Schweizer Alpenlandschaft. Kleider erhielten Frauennamen.

Die ersten Westen von 1926 „Bern" und „Zürich" wurden 1928 durch „Basel" und „Zug" erweitert. Die Namen der Kleider lauteten im Jahre 1928 Annette, Elfriede, Micaela, Otty, Karola, Cosima, Blanka, Sibylle, Hedda, und auch 1933 standen gewöhnliche neben besonderen Namen wie Olga, Anita, Klara, Dolly, Marlen und Greta.

Typ „Alma", das Trägerkleid, wird mit weitem Hut vorgestellt und assoziiert die Landschönheit, während sich hinter dem Typ „Tosca" die Eleganz der „Dame von Welt" verbirgt. Gleichzeitig wurde mit dieser „Sprache der Mode" eine Reihe von Schablonen angeboten, in denen sich die einzelne Frau wiederfinden konnte.

Farben, Formen und Figuren
"Welche Farbe kleidet Sie am besten?"[8]

Über eine Modenschau im Tübinger „Museum", dem vornehmsten Lokal der Stadt, berichtet die Tübinger Chronik im März 1928:

„(...) Auffallend ist wieder die Delikatesse der Farben, die gelegentlich mit drastischer Keckheit reizvoll zusammenspielt. (...) Die modernen Farben sind fein abgewogen und ansprechend. Neben der großen Modefarbe Grün stößt man vielfach auf Rot, das bewies die Kollektion von sechs roten Kleidern, die mit großem Applaus aufgenommen wurde. Die Abtönungen sind so fein, daß man sie kaum bezeichnen kann. Da gibt es ein Blau, das nicht blaßblau, nicht flachsblau, nicht himmelblau und auch nicht bleu madonne zu nennen ist. Es geht über in ein fahles Graugrün und scheint bestimmt zu sein, die Schönheit der Frau besonders zu unterstreichen. Dann sieht man ein Grün, das ein klein wenig ins Gelbe schimmert, schöne samtbraune Töne und eine ganze Tonleiter von Beige."[9]

Ähnlich schwelgerisch hören sich auch die Farbbezeichnungen der Bleylepalette für Damenwesten von 1927 an: schwarz, blau (d'marine), pfaublau, hellblau, azurblau, rot, rosa, rostrot, lachsrot, erdbeer, aprikose, lederbraun, tabak, dunkelbeige, mode, sand, rosenholz, moosgrün, entengrün, smaragdgrün, forchengrün, reseda, wassergrün, türkis, steingrau, mausgrau, silbergrau, weiß. Dazu die Melierungen schiefergrau, stahlgrau, pfeffer, sportbraun, grünrot, rotmeliert, grünmeliert. Im darauffolgenden Frühjahr 1928 werden die Farben kobaltblau, kamel, koralle, nilgrün, nußbraun, muskat neu eingeführt, während folgende Farben in Wegfall kommen: hellblau, rostrot, lederbraun, dunkelbeige, türkis, lachsrot, tabak, entengrün.[10]

Wurde der Schnitt auf ein Grundmodell reduziert, so fächerte sich die Vielfalt mit ihrem

"Reichtum in Farben und Ausmusterung" wieder auf. Fast jedes Modell war in 20 bis 30 Farben erhältlich. Die Farbe stellte den sinnlichen Gegenpol zum sachlich-nüchternen Schnitt dar und charakterisierte seine Trägerin weitaus stärker. Es lassen sich die kräftigen, lebensfrohen Farben von den gedeckten, unauffälligen Tönen unterscheiden.

Die Aussagekraft der Farbe läßt dabei auf Geschlecht, Alter, Anlaß und sozialen Status schließen. Das Tragen einer Modefarbe löste besonders in bürgerlichen Kreisen eine rege Diskussion aus. Kräftige Modefarben wie Rot und Grün unterlagen einer vernunftsmäßigen Legitimierung.

„Modefarben gibt es wohl seit es eine Mode gibt, wenn auch nicht in dem schnellen Wechsel unserer rasch pulsierenden Zeit. ... Die Mode läßt sich nicht zwingen, nur abbiegen. Veränderung ist die Wurzel des Lebens auch in bezug auf Farbempfindung. (...) Lange Jahre war das Rot aus der Kleidung verbannt, ich bekam eine richtige Sehnsucht darnach, obgleich ich vor Jahren Rot als Kleidung abgelehnt haben würde. Als ich jetzt nach langer Zeit wieder in die Stadt komme, leuchtet mir Rot in allen Schattierungen entgegen! Die chromatische Skala ist so reichhaltig, daß jede Frau von Geschmack sich den Farbton, der ihr zusagt, auswählen kann."[11]

Mit der Farbe wurden Werte transportiert, deren Deutungen von außen an sie herangetragen wurden.

„Die Modefarbe kehrt meistens zum Überdruß in der gesamten Umwelt wieder. Der bedeutendste Schlager auf diesem Gebiet war: Rosenholzfarben. Man muß zugeben, das Wort schon hat etwas Bestechendes. Die Vorstellung ‚edel, vornehm, köstlich' ist unwillkürlich damit verbunden."[12]

Jede Frau konnte somit ihrem Farbtyp mit den entsprechenden Eigenschaften Ausdruck verleihen.

Bei kräftigen Farben bestand die Gefahr des vulgären, billigen Aussehens. Dezente Farben hatten den Vorteil, daß sie unauffälliger waren und sich daher öfter nacheinander tragen ließen, was besonders wichtig war bei einer kleinen Auswahl in der Garderobe. Die Farbwahl sowie die passende Ausstattung wurden zum Gradmesser schichtspezifischer Zugehörigkeit. Variation und Kombination der Kleidung verlangten gute Kenntnisse in Geschmack und Zusammenstellung der Garderobe – eine zeitraubende und bildungsabhängige Beschäftigung. Die Demokratisierung der Kleidung beinhaltete die „feinen Unterschiede"[13], die Abgrenzung nach unten wurde über subtilere Mechanismen vollzogen.

„Form follows function"

Die Form erfuhr in den Zwanziger Jahren besonderes Interesse. Schon vor dem Ersten Weltkrieg beabsichtigte der Deutsche Werkbund, die Produkte der Industrie zu verbessern und Gebrauchsgegenstände nach neuen ästhetischen Prinzipien umzugestalten. Die Verbindung von Funktion und Ästhetik stand dabei im Mittelpunkt. Als Organ für dieses Vorhaben diente die Werkbund-Zeitschrift ‚Die Form'[14], die die Formgestaltung für alle Gebiete des gewerblichen und künstlerischen Schaffens behandelte. In der Ausgabe von 1922 wurde mitgeteilt:

„Wir nennen unsere Zeitschrift „Die Form". Damit erwächst uns zugleich zum Eingang die Pflicht, einem Mißverständnis zu begegnen, das sich bei allen denen einstellen muß, die die ‚Form' als ein irgendwie Äußeres, ja Äußerliches dem ‚Gehalt' gegenüberzustellen gewohnt sind. (...) es ist unmöglich, die Welt der Form als eine Welt des Scheins und der Täuschung der Welt der Wahrheit gegenüberzustellen. So gesehen ist vielmehr Form höchste Wahrheit."[15]

Diese neue Betrachtungsweise trennte „Form" und „Inhalt" voneinander und begann bisherige Vorstellungen von Geschmack zu verändern, wie sie John Ruskin um 1860 formulierte:

„Guter Geschmack ist eine moralische Eigenschaft, ist nicht nur ein Teil, sondern der Kern der Sittlichkeit."

Die starke Konzentration auf Formgestaltung führte weg von der organhaften Gestalt, hin zu neuen geometrischen Ordnungsprinzipien. Waren Typus und Norm als Folge des Krieges, durch das pflichtmäßige Gebot zu äußerster Sparsamkeit und zu strengster Schonung aller Rohstoffe, eine wirtschaftliche Notwendigkeit geworden, so entpuppte sich diese ökonomische Überlebensstrategie als eine Art „Modernisierungskonzept".

Modernisierungsbestrebungen waren besonders in der Architektur sichtbar. Neue Baumaterialien wie Glas, Stahlbeton und Eisen ermöglichten eine transparente Architektur, die sich an der Gegenwart orientierte. Ecken und Kanten der Gebäude waren nicht mehr tragend. Ein jahrtausendealtes Bauprinzip wurde aufgehoben und zeigte die Umkehrung im Denken. „Kompromißlos modern" war die Architektur der Kunstgewerbeschule „Bauhaus"[16]. Sie war kraftvoll strukturiert, in ihrer Eintönigkeit schön, die reine Sachlichkeit blieb schmucklos.

Die Einflüsse wurden auf Kleiderentwürfe übertragen.

Die enganliegenden Wollkleider wirken wie konstruierte Säulen, geplant und durchdacht, mit klaren geometrischen Formen, in denen die leblosen Modelle unbeweglichen Charme ausstrahlen. Der Rock zeigt aufklaffende Schlitze und Quetschfalten und gibt den Beinen Bewegungsfreiheit. Die gestreckte Form wirkt damenhaft.

Der Schnitt dieser Kleider wird als „Architektenarbeit" bezeichnet. Couturiers der Haute Couture, wie Madeleine Vionnet[18], entwarfen diese geometrischen Mosaike, die sich vereinfacht auch im Bleyleprogramm wiederfinden.

2   Aus einem Modeheft des Lette-Hauses (1929)[17]

3   Für die Entwürfe der Schnittmuster orientierte sich das Bekleidungshaus Bleyle an den Modellen der französischen Haute Couture: links: aus dem Bleyle-Katalog Frühjahr 1935, Modell „Ariane" – „leicht eingehefteter seidener Kragen; Achselschluß; andersfarbige Knöpfe" –; rechts: Tageskleid von Beer, Paris Art, Goût et Beauté, 1930.

Sportliches Girl und elegante Dame

Die erste Hälfte der Zwanziger Jahre war geprägt von lässiger, herabfallender Kleidung. Einfach, gerade, sportlich war auch das Jumperkleid, das aus langärmeliger Jacke und enganliegendem Rock bestand.

Ab ca. 1925 war die weibliche Oberbekleidung in ihren Modellen komplizierter geworden. Die noch immer schlanke Linie wurde etwas weiblicher, weicher und verspielter. Besonders die Kleider wurden durch eine Vielfalt an Mitteln variiert: durch aufgesetzte Taschen, Gürtel, Schleifen, Krägen, Knöpfe. Schräge Linien, diagonale Ziernähte, eingesetze Dreiecke, Keile um Taille und Hüften versuchten aufzulockern und Bewegung in die Kleider zu bringen. Vermutlich fehlte den allzu sachlichen und nüchternen Schnitten das modische Spiel und ließ das Bedürfnis nach „Putz und Zier" unerfüllt.

„Die Entdeckung der modernen Frau"[19]

Die abgemagerten Körper der Nachkriegsüberlebenden ließen kaum eine andere Möglichkeit, als aus der Not eine Tugend zu machen. Die korsettlose Linie wurde zum Ideal erhoben. In der Zeit, als die „Garconne" mit Kurzhaarschnitt und kniekurzem Rock das Erscheinungsbild in der Öffentlichkeit prägte, stieg nun die Firma Bleyle in die Produktion von Oberbekleidung ein. Vielleicht wurde der Übergang von der Knaben- und Herrenbekleidung zur weiblichen Bekleidung durch den knabenhaften Frauenkörper erleichtert. Die Herbstkollektion von 1926 jedenfalls enthielt die ersten Damenwesten, die sich kaum – nur in der Farbe – von den Herrenwesten unterschieden

Die Frau war wenigstens im äußeren Erscheinungsbild dem Mann gleichgestellt: Sie mußte sich über die Knabengestalt emanzipieren.

Die gezeichneten Bleylemodelle entsprachen dem „Girl"-Typus der Zwanziger Jahre: jung, gertenschlank, mit flachem Po und Busen, pflegeleichtem Bubikopf oder gewelltem Kurzhaarschnitt. Das sportliche Aussehen des neu aufkommenden Jumpers wurde mit Accessoires wie Tennis- oder Golfschläger unterstrichen.

Schlank blieben sie bis in die Dreißiger Jahre hinein. Die Zweiteilung des Körpers durch den Gürtel blieb – es hatten sich nur die Proportionen verschoben.

In den Ausgaben der Verkaufskataloge verändert sich die Kombination von Rock und Bluse ab 1933 in Richtung einer uniformähnlichen, fast geschlechtsneutralen Darstellung. Krawatte und Fliege, in Anlehnung an die männliche Ausstattung, finden bei Bleyle Akzeptanz, während die Hose für Frauen nur als Unterziehhose auftaucht.

5 Bleyle-Katalog, Frühjahr 1937;
   links: Modell „Kissingen" mit Gürtel;
   rechts: Modell „Bamberg", Herrenhose mit Sportbund.

Die „Bleylefrau"
Gediegen, praktisch und modern

Der erste Nachweis für Beinkleider bei Bleyle stammt aus den zwanziger Jahren, in einem Verkaufskatalog sind die sogenannten „Ojas" abgebildet.[20] Es handelt sich dabei um Reformbeinkleider für Damen und Mädchen – den Vorläufern der heutigen Unterwäsche – die es in drei Variationen gab:

„Die Bleyle-Hosen, da gab's dreierlei, die Ruth, das war die kurze, und die gab's in verschiedenen Pastellfarben und in weiß und beige, die längere über's Knie, das war die Ria, und dann die lange, was man unter die Skihosen angezogen hat, das war die Renate."[21]

Zu der gleichen Zeit erschienen in den Verkaufskatalogen auch langärmelige Westen, Mitte der zwanziger Jahre dann auch Pullover – die sogenannten „Jumper". In den Jahren 1927/28 waren Röcke bzw. Kostüme und ganze Kleider zu finden.[22]

4 Strickwaren rückten als vollwertige Kleidungsstücke in den Vordergrund; sie wurden zuerst ausnahmslos beim Sport getragen.

Es stellt sich die Frage, warum Bleyle erst so spät sein Sortiment auf Frauenmode ausgeweitet hat. Ein Grund ist der zunehmende Kleiderbedarf, der vor allem durch die angestiegene Berufsarbeit der Frauen entstand. Viele Frauen arbeiteten als Verkäuferinnen und Sekretärinnen in den weiblichen Angestelltenberufen, in denen gepflegtes Äußeres ein Muß war. Dadurch erhöhte sich besonders die Nachfrage nach konfektionierter Kleidung. Bis dahin galt für die Frauenmode, daß nur „(...) das selbst angefertigte oder das nach Maß beim Schneider hergestellte Kleid die eigentliche modische Eleganz (...)" garantierte.[23] Darüber hinaus entsprach auch das Material der Bleyle-Kleider – reine Wolle – nicht dem modischen Trend der Zeit, der auf weiche, lose fallende Stoffe ausgerichtet war. Sicherlich muß man hier aber auch die Bereiche Tageskleidung und Abendgarderobe unterscheiden.

Es gab dennoch mehrere nachvollziehbare Vorurteile gegenüber Bleyle-Kleidern: Die erste Unbeliebtheit zogen sie sich – wie gesagt – durch das rein wollene Material zu, das noch sehr kratzig war, wie uns alle Interviewpartnerinnen bestätigten, so auch Frau R. Sie wußte dafür jedoch Abhilfe:

„Ja, aber da haben sie vielleicht Leibchen drunter angezogen, wir haben früher ja auch schon aus Wolle, die kratzig war, Strümpfe anziehen müssen. Das war halt früher so ... ."[24]

Demnach waren die Menschen früher auch nicht unbedingt unempfindlicher als wir heute, aber man mußte sich wohl oder übel daran gewöhnen, da es noch nicht die entsprechenden technischen Möglichkeiten gab, diese Mängel zu beheben.[25]

Kritikpunkt war auch der Preis der Kleider, der gegenüber anderer Konfektionsware sehr hoch war. Dazu Frau R.:

Ruth **Ria** **Renate**

6 Die sogenannten „Ojas" waren die Vorläufer der heutigen Unterwäsche und ersetzten die unpraktischen Unterröcke, die mehr Staub- und Schmutzfänger als wärmende Bekleidung gewesen waren. Bleyle-Katalog Frühjahr 1939.

„Ja, es war teuer, (...) aber es war reinwollen, wunderbar. Beamte hatten immer Geld, die waren angestellt; für den Arbeiter war das eine bißchen kostspielige Angelegenheit, der hat dann billigeres gekauft, und Bleyle war bekannt, das war halt eine Markenware. Die sich's leisten konnten, haben Bleyle gekauft."[26]

In dieser Antwort werden gleich mehrere wichtige Punkte angesprochen, die Bleyle so attraktiv und erfolgreich machten:

„Das hat alles gesessen wie von der besten Schneiderin, und die Qualität war einmalig, die haben's beste Material verwendet und ausgefertigt, alles erstklassig."[27]

Bleyle war Markenware von sehr hoher Qualität, damit wurde auch ganz konkret geworben, so z.B. in den verschiedenen Verkaufskatalogen:

„Beste, reinwollene, elastisch-poröse Stoffe. Vorzüglicher Schnitt. Gediegene Machart. Äußerst dauerhaft und daher sehr preiswert. Kleidsame, zweckentsprechende Formen. Leicht zu reinigen und zu reparieren. Seit Jahren erprobt und bestens bewährt."[28]

Über eine Bleyle-Weste wird geschrieben:

„Ihre Besonderheit liegt in der feinen Wolle, der soliden Werkarbeit und in der nicht alltäglichen Harmonie der Farben, die von bester Echtheit sind und weder Sonne noch Regen zu scheuen brauchen."[29]

Immer wieder wird die Gediegenheit, Haltbarkeit, der gute Sitz, die Formbeständigkeit und die Licht- und Waschechtheit der Farben betont. Der Preis der Kleidung wurde damit gerechtfertigt, daß sie länger halte und somit auf längere Sicht billiger sei.

„Es hatte Kundschaften, die nicht so viel gewechselt haben, die haben was Gutes gehabt und das mußte aufgetragen werden, und wenn halt was Billigeres gekauft wurde, dann mußten sie halt wieder früher was anderes kaufen."[30]

Zweiter Pluspunkt bei Bleyle war der Service, der angeboten wurde. So konnte man z.B. Hosen einschicken und das Hosenbein „nahtlos" anstricken oder Reparaturen ausführen lassen. Zudem war jedem Kleidungsstück eine Waschanleitung und Reparaturgarn beigefügt. Aber es wurden auch Sonderwünsche gegen Aufpreis ausgeführt, auf Bestellung wurden Ärmel verlängert oder gekürzt, die Hüftweite weiter oder enger bemessen. Dies hat sicher zum berühmten guten Sitz der Kleider beigetragen und darüber hinaus den Anschein maßgefertigter Kleidung erweckt.

Welche Käuferinnenschicht sprach die Werbung von Bleyle als Zielgruppe an? Die Verkaufskataloge geben darüber Aufschluß, indem sie die verschiedenen Bereiche vorstellten, für die die Kleider geeignet sein sollten:

7

Betrachtet man die Bilder 7–10 und den dazugehörigen Text, so läßt sich die Schichtzugehörigkeit der dargestellten Frauen leicht identifizieren – es handelt sich um Frauen der bürgerlichen Mittelschicht. Auszuschließen ist die Frau aus der Oberschicht, denn sie mußte sicherlich keine häuslichen Verrichtungen erledigen, da sie dafür normalerweise ihr Dienstpersonal hatte. Auf der anderen Seite ist auch die Frau der unteren Schichten – die Arbeiterin – auszuklammern, da sie tagsüber arbeiten mußte, um das niedrige Gehalt ihres Mannes aufzubessern, und abends nach der Arbeit ihren Haushalt zu versorgen hatte. „Besuche empfangen" kam bei ihr wohl eher selten vor. Hier wird die Frau angesprochen, deren einziger Beruf „Hausfrau" war, die die Hausarbeit selbst erledigte, ab und zu Freundinnen zum Kaffeekränzchen empfing.

8

andererseits wurde damit impliziert, daß Frauen in Bleyle-Kleidern der besser gestellten – vornehmeren – Schicht zugeordnet würden aufgrund der vornehmen, vorteilhaften Wirkung bzw. dem Aussehen ihrer Kleider.

Das harmonische Bild von Mutter und Kindern, vereint im Spiel, ist ebenfalls eindeutig bürgerlich. Gerade im Bürgertum wurde der Wert der Familie als Keimzelle der Gesellschaft und die erzieherische Aufgabe der Mutter betont. Dafür mußte aber gewährleistet sein, daß die Frau keiner Erwerbsarbeit nachgehen mußte und somit Freiraum für die Sorge um die Kinder hatte. Im bürgerlichen Gesellschaftsbild war die Berufstätigkeit der Frau allenfalls als Übergang zwischen Schule und Ehe erlaubt. Die verheiratete Frau jedoch gehörte in's Heim, wo sie für den Haushalt, ihren Mann und ihre Kinder zuständig war.

Wichtig ist bei dieser Beschreibung die Betonung, wie vorteilhaft und vornehm ein Bleyle-Kleid auf andere wirke. Einerseits wird damit deutlich, wie notwendig das Äußere – die Kleidung – für die Anerkennung zu sein schien, und

10

9

Berufsarbeit war nicht gerne gesehen, aber als Übergangszeit akzeptiert, sofern es sich um eine standesgemäße Arbeit handelte. Dazu zählte besonders die Büroarbeit, zum Beispiel Stenotypistin, wie auf dem Bild dargestellt. Dieser Arbeitsplatz war einer der beliebtesten und häufigsten unter den weiblichen Angestellten.

Aber konnten sich diese Frauen überhaupt ein Bleyle-Kleid leisten? Eine Statistik zu den Gehältern der weiblichen Handels- und Büroangestell-

Bares Bruttogehalt in RM[31]					
1–100	101–200	201–300	301–400	401–500	Gesamt
Fälle 6.405	13.026	4.374	761	110	24.676
in % v. Gesamt 26%	52,8%	17,7%	3,1%	0,4%	100%

ten aus dem Jahre 1928/29 gibt darüber Aufschluß.

Faßt man die Zahlen der ersten beiden Sparten zusammen, so kommt man auf das erdrückende Ergebnis, daß 4/5 der erfaßten Frauen nicht über 200 RM Bruttogehalt im Monat herauskamen. Die Hälfte davon mußte mit einem Mittelwert von ca. 150 RM haushalten.[32] Von diesem Bruttogehalt müssen nun noch Ausgaben für die Sozialversicherung und die Miete der Wohnung oder des Zimmers abgezogen werden. Hier jeweils Durchschnittswerte:

```
      150 RM   Bruttogehalt
 - ca.  30 RM   Sozialabgaben
 - ca.  40 RM   Miete
 ─────────────
   ca.  80 RM
```

Den Frauen blieb für Kleidung, Verpflegung, Straßenbahn, Freizeit und Sonstiges demnach durchschnittlich 80 RM übrig.

Wirft man nun einen Blick auf die Preise der Verkaufskataloge, wird sehr schnell das Mißverhältnis deutlich. Die oben abgebildeten Kleider kosteten im Schnitt 25 RM, fast zwei Drittel einer Monatsmiete. Um sich trotzdem ein solches Kleid kaufen zu können, gründeten die zumeist ledigen Frauen keinen eigenen Haushalt und blieben weiter bei den Eltern wohnen. Doch auch da bezahlten die jungen Frauen einen Anteil an der Miete und den Lebenshaltungskosten, wenn sie nicht sogar alles Geld ablieferten und nur ein Taschengeld behielten.[33]

„Das Geld mußt ich alles daheim abgeben, und wenn i a Mark Taschengeld gekriegt hab, dann hieß es am Ende der Woche, gib mer's no wieder, wir brauchet a Brot, das waren schwere Zeiten."[34]

Warum aber war die Mode so wichtig für die Frauen?

Das Idealbild der „Neuen Frau" entsprach in keiner Weise der Realität. Die Emanzipation der Frauen bedeutete für die meisten eine Doppelbelastung: Beruf, Haushalt und Kinder. Auch die vielgerühmten neuen Frauenberufe selbst waren in Wirklichkeit nur untergeordnete Tätigkeitsbereiche, die ein geringes Gehalt einbrachten.

Um diese Kluft zu überbrücken und zu kompensieren benutzten die Frauen die Kleidermode.

„Mode und Erotik übertünchten die fehlende intrinsische Befriedigung durch den Beruf, sie gestalteten den Alltag farbiger und abwechslungsreicher und ermöglichten manchmal auch seine Verdrängung."[35]

Da also der Beruf aufgrund der genannten Gründe nicht die erhoffte Befriedigung und Selbstverwirklichung mit sich brachte, suchten die Frauen sie in ihrer Freizeit, in Abendvergnügungen und Wochenenden. Um auf dem Markt der Vergnügungen und Flirts Erfolg zu haben, benötigten die Frauen die „Korrekturhilfen" der Mode. Aber nicht nur im Freizeitbereich, auch in der Berufswelt wurde die Mode immer mehr zum Hilfsmittel, um Ziele zu erreichen und Wünsche zu erfüllen. Die Motivation war dieselbe, und somit auch der Einsatz der Hilfsmittel. Die Mode diente zur Perfektionierung der äußeren Weiblichkeit, mit deren Einsatz die Frauen wiederum ihre berufliche und finanzielle Situation zu verbessern suchten.

So beschreibt Irmgard Keun in ihrem Roman „Das kunstseidene Mädchen" das Leben der kleinen Büroangestellten Doris, die sich ihre Kleider von den Männern schenken läßt:

„Und nach dem Fuchs habe ich Schluß gemacht. Aber ich bin jetzt komplett in Garderobe – eine große Hauptsache für ein Mädchen, das weiter will und Ehrgeiz hat."[36]

Denn gerade das Gehalt der angestellten Frauen war oft so beschränkt, daß es allenfalls gelegentlich zu einem mühsam zusammengesparten Ausflug in die „Goldene Welt" der Zwanziger Jahre reichte. Um daran teilhaben zu können, gab es für die Frauen oft nur den Weg, sich von einem Mann aushalten zu lassen.

Wollte die Frau in der Berufswelt aufsteigen, bedurfte es nicht selten des Einsatzes ihrer Weiblichkeit bzw. ihres Körpers. Sie konnte neben ihrer

Aus- und Vorbildung entscheidend dazu beitragen, ihre Ziele zu erreichen.³⁷ In beiden Bereichen wurde die Mode zum Schlüssel, denn die Kleidung diente zur Selbstdarstellung in der Gesellschaft: „... man sieht also die Frau in der Mode gleichzeitig davon träumen, sie selbst und eine andere zu sein."³⁸
Mode ermöglichte das Durchbrechen der Gesellschaftsschichten und erlaubte den Frauen – scheinbar – besser situierten und höhergestellten Frauen gleich zu sein. In diesem Sinn argumentierte auch die Werbung, die mit einer neuen Verpackung neue Lebenschancen versprach.³⁹

Die Frage stellt sich, ob dieses Versprechen der Werbung möglich war und mit Hilfe der Mode bestehende gesellschaftliche Unterschiede zu verdecken waren.

11 In ländlichen Gebieten rutschte der Rock höchstens während der närrischen Zeit übers Knie:
Junge schwäbische Frauen, Mitte der zwanziger Jahre.

Blick aufs Bein

Die wohl schwierigste Frage bei allen modischen Überlegungen war die der Rocklänge.

„Während es Zeiten gab, wo es unschicklich war, den Fuß zu zeigen, so wird jetzt gegen 1910 der Rock fußfrei, gegen 1914 knöchelfrei, 1923 wadenfrei und 1927 kniefrei. Nachdem hier die äußerste Grenze des Möglichen erreicht war, sehen wir 1930 schon wieder in der Verlängerung des hinteren Teils des Rockes das allmähliche Entstehen einer Schleppe."⁴⁰

So oder ähnlich könnte auch die Geschichte des Saumes beginnen, deren Höhepunkt der kniefreie Rock der „Garçonne" darstellte. Ihr schlanker, knabenhafter Körper ließ die bisherigen weiblichen Konturen unbetont. Sie enthob den Körper von der Zweiteilung durch die Taille, indem die Gürtellinie bis auf die Hüften herunterrutschte, der Rocksaum sich aber nach oben schob.

Unterschiedliche Einflüsse wie die zunehmende Berufstätigkeit, die Verbreitung von Sport und Gymnastik sowie die aus Amerika kommenden Tanzformen des Charleston, Shimmey und Jazz, Ausflüge und Reisen in der Freizeit, verlangten mehr Körperbeweglichkeit und Beinfreiheit, das Symbol der Mobilität.

Entblößte Beine stellten nicht nur ein Problem für den Blick des Modefotografen dar, wie es Franz Grainer in der Zeitschrift „Das deutsche Lichtbild", Jahresschau 1927 andeutete:

„Die Dame von heute bildlich darzustellen, ist somit eine schwierigere Aufgabe als früher, eben deshalb, weil jene sinnfällige und unterstrichene kostümliche Würde von früher nicht mehr unterstützend vorhanden ist, sondern einer freieren Auffassung weichen mußte. Es leuchtet ein, daß – um das Problem an einem realen Beispiel klar zu machen – der bis über die Knöchel reichende Rock oder gar die Schleppe von damals weit eher jene Reserviertheit hatte, also jenes Damenhafte ausdrückte, als die kniefreie Mode von heute. In dem Maß wie früher das Damenbildnis gewissermaßen von selbst entstand, besteht heute die Gefahr, daß sich gegen die Absicht des Lichtbildners eine gewisse prickelnde Note in seine Darstellung einschleicht."⁴¹

Sie waren aber auch eine Provokation gegen eine prüde, bürgerliche Moralauffassung, wie ein Ausschnitt aus dem Flugblatt des Deutschen Frauen-Kampfbundes von 1928 zeigt:

„Dumm ist der abgestumpfte oder kniefreie Rock deshalb, weil er eine sonst ganz allerliebste, gesunde Mode entstellt. Das leichte Hängekleid, das jeder freien Bewegung des Körpers nachgibt, könnte in seiner einfachen, lieblichen Machart ganz wunderhübsch aussehen, wenn nicht die lächerliche Übertreibung des stark verkürzten oder gar kniefreien Rockes ihm die Lieblichkeit, Natürlichkeit und Harmlosigkeit nähme, und eine Absichtlichkeit mitbrächte, die alles verdirbt."[42]

Mit der Frage „Sind das noch Damen?" wurde das konventionelle Schönheitsempfinden getroffen. Ästhetische Urteile sind aber zu einem großen Teil moralische Urteile. Was schön ist, ist auch gut! Damit brach das gesellschaftliche Tabuthema von Erotik und Sexualität auf.

Die erotischen Zonen verschoben sich vom langen, offen getragenen Haar über die Schultern zu Dekolleté und Taille, und erreichten nun den bodenständigen Teil des Körpers: die Beine und deren nackt aus den geöffneten Schuhen schauende Füße.

„Ein nackter Fuß ist etwas besonderes, auch heute noch und nicht nur zu Zeiten, als alles verborgen blieb und schon das Heranzeigen des beschuhten Frauenfußes eine erotische Mitteilung ersten Ranges war. Die Füsse weisen zum Zentrum des Leibes; sie bilden den Anfang einer Bewegung, an deren Ende der Zielbereich der sexuellen Wünsche liegt."[43]

Die neue Aufmerksamkeit auf Beine und Schuhe setzte regelmäßige Pflege voraus. Während die meist glänzenden hautfarbenen Seidenstrümpfe den vorteilhaften Eindruck von samtiger Haut verstärkten, betonten sie auch die Anatomie der Beine.

„Am Tisch nebenan saß eine wunderbare Dame mit ganz teuren Schultern und mit einem Rücken – ganz von selbst gerade, und ein so herrliches Kleid – ich möchte weinen – das Kleid war so schön, weil sie nicht nachdenken braucht, woher sie's bekommt, das sah man dem Kleid an. Und ich stand auf der Toilette neben ihr, und wir sahen zusammen in den Spiegel – sie hatte leichte weiße Hände, so mit vornehmen Schwung in den Fingern und sichere Blicke – so gleichgültig nebenbei – und ich sah neben ihr so schwer verdient aus."[44]

Anmerkungen

1 Interviews mit Frau M., Frau V. und Frau S., Esslingen, 26.7.1990.
2 Tucholsky, Kurt: „Nichts anzuziehen –!" In: Die Dame. Heft 12, März 1926.
3 Thiel, Erika: Geschichte des Kostüms. Die europäische Mode von den Anfängen bis zur Gegenwart, Berlin 1963: 7.
4 Simmel, Georg: „Die Mode." In: Philosophische Kultur. Über das Abenteuer, die Geschlechter und die Krise der Moderne. [1923] Berlin 1983: 40f.
5 Ebd.: 48.
6 Bleyle-Katalog von 1933. Kleider wurden nach bekannten Filmstars wie Greta Garbo, Marlene Dietrich oder Lilian Harvey benannt.
7 Bleyle-Katalog von 1928.
8 Ebd.
9 Tageszeitung Tübinger Chronik: Ausschnitt aus einem Modeschaubericht vom 5.3.1928: 6
10 Bleyle-Katalog von 1928.
11 Fricke, Eva: „Modefarben." In: Zeitschrift des Verbandes Deutsche Frauenkultur: Deutsche Frauenkultur und Frauenkleidung. Leipzig 1930: 79.
12 Ebd.: 78.
13 Bourdieu, Pierre: Die feinen Unterschiede. Kritik der gesellschaftlichen Urteilskraft. Frankfurt/M. 1982.
14 Die Werkbund-Zeitschrift mußte ihr Erscheinen bereits nach 10 Monaten, im Oktober 1922, wieder einstellen. Sie wurde im Oktober 1925 neubegründet; ihr Herausgeber war bis 1932 Walter Curt Behrendt.
15 Riezler, Walter: Zum Geleit, „Die Form" Ausgabe 1/1922. In: Zwischen Kunst und Industrie. Der Deutsche Werkbund. Stuttgart 1987: 179.
16 Bauhaus: „1919 von W.Gropius gegründete staatliche, seit 1926 private 'Hochschule für Bau und Gestaltung', bis 1925 in Weimar, bis 1932 in Dessau, dann unter Leitung von Mies van der Rohe in Berlin. 1933 aufgelöst. Rückführung von Kunst und Kunsthandwerk auf einfachste Grundelemente." Knaurs Lexikon 1979: 82.
17 Lette-Verein: „1866 in Berlin von W.A. Lette (1799–1868) gegründeter 'Verein zur Förderung der Erwerbsfähigkeit des weiblichen Geschlechts'. (...) Der Lette-Verein war maßgeblich an der Frauenbildungsbewegung des 19. Jahrhunderts beteiligt. Heute ist er Träger einer Berufsfachschule für Photographie, Graphik und Mode, einer hauswirtschaftlichen und einer technischen Berufsfachschule (...), einer Lehranstalt für MTA und PTA." Meyers Enzyklopädisches Lexikon. Mannheim 1975, Bd. 15: 8.
18 Mundt, Barbara: Metropolen machen Mode, Berlin 1977: 87.
19 So die These von Ute Frevert. In: Dies.: Frauen-Geschichte. Zwischen Bürgerlicher Verbesserung und Neuer Weiblichkeit. Frankfurt/M. 1986: 146.
20 Verkaufskatalog von ca. 1922/23; Wirtschaftsarchiv Baden Württemberg, Stuttgart Hohenheim (= WAH), Bleyle-Bestand.
21 Interview mit Frau R. vom 22.8.1990.
22 Bleyle Verkaufskatalog 1928, WAH, Bleyle-Bestand.
23 Nach Mentges, Gabriele: 'Gesund, bequem und praktisch' oder die Ideologie der Zweckmäßigkeit. Strategien der Konfektionsindustrie zu Anfang des 20. Jahrhunderts am Beispiel der württ. Firma Bleyle." In: Hessische Blätter für Volks- und Kulturforschung. Neue Folge 25, Marburg 1989: 131–152, hier: 139.
24 Interview mit Frau R. vom 22.8.1990.
25 Nach Mentges 1989 [wie Anm. 23]: 136.
26 Interview Frau R. vom 22.8.1990.
27 Ebd.
28 Bleyle Verkaufskatalog 1922/23, WAH, Bleyle-Bestand.
29 Bleyle Verkaufskatalog 1928, WAH, Bleyle-Bestand.
30 Interview mit Frau R. vom 22.8.1990.
31 Nach Glaß, Frieda/Kische, Dorothea: Die wirtschaftlichen und sozialen Verhältnisse der berufstätigen Frauen. Erhebung 1928/29, durchgeführt von der Arbeitsgemeinschaft Deutscher Frauenverbände. Carl Heymanns Verlag. Berlin 1930: 14.

32 Ebd.: 14f.
33 Ebd.: 46
34 Interview mit Frau V. vom 26.7.1990.
35 Frevert, Ute: „Traditionale Weiblichkeit und moderne Interessenorganisation: Frauen im Angestelltenberuf 1918–1933." In: Geschichte und Gesellschaft 7 (1981): 507–533, hier: 517.
36 Keun, Irmgard: Das kunstseidene Mädchen. [1932] München 1989: 7.
37 Nach Kupschinsky, Elke: „Die vernünftige Nephertete. Die 'Neue Frau' der 20er Jahre in Berlin." In: Boberg, Jochen/Fichter, Tilman/Gillen, Eckhart (Hrsgg.): Die Metropole. Industriekultur in Berlin im 20. Jahrhundert. München 1986: 164–174, hier: 165.
38 Barthes, Roland: Die Sprache der Mode. Frankfurt/M. 1985: 262.
39 Nach Haug, Wolfgang: Kritik der Warenästhetik. Frankfurt/M. 1971: 91.
40 Wilke, Charlotte: „Mode, Frauentyp und Zeitgeist." In: Schmidt-Beil, Ada (Hrsg.): Die Kultur der Frau. Berlin 1930: 36–41, hier: 40.
41 Grainer, Franz. In: „Das deutsche Lichtbild", Jahresschau 1927.
42 Deutscher Frauen-Kampfbund, Beilage des Gemeindeblatts für den Kreis Ahlfeld, Frühjahr 1928
43 Frey, Patrick: Zu Füßen des Leibes. In: Andritzky, Michael (Hrsg.): Zum Beispiel Schuhe. Gießen 1988: 10–13, hier: 12.
44 Keun 1989 [wie Anm. 36]: 30f.

Gottlieb Schnapper-Arndt
(1882)

Nährikele

Ein sozialstatistisches Kleingemälde aus dem schwäbischen Volksleben

Die Lebensgeschichte des „Nährikele" wurde zwischen 1880 und 1882 in Tübingen aufgezeichnet. Ihr Verfasser war der „Privatgelehrte" Gottlieb Schnapper-Arndt, 1846 in Frankfurt am Main geboren und einer wohlhabenden jüdischen Kaufmannsfamilie entstammend.

Schnapper-Arndt studierte „Staatswissenschaft" (nach heutigem Verständnis Soziologie) bei Gustav Schmoller in Straßburg und bei Rümelin in Tübingen. 1882 beendete er sein Studium mit einer Doktorarbeit über „Fünf Dorfgemeinden auf dem Hohen Taunus", 1880 hatte er hier geheiratet.

„Nährikele", aus Stuttgart gebürtig und in Tübingen lebend, war die Weißnäherin seiner Frau. Ihr wurde in der Studie – die in folgenden in Auszügen wiedergegeben wird – ein eindrucksvolles, heute fast vergessenes Denkmal gesetzt.

(Christel Köhle-Hezinger)

Sie war im Jahre 1835 in Stuttgart geboren als Tochter eines gelernten Schneiders, der auf der Wanderschaft einen höheren Beamten kennen gelernt hatte und bei ihm als Diener eingetreten war. Der Beamte war ledig und speiste außerhalb; dadurch lernte der Diener eine Restaurationsköchin kennen, welche er heiratete: Rikeles Mutter. Auch nach Gründung eines Hausstandes durfte er noch bei dem Herrn bleiben, wurde aber dann kränklich und kehrte, als Rikele acht Jahre alt war, in sein Heimatdorf zurück. Daselbst starb er 1857; die Mutter starb im Spätherbst 1875.

Rikele hatte 5 Geschwister gehabt, wovon drei im frühen Kindesalter gestorben waren. Noch lebten ein verheirateter Bruder, ein kleiner Handwerker, und eine Schwester, deren Mann unheilbar krank war: eine Landbötin. Beide im Heimatdorfe.

Rikele selbst war ledig. Sie besaß einen Sohn von 23 Jahren, welcher seines Gewerbes Schneider war ...

Zweiundsiebzig Mk. hatte das Rikele bei der Oberamtssparkasse verzinslich angelegt. Als nämlich die Mutter gestorben war, hatte Rikele eine Erbportion von 197 Mk. 70 Pf. zu empfangen gehabt. An veranschlagter Fahrnis wurde ihr davon laut „in Händen habenden Loszettels" 33 Mk. 40 Pf. zuteil; 10 Mk 97 Pf. betrugen die Teilungskosten: Rest also ohngefähr 153 Mk.

Von diesem Rest waren 63 Mk sofort für einige kleine Anschaffungen bei eingetretener Krankheit und für Bezahlung noch einer Schuld der Mutter aufgegangen, wogegen die übrigen 90 Mk. Rikeles erste kapitalistische Rücklage gebildet hatten. Die Kasse vergütete „Dienstboten, Gewerbegehilfen, Lohnarbeitern, Taglöhnern und derartigen in Privatdiensten stehenden Personen" $4\frac{1}{2}\%$: hierdurch Anwachsen jener Summe bis Ende 1878 auf 99 Mk. 1 Pf. (...)

Rikele war Weißzeugnäherin; sie flickte, fertigte Morgenhäubchen, Chemisetten, Kragen, Manschetten und half beim Kleidermachen; nicht minder unternahm sie zuweilen das selbständige Schneidern einfacher Oberkleider. Sie machte alles, was „in ihr Fach einschlägt", auch Sophakissen. Eine Vielseitigkeit, die in Rikeles Worten: „I lass' mi zu allem brauchen, auch zum Sattler", einen launigen Ausdruck findet. All' dies schafft sie meist in den Häusern ihrer Kunden. ...

Im Sommer um halb sechs Uhr, im Winter um 7 aufstehend, erschien sie bei ihren Kunden je nach der Jahreszeit zwischen 7 und 8 oder kurz nach 8 Uhr, bekam gewöhnlich eine große Tasse Kaffee mit zwei Stück Zucker und einem Weck, und begann dann die Arbeit. Um 10 Uhr das ortsübliche „Gläsle Wein" nebst Butterbrot oder auch Brot mit Wurst, bei einer Familie manchmal zwei Eier. Um 12 Uhr Mittagessen. Das Rikele teilte seine Kunden in Professoren und „Bürgersleute" ein. Bei diesen gab's Suppe, Gemüse und Fleisch, dort zuweilen auch noch Braten. Bei diesen aß sie am Tische mit, bei jenen besonders für sich! Um drei Uhr eine Tasse Kaffee mit einem oder zwei Milchbroten. Abends, nach Schluß des Arbeitstages – im Sommer zwischen 7 und 8 Uhr, im Winter um 8 Uhr – Tee oder Kaffee mit zwei Semmeln und Wurst; in einigen Familien wurden statt des Abendmahls 30 Pf. Kostgeld gegeben. Im ganzen ein 11- bis $11\frac{1}{4}$-stündiger Arbeitstag. Denn das zweite Frühstück und die Vesper wurden nebenher am Arbeitstisch eingenommen; bei den „Bürgersleuten", welche selbst rasch aßen, saß sie auch nicht länger als eine Viertelstunde beim Mittagstisch (...)

Bei vielen Familien ging sie nach dem Mittagsmahl noch fünf Minuten im Zimmer auf und ab; das war eine Erholung, die man ihr stillschweigend gewährte, und auf die sie, als auf etwas besonderes, einigen Stolz bekundete ...

Rikele hat ihre Kunden nie hoch im Preise gehalten: sie erhielt 1864 pro Tag 12 Kreuzer (34 Pf.), 1865 15 Kreuzer (43 Pf.), 1866 bis 1870 15–18 Kreuzer (43–51 Pf.). Nach 1870 setzten sich diesem bescheidenen Wesen gegenüber die Kunden teilweise selbst hinauf und gaben bis zu 70, teilweise bis zu 80 Pf. Zahlreiche kleinere Zuwendungen an Naturalien neben der üblichen Verköstigung, an Weihnachten auch kleinere Geldgeschenke, mögen teilweise noch als ein Lohnzuschuß betrachtet werden. Ich berechnete, daß sie sich, bei ihren Kunden arbeitend, immer noch besser stand, als bei dem Stücklohn ohne Kost im eigenen Haushalt. Für ein feines Herrenhemd erhielt sie z.B. 1 Mk.; daran arbeitete sie, wenn sie sich der Maschinen bediente, einen Tag. Als einen besonderen Glücksfall sah sie es an, wenn man ihr die Anfertigung ganzer Kleider übertrug. „Wenn man Kleider macht, verdient man mehr" ... (...)

Leider war die Zahl ihrer auswärtigen, also lukrativen Arbeitstage, in den letzten Jahren descrescendo gegangen. Ursache, wie das Rikele meinte, daß ihre Familien sich immer mehr an das Einkaufen fertiger Waren gewöhnt hätten; auch hätten sich viele von ihnen Maschinen angeschafft und würden demnach, selbst wenn man sie zu deren Bedienung annehme, in weniger Arbeitstagen mit ihrem Bedarf fertig als vorher. Denn durch die Maschine schafft sie jetzt in einem Tage, was sie sonst kaum in dreien fertig bringen konnte. Zu Beginn der Ferien pflegte es dann noch für sie eine besonders stille Zeit zu geben. Rikele erklärte das damit, daß „die Leut' zu Anfang der Vakanz kein Zeit hen, da putzet sie."

Für die Unterhaltung und Ergänzung ihres Inventars an Arbeitsgerätschaften hatte das Rikele keinen großen Aufwand zu machen. Sie würde für Nadeln jährlich etwa 1 Mk. gebraucht haben, wenn sie dieselben nicht meist zum Geschenk erhalten hätte. Sie bevorzugte die englischen Nadeln, und tat sich etwas zugut darauf, daß sie dies, der Wahrheit zu Liebe, obschon eine Deutsche, unverhohlen gestehe. „Die englischen laufet, aber die deutschen krachet, weil sie nicht schlupfet und selbige werden bloß krumm." Trennmesser und Scheren sollten jedes Jahr regelmäßig geschliffen werden, wurden es aber nicht. „Man schleift nichts hinzu", meinte Rikele. ... (...)

Auf gute persönliche Behandlung durch ihre Kunden legte sie großes Gewicht, von einem ihrer Häuser rühmte sie es, daß man sich dort immer wieder ganz erhoben fühle und empfinde, daß man ein Mensch sei. Den Dienstboten wollte sie nicht gern unterstellt sein.

Die Lohnarbeit war Rikeles Haupteinnahmequelle. Nebenher spielten die Gratiszuwendungen, die ihr von einigen Kunden zuteil wurden, eine kleine Rolle; eine größere die Eigenproduktion in ihrem Kleiderbudget. Die Arbeit jedoch, die dies anspruchslose Wesen für die Instandhaltung der eigenen Kleidung oder gelegentlich für den Sohne leistet, bewertet es freilich recht gering. (...) In den Augen Rikeles scheint aber auch diese Schätzung der zu eigenem Bedarfe geleisteten Näharbeit noch zu hoch gegriffen. Sie sagt nämlich: „'s ischt mer ebe so gebe, da tu i net amal d'Chronisch (Chronik) lese, ohne daß i strick', das heißt aber net geschafft, weil i nix krieg." (...)

Brauche ich zu sagen, daß das Rikele sehr sauber, aber höchst einfach gekleidet ging? An den Wochentagen meist barhäuptig mit glatt gescheiteltem Haar; sie rühmt es diesem Haar nach, daß es anspruchlos sei und der Pomade nicht bedürfe. Des Sonntags trägt sie Hüte: auf einem derselben prangt sogar eine Feder. Freilich eine geschenkte Feder. „Das ziert den Mann und koscht nit viel, ich tu' mich immer mit fremde Federn schmücke". Noch manche andere Geschenke fanden sich unter ihrem Kleidervorrat, welcher überhaupt ansehnlicher war, als man es bei ihrem minimalen Geldeinkommen erwartet haben sollte. Als Näherin hatte sie sich in ihrer freien Zeit vieles selbst gefertigt, und was einmal hergestellt war, ging so leicht nicht wieder zugrunde. Bekam sie doch einen kleinen Schrecken, wenn sie des Sonntags zum Fenster hinausschaute und es ihr plötzlich einfiel, daß es ihr „gutes Kleid" war, mit welchem sie sich auf die Brüstung gelehnt hatte!

Inventar des Kleidungsvorrats

Oberkleider.
Für Festtage und besondere Gelegenheiten:
1 schwarz und 1 braun Casimirkleid; 1 blau Rips Kleid; Tuchjacke, schwarz; Jacke, Rips, schwarz; Schürze, Seide, geerbt.

Für Werktage:
1 grau Lamakleid; 1 braun Ripskleid, altes Sonntagskleid; 2 Lustrekleider; 1 Kattunkleid, altes Sonntagskleid; Tuchjacke, Geschenk einer Kundin; 1 grau wollene und 3 schwarze Orleans Schürzen, fast sämtlich Geschenke von Kunden; 6 Zeugle Schürzen.

Kopfbedeckungen.
1 Pelztierchen, Geschenk; 1 Schleife, seiden, Geschenk; 8 seidene Halstüchlein, Foulards und Shäwlchen, meist geschenkt und zunächst an Sonntagen getragen. 6 wollene Tücher, Kragen und Shäwlchen, zumeist Geschenke; 12 Tüchle, Shäwlchen, Schlipse und Barben von Mull und Tüll, Stoff dazu meist geschenkt. Vieles davon hält sie „für so unnöthig".
1 Paar Handschuhe, Seide, Sonntags in der Kirche; 1 Paar schwarzwollene Winterhandschuhe, selbst gestrickt.
7 Tüchle aus Picqué und Kattun; 6 Chemisetten; Stoff zu jenen und diesen meist geschenkt; Rüsche zu Halskrausen gleichfalls geschenkt.

Unterkleider und Leibwäsche.
5 Sonntagsunterröcke als Flanelle, Trikot und Piqué, alles selbstgefertigt, Stoff zu zweien geschenkt …
6 Werktagsunterröcke aus Flanell, Moirée, Orléans, einer wattiert, einige dienten früher an Sonntagen; Stoff zu zweien geschenkt, zu einem ererbt, alle selbstgefertigt.
1 Korsett; 4 Paar Beinkleider, Baumwoll-Flanell, 1 Paar geschenkt.
8 Hemden, Baumwoll-Flanell, Stoff teilweise geschenkt; 1 gekauft;
22 Paar baumwollener Strümpfe, weiß, blau und braun, datieren jeweils noch von 66 her; 8 Paar sind schon angestrickt, die andern werden es noch; (dürften innerhalb der nächsten 6 Jahre aufgehn); 4 Paar grauwollene Strümpfe, selbst gestrickt, angestrickt; an jedem ursprünglich für 70 Pf. Garn, werden noch einmal angestrickt; (halten noch 2 J.); 1 Paar weiße wollene Strümpfe, schon angestrickt, Wolle von einer Kundin (1879) geschenkt. 1 Paar Strumpflängen.
6 Hemden aus Leinwand. Der Stoff von der Mutter teils geschenkt, teils ererbt; 4 Hemden hat sich Rikele erst jetzt gefertigt; 9 aus Shirting; 3 Paar Manschetten.
5 Paar Beinkleider, selbst gefertigt; 4 Tüchle, Shirting, Nachts umzubinden.
32 Taschentücher, worunter 24 weiße Leinwand, die andern bunt. 15 sind Weihnachtsgeschenke. Die meisten sind gesäumt; 3 liegen noch ungesäumt für den Sohn da.

Schuhwerk.
1 Paar Kidlederstiefel; 1 Paar Zugstiefel, 1 Paar Filzstiefel; 1 Paar Hausschuhe „Endschuhe", geschenkt.

Schmuck, diverse Gebrauchsgegenstände.
2 goldene Ringe, eine Elfenbeinbrosche, 2 Aufsteckkämme, 1 desgl. Schildpatt, Geschenk.
3 Armkörbchen, gekauft und gesteigert; 1 kleines Körbchen, Weihnachtsgeschenk; 1 schwarzes Ledertäschchen, Geschenk; Reisetasche.
1 Regenschirm, schwarz Zanella; 1 Sonnenschirm. Seine ganze Fahrnis hatte das Rikele mit 535 fl. versichert. Es sei ja nicht so viel wert, aber der Schultheiß habe gemeint, sie kaufe ja auch immer noch dazu.

Schnapper-Arndt, Gottlieb: Vorträge und Aufsätze. Tübingen 1906: 190–225, hier: 192–196, 204–206.

Brigitta M. Schilk

Frauenleben in der Weimarer Republik
Ein Kapitel Frauengeschichte

Die Frauenbewegung:
Von ihren Anfängen und ihren Auswirkungen

„Die Frau des 19. Jahrhunderts erkannte, daß sie in einer Männerwelt lebte: sie sah, daß die Familie, der Beruf, die Bildungsmöglichkeiten, die Stadt, der Staat, die innere und äußere Politik, ja auch die Kirche von Männern nach Männerbedürfnissen und -wünschen eingerichtet waren; und sie sah weiter, daß alle diese Bildungen mit schweren Mängeln behaftet waren. Unter diesen Mängeln litt die Frau; aber das war nicht das Schlimmste; unter diesen Mängeln litt die Menschheit; (...) Und es erwachte in der Frau die Überzeugung, (...) daß die soziale Weltordnung erst in das Gleichgewicht gebracht werden kann, wenn Frauen verantwortlich mitdenken und mithandeln."[1]

Diese „Idee der Frauenbewegung" bildete – zusammen mit der Idee der Menschenrechte – den Hintergrund der bürgerlichen Frauenbewegung. Die Idee der Menschenrechte basierte auf der Idee der Gleichberechtigung, der „Idee der sittlichen Selbstverantwortung" und „der sittlichen Selbstbestimmung des innerlich freien Menschen"[2].

Die Frage nach den Zielen der ersten Frauenbewegung kann nicht kurz mit Stichworten wie Gleichberechtigung der Geschlechter, mehr Rechte für die Frau oder bessere wirtschaftliche und kulturelle Bedingungen, bessere Bildungsmöglichkeiten oder „Weiberherrschaft" beantwortet werden. Frauen kämpften für die Erweiterung ihres Lebenskontexts, sie wollten an der sozialen Weltordnung Anteil nehmen. Ihr Können, ihre „psychologische Feinheit" und ihre Schöpfungen sollten einfließen in die Menschheit. Frauen kämpften für politischen, kulturellen und ökonomischen Einfluß auf die Lebensbedingungen und Geschehnisse im Staat und wollten ihr soziales Wirken entfalten.

Die erste Frauenbewegung war – anders als die heutige – klar strukturiert und organisiert. Der Frage, welche Vereinigungen zur Frauenbewegung gehören, ging Agnes von Zahn-Harnack in ihrem Werk „Die Frauenbewegung" nach. Sie unterteilt die verschiedenen Frauenorganisationen nach fünf verschiedenen Gesichtspunkten: die *karitativen* Vereinigungen, die *politischen* Frauenvereine, die *neutrale* Frauenbewegung, die *konfessionelle* Frauenbewegung und die *Frauenberufsbewegung*. Weder die karitativen Vereinigungen – die sich der Wohlfahrtsarbeit und Liebestätigkeit widmeten –, noch die politischen Frauenvereine (zum Beispiel Arbeiterinnenvereine) zählt Zahn-Harnack zur eigentlichen Frauenbewegung gehörig. Nur die neutrale, die konfessionelle und die Frauenberufsbewegung seien „reine" Frauenbewegungsvereine. Unter der neutralen Frauenbewegung versteht sie alle Organisationen von Frauen, die *parteiunabhängig* und *unpolitisch* sich für die Verwirklichung der Ideen der Frauenbewegung einsetzen. Für die beiden anderen gilt, daß sie neben ihrer beruflichen bzw. konfessionellen Interessenvertretung auch die Frauenbewegung fördern und für die Emanzipationsinteressen von Frauen eintreten sollten.[3]

„Die Frauenbewegung lebte in Vereinen und organisierte sich in deren Strukturen. So ist die Geschichte der ersten Frauenbewegung recht eigentlich eine Geschichte der Frauenvereine und ihrer hervorragenden Führerinnen. (...) Allerdings ist es fast unmöglich, diese vielerlei Frauenvereine nach ganz bestimmten Gesichtspunkten zu gruppieren, denn die ersten Ziele der Frauenbildung, des Frauenerwerbs kreuzen sich vielfach mit dem der Propaganda für die Frauenfrage an sich oder mit dem der Hebung eines einzelnen Standes, was wir Berufsorganisation nennen."[4]

Ende des 19. Jahrhunderts war die Frauenerwerbstätigkeit beschränkt auf bestimmte Schichten. „Erwerb" umfaßte nicht die Frauenarbeit, die Frauen unbezahlt als mithelfende Familienangehörige leisteten. Frauen der verschiedenen sozialen Schichten lebten in gänzlich unterschiedlichen Lebenswelten und hatten einen anderen Bezug zur Erwerbstätigkeit. 1907 lassen sich vier verschiedene Gruppen von Frauen erkennen:

„1. die Frauen und Töchter der bürgerlichen Mittel- und Oberschicht ohne Recht auf Arbeit (mit Ausnahme des Gouvernanten-, Lehrerinnen- oder Gesellschaftlerinnenberufs bei Ledigbleiben) [6,5%],

2. die in der Landwirtschaft, im Handel und Gewerbe [vorwiegend als Tagelöhnerinnen oder als mithelfende Familienangehörige; d. V.] tätigen Frauen [40,5%],

3. die Fabrikarbeiterinnen (ledig oder verheiratet mit Kindern) [18,3%] und

4. die unverheirateten Dienstmädchen sowie verheirateten Dienstboten (wie Wäscherinnen, Köchinnen ...) [16,1%]."[5]

Dieser unterschiedliche Zugang zum Berufsleben, für die einen Verbot, für die anderen Zwang, bildete einen entscheidenden Hintergrund für die Herausbildung der zum Teil gegensätzlichen Interessen der proletarischen und bürgerlichen Frauenbewegung. „Klassenfragen hatten die vielbeschworene Frauensolidarität gesprengt."[6] Nicht mehr das Geschlecht an sich einte alle Frauen.

Mit der Gründung des Frauenvereins „Allgemeiner deutscher Frauenverein" (ADF) durch Louise Otto-Peters im Jahr 1865 begann sich in Deutschland die bürgerliche Frauenbewegung zu organisieren. Die Geschichte der Frauenbewegung hatte bereits in den 40er Jahren mit dem Aufbruch der sozialen und demokratischen Bewegungen um die 1848er Revolution eingesetzt. Der erste Frauenverein mit politischen Zielen[7] hatte in seinem Programm den Kampf für soziale und politische Gleichberechtigung der Frau, den Einsatz für die erhöhte Bildung des weiblichen Geschlechts und für das Recht auf Erwerbsarbeit. Der Satz von Helene Lange „Die erste Äußerung der Frauenbewegung ist das Gelüsten nach der Männer Bildung"[8] gibt den Bildungshunger der bürgerlichen Frauen wieder.

In der bürgerlichen Frauenbewegung fanden sich vor allem Frauen aus dem Großbürgertum, dem städtischen Bürgertum und dem Landadel wieder. Sie kämpften für ein Recht auf Bildung und Erwerbsarbeit, für den Zugang zum Universitätsstudium, für ein Recht auf eigene Lebensführung für ihre Schicht. Diese Frauen wollten am kulturellen Leben teilnehmen. Dorothee von Velsen, eine bürgerlich-liberale Frauenbewegte, ist ein Beispiel für diese gesellschaftliche Gruppe von Frauen. Sie schreibt in ihren Lebenserinnerungen:

„Nicht die soziale Frage ergriff mich, sondern der Kampf der Frauen um das Recht der eigenen Lebensführung. Langsam fällt ein Tropfen auf einen anderen, und die steinerne Säule wächst. Langsam rinnt ein Sandkorn von dem anderen und eines Tages bricht der Wall. Generationen hatten sich gesehnt. Nun war es so weit. Tore taten sich auf, wir durften teilhaben an Erkenntnis, mitstreiten, mitleiden, eine neue Welt erbauen."[9]

Arbeit wurde als erzieherischer Wert und die Berufsfreiheit als Voraussetzung zur Selbständigkeit begriffen. Dieser Begriff von Arbeit war nur den bürgerlichen Frauen gemeinsam, die Situation der Arbeiterfrauen und Arbeiterinnen verkannten sie größtenteils ganz.

Im Jahr 1894 schlossen sich die bestehenden 34 bürgerlichen Frauenvereine zum „Bund Deutscher Frauenvereine" (BDF) zusammen. Der BDF mußte die sozialdemokratischen und Arbeiterinnen-Vereine ausschließen, da die Frauenvereine den Vereinsgesetzen – dem „Maulkorberlaß" von 1850 – unterlagen, die Frauen jegliche politische Betätigung verboten.[10] Grundsätze des BDF waren daher Überparteilichkeit und weltanschauliche Unabhängigkeit. In seiner Satzung von 1907 finden sich die Forderungen

„nach Gleichberechtigung der Frauen in allen Ehe- und Familienangelegenheiten, die ökonomische Absicherung der Frau, die Abschaffung der Doppelmoral, die Besserstellung und ökonomische Sicherung unehelicher Kinder, ferner gleiche Bildungs- und Ausbildungsmöglichkeiten, volle Berufsfreiheit, gleicher Lohn für gleiche Arbeit; Arbeiterinnen- und Mutterschutz, vollständige Staatsbürgerrechte für Frauen sowie volles Stimmrecht in den Kirchen."[11]

Die Anfänge der proletarischen Frauenbewegung sind geprägt von gesetzlichen und politischen Hindernissen. Einerseits verhinderte der Maulkorberlaß, daß Frauen sich in politischen Vereinen beteiligten, andererseits fehlte Arbeiterinnen eine eigene Berufstradition, auf der ihre Organisierung hätte aufbauen können. Dazu kam, daß manche Arbeiterorganisationen eine Frauen-Mitgliedschaft ablehnten und ein Verbot für Frauenfabrikarbeit durchsetzen wollten. In den Vereinen stießen die Arbeiterinnen oft auf Anfeindungen der Kollegen, die es am liebsten gehabt hätten, wenn die Frauen an den Herd zurückgekehrt wären. August Bebel war einer der wenigen Männer, die sich dafür engagierten,

> „daß die Frauen in den Fabriken und Werkstätten mit in die Gewerkschafts- und Fachorganisation als gleichberechtigt eintreten, (...), daß die Löhne für Frauen und Männer gleichgestellt werden."[12]

Die ersten Forderungen waren die nach gleichem Lohn für gleiche Leistung ohne Geschlechtsunterschied, nach dem gesetzlichen Arbeiterinnenschutz (1877), nach dem freien, gleichen und geheimen Wahlrecht (1895), gleichen Bildungschancen, privatrechtlicher und politischer Gleichstellung der Frauen, nach Mutterschutz und Beseitigung der feudalen Gesindeordnung zur Befreiung der Dienstboten (1891 und 1916).[13]

Im Laufe der Zeit blieben heftige Auseinandersetzungen zwischen den vielfältigen Gruppen und Strömungen nicht aus. Umstrittene Positionen innerhalb des BDF gab es um die Fragen, die sich auf die geschlechtsspezifische Arbeitsteilung und Erziehung, alternative Lebenstile für Frauen (z.B. Ledige), die Einstellung zu Ehe und Mutterschaft, Sexualität, Prostitution, Mutterschutz, Abtreibung, Friedenskampf und vor allem auf das Frauenstimmrecht bezogen.

Am verworrenen Kampf für das Frauenstimmrecht und den gegensätzlichen Einstellungen zum Krieg zeigte sich, wie weit radikale Frauenrechtlerinnen und konservative, liberale und nationalliberale Frauen voneinander getrennt waren. Der BDF stellte im ersten Weltkrieg „Opferbereitschaft und nationale Pflichterfüllung in den Vordergrund"[14], versuchte sich als staatstragend zu erweisen, seine Zugehörigkeit zur nationalen bürgerlichen Gesellschaft durch Anpassung und Unterordnung zu demonstrieren und sich an der „Erneuerung der Volksgemeinschaft" zu beteiligen. Einige Führerinnen der bürgerlich-liberalen Frauenbewegung bauten an der Heimatfront den *Nationalen Frauendienst* (NFD) auf, so daß „praktisch die gesamte Wohlfahrtspflege und das Fürsorgewesen nun plötzlich in der Hand von Frauen" lag.[15] Der Gedanke „einer nationalen Identität" kannte keine sozialen, politischen und kulturellen Grenzen. Auch sozialdemokratische Frauenvereine leisteten ihren Kriegsbeitrag vor Ort.

Andere beteiligten sich an der Mobilisierung der Frauen durch Frauen und organisierten die Frauenarbeitszentrale, die dem Kriegsamt unterstellt war.

> „Mittwoch, den 5. August [1914; d. V.].
> Man muß Frauen in leer gewordene männliche Posten einstellen. Die Untergrundbahn beschäftigt Frauen im Schalterdienst. Auf der Straßenbahn sah man die ersten weiblichen Schaffner. Die Gruben stellen wieder Frauen unter Tage ein. In welchem Umfang das Bedürfnis nach Erntearbeitern gedeckt ist, kann man jetzt gar nicht übersehen. Der Andrang von Arbeitskräften war ungeheuer, auch von Freiwilligen, und die Arbeitsnachweise haben schon wieder gebremst."[16]

Während des Krieges wurden mühsam errungene Erfolge der Frauenbewegung wieder zurückgenommen, wie zum Beispiel die Arbeitsschutzbestimmungen, Arbeitszeitverkürzung, der Kinder- und Mutterschutz. Trotzdem entpuppte sich der Krieg als ein Schrittmacher für Frauen, da Frauen Chancen bekamen, in bisher verschlossene Berufzweige ein- und in verantwortliche Positionen aufzusteigen. Auch in der Sozialpolitik ergaben sich durch den Krieg Entwicklungen – zum Beispiel die Einrichtung der Hinterbliebenen-, Arbeiterinnen-, Kinderfürsorge –, die vorwiegend Frauen zugute kamen.

Das Ende des Krieges brachte die Revolution und die entscheidenden Veränderungen: das demokratische Frauenwahlrecht, die Beseitigung der alten Gesindeordnung, das uneingeschränkte Koalitionsrecht für Frauen, freie Berufswahl, den Achtstundentag, Lohnverbesserungen für Frauen und die grundsätzliche Gleichberechtigung der Geschlechter.

Als Parlamentarierinnen – 1919 waren 9,6% oder 41 aller Abgeordneten in der Nationalversammlung Frauen – wollten sie ihre politische Einflußnahme auf das männlich dominierte Staatsgefüge verstärken und politische Verantwortung übernehmen. Doch das Resümee nach den ersten Monaten klang eher enttäuschend:

> „Man ist gekommen, um zu arbeiten, und man muß sitzen und zuhören. Man ist gekommen mit unbestimmten Ideen großer, lebendiger Entscheidungen, und man sieht eine Maschine, die mühsam die tausend Abers und Wenns verarbeitet."[17]

Die Frauen hatten das Stimmrecht erhalten, die Männer gaben aber nichts von ihrer Macht ab, überließen ihnen „keine wirkliche Teilhabe an den politischen Entscheidungen"[18]. Auch in den Parteien fanden sich Frauen nur vereinzelt in höheren Positionen. Ihre Forderungen gingen in den allgemeinpolitischen Auseinandersetzungen und der politischen Dauerkrise der Republik unter.

„Fundamental neue Bedingungen"[19]

Der Alltag der Bevölkerung war geprägt von Krisen: wechselnde Regierungskoalitionen, Massenarbeitslosigkeit, Produktionskrisen, die Weltwirtschaftskrise. Fortschritte stellten sich erst nach und nach auf dem sozialen, medizinischen und kulturellen Sektor ein.

Die Veränderungen und Modernisierungen, welche die Weimarer Republik den Frauen rechtlich, politisch, sozial und kulturell brachten hoben jedoch nicht die geschlechtsspezifischen Rollenerwartungen auf. Dahinter „verbarg sich allerdings eine erstaunliche Beharrungskraft traditioneller Orientierung und Verhaltensweisen, die den vorgeblich sozialen Wandel auf ein reines Oberflächenphänomen reduzierten."[20]

Die verfassungsrechtliche Gleichberechtigung hatte weder Auswirkungen auf den Arbeitsmarkt noch auf das Bürgerliche Gesetzbuch oder gar die Realität. Die Frau hatte allein die Pflicht, die Hausarbeit zu leisten, oftmals nach der Produktionsarbeit noch in den Abendstunden.

Nach 1918 waren Frauen stärker auf dem Arbeitsmarkt vertreten als in der Vorkriegszeit, obwohl sich zu Kriegsende wieder etliche aus den Arbeitsfeldern zurückgezogen hatten – oder entlassen wurden. Während der zwanziger Jahre stiegen die Beschäftigungszahlen von Frauen wieder leicht an. 1925 waren 35,6% der weiblichen Bevölkerung erwerbstätig – gegenüber 30,5% im Jahre 1907.[21] Der Anteil der Dienstmädchen und Hausangestellten ging von 16,1% auf 11,4% und der der landwirtschaftlichen Arbeiterinnen von 14,5% auf 9,2% zurück, während sich der Anteil der Angestellten und Beamtinnen verdoppelte (von 6,5% auf 12,6%) und sich die Zahl der industriellen Arbeiterinnen von 18,3% auf 23% erhöhte.[22]

Rationalisierungsmaßnahmen trugen dazu bei, daß sich die Arbeitsstrukturen änderten und Frauen die vereinfachten, jedoch nervlich und psychisch anstrengenden Tätigkeiten verrichteten. Im Auftauchen von Frauen in typischen Männerberufen (im Verkehrswesen, in der Verwaltung, der Metallindustrie) lag die Brisanz der sozialen Umwälzungen, die sich auf das Frauenbild und die öffentliche Stellung der Frauen auswirkten. Einer der wenigen Männer, die diese Realität erkannten, schrieb:

„Seitdem die Frauen als Wagenführer bei der Straßenbahn, als Zugführerinnen, als Briefträgerinnen, in Munitionsfabriken und an den Hochöfen vollständig ‚ihren Mann gestanden' haben, ist die Bezeichnung ‚unweiblich' für irgendwelche Beschäftigung der Frau eigentlich sinnlos geworden. Sie hat sich als gleichberechtigter Gefährte neben den Mann gestellt, und der Herr der Schöpfung kann nur noch wenige Bereiche und Leistungen als seine besondere Domäne bezeichnen."[23]

Trotz der staatsbürgerlichen Gleichberechtigung hatte sich im Bildungssystem und in der sozialen Gleichstellung der Weimarer Republik noch wenig getan. Die Mädchenbildung bereitete weiterhin Mädchen und junge Frauen auf ihre sie „höchst erfüllende" Rolle als Hausfrau und Mutter vor und war „in sehr vielen Fällen noch immer minderwertiger als die der jungen Männer"[24]. Immer mehr junge Frauen nahmen eine reguläre Erwerbsarbeit an, gingen in die Fabrik oder suchten sich als Angestellte im Büro oder im Einzelhandel eine Tätigkeit. Dennoch blieb die allgemein verbreitete Berufsauffassung, daß junge, noch ledige Frauen mit ihrer Berufstätigkeit die Zeit zwischen Schule und Ehe überbrücken oder daß der Beruf Frauen als Ersatz für ihre unbefriedigte weibliche Bestimmung in der Ehe und Familie dienen sollte. Ältere, alleinstehende Frauen wurden auf dem Arbeitsmarkt gerade noch akzeptiert, während verheirateten Frauen oft das „Doppelverdienertum" vorgeworfen wurde.

In der gesellschaftlichen Rollenerwartung war weiterhin der Wunsch der Frau verankert, von der Erwerbsarbeit des Mannes zu leben. Staatliche Maßnahmen griffen zum Nachteil von Frauen in die Konkurrenz zwischen Frauen und Männer auf dem Arbeitsmarkt ein. Selbst Wissenschaftler bezweifelten die Fähigkeiten von Frauen für die Ausübung männlicher Berufszweige und nahmen an, sie würden in den traditionell weiblichen Berufen keine innere Befriedung erlangen. Arbeiterinnen wurden als Zuverdienerinnen verstanden und mußten sich mit 30–40% weniger Lohn als Männer zufriedengeben. Ihr Lohn wurde als Individuallohn und nicht als Familienlohn angesehen. Frauen erhielten auch weniger Erwerbslosenunterstützung bei Arbeitslosigkeit. Im Widerspruch dazu stand die Lebensrealität der Frauen:

Die Zahl derer, „die von ihrer Hände Arbeit leben", war größer als die Zahl der Frauen, „deren Unterhalt bestritten wird aus dem Arbeitseinkommen ihres Mannes."[25]

Da die Frauen durch die gesellschaftlichen Rollenzuweisungen entsprechend geprägt waren, wich das berufsorientierte Verhalten von Frauen von dem der Männer ab. Die Indienstnahme des weiblichen „Geschlechtscharakters" durch ökonomische, soziale und politische Instanzen funktionierte weiterhin. Traditionale Orientierungen und Verhaltensweisen bestimmten den Alltag von erwerbstätigen Frauen. Sie mußten ihre außerhäusliche Berufsarbeit in Einklang bringen mit der Hausarbeit, der Familie, der Kindererziehung:

„Der größte Teil der Frauen und Mütter, die erwerbstätig sind, arbeitet nicht um der Erhaltung der persönlichen Unabhängigkeit willen. Bitterste Not zwingt sie dazu. Schwer lastet auf ihnen das Übermaß an Arbeit."[26]

Der Weg zu einer neuen Rolle der Erwerbsarbeit im Leben der Frau, den sich Anna Geyer Ende der zwanziger Jahre vorstellte, ist heute zum Teil noch nicht zurückgelegt:

„Gründliche Berufsausbildung der Mädchen, Verbleiben im Beruf auch nach der Verheiratung, Verringerung der Hausarbeit, Ausbau öffentlicher Einrichtungen zur Versorgung der Kinder, Ausbau der Wöchnerinnenunterstützung zu einer Mütterversorgung, die den Müttern ihr volles Arbeitseinkommen ersetzt, solange sie nicht erwerbstätig sein können, weil das Kind ihrer bedarf, das sind die Etappen auf einem Weg, der den Frauen einmal das Leben leichter und schöner machen soll."[27]

Ehe und „Neue Sexualmoral"

Die Erfahrungen in der Berufswelt, die ökonomische Unabhängigkeit und Selbständigkeit, die die Frauen bedingt durch die Kriegsjahre erlernen mußten, boten Voraussetzungen für die reale ökonomische und soziale Emanzipation, und sie wirkten sich auf das sexuelle Leben der Frauen aus. Je nach der persönlichen Lebenssituation und sozialen Einbettung der Frauen konnten sie sich auf die Veränderungen einlassen und sie bei sich selbst vollziehen.

„Sie ist nicht nur äußerlich freier, nicht in dem prekären Sinne von früher auf die Ehe ‚angewiesen' – sie ist auch, ganz durch dieselben Mächte von Bildung und Beruf persönlich entwickelt wie der Mann, innerlich souveräner."[28]

Die sexuellen Einstellungen und Verhaltensweisen hatten sich in der Nachkriegszeit gewandelt. Das Erwachen der Frau aus ihrer Unterwürfigkeit und Hilflosigkeit gegenüber dem Mann führte zu Spannungen in der eigenen Ehe, aber auch zu Spannungen im Geschlechterverhältnis. Der Trend zur Kleinfamilie, der sich durch das stetige Zurückgehen der Familiengröße und der Geburtenrate abzeichnete sowie die Tatsache, daß die Scheidungsrate rapide anwuchs, führte zu lebhaften Diskussionen über die „Krise der Ehe" in der Öffentlichkeit. Die Sexualreformbewegung, der völkisch orientierte Fachleute wie radikale Frauenrechtlerinnen, SozialdemokratInnen und KommunistInnen angehörten, ermöglichte, daß über die Familien- und Frauenfragen, Abtreibung, über Verhütung und Sexualität öffentlich geredet werden konnte.

„Die traditionelle Ehe mit dem Herrenoberhaupt, mit ihren festen Normen und Einengungen, entspricht nicht mehr dem Geist der Zeit, nicht mehr der Entwicklung der Frau."[29]

Radikale Feministinnen forderten neue Ehemodelle, schenkten neuen Lebensformen Beachtung.

Die *Kameradschaftsehe* sollte eine öffentlich anerkannte, legalisierte Verbindung zwischen jungen Menschen sein, die in den ersten Jahren des Zusammenseins die Zeugung von Kindern durch bewußte Geburtenregelung vermied. Auf sich allein gestellt, sollten die Partner die Tiefe ihrer gegenseitigen Zuneigung und Belastbarkeit prüfen und – war beides nicht mehr gegeben – die Kameradschaftsehe schnell und unbürokratisch auflösen können.[30]

Die Einstellung der Frau zur Ehe hatte sich gewandelt. Die *Neue Frau* nahm für sich das Recht auf sexuelle Beziehungen – auch außerhalb der Ehe – in Anspruch. Obwohl nur ein geringer Teil die wirtschaftliche und geistige Unabhängigkeit vom Mann tatsächlich erlangte, wagten doch viele aufgrund ihrer neu entfalteten Selbständigkeit, sich über die alten Moralbegriffe hinweg zu setzen.[31] Sexualberatungsstellen klärten Frauen über die Verhütungsmöglichkeiten auf, boten Hilfe in Konfliktsituationen und unterstützten die Umdenkungsprozesse der Frauen.

Die Allgemeinheit fürchtete angesichts dieser Entwicklungen um den Fortbestand der traditionellen Familie. Der Mythos der Familie, „in der man immer noch den Hort menschlicher Wärme und liebevoller Pflege sah"[32], bestand unangetastet weiter.

Die Aufgabe, die Anna Geyer im Blick auf das

Leben von Frauen damals nennt, wurde weder von Frauen gelöst, noch ist sie heute für alle Frauen Wirklichkeit:

„Die Frau steht heute nicht mehr vor der Alternative: Entweder Ehe und Mutterschaft, oder Beruf und persönliche Unabhängigkeit. Die Aufgabe, die heute vor den Frauen steht, und die von uns gelöst werden muß, ist, die Synthese zu finden: Frau und Mutter sein zu können, ohne auf wirtschaftliche und persönliche Freiheit verzichten zu müssen."[33]

Die „Neuen Frauen" der Zwanziger Jahre

Alexandra Kollontai schildert 1918:

„Sie kennen sie schon, sind schon gewöhnt, ihr im Leben zu begegnen, und zwar auf allen Sprossen der sozialen Stufenleiter, von der Arbeiterin bis zur Jüngerin der Wissenschaften, von der bescheidenen Kontoristin bis zur berühmten Vertreterin der freien Künste. (…) Das Leben der letzten Jahrzehnte hat mit schwerem Hammer der Lebensnotwendigkeit eine Frau mit neuem psychologischen Sinn, neuen Bedürfnissen und neuem Gemüte herausgeschmiedet, (…)."[34]

Hier ist schon die Neue Frau im Blick, die der moderne Frauentypus der Zwanziger werden sollte; ein Produkt der Umwälzungen, des Fortschritts, der Modernisierung:

„Gerade stimmberechtigt, einen knappen Lebensunterhalt verdienend, gewohnt, ohne Männer auszukommen oder ihre sexuellen Partner selbst auswählend, mit Bubikopf, kurze Röcke tragend, mit geschminktem Gesicht und Zigarette ... oder sportlich, modisch, salopp, schlank, jung, konsumorientiert, unpolitisch, medienbegeistert …"

Die Neue Frau stand für das Aufkommen der

Konfektion, für die Neue Sachlichkeit und für die sexuellen Freiheiten der Frau. Sie symbolisierte die Modernität der Republik.

Arbeitsplatz Haushalt: die Rationelle Hausfrau

„Die ‚Neue Frau' nun rationalisiert die Hausarbeit nicht, um eine bessere Hausfrau zu werden, sondern um sich dieser rückständigen Arbeit so weit wie möglich zu entledigen. Eine partnerschaftliche Teilung der Kindererziehung wird vorgeschlagen. Sie sucht persönliche Entfaltungsmöglichkeiten im Beruf, und dazu soll sie den zeitlichen Aufwand für Haus-

arbeit weitgehend minimieren."[35]
Mit der Technisierung der Haushalte, neuen Normen und Anforderungen an die Hygiene, entwickelte sich eine rationale Arbeitsorganisation für Küche und Haushalt heraus, die die bisher notwendige Arbeitszeit der Hausfrau verkürzen sollte. Neue Anforderungen an die Hausfrau erhöhten ihren Aufwand an Erziehungs- und Haushaltsarbeit. Die Doppelbelastung durch Haus- und Erwerbsarbeit verlangte einen enormen Arbeitseinsatz.

Leitbild der Neuen Frau war die rationelle Hausfrau. Es sprach den größten Teil der Frauen an. Hausfrauen der unterschiedlichsten Schichten[36] wurden in Zeitschriften, Kalendern, Büchern und Zeitungen aufgefordert, ihre Arbeit einfacher, rationeller, zeit- und kräftesparender zu gestalten. Denn die unterschiedlichsten Kräfte und Fähigkeiten wurden von ihr erwartet:

„(...) hier muß sie schreib- und rechengewandt sein, erfahren im Umgang mit Behörden, eine Steuerspezialistin, in Heizungs- und Beleuchtungsfragen fachlich geschult, von einer eingehenden Warenkenntnis; hier muß sie mit feinem Abwägen des zuerst Notwendigen Mann, Kinder, Mieter berücksichtigen; auf der anderen Seite braucht sie robuste körperliche Kräfte zum Reinmachen, Kochen, Waschen, Einkaufen – und darüber hinaus eine Fülle von technischen Fertigkeiten und Künsten."[37]

Die Mode der Neuen Frau

Die Angleichung an den Mann und Eroberung von bisher männervorbehaltenen Räumen vollzog sich auch im äußeren Erscheinungsbild der Neuen Frau.

„(...) Hunderttausende verwöhnte Frauen und Mädchen verrichten in Lazaretten, in Küchen, auf Bahnhöfen, Mägdedienst. Millionen, fast alle gebildeten Frauen haben eine überaus gesteigerte hauswirtschaftliche Tätigkeit entwickelt. Welcher Schnitt war zu all diesem Ungewohnten geboten? Natürlich der fußfreie, der knappbemessene, welcher locker und fessellos den Körper umhüllte."[38]

Das Einfache, Schlichte, Zweckmäßige war in den Zwanzigern in Anlehnung an die männliche

Die hier abgebildeten fünf Modelle gehören zu den Modeformen, die von den deutschen Frauen im letzten Jahresviertel am häufigsten gewählt wurden. Diese Feststellung konnte dadurch erfolgen, daß die Verkaufsziffern von Schnittmustern ermittelt und miteinander verglichen wurden. Man sieht, daß die deutsche Frau guten Geschmack bewiesen hat; sie wählte Kleiderformen mit schlichter Linienführung und sparsam angebrachtem Aufputz. Die Feststellung erstreckte sich auf das ganze Reich und wurde an Ullstein-Schnittmustern vorgenommen.

Mode beliebt, herrenschnittartige Jacketts, die Taille überspielende Hemdblusen und gerade herunterfallende, untaillierte, kniekurze Röcke oder männlich wirkende Kostüme gehörten dazu. Zur Vollständigkeit trugen manche Frauen noch Schlips und ein Herrenhemd oder sogar Hosen. Die Vermännlichung gipfelte im Kurzhaarschnitt, dem leicht zu pflegenden Bubikopf. Die kurzen Haare waren wie die gesamte Vereinfachung der Toilette eine unausbleibliche Folge der Entwicklungen, die mit dem Krieg eingesetzt hatten. Bequeme, zweckmäßige und praktische Kleidung war in den männlichen Berufen, in die Frauen hineingezwungen wurden, eine Notwendigkeit. Auch sporttreibende Frauen waren auf leichte und bequeme Kleidung und Bewegungsfreiheit angewiesen.

Das Modebild in Modezeitschriften spiegelte diesen Frauentyp in Figuren in „Streichholz"-Silhouette mit eckigen Schultern, mondäner Haltung und scharfem Gesicht. Selbst

> „als sich 1930 etwa ein neuer weiblicher Stil in der Mode zeigte, traten im Modebild noch starke Übertreibungen auf, die sich besonders in einer unnatürlichen Schlankheit und einer starken Verlängerung der unteren Körperhälfte zeigte, um die Figuren elegant und mondän erscheinen zu lassen."[39]

Diese Mode wurde von nationaler, konfessioneller und konservativer Seite offen der Kampf angesagt. Die Kirchen, Behörden, Parlamente und Zeitungen empörten sich über die kurzröckige, zweckmäßige Kleidung. Der Deutsche Frauenkampfbund hatte es zu seiner Aufgabe gemacht „mit wundervoller Unbedingtheit", die heutige Modeentartung zu bekämpfen. Dieses

> „Gewühl von Erscheinungen, die den Anstand beleidigen, die schreiende Unnatur, gesundheitschädliche, häßliche Gewohnheiten (...) – man denke an die in der Kleidung vermännlichten und an die rauchenden Frauen – (...)"[40]

sei nicht in Einklang zu bringen mit dem besten Frauenkleid hohen Stils und dem Kleid des Alltagsstil aus deutscher Mode.

Es gab aber auch gegenteilige Positionen:

> „Noch niemals wurden so besondere Anforderungen an Kraft und Gesundheit der gebildeten Frauenwelt gestellt, noch niemals seit tausend Jahren ist die Frauenkleidung eine gesundheitlich so einwandfreie, eine so vernünftige gewesen. Diese verschiedenen Erwägungen haben die Moralzeterer gänzlich außer acht gelassen."[41]

Mit Sport ist das Bild der Neuen Frau ebenso verbunden. Der aufkommende Sportenthusiasmus erreicht in der Weimarer Republik einen Höhepunkt, Sport wurde eine Massenbewegung, der willkommene Zerstreung bot. Ein Boom von Sportlichkeit und Körperlichkeit setzte ein. Auch die neue Frauengeneration war sportliebend, zeigte Kampfeswillen und entwickelte Konkurrenzdenken. Es gehörte zum modernen Schönheitsideal, ein gesundes, frisches Wesen und „kein verzärteltes, ängstlich behütetes Stubengewächs" zu sein.[42] Die äußeren Anforderungen des Berufslebens verlangten von Frauen andere körperliche und seelische Vorbedingungen als früher.

> „Es ist die Zeit, daß unsere Frauen und Mädchen gleichgültig welchen Standes und Alters der Ausarbeitung ihres Körpers, der Pflege sowie der Erhaltung seiner Schönheitsformen mehr Aufmerksamkeit schenken."[43]

Eine Kultur des Körpers, die Körperbildung hatte als Ziel die völlige Beherrschung, die systemati-

sche Durchbildung des Körpers, die Beruhigung der Nerven und eine bessere Ernährung aller Organe. Der nackte Körper war Sinnbild des aus den herrschenden gesellschaftlichen Zuständen befreiten Menschen. Die weibliche Körperkultur strebte dazu noch ideale Körperformen – Ebenmaß nicht Übermaß sowie Harmonie in Form und Bewegung – an.

Frauen spielten Tennis, fuhren Rad, turnten, machten Gymnastik, schwammen und übten noch viele andere Sportarten aus. Sport war ein Lebensinhalt in freier Zeit, bereitete Freude und Wohlempfinden. Auch noch andere Gründe bewegten manche Frauen, ein Sportart zu ergreifen. Einige Kommunistinnen zum Beispiel lernten einen Verteidigungssport, um sich gegen mögliche Nazi-Angriffe zu wehren.

Die Medien – Liebes- und Musikfilm, Werbung, Illustrierte, Trivialromane und Modezeitschriften – propagierten die Neue Frau. Sie riefen gleichsam die Allzweckfrau ins Leben: Frauen, die arbeiten, Sport treiben, Auto fahren, allein reisen und lieben, wen sie wollen.

„Die Frau lernt sagen: ‚Fabelhaft!', beim Anblick eines gutsitzenden Konfektionskostüms; sie kennt sich aus in ‚wetterfester', ‚frischgestärkter' Kleidung; ihr sportlicher, ‚gestählter' Körper macht gute Figur'. ‚Man lebt nur einmal!' Das ist ‚up to date'. Der sachlich-knappe Umriß ihrer Gestalt, des Gesichts und des Gesäßes, des Lächelns und der Hüte gibt den Frauen das Feeling, in einer mit dem Mann gemeinsamen Realität zu stehen: nicht mehr verspätet zu sein, sondern hautnahe Zeitgenossinnen des Jahrzehnts."[44]

Immer wieder produzierten die Medien in verschiedenen Variationen den Mythos der attraktiven, selbständigen, jungen Frau, der aufsteigenden Angestellten, als Sekretärin, Stenotypistin oder Verkäuferin, die ihre Freizeit in der blühenden Kultur der zwanziger Jahre verbringt: Charleston tanzend auf dem Parkett, verliebt im Kino oder gesprächig im Cafe. Überschäumender Lebensgenuß, Vergnügen und Abwechslung – ein Frauenleben wie es nur in männlichen Projektionen und in Trivialromanen zu finden war. Die Lebensrealität der Masse der jungen Frauen war darin nicht wiederzuerkennen. Das Berufsleben war hart, physisch und nervlich belastend. Für die meisten Frauen fing nach 8–10 Bürostunden noch die große Tagesarbeit am Waschbrett, in der Küche oder an der Nähmaschine an. Kraft zu Sport, zu theoretischer Fortbildung, Muße zum Lesen oder Lust zu Auffrischungen durch Theater- und Konzertbesuche war nach den häuslichen Pflichten nicht mehr vorhanden.

„Die ledigen Frauen, das sind Millionen in graue Kleidung gehüllte Figuren, die sich in endlosem Zuge aus den Arbeitervierteln kommend in den Werkstätten und Fabriken, nach den Stationen der Ringbahnen und Elektrischen hin bewegen in jener Stunde vor Tagesanbruch, in der die Morgenröte noch mit der nächtlichen Finsternis kämpft. Die ledigen Frauen, das sind jene Zehntausende junger oder schon welkender Mädchen, die sich in den großen Städten in einsamen Zimmerkäfigen einnisten und die Statistik der ‚selbständigen Haushalte' vermehren. Es sind die Mädchen und Frauen, die ununterbrochen den dumpfen Kampf um das Leben führen, die ihre Tage auf dem Kontorstuhl absitzen, die auf die Telegraphenapparate tippen, die hinter den Ladentischen stehen. Ledige Frauen, das sind die Mädchen mit frischen Seelen und Köpfen voll kühner Phantasien und Pläne (…)."[45]

„Die Frau, wie du sie willst"

„Die eigentliche Tragödie besteht nun darin, daß die Frauen nach einer Schablone für ihre Weiblichkeit suchen und suchen müssen. Nicht einmal das ist die Tragödie, daß die Männer ihnen solche scheußliche Schablonen aufhalsen wie Kind-Weib, knabenhafter Baby-Typ, perfekte Sekretärin, edle Gattin, aufopfernde Mutter, reines Weib, das mit jungfräulicher Kühle Kinder zur Welt bringt, Prostituierte, die sich selbst erniedrigt, um Männer zu gefallen; all diese abscheulichen Schablonen der Weiblichkeit, die der Mann der Frau angehängt hat; verfälschte Schablonen der wahren und natürlichen menschlichen Fülle. Der Mann ist bereit, die Frau als gleichberechtigt zu akzeptieren, als Mann in Kleidern, als Engel, Teufel, Baby, Maschine, Instrument, Busen, Leib, ein Paar Beine, Dienerin, Enzyklopädie, als Ideal oder als Obszönität; nur als eines will er sie nicht akzeptieren: als menschliches Wesen, als ein richtiges menschliches Wesen weiblichen Geschlechts."[46]

Mode zwischen den Fronten

„Die innerlich tief begründete und äußerlich so peinlich, fast lächerliche Vielspaltigkeit deutscher Frauentracht unserer Tage, die möglichst Pariserisch sich tragende elegante Welt, die oft gedankenlos kopierte und daher vergröberte französische Mode des Mittelstandes, im besseren Falle auf eigene Faust durch Schlichtheit veredelt, die immer noch reformwütige Emanzipierte, die Trachten kopierende Jugendbeweglerin, die in der Kluft glückliche Siedlungsschwärmerin, die ‚Kunstgewerblerin' in Gänsefüßchen mit irgend welchen kindlichen Stick- und Häkelstichen, Perlen im Haar, die Frau, die aus Sachlichkeit plumb wurde, oder Hausbakkenheit un Moral gerne zur Schau trug, lauter bekannte deutsche Unarten, ein Spiegelbild wenn nicht deutscher Unkultur, so doch der Verwirrung, jedenfalls des Mangels an Selbstbesinnung der deutschen Frau, ..."[47]

Anmerkungen

1 Zahn-Harnack, Agnes von: Die Frauenbewegung. Geschichte, Probleme, Ziele. Berlin 1928: 11.
2 Bäumer, Gertrud: Die Frau in Volkswirtschaft und Staatsleben der Gegenwart. Stuttgart/Berlin 1914: 259f.
3 Die proletarische Frauenbewegung schließt sie aus, „da sie unter der Idee des Klassenkampfes steht, die Idee der Frauenbewegung nicht als grundlegend anerkennen kann" (Zahn-Harnack 1928 [wie Anm. 1]: 18) und somit nicht die Inhalte und Ziele der Frauenbewegung fördert. Die konfessionellen Frauenorganisationen (der Deutsch-evangelische Frauenbund und der Katholische Frauenbund Deutschlands) schätzte Zahn-Harnack unterschiedlich ein – je nachdem, ob sie an die kirchlich-patriarchalen Vorstellungen von Frausein gebunden waren oder die Emanzipationsinteressen der Frauen vertraten.
4 Soden, Eugenie von: Die deutsche Frauenbewegung, ihre Vereine und ihre Presse, in: Soden, Eugenie von (Hrsg.): Das Frauenbuch. Eine allgemeinverständliche Einführung in alle Gebiete des Frauenlebens der Gegenwart. Bd 3: Stellung und Aufgaben der Frau im Recht und in der Gesellschaft. Stuttgart 1914: 197.
5 Nave-Herz, Rosemarie: Die Geschichte der Frauenbewegung in Deutschland. Bonn [1981] 3., völlig überarbeitete und ergänzte Auflage 1989: 17. Von der weiblichen Bevölkerung waren 1907 31,2% erwerbstätig. Die Zahlen in der eckigen Klammer geben den Anteil der erwerbstätigen Frauen je Gruppe an (Siehe dazu: Peukert, Detlef: Die Weimarer Republik. Krisen der Klassischen Moderne. Frankfurt/M. 1987: 101.)
6 Clemens, Bärbel: Der Kampf um das Frauenstimmrecht in Deutschland. In: Wickert, Christl (Hrsg.): „Heraus mit dem Frauenwahlrecht". Die Kämpfe der Frauen in Deutschland & England um die politische Gleichberechtigung. Pfaffenweiler 1990: 51–123, hier: 119.
7 Demokratische Unterstützungsvereine von Frauen mit caritativen Zielen bildeten sich bereits in den 40er Jahren. Erste politische Frauenvereine, die im Vormärz entstanden waren, ereilte das Schicksal der 1848er Revolution. Sie scheiterten, weil ihre Existenz durch Versammlungsverbote, Repressalien und Verhaftungen des Vorstands unterbunden wurde. Die Anfänge der organisierten Frauenbewegung wurden damit ausgelöscht und aus der historischen Erinnerung verdrängt (Siehe dazu: Gerhard, Ute: Unerhört. Die Geschichte der deutschen Frauenbewegung, Hamburg 1990: 65f.; Kuby, Eva: Politische Frauenvereine und ihre Aktivitäten 1848–1850. In: Lipp, Carola (Hrsg.): Schimpfende Weiber und patriotische Jungfrauen. Frauen im Vormärz und in der Revolution 1848/49. Bühl-Moos 1986: 248–269).
8 Lange, Helene: Die Frauenbewegung in ihren modernen Problemen. Leipzig ²1914: 21.
9 Velsen, Dorothee von: Im Alter die Fülle. Erinnerungen, Tübingen 1956: 101.
10 Die Vereinsgesetze waren Sache der deutschen Einzelstaaten; so wurde in den Hansestädten, den Staaten Sachsen, Hessen, Baden und Württemberg der Maulkorberlaß nicht angewendet. Mit der Absage an eine Zusammenarbeit mit der proletarischen Frauenbewegung zogen sich die bürgerlichen Frauen den Vorwurf des „Klassenegoismus'" zu (siehe: Gerhard 1990 [wie Anm. 7]: 179). Clara Zetkin, eine der bedeutendsten Trägerinnen der proletarischen Frauenbewegung, distanzierte sich eindeutig von den bürgerlichen Frauen: „Die Erfolge der bürgerlichen Frauenbewegung kommen in der Hauptsache den ökonomisch freien Frauen der besitzenden, herrschenden und ausbeutenden Klasse zugute." (Zetkin, Clara: Zur Geschichte der proletarischen Frauenbewegung Deutschlands. Frankfurt/M. [1971] ²1978: 205.).
11 Siehe dazu: Grundsätze und Forderungen der Frauenbewegung, in: Schwerin, J. (Hrsg.): Centralblatt des Bundes Deutscher Frauenvereine. 9. Jg., Nr. 7, Leipzig/Berlin 01.07.1907: 49.
12 Zit. in: Zetkin 1978 [wie Anm. 10]: 133.
13 Siehe dazu: Nave-Herz 1989 [wie Anm. 5]: 38f.; Gerhard 1990 [wie Anm. 7]: 192f. Zur weiteren Entwicklung der Frauenbewegung – von konservativ-national bis radikal-feministisch, gewerkschaftlich und sozialistisch – siehe Tahlmann, Rita: Frausein im Dritten Reich. München/Wien 1984; Hervé, Florence: Geschichte der deutschen Frauenbewegung. Köln 1982; Prokop, Ulrike: Die Sehnsucht nach der Volkseinheit. Zum Konservatismus der bürgerlichen Frauenbewegung von 1933. In: Dietz, Gabriele (Hrsg.): Die Überwindung der Sprachlosigkeit. Texte aus der Neuen Frauenbewegung. Frankfurt/M. 1979: 176–202.; Schenk, Herrad: Die feministische Herausforderung. 150 Jahre Frauenbewegung in Deutschland. München ²1981.
Daten und Stationen in tabellarischer Übersicht vermittelt die Zeittafel am Ende des Kapitels.
14 Hervé 1982 [wie Anm. 13]: 56.
15 Der Nationale Frauendienst wurde von Gertrud Bäumer und Hedwig Heyl noch vor Kriegsbeginn eingerichtet. Siehe dazu: Gerhard 1990 [wie Anm. 7]: 297.
16 Bäumer, Gertrud: „Heimatchronik." In: Die Frau. 21. Jg. [1913/1914]: 748–749.
17 Bäumer, Gertrud: Eindrücke aus der Nationalversammlung. In: Die Frau, 26. Jg. [1919/1920]: 165–168, hier: 165.
18 Hering, Sabine: Die Kriegsgewinnlerinnen. Pfaffenweiler 1990: 151.
19 Bäumer, Gertrud: „1919–1929." In: Die Frau, 36. Jg. [1928/1929]: 193–197, hier: 194.
20 Frevert, Ute: „Traditionale Weiblichkeit und moderne Interessenorganisationen. Frauen in Angestelltenberufen 1918–1933." In: Geschichte und Gesellschaft. 7. Jg. (1981): 507–533, hier: 510.
21 Siehe dazu: Geyer, Anna: Die Frau im Beruf. In: Anna Blos (Hrsg.): Die Frauenfrage im Lichte des Sozialismus. Dresden 1930: 183–219, hier: 187. Geyer erwähnt, daß die veränderte psychologische Einstellung zur Frauenerwerbsarbeit sich in der Statistik spiegelt, d.h. daß bei Frauen ein Bewußtsein für ihre Arbeit gewachsen war und sie ihre Heimarbeit oder Mithilfe in der Landwirtschaft jetzt als Hauptberuf angaben. Siehe dazu ausführlich die Studie von Ute Daniel: Frauen in der Kriegsgesellschaft. Beruf, Familie und Politik im Ersten Weltkrieg. Göttingen 1986.

22 Nach: Peukert 1987 [wie Anm. 5]: 101.
23 „Warum ist die Frau unweiblich?" In: Frauenzeitung. Beilage der Deutschen Nachrichten. Tageszeitung für die deutsche Beamtenschaft. Berlin 13. Jg., 13. Juli 1919, Nr. 189.
24 Geyer 1930 [wie Anm. 21]: 218.
25 Bäumer 1928/29 [wie Anm. 19]: 196; siehe dazu Zeller, Susanne: Volksmütter - mit staatlicher Anerkennung - Frauen im Wohlfahrtswesen der zwanziger Jahre. Düsseldorf 1987: 57.
26 Geyer 1930 [wie Anm. 21]: 218f. Siehe dazu auch: Frevert 1981 [wie Anm. 20]: 510.
27 Ebd.: 219.
28 Bäumer 1928/29 [wie Anm. 19]: 196.
29 Dohm, Hedwig: „Über Ehescheidung und freie Liebe." In: Sozialistische Monatshefte, Bd. 2, 1909; zitiert in: Soden, Kristine von: Die Sexualberatungsstellen der Weimarer Republik 1919–1933. Berlin 1988: 45.
30 Soden 1988 [wie Anm. 29]: 54.
31 „Die Ebenbürtigkeit wird nicht mehr bezweifelt und brauchte nicht mehr verteidigt zu werden, so öffnet sich der Raum für Kameradschaft in der Sachlichkeit." Bäumer 1928/1929 [wie Anm. 19]: 196.
32 Harrigan, Renny: Die emanzipierte Frau im deutschen Roman in der Weimarer Republik. In: Elliot, J./Pelzer, Jürgen/Poore, Carol (Hrsgg.): Stereotyp und Vorurteil in der Literatur. Göttingen 1978: 65–83, hier: 80.
33 Geyer 1930 [wie Anm. 21]: 219.
34 Kollontai, Alexandra: Die neue Moral der Arbeiterklasse. Berlin 1920: 7.
35 „Rationelle Haushaltsführung" und die „Neue Frau" der zwanziger Jahre, ausgewählt und kommentiert von Helgard Kramer, in: Feministische Studien 2/1982: 123.
36 Der Begriff Hausfrau war Anfang des Jahrhunderts noch sehr auf die Mittelschicht bezogen. Die Hausfrau war die Frau bzw. Herrin des Hauses, der DienstbotInnen zur Verfügung standen. „Wir kennen alle die Hausfrau, die 'früher viel Klavier gespielt hat', die früher Bücher gelesen hat, die sich für Politik oder für bildende Kunst oder irgend etwas Überpersönliches interessiert hat" (Zahn-Harnack: Die arbeitende Frau. Breslau 1924: 92.).
37 Ebd.: 88.
38 Bunsen, Maria von: „Kriegszeit und Mode." In: Ferber, Christian von (Hrsg.): Die Dame. Ein deutsches Journal für den verwöhnten Geschmack 1912 bis 1943. Berlin/Frankfurt/M. 1980: 97.
39 Rosenbrock, Edith: Die Anfänge des Modebildes in der deutschen Zeitschrift. Diss. Berlin 1942: 180.
40 Pestalozza, Hanna Gräfin von: Modeentartungen. In: Eberhard, Ehrhard F.W.: Geschlechtscharakter und Volkskraft. Grundprobleme des Feminismus. Darmstadt/Leipzig 1930: 255–268, hier: 266.
41 Bunsen 1980 [wie Anm. 38]: 97.
42 Siehe dazu: Wiedemann, F.P.: „Die Körperkultur der Frau." In: Frauenzeitung vom 6. Juli 1919, Jg. 13, Nr. 182.
43 Ebertsbusch, Clara: „Körperbildung der Frau." In: Frauenzeitung vom 13. April 1919, Jg. 13, Nr. 102.
44 Wysocki, Gisela: „Der Aufbruch der Frauen: verordnete Träume, Bubikopf und 'sachliches Leben'. Ein aktueller Streifzug durch Scherl's Magazin, 1925, Berlin." In: Prokop, D. (Hrsg.): Massenkommunikationsforschung. 3: Produktanalysen. Frankfurt/M. 1977: 295–305, hier: 298f.
45 Kollontai 1920 [wie Anm. 34]: 9f.
46 Lawrence, D.H.: „Die Frau, wie du sie willst." In: Der Querschnitt. Das Magazin der aktuellen Einheitswerte. Hrsg. von Christian von Ferber. Berlin 1981: 333f.
47 Kautzsch-Ziegler, Käthe: „Du aber weißt dich fröhlich zu gewanden." In: Die Frau, 35. Jg. (1927/1928) Nr. 8: 456f.

Die erste Frauenbewegung (FB) Daten, Stichworte

1849 Deutsche Frauenzeitung unter dem Motto „Dem Reich der Freiheit werb' ich Bürgerinnen" herausgegeben von Louise Otto-Peters

1865 Gründung des Leipziger Frauenbildungsvereins von Ottilie von Steyber, Auguste Schmidt und Louise Otto-Peters

Gründung des Allgemeinen deutschen Frauenvereins (ADF) von Louise Otto-Peters, später Deutscher Staatsbürgerinnenverband

1869 Gründung des ersten Arbeiterinnenvereins Verein zur Fortbildung und geistigen Anregung der Arbeiterfrauen von Louise Otto-Peters (scheiterte 1871)

Beginn der organisierten Arbeiterinnenbewegung mit der Gründung der Internationalen Gewerkschaftsgenossenschaft der Manufaktur-, Fabrik- und Handarbeiter in Sachsen (Auflösung 1873)

1872 Gründung des Berliner Arbeiterfrauen- und Mädchenvereins von Arbeiterinnen durch die Sozialdemokratinnen Bertha Hahn und Pauline Staegemann, später Ausweitung auf ganz Deutschland als Allgemeiner deutscher Arbeiterfrauen- und Mädchenverein

1873 Gründung des Schwäbischen Frauenvereins in Stuttgart

Gründung des ersten Hausfrauenvereins von Lina Morgenstern

1876 Mathilde Weber, Tübingen, gründet Sanitätsverein, die Frauenarbeitsschule, Armenbeschäftigungsverein, Krankenpflegerinnenkurse, Sonntagsverein für konfirmierte Mädchen aus dem Volke u.a.m.

1884 Gründung des Frauenhilfvereins für Handarbeiterinnen von Marianne Menzzer

1885 Gründung des Vereins zur Vertretung der Interessen der Arbeiterinnen von Gertrud Guillaume-Schack

1888	Hedwig Kettler gründet (mit Hedwig Dohm und anderen) den Deutschen Frauenverein Reform in Weimar, später Verein Frauenbildung-Frauenstudium
1889	Verein Jugendschutz von Hanna Bieber-Böhm als entscheidender Anstoß der Sittlichkeitsbewegung gegründet
	Gründung des Kaufmännischen Hilfsvereins für weibliche Angestellte unter Julius Meyer und Minna Cauer (1906 als Frauengewerkschaft etabliert)
1890	Gründung des Allgemeinen Deutschen Lehrerinnenvereins von Marie Loeper-Housselle, Helene Lange, Auguste Schmidt
1893	Errichtung des ersten Mädchengymnasiums in Karlsruhe
1894	Gründung des Bundes Deutscher Frauenvereine (BDF) von 34 Frauenvereinen (Vorsitz Auguste Schmidt) und des Rechtsschutzverein Dresden von Marie Stritt
1895	Gründung des Allgemeinen Deutschen Vereins für Hausbeamtinnen von Mathilde Weber
1899	Verband fortschrittlicher Frauenvereine gegründet vom linken Flügel des BDF zur wirkungsvolleren Auseinandersetzung mit Sittlichkeits- und Rechtsfragen
	Offizielle Gründung des Deutsch-Evangelischen Frauenbundes
1900	Recht zur Immatrikulation an Universitäten
1904	Gründung des Katholischen Frauenbundes Deutschlands in Köln und des Jüdischen Frauenbundes in Berlin
1905	Gründung d. Bundes für Mutterschutz und Sexualreform von Helene Stöcker für die „Sittlichkeitsfrage" und für eine „Neue Ethik"
1907	Konferenz zum Schutz der Interessen weiblicher Arbeitskräfte
1908	Aufhebung des Vereinsgesetzes, das Frauen einem Sondergesetz unterstellte und ihnen das Recht auf Versammlungsfreiheit nahm; bürgerliche Frauen schließen sich verschiedenen Parteien an.
1910	Der BDF hat 328.000 Mitglieder, distanziert sich von der Neuen Ethik, bewertet die Lockerung der Sexualmoral als „sexuelle Krise".
1914	Sozialdemokratische FB hat 175.000 Mitglieder;
	Einrichtung des Nationalen Frauendienstes von Gertud Bäumer und Hedwig Heyl. BDF koordiniert Frauen-Einsatz im Krieg
1915	Gründung des Verbandes deutscher Hausfrauenvereine
1918	12.November: Einführung des Frauenwahlrechts in Deutschland durch einen Aufruf des „Rates der Volksbeauftragten"
1919	Artikel 109 der Weimarer Verfassung: „Männer und Frauen haben grundsätzlich die gleichen staatsbürgerlichen Rechte und Pflichten."
	Gertrud Baum eine der drei stellvertretenden Vorsitzenden des Reichstags (bis 1930)
1920	1. Reichsfrauenkonferenz der KPD
1922	Breite Massenbewegung gegen die gängige Abtreibungpraxis
	Beginn der Sexualreformbewegung, Sexualberatungsstellen entstehen: zwischen 1919–1932 600.000 Frauen wegen Abtreibung verurteilt
1928	Im BDF sind 36 überregionale Frauenverbände (insgesamt 77 Verbände) mit etwa einer Million Mitfrauen registriert
1920–1930	Viele neue Berufs-Frauenorganisationen entstehen;
	7–8% Anteil weiblicher Abgeordneter in den Reichstagen;
	Frauengesetze, die auf das Engagement von Parlamentarierinnen zurückgehen: Gesetz der relig. Kindererziehung (1921), Jugendwohlfahrtsgesetz (1922), Gesetz über die Zulassung der Frauen zu Ämtern und Berufen der Rechtspflege,

	Hausgehilfinnengesetz (Arbeitszeit, Urlaub, Rechtsansprüche), Gesetz zum Schutz der Frau vor und nach der Niederkunft (1927), Fragen des Ehe- und Familienrechts (Schwerpunkt der Rechtskommission des BDF), Gesetz zur Bekämpfung der Geschlechtskrankheiten und der Einführung der medizinischen Indikation (1927)
1932ff.	Aktivitäten der bürgerlichen FB nach der Weimarer Republik: v.a. „Bewegung organisierter Mütterlichkeit". Aufwertung der hausmütterlichen Tätigkeit, Betonung der seelischen Mütterlichkeit der Berufstätigen.

Karen Krumrei, Franziska Roller

Für Stoffe hätt' ich alles gemacht
Schneiderinnen erzählen

Der Berufsstand der Schneiderin erlebte Ende der 40er, Anfang der 50er Jahre eine neue Blütezeit. Zwar war es weiterhin für viele Frauen normal und selbstverständlich, die benötigten Kleidungsstücke eigenhändig zu schneidern oder aber eine Schneiderin in der eigenen Wohnung zu beschäftigen. Doch zeigt die Handwerkszählung von 1949 im Landesbezirk Württemberg, daß die Werkstätten-Schneiderei dessen ungeachtet einen Aufschwung verzeichnete. Im Vergleich zur Zählung von 1939 weist die Anzahl der Betriebe eine Zuwachsrate von 22,3% auf, die Beschäftigtenzahl steigt um 46,6%.[1]

Berufsalltag und Motivation

In den Damenschneidereien wurde überwiegend weibliches Personal beschäftigt.[2] Die Schneiderinnen konnten weitgehend selbständig arbeiten und ohne Vorgaben „von oben" eigene Ideen entwickeln und verwirklichen. Grenzen setzten ihnen modische Leitlinien, Vorgaben der Kundinnen und die Beschränkung des Stoffverbrauchs besonders in der Nachkriegszeit.

Untersuchungen zum Schneiderhandwerk ergaben eine sehr hohe Arbeitsmotivation und -freude bei den Frauen.[3] Erkennbar wurde dies unter anderem an einer langen, beständigen Berufstätigkeit und der Tatsache, daß viele ihren Beruf zugleich als Hobby betrachteten.

Zu ähnlichen Ergebnissen kommt unsere Befragung.[4] Eine große Berufsbegeisterung teilen alle unsere Gesprächspartnerinnen. Den Satz von Frau N.: „Für Stoffe hätt' ich alles gemacht" könnten sicherlich alle befragten Schneiderinnen unterschreiben. Schon allein in ihrer Erzählweise kommt die Begeisterung für Stoffe, Farben, Schnitte und für das Nähen zum Ausdruck.

Die Motivation, das Schneiderinnenhandwerk zu erlernen, war bei den Frauen unterschiedlich.

Bei Frau K. lag es an dem Umstand, daß die Schule, an der sie hätte Handarbeitslehrerin werden wollen, weit weg in der Stadt war. Ihre Handarbeitslehrerin riet ihr daraufhin, doch Schneiderin zu werden – „wenn de scho so gern nähsch und Handarbeiten machsch."

Nähen als Beruf konnte Frau N. (Jahrgang 1928) sich als Kind noch nicht vorstellen, aber schon früh hantierte sie voller Begeisterung mit der Schere:

„Meine Mutter hat mir Kleider machen lassen. [...] Sobald die zuhause waren, hab' ich mich eingeschlossen und hab' die also ziemlich zersäbelt, entweder hier reingeschnitten oder kürzer gemacht oder die Ärmel abgeschnitten. Ich hatte direkt so eine Schnittwut."

Für Frau L., 1937 geboren, gab es andere Gründe, dieses Handwerk zu ergreifen:

„In dene Kriegsjahr', als mei Mudder dann ebbe immer für uns was zu essen hatte, weil sie ja g'näht hat, da hab i immer g'sagt: ‚I werd' Schneiderin, weil mer da net verhunger t.' [...] I wollt einfach des werde – fertig, aus! Für mi hat's gar kein andere Beruf gebe."

Zwar stand Frau L. mit ihrer Berufsentscheidung in guter Familientradition – Mutter und Großmutter waren auch Schneiderinnen –, doch übte ihre Mutter keinen Druck auf sie aus, diesen Beruf zu wählen:

„Im Gegeteil! Sie hat g'sagt: ‚Du kriegscht nie Feierabend, du hascht immer Dreck in der Wohnung und muscht di immer mit fremde Leut rumärgre.' [...] Sie wollte eigentlich net so gern, daß i des dann au mach."[5]

Leben zwischen Beruf und Familie

Wie sah der familiäre Hintergrund der befragten Frauen aus?

Frau K. ging voll in ihrem Beruf auf, blieb unverheiratet und hatte keine Kinder. Sie zählte zu den Frauen, die sich für den Beruf und gegen die Familie entschieden. In den 50ern schien die Vereinbarung beider Bereiche unmöglich oder zumindest inakzeptabel zu sein. Franz Wuermeling, Familienminister ab 1953 und einer der schärfsten Vertreter der traditionellen Rollenaufteilung – der Mann als Ernährer, die Frau als Hausfrau und Mutter –, diskriminierte die Berufstätigkeit von Frauen. Wenn überhaupt, sollten lediglich junge Frauen in der Übergangszeit bis zur Ehe einen Beruf ausüben. Mit der Gründung einer Familie sollte das Schicksal der Frau als „Nur-Hausfrau" und Mutter besiegelt werden. Nach den Buchstaben des Gesetzes durfte sie nur dann einer Erwerbstätigkeit nachgehen, wenn dies „mit ihren Pflichten in Ehe und Familie vereinbar ist"[6] – und das traf nach Auffassung des Bundesfamilienministers in den seltensten Fällen zu.

Das tragische Bild der „Schlüsselkinder" geisterte durch die Öffentlichkeit und wurde in Illustrierten und Frauenzeitschriften thematisiert:

> „Wenn eine berufstätige Mutter ihre Kinder, weil sie niemanden zur Beaufsichtigung hat, einschließen oder ihnen den Wohnungsschlüssel überlassen muß, dann sollte, wenn nicht dringliche wirtschaftliche Gründe vorliegen, die Entscheidung doch immer gegen die Berufsarbeit der Mutter ausfallen."[7]

Ähnlich schätzt Frau L. die Bewertung von berufstätigen Frauen ein:

> „Wem an der Familie was lag, der blieb zuhause, der war nur für die Familie da. Es gab viele Fraue, au damals scho, die zwei- oder dreimal en halben Tag beim Zinser [Konfektionshaus in Tübingen; d. V.] nachmittags gearbeitet henn. Des war dann noch gestattet. Das hat der Ehemann erlaubt, das henn die Kinder nicht entbehrt. [...] E Bekannte, die unbedingt dann [arbeiten] ging, deren Kinder hatten en Schlüssel um de Hals. Das war damals en Unding."

Frau L. verhielt sich zeit- und gesellschaftskonform, denn kurz nach der Ausbildungszeit heiratete sie und stieg aus dem Berufsleben aus. Ausschlaggebend dafür waren auch finanzielle Gründe:

> „Die Meisterprüfung war dann für mi erledigt, weil mei Mann g'sagt hat: ‚Wenn Du net aufhörst, komm i in de Steuerklasse was weiß i was. Da krieg ich so viel abzoge, daß bei dem bissle, das Du verdienst, nur 150 Mark übrig bliebe wäre'. Und i hätt' praktisch bis abends um halb sieben beim Zinser arbeiten müsse."

Allerdings hatte Frau L. den Wunsch, eine Familie zu gründen, auch selbst verinnerlicht:

> „Also i bin eigentlich sehr in der Familie aufgange und i muß sage, dadurch, daß i immer g'näht hab', war i gar nie vom Nähe weg."

Sie konnte also das Ehe- und Familienleben mit ihrem Beruf verknüpfen, indem sie weiterhin für Verwandte und Bekannte schneiderte oder einzelne Auftragsarbeiten annahm. Es kam für sie jedoch nicht in Frage, in einer festen Anstellung zu arbeiten.

Ein wenig anders sieht der familiäre Hintergrund von Frau N. aus. Aufgewachsen im gehobenen Mittelstand, widerstrebte sie schon früh dem Wunsch des Vaters, ein Studium zu beginnen. Sie volontierte stattdessen in einer Schneiderwerkstatt in Marburg, in der sie vorwiegend zeichnete und Muster anfertigte. Schon bald meldete sie ihre eigene Werkstatt als Gewerbebetrieb an – ohne jedoch selbst einen Meisterinnenbrief zu besitzen[8].

> „Dann brach das Unheil über mich herein, wie so oft in Gestalt eines Mannes."

Diesen heiratete sie, arbeitete aber weiter in der Werkstatt, bis sie wegen der Überlastung durch Haushalt und zwei Kinder aufhören mußte. Nach dem Tod ihres Mannes wollte sie unbedingt wieder anfangen zu schneidern. Sie war überglücklich, als sie einen Job als Kostümschneiderin beim Theater fand:

> „Als ich diese Theaterarbeit hatte, weiß ich noch, daß ich hüpfend und singend durch die Stadt alleine gelaufen bin, weil ich so glücklich war, daß ich rauskonnte aus dem Haus."

Den Haushalt und die Kinder betreute derweil ihre Schwester – eine nicht untypische Konstellation in den 50er Jahren.

Nach ihrer erneuten Heirat meldete sie wieder ihr Gewerbe an.

Der Lebensweg von Frau N. verlief sicher nicht nach den Gesetzen und Vorstellungen der „offiziellen" Politik. Sie versuchte trotz aller widrigen gesellschaftlichen Umstände ihre Begeisterung für den Beruf mit der Gründung einer Familie zu vereinbaren. Sie hatte mit einem schlechten Gewissen den Kindern gegenüber zu kämpfen, und sie verlor trotzdem nicht ihre eigene berufliche Verwirklichung aus den Augen.

Modeleitbilder, Modenschauen

Die Schneiderinnen standen – ebenso wie die Bevölkerung insgesamt – unter dem maßgeblichen Einfluß der Darstellung von Modetrends in den Medien.

So erhielten sie zum Beispiel modische Anregungen durch Hochzeitsbilder des Hochadels. Frau K. erzählt, daß sie sich an der „großen Gesellschaft" orientiert habe, über deren Kleidungsverhalten sie sich in den Zeitschriften informierte. Sie entwickelte eine regelrechte Sammelleidenschaft für Hochzeits- und Starfotos, um immer auf dem neuesten Stand der Mode zu sein.

Frau N. ließ sich von amerikanischen Filmstars inspirieren:

„Die sogenannten Stars und die ganze Garde da, die Crawford und alle, die in dieses Spektrum gehören, das war schon grundsätzlich ein Vorbild; diese üppigen Gestalten, die da so ziemlich eng umwickelt waren und viele Raffungen hatten."

Ähnlich inspirierende Wirkung hatte die französische Mode. Gerade in Tübingen, das im französischen Besatzungsgebiet lag, brauchten die Schneiderinnen nur auf die Straße zu gehen, um sich anhand der französischen Frauen über neueste Modetrends zu informieren. Die Französinnen kamen allerdings auch selbst in ihre Werkstätten, um sich farbenfrohe Teller- und Glockenröcke sowie Petticoats schneidern zu lassen.

„Die Französinnen haben ihre Zeitungen mitgebracht und da hat man dann eifrig studiert und abgezeichnet, was einen interessiert hat."

Vor allem Anfang der 50er Jahre zeigte sich noch das große soziale Gefälle zwischen Franzosen und Deutschen. Während die Französinnen Festkleider in Auftrag gaben, nähten die Schneiderinnen für die deutschen Kundinnen, „was m'r so 'braucht hot", d.h. vornehmlich Alltagskleidung.

Frau K. und Frau B. hatten sogar das Glück, selbst in die Modemetropole Paris reisen zu können. Sie fuhren privat bzw. mit der Modeschule in die französische Hauptstadt, um sich Anregungen vom Pariser Flair zu holen. Für die Modenschauen kauften sie sich billige Eintrittskarten für Hausfrauen und hielten während der Vorführung die neuesten Modelle auf Papierservietten skizzenhaft fest. Im Hotel fertigten die beiden Schneiderinnen daraus dann richtige Modezeichnungen an, die sie in Tübingen als Vorlage für neue Kleidungstücke verwendeten.

Die Idee, die neueste Garderobe über Modenschauen an die Frau (und an den Mann) zu bringen, setzte sich bis in die kleineren Städte Deutschlands durch, so auch in Tübingen. Das Modehaus Zinser lockte Kunden und Kundinnen mit regelmäßig im Frühjahr und Herbst stattfindenden Modenschauen an und suchte sie damit langfristig an sich zu binden. Frau L. erlebte selbst während ihrer Berufstätigkeit einige Modenschauen mit:

„In der Zeit, als ich beim Zinser war, gab's zwölf, dreizehn Super-Mannequins aus aller Herren Länder [...], die von Modehaus zu Modehaus reisten und dort die Modeschaue machten. [...] Dann wurde scho Tage vorher aussortiert, was vorgeführt werden muß [...] und da hat mer in aller Eile notdürftig die Kleider auf dene ihre Figürle zusammegeschneidert."

Neben diesen Profi-Modenschauen gab es im Zinser außerdem Hobby-Modenschauen, bei denen Frauen ihre selbstgeschneiderten Modelle vorführen konnten.

Die Konkurrenz der Bekleidungsindustrie

Angesprochen auf die konfektionelle Herstellung von Kleidung, sind sich die Damenschneiderinnen in ihrer Bewertung einig. Sie möchten nicht mit den Industrieschneiderinnen tauschen; denn

„wenn Sie aus der Schneiderei kommet, sind Sie sehr bedächtig, und [machen; d. V.] alles ganz genau und akkurat. [...] Mer isch ja fast eing'schlafe beim Nähe. Mer hat umständlich gearbeitet, mer hat viele Stunde da gestichelt und g'näht, was mer heut' in de halbe Zeit macht."

Demgegenüber mußten die Näherinnen in der Konfektionsindustrie im Akkord einzelne Kleidungsteile, nicht ganze Kleider, anfertigen. Ausschließlich Geschicklichkeit und Schnelligkeit waren in der Massenproduktion gefragt und nicht das Umsetzen eigener Ideen.

Die Handwerkerinnen befaßten sich dagegen mit sämtlichen Phasen der Kleidungsherstellung: Vom Entwickeln einer Modeidee (oftmals gemeinsam mit der Kundin), deren Übertragung auf ein Schnittmuster über das Zuschneiden des Stoffes bis zum Nähen selbst – alles blieb in den Händen der Frauen. Lehrlinge und Gesellinnen waren in der Regel für die „niederen" Arbeiten zuständig wie für das Säumen, das Annähen von Knöpfen oder die Auspolsterung von Schultern.

Ähnlich kritisch wie zur Konfektionsschneiderei stehen die Schneiderinnen zum Tragen von Konfektionskleidung. Auf die Frage, ob sie selber Konfektion getragen habe, antwortet Frau L. entrüstet:

> „Noi! Das kam einfach gar net in Frag'. Ich selber hab' außer Pelze nichts Gekauftes. Also i bin Schneiderin und aus!"

Gründe für diese rigide Ablehnungshaltung sind zum einen im Berufsethos zu suchen. Die Frauen identifizieren sich sehr mit ihrem Beruf und mit den selbst produzierten Erzeugnissen. Für sie ist es gleichzeitig selbstverständlich, ihre Fähigkeiten auch für sich und ihre nächsten Verwandten einzusetzen. Zum anderen spielen auch ökonomische Aspekte eine gewichtige Rolle. Das niedrige Einkommen[9] zwang die Schneiderinnen praktisch dazu, die Familie mit selbst produzierter Kleidung zu versorgen.

> „Es mag überliefert sei, daß scho d' Großmudder ebbe einfach g'sagt hat: ‚Wenn mer des kann und mer verdient wenig Geld, dann muß mer da spare und ebbe seine Sache selber nähe.'"[10]

Auf die Produkte der Marken- und Konfektionsfirma Bleyle angesprochen, ordneten ihr die Schneiderinnen einhellig die Attribute „zu teuer" und „qualitätsbewußt" zu.

> „Bleyle hat's wohl scho zu Großmutters Zeiten gebe. I weiß', mei Mutter hat no zwei Brüder g'habt, und wenn mer Bilder anguckt hat, hat's geheiße: ‚Das war en teurer Bleyles-Anzug, wo die Bube damals trage henn. [...] Wie Gütermann war Bleyle ebbe einfach ein Markenfabrikat."

Vor allem Frau L. betont den finanziellen Aspekt, der ausschlaggebend dafür war, auf den Erwerb dieser Markenfabrikate zu verzichten:

> „I selber hab' nie Bleyle-Sache trage – des war mir einfach zu teuer. I hab' g'sagt: ‚I hab' als Schneiderin so wenig verdient, daß sich des jetzt in meiner Familie bezahlt mache muß, daß i da oifach alles selber nähe.'"

Die Schneiderinnen beobachteten mit Betroffenheit, wie die Zahl der Kundinnen bei der Konfektionskleidung wuchs. Mittelbar betroffen waren sie insofern, daß viele Kolleginnen in die Konfektionsindustrie überwechselten – meist aufgrund der besseren Bezahlung – und die Schneiderwerkstätten Arbeitskräfte verloren. Direkt betroffen waren sie aber dadurch, daß ein Teil der ehemaligen Kundinnen nun Konfektion „fertig" kaufte, da sie billiger war und als flotter galt als die maßgeschneiderte Garderobe.
Frau L. berichtet:

> „Aber sehr viel Leut' haben dann Konfektion trage. I hab' dann von 58 bis 60 no beim Zinser als Änderungsschneiderin gearbeitet und da war unheimlich viel Arbeit. Also müsset ja auch viele Leut' was kauft han."

Betrachtet man die statistische Entwicklung der Damenschneiderbetriebe in der Bundesrepublik, so kann man erkennen, welch starken Rückgang die Anzahl der Damenschneidereien zu verzeichnen hatte. Existierten 1949 noch 78.350 Betriebe, gab es 1956 nur mehr 54.157. 1962/63 dezimierte sich die Anzahl weiter auf 31.826 Werkstätten.[11] Der zunehmende Verkauf von billiger, industriell gefertigter, konfektioneller Kleidung war die Hauptursache dafür.

Gingen in der Vor- und Nachkriegszeit auch ärmere Frauen zur Schneiderin, um sich aus alten Sachen oder billigen Stoffen Kleidungsstücke nähen zu lassen, so wurde dies für sie in den 50ern finanziell unerschwinglich. 1952 verlangte die Chefin von Frau L. für ein Kleid 70–80 Mark - ein Preis, den sich zu der Zeit nur der gehobene Mittelstand (in Tübingen bestand die Kundschaft vorwiegend aus Ehefrauen von Lehrern, Professoren und Ärzten) leisten konnte.

Heute gibt es im Landkreis Tübingen noch drei Damenschneiderinnen – sie sind die letzten ihres Standes, die ihren Beruf noch ausüben.

Anmerkungen

1. Angaben aus: Das Handwerk in Württemberg-Baden. Hg. v. Statistischen Landesamt Stuttgart und Konstanz. Bd. 15/1951. Nach Auskunft der Handwerkerrolle Reutlingen bestätigt sich dieser Trend ebenfalls für den Bezirk Südwürttemberg: Bis 1954 steigt die Zahl der in der Handwerkerrolle eingetragenen Meisterinnen in der Damenschneiderei auf 1.305, um dann bis 1960 auf 823 zurückzugehen.
2. Nach der Handwerkszählung vom 30.9.1949 sind im Land Württemberg-Baden von den insgesamt 8491 tätigen InhaberInnen 8.387 weiblich, von den insgesamt 16.007 Beschäftigten 15.746 weiblich. In: Statistisches Handbuch Baden-Württemberg 1/1955. Hg. v. Statischen Landesamt Baden-Württemberg.
3. Siehe dazu: Lutum, Paula: Schneidermeisterinnen in Münster. Münster 1987; Lamprecht, Heinz: Das soziale Lebensbild des Handwerks. Eine soziographische Untersuchung über Herkunft und Berufswechsel der Handwerker. Dortmund 1952.
4. Befragungen im Mai/Juni 1990, die jedoch aufgrund des geringen Umfangs keine repräsentative Erhebung darstellen.
5. Diese Haltung widerspricht den Untersuchungsergebnissen von Paula Lutum über Schneidermeisterinnen in Münster. Sie stellt als Hauptmotivation für die Berufsentscheidung den „Wunsch der Familie" heraus, der wirtschaftlich (Zuverdienst der Töchter zur Sicherung der Familienexistenz) und gesellschaftlich (billige Berufsausbildung, da der Beruf nur Übergangszeit zur Ehe sein sollte) begründet wurde. Vgl. Lutum 1987 [wie Anm. 3]: 162.

6   BGB § 1356 (Gleichberechtigungsgesetz von 1958).
7   Bertelsmann-Ratgeber: „Die gute Ehe". 1959. In: Siepmann 1981: 278.
8   Bis 1953 war es möglich, ein Gewerbe anzumelden, ohne sämtliche Ausbildungsstufen durchlaufen zu haben (Handwerksordnung vom 24.09.1953).
9   Nach der Handwerkszählung vom 30.09.1949 beziehen DamenschneiderInnen durchschnittliche Löhne und Gehälter von 811 DM, während der Durchschnitt der Gesamthandwerksgruppe Bekleidung im Land Württemberg-Baden bei 1.245 DM liegt. Angaben aus: Das Handwerk in Württemberg-Baden 1/1951.
10 Ähnliche Aussagen finden sich auch bei Lutum 1987 [wie Anm. 3]: 151.
11 Zahlen vom Landesinnungsverband Düsseldorf. Angaben aus: Lutum 1987 [wie Anm. 3]: 109.

Karen Krumrei, Franziska Roller

„Schön sein, schön bleiben …"

Kleidung und Frauenbilder in der Nachkriegszeit und in den Fünfziger Jahren in der Bundesrepublik Deutschland

Petticoat, Rock'n'Roll und Wirtschaftswunder

Die „Goldenen Fünfziger" sind gefragt wie nie. Fünfzigerjahre-Design und -Mode sind „in", und die alten Heimatfilme kommen wieder zu Ehren. Was immer diese Begeisterung für das erste Jahrzehnt der Bundesrepublik hervorruft, es ist das Idealbild einer Zeit, deren reale Lebensumstände für die wenigsten gut waren, den meisten jedoch ein positives Zukunftsbild vom steten Aufstieg vermittelt haben.

Man hat die Fünfziger auch als langes Jahrzehnt bezeichnet; nicht etwa, weil sie den Zeitgenossen besonders lang erschienen wären, sondern weil sie eigentlich schon 1948 mit der Währungsreform begannen. In diesem Jahr war die wirtschaftliche Situation für die meisten Haushalte alles andere als gut, doch die Hoffnung auf den ökonomischen Aufstieg ließ die unliebsame Vergangenheit schnell in den Hintergrund treten. Die Fünfziger Jahre, wie sie uns heute in Erinnerung sind – geprägt einerseits vom Bild der glücklichen, weil im Besitz von Kleinwagen, Fernseher und Kühlschrank befindlichen Familie, und andererseits durch Halbstarke, die die deutsche Pantoffelgemütlichkeit bedrohten – begannen eigentlich erst 1957 und ragten bis weit in die Sechziger hinein.[1]

Unsere Untersuchungen beziehen sich größenteils auf die Situation der Frau; Mode wird meist dem weiblichen Geschlecht zugeordnet, und so beschäftigt sich auch die entsprechende Literatur ausschließlich mit der Frauenmode.[2] Dieser eher traditionelle Ansatz bietet aber die Möglichkeit, die Fünfziger Jahre als einen Zeitraum zu erfas-

sen, in dem die Rolle der Frau in der Gesellschaft deutlich erkennbar wird: Durch den Zweiten Weltkrieg war sie kurzzeitig unfreiwillig aufgebrochen worden, und sie sollte nun innerhalb kürzester Zeit wieder auf die Werte der Frau als Hausfrau und Mutter reduziert werden. Deshalb bezieht sich unsere Beschäftigung mit den Fünfzigern auf die frühe Phase dieses Zeitraums, wobei der Schwerpunkt auf der Frage liegen soll, inwieweit Mode als Bedeutungsträger für gesellschaftspolitische Entwicklungen gesehen werden kann.

Trümmer-Mode?
Nachkriegsrealität und die Sehnsucht nach dem „normalen" Leben

Schon während des Zweiten Weltkrieges waren die meisten Frauen in allen wichtigen Lebensentscheidungen auf sich gestellt, weil viele Männer an der Front, gefangen, vermißt oder gefallen waren.[3] Nach dem Ende des Krieges, als erst die wenigsten aus der Kriegsgefangenschaft zurückgekehrt waren, verschärfte sich die Lage, da das Versorgungssystem völlig zusammengebrochen war und jede Möglichkeit genutzt werden mußte, um sich und die Familie vor dem Verhungern zu bewahren. Die Frauen gingen „hamstern" zu Bauern in den umliegenden Dörfern, um Lebensmittel gegen den letzten Besitz oder Näharbeit einzutauschen:

> „(...) wenn Sie Schmuck hatten zum Eintauschen, oder eben Beziehungen, dann hen sie alles 'kriegt."[4]

Zusätzlich wurden alle Frauen von 15–50 Jahren unmittelbar nach Kriegsende vom alliierten Kontrollrat als ‚Trümmerfrauen' zu Arbeitseinsätzen verpflichtet.[5] Die Ernährung über die Lebensmittelkarten reichte nicht zum Überleben aus; die ganze Familie war gefordert, den Mangel zu überwinden.

In dieser Lebenssituation wurde die Kleidung durch die Verwendung und Verwertung vorhandener Stoffe bestimmt:

> „Und dann waren wir bei einem Bauern einquartiert, und die hatten an der Wand so karierte Gardinen hängen. (...) Da hab' ich mir eine Gardine genommen und da haben wir beide uns Kleider draus gemacht."[6]

Aus Tischdecken entstanden Röcke, Pullover wurden ‚aufgezogen' und neu gestrickt und Wehrmachtsmäntel zu Damenjacken umgearbeitet. In jeder Frauenzeitschrift gab es eine „Aus-Alt-mach-Neu"-Rubrik, die durch aufmunternde Sprüche das Elend der Realität zu überdecken versuchte und begeistert die Phantasie als Patentlösung anpries.

Frau R. (Jg. 1937) erzählt, ihre Großmutter habe für alle Enkelinnen rote Schürzen mit weißer Zakkenlitze aus Hakenkreuzfahnen genäht. Andere erinnern sich ans „rote Dirndl aus der Führerfahne"[7]. Die eigene Vergangenheit wurde so ohne Bedenken in die Gegenwart eingebunden. Die Bewältigung bestand in der Verarbeitung der Symbole der NS-Herrschaft zu notwendigen Alltagsgegenständen und im Abtragen der Schuttberge, die Deutschland bedeckten. Das wichtigste war, überhaupt zu Kleidern zu kommen, und deshalb wurde jedes Stück Stoff, jeder Garnrest verarbeitet.

Daran änderte sich auch mit der Währungsreform erst einmal nichts, denn

> „(...) von dene 40 Mark hat mer sich kein Stoff 'kauft, weil des ging einfach net. Mer hat im Grund so weiterg'macht."[8]

Unter diesen Voraussetzungen kann man wohl kaum von einer Mode der frühen Nachkriegszeit sprechen, jedenfalls nicht von einer an deutschen Kreationen orientierten Mode. Um so begieriger wurden Einflüsse aus Frankreich und den USA aufgenommen, die die Hoffnung auf den eigenen Wohlstand in naher Zukunft verkörperten. Eine wichtige Quelle „amerikanischer Lebensart" waren die „Care-Pakete", die neben Nahrungsmitteln auch modische Kleidungsstücke enthielten:

> „Ich hab' dann ein Studentenehepaar kennengelernt. Die schickten mir aus der Bondstreet (...) Sachen aus Amerika. Das war geradezu überwältigend für mich. Da schickten die mir zwei Schlafanzüge aus Nylon, so ganz einfache. (...) Heute würde man sich alle zehn Finger danach ablecken, ganz einfach geknöpft mit langem Ärmel, also so, wie man jetzt Seidenanzüge machen würde."[9]

So verbreiteten sich schnell Blusen, Hemden, Rökke, Hosen aus den verschiedensten Kunstfasern wie Perlon, Lastex oder Nyltest. Das paßte zum deutschen Bild vom schnellen, originellen, modernen Amerika. Neben der Begeisterung für den Farbenfrohsinn der neuen Materialien wurde vor allem deren Pflegeleichtigkeit gefeiert, die der Hausfrau behutsames Waschen und stundenlange Bügelarbeit ersparte. Am größten war die Freude jedoch, wenn sich in den Päckchen die anfangs nahezu unerschwinglichen Nylonstrümpfe fanden:

> „Die Verwandte haben Päckle g'schickt (...), aber wenn mer da niemanden hatte, da war

man total neidisch, weil mer die [Nylonstrümpfe; d. V.] sich ja nicht kaufe konnt. Da hat a Paar vielleicht zwanzig Mark kostet, und das konnt mer net."[10]

Frauenbilder aus der Traumfabrik

Mit den Besatzungsmächten gelangten auch Illustrierte der Alliierten, hauptsächlich aus den USA und Frankreich, in die westlichen Besatzungszonen und verbreiteten ein weibliches Idealbild, das im krassen Gegensatz zur Realität in Deutschland stand und dennoch oder gerade deswegen begierig aufgenommen wurde. In erster Linie waren es aber wohl die amerikanischen Filme, die das Mode- und Frauenbild der Bundesrepublik prägten. Sie boten Entspannung und waren Traumbilder einer heilen Welt, in der die Schauspielerinnen als unermüdliche, hilfsbereite, freundliche und immer perfekt zurechtgemachte Bräute, Ehefrauen und Mütter auftraten und damit die Maßstäbe für das Frauenideal in den westdeutschen Besatzungszonen setzten.

Die Hollywood-Filmemacher kreierten selber eine neue Moderichtung; die „New Sweetheart Line"[12] war eine Mischung aus Nostalgie und dem Vorbild des New Look.

Vor allem Liz Taylor kann als Protagonistin dieses Modetrends angesehen werden. Ihre Kleider im Film „A place in the sun" von 1951 erhielten Lobhuldigungen von allen Seiten und erzielten eine Massenwirkung beim Publikum. Charakteristisch für diese Modelinie waren (trägerlose) Büstenhalter mit vorgeformten Körbchen, Korsetts, Petticoats sowie rüschenbesetzte Höschen.

„Der Star – eine Frau wie du und ich."[13]

Nicht minderen Einfluß auf Geschmacksbildung und Frauenidentität hatte Grace Kelly. Bekannt aus vielen Filmen, prägte sie das Schönheitsideal der 50er Jahre. Es wurde chic, sich mit „Kelly-Frisur" oder „Kelly-Brille" in der Öffentlichkeit zu zeigen. Durch die Hochzeit mit dem Fürsten Rainier von Monaco erreichte die Beliebtheit der Schauspielerin ihren Höhepunkt. Sie verkörperte (ebenso wie Soraya, die zweite Frau des Schahs von Persien) die Idealvorstellung von Weiblichkeit mit dem Image höchster Tugend und Moral, das nur im Schoße einer glücklichen Ehe und Familie zu verwirklichen war.[13]

Neben amerikanischen Filmstars wie Liz Taylor, Grace Kelly und Audrey Hepburn waren auch deutsche Schauspielerinnnen begehrt. Luise Ulrich und Ruth Leuwerick stellten den mütterlichen Typ dar, Romy Schneider galt als romantisches Mädel, Sonja Ziemann als patente Kameradin und Catherina Valente als die temperamentvolle junge Dame:

„Und da kamet dann diese Filme mit der Catherina Valente und dem Peter Kraus. (…) Die hat mer irgendwo toll g'funde, weil mer war jung, die waret jung, die waret spritzig. (…) Und da hen sie au die Kleider an mit dene Petticoat und all diesen Schnickschnack, den mir da wirklich versucht hen zu bekomme. Und die hat mer vielleicht als Leitbilder a bissle ang'sehe."[14]

Den Filmen kam in dieser Zeit eine wichtige Rolle zu. Sie bildeten neben den Illustrierten die Verbindung zur großen Welt, und ein Kinobesuch war ein Erlebnis, für das man einiges in Kauf nahm:

„Das war vielleicht das größte Vorbild, Mädchen, wie sie im Film angezogen waren. (…) Ach, ‚Wenn der weiße Flieder wieder blüht', das weiß ich noch, da bin ich heimlich reingegangen, anstatt in die Christenlehre zu gehen (…)."[15]

Daß deutsche und amerikanische Filme ein wichtiges Vorbild darstellten, zeigt sich auch in der Tatsache, daß „Film und Frau" eine ausgesprochen weitverbreitete Zeitschrift war und viele sie zum Vorbild für selbstgeschneiderte Kleider nahmen.

Sowohl deutsche als auch amerikanische Filme der 50er Jahre propagierten die traditionellen Muster von Frau und Familie und dienten demnach – ebenso wie die anderen Medien – als „Agenten der Lähmung"[16], die den Rückzug aus der Realität in eine heile Welt ermöglichten.

Der New Look

In die erste Nachkriegszeit fiel die erste aufsehenerregende Modenschau Christian Diors, die von 1947 an die Mode der kommenden Jahre bestimmen sollte. Die als „New Look" berühmt gewordenen Kleider Diors waren aus in verschwenderischer Fülle verarbeiteten kostbaren Stoffen geschneidert und vermittelten das Bild luxuriöser Weiblichkeit. Diese neue Mode erlangte weltweite Berühmtheit; von besonderer Wichtigkeit war sie in der französischen Besatzungszone, wo zu dieser Zeit nur wenige lizensierte Blätter existierten.

Die Zeitschriften der Besatzer waren darum sehr begehrt, ebenso wie die Kleidung der Französinnen Vorbildfunktion hatte.

Doch die neue Mode gab es nicht nur zum Ansehen in Zeitschriften oder als unerschwingliche Modellkleider in den Schaufenstern. Es gab auch schon bald die Schnittmuster von Dior-Kleidern zu kaufen, so daß es für breite Schichten im Laufe der Zeit möglich wurde, Dior-Mode nachzuschneidern und zu tragen.

Weite Röcke und taillierte Schößchenjacken schufen das Ideal der femininen Frau mit großem, spitzem Busen, schmaler Taille und runden Hüften. Dieses die weiblichen Körperformen extrem betonende Erscheinungsbild, das Zartheit und Anschmiegsamkeit suggerierte, verlangte allerdings von den Trägerinnen der Kleidung eine harte Panzerung zur Modellierung des Idealkörpers: Der Busen wurde durch gepolsterte und verstärkte BHs geformt, die Taille durch die wieder in Mode gekommenen Korsetts zusammengeschnürt und die Hüfte mit Hilfe von Hüfthaltern in Form gebracht.

„It's quite a revolution, Dear Christian. Your dresses have such a new look"[17] oder „Das hat uns grade noch gefehlt."[18]

Der deutsche Modeschöpfer Oestergaard bemerkte dazu bezeichnenderweise, die Pariser Modeschöpfer hätten die Sehnsucht der Frauen erfaßt, noch ehe sie den Frauen selbst bewußt wurde.[19]

Während die Wirtschaftskrise ihren Höhepunkt erreichte und die Frauen am Rande des Existenzminimums alle ihre Energie für die Beschaffung von Nahrungsmitteln einsetzten[20], sorgte die Mode schon wieder dafür, daß Weiblichkeit über die Präsentation als hilfloses, passives – denn wer kann sich in diesen Kleidern schon frei bewegen – und luxuriöses Statussymbol für den Mann definiert wurde. Zu diesem Thema wurden durchaus auch empörte Stimmen laut, wie ein Leserinnenbrief in einer Frauenzeitschrift 1949 zeigt:

„Als deutsche Frau möchte ich dazu folgendes sagen: Wir haben Millionen deutscher Flüchtlinge und Bombengeschädigter, die kaum etwas anzuziehen haben. Wir haben ebensoviele Heimkehrer, die in der gleichen Lage sind. Für alle diese Ärmsten reicht es nicht zu den notwendigsten Kleidungsstücken, und da sollen wir deutschen Frauen die Mode der längeren Röcke mit dem Mehrverbrauch an Stoff mitmachen? (...) Sorgen wir erst einmal dafür, daß jeder deutsche Mensch ein Kleid auf dem Leibe hat und seine Wäsche wechseln kann."[21]

Im großen und ganzen wurde der Streit um die Mode allerdings mit großer Begeisterung geführt, bot er doch eine Möglichkeit, die beunruhigende politische Lage zu vergessen und sich mit aller Emotionalität einem ungefährlicheren Thema hinzugeben. Auch die Frage nach der Rolle der Frau konnte so unauffällig auf die Frage nach der Rocklänge der Frau reduziert werden.

Doch wahrscheinlich hätte es solcher Ablenkungsmanöver nicht bedurft; denn die Selbstverständlichkeit, mit der Frauen die Rolle der Ernährerin für die (Rest-)Familie[22] ausfüllten, hatte ja keinesfalls zu einer Neudefinierung des Frauenbildes geführt. Ihnen wurde zwar anerkennungsvoll Opferbereitschaft zugesprochen[23], doch stand die Würdigung der Arbeit der Frauen im Reproduktionsbereich in keinem Verhältnis zu ihrer tatsächlichen existenziellen Bedeutung – obwohl der Hunger das wichtigste, weil drängendste politische Problem der frühen Nachkriegsjahre war.

Allerdings war den wenigsten Frauen selber bewußt, wie groß ihr Verdienst um den Aufbau Deutschlands eigentlich war; sie entwickelten keinen Stolz auf die von ihnen geleistete Arbeit, sondern strebten nach einer „Normalisierung" der Zustände, um Krieg und Nationalsozialismus zu

vergessen[24]. Das bedeutete, die Vorkriegsverhältnisse wiederherzustellen, um darauf schnellstmöglich neuen materiellen Wohlstand aufzubauen. Die wenigsten waren dazu bereit, mit dem Nationalsozialismus zwölf Jahre ihres Lebens in Frage zu stellen, und das zu einem Zeitpunkt, an dem für viele der Besitz verloren und die Zukunft unsicher war und das Überleben als wichtigstes Problem im Vordergrund stand. Anfang der Fünfziger Jahre war auch die weltpolitische Lage alles andere als entspannt; der Koreakrieg schürte die Angst vor einem neuen Krieg auch in Europa:

„Anfang 50 hat man gedacht, es gibt bald wieder Krieg. Es war eine ganz unruhige Zeit nachher und jedes hat Angst gehabt."[25]

„Constanze": Inszenierung von Weiblichkeit

Die Hamburger Zeitschrift Constanze war eine der beliebtesten Illustrierten der Fünfziger Jahre. Die Illustrierte hatte in ihren ersten beiden Nachkriegsjahrgängen durchaus auch einen politischen Anspruch. Sie setzte sich mit brisanten und hochaktuellen Themen wie berufstätige Frauen, politisches Engagement und Gleichberechtigung auseinander, und sie riet Frauen zu selbständigen Lebensformen:

„Die heutige Frau in Deutschland (...) wird erst dann zu einer positiven Stellung zum Manne (...) kommen, wenn sie ihre sogenannten idealen Vorstellungen und ihre romantischen Träume dort vergräbt, wo schon ihr gesamtes früheres Leben liegt, ihre gesamte bürgerliche Existenz, ihre Möbel und Erinnerungen – nämlich unter den Trümmern."[26]

Diese Anleitung zur Verdrängung mag aus heutiger Sicht als problematische Methode zur Verarbeitung der eigenen Geschichte erscheinen, doch spiegelt sie immerhin einen Versuch, die Rolle der Frau neu zu definieren. Dieser Anspruch wurde vor allem von Walther von Hollander geprägt, der in seinen Leitartikeln Moral durch Psychologie zu ersetzen suchte.[27] In den frühen Nachkriegsjahren trat die Zeitschrift ganz entschieden für die Gleichberechtigung der Frau im Beruf und in der Beziehung zum Mann ein. Auch zum Thema Friedenssicherung erschienen bis 1950 zahlreiche Beiträge. Es fand allerdings überhaupt keine Aufarbeitung der NS-Zeit statt, die Zeitschrift sah die konsequente Aussparung des Themas als ausreichende Stellungnahme an, was sicher den Bedürfnissen der meisten LeserInnen entsprach.

Ebenso wurde die Auseinandersetzung mit dem alten, traditionellen Frauenbild konsequent gemieden. So kapitulierte die Zeitschrift schnell vor der Restauration der traditionellen Geschlechterverhältnisse und schwenkte schon bald auf die herkömmlichen Themen Mode, Schönheit, Rezepte und unterhaltsame Berichte um, was im Jahr 1949 mit der Organisation der ersten deutschen Dior-Modenschau offenkundig wurde. Auf den Modeseiten erschienen die Frauen „als gutaussehend, gepflegt, schlank, frisch, freundlich und warmherzig."[28] Der Mode- und Kosmetikteil wurde erweitert, es gab vermehrt Reportagen über Filmstars und Spielfilme. In den psychologischen Beiträgen gewannen Analysen der „normalen" Beziehung zwischen Mann und Frau, nämlich der Ehe, die Oberhand. Andere Formen des Zusammenlebens, die in den frühen Constanze-Ausgaben als echte Alternativen diskutiert worden waren, wurden in zunehmendem Maße tabuisiert.

„Sie leben froher – Sie leben besser mit Constanze!"

Mutter sein – Glück allein?

Die Firma Bleyle richtete sich mit ihrer Werbestrategie ganz gezielt an die Frau als Mutter. Sie war schließlich die Hauptkundin, da man davon ausgehen konnte, daß sie die Kleidung sowohl für sich als auch für ihre Kinder aussuchte. Es ist also nicht die Tatsache, daß, sondern die Art und Weise, wie sie abgebildet wird, die interessiert.

Das Kleid, das die Firma Bleyle in einer Werbebroschüre anbot, konnte durch Herauslassen der Falten vorübergehend in ein Umstandskleid verwandelt werden. Dabei macht der Begleittext zum Werbefoto unmißverständlich klar, daß Kinder eine reine Frauenangelegenheit waren:

„Ihre Freundin darf es schon wissen ... daß sie ein Baby erwartet. Viele Vorbereitungen sind für den kleinen Erdenbürger notwendig. So hat sich die junge Mutter ein Bleyle-Kleid gekauft. Es ist wundervoll im Tragen und behält immer seine gute Form."[29]

Dieser Text von 1951 hat noch nichts von der vor allem in den späteren Fünfzigern üblichen neckischen Reimform, doch ist er im vertraulichen Plauderton gehalten. Die werdende Mutter ist in ihrem Wohnzimmer dargestellt, wo gediegene Möbel eine Atmosphäre beschaulicher, aus heutiger Sicht allerdings eher beklemmender Gemütlichkeit schaffen. Buch und Nähkästchen suggerieren Müßiggang und Näharbeiten der Gattin, die in erster Linie als Zierde des Heims figuriert.

Im Blick auf diese Frauenrolle sind zahlreiche Titelblätter der Bleyle-Kataloge eine Betrachtung wert. Dort zeigt sich die strahlende Mutter meist mit zwei strohblonden Kindern; wüßte man nicht, daß die Fotos aus den Fünfzigern stammen, würde man sie vielleicht auch zehn Jahre früher datieren. Hier ist wenig zu spüren von einem neuen, durch das Ende des NS-Staates oder die Nachkriegszeit gewandelten Frauenbild.

Die Lebensbedingungen der Nachkriegszeit und der frühen Fünfziger Jahre schufen ein großes Bedürfnis nach Lebenssicherheiten. Um 1950 nahm die Familienforschung mit Soziologen wie König, Pfeil, Schelsky oder Wurzbacher einen mächtigen Aufschwung und propagierte die Familie als Keimzelle aller gesellschaftlicher Weiterentwicklung, obwohl rund ein Drittel der weiblichen Bevölkerung nicht damit rechnen konnte, zu heiraten, da aufgrund des Krieges ein bezeichnenderweise als „Frauenüberschuß" bekannter Männermangel herrschte.

> „Fabelhaft, Mutti, wie schick Du jetzt auch zu Hause aussiehst, seitdem Du Arwa trägst!"[29]

Auch nach Friedrich H. Tenbruck wurde die Familie in der Nachkriegszeit der wichtigste Bezugspunkt, „Raum neuer Stabilisierung", das, was „an sozialer Verortung geblieben und greifbar war" – somit „fast ausschließliche(r) Bezugspunkt und Orientierungsraum."[30]

Diese Einschätzung spiegelt die Wünsche und Bedürfnisse dieser Jahre. Sie muß jedoch mit der realen Situation der Familie in Bezug gesetzt werden.[31] Wie bereits erwähnt, war ein großer Teil der männlichen Familienmitglieder gefallen, vermißt oder in Gefangenschaft[32], so daß viele Familien nur noch aus Mutter, Kindern und vielleicht noch Großeltern und Tanten bestanden. Diese Situation ließ in der Nachkriegszeit die Befürchtung aufkommen, die Familie und mit ihr Moral und Sittlichkeit seien in Auflösung begriffen. Vor diesem Hintergrund muß das große Interesse der frühen Fünfziger am Thema Familie interpretiert werden. Nach dem Krieg waren immense Scheidungsraten zu verzeichnen, da viele, vor allem junge Ehen an der langen Trennung wärend des Krieges scheiterten[33]. Auf der anderen Seite planten viele Witwen keine neue Heirat, sondern hatten sich in ihr selbständiges Leben gut eingefunden.

Weitere Unterstützung bekam die Familie durch den 1953 auf den neu eingerichteten Posten des Familienministers berufenen Dr. Franz Josef Würmeling (CDU), einem überzeugten Katholiken, der in der Familie als staatstragender Institution sogar einen Beitrag zur Verteidigungspolitik sah:

„Millionen innerlich gesunder Familien mit rechtschaffen erzogenen Kindern sind als Sicherung gegen die drohende Gefahr der kinderreichen Völker mindestens so wichtig wie alle militärische Sicherung."[34]

Was von der Stichhaltigkeit dieses Arguments zu halten ist, sei dahingestellt. Sicher ist jedoch, daß die hier propagierte Form der Familie es der Frau sehr erschwerte, selbst einem Beruf nachzugehen. Während des Krieges und unmittelbar danach hatten die Frauen im Beruf die fehlenden Männer ersetzt, um dann bei deren Rückkehr wieder den Rückzug an den Herd anzutreten, ihren Lebensunterhalt mit ungelernten bzw. schlecht bezahlten Tätigkeiten zu bestreiten oder das Geld für den heißersehnten Kühlschrank zu verdienen.

Die Frau als Hausfrau und Gattin

Viele Frauen waren mit dieser Rollenzuweisung, die sie auf Schönheit und Anmut reduzierte, einverstanden, entsprach sie doch ihrem Bild von einer geordneten, heilen Welt, in der der Mann arbeitet und den Lebensstandard sichert, während die Frau für Ordnung und Gemütlichkeit im gemeinsamen Heim sorgt.

Das von Politikern und Medien propagierte Frauenbild spiegelt sich in der Mode und wird damit auch von der Werbung aufgegriffen. Perfektion und Sauberkeit werden als die drängendsten Probleme der deutschen Hausfrau dargestellt. Es wird das Bild einer fehlerlosen, immer schick gekleideten und mit den neuesten Rezepten vertrauten Hüterin des Heims vermittelt, deren einziger Wunsch es ist, für Ehemann und Kinder zu sorgen. Diese Entwicklung zeichnet sich schon in der frühesten Werbung der Firma Bleyle nach dem Krieg ab:

> „Gesund und anmutig muß die Frau sein, um zu gefallen, um ihre Aufgabe als Frau und Lebenskamerad zu erfüllen."[35]

„Und kommt es nicht schon einmal vor, daß Sie ein unverhoffter Besuch überrascht? Wie froh sind Sie dann an dem hübschen Bleyle-Kleid. Ihre Gäste werden Sie gut und gepflegt angezogen finden."[36]

In der gleichen Werbeserie findet sich der folgende Text:

„Wohlgelaunt empfängt sie den Gatten ... hübsch und gepflegt angezogen, wie er es gerne sieht. Doch wie macht sie das, sie war doch gerade noch bei der Hausarbeit? Das ganze Geheimnis heißt Bleyle-Kleidung."[37]

Hier wird das Bild der Ehefrau beschrieben, deren Lebensaufgabe es ist, ihren Ehemann zu halten, zu erfreuen, sich seinen Wünschen anzupassen. Der Männermangel hat nur selten bewirkt, daß Frauen sich ermutigt fühlten, eigene Vorstellungen und Lebenskonzepte zu entwickeln, sondern er verstärkte im Gegenteil noch die Abhängigkeit von den gängigen männlichen Idealvorstellungen über die Wirkungsbereiche der Frau: Ehe und Familie. Die Einstellungspolitik der Unternehmen in der Bundesrepublik ließ Frauen keine Hoffnung auf berufliche Karriere.[38] Zudem war eine ehrgeizige berufstätige Frau ohne Familie gesellschaftlich völlig inakzeptabel, auch wenn viele Frauen einer Nebenbeschäftigung nachgingen, um die begehrten Statussymbole wie elektrische Haushaltsgeräte oder Auto mitzufinanzieren. Das führte dazu, daß gerade viele unverheiratete berufstätige Frauen ein Leben als Hausfrau, Gattin und Mutter idealisierten. Also hatten die wichtigsten Bemühungen der Frau ihrem Äußeren zu gelten und einem Verhalten, das ihnen die Hoffnung darauf ermöglichte, möglichst bald einen Ehemann zu finden und mit ihm eine Familie zu gründen.

Frau und Beruf: Sekretärin

In dieser launigen Strumpfwerbung[39] wird die Sekretärin nicht für ihre berufliche Qualifikation gelobt, im Gegenteil: Der Chef wird beim Anblick ihrer perlonbestrumpften Beine auf einmal rücksichtsvoll und nachsichtig, wenn sie mit dem Stenografieren nicht so ganz nachkommen sollte. Im Hintergrund sind ein Sachbearbeiter und ein Lehrling zu sehen, die wie ihr Chef begehrliche Blicke auf die Waden der als blondes Püppchen dargestellten Sekretärin werfen.

„Alter: 2 x 20.
Beruf: tüchtig.
Besondere Merkmale:
jung und chic."[40]

Diese Werbung stammt aus einer Serie von zwölf Zeichnungen mit vergleichbaren Situationen. Sie wurde sicher von vielen Kundinnen als gelungener Scherz aufgefaßt, und auch aus heutiger Sicht amüsieren diese neckischen Gedichtchen zu den Zeichnungen im gezierten Fünfziger-Jahre-Schwung. Doch gleichzeitig spiegelt sie die ganze Misere der Frau im Berufsleben[41]. Zuerst einmal ist die Rollenzuweisung im Büro ganz klar: Als Lehrlinge wurden sehr bald nach dem Krieg keine Frauen mehr eingestellt; auch der Sachbearbeiter ist ein Mann – dieser Posten war vergleichsweise gut bezahlt und bot Aufstiegschancen. Folgerichtig ist auch der Chef ein Mann (woran sich ja im allgemeinen bis heute nicht viel geändert hat). Für die Frau bleibt der Posten als Sekretärin. Hier verdient sie wenig und soll alle als typisch weiblich geltenden Anforderungen erfüllen: sie soll sich sexy, aber durchaus noch anständig kleiden. Ihr Organisationstalent ist eine Selbstverständlichkeit, es wird von ihr erwartet, daß sie die Launen des Chefs ausgleichen kann und immer weiß, was er wünscht, ohne daß er erst etwas sagen muß. Doch mit der Ehe verliert sie das Recht auf ihren Posten – zumindest in Berufen, in denen auch Männer arbeiten.

Für die meisten Frauen war berufliche Arbeit zumindest vor der Ehe ein finanzielles Muß. Darüberhinaus war sie oft die einzige Erfahrung, selbständig arbeiten zu können, das Geld für den eigenen Lebensunterhalt zu verdienen und zumindest einen Teil davon zur freien Verfügung zu haben. Deswegen stellten gerade junge unverhei-

ratete Frauen eine wichtige Kundinnengruppe für die Modenindustrie dar.

Ob Haufrau oder Setzerin – für alle galt jedenfalls dasselbe Ideal: perfektes und gleichzeitig pflegeleichtes Äußeres. Das beschwört auch ein Werbetext der Firma Bleyle als den Zeitgeist der 50er: „praktisch, modisch – das paßt in die Zeit."[42]

Backfische und junge Fräuleins

Der Werbespruch begleitet die Zeichnung eines „Backfischkleides"der Firma Bleyle. Hier wird das Ideal des jungen Mädchens vorgeführt, wie es sich die Eltern wünschen: eine hübsche, flotte, sportliche Person, deren einziger Wunsch es ist, möglichst bald eine junge Dame zu werden. Die Teenager-Zeit wird gleichsam als eine Periode des Dornröschenschlafs vor dem Erwachsensein verkauft. Die jungen Mädchen hatten sich nach Möglichkeit nur für Handarbeiten und natürlich und dezent wirkende Schönheit zu interessieren. Diese Erwartungen an die jungen Mädchen wurden ausführlichst in den Frauenzeitschriften besprochen, oder, wie in einem fiktiven Gespräch eines Mädchens mit ihrem Bruder, in Schönheitsfibeln propagiert:

„Schon Dame sein...
... und sich damenhaft kleiden ist der Wunsch aller Backfische. Bleyle-Backfischkleider sind sehr hübsch und sportlich flott earbeitet – gerade das Richtige für angehende junge Damen."

„Ein Mädchen, das sich nicht für sein Äußeres interessiert, ist nicht ganz normal. Wenn du mich schon für wissenschaftlich unterbelichtet hältst, so gestatte mir doch freundlichst, mich auf anderen Gebieten zu betätigen. Wenn ich eine Meckifrisur und gondelförmige Schuhe für richtig halte, so ist das meine Sache ... Ich habe die eigentümliche Eigenschaft, mir dabei etwas zu denken."[43]

Die Sprache soll betont witzig wirken und auf den ersten Blick eine selbständige junge Frau vorspiegeln, die ihrem Bruder durchaus die Meinung sagt. Doch bei näherem Hinsehen wird hier die Rollenerwartung an junge Frauen vermittelt, sich keinerlei Gedanken zu machen, die auf eine berufliche Karriere hinzielen könnten, sondern sich allein um ein ansprechendes Äußeres zu bemühen.

Diese Vorstellungen, wie sich „das junge Fräulein" zu geben hatte, wurde von der Modeindustrie aufgenommen und umgesetzt. Eine eigene „Teenager-Mode" wurde entwickelt, deren spezielle Kleider durch bunte Farben, auffallende Muster und beschwingte Schnitte bestechen sollten. Vor allem die Petticoats erfreuten sich größter Beliebtheit bei den Backfischen. Frau L. beschreibt ihre Modeeindrücke:

„ Dann kamet die Petticoats, wo mer also zwei, drei Unterröcke anhatte und diese Röcke dann drüber. Das hat mer toll g'funde. (...) Oder was ganz große Mode war, wo mer also überall auf die Plisseeröcke kam. 51, 52 kamen die Plisseeröcke. Und weite Spitzeblusen dazu mit einer roten Blum und so breite Gummigürtel, wo mer vorne mit so Hake zug'macht hat; des war also ganz top. Wenn sie des ang'habt habet, dann waret sie also ganz modern."[44]

Passend zu Rock und Bluse bevorzugten die meisten jungen Frauen Pumps und Stöckelschuhe. Die Ballerinaschuhe, die eigentlich für junge Damen gedacht waren, fanden keinen großen Anklang:

„Mer trug ganz schmale, spitze Schuh mit sehr hohen Absätzen, als i jung war. Es gab dann irgendwann einmal so Ballerinaschuhe, aber die mocht i net. I hab' immer die hohe Schuh 'trage. Je höher, umso toller. Der Fuß kam natürlich toll raus. I konnt prima laufe und i hab' nur Stöckelschuh 'trage."[45]

Die meisten jungen Mädchen wuchsen unter starker Kontrolle ihrer Eltern auf. Das am liebsten gesehene Hobby war Handarbeiten. Der Kontakt mit dem anderen Geschlecht über Kinobesuche oder Tanzveranstaltungen galt als problematisch, wenn nicht sogar gefährlich und wurde streng reglementiert. Doch irgendwann mußten die sorgfältig getrennten Geschlechter wieder zueinander geführt werden. Eine fest etablierte Einrichtung dafür war die Tanzstunde. Sie diente neben der Einübung der Schritte auf dem Parkett des Tanzsaals auch zur Einübung derselben auf dem Parkett des Lebens. Tischmanieren, gesellschaftliche Umgangsformen und Körperhaltung standen gleichwertig auf dem Programm jeder Tanzstunde. Außerdem war sie die Voraussetzung für gelungene Hausbälle, ein Hauptvergnügen für die bürgerliche Jugend der Fünfziger Jahre.

„Sie hat nur Blue Jeans, ja ich weiß in der Tat nicht mal, ob sie schöne Beine hat. Ja, ich träum', wär' das schön, sie mal in einem schicken Kleid zu seh'n!"[46]

Arbeiterkinder hatten dagegen in dieser Lebensphase, in der die meisten von ihnen schon selbst arbeiteten, weder Zeit noch Geld für eine Tanzschule und lernten ihre ersten Tanzschritte direkt auf dem Tanzboden. Für sie galten ganz andere Regeln. Während sich ein Mädchen aus einer Arbeiterfamilie hüten mußte, vor der Haustür mit einem Jungen gesehen zu werden, war es für die Tanzstundenherren ein absolutes Muß, ihre Tanzpartnerin sicher nach Hause zu geleiten.

Für die Mädchen war das Kleid eines der wichtigsten Tanzstundenthemen. Sie sprachen sich gegenseitig ab, was sie anzogen, waren über die neueste Mode im Bilde und bewunderten oder beneideten sich gegenseitig.

„Also schon zur Tanzstunde (...) haben wir uns immer überlegt vorher, was ziehen wir an. Ich hatte mein Konfirmationskleid, das war ein zweiteiliges schwarzes Taftkleid und ein grünes Kleid, was ich mir selbst genäht hatte. Das war die einzige Möglichkeit, und dann bei den anderen war es genauso, die hatten auch zum größten Teil ihr Konfirmationskleid und noch ein anderes Kleid."[47]

Schminken war absolut verpönt und Lippenstift galt als ordinär, denn auch hier galt das Ideal der „Schönheit durch Sauberkeit":

„Und schminken durfte ich mich überhaupt nicht, überhaupt nicht. Und einmal habe ich mich geschminkt, erst wo ich kilometerweit weg war, und dann wo ich wieder heim bin, dann schnell wieder ab."[48]

Für das ganze Theater um die Kleider schienen die meisten jungen Herren nicht viel Interesse aufzubringen. Denn wie sonst läßt es sich erklären, daß selbst die grundlegendsten Regeln für korrekte Kleidung erst in der Tanzstunde gelernt werden:

„Der [Tanzlehrer; d. V.] hat einfach gesagt, wenn Sie jetzt zum Zwischenball kommen, Sie wissen das noch nicht, aber deswegen sage ich es Ihnen jetzt, dann ziehen Sie das Dunkelste an, was Sie haben."[49]

Männer und Modeverhalten

Wo bleiben nun also die Männer bei der Modeeuphorie der 50er Jahre? Wenn man sich Bilder aus den 50ern bewußt nach der Männermode anschaut, so fällt ein immenser Unterschied zwischen der Darstellung von Männern und Frauen auf. Während die Frauen als meist mit Tüchern, Schmuck, Handtaschen oder Haarbändern aufgeputzte, farbenfrohe Geschöpfe auftreten, bleiben die Männer – sofern sie überhaupt auftauchen mit ihren einförmigen, oft mausgrauen Anzügen und Mänteln – von Modeströmungen nahezu unberührt.[50]

Dieser Eindruck wird von der in Bleyle-Katalogen angepriesenen biederen Herrenkleidung bestätigt. Ein junger Mann, Träger der Bleyle-Weste „Flüelen", altert um Jahre, ebenso sein Nebenmann, der die „beliebte Gebrauchsweste aus strapazierfähigem Kammgarnzwirn in vielen praktischen Farben"[51] trägt. Das Praktische und Strapazierfähige wird herausgestellt, das Modisch-elegante scheint zweitrangig zu sein.

Ähnliche Männer- und Modebilder weist „Der interne Breuningerbrief" von 1953 auf. Meist ältere Herren präsentieren die Herbst- und Wintermode in der Manier des aufrecht, mit gespreizten Beinen stehenden, selbstbewußten Mannes, der nicht in die Kamera, sondern in die Zukunft schaut. Die Kleidungsstücke sind so zeitlos, daß sie durchaus zwanzig Jahre früher Käuferschichten hätten anlocken können.

> "Sind Männer eitel? Natürlich nicht! Oder doch? (...) Erster Blick: Gesamterscheinung, zweiter Blick: Krawatte. Einzig erlaubter Seitensprung der zweckbetonten Herrenkleidung, erfreut sie sich besonderer Aufmerksamkeit."[52]

Auch an den Farben ist abzulesen, daß sich die Männer, was modische Belange anging, keinerlei kurzlebigen Modediktaten zu unterwerfen hatten: Blaugraue und beigebraune Töne dominieren in der Farbskala.[53] Ein Mann war gut angezogen, wenn er dezent und korrekt gekleidet war. Gutes Aussehen war gleichzusetzen mit seriöser Unaufdringlichkeit.

Diese mit keinem Wort in Frage gestellte Kontinuität in der Männerkleidung läuft parallel mit der selbstverständlichen Wiederherstellung der traditionellen Rollenbilder, die durch den Männermangel unfreiwillig aufgebrochen worden waren. Die Sicherheit, mit Anzug und Krawatte immer richtig gekleidet zu sein, ging einher mit der ebenso selbstverständlichen Sicherheit der Position des Mannes in Beruf und Öffentlichkeit.[54] Keine Forderung nach bestimmten Schuhen, Farben oder neuen Hosenlängen setzte ihn je der Gefahr der unpassenden oder nicht genügend gefälligen Aufmachung aus. Doch die geringe modische Spannweite in der Männerkleidung der Fünfziger kann auch als strenge Reglementierung gelesen werden, die dem Mann keine individuellen Spielräume läßt. So war zum Beispiel Krawattenzwang eine Selbstverständlichkeit.

„Also ich weiß nicht, wenn, wenn du zum Rendezvous gekommen wärst, ohne Krawatte und, und irgendwie, ha, ich glaube, da wäre ich nicht mit dir fort. Ha, da war man schon so."55

Beruflicher Erfolg hieß gleichzeitig Anpassung, absolute Korrektheit und Unauffälligkeit.

Es wäre also sicherlich falsch, aus den Bildern der souveränen Geschäftsmänner von Welt und der lockeren, selbstbewußten Männer im Freizeitlook mit Pfeife oder Zeitschrift auf das durch Kriegsjahre und „Neu"-Anfang ungebrochene männliche Selbstbewußtsein der Fünfziger zu schließen. Dies läßt sich auch an der Ratgeber- und Benimmbücherschwemme auf dem damaligen Büchermarkt ablesen. Kollektive Schuldgefühle aus der Nazi-Vergangenheit wurden nicht bewältigt, sondern verleugnet. Dieser Prozeß ging mit einer immensen Angst einher, daß das Verdrängte in irgendeiner Form an die Oberfläche gelangen könnte. Vor allem die mittleren Schichten waren geprägt von einer latenten Unsicherheit und Ängstlichkeit, da sie sich aufgrund ungesicherter materieller Verhältnisse ständig vom sozialen Abstieg bedroht fühlen mußten.56

Wenn man die Werbung für die „Accessoires" des Herrn betrachtet, wird die daraus resultierende Unsicherheit und die Angst vor Peinlichkeiten im gesellschaftlichen Umgang deutlich, die die „Pubertät der Republik"57 bestimmt:

„Ein gutes Entrée ist wichtiger als man denkt. Drum sollte ein Mann von Welt ebenso auf den Strumpf achten wie auf den Anzug. Der exakte Sitz der Gläser-Socken aus bestverarbeiteter Helanca-Qualität gibt dem Herrn jene Nonchalance, die jeder ‚Beinkritik' gewachsen ist."58

Das Bild zu diesem Werbetext zeigt einen Herrn im Anzug, der sich eine Blume ans Revers steckt. Der Blumenstrauß auf dem Stuhl und das Frauenbild an der Wand, das ihn erwartungsvoll anzublicken scheint, deuten ein Rendezvous an. Daß die Angst vor männlichem Fehlverhalten vor allem in den Beziehungen zum anderen Geschlecht zum Ausdruck kommt, zeigt sich noch deutlicher in dem folgenden Beispiel eines Alptraums vom unwissentlich unkorrekten Äußeren, einer Werbeanzeige für ein Schuppenshampoo:

„Er wartet vergeblich, vor Wut erhitzt... und fühlt sich wieder abgeblitzt. (Vielleicht wegen der Schuppen?)"

Worin liegt nun der Grund, weshalb solche heute eher lächerlich anmutenden Mißgeschicke immer an den Mann-Frau-Beziehungen vorgeführt werden?

Zum einen kann man wohl davon ausgehen, daß bei den Lesern die Emotionalität und damit auch der erhoffte Werbeerfolg bei diesem Thema am größten ist. Zum anderen können hier aber wiederum gesellschaftliche Rollenzuweisungen angeführt werden. Hier greift eine in der bürgerlichen Gesellschaftsordnung verankerte Rollenzuschreibung für die Frau, die aus dem tatsächlichen öffentlichen Leben ausgeschlossen ist. Ihr kommt die Funktion zu, den Rahmen für das Gesellschaftsleben (der Männer) zu gestalten und zu ordnen und eventuelle Mißgeschicke mit Takt und Charme auszugleichen. Sie fungiert quasi als Bühnenbildnerin und Souffleuse für den Auftritt der Herren und wird damit zur heimlichen Kontrollinstanz hochstilisiert:

„Mit listigem Blick hat das schwache Geschlecht diese Schwäche des starken erkannt und schließt von der sichtbar getragenen farbigen Erkennungsmarke am Hals auf die Persönlichkeit ihres Besitzers. (...) Dem Charakterspiegel am Hals gilt der erste Blick der Frau –

Körper reduziert werden. Die Männer definieren sich dagegen selbst in der Bekleidungswerbung anders: Über Accessoires wie Bücher oder Zeitschriften beanspruchen sie den geistigen Bereich weiterhin für sich. Die Vermeidung von Peinlichkeiten ist deshalb die einzige Maßgabe, der sie sich zu unterwerfen haben.

Anmerkungen

1 Nach Lutz Niethammer werden sie sogar „vielleicht noch länger mit uns sein, als uns lieb ist". Niethammer, Lutz: „Fünfziger Jahre." In: Journal Geschichte 1/1988: 8–11, hier: 9.
2 Siehe hier z.B. Loschek, Ingrid: Mode im 20. Jahrhundert. Eine Kulturgeschichte unserer Zeit. [1978] München 1984: 173–238.
3 Fast vier Millionen Männer waren im Krieg gefallen, 11,7 Millionen befanden sich 1945 in Gefangenschaft. Vgl. Frevert, Ute: Frauen-Geschichte. Zwischen Bürgerlicher Verbesserung und Neuer Weiblichkeit. Frankfurt/M. 1986: 246.
4 Interview mit der Schneidermeisterin Frau L. am 28.5.1990.
5 Nach Frevert, Ute: Frauen-Geschichte zwischen Bürgerlicher Verbesserung und Neuer Weiblichkeit. Frankfurt/M. 1986: 249.
6 Interview mit Frau N. in Stuttgart im Juni 1990.
7 Gespräche im Mai 1990.
8 Interview mit Frau L. am 28.5.1990.
9 Interview mit Frau N. am 24.05.1990.
10 Interview mit Frau L. am 28.05.1990.
11 Turim, Maureen: Frauen-Entwürfe. Das Aufkommen der New-Sweetheart-Line. In: Frauen und Film 38/1985: 35.
12 Brauerhoch, Annette: Moral in Golddruck. Die Illustrierte Film und Frau. In: Frauen und Film 35/1983: 49.
13 Vgl. Grohn/Kämpfer: Boulevard der Träume. Schicksale, die Millionen bewegten. In: Perlonzeit 1987, S.143–146, hier: 146.
14 Interview mit Frau L. am 28.5.1990.
15 Interview der Interviewgruppe Partykultur mit Frau G. am 28.1.1990. Für die Überlassung von Interviewpassagen danken wir Corinna Broeckmann, Ute Holfelder, Gerhard Keim, Stefanie Krug, und Barbara Lang ganz herzlich.
16 Heide Schlüpmann: „'Wir Wunderkinder'. Tradition und Regression im bundesdeutschen Film der Fünfziger Jahre." In: Frauen und Film. H. 35. 1983: 5.
17 Berühmt gewordener Kommentar der Chefredakteurin von Harper's Bazaar, Carmel Snow, zu Diors Modeschau am 12. Februar 1947.
18 Leserbrief zum Thema Rocklänge in „Die Welt der Frau von heute", 3 (1949) 4: 23.
19 Nach: Der Spiegel, 29.11.1947.
20 1947 betrug der Kalorienwert der zugewiesenen Nahrung für einen erwachsenen Normalverbrauchers pro Tag 1419 Kalorien, die Zahlen der französischen Zone lagen etwas darunter, die der amerikanischen tendenziell darüber. Vgl. A. Kuhn in Freier, A.-E./Kuhn, A.: Frauen in der Geschichte V: 191.
21 Die Welt der Frau 3/1949/4: 23, zit. nach Kuhn, Anette: Frauen in der deutschen Nachkriegszeit, Bd. 1.
22 Als „Restfamilie" wurden die Familien gefallener Soldaten bezeichnet.
23 Rede des CDU-Abgeordneten Holzapfel am 25.6.1947: „Ich darf in diesem Zusammenhang sagen: genauso anzuerkennen ist neben den arbeitenden Menschen auch der Opfermut der deutschen Hausfrauen, (...) [die; d. V.] nicht wissen, was sie ihren Männern und ihren Kindern zu essen geben sollen." Zit. nach Kuhn, Anette: Die vergessene Frauenarbeit in der deutschen Nach-

Vorsicht also und mehr Sorgfalt bei der Wahl der Krawatte!"[59]

Festzuhalten bleibt, daß Mode und Werbung deutlich das bürgerliche Frauen- und auch Männerbild der Fünfziger Jahre widerspiegeln. Als Hauptadressatinnen sprach die Bekleidungsindustrie allerdings die Frauen an. Das in Film, Zeitschriften und Werbung über die Mode transportierte Frauenbild war sicher deshalb so erfolgreich, weil es den Frauen ein unkompliziertes Identifikationsmuster anbot, das die Stabilisierung der eigenen Lebensverhältnisse vorspiegelte und auch verkörperte. Die Fixierung auf Äußerlichkeit und Modebewußtsein diente allerdings auch zur Festlegung der Frau auf die Rolle der Hausfrau und Mutter, die höchstens vor der Ehe einen eigenen Beruf ausübte.

Auch die Männer blieben nicht verschont von Bekleidungsvorschriften. Für sie hieß das Modediktat peinliche Korrektheit. Doch die Tatsache, daß es die Frauen sind, die im Mittelpunkt des Modeinteresses stehen, zeigt, daß sie tendenziell auf den

... auch ein Mann von Charakter

24 kriegszeit. In: Freier, A.-E./Kuhn, A.: Frauen in der Geschichte V: 189. Bemerkenswert ist hier auch die Tatsache, daß Holzapfel die Frauen nicht als Arbeitende versteht, sondern neben den aus seiner Sicht arbeitenden Menschen lobend erwähnt.
24 Man kann nicht gerade davon sprechen, daß in der Bevölkerung ein ausgeprägtes Unrechtsbewußtsein hinsichtlich des NS bestand. 1947 hielten noch 57% der Bevölkerung den Nationalsozialismus für eine gute Idee. Dieses Urteil kann vielleicht mit der materiellen Situation in Verbindung gebracht werden, denn noch 1951 waren 48% der Meinung, 1933–39 sei es den Deutschen am besten gegangen. Vgl. Laurien, Ingrid: Die politische Kultur der Fünfziger Jahre. In: Deutsche Geschichte nach 1945, Teil 1. Tübingen 1986: 65.
25 Zit. nach König, Gudrun: „Man hat vertrennt ..." In: Freier, A.-E./Kuhn, A.: Frauen in der Geschichte V: 403.
26 Hollander, Walther von: Der Held und Mann von heute. Mann in der Krise (IV). In: Constanze, 4/1949: 1–5, hier: 3
27 Lott, Sylvia: Die Frauenzeitschriften von Hans Huffzky und John Jahr. Zur Geschichte der deutschen Frauenzeitschriften zwischen 1933 und 1970. Diss. Münster 1984: 422.
28 Ebd.: 490.
29 Strumpfwerbung, Spiegel 1952/45.
30 Siehe Tenbruck, Friedrich H.: Alltagsnormen und Lebensgefühle in der Bundesrepublik. In: Löwenthal, Richard/Schwarz, Hans-Peter (Hrsgg.): 25 Jahre Bundesrepublik Deutschland - eine Bilanz. Stuttgart 1974: 289–310.
31 Ein weiterer Kritikpunkt an Tenbrucks These besteht in der Tatsache, daß sich sein Familienbild weder mit schichtspezifischen Unterschieden noch mit dem historischen Wandel der Familie auseinandersetzt.
32 Betrachtet man den Geburtsjahrgang 1920, so kamen 1950 auf 440.000 Frauen nur 320.000 Männer. Nach: Blick zurück auf's Glück: 116.
33 Während 1939 auf 10.000 Ehen noch 8,9 Scheidungen kamen, waren es 1948 16,8. Nach: Frevert, U.: Frauen-Geschichte 1986 [wie Anm.]: 251.
34 Würmeling, F. J.: „Das muß geschehen! Die Familie fordert vom Bundestag." In: Kirchen-Zeitung, Köln vom 6.12.1953. Zit. nach Delille, Angela/Grohn, Andrea: Perlonzeit. Berlin 1985: 110.
35 Werbung für ein Schönheitspräparat in Elle 1954/40.
36 Bleyle-Werbetext frühe Fünfziger Jahre. Wirtschaftsarchiv Baden-Württemberg Stuttgart-Hohenheim.
37 ebd.
38 Siehe hierzu Schmidt, Margot: „Im Vorzimmer. Arbeitsverhältnisse von Sekretärinnen und Sachbearbeiterinnen bei Thyssen nach dem Krieg." In: Niethammer, Lutz (Hrsg.): „Hinterher merkt man, daß es richtig war, daß es schiefgegangen ist." Nachkriegs-Erfahrungen im Ruhrgebiet. Berlin, Bonn 1983: 191–232.
39 Bildunterschrift in einer Werbebroschüre von Benger-Ribana Perlon.
40 Werbung in Elle 1954/40.
41 Siehe dazu Schmidt 1983 [wie Anm. 38]: 191–232.
42 Werbetext der Firma Bleyle zu den Kostümen „Astrid" und „Dolores", die mit Hut und Handtasche vor aquarelliertem Stadthintergrund vorgeführt werden. Aus einem Prospekt von 1950. Wirtschaftsarchiv Hohenheim.
43 Harbert, Rosemarie: Schwamm drüber. Eine Schönheitsfibel für junge Mädchen. Gelsenkirchen [10]1959: 24
44 Interview mit Frau L. am 28.5.1990.
45 Ebd.
46 Dein schönstes Lied. Arcadia Schlagertextheft Nr. 58, 1959: 20.
47 Interview der Interviewgruppe Partykultur mit Frau G. am 28.1.1990.
48 Interview der Interviewgruppe Partykultur mit Frau T. am 29.1.1990.
49 Interview der Interviewgruppe Partykultur mit Herrn G. am 18.1.1990.
50 Das gilt natürlich nicht für die Mode der Jugendkulturen ab den späten Fünfziger Jahren, wie die der Existenzialisten oder der Rock'n'Roller und Halbstarken.
51 Bleyle Werbefoto.
52 Krawattenwerbung im Spiegel vom 17. November 1954: 33.
53 „Der interne Breuningerbrief 1953": 6f.
54 Schon in den frühen Nachkriegsjahren gab es einen Einstellungsstop für weibliche Lehrlinge und verheiratete Frauen und die Männer eroberten in kürzester Zeit alle gut bezahlten Berufe mit Aufstiegschancen zurück.
55 Interview der Interviewgruppe Partykultur mit Frau K. am 4.1.1990.
56 Beck, Stefan/Enßlin, Gabi: Sonst drückt sich alles durch. Etikettenvorschriften gegen Peinlichkeit. In: Projektgruppe Partykultur (Hrsg.): Partykultur? Fragen an die Fünfziger. Tübingen 1991: 53–65, hier: 60.
57 Jungwirth, N./Kromschröder, G.: Die Pubertät der Republik, Frankfurt 1978., vgl. auch Beck/Enßlin: Benimmbücher, in: ebd.
58 Werbung in: Der Spiegel 12/1958/19: 56.
59 Werbung in: Der Spiegel vom 1. Dezember 1954: 15.

Daten zum Thema

18. Jhdt.	Blaue Patrone (eines der ersten Schnittmuster für serielle Kleidungsherstellung)
1775	Veröffentlichung von Johann Caspar Lavater (1741-1801): Physiognomische Fragmente
1779	Erster Band des „Systems einer vollständigen medicinischen Polizey" von Johann Peter Frank veröffentlicht
1810	Erste mechanische Baumwollspinnerei in Württemberg (Carl Bockshammer, Stuttgart-Berg)
1815	Erstmalige Anwendung des Centimetermaßes als Körpermeßinstrument durch F.A. Barde in Paris
1820	Neun mechanische Baumwollspinnereien in Württemberg
1820er	Beginn der Kleidungskonfektion in Berlin (vor allem für Männer)
1829	Eröffnung der ersten Passage in Paris
1832	Erste mechanische Webmaschine für Baumwolle in England erfunden; 33 Baumwollwebereien in Württemberg
1832–1917	Professor Gustav Jaeger „Naturarzt" („Wolljäger")
1836	Rundwirkmaschine durch Ebinger Unternehmer Maute erfunden
1840ff.	Anwendung der Corporismetrie (= direkte Körpermessung als neues Zuschneidesystem)
1844	**„Firma Benger und Söhne" gegründet**
1845ff.	Bau der Eisenbahn in Württemberg
1846	Nähmaschine durch den Amerikaner Howes erfunden
1848	„Centralstelle für Handel und Gewerbe" in Stuttgart gegründet zur Förderung der Industrie in Württemberg, Ferdinand Steinbeis (1807-1893) seit 1855 ihr Leiter
1850er ff.	Baumwollindustrie expandiert in Württemberg, Neugründungen
1856	Erfindung der „Stuttgarter Mailleuse" (Rundwirkstuhl) durch Frédéric Fouquet
1858	Rudolf Virchow (1821-1902) veröffentlicht seine „Cellularpathologie", Geburt der Symptomtherapie
1859	Charles Darwin veröffentlicht „On the Origin of Species"
1861	Allgemeine Krise der Textilindustrie
1862	Einführung der Gewerbefreiheit in Württemberg
1865	Max Pettenkofer (1818-1901) wird auf den ersten Lehrstuhl für Hygiene in München berufen
1870er	Veröffentlichung der Forschungen Louis Pasteurs (1822-1895) und Robert Kochs (1843-1910); Bakterien als Erreger von Krankheiten „entlarvt"
1871	„Deutsches Reich" proklamiert
	„Schwäbische Industrieausstellung" in Ulm erste dieser Art/165 Aussteller
1876	Letzte Choleraepidemie in Deutschland (Hamburg)
1880	Erfindung des künstlichen Indigos. Beginn der chemischen Farbenherstellung
1881	Erste „Landes-Gewerbe-Ausstellung" in Stuttgart in der neuen „Gewerbehalle" am Hegelplatz (im Krieg zerstört)
	Eduard Breuninger eröffnet sein Textilgeschäft
1882	Beginn der deutschen Kolonialpolitik
1884	Begriff „Industrielle Revolution" von Toynbee geprägt
1896	„Allgemeiner Verein zur Verbesserung der Frauenkleidung" in Berlin gegründet
1889	**Firma Bleyle gegründet**
1890	Krise der Textilindustrie/Überproduktion

1890ff.	Wilhelminische Epoche	1926ff.	„Weißenhofsiedlung" entsteht:
	Mode: S-Kurve, schlanke Linie, Korsett		Stuttgart Hochburg der Künste und Künstler (Schlemmer, Kerkovius, Baumeister, v.d. Rohe, LeCorbusier, Gropius)
1891	Gründung der Deutschen Bekleidungsakademie in München		
1892	Erster deutscher Skiclub in Todtnau gegründet, erster Skilift in Betrieb		– und der Naturapostel, Linken, ‚Gurus' ...
um 1900	„Freikörperkultur" entsteht	1929	Film und Kino: der erste, theaterreife Tonfilm'
	Expansionsphase der Textilindustrie in Württemberg		Forschung (med.-pharmaz.-chem.): Antibiotika, synthetische Produkte, Kunststoffe
	Firma Kübler, Strickkleidung gegründet		
1907ff.	„Wandervogel" entsteht aus der Jugendbewegung	1930	Weltwirtschaftskrise
			Erste Damenkollektion bei Bleyle
1908ff.	Abschaffung des Korsetts in der Haute Couture durch Modeschöpfer Paul Pioret, fußfreie Mode; Kostüm, Bluse, Pullover	1987	Ende der Firma Bleyle
1911	Internationale Hygieneausstellung in Dresden		
1914	„Ausstellung für Gesundheitspflege" in Stuttgart		
1916	Blüte der Kriegsproduktion in der Textilindustrie, Erfindung von Ersatzprodukten, „Surrogaten"		
1918	Ausrufung der Republik in Berlin und Stuttgart		
1919	Frauenwahlrecht: erstmals 13 Frauen im Stuttgarter Landtag		
1920er	Flachstrickmaschine erfunden		
	Sport- und Gymnastikbewegung		
	Mode: sportlich; „Bubikopf", kurze Röcke, Hutmode		
	„Basisinnovationen":		
	(u.a.) Reißverschluß, synthetische Waschmittel, wasserfestes Zellophan, Insulin, Radio (Auto, Flugzeug, Maschinen ...)		
1923ff.	Wirtschaftskrise		
1924ff.	Bausparkassen entstehen		
	Rundfunksender Stuttgart gegründet		
	(Grammophon, elektrische Schallplattentechnik)		
1926ff.	Erna Meyers „Neuer Haushalt" wird zum Erfolgsbuch		

Bildnachweise

Titelbild: Schaufensterpuppen für Tricot. 1920er/1930er Jahre. Volkskundliche Sammlungen des Württembergischen Landesmuseums Stuttgart. Aufnahme: Atelier Frankenstein/Zwietasch/Frey (Württembergisches Landesmuseum)
1: Ankleidepuppenbogen (Ausschnitt). Erschienen im J.F. Schreiber-Verlag. Esslingen 1891. Original im Württembergischen Landesmuseum Stuttgart, Volkskundliche Sammlungen. Vk 1978/50–1894.
4: Wirtschaftsarchiv Baden-Württemberg. Stuttgart-Hohenheim (= WAH.). B 68/F 268; 20er Jahre. WAH. B 69/566.
5: Wilhelm Bleyle im Alter von 48 Jahren. WAH. B 68/F1.
6: WAH. B 68/F353.
7: „Bleyle-Herold". Jg. 1941, Heft 12, März 1941.
8: „Bleyle-Herold". Jg. 1941, Heft 1: 5.
9: „Bleyle-Herold". Jg. 1943, Heft 11/12.
10: „Bleyle-Herold". Jg. 1951, Heft 2: 11.
11: „Bleyle-Herold". Jg. 1952, Heft 4: 20.
12: WLM; Aufnahme: Frankenstein/Zwietasch/Frey.
15: „Bleyle-Herold". Jg. 1941, Heft 12.
17: Ansicht eines Fabrikraumes des Unternehmens Bleyle. 1916–1918. WLM.
18: „Der Herold". Jg. 1941, Heft April/Mai: 8.
21: „Bleyle-Herold". Jg. 1939, Heft 2.
26: Maschenmuseum Albstadt; Inv.-Nr.: 115.
27: Gemeinde Burladingen (Hrsg.): Heimatbuch Burladingen. Verfaßt von August Speidel. Burladingen 1958.
28: Maschenmuseum Albstadt; Inv.-Nr.: 408.
29: Gemeinde Burladingen.
32: Gemeinde Burladingen.
34: Maschenmuseum Albstadt; Inv.-Nr.: 112.
35: Maschenmuseum Albstadt; Inv.-Nr.: 588.
40: Stille, Eva: Trautes Heim Glück allein. Gestickte Sprüche für Haus und Küche. Frankfurt/M. 1970: 96.
42: Schmalenbach, Fritz: Käthe Kollwitz. Königstein/Taunus 1975: 37.
43: Weber-Kellermann, Ingeborg: Frauenleben im 19. Jahrhundert. München ²1988: 159.
47: Schmalenbach, Fritz: Käthe Kollwitz. Königstein/Taunus 1975: 34.
48: Gerhard Flügge: Das dicke Zille-Buch. Berlin 1971.
52: Privatbild.
55: Privatbild.
57: Ankleidepuppenbogen (Ausschnitt). Erschienen im J.F. Schreiber-Verlag. Esslingen im Zeitraum von 1875–1877. Original im WLM, Vk 1978/50-1844.
61: Württembergisches Landesmuseum, Volkskundliche Sammlungen.
62: Württembergisches Landesmuseum, Volkskundliche Sammlungen.
66: Württembergisches Landesmuseum, Volkskundliche Sammlungen.
82: Flaig, Fritz: Der moderne Zuschnitt. Lahr 1948: 14.
87: (Abb. 2) Biallas, Friedrich: Die Zuschneidekunst nach dem Original-Einheitssystem. Die Zuschneidekunst für die Herrengarderobe. Bd. 1. Berlin 1919: 186.
87: (Abb. 3) Flaig, Fritz: Der moderne Zuschnitt. Lahr 1948: 134.
88: Biallas, Friedrich: Die Zuschneidekunst nach dem Original-Einheitssystem. Die Zuschneidek die Herrengarderobe. Bd. 1. Berlin 1919: 199.
91: TM, Nr. 33; 14.08.1991: 18.
92: Ansicht eines Apothekenschaufensters. Stuttgart Schillerplatz. April 1992. Privataufnahme.
103: Stratz, C.H.: Die Frauenkleidung und ihre natürliche Entwicklung. Stuttgart ⁴1920: 357.
104: Stratz ⁴1920: 363.
106: Stamm, Brigitte: „Auf dem Wege zum Reformkleid. Die Zeit des Korsetts und der diktierten Mode. In: Siepmann, Eckhard (Hrsg.): Kunst und Alltag um 1900. Drittes Jahrbuch des Werkbund-Archivs. Gießen 1978: 154.
107: Andritzky, Michael/Rautenberg, Thomas (Hrsgg.): „Wir sind nackt und nennen uns Du". Von Lichtfreunden und Sonnenkämpfern. Gießen 1989: 44.
109: Neue Frauenkleidung und Frauenkultur. 1913, Nr. 6: 71.
110: Fuchs, Ernst: Sozialgeschichte der Frau. [1928] Frankfurt/M. 1973: 348.
119–126: Stadtarchiv Stuttgart, Photosammlung.
129: Ankleidepuppenbogen (Ausschnitt). Erschienen im J.F. Schreiber-Verlag. Esslingen im Zeitraum von 1875–1877. Original im WLM, Vk 1978/50-1854.
132: Gesundheitspflege. Stuttgart ²1912, Umschlag.
137: Prof. Dr. Gustav Jaegers Monatsblatt. 1907: 218.
142: Prospekt der Firma Friedrich Bauer, Schneidermeister, Stuttgart; Anfang/Mitte der achtziger Jahre. Privatbesitz.

143: Prospekt der Firma Franz Entreß, Stuttgart; Anfang/Mitte der achtziger Jahre. Privatbesitz.
143: Prospekt der Firma Friedrich Bauer, Schneidermeister, Stuttgart; Anfang/Mitte der achtziger Jahre. Privatbesitz.
144: Prospekt der Firma Rammenstein, Stuttgart; Anfang/Mitte der 80er Jahre. Privatbesitz.
145: (7–10) Prospekt der Firma Wilhelm Benger Söhne, Stuttgart; Anfang/Mitte der achtziger Jahre. Privatbesitz.
146: Prof. Dr. Gustav Jaegers Monatsblatt. 1882: 99.
146: Prospekt der Firma Franz Entreß, Stuttgart; Anfang/Mitte der achtziger Jahre. Privatbesitz.
147: Prof. Dr. Gustav Jaegers Monatsblatt. 1883: 197.
148: Prospekt der Firma Friedrich Bauer, Stuttgart; Anfang/Mitte der achtziger Jahre. Privatbesitz.
150: Prof. Dr. Gustav Jaegers Monatsblatt. 1886: 24.
152: Prof. Dr. Gustav Jaegers Monatsblatt. 1884: 27.
179: Dingler, Johann Gottfried/Dingler, Emil Maximilian (Hrsgg.): Polytechnisches Journal. Jg. 33, Bd. CXXVII [d.h. Dritte Reihe, Band XXVI.], Stuttgart 1852: Tabelle VI.
180: Prospekt der Firma Fouquet & Frauz, Rottenburg. ca. 1930. Maschenmuseum Albstadt 92/157.
193: Ankleidepuppenbogen (Ausschnitt). Erschienen im J.F. Schreiber-Verlag. Esslingen im Zeitraum von 1851–1891. Original im WLM, Vk 1978/50-1888A.
195: Privataufnahme.
200: Markert, Dietrich: Maschen-ABC. Frankfurt/M. ⁹1990: 303.
201: Der Spiegel. 14.09. 1970.
207: (Abb. 1) WLM Vk, ohne Inv.-Nr.. Leinengewebe, handgewebt, Ärmel aus Baumwollgewebe, bestickt mit Initialen I.M., vorne tief eingeschnitten.
207: (Abb. 2) WLM 1967/14. Leinengewebe, am Unterrock gröberes Leinen, weit herabreichender Goller, bestickt mit Initialen EGG und 1850, an den Ärmeln bestickte Abschlußborte.
208: (Abb. 3) WLM Vk 1989/381-158. 1920er Jahre, Firma Benger-Ribana. Baumwollwirkware. Offener, übereinanderlappender Schritt.
208: (Abb. 4) WLM Vk, 1989/381-46. 1930er Jahre, Firma Benger-Ribana. Lachsfarbene Kunstseide, eingesetztes Büstenteil.
209: WLM, Abtlg. Kunst- und Kulturgeschichte 1561a. Mitte 18. Jahrhundert. Blau-weißgestreiftes Leinengewebe, weißes Leinenfutter, Lederlaschen, an Saumbändern weiße Lederpaspelierung.
210: WLM, Abtlg. Kunst- und Kulturgeschichte E 3512. 2. Hälfte des 18. Jahrhunderts. Seidengewebe, geometrisch gemustert in violett, schwarz, blau, bräunliches Leinenfutter, hellblaues Schnürband.
211: Schick, Christian Gottlieb: Henrike Dannecker (1802). Staatsgalerie Stuttgart. Inv.-Nr. 799.
213: Schick, Christian Gottlieb: Wilhelmine von Cotta (1802). Staatsgalerie Stuttgart. Inv. GVL 87.
214: (Abb. 9) WLM Vk 1985/467-16a/b. 2. Hälfte 18. Jahrhundert, Feldstetten-Laichingen.
214: (Abb. 10) WLM E 3517 Ende 17., Anfang 18. Jahrhundert. Seidendamast mit buntem Blumenmuster, silberne Borten, Leder schößchen, silberne Haken.
215: WLM Vk 1985/ 467-16a/b.
216–217: Gewebtes Korsett, um 1860, Stuttgart. Archiv Prima Donna. Stuttgart. Weiße Baumwolle, in Form gewebt, languettierte Oberkante, Weißstickerei, hinten geschnürt, vorne Metallhaken-Verschluß.
235: Ankleidepuppenbogen (Ausschnitt). Erschienen im J.F. Schreiber-Verlag. Esslingen im Zeitraum von 1904–1913. Original im WLM, Vk 1978/50-1931.
238: „1881–1911: Vom Klein- zum Großbetrieb! 30 Jahre ununterbrochene Entwicklung in der Manufakturwarenbranche mit Streiflichtern auf die Veränderungen der Textil-Industrie, des Handels mit Manufakturwaren und verwandter Artikel während des vergangenen halben Jahrhunderts." (= FS 1911): 24.
239: FS 1911: 25; 39.
240: FS 1911: 40.
241: Lämmle, August (Hrsg.): Das Breuninger-Buch. Bilder aus Württembergs Vergangenheit und Gegenwart. Stuttgart ³1935: 176.
243: Lämmle, August (Hrsg.): Das Breuninger-Buch. Bilder aus Württembergs Vergangenheit und Gegenwart. Stuttgart 1931: 169.
246: FS 1911: 25.
247: FS 1911: 70.
248: FS 1911: 84.
252: Wurzeln des Wohlstands. Stuttgart 1984: 52.
254: Geist, Johann Friedrich: Passagen. Ein Bautyp des 19. Jahrhunderts. München 1969.
256: Oettermann, Stephan: Das Panorama. Frankfurt/M. 1980.
257: Pariser „Modepüppchen", Frankreich, letztes Drittel des 18. Jahrhunderts. Aus: Wilkens,

Leonie von: Puppen aus aller Welt. München 1959: 17.
261: (Abb. 2) Schaufenster-Kunst und -Technik. Mai 1926.
261: (Abb. 3) Schaufenster-Kunst und -Technik. (= SKT) Juli 1927.
262: (Abb. 4) SKT. Januar 1927.
262: (Abb. 5) SKT. November 1926.
262: (Abb. 6) SKT. Juni 1934.
263: SKT. Juni 1934.
264–265: Privataufnahmen.
270: WLM, Vk.
272: WLM, Vk.
282: (Abb. 1) Vogue (Deutsche Ausgabe) 3/91: 113.
282: (Abb. 2) Elle 3/91: 31.
283: Elle 3/ 91: 163.
287: Ankleidepuppenbogen (Ausschnitt). Erschienen im J.F. Schreiber-Verlag. Esslingen im Zeitraum von 1912–1925. Original im WLM, Vk 1978/50-2051.
291: Privatbild.
296: (Abb. 2) Hermand, Jost/ Trommler, Frank: Die Kultur der Weimarer Republik. München 1978.
296: (Abb. 3; links) Bleyle-Katalog, Frühjahr 1934. WLM, Vk.
296: (Abb. 3; rechts) Metropolen machen Mode. Ausstellung des Kunstgewerbemuseums Berlin. Staatliche Museen Preußischer Kulturbesitz. 2.September–16.Oktober 1977. Berlin ²1977: 88.
297: (Abb. 4) WAH. B 68; Bü 478. Dat.: 1928.
297: Bleyle-Katalog Frühjahr 1937: 25, 34. WLM, Vk.
298: Verkaufskatalog Firma Bleyle, Frühjahr 1939. WAH. B 68; Bü 478.
299: Verkaufskatalog der Firma Bleyle II/1932. WAH.
300: (Abb. 8–10) Verkaufskatalog der Firma Bleyle II/19032. WAH.
302: Privatbild.
313: Wilke, Hermann: Frühling 1926. In: Haase, Klaus/ Schlütte, Wolfgang U. (Hrsgg.): Frau Republik, geht Pleite. Deutsche Karikaturen der 20er Jahre. Kiel 1989: 36.
314: Berliner Illustrierte Zeitung (1922) Zeitbild. Chronik. Moritat für Jedermann. 1892–1945. Hrsg. von Christian von Ferber. Berlin 1982: 220.
315: Die Dame. Ein deutsches Journal für den verwöhnten Geschmack 1912–1943. Hrsg. von Christian von Ferber. Berlin/Frankfurt/M. 1980: 162.
326, 329, 332, 335, 336: WAH.